中外功勋荣誉制度

张树华 潘晨光 等著

中国社会科学出版社

图书在版编目（CIP）数据

中外功勋荣誉制度/张树华、潘晨光等著．—北京：中国社会科学出版社，2011.1

ISBN 978-7-5004-9299-3

Ⅰ.①中… Ⅱ.①张…②潘… Ⅲ.①荣誉—政治制度—对比研究—中国、外国 Ⅳ.①D523.32

中国版本图书馆 CIP 数据核字（2010）第 217862 号

责任编辑 钟 馨
责任校对 李 莉
封面设计 大鹏工作室
技术编辑 戴 宽

出版发行 中国社会科学出版社
社 址 北京鼓楼西大街甲 158 号 邮 编 100720
电 话 010－84029450（邮购）
网 址 http：//www.csspw.cn
经 销 新华书店
印 刷 北京君升印刷有限公司 装 订 北京盛天行健印刷有限公司
版 次 2011 年 1 月第 1 版 印 次 2011 年 1 月第 1 次印刷
开 本 710×1000 1/16
印 张 41.75
字 数 706 千字
定 价 108.00 元

双龙宝星勋章（清朝）

嘉禾勋章（中华民国）

宝鼎勋章（中华民国）

一级八一勋章（中华人民共和国）

两弹一星功勋奖章（中华人民共和国）

解放奖章（左）和独立自由奖章（右）（中华人民共和国）

五一劳动奖章（中华人民共和国）

优秀教师奖章（中华人民共和国）

中国青年五四奖章（中华人民共和国）

一级红星功勋荣誉章（左）和二级红星功勋荣誉章（右）（中华人民共和国）

列宁勋章（苏联）

“胜利”勋章（苏联）

光荣勋章（苏联）

“金星”奖章（俄罗斯）

紫心章（美国）

荣誉军团军官勋章（法国）

不列颠帝国勋章（英国）

帝国服务勋章（英国）

联合王国的从男爵勋章（英国）

维多利亚十字勋章（澳大利亚）

澳大利亚勋章（澳大利亚）

海外人道主义服务奖章（澳大利亚）

建国勋章独立章（韩国）

大十字勋章（男士）（德国）

大十字勋章（女士）（德国）

大勋位菊花章颈饰（日本）

文化勋章（日本）

序

王伟光

中国社会科学院重大课题“国内外功勋荣誉制度比较研究”历经两年，现在正式出版了。此项课题立足中国，着眼世界，紧密结合党和政府有关部门的决策需求，较好地处理了基础研究与应用研究的相互关系，具有一定的参考价值。应作者们的邀请，要我为本书作序。我认为这是一件很有意义的事情，就高兴地答应了。

一　选题好、立意新

对中外功勋荣誉制度进行比较研究是一个不错的选题。一个国家功勋荣誉制度是国家政治制度和国家管理的重要内容，也是政治学、公共管理学研究等学科的研究对象。据了解，我国目前学术界尚缺乏对国内外功勋荣誉表彰制度进行系统研究的有影响的成果，而对国际上功勋荣誉制度的比较分析更是凤毛麟角。课题组的全体同志系统地分析了国内不同领域奖励制度的历史与现状，涉及了中国和美国、法国、英国、德国、俄罗斯、澳大利亚、日本、韩国等八个主要国家的功勋荣誉制度，详细介绍了这些国家功勋荣誉制度的历史沿革、具体内容及相关法律法规等内容，选题新颖，视角独特，在某种程度上填补了国内学术界在该领域的空白。

该课题的研究成果材料翔实、权威可靠。课题组成员调查搜集了大量的外文资料，其中多数为英文、德文、法文、俄文、日文、韩文等外文书籍或网上文献。采用外文原始资料，保证了成果的原创性、可靠性和权威性，为国内学术界开展进一步的研究起到了开拓性和基础性的作用。

一些同行专家也对课题组的工作和成果给予了肯定性的评价和赞誉。他们认为此课题选题精妙、资料齐全、意义重大。课题的立项以及成果都很及时，对国内功勋荣誉制度的制度性研究具有一定的借鉴意义。课题研究内容时间、空间跨度大，在缺乏中文现成资料的情况下，研究人员花费大量精力进行信息搜索和筛选，在翻译、整理的基础上，又进行分析、归纳和比较，实属不易。

二 课题研究发挥了我院多学科合作的整体优势

科研是我院的中心工作，是我院安身立命之本，必须牢牢抓住科研这个中心。但高质量的科研成果离不开科学的组织与管理。管理出人才，管理出成果，管理出效益。科研、人才和管理，是我院发展战略的三个方面，相辅相成，互为依托，彼此促进，缺一不可。“国内外功勋荣誉制度比较”的研究涉及政治学、管理学、行政学等多个学科，运用了英语、俄语、法语、德语、日语、韩语等多个语种，属于跨专业的交叉学科研究。

通过良好的科研组织工作，课题组有效发挥了中国社科院多学科合作的团队优势。首先，两位课题主持人分别是国际问题研究和人才学研究专家，很合适主持该项目。其次，课题组吸收了院内外成员 20 余名，其中文献信息中心的工作人员发挥了我院在国外信息收集方面的优势，研究所和管理部门的人员相互结合，互相合作，组成了一支充满凝聚力和战斗力的研究团队。通过该课题的调查研究，许多年轻同志得到了锻炼，起到了培养人才，锻炼队伍的作用。

三 此项成果起到了咨政作用，有较强的现实针对性

国家荣誉制度的建设体现的是国家的意志，是政治建设和社会发展的重要组成部分。党的“十七大”报告中明确提出要“设立国家荣誉制度”，中共中央、国务院也将“建立国家功勋奖励制度”作为我国人才激励机制和奖励制度体系的重要组成部分。在我国建立统一的国家荣誉制度，有利于政治稳定和政治传承，有利于社会结构的稳定和良性流动，有利于引导

社会主义核心价值观的形成和巩固，有利于增强社会的凝聚力和向心力，对于民族团结、社会稳定和国家的长治久安具有重要的现实意义。课题组的调研结果表明，世界上绝大多数国家都设有符合国家特色和满足历史需要的功勋荣誉表彰制度，而且种类繁多，层级分明，具有很强的历史传承性；功勋荣誉表彰制度具有相应的法律法规基础，制度化、程序化、法律化程度较高；一些国家的勋奖章已经超出一国的范畴，具有国际影响力。

与国际上同行的功勋表彰传统相比，可以看出，目前我国缺乏统一的、国家级的、具有广泛社会认可和国际影响的国家荣誉制度，而各类临时性、一般性、局部性的奖励或评比却层出不穷，缺乏权威性、庄严性、科学性和规范性；缺乏相应的法律法规；许多奖励只重视一次性成绩，而对终生成绩的褒奖较少，不能彰显内在的精神价值内涵；缺乏具有中国特色、能够发挥国际影响的奖项。

针对这一问题，课题组通过专著、内部专题报告、论文等多种形式推出科研成果，并通过政协提案和大会书面发言等方式向决策部门提出建议：中央和国家有关部门应尽快成立跨部门的功勋荣誉政策调研协调机制，研究制定相关条例和规定，研究“中央和国家级功勋荣誉奖励委员会”的组成，统一现行的各种荣誉称号、规范奖励标准和荣誉待遇等，逐步形成一套具有中国特色社会主义的功勋荣誉奖励体系。建议具有一定的现实针对性，为此国家有关部门多次与课题组进行了沟通和交流，并委托课题组提供了专项资料。与此同时，有关媒体也报道了课题组的相关建议，收到了较好的社会反响。

当然，一个国家功勋荣誉制度不等同于一般意义上的政府表彰奖励，涵义深，内容广，涉及到历史和现实等方方面面。在我国，功勋荣誉制度建设尤为复杂：谁来建？怎么建？谁授予？授予谁？如何评价不同行业、不同领域人物的功绩？如何认定人文社会科学领域对社会的杰出贡献？怎样将功勋荣誉制度建设与未来的干部人事制度改革相结合？如何区别精神荣誉表彰与物质待遇问题？等等？我想，还有不少问题需要课题组的同志进一步去研究。不过，通过阅读该书，我感觉，功勋荣誉制度的建设，有比没有好，早建又比晚建好。

近几年来，我院的科研工作“围绕中心，服务大局”，以重大现实问题为科研主攻方向，围绕党和国家关注的一系列重大理论和现实问题，立项重大、重点研究课题，承担并出色完成了党和国家多项重大任务，为党和国家决策提供了有价值的建议，发挥了思想库和智囊团作用。今后，文献中心要继续结合研究型专业图书馆的定位，发挥自身文献信息的优势，认真贯彻我院“科研强院、人才强院、管理强院”三大战略，认真做好“信息文献服务和外文译介”工作，多出一批精品成果，多出一批拔尖人才。

作为党和国家的重要智库，我院的科研人员要处理好基础研究和应用研究的关系，多建有用之言，多献务实之策，这样才能更好地发挥“智囊团和思想库”的作用。通过完成一批重大理论和现实问题的课题，深入研究哲学社会科学和思想理论领域的热点焦点问题，深入研究国内外政治经济发展的重大问题，服务中央和国家有关部门决策，服务思想理论建设，服务学术发展和繁荣，服务社会进步和人民福祉。

让我们朝着建设这样的方向和目标奋力前进。

是为序。

2010年阳春

前　　言

表彰和嘉奖为国家和社会作出突出贡献的杰出人士，授予其永久性的荣誉称号，颁发不同层级的勋章、奖章，这种制度化和程序化的做法和过程即构成一个国家功勋荣誉制度的主要内容。在人类文明进步的历史长河中，授勋制表等功勋奖励制度可谓由来已久，目前同样是世界上许多国家和地区通行的做法。

党的十七大报告中明确提出要“设立国家荣誉制度”，政府也将“建立国家功勋奖励制度”作为我国人才激励机制和奖励制度体系的重要组成部分。因此，比较研究国内外“功勋荣誉表彰制度”既有着重要的理论价值，也具有重要的实践意义。首先，建立一套统一的功勋荣誉表彰体系有利于政治稳定和政治传承，是政治合法性、稳定性和正统性的象征。历史上各国的军事勋表荣誉制度更是如此。其次，建立一套统一的功勋荣誉表彰体系有利于社会结构动态的稳固和良性的流动。对有杰出贡献的仁人志士予以褒奖，是尊重劳动、尊重知识、尊重人才、尊重创造的体现，有利于调动全社会的积极性、主动性、创造性。最后，建立一套统一的功勋荣誉表彰体系是构建社会主义核心价值体系的需要。功勋荣誉获得者往往是英雄模范人物，通常意味着功德崇高、社会楷模和道义典范，受到全社会的尊敬和仰慕。设立制度化的国家荣誉表彰体系，使得社会核心价值有了生动拟人化的体现，有利于激励全社会向上的精神，增加全社会的凝聚力和向心力。

与国际上一些国家相比，目前国内无论在制度设计和实践运用方面都还有一定的差距，相关介绍和研究不多。因此，运用政治学、管理学、行政学、社会学等方法，对国内外功勋奖励制度及其历史沿革进行分类介绍和分类分析是我们的一次尝试。

一

在《现代汉语词典》中“功勋”意为“对国家、人民作出的重大贡献，立下的特殊功劳”；“荣誉”意为“光荣的名誉”。罗曼·罗兰曾经说过：“荣誉比生命更宝贵。”由此可见，功勋荣誉是对为国家和人民作出重大贡献者的积极评价和认可，形式一般包括授予勋章、奖章或荣誉称号等。获奖的有功之人同时可以得到广为流传的名誉和尊荣，受到全社会的尊敬和仰慕，从而在社会生活中形成一种积极向上的精神向心力和事业能动力。

在国外一些国家的行政实践中，“功勋荣誉制度”作为一些国家行政奖励体系的重要组成部分，是政府实现行政目标和预期的重要手段之一。德国法学家赫伯特·克吕格尔（Herbert Krüger）认为，除了命令、强制和惩罚之外，荣誉奖赏是激励和促进民众自愿作出设立者所期望的行为的重要手段。国家荣誉是一个政府发挥职能作用的重要形式。目前世界上几乎所有国家都设有具有本国特色的国家功勋荣誉制度。唯一的例外是瑞士，瑞士不仅不设立、授予任何勋章，而且禁止本国公民接受别国授予的勋章。

在世界上许多国家中，最高级别的功勋荣誉制度主要体现为勋章制度。欧洲的勋章制度历史悠久，最早可以追溯到古希腊、古罗马时期。在古希腊人们将表彰战功的事物称为“*tá fálárá*”，在古罗马人们则称之为“*phalera*”。古希腊的奖赏多为手掌大小的圆月或半月形徽章，为金银镀层的青铜制品，佩戴于盔甲上或马的辔具上。古罗马的奖赏种类则丰富得多，有雕有动物、故事图案、天神等的各种徽章和头冠。直到今天，人们仍可以从古罗马的墓碑上发现这些徽章的踪迹。

如今欧洲仍在使用的一些概念和名词，例如“荣誉”、“功绩”、“英勇”等都起源于古希腊古罗马时期，但现代荣誉制度却并不是直接由那一时期的荣誉制度发展而来，而是起源于中世纪早期。一般认为，欧洲现代功勋制度起源于中世纪的骑士团（德语：Orden，法语：Ordre），随着历史的发展“Orden、Ordre”一词的含义也演变为现代的“勋章”（德语：

Orden，法语：Ordre，英语：Order，俄语：Орден)。

十字军时期，骑士团还是一种教会组织，主要进行传教布道，维护天主教的地位。随着十字军政策的失败，骑士团逐渐演变成统治者政治和权势的附庸。13—14 世纪，各国君王开始召集各个阶级的代表，设立服务于其统治地位的骑士团，并在骑士团内部设立等级。此时骑士团的章程不仅规定了接收条件，而且确定了骑士团成员的标志，通常是十字形或星形，这些标志后来就演变成勋章的雏形。到了 19 世纪，随着工业化和科技的迅猛发展，社会和政治变迁要求建立新的荣誉制度，并将奖赏对象扩至经济、政治、军事领域的普通民众、下级军官和士兵。于是欧洲各国的现代功勋荣誉制度开始成型，并逐渐发展完善。

与欧洲许多国家功勋荣誉制度起源过程中强烈的宗教色彩不同，美国等国家的功勋荣誉制度的发展则充满了浓郁的战争色彩。美国的荣誉制度起源于战争，早期的勋章大多是为了奖励在独立战争、南北战争、两次世界大战中表现英勇的军人。第二次世界大战以后，随着国际形势趋于和平，美国的荣誉制度才开始向非军事领域发展。沙皇俄国的一些奖章也是起源于对军功的表彰。苏联时期的许多勋章和奖章授予对象也多数为立有军功者。直至和平时期，俄罗斯勋章和奖章的设置才不偏重于军事领域。

日本、韩国的功勋荣誉制度早期受中国历史文化影响较大，到了 19 世纪末 20 世纪初参照西方勋章制度建立起现代功勋荣誉制度。由于有了已经发展完善的西方制度作为参照，日本、韩国的荣誉制度从建立之初就比较完整，各类勋章、奖章都有明确的授予范围，尽可能考虑到各个阶层各个领域的所有公民。

二

由于主要西方国家的功勋荣誉制度的历史起源相同或者相似，因此到了现代，国际上一些国家的功勋荣誉制度呈现出一些共同的特点。

第一，功勋荣誉制度具有很强的历史传承性。例如，美国荣誉制度发展历程是从战争年代的军事领域向和平年代的非军事领域的转变；澳大利亚功勋荣誉制度发展史则是澳大利亚摆脱英国殖民统治，争取民族独立的历史缩影；新俄罗斯的“圣安德烈”勋章最早由沙皇俄国于 1699 年设立，后于1998年重新恢复；法国的“荣誉军团勋章”自设立后，历经几代王朝的变革，一直沿用至今。

第二，功勋荣誉奖励种类繁多，但层级分明。西方一些国家的功勋荣誉主要有勋章（order）、奖章（medal）、徽章（或佩章，badge）、大奖章（medallion）、十字章（cross）、星章（star）、勋标（citation）、挂条（bar）、肩带（sash）、绶带（或勋带，ribbon）、奖状（certificate）、证书（letter of appreciation）、称号（title）等。其中以勋章和奖章为主要表现形式。例如，美国设有“总统自由勋章”、“国会金质奖章”；英国有“嘉德勋章”；德国有“德意志联邦共和国勋章”；法国有“荣誉军团勋章”、“国家功勋勋章”；俄罗斯有“祖国功勋勋章和奖章”；日本有“菊花章”、“桐花章”等。这些国家勋章大都设有等级，以符合受勋者作出的贡献的大小。除此之外，苏联和俄罗斯还设有全局性“功勋荣誉称号”和国家奖金。

第三，一般都设立国家层面的最高级功勋荣誉制度。在一些国家政治生活中，颁发国家级最高功勋荣誉勋章不仅是最高统治者权力的象征，也是国家政治制度的重要组成部分。在一些总统制国家，如美国、法国、德国、俄罗斯的最高荣誉多由总统负责设立和授予。在某些君主制国家，如英国、日本的最高荣誉多由女王和天皇负责授予。此外，部分国家的最高荣誉只能授予国家元首，如俄罗斯总统在就任时直接获授带有勋章链条的一级“祖国功勋”勋章；德国总统就任时直接获得“特级大十字勋章”等。

第四，功勋荣誉奖励重视精神鼓励和荣誉，但比物质和金钱奖励更具表现力和激励性。世界上许多国家的国家级奖励大多不设任何物质奖励，而是通过在政府公报等媒体公布获奖名单，由国家元首签署或亲自授予勋章、奖章，在国庆节或其他重要传统节日举办庄严、隆重的授予仪式，并利用各种媒体进行宣传等方式表示对获奖者的重视和精神鼓励。

第五，多数国家的勋奖章已经超出一国的范畴，具有国际影响力。英国、法国等荣誉奖励制度悠久的国家的勋章在世界范围内都被认为是无上光荣，如英国的“嘉德勋章”、法国的“荣誉军团勋章”。美国设立的多种专业奖项更是在国际上享有很高的声誉，如“费米奖”、“奥斯卡奖”等，其权威性和影响力受到全世界的广泛认可。如今，颁授国际性的奖项已成为国家关系和国际交往的重要组成部分，体现着国家的文化软实力和公共外交走向。

第六，具有相应的法律法规基础，制度化、程序化、法律化程度较高。许多国家设立和授予重要的勋章和奖章时，国家元首都会颁布相应的法令，对奖项的性质、授予对象、授予条件、授予方式等作出详细的规定。大陆法系国家如德国、法国、俄罗斯等还设有专门的勋章法规，通过法律形式对勋章管理的具体事项进行保障。除此之外，大多数国家还设置了专门的功勋奖励管理机构。例如，法国、俄罗斯和澳大利亚，从奖项候选人提名到最终确定，要进行层层审核，以确保评审活动的正常开展和荣誉奖励的公正性和权威性。

三

与其他国家相比，中国的褒奖荣典制度同样是源远流长。早在上古时期，中国就出现了“爵制”，被视为功勋奖励制度的雏形。到战国时期，爵制已臻于完善，之后几千年的封建历史中五等爵制是主要的爵制形式，直至清朝末年。“爵制”是皇帝对宗亲或文武功臣进行封爵，爵位代表着崇高的等级地位和丰厚的经济利益。当然，中国古代的爵制更多的是一种行政制度，与官制关系密切，至魏晋时期二者已经合而为一，封爵实际上就是授予或提升官职。到了清朝末年，随着大门逐渐打开，一批掌握近代科学技术知识的外国人相继来华。为了奖励对清政府有突出贡献的外国人，清政府仿照西方勋章制度建立起自己的宝星制度，并随着国内外交流的增多逐渐推及国人。到了民国时期，国内政局一直动荡不安，各个不同的政权体系都有着各自的奖励制度。北洋军阀和国民党统治时期都设立了多种奖章，大多带有浓厚的军事色彩，主要授予军人。

中国共产党成立以后，在几十年的革命和建设历史中也设立了不少颇具特色的荣誉奖章。大革命时期有正太铁路总工会“纠察队义勇奖章”、湖南平江县第十三区第一乡“农民协会奖章”；土地革命时期有“中华工农兵苏维埃共和国第一次代表大会奖章”、中华苏维埃共和国中央革命军事委员会颁发的“红星奖章”等；抗日战争时期颁发的奖章显著增多，并且还设立了多种荣誉称号，例如“战斗英雄”、“劳动英雄”、“模范党员”、“民兵模范”等；解放战争时期荣誉称号还多了一类“功臣”，如“人民功臣”、“支前功臣”等，此外还出现了许多以领袖和著名将领的名字命名的奖章，例如，东北民主联军的“毛泽东奖章”、晋绥联防军某部的“贺龙投弹手奖章”等。与之前几个历史时期相比，解放战争时期的勋奖章无论是种类、图案、花色都更为丰富。

新中国成立后，国家和民族实现了独立和逐步振兴，功勋荣誉制度也有了新的气象。从中央到地方各种组织机构设立和颁发了多种奖章。20世纪50年代初期，军事类奖章仍然占多数，其中，东北军区的“金星奖章”、西南军区的“英模奖章”等都比较有名。1952年以后，其他各行各业的奖章越来越多，如中央政府铁道部“光荣的铁路工作者奖章”、“全国青年社会主义建设积极分子（奖）章”等。1955—1957年间国家设立和颁发了三类勋章，分别是“八一勋章（和奖章)”、“独立自由勋章（和奖章)”、“解放勋章（和奖章)”，在新中国勋奖章发展史了扮演了重要角色。“文化大革命”时期，新中国的功勋荣誉制度建设出现了停滞。文化大革命结束后，奖章奖励制度又开始受到重视。特别是20世纪80年代后，奖章种类名目日益增多，授奖范围日益广泛。在名目繁多的勋奖章中，有综合性的，如“劳动模范奖章”、“先进工作者奖章”、“新长征突击手奖章”等；有行业性的，如“人民解放军英雄奖章”、“优秀教师奖章”等；有特定授予对象的，如“中国青年五四奖章”、“三八红旗手奖章”等。另外，国家还尝试恢复一些中断多年的功勋荣誉奖励。例如，自从20世纪50年代国家颁授过“八一”、“独立自由”、“解放”三种勋章后，30多年再未颁授此类勋章。1986—1987年，中央军委决定向军队离休老干部授予功勋荣誉章。1988年该决定在七届人大常委会第二次会议上被通过。此次颁授的功勋荣誉章分为“红星功勋荣誉章”、“独立功勋荣誉章”和“胜利功勋荣誉章”。

四

中国现行奖励制度从1949年新中国成立时开始建立，历经文化大革命时期的停滞和改革开放后几十年的蓬勃发展，逐渐形成了多部门、多领域、多层次的奖励体系。但是与国际上一些国家科学化、制度化、法制化的功勋荣誉制度相比，一方面，目前我国缺乏统一的、国家级的、具有广泛社会认可和国际影响的国家功勋荣誉制度。而另一方面，各类临时性、一般性、局部性的奖励或评比却层出不穷，甚至令人目不暇接、眼花缭乱。这类评比和奖励普遍存在着“过杂、过多、过乱、过滥”等问题，即部门多、奖项乱、代表性和影响力弱，缺乏权威性、庄严性和规范性。另外，在具体的奖励规制方面如奖励对象、颁奖规格、评审条件、授奖方式和管理体制等方面也很不完善。

就我国目前奖励体系来看，存在不少缺点，亟须完善：一是缺乏国家层次的统一的荣誉体系，中低层次的奖励多且重复严重；二是临时性奖励多，缺乏权威性和持久力，很难激励获奖者再接再厉作出更大的贡献；三是评奖混乱，一些奖励随意性强，或制度化程度低、缺少相应的法律规定，或内部性、局域性过强，缺乏社会的广泛参与，评奖结果社会效果不佳，很难引起社会的“共鸣”；四是一些奖励只重视一次性的成绩，而较少对终生成就的褒奖，不能彰显内在的精神价值内涵，没有起到弘扬先进、引领风尚的作用；五是缺少具有中国特色、能够发挥国际影响的奖项。

建立一套完善统一的功勋荣誉表彰制度是建设中国特色社会主义事业的重要组成部分。2003 年 12 月 26 日，《中共中央、国务院关于进一步加强人才工作的决定》提出：“建立国家功勋奖励制度，对为国家和社会发展作出杰出贡献的各类人才给予崇高荣誉并实行重奖。”党的十七大报告也明确指出，要设立国家荣誉制度，表彰有杰出贡献的文化工作者。国庆 60 周年前夕，通过开展“双百”英模评选活动，进一步弘扬了英雄和榜样铸就的中华精神，激发了各族人民的爱国主义感情和学习英雄模范的热情。逐步建立完善有效的功勋荣誉表彰制度，有利于弘扬时代精神和民族精神，激发全国各族人民建设中国特色社会主义事业的积极性和创造性。今后我国应着手建立统一的、国家级的功勋荣誉表彰制度，成立国家级功勋荣誉奖励委员会，统一各种荣誉称号，规范奖励标准和荣誉待遇等，逐步形成一套具有中国特色社会主义的功勋荣誉奖励体系。这将有利于弘扬时代精神和民族精神，激发全国各族人民建设中国特色社会主义事业的积极性和创造性，从而增强建设社会主义事业的凝集力、吸引力和影响力。

五

2008年中国社会科学院批准设立“国内外功勋荣誉制度比较研究”课题，以文献信息中心研究人员为基础，联合院内外力量开展调研。课题组由张树华（中国社会科学院文献信息中心副主任、研究员）和潘晨光（中国社会科学院农村发展研究所研究员）共同主持。课题组成员有：何培忠（中国社会科学院文献信息中心研究部主任、研究员）、刘振喜（文献中心馆长助理兼科研处长、副研究员）、魏进（文献中心助理研究员）、王文娥（文献中心副译审）、朴光海（文献信息中心副研究员）、唐磊（文献中心助理研究员）、高媛（文献中心助理研究员）、贺慧玲（文献中心助理研究员）、祝伟伟（文献中心助理研究员）、王秀玲（文献中心馆员）、王建国（文献中心馆员）、李萌（中国社科院城市中心副研究员）、王灿发（中国传媒大学副教授）、王文臻（总参某部翻译）。祝伟伟、魏进负责课题组秘书工作，祝伟伟协助主持人进行课题统稿和文字整理工作，魏进负责课题成果文字整理、图片整理、文稿校对及出版联系等各项工作。

《中外功勋荣誉制度》是中国社会科学院重大研究课题的最终成果。在此之前，课题组已经完成了部分阶段性成果和调研报告。有的曾刊载于蓝皮书——《中国人才发展报告2008》和《中国人才发展报告2009》，有的提交有关部门参考。

《中外功勋荣誉制度》一书较详细介绍了中国古代、现代以及国际上几个主要国家（英国、德国、法国、俄罗斯、美国、日本、韩国、澳大利亚）的功勋荣誉制度。分析和列举了各国功勋荣誉制度中的奖励主体、奖励客体、奖励形式、申报—审核—授予程序、制度保障及法律保障等内容。从理论上构建了功勋荣誉制度体系的结构框架，总结了各国值得借鉴的特色之处。研究报告在分析总结各国荣典嘉奖制度的基础上，还提出了设立有中国特色社会主义功勋荣誉制度的一些建议。希望能够为我国功勋荣誉制度的设立和运行提供理论服务和实践参考。

本书各章节的撰写分工如下：前言（张树华、潘晨光）；第一章中国历代勋爵荣誉制度（王建国）；第二章新中国成立以来的国家荣誉制度（李萌、王灿发、焦云霞）；第三章英国的功勋荣誉制度（王秀玲）；第四章德国的功勋荣誉制度（祝伟伟）；第五章法国的功勋荣誉制度（贺慧玲）；第六章苏联—俄罗斯的功勋荣誉制度（王文臻、张树华）；第七章美国的功勋荣誉制度及附录部分的“国际上著名的荣誉奖项”（王文娥）；第八章日本的功勋荣誉制度（何培忠）；第九章韩国的功勋荣誉制度（朴光海）；第十章澳大利亚的功勋荣誉制度（唐磊）。

目　录

序 …… 王伟光(1)

前　言 …… (1)

第一章　中国历代勋爵荣誉制度 …… (1)
　一　中国历代勋爵制度概况 …… (1)
　二　中国历代主要的荣誉制度 …… (15)
　三　中国历代勋爵荣誉制度的特点 …… (38)
　四　附表 …… (44)

第二章　新中国成立以来的国家荣誉制度 …… (54)
　一　概况 …… (54)
　二　我国主要的功勋类奖励 …… (55)
　三　关于完善我国国家荣誉制度的思考 …… (84)
　四　附表 …… (86)

第三章　英国的功勋荣誉制度 …… (152)
　一　概况 …… (152)
　二　历史沿革 …… (157)
　三　英国主要功勋荣誉制度 …… (166)
　四　特点与趋势总结 …… (209)
　五　附表 …… (216)

第四章 德国的功勋荣誉制度…………………………………………（222）
一 历史沿革与概况…………………………………………………（222）
二 德国历史上的勋章和奖章………………………………………（224）
三 德国现行勋章制度………………………………………………（236）
四 德国功勋荣誉制度的特点………………………………………（258）
五 附表………………………………………………………………（259）

第五章 法国的功勋荣誉制度…………………………………………（266）
一 历史沿革…………………………………………………………（266）
二 法国主要功勋荣誉制度…………………………………………（270）
三 特点与经验总结…………………………………………………（304）
四 附表………………………………………………………………（305）

第六章 苏联—俄罗斯的功勋荣誉制度………………………………（310）
一 历史沿革与概况…………………………………………………（310）
二 苏联时期功勋荣誉制度…………………………………………（312）
三 俄罗斯联邦功勋荣誉制度………………………………………（340）
四 俄罗斯联邦功勋荣誉制度的主要特点…………………………（377）
五 近年来授予功勋荣誉情况………………………………………（379）
六 附表………………………………………………………………（382）

第七章 美国的功勋荣誉制度…………………………………………（401）
一 概况………………………………………………………………（401）
二 历史沿革…………………………………………………………（402）
三 美国功勋荣誉制度的主要内容…………………………………（406）
四 美国近年来授予功勋荣誉的情况………………………………（427）
五 美国功勋荣誉制度的特点及趋势………………………………（430）
六 美国的院士制度…………………………………………………（432）
七 附表………………………………………………………………（438）

第八章 日本的功勋荣誉制度…………………………………………（445）

一 概况……………………………………………………………………(445)
二 日本国家级功勋荣誉制度……………………………………………(448)
三 日本政府各部门的荣誉制度…………………………………………(485)
四 日本其他部门的荣誉制度……………………………………………(493)
五 日本功勋荣誉制度的改革……………………………………………(497)
六 日本功勋荣誉制度的特点……………………………………………(502)
七 附表……………………………………………………………………(505)

第九章 韩国的功勋荣誉制度……………………………………………(508)
一 概况……………………………………………………………………(508)
二 历史沿革………………………………………………………………(509)
三 韩国现行的功勋荣誉制度……………………………………………(511)
四 韩国功勋荣誉制度相关法律法规……………………………………(528)
五 韩国功勋荣誉制度的特点与经验总结………………………………(533)
六 附表……………………………………………………………………(534)

第十章 澳大利亚的功勋荣誉制度………………………………………(541)
一 殖民地时期的澳大利亚功勋荣誉制度………………………………(541)
二 澳大利亚功勋荣誉制度的建立………………………………………(548)
三 澳大利亚现行功勋荣誉体系概况……………………………………(549)
四 澳大利亚现行国家级勋章详解………………………………………(551)
五 澳大利亚现行的政府级荣誉奖项……………………………………(560)
六 澳大利亚的勋章管理体制……………………………………………(564)
七 澳大利亚功勋荣誉体制的特点和值得借鉴之处……………………(568)

第十一章 国际著名的荣誉奖项…………………………………………(571)
一 综合奖项………………………………………………………………(571)
二 艺术类奖项……………………………………………………………(575)
三 奥林匹克运动会(Olympic Games)及其奖项 ………………………(584)
四 文学奖…………………………………………………………………(586)
五 物理和化学奖…………………………………………………………(589)
六 数学奖…………………………………………………………………(592)

附录一 临时大总统公布陆海军叙勋条例……………………………… (596)
附录二 美国第 11085 号总统令:总统自由勋章 …………………… (600)
附录三 德国《头衔、勋章和奖章法》……………………………………… (602)
附录四 法国《荣誉军团与军功奖章法典》……………………………… (608)
附录五 《俄罗斯联邦国家奖励条例》……………………………………… (640)

第一章

中国历代勋爵荣誉制度

中国的勋爵荣誉制度历史悠久，早在上古时期就已出现了“爵制”，到战国时期勋爵制已臻于完善。中国古代勋爵制包括封爵制度及带有荣誉性质的官职制度，其中以封爵制度为古代社会荣誉制度的主要内容。及至清末民国时期，受西方文化影响出现了崭新的荣誉表彰系统，涉及社会各个层面，但由于特定的社会环境侧重于军事领域。

封爵制度是中国古代社会的政治等级制度之一。封爵是中国古代皇帝为了维护政治统治而经常采用的政治手段，依据封赏对象主要分为两类：一是依据与皇帝的亲缘关系进行封爵，即对皇亲国戚的封爵；二是对文武官员的论功行赏。先秦爵制与世袭的宗法、分封等制度互为表里，爵位往往就是政治权力的标志。秦以后的爵制（分赐爵与封爵）与先秦爵制的性质有所不同，爵不具备行政职能，主要用来确定皇亲、功臣世袭的政治名位和经济权利。受爵后通常可得到食邑或相当数量的财富。封爵制度在中国古代数千年的历史中有相当大的发展变化。

一　中国历代勋爵制度概况

（一）先秦时期

中国封爵制度历史十分悠久，《礼记·王制篇》就记载：“王者之制禄爵，公侯伯子男，凡五等。”战国以前，官爵一体，封爵是统治天下的一种形式，是政体的组成部分。封国和采邑确定了各级贵族在社会等级中的位置，也是国家机器的一种运作形式。在封爵制下，天子与诸侯、诸侯与大夫、大夫与家臣，形成了分别递相臣属的等级制。三代王朝，特别是周朝是等级制社会，其等级制就是通过封爵制来体现的。掌握对爵的封赐权，对各级君主至关重要，它是天子实施国家管理的主要方式。此时的封爵制与其说是一种奖励制度，不如说是一种职官制度，它是宗主权、君主权和行政统治权的综合体现。[①]

1. 上古的“爵”

根据唐代杜佑的《通典·职官·封爵》中关于上古“爵制”的记载：“黄帝时期，方制万里，为万国，各百里。”至唐、虞、夏时期，建国凡五等“公、侯、伯、子、男”。殷商时代，公、侯、伯三等；周时，分公、侯、伯、子、男五等。周公居摄改制期间，扩大了封赐。

《孟子·万章篇》也说：“天子一位，公一位，侯一位，伯一位，子、男同一位，凡五等也。君一位，卿一位，大夫一位，上士一位，中士一位，下士一位，凡六等。天子之制，地方千里，公侯皆百里，伯七十里，子、男五十里，凡四等。不能五十里，不达于天子，附于诸侯，曰附庸。天子之卿受地视侯，大夫受地视伯，元士受地视子、男。”但这里的“爵”只是一种名号，与后世的封爵有很大的区别。除天子之外，公侯伯子男的地位和权力是相等的，仅仅是在礼节上的待遇有一定程度的差别。

2. 春秋战国时的封爵

早在春秋时代，中国就开始出现社会功勋制，主要是爵与禄。周代，官爵分为九个等级，称九命。上公九命为伯；王之三公八命；侯伯七命；王之卿六命；子男五命；王之大夫、公之孤四命；公、侯伯之卿三命；公、侯伯之大夫，子男之卿二命；公、侯伯之士，子男之大夫一命。子男之士不命。他们的宫室、车旗、衣服、礼仪等，各按等级作具体规定。[②]

周初，爵与禄是按不同标准制定的。《周礼》大司徒职中提到，要对民众施行十二个方面的教育，其中除了以法固德等内容外，还包括根据贤行颁授爵位，根据功绩制定俸禄。

周朝还按照社会贡献的大小授予土地，并实行一定的税收减免政策，具体事务由司勋负责。《周礼·夏官司马第四·司勋》记载：司勋掌管六乡赏赐土地的法则，以赏赐的多少体现功劳的大小。凡有功劳的人，其名

---

① 董意城：《我国古代行政奖励制度研究》，研究生学位论文，兰州大学，2007年，第29页。

② 《周礼·春官·典命》。

字和功劳都书写在王的大常旗上，死后在冬季祭祀宗庙时让他享受到祔祀于帝王宗庙的配食待遇，由司勋向神报告其功劳。对于所颁赐的赏地，国家收取三分之一的租税，对于加赐的田地国家不征税。

对有社会功勋者的奖惩由司士负责，《周礼·夏官司马第四·司士》记载：报请王所当黜陟的臣，根据德行报请黜陟爵位，根据功劳报请黜陟俸禄，根据能力报请黜陟职事，根据长期任职的表现确定所当给予的食粮数。规正朝仪的位置，分辨贵贱的等级。周初的政治录用主要是世袭制，礼仪法亲亲原则仍居主导地位，降爵继承没有制度化，庶民参政机会很少。

到了战国时期，社会功勋制已臻成熟，打破了贵族与庶民的界限，降爵继承制度逐步完善起来，根据这一制度，社会功勋者的后人如果不努力为社会作贡献，很快会失去爵位成为平民。

战国以前，各诸侯国内部的爵实际上有卿、大夫、士三级，每级又分上、中、下三等，各国按国大小待遇不同。战国时，各国的爵大致有卿、大夫等。如各国都曾有“上卿”、“亚卿”、“客卿”等，均为将相所得的高爵。大夫一级有上大夫、中大夫、国大夫、五大夫等。战国各大国还出现了侯爵，如秦有彻侯、关内侯，楚有通侯，其他各国均有侯。除侯外还有封君，侯、君封地或以县计，或以户计，但仅能食其封地的租税，无军政司法独立权，不世袭。除此以外，各国还有一些特别的爵称，如楚国的封爵还有执珪、执帛等。

秦国自商鞅变法后，开始因功授爵，爵位与官秩合一，共定二十等军功爵，分别为：一级公士、二上造、三簪袅、四不更、五大夫、六官大夫、七公大夫、八公乘、九五大夫、十左庶长、十一右庶长、十二左更、十三中更、十四右更、十五少上造、十六大上造、十七驷车庶长、十八大庶长、十九关内侯、二十彻侯。[①] 彻侯食租税于县，关内侯食租税于关内，大庶长以下十八等，则如吏职。凡是战场上斩获敌人首级一颗者，即赐爵一级，还有赐田宅和服役人员一名的优待。有爵级则可为官，斩敌甲首一颗，赐爵一级，愿做官的，可以作“五十石之官”，即斗食小吏。

① 《汉书·百官公卿表》。

（二）秦汉

秦灭六国，实行纯粹的郡县制，赏爵仍为商鞅变法时的二十等爵。

西汉初分封了七个异姓诸侯王，不久之后大多被扫除，又分封了一批同姓诸侯王于关东，镇土抚民。初期诸侯王国一般较大，常有几郡。汉景帝时，吴、楚、赵、胶西、济南、菑川、胶东七个同姓诸侯王国权势越来越大，终于爆发了叛乱。汉平定七国之乱后削减诸侯王，景帝中元五年（公元前 145 年）令诸侯王不得复治国。成帝绥和元年（公元前 8 年）撤内史，令相治民，相的地位如同郡太守，成为诸侯王国的实际执政者，诸侯王的权力大为削弱。后来，王国相当一郡，且王死后诸子皆可分其地，其辖地权力越来越小。东汉略如西汉制，以皇子封王，其郡为国，置傅、相、中尉等。侯国建制相当于县，有国相，相当县令，受所在郡守节制。列侯另有家丞、庶子、门大夫、洗马、行人等数官。朝廷京师设主爵中尉管理列侯，景帝时改由大鸿胪管理。东汉时列侯功大者食县，小者食乡、亭，设国相，有家丞、庶子等家臣。

汉仍承秦二十等爵，不久后其爵渐轻。武帝时在此之外，又特设武功爵十一等。规定立功受爵的将士可以补吏，可以赎罪；功劳超等者，大者封侯，小者补郎，使受爵者得到实际利益。但是，由于规定了武功爵可以买卖，所以也就无法避免爵位朝轻、滥的方向发展。东汉时期，由于征辟、察举和任子等制度基本上垄断了官吏选拔权，虽二十等爵仍在，其作用已式微而益轻，除列侯、关内侯两级外，其余的后来几乎名存实亡。东汉末曹操在列侯、关内侯下又设名号侯十八级，关中侯十七级，关外侯十六级，五大夫侯十五级，皆为不食租的虚封。

（三）曹魏、两晋、南北朝

1. 曹魏的封爵

建安时期（196—220）是从东汉至曹魏的过渡时期，此时曹操以汉丞相的名义行使封爵的权力，封赏包括曹操的儿子、归降者、军功将领等，爵制基本与汉制相似。曹魏代汉后，财政经济大为好转，授封标准放宽，增加了县侯、王侯食邑户较大的封爵对象[①]；正式废除了秦汉以来的二十

① 陈明光：《曹魏的封爵制度与食封支出》，《西北师大学报》2005 年第 2 期。

等爵，实行公侯伯子男五等制度，以后为历朝所沿行。此外，曹操在关内侯以下创立了名号侯、关中侯、关外侯、五大夫侯等，皆为不食租的虚封[①]，开虚封之先河。

魏文帝黄初年间（220—226），定爵制为九等，分别为：王，为皇室宗亲独有；公、侯、伯、子、男五等，宗室、功臣都有，均有封地；县侯、乡侯、关内侯，为功臣及名门子弟起家封爵，无封国，食租税。王至男视官一品，县侯视三品，乡侯视四品，亭侯视五品，关内侯视六品。黄初三年始封皇子为王，并封王之庶子为乡公，嗣王之庶子为乡侯，公之庶子为亭伯；黄初五年改封诸王皆为县王，以县为国；明帝太和六年再调整，改封诸侯王，以郡为国。

2. 两晋的封爵

晋武帝咸宁三年（277）定制，爵位有：王、公、侯、伯、子、男、开国郡公、开国县公、开国郡侯、开国县侯、开国侯、开国伯、开国子、开国男、乡亭侯、关内侯。非皇子不得封王，宗室封爵有公、侯、伯、子、男；功臣有开国郡公、开国县公、开国郡侯、开国县侯、开国侯、开国子、开国男、乡亭侯、关内侯、关外侯等。西晋时较少在五等爵前加“开国”二字，东晋多以此酬异姓功臣，其建制不久，常与原五等爵混称，沿用至后世。从官品上看，开国郡公、县公为一品，开国县侯、伯、子、男为二品，县侯三品，乡侯四品，亭侯五品，关内名号侯六品，关外侯七品。

晋武帝时对王国制度有具体规定。大国二万户，兵五千，置三军，中军二千，上下军各千五百；次国一万户，兵三千，置上下两军，各千五百；下国五千户，兵一千五百，置一军。公之制同王之下国。侯不满五千户，亦置一军，兵千人。诸王子除嗣王外，依次按公、侯、伯、子、男递降。王、公、侯国均以中尉领兵。王国置相，后改称内史；王官除傅、保、友、郎中令、中尉、大农、常侍、侍郎外，职官略同郡，以上均由朝廷任命。享受的赋税，租调由王“三分食一”，至东晋改为“九分食一”。

3. 南朝的封爵

南朝宋制因袭两晋，不分大小国皆置三军，至孝建年间（454—456），

① 《三国志・魏志・武帝纪》。

王国的官属不得对其主称臣，改称下官。王子为后，例封千户。齐因袭宋爵制。

梁封爵大体因袭前代，称谓有定制：诸王所说的话称令，境内称之为殿下；公侯称教，境内称之为第下；都自称为寡人。梁的五等爵制为：五等诸公，即开国诸公，地位视同三公，朝班位次之；开国诸侯，位同孤亲、重号将军、光禄大夫，班次之；开国诸伯，位视九卿，班次之；开国诸子，位视二千石，班次之；开国诸男，位视二千石，班次之。[①] 陈有郡王、嗣王、藩王、开国郡公、开国县公、侯、伯、子、男、沐食侯、乡亭侯、关中关外侯，共十二等。

4．北朝的封爵

北魏道武帝皇始元年（396），始封公、侯、伯、子、男五等爵；天赐元年（404），废伯、男二爵，增设王爵，为四等：王、公、侯、子，后又复添伯、男二等。皇子和异姓元功上勋皆可封王。景明元年（500）定制有王、开国郡公、散公、侯、散侯、伯、散伯、子、散子、男、散男，共十一等。各爵品级为：除王外，开国郡公正一品，开国县公、散公从一品，开国县侯正二品，散侯从二品，开国县伯正三品，散伯从三品，开国县子正四品上阶，散子从四品下阶，开国县男正五品上阶，散男从五品下阶。

北齐，爵分王、公、侯、伯、子、男六等。王，位在大司马上；非亲王则在三公下。北周郡县亦有公侯伯子男五等之爵，均加“开国”。宇文泰为魏太师时，改《周礼》九命之制：“诸侯为外命，公九命，侯八命，伯七命，子六命，男五命”，共计有王、郡王、县王、国公、郡公、县公、县侯、县伯、县子、县男、乡男，凡十一等。

（四）隋唐时期

到了隋唐五代时期，大体上形成了九等爵制。（见表1—1）

1．隋朝的封爵

隋文帝开皇年间，设爵国王、郡王、国公、郡公、县公、侯、伯、子、男九等。郡王第一品，秩万石。嗣王、藩王、开国郡县公，第二品；开国郡、县侯，第三品；开国县伯，第四品；并视中二千石。开国子，第

---

① 《隋书·百官志上》卷二六，志第二一。

五品；开国男，第六品；并视二千石。汤沐食侯，第七品；乡、亭侯，第八品；并视千石。关中、关外侯，第九品；视六百石。另有记载与其稍有出入：王正一品，郡王、国公、开国郡公、开国县公从一品，开国侯正二品，开国子正四品下阶，开国男正五品上阶。炀帝时只保留王、公、侯三等，其余皆废除。

表1—1　　唐代封爵简表

等级	爵号	品级	食邑
一	王	正一品	万户
二	嗣王、郡王	从一品	五千户
三	国公	从一品	三千户
四	开国郡公	正二品	二千户
五	开国县公	从二品	一千五百户
六	开国县侯	从三品	一千户
七	开国县伯	正四品	七百户
八	开国县子	正五品	五百户
九	开国县男	从五品	三百户

2. 唐朝的封爵

唐朝的封爵，基本与随代相似（见表1—1）。至唐太宗贞观十一年(637)，定爵制九等，各封爵还授给世袭的永业田。

（五）宋辽金元时期

1. 宋朝的封爵

宋初的封爵增加到十二级，为王、嗣王、郡王、国公、郡公、开国公、开国郡公、开国县公、开国侯、开国伯、开国子、开国男。公、侯、伯、子、男都带本郡县开国，如岳飞曾被封为武昌郡开国侯；封国公时，则称某国公。初次只封小国，后改移大国。皇子、兄弟封国，谓之亲王。亲王之子承嫡者为嗣王，宗室近亲承袭，特旨者封郡王，遇恩及宗室祖宗后承袭及特旨者封国公。王只封宗室、皇室，宋依汉例，“非刘氏不王”，异姓无生封王爵者，至徽宗封童贯为“广阳郡王”开启封异姓为王之先例，至南宋时生封韩世忠为“咸安郡王”、张浚为“清河郡王”，但无生封国王之例。①

其他宗室近亲并封郡公。其开国公、侯、伯、子、男皆随食邑：二千户以上封公，一千户以上封侯，七百户以上封伯，五百户以上封子，三百户以上封男。现任、前任宰相食邑、实封共万户。相应品级为：王正一品；嗣王、郡王、国公从一品；郡公、开国郡公正二品；开国县公从二品；开国侯从三品；开国伯正四品；开国子正五品；开国男从五品。后嗣王、郡公、开国公不封，保留九等。有封爵者必有食邑，并以增户数为等。但食邑只是虚数，只有食实封才有实际利益。食实封从千户到百户，共分七等。实封约为虚封数的半数弱，食实封者，随月俸向官府领取。宋代官员的这些封爵和食邑、食实封等，都没有子孙可以世袭的规定。

2. 辽金的封爵

辽的封爵很多继承唐制，也有王和五等爵，以及食邑、食实封等制度。金朝封爵分九等：王、郡王、国公、郡公、郡侯、郡伯、县伯、县子、县男，各有相应的官品和食邑定制。

此外，辽金时期诸王王爵俗称“一字王”、“二字王”。辽金时，诸王王爵分为两大等级。第一等级，王号中的国邑全为一字，故称“一字王”，如辽之赵王、魏王、燕王，金之邵王、汴王、泾王、郑王等。第二等级，王号中的国邑全为二字，国邑后又均缀郡王，称“二字王”，如辽之兰陵郡王、饶乐郡王、柳城郡王，金之广平郡王、平原郡王等。辽金以一字王为尊，二字王较一字王为逊色。

3. 元朝的封爵

元代封爵大体分为：王，正一品；郡王，从一品；国公，正二品；郡公，从二品；郡侯，正三品；郡侯，从三品；郡伯，正四品；郡伯，从四品；县子，正五品；县男，从五品。其中诸王封爵较有特色。《元史·诸王表》云：“元兴，宗王驸马，通称诸王，岁赐之颁，分地之入，所以尽夫展亲之义者，亦优且渥。然初制简朴，位号无称，惟视印章，以为轻

① 龚延明：《从岳飞封爵看宋代爵制》，《岳飞研究》第四辑，中华书局1996年版，第450—451页。

重。厥后遂有国邑之名，而赐印之等犹前日也。”元代宗王驸马等在受封分地领民及岁赐的同时，还获得赐印章王爵，并以此为象征，形成了一套封君贵族等级秩序和继承规范。[①] 蒙古国时期，宗王、功臣贵戚封授王爵印章始于成吉思汗，至元世祖朝六等印章封爵制得到确立：一等为金印兽纽，二等为金印螭纽，三等为金印驼纽，四等为金镀银印驼纽，五等为金镀银印龟纽，六等为银印龟纽。

忽必烈根据血缘亲疏嫡庶身份的宗法原则和对元廷的恭顺抗逆等，分配不同等级的印章王爵。终世祖朝共封印章王爵（包括进封）37 位。世祖朝对一般功臣（尤其是汉族功臣）只封国公，不封王爵。

（六）明清时期

1. 明朝的封爵

明朝的封爵分宗室和功臣外戚两种。

明太祖之初，定制袭封：亲王嫡长子年十岁立王世子，长孙立为世孙，冠服均视一品；诸子年十岁，则封为郡王，郡王嫡长子为郡王世子，嫡长孙则授长孙，冠服均视二品；诸子则授镇国将军，从一品；孙辅国将军，从二品；曾孙奉国将军，从二品；四世孙镇国中尉，从四品；五世孙辅国中尉，从五品；六世以下皆奉国中尉，从六品。初亲王岁禄定为五万石，后定减亲王岁禄为万石，郡王二千石，镇国将军千石，辅国将军八百石，奉国将军六百石，镇国中尉四百石，辅国将军三百石，奉国将军二百石。另有大量赐田，有的亲王竟至数千上万顷。

明朝根据前朝之制，列爵五等以封功臣外戚，后革子、男，只留公、侯、伯三等，并定制：“凡爵非社稷军功不得封，封号非特旨不得予。”爵分两种，一是只授终身，一是可以世袭，世与不世，以军功大小而定，均给诰券。除有军功者外，可得爵号的还有曲阜孔子后裔衍圣公及驸马都尉、外戚等因恩泽受封者，但只是给诰而不给券。与前朝不同的是，明朝的公、侯、伯只有爵号和食禄，并无封邑。

2. 清朝的封爵

清初，尚处于爵职不分的状态，至最后的完善有一个较长的过程。天命五年（1620），“论功序爵，列总兵之品三等，副参游击亦如之，其牛录

① 李治安：《元代分封制度研究》，中华书局 2007 年版，第 224 页。

额真俱为备御，每牛录下设千总四员”[①]。天聪八年（1634），改称五备御之总兵官为一等公，一二三等总兵官为一二三等昂邦章京，一二二等副将为一二三等梅勒章京，一二等参将为一二等甲喇章京，游击为三等甲喇章京，备御为牛录章京。顺治元年，加封公、侯、伯世爵，不久更昂邦章京为精奇尼哈番，梅勒章京为阿思哈尼哈番，甲喇章京为阿达哈哈番，牛录章京为拜他喇布勒哈番，以及拖沙喇哈番。乾隆元年（1736），又比照汉称，定精奇尼哈番为子爵，阿思哈尼哈番为男爵，哈达哈哈番为轻车都尉，拜他喇布勒哈番为骑都尉，拖沙喇哈番为云骑尉。乾隆十六年（1751），定世袭七品官为恩骑尉，从而确立了二十七等世爵制。

此外，还有不列等的闲散公、闲散侯、伯品级官、子品级官、男品级官、轻车都尉品级官、骑都尉品级官、云骑尉品级官。

以上世爵主要用于封功臣及外戚。宗室皇亲另有制度，分和硕亲王、世子、多罗郡王、长子、多罗贝勒、多罗贝子、奉恩镇国公、奉恩辅国公、不入八分镇国公、不入八分辅国公、镇国将军、辅国将军、奉国将军、奉恩将军。若除去世子、长子外共十二级。一般爵位均为降级世袭，即子嗣承袭父爵要降一级。承袭者本人无甚功勋，不能晋级。少数特许可世袭罔替，如清初的八家“铁帽子王”：礼亲王代善、郑亲王济尔哈朗、睿亲王多尔衮、豫亲王多铎、肃亲王豪格、和硕承泽亲王硕塞、克勤郡王岳托，和顺承郡王勒克德浑八家以及后世的乾隆时封的怡贤亲王、同治时封的恭亲王、光绪时封醇亲王、庆亲王四家。

（七）清末至民国时期

1. 清末荣誉制度的引入

清末的功勋荣誉制度主要是宝星制度。宝星又名勋章，因清代勋章镶嵌有珍宝，故称宝星。最初是清政府对有功劳“洋人”的一种奖赏，后来发展成为一种制度，并由“洋人”推及国人。近代以来，中国大门打开，一批掌握近代科学技术的“洋人”相继来到中国，并在海陆军、工矿企业、邮电通讯、交通运输和教育等部门服务。当他们对清政府有突出“贡献”时，就会受到一定的奖赏。在奖赏的物件方面，最初清政府设定为官员们乐意接受的顶戴和职衔。第一个获得清政府奖赏的是“洋人”华尔，

① 《清太祖武皇帝实录》卷三。

华尔教练洋枪队对抗太平军，同治元年前后“立功”尤甚，赏给四品顶戴花翎。同治二年（1863），英国人瑞斯克镇压农民起义，崇厚奏请赏给“洋人”银质功牌，这是颁给“有功”将士的一种奖牌；同年，又赏给“洋人”银两，此两项为首例。此外，还有传旨嘉奖、各国自行给奖等方式。相比较而言，“洋人”愿意接受功牌，因它与外国的宝星较为相似。

“洋人”喜得宝星的心理，让接触“洋人”较多的两个大臣——李鸿章、崇厚提出了仿照外国式样改造金银牌和功牌的请求。同治元年（1862），李鸿章提出一套奖励办法，但由于没有具体方案，未被清政府采纳。同治二年（1863），三口通商大臣崇厚提出了较为可行的方案，并取得总理各国事务衙门的支持。改铸方案为：名称叫金宝星，分为一两二钱重和一两四钱重；式样为背面双龙形，下面铸“御赐”字样。这套宝星奖励办法，得到同治皇帝的允准，总理衙门还明确加以倡导，于是逐渐推广。[①] 到此时，宝星的等第划分也开始出现，在奏定宝星章程出现以前，宝星业已形成三个等第。

光绪七年（1881），《奖给洋员宝星章程》正式颁布。该章程对宝星的名称、等第、藻饰与式样、执照、制造颁赏程序等作了详细规定。（见表1—2）通过光绪二十二年、二十三年两次修订，晚清的宝星制度不断完善。

此后，清政府派驻出使大臣到各国，这些大臣常获得他国宝星，并在各种外事活动中佩戴，但他们没有本国宝星。据当时的国际惯例，外交官先佩戴本国宝星，后佩戴他国宝星。这样，光绪三十四年（1908）经外务部请求，清政府对宝星奖赏制度进行了重大调整，由专赏外国人发展到赏中国出使大臣。此后，农工商部官员、海陆军大臣和重要行政官员相继获得宝星。这样，中国的宝星制度完成了与世界各国勋章制度的接轨。

宣统元年（1909），清政府外务部、陆军部、政务处遵旨开始拟定以国人为颁授对象的奖赏制度。宣统三年（1911），清政府颁布了《勋章章程》，勋章设5种19等。但勋章制成后，清廷即将崩溃，因此这套勋章并未颁授。

---

① 李焱胜：《徽章及其收藏》，湖北人民出版社1998年版，第19页。

表 1—2　　《奖给洋员宝星章程》宝星简表

<table>
<tr><th colspan="2">等级</th><th>颁授对象</th><th>式样</th><th>颁发单位及执照</th></tr>
<tr><td rowspan="3">头等</td><td>一</td><td>各国国君</td><td>赤金地，法绿龙，起金鳞，上嵌大珍珠一颗，内嵌小珍珠一颗，周边小珍珠一围，赤金星芒。副宝星，绿龙，起金鳞，中嵌珍珠一颗，外小珍珠一围，金红色带。</td><td rowspan="2">总理衙门颁发，免执照。</td></tr>
<tr><td>二</td><td>各国世子、亲王、宗室国戚等</td><td>金地，法绿龙，起金鳞，上嵌光面小红珊瑚，中嵌光面大红珊瑚，外镶小珍珠一围，赤金星芒。副宝星，绿龙，中嵌光面红珊瑚，上嵌小珊瑚；大红色带。</td></tr>
<tr><td>三</td><td>各国世爵、大臣、总理各部大臣、头等公使等</td><td>金地，法绿龙，起金鳞，上嵌光面小红珊瑚，中嵌光面大珊瑚，云头内镶小珍珠，赤金星芒。副宝星，绿龙，起金鳞，中嵌光面红珊瑚，上嵌小红珊瑚，大红色带。</td><td rowspan="4">总理衙门颁发，执照由总理衙门统一加盖关防。</td></tr>
<tr><td rowspan="3">二等</td><td>一</td><td>各国二等公使等</td><td>金地，起鳞金龙，上嵌小珊瑚，中起花大珊瑚，银星芒。副宝星，金地，金龙，中嵌起花珊瑚，上嵌小红珊瑚，紫色带。</td></tr>
<tr><td>二</td><td>各国三等公使、署理公使、总税务司等</td><td>金地，金光龙，中嵌起花珊瑚，上嵌小红珊瑚，紫色带。</td></tr>
<tr><td>三</td><td>各国头等参赞、武职大臣、总领事、总教习等</td><td>金地，起鳞银龙，上嵌小珊瑚，中嵌起花大珊瑚，银星芒。副宝星，金龙，起鳞银龙，中嵌起花珊瑚，上嵌小珊瑚，紫色带。</td></tr>
</table>

续表

等级		颁授对象	式样	颁发单位及执照
三等	一	各国二、三等参赞、领事官、正使随员、水师头等管驾官、陆路副将、教习等	法绿地，金光龙，中嵌蓝宝石，上嵌小红珊瑚。	何处奏请由何处照式制造颁发，执照由总理衙门统一加盖关防。
	二	各国副领事官、水师二等管驾官、陆路参将等	法绿地，起鳞银龙，中嵌蓝宝石，上嵌小红珊瑚。	
	三	各国翻译官、游击、都司等	法绿地，银光龙，中嵌蓝宝石，上嵌小红珊瑚。	
四等		各国兵弁等	法蓝地，银光龙，中嵌青金石，上嵌小红珊瑚。	
五等		各国商人等	银地，绿光龙，中嵌砗磲，上嵌小红珊瑚。	

2. 民国时期荣誉制度

(1) 南京临时政府时期。1912 年，孙中山批准了《勋章章程》，授勋对象扩大到为国立功的一般国民。南京临时政府的勋章共有 3 种，为九鼎勋章、虎罴勋章、醒狮勋章。九鼎勋章共分 9 等，授给有特别战功的陆海军军人。授予勋章时附给证明书，书内载有受勋者的特别战功，以后领取年金，均以此为据，直至该人死亡为止。九鼎勋章中刻黄帝像，旁列五兵，外围以九鼎。虎罴勋章授予有寻常战功的陆海军官兵，共分 9 等。获得虎罴勋章的人，在战事结束后，由国家给予勋金一次。勋章中刻虎罴两兽，外围以花纹。醒狮勋章，授予为国尽瘁、功劳卓著的一般人员，也可授予陆海军官兵，共 9 等。凡是褒赏名誉的，无赏金，其他均给赏金，额数临时酌定。勋章中刻一狮，外围以花纹。

(2) 北京政府时期。勋章分为普通勋章和陆海军勋章。前者有大勋章、嘉禾章、宝光嘉禾章、星云勋章；后者有白鹰勋章、文虎勋章、金狮勋章。①大勋章。1912 年袁世凯公布的《勋章令》规定，大勋章为勋章的最高级，大总统佩戴，可由大总统赠予外国元首，为大绶，红色。②嘉禾章分 9 等，授予有功于国家或有功于学问及事业的人。1916 年《修正勋章令》将嘉禾章划为第 3 类，共 9 等 10 种。嘉禾章通体银质镀金，绘嘉禾 1 茎 5 穗，其色黄叶绿，红色结绳，正中嵌红色宝石 1 粒。③宝光嘉禾勋章共分 5 等 6 种，1916 年 10 月 7 日颁行。④星云勋章，1925 年《星云勋章条例》规定，凡民国官吏及人民有勋劳于国家或社会，及外国人于民国国家或社会著有勋劳者，均可颁给星云勋章，分 9 等。⑤白鹰勋章，1912 年颁行，授予有特殊功勋的陆海军官兵，分 9 等；中心镂刻白鹰。⑥文虎勋章，1912 年《陆海军勋章令》规定，授予有武功或劳绩的陆海军官兵，分 9 等；中心镂刻文虎。⑦金狮勋章，1925 年由临时执政的段其瑞颁行，凡民国陆海军军人在平时、战时有勋劳或非陆海军军人及外国人对民国陆海军著有勋劳者，均可颁给，分 9 等。

（3）南京国民政府时期。这一时期普通勋章有采玉大勋章、采玉勋章、中山勋章、卿云勋章、景星勋章；陆海空军勋章有青天白日勋章、宝鼎勋章、云麾勋章、国光勋章；空军勋章有大同勋章、河图勋章、洛书勋章、乾元勋章。

普通勋章。①采玉大勋章，1933 年由南京国民政府颁行，属各种勋章中最高级，国民政府首脑佩戴，可由国民政府特赠外国元首。②采玉勋章，1933 年的《颁给勋章条例》规定，凡中华民国人民有勋劳于国家或社会者（军人除外），由国民政府颁给采玉勋章，分 9 等。③中山勋章，1941 年《勋章条例》规定，不分等级，凡“统筹大计安定国家者，翊赞中枢敉平祸乱者，其他对于建国事业有特殊勋劳者”，均得颁给，由国民政府主席亲授。④卿云勋章，1941 年颁行，凡有劳于国家或社会者，由国民政府授予，但公务员、非公务员及外国人颁授的条例各有不同；依勋绩分等，以绶为区别，分大绶、领绶、襟绶三种。⑤景星勋章，1941 年颁行，凡中华民国或外国人有劳于国家或社会者，均可由国民政府颁给；依勋绩分等，以绶为区别，分大绶、领绶、襟绶三种。

陆海空军勋章。①青天白日勋章，1929 年公布的《陆海空军勋章条例》规定，青天白日勋章不分等级，凡陆海空军官佐、士兵，于抵御外侮保护国家时立有特殊战功者，得由国民政府授予；勋章为银质镀金，绶为白心蓝条红缘。②宝鼎勋章分为 9 等，是南京国民政府陆海空军勋章的一种，非陆海空军军人或外籍人士对于战事建有勋功者，也可颁给宝鼎勋章。③云麾勋章，1935 年公布的《陆海空军勋赏条例》规定，凡陆海空军军人，对于国家建有勋绩或“震慑内乱立有勋绩者”，授给云麾勋章。非陆海军军人或外籍人员对于战事建有勋功者，也可颁给。勋章分 9 等。④国光勋章，1937 年公布的《修正陆海空军勋赏条例》规定，国光勋章无等级，陆海空军军人于战事时捍御外侮保卫国家著有特殊战功者，可颁给此勋章。

空军勋章有大同勋章、河图勋章、洛书勋章、乾元勋章，均无等级之分，授予这些勋章各自需不同的条件。此外还有复兴荣誉勋章，1937 年公布的《特授空军将士复兴荣誉勋章条例》颁定，分 3 等，各有不同条件；外籍空军军人投效本国，于空战时著有勋绩者，也授予各等复兴荣誉勋章。1944 年，颁行了用于奖赏武职的忠勇勋章、忠勤勋章等。

二　中国历代主要的荣誉制度

（一）爵位

1. 王爵

自汉代始，历代封建王朝都把封王作为巩固统治的一种手段，它是分封制不断发展变化的产物。古代封王都习惯地采用东周时的国名，如秦王、齐王、赵王等。主要是因为象征性参照周代进行封王，表示后来的君主都是尊重周礼的。通常来说，清朝以前，王的封地在哪里，就叫什么王，如梁王的封地在梁地，陈留王的封地在陈留；明成祖没当皇帝的时候叫燕王，因为他的封地在燕地。但也有例外的时候，如唐睿宗李旦曾经被封为“安国相王”，这是他的哥哥中宗李显为了笼络他辅佐自己，减少叛乱机会的手段。还有如明朝末年的“福王”，就是他的父亲为祝福他，特地给的封号。在清朝的时候，第一，看一个人的品行来给他定封号，像雍正没当皇帝以前就叫雍亲王；第二，看一个人的功绩给他定封号，如以平西王吴三桂为首的三藩，不过他们是特例，从被削藩以后，清朝就没有异姓王了。

表1—3 明初诸王分封表

序号	封号	生卒	封地	就藩时间
1	秦王	1356—1395	西安	洪武11年（1378）
2	晋王	1358—1398	太原	洪武11年（1378）
3	燕王	1360—1424	北京	洪武13年（1380）
4	周王	1361—1423	开封	洪武14年（1381）
5	楚王	1364—1424	武昌	洪武14年（1381）
6	齐王	1364—1428	青州	洪武15年（1382）
7	潭王	1369—1390	长沙	洪武18年（1385）
8	赵王	1370—1372	?	?
9	鲁王	1370—1390	兖州	洪武18年（1385）
10	蜀王	1371—1423	成都	洪武23年（1390）
11	湘王	1371—1399	荆州	洪武18年（1385）
12	代王	1374—1446	大同	洪武25年（1392）
13	肃王	1376—1419	甘州（初平凉）	洪武26年（1393）
14	辽王	1377—1424	广宁（初大凌河）	洪武26年（1393）
15	庆王	1378—1438	宁夏（初韦州）	
16	宁王	1378—1448	大宁	洪武26年（1393）
17	岷王	1379—1450	云南（初岷州）	洪武28年（1395）
18	谷王	1379—1427	宣府	洪武28年（1395）
19	韩王	1380—1407	永乐时平凉（初开原）	?
20	沈王	1380—1431	潞州	永乐6年（1408）
21	安王	1383—1417	平凉	永乐6年（1408）
22	唐王	1386—?	南阳	永乐6年（1408）
23	郢王	1388—1414	安陆	永乐6年（1408）
24	尹王	1388—1414	洛阳	永乐6年（1408）

资料来源：林健：《明代肃王研究》，甘肃人民出版社2005年版，第134页。

在实行分封诸王的过程中，会发生多种不同的变数。朱元璋建立明朝后，第一次封藩王是在洪武三年，朱元璋将几个皇子分别封为秦王、晋王、燕王、吴王、楚王、齐王、潭王、赵王、鲁王等。到了洪武十一年，又将其余几个皇子封为蜀王、湘王、豫王、汉王、卫王。封为蜀王的朱椿是朱元璋的第十一子，洪武二十三年才到成都就藩，建蜀王府。

分封诸王的目的在于以宗室的力量拱卫皇权。汉初大分诸王，一定程度上达到了捍卫刘氏家天下的作用。此后分封趋于淡化，但到明代又出现分封复活并有新发展的局面。明初分封藩王众多，有些如开国皇帝所企望，实现了内固皇权、外抗北元的重任。朱元璋赋予一些藩王统军之权，特别是分封在北边军事要塞的诸王，但亲王的势力逐渐发展壮大，有的利用自己的特殊身份为所欲为，终于形成尾大不掉的局面。

历代封建王朝中，作为最高统治者的皇帝，为了更好地维护和巩固皇权，除了以血亲远近直接分封同姓诸王外，还会分封一些异姓王以达到屏蔽社稷的作用。但是，异姓王的分封与皇权政治是相抵触的，因而一朝之内，异姓王的分封多局限于某一时期。而且一旦异姓王的权力、地位提高并直接威胁到皇权时，皇帝就会采取一些措施，如翦除异姓王，或削藩等来维护和巩固皇权统治。汉初分封了七个异姓王：楚王韩信、赵王张敖、韩王信、梁王彭越、淮南王黥布、燕王臧荼（后为卢绾）、长沙王吴芮。唐代与其他朝代略有不同。从唐初到唐灭亡，异姓王的分封一直存在，并且曾一度达到王爵泛滥的程度。其封王数量之多，在中国历代封建王朝中也是比较突出的。宋代封异姓王 40 余人，多为追赠。宋代封王还创下了一项纪录——赵佶颁旨将童贯封为广阳郡王，成为了自古第一个被封王的宦官。明朝生封王爵的只能是宗室，异姓王为死后追赠。明末局势混乱时，制度遭到破坏，封了不少异姓王，而且这些异姓王都是割据小朝廷所封的，正史上并未予以承认。清朝的异姓王总共有 15 个，生封 11 个，追封 4 个。

2. 公爵

古代五等爵中的"公爵"位第一。至晋代始有"开国郡公"、"县公"之称，历代沿置不革，北周封皇子为国公。

隋朝置有国公，位次郡王，高于郡公，沿袭至明，明以后去"开国"两字。《隋书·百官志下》："国王、郡王、国公、郡公、县公、侯、伯、子、男，凡九等。"唐元稹《赠太保严公行状》："阶崇金紫，爵极国公。"《宋史·职官志三》："列爵九等：曰王，曰郡王，曰国公，曰郡公，曰县公，曰侯，曰伯，曰子，曰男。”宗室封爵，唐、宋、辽、金四代亦有“国公”之称。清代有镇国公与辅国公，次于贝勒、贝子，高于镇国将军与辅国将军。

郡公，晋代开始置郡公制度，如小国王，一般称为“开国郡公”。此后历代相沿袭用。至明初尚有郡公之封，以后便废而不用。

县公，晋时开始置县公之爵，历代因之，也有称开国县公，明以后废止。

3. 侯爵

先秦时期就有较确定的“侯爵”。

至秦汉时期，侯爵分两等：一为列侯，地位相当于春秋战国时期的诸侯；一为关内侯，地位相当于春秋战国时期的附庸。在列侯和关内侯中间用封户多少来区分地位高低，封户在万户以上叫万户侯，千户以上叫千户侯，关内侯的封户相对较少。东汉时期，在列侯中有如下区分：特进、朝侯、侍祠侯和其他列侯。在三国魏时期，开始在列侯之上设五等爵：公、侯、伯、子、男，在关内侯之下设关中侯、关外侯，把列侯区分为县侯、乡侯、亭侯。

到晋的时候，侯有开国郡侯、开国县侯、开国侯，在开国男下还设有乡侯、亭侯、关内侯、关外侯。南朝大部分承袭魏晋。北魏有开国县侯，散侯两种；北齐沿袭北魏；北周只有县侯。隋初设有开国郡侯、开国县侯，开国男之下还有汤沐食侯、乡、亭侯，到隋炀帝时只剩下侯一级。

唐只有开国县侯。至明朝侯爵多者分为郡侯、县侯两级，少者只有一级。清朝分为一等侯又一云骑尉、一等侯、二等侯、三等侯。

4. 伯爵

西周时代称伯的诸侯多为文献记载较少的小国之君，有的是畿内封君，如荣伯、井伯、杜伯、单伯、散伯、微伯、过伯、夷伯等。春秋时代明确称伯的国君，主要有郑伯和曹伯。

秦汉二十等爵中，无伯爵。曹魏时，废二十等爵，实行公、侯、伯、子、男五等爵制。北周置伯爵，秩正六命，地位在县侯之下。南朝陈开始加“开国”二字，称为开国县伯。《隋书·百官志上》：“陈承梁……其封爵亦为九等之差。……开国县伯，第四品，并视中二千石。”

元代有县子、县男，无县伯。至明朝，子、男爵被废止，伯爵成为最低的一阶。明代的“免死铁券”——金书铁券共分七等，其中公爵有二等，侯爵有二等，伯爵有二等，其大小为高七寸，宽一尺二寸五分。所有的铁券都是一式两件，一件授予获赐者，另一件藏于内府。明代除功臣、外戚外，宦官子弟、少数民族首领也可受封伯爵。清代伯爵可以世袭，分一等伯兼一云骑尉，及一至三等伯。清代汉人受封较高伯爵者的是张廷玉，封一等宣勤伯。

（二）加官

加官，即为本官之外另加其他官职。根据学者研究，加官现象在秦朝就已出现。汉代时，中朝官必须要有加官。在西汉武帝之时，相权较大，皇帝在战乱后采取了黄老家言，实行无为而治，有加官者主要是入宫服务，或给予一些人宫中服务的机会，以示皇帝对他们的容宠。但是汉武帝为实现个人政治抱负，加强了加官中朝决策的作用，并弥补宰相能力之不足，此后，加官逐渐形成一种制度，称号有大司马、侍中、左右曹、诸吏、散骑、中常侍、西域都护等。①

西晋时，加官主要有特进、光禄大夫、侍中、散骑常侍等官职。此外，西晋加官还有品级相对较低的奉车都尉与驸马都尉。

从秦朝到清代，都有加官现象。当皇帝看到外朝官中有人胜任中朝官时，也可以给他们一个头衔，让他们兼任中朝官。②

此外，有学者认为加官为本职以外的一种虚衔。加官是职官制度的重要组成部分，一般用来提升官员品级或待遇，或对官员进行奖励。加这些官职多是皇帝对当事人的特殊褒奖，一般由皇帝做主，不需经过有关部门，加官多没有实际职务，只是因为皇帝的喜恶而定，其评定标准在皇帝心中。③

（三）散阶

中国古代的官职结构中有两类官职：一类有实际行政职能，称职事官；另一类属品位性官职，称散官，有官名而无固定职事。品位性官职进一步发展，就形成了散阶制。散阶，指无固定职事的官员品阶。

---

① 董劭伟：《秦汉加官研究综述》，《高校社科信息》2005 年第 4 期。

② 陈仲安、王素：《汉唐职官制度研究》，中华书局 1993 年版，第 77—78 页。

③ 董劭伟：《曹魏加官制度研究》，《许昌学院学报》2005 年第 1 期。

散官之制始于两汉，指的是无印绶、不理事的官员。如汉之大夫、博士、谒者、郎官，或无专职而参预议论政事，或侍从左右，传达诏命。自汉魏以来的加官加衔，如开府仪同三司、特进、侍中、光禄大夫等到南北朝时也成为散官的一大来源。秦汉的领兵武职“将军”，后来虚衔化为军阶，各种冗官、名号、荣衔相继滋生。散官大夫在汉代只是没有固定职事，却经常承担临时差使，魏晋以后则几乎就是冗散或荣衔，汉代加官至此也明显淡化。南北朝时形成东西省体制，两省文武散官的主要功能是提供入仕初阶、迁转阶梯及用作加衔。此外秘书著作之官、东宫侍从及府官僚掾，也因优游无事、主要用于起家迁转而大为“品位化”。北周时仿《周礼》之制设置六府，改易百官之名，然自汉魏以来的侍中、散骑常侍、光禄大夫、太中大夫、中散大夫等仍然设置，但无实际职掌。

隋初散官设置授给有声望的文武官员，至开皇六年（586），在六至九品设置八郎八尉共十六阶散官。

唐代的散阶制，上承魏晋南北朝的士族门阀政治制度余绪。唐制文武散阶就来自南北朝的文散官和将军号，而且与东西省散官呈沿革关系。唐制文武散阶分别由文武散官构成。文武散阶都是二十九阶（见表1—4），分别以“大夫”、“郎”或“将军”、“校尉”等为名。散阶和职事官阶并不一致，为此发展出了“行”、“守”等术语加以规范。在入仕之初，官员首先获得散阶；在任满解职的时候，散阶依然维系着官员品级；在授予职事官时，散阶高低是必须考虑的因素。散阶待遇较多，如薪俸、给田免课、刑罚、班序、车舆、衣服等，此外还涉及致仕、封爵、置媵、营缮、丧葬、谥议等方面的待遇。除了授予本国官员的文武散阶之外，唐显庆三年（658）还设置了授予外国首领的武散官，有十六阶。

北宋前期，沿袭唐制，官阶分本官阶和散官阶。文散官从开府仪同三司到将仕郎共二十九级，武散官从骠骑大将军到陪戎副尉共三十一级，与唐二十九阶相比，增加正三品怀化大将军，在冠军大将军下；从三品归德将军，在云麾将军下。京朝官和选人，遇郊祀等庆恩，每次加五阶，到朝散大夫以上，每次加一阶。武官诸司使以上，如使额高者加金紫光禄大夫阶；内殿祟班初授，加银青光禄大夫阶。散阶较为复杂，但作用不大，在神宗改制时被废除。此后，散官专指闲散不管事的官职。

表 1—4　　唐代文武散阶表

<table>
<tr><th colspan="2"></th><th>文散阶
（唐高祖武德年间）</th><th>文散阶
（太宗贞观十一年）</th><th>武散阶
（太宗贞观十一年）</th></tr>
<tr><td colspan="2">从一品</td><td>开府仪同三司、左光禄大夫</td><td>开府仪同三司</td><td>骠骑大将军</td></tr>
<tr><td rowspan="2">二品</td><td>正二品</td><td>特进、右光禄大夫</td><td>特进</td><td>辅国大将军</td></tr>
<tr><td>从二品</td><td></td><td>光禄大夫</td><td>镇军大将军</td></tr>
<tr><td rowspan="2">三品</td><td>正三品</td><td></td><td>金紫光禄大夫</td><td>冠军大将军</td></tr>
<tr><td>从三品</td><td>散骑常侍</td><td>银青光禄大夫</td><td>云麾将军</td></tr>
<tr><td rowspan="4">四品</td><td>正四品上</td><td rowspan="2">太中大夫、通直散骑常侍</td><td>正议大夫</td><td>忠武将军</td></tr>
<tr><td>正四品下</td><td>通议大夫</td><td>壮武将军</td></tr>
<tr><td>从四品上</td><td>中大夫</td><td>太中大夫</td><td>宣威将军</td></tr>
<tr><td>从四品下</td><td>员外散骑常侍</td><td>中大夫</td><td>明威将军</td></tr>
<tr><td rowspan="4">五品</td><td>正五品上</td><td>中散大夫</td><td>中散大夫</td><td>定远将军</td></tr>
<tr><td>正五品下</td><td>散骑侍郎</td><td>朝议大夫</td><td>宁远将军</td></tr>
<tr><td>从五品上</td><td>通直散骑侍郎</td><td>朝请大夫</td><td>游骑将军</td></tr>
<tr><td>从五品下</td><td>员外散骑侍郎</td><td>朝散大夫</td><td>游击将军</td></tr>
<tr><td rowspan="4">六品</td><td>正六品上</td><td rowspan="2">朝议郎、承议郎</td><td>朝议郎</td><td>昭武校尉</td></tr>
<tr><td>正六品下</td><td>承议郎</td><td>昭武副尉</td></tr>
<tr><td>从六品上</td><td rowspan="2">通议郎、通直郎</td><td>奉议郎</td><td>振威校尉</td></tr>
<tr><td>从六品下</td><td>通直郎</td><td>振威副尉</td></tr>
<tr><td rowspan="4">七品</td><td>正七品上</td><td rowspan="2">朝请郎、宣德郎</td><td>朝请郎</td><td>致果校尉</td></tr>
<tr><td>正七品下</td><td>宣德郎</td><td>致果副尉</td></tr>
<tr><td>从七品上</td><td rowspan="2">朝散郎、宣义郎</td><td>朝散郎</td><td>翊麾校尉</td></tr>
<tr><td>从七品下</td><td>宣义郎</td><td>翊麾副尉</td></tr>
<tr><td rowspan="4">八品</td><td>正八品上</td><td rowspan="2">给事郎、征事郎</td><td>给事郎</td><td>宣节校尉</td></tr>
<tr><td>正八品下</td><td>征事郎</td><td>宣节副尉</td></tr>
<tr><td>从八品上</td><td rowspan="2">承奉郎、承务郎</td><td>承奉郎</td><td>御武（侮）校尉</td></tr>
<tr><td>从八品下</td><td>承务郎</td><td>御武（侮）副尉</td></tr>
<tr><td rowspan="4">九品</td><td>正九品上</td><td rowspan="2">儒林郎、登仕郎</td><td>儒林郎</td><td>仁勇校尉</td></tr>
<tr><td>正九品下</td><td>登仕郎</td><td>仁勇副尉</td></tr>
<tr><td>从九品上</td><td rowspan="2">文林郎、将仕郎</td><td>文林郎</td><td>陪戎校尉</td></tr>
<tr><td>从九品下</td><td>将仕郎</td><td>陪戎副尉</td></tr>
</table>

辽的文散官与唐制基本一致，只是光禄大夫、金紫光禄大夫、银青光禄大夫因避太宗德光之讳，分别改为崇禄大夫、金紫崇禄大夫、银青崇禄大夫。金朝文武散官与唐制有较大变化，表现在文散官增至四十二阶，武散官的一、二品皆用文职。元朝的制度沿袭金朝，于元世祖至正年间制定。其中文散官四十二阶，武散官有三十四阶。

明朝的散官制度与唐宋时不同，表现为按官授阶，因此散官的地位与作用下降。与官品相配，明散官也分为九品十八级，从九品至正五品及正、从一品，每级又有初授、升授两等，从四品至正二品则有初授、升授、加授三等。散官的授予办法是，初授或升授某品官，司时赐予初授散官；初考称职时，赐升授散官；再考功绩显著者，赐加授散官。考核平常者，不赐升授或加授散官。除给散官外，文官一品至五品，武官一品至六品，经再考，可参照散官同时授予勋级。因此，散官既是附加性官衔，又可视为考核制度的补充，但与实职和俸禄并无关系。明之文散阶有四十二阶，以历考为差；明之武散阶三十阶。清代官员的等级待遇进一步向实际职务倾斜，散阶制继续淡化、简化，散官则变成了封赠。

（四）勋官①

勋官起于南北朝时周、齐交战之际，北周建德四年（575）设置，最初以府兵制之统御官之名奖励作战有功的战士，后渐及于朝官，成为不理事的散职。北周时，设勋官共十一等级：上柱国、柱国大将军、上大将军、大将军、上开府仪同大将军、开府仪同大将军、上仪同大将军、仪同大将军、大都督、帅都督、都督。

隋初勋官沿用北周制，仅改柱国大将军为柱国，上开府仪同以下改“大将军”为“三司”。隋炀帝大业三年（607），更定官制，重改品级。废特进、八郎、八尉、十一等勋官，并省朝议大夫。散、勋官合并，更定后的散职为从一至九品。此外，原勋官中四品的开府仪同三司改为从一品散官。

---

①　阎步克：《论中国古代官制的品位与官阶》，http：//news. 163. com/09/0626/00/5cmOB74 L000βF⊥6 _ 2. html。

唐代的勋官。唐高祖武德七年（624）沿用了周隋的十一等勋官，唯改其名称，用上柱国、柱国、上大将军、大将军、上轻车都尉、轻车都尉、上骑都尉、骑都尉、骁骑尉、飞骑尉、云骑尉、武骑尉，凡十二等，最高者视正二品，最低者视从七品。贞观十一年，改上大将军为上护军，大将军为护军，以后成为永制。勋官十二转，转数多者为贵。

宋勋官仍为十二转，与唐代相同。京官和选人从武骑尉开始升转，升朝官从骑都尉开始升转，逐级而进。骑都尉以上，两府和正任以上武臣遇到朝廷恩典，每次升转的级，文、武朝官升转一级。徽宗政和三年（1113），罢文臣勋官，南宋又恢复文臣勋官。至元时，勋官变为十阶。

明朝的勋级与以前相比有所变化，文武勋分开。文勋五品十级；武勋六品十二级。

清代官员的等级待遇进一步向实际职务倾斜，勋级撤并入世爵世职。从顺治初年起，清朝政府就规定，凡官员“覃恩及三年考满”，按品衔高低都可以封赠。康熙四年（1665），停官员三年考满给予封典例。故官员只要碰到朝廷庆典，颁发恩诏，而任职在2年以上者，便可请求封赠。武官封赠十八阶；按照顺治年间的规定，文职正从一品均称光禄大夫，只是正一品官在光禄大夫前加“特进”二字。武职一品称荣禄大夫。经乾隆三十二年改定，始将武职中的荣禄大夫移于文从一品。

（五）旌表[①]

1. 历代旌表概况

旌表制度在中国古代是一种政治褒奖行为，是一种高尚的荣誉。它体现了封建统治者实施教化的执政思想，是儒家思想对民众渗透的结果。

旌表最早可追溯至先秦时期。《尚书·毕命》记载“旌别淑慝，表厥宅里；彰善瘅恶，树之风声”，《周礼》中亦有类似记载。古代旌表主要体现在表扬忠、义、节、孝方面，由此形成一种激励制度。自秦、汉以来，历代封建王朝对义夫、节妇、孝子、贤人、隐逸及累世同居等赞赏有加，由地方政府上报朝廷，获准后赐以匾额，或建造牌坊，以示表彰。魏晋南北朝时期，旌表制度不断发展，并规定在立太子时，对孝子节妇等加旌赏。

---

① 吴艳艳：《中国古代旌表制度研究》，硕士研究生学位论文，黑龙江大学，2009年。

隋唐时期，旌表制度形成定例。《北史·隋炀帝纪》“义夫节妇，旌表门闾”；《新唐书·玄宗皇帝》“旌表孝子顺孙、义夫节妇，终身勿事”；《册府元龟》旌表部“天下至大士民至众不可家喻而户晓故显其忠，所以励事君也褒其孝；所以劝事亲也尊其贤者；所以耸善也表烈士；所以舆义也。或授之爵秩，或禄其子孙，或旌其门闾，或赐以穀帛以至復其征赋申以祠祀”。可见这一时期，对旌表的功用有较为完整的认识。

宋明清时期，封建专制制度趋于成熟，旌表制度愈来愈僵化。大量的孝子、节妇，为谨守节行，往往毁身守志、事亲。在整个社会受旌表的人不断增加，而这笔费用相应地也不断膨胀。很多人无法得到朝廷的旌表，于是地方乡规、族约不断发展起来，本族、本地的表彰，就渐渐形成地方的旌表制度。然而，随着封建皇权的不断加强，各种形式的愚忠、愚孝、愚节行为大量涌现，旌表制度日趋僵化并最终走向消亡。

2. 旌表制度的对象

旌表的对象主要有贞女节妇、义夫、孝子、义门等。

历代封建政权对贞女节妇的称颂与旌表，是其推行教化、巩固社会秩序的途径。这种行为渊源甚早。《周易·恒卦》“妇人贞节，从一而终”；《礼记·郊特牲》“信，妇德也。一与之齐，终身不改，故夫死不嫁”；班昭《女诫》“礼：夫有再娶之义，妇无二适之文”。至三国两晋时期，贞节观念日盛，守节人数增多。兴起于北宋而完成于南宋的程朱理学，将贞节桎梏发展到了一个高峰，元明清在此基础上进一步强化贞节观念。《元典章·户部》“妇人因夫、子得封郡县之号……若夫、子不幸亡殁，不许本妇再醮，立为定式”。明代林尧俞修《礼部志稿》记载“其余生员典吏一应人等，有孝子顺孙，义夫节妇志行卓异，足以激励风化，表正乡闾者，官司仍以具实迹以闻，一体旌表”。《清会典》卷三十“守节之妇，不论妻妾，自三十岁以前守节，至五十岁或年未五十身故，其守节已及六年果系孝义兼全阨穷堪悯者，俱准旌表；妇人因子受封，准予旌表；对于因夫受封而守节者，不旌表；夫妇未成婚，流难失散，守节至老合晋者，准予旌表；对于孝女以父母未有子孙，终身奉亲不嫁者，如孝子例；对于未婚贞女守志，而合年限者，如节妇例。如果是在夫家守贞身故，及未符年例身故者，一体旌表；打仗未归，其妻守节合年例者，准其旌表”。从上述文献可见，随着时代的发展，旌表贞节不断细化，以至于极致。

义夫，在明清以前多表现为义举，是一种对公益行为价值的推崇，如乐善好施、路不拾遗等贵义贱利等行为。明清时主要指青壮年丧妻后守节的行为，这是贞节观念对男人的束缚。宋代程颐就说“大夫以上无再娶礼”，至明清时期，见诸文献的“义夫旌表”比比皆是。明人王圻《续文献通考》有“义夫”门，明代地方志中也出现“义夫”目。清道光时正式颁布旌表条例，《道光礼部则例》卷四十六“直省义夫应旌表者，须年在三十岁以内，已有子嗣，原配身故，并不续娶纳妾，且，至六十岁以上身故，准请旌表”。明清时期的义夫旌表，有旌表救助他人的义行，有旌表妻死不再娶的，其目的是为厚人伦而励时风。

旌表孝悌是古代社会教化的重要内容。孝悌，意为对父母兄长的敬重、奉养与服从，并祭祀先祖。《孟子·万章》“孝子之至，莫大乎尊亲”。汉代以“孝治”著称，西汉设立三老以宣扬孝道。《后汉书·百官志》“(三老）掌教化，凡有孝子孝孙，贞女义妇，让财救患，及学士为民法式者，皆扁表其门，以兴善行”。三国两晋至隋唐时，崇孝思想进一步深入人心。宋代孝行迭出，孝道成为桎梏人们思想的枷锁。元代出现《二十四孝》，对维护社会秩序起重要作用。明清时期，统治者更加推崇孝行。从侍奉父母，到毁身葬亲、自残以救父母等所谓的孝行，符合封建政府推行孝道控制社会的思想。

义门为累世同居的大家族，这是一种基于宗法制度上的特殊的家族形态。义门始于汉代，魏晋时形成规模，唐宋发展起来。受到朝廷旌表并作为社会典范，始于南朝宋齐时期。《南明宋会要》旌表孝义“南豫州董阳，三世同居，诏蠲一门租布”。唐宋以后，人们艳羡、社会尊崇，义门旌表成为民众极力追求的目标。明代累世同居的郑世家族，在南宋时就形成了大的家族，至明时近三百余年。“太祖问治家长久之道。对曰：‘谨守祖训，不听妇言。’帝称善，赐之果，濂拜赐怀归，剖分家人。”旌表义门可达到息讼、稳定家庭秩序等目的，备受朝廷青睐。

此外，旌表的对象还有长寿老人等。统治者对长寿者予以旌奖，是一种敬老养老、宣扬孝道、进行教化的行为。

3. 旌表的方式

挂匾额、树碑、建牌坊，这些是旌表的主要方式。褒奖孝子、义夫、节妇等，推行孝义仁爱之风，让个人、家族“流芳百世”。

清代对循分守节合年例的妇女给予“清标彤管”四字匾额，对累世同居给予“五世同堂”、“期颐偕老”等字匾。树立石碑，可以标榜受旌之人的旌行。对明朝战乱中死不受污者，《明武宗实录》记载“（正德六年）请于诸府旌善亭建贞烈之碑，列姓氏年籍，以垂永久”。建牌坊最为典型的为贞节牌坊。《后汉书·安帝纪》，元初六年二月（119），“赐贞妇有节义谷十斛，甄表门闾，旌显厥行”，这是贞节牌坊的雏形。清代牌坊最为风行。《嘉庆会典事例》记载，顺治十年（1646），“凡旌表节孝在直省州府县者，官给银三十两，满洲蒙古汉军支部库银三十两，听其自行建坊”。《清会典事例》卷五百四记载，雍正二年（1724）湖广省黄冈县民邓一隆八世同居，家逾百口，阖门雍睦，给予建坊银三十两，表其坊曰“八世同居之门”。

此外，物质赏赐也是重要的旌表方式。《汉书·宣帝纪》记载，对贞妇顺女，赐“帛”。《明史·列女一》记载，为表彰新乐县韩太初之妻刘孝妇对婆婆的照顾，赐“衣一袭，钞二十锭”。后世还有赐土地、马匹、银两、奴婢、绸缎等，实物形式多种多样。

（六）诰命夫人

诰命又称诰书、制诰，俗称圣旨，是皇帝封赠官员的专用文书，所谓诰是以上告下的意思。圣旨的发展历史早在西周时就已出现，一直到清宣统时而告终。古代封赠一品至五品的官员称诰，授以诰命；六品至九品称勅，授以敕命。诰和勅用不同的玺印。诰命夫人跟其丈夫官职有关，有俸禄，无实权。诰命夫人往往是统称，国夫人则为具体的级别，尤其对于外命妇。

唐代诸王的母或妻及妃，文武官一品和国公的母或妻及妃为“国夫人”；三品以上官员的母或妻为“郡夫人”。宋代一品、二品官员之妻皆封“夫人”。

明清两代诰命与敕命，多为翰林院撰拟，经内阁大学士奏定后颁发。明代以前的圣旨只用汉文一种文字书写，到清代则用汉、满两种文字书写。《清会典》中载，诰命针对官员本身的叫诰授；针对曾祖父母、祖父母、父母及妻时，存者叫诰封，殁者叫诰赠。清代诰命用五色丝织品精制，书满汉文，皇上钤以印鉴。

明代规定，亲王、郡王用册，亲王生母封夫人给诰命，图案为云凤锦。镇国将军及夫人用玉轴，辅国将军及夫人犀牛角轴，奉国将军及淑人抹金轴。文官一品云鹤锦，夫人鸾锦，俱用玉轴；二品狮子，夫人，俱用犀牛角轴；三品、四品瑞荷，淑人、恭人芙蓉，俱用抹金轴；五品瑞草，宜人四季花，俱用角轴；六品、七品、安人俱用葵花乌木轴，八品、九品同样用葵花乌木轴。武官一品至七品俱铠甲葵花引首，抹金轴。诰命的织文，文官用玉箸篆，武职用柳叶篆。诰命织文为“奉天诰命”，敕命织文为“奉天敕命”，都有升降龙盘绕。

清代诰命敕命由翰林院撰拟，经内阁大学士奏定之后，按品级填给。其文字采用满汉合璧书写，满文行款从左至右，汉文行款从右至左，合于中幅而书年月日。年月各按奉旨、奉诏日期书写。钤盖“制诰之宝”、“敕命之宝”。凡遇袭封，世袭有数次者及世袭罔替者，每袭一次，都要增写在原给诰命、敕命之后，如增写已满，则重新填写，送宫中内阁用“宝”，并与原诰敕一同发给官员。

主要的诰命夫人称号有如下几种：

淑人，为宋徽宗时定制。文官正、从三品的祖母、母、妻各封淑人。明清制三品及宗室奉国将军之妻为淑人。

硕人，妇人封赠之号。宋政和初年定命妇等级，大夫以上封硕人。

令人，宋制，内命妇有奉恩令人等封号，为正六品。外命妇之号有九等，令人居第五等，大、中大夫以上的妻子封令人。

恭人，在令人之下，自中散大夫以上至中大夫之妻封之，充为六品。明清为四品官之妻的封号。清又以奉恩将军之妻为恭人。

宜人，宋代正和年间始有此制，文官自朝奉大夫以上至朝议大夫，其母、妻封宜人；武官官阶相当者同。元明后，改依其子或夫官品受封，元代七品封宜人，明清五品封宜人。

安人，在宜人之下，自朝奉郎以上至朝散大夫之妻封之。明清则为六品官之妻的封号。

孺人，据《礼记·曲礼下》记载：“天子之妃曰后，诸侯曰夫人，大夫曰孺人，士曰妇人，庶人曰妻。”宋代为通直郎以上之母或妻的封号，则为七品官母或妻的封号。

（七）赐姓

赐姓现象早在先秦时期就已出现，它包括德赐和凶赐，其权力自始至终掌控在皇帝手中。[①] 皇帝通过德赐，褒奖恩宠的臣子。因此，对受赐者而言则是一种崇高的荣誉。

先秦赐姓，一般以地名为赐姓。《续文献通考》卷 207“氏族考”中有载，“赐土姓，言因所生之土而赐之”。如“姬之得赐姬水故也，姜之得赐于姜水故也。故曰因生以赐姓”。秦汉以后，赐姓发生了较大变化。由于天子姓氏作为国姓，居于万姓之首，其神圣地位获得社会崇敬，用天子姓氏作为赐姓成为秦汉以后赐姓的主要内容。

用天子国姓赏赐臣子，始于汉高祖刘邦。《西汉会要》卷 17 记载，“高祖封项伯等四人为列侯，赐姓刘氏”。唐代为李氏王朝，《续文献通考》卷 212《氏族考》“赐李氏者，有邴元纮、杜伏威、郝廷玉、宋文通、胡大恩……皆由立功赐国姓”。至明朝时，朱元璋赐义子朱姓开了个先例，明武宗正德七年，“赐义子二十七人国姓”，“都督钱宁、钱安、许国，赐朱姓”。明末清初郑成功，原名郑森，南明隆武帝深为器重，“因赐姓朱，改名成功”。[②]

古代受赐国姓最为常见、最为普遍的途径是军功。对皇帝而言，“其有倚为腹心者，则赐以皇族之姓”。[③] 军功赐国姓，当以金朝最为典型。《续文献通考》卷 212《氏族考》记载得较为详细，“金制，赐国姓者：凡以千人败敌三千者，赐及缌麻以上；败两千人以上者，赐及大功以上；赐千人以上，赐及其身”。赵翼《廿二史札记》卷 28 记载，金朝军人拼杀疆场获赐国姓者甚多，“其功多或力大可恃以为援者，则竟赐以皇族之姓，如郭仲元、郭阿憐、李震、梁佐……皆赐完颜氏”。

除国姓外，还有选择其他姓氏作为赏赐的。《续文献通考》卷 212《氏族考》“金日（左石右单），本匈奴休屠王之子，降汉，武帝以休屠用金人祭天，赐姓金氏”，“贺若氏，代居玄朔，无姓。随魏南迁，北俗以忠贞为贺若，因赐姓氏焉”。非国姓的赐姓，多取吉祥、高贵，因以皇帝名义赐之，故而成为一种特殊的荣耀。[④]

---

① 黄修明：《中国古代赐姓赐名制度考论》，《四川师范大学学报》2000 年第 6 期。

② 同上。

③ （清）赵翼：《廿二史札记》卷 28。

④ 黄修明：《中国古代赐姓赐名制度考论》，《四川师范大学学报》2000 年第 6 期。

（八）清末至民国时期几种主要勋章

1. 双龙宝星勋章

图 1—1

清政府总理各国事务衙门于光绪十七年（1891）12 月 29 日，向朝廷上奏了勋章章程，建议设置“双龙宝星”勋章（图 1—1）。这个奏折和勋章章程、勋章图案很快得到批准，诞生了中国历史上的第一枚勋章。“双龙宝星”勋章外形为星状，图案仿照清朝国旗，以龙为标志。勋章分五等 11 级，双龙宝星以金银珠宝制作。不同等级的宝星，主要以其颜色和所饰的珠宝相区别。头等第一级用赤金地，法绿龙，起金鳞，上嵌大珍珠一颗，团龙内嵌小珍珠一颗，沿边用小珍珠镶嵌一周，赤金星芒；头等第二级用金地，法绿龙，起金鳞，上嵌光面小红珊瑚，中嵌光面大红珊瑚，外镶小珍珠一周，赤金星芒。除头等第一、二级外，其余等级在颁发时附有执照以为凭据。头、二等由总理衙门制造颁发，三、四、五等何处奏请颁赏即由何处照式制造颁发，执照由总理衙门统一加盖关防。

2. 嘉禾勋章（图 1—2）

中华民国二年（1913）7 月设立。嘉禾勋章（图 1—2）共九等，授予那些有勋劳于国家或有功绩于学问、事业的人，授予等级按授予对象的功勋大小及职位高低酌定。中华民国成立后，嘉禾图案取代清代的龙纹经常出现在货币、徽章上，并具有简易国徽的性质。当时对嘉永图案样式并未作明确的规定。

图 1—2

3. 文虎勋章

图 1—3

中华民国二年（1913）12 月设立。

文虎勋章（图 1—3）主图案分三个层次，第一层次由八角形五色旗组成的光芒围绕四周；第二层次八角形立体银色光芒，正中上方还有三个立体五角星组成的品字形图案；第三层次在直径约 2 厘米的圆圈内，坐立着一只翘着长长尾巴的老虎，故称“文虎”勋章，背景为绿色的草地和蓝色的天空。背面镌有银匠的戳记。

文虎勋章共分9等，分别授予陆海军中有战功或劳绩者。其中，一、二等授予上等官佐，三至六等授予中等和初等官佐，七等以下授予士兵。

4. 青天白日勋章

图1—4

青天白日勋章（图1—4）中心为青天白日国徽，代表国家，四周为光芒，象征获此章者有御侮克敌，使国家光辉四耀的功勋。

青天白日勋章于中华民国十八年（1929）国民政府公布《陆海空军勋章条例》时颁行。此章颁给陆海空军军人，凡捍御外侮，保卫国家，立下战功者颁给之。

此章于着军礼服时，佩于左襟中部，大绶由右肩斜至左肋下；着军常服时，要佩戴勋表；与他种勋章并佩时，其位置居于国光勋章之后，宝鼎勋章之前。

民国二十四年（1935）改订《陆海空军勋赏条例》后，此章照旧颁行，为襟绶，有表，不分等级。

5. 采玉大勋章

采玉大勋章（图1—5），民国二十一年（1932）由南京国民政府颁行，属各种勋章中最高级。采玉大勋章中心为玉质国徽。之所以采用玉质，取自《礼记》“君子比德于玉焉，温润而泽，仁也”及《诗经》“言念君子，温其如玉”，用玉喻君子之德，象征至高的尊荣。

图 1—5

6. 云麾勋章

图 1—6

民国二十四年（1935）公布的《陆海空军勋赏条例》颁定。云麾勋章（图 1—6）中心为杏黄旗矗立于云霄图，四周为光芒。

云麾勋章分九等，一、二、三等为大绶，四、五等为领绶，六、七等为襟绶附勋表，八、九等为襟绶。各等均有表。

此章颁给陆海空军军人，凡对国家建有勋绩，或震慑内乱，颁给立有下列功绩之一者：

① 治军有方成绩显著者；

② 发明新兵器用以杀敌而获成效者；

③ 筹划作战允洽机宜因而致胜者；

④ 剿办股匪收复匪区被占地方者；

⑤ 镇守地方肃清潜伏盗匪而能使四境安宁者；

⑥ 临阵勇敢率先夺取军械及捕获叛党与匪首者；

⑦ 冒险达到命令中之任务者；

⑧ 破获国际阴谋扰乱机关证据确鉴者；

⑨ 办理困难或危急事件甚切机宜者；

⑩ 服务成绩特别优良者。

将官颁给一至四等，校官颁给三至六等，尉官颁给四至七等，准尉及士兵颁给六至九等。但授予外籍人员时，除三等称宝鼎或云麾勋章外，所有名称均以授之的种类区别，其中一、四、六、八各等，冠以特种字样。

此章于着军礼服时佩戴，着军常服时，得佩戴勋表，一、二、三等勋章佩于左襟中部。凡佩大绶，均由右肩斜至左肋下。四、五等勋章以领绶佩于领下，六等以下以襟绶佩于左襟，与他种勋章并佩时，一至五等位于同等宝鼎勋章之后，六等以下佩于忠勇勋章之左，忠勤勋章之右。

7. 宝鼎勋章

图 1—7

民国二十六年（1937）6 月颁行。宝鼎勋章（图 1—7）中心为宝鼎，四周为光芒。

宝鼎勋章分九等，一、二、三等为大绶，四、五等为领绶，六、七等为襟绶附勋表，八、九等为襟绶。各等均有表。

此章颁给陆海空军军人，凡捍御外侮或震慑内乱。颁给具有下列战功之一者：

① 身先士卒迭歼巨寇者；

② 忠勇奋起达成任务有事实证明者；

③ 歼灭顽寇获致胜利者；

④ 平定内乱功绩卓著者；

⑤ 镇压内乱擒获叛党首魁及潜逃者；

⑥ 镇压内乱夺取被据城池者；

⑦ 长官因公陷于危急极力救护以立功者；

⑧ 捕获或轰炸叛逆之军用舰船或击落飞机及捕获战车者；

⑨ 冒险救护被难船只或飞机得获安全者；

⑩ 于一次任务中空中击落敌机三架以上，地面击毁敌机五架以上者；

⑪本舰或他舰航海停泊中遇有危险冒险从事得以免其危险者；

⑫空中轰炸命中敌之次要根据地、前进阵地、飞机场、港湾、桥梁、各级司令部、械弹库、各种轻型舰船、大型商船，其他各项相当重要军事设备，使之全毁或沉没，而有充分证明者；

⑬捕获海贼或国际海贼证据确鉴者；

⑭空中侦察所得敌情直接致我军予敌有重大损失或达成其他相等重要任务者。

将官颁给一至四等，校官颁给三至六等，尉官颁给四至七等，准尉及士兵颁给六至九等。非陆海空军军人，或在乡军人，或外籍人员，对于战事建有功勋者，得依条例规定颁给宝鼎或云麾勋章。

此章于着军礼服时佩戴之，着军常服时，得佩戴勋表，一、二、三等勋章佩于左襟中部。凡佩大绶，均由右肩斜至左肋下。四、五等勋章以领绶佩于领下，六等以下以襟绶佩于左襟，与他种勋章并佩时，一至三等位于青天白日勋章之后，四、五等位于同等云麾勋章之前，六等以下佩于忠勇勋章之右。

8. 国光勋章

民国二十六年（1937）11 月公布的《修正陆海空军勋赏条例》颁定。

国光勋章（图 1—8）中心为威武鹰扬图案。四周为光芒，象征荣获此章者有使国家前程远大，国运昌隆，光芒四照的功勋。为襟授，有表，不分等级。

此章颁给陆海空军军人，捍卫外侮、保卫国家，颁给有下列特殊战功之一者：

图 1—8

① 歼灭敌军全部或大部，并夺获敌军重要地点，及军旅火炮或重要军备等；

② 歼殆或捕获敌军重要人员者；

③ 断绝敌军交通，或夺获敌军军粮军械，战局因以奏功者；

④ 冒险伏置水雷，得以轰沉敌之军舰或加危害，使敌失战斗力者；

⑤ 冒险冲破敌之包围或封锁，以苦战斗运输之途，终得达其目的者；

⑥ 首先占领有守备之炮台港湾或城市者；

⑦ 夺获或击沉敌力军舰及军用船只者；

⑧ 冒险入敌之港湾破坏其船舰者；

⑨ 于一次任务中空中击落敌机五架以上，地面击毁敌机八架以上者；

⑩ 冒险封锁敌之港湾得尽其任务者；

⑪ 空中轰炸命中敌之要塞、重要军港、航空母舰主力舰及其重要军事设备使之全毁或沉没，影响敌力战力或轰炸交通要点使敌军运输补给陷于瘫痪因而获得重大胜利，有充分证明者；

⑫ 冒险侦察精密准确，赖以洞悉敌情因获胜利，于敌重大损失或使我军避免重大损失者；

⑬ 捕获或击落敌之飞机以上或捕获敌军战车八辆以上者。

此章于着军礼服时，佩于左襟中部，大绶由右肩斜至左肋下；着军常服时，得佩戴勋表。与陆海空军勋章并佩时，居于最高之位置，其他勋章则依照规定顺序佩戴。

9. 中山勋章

图 1—9

民国三十年（1941）《勋章条例》颁定。中山勋章（图 1—9）中心为孙中山先生遗像，副章中心为“三民主义”的题字，表示孙中山创建中华民国。

10. 景星勋章

图 1—10

民国三十年（1941）颁行。

景星勋章（图 1—10）分九等。一等景星勋章由中华民国总统亲授，其余则由主管长官授予。所谓景星，犹言德星，指其德性崇高，典故出自《史记·天官书》，所谓：“天精而见景星，其状无常，常出现于有道之国”之意。

11. 忠勇勋章

图 1—11

忠勇勋章（图 1—11）于中华民国三十三年（1944）颁行，为襟绶，有表，不分等级。

忠勇勋章中心为古战士出战图，四周为光芒。

此章颁给陆海空军军人，凡捍御外侮，英勇作战，颁给其有下列事迹之一者：

① 作战忠勇奋不顾身能适时达成任务者；

② 坚守阵地达成预定任务者；

③ 负伤不退继续战斗者；

④ 冒险挺进突破敌阵者；

⑤ 临危镇静负伤从容指挥战斗，因而致胜或使我军得安全脱险者；

⑥ 其他忠勇事迹足资矜式者。

此章于着军礼服时，以襟绶佩于左襟；着军常服时，得佩戴勋表。与他种勋章并佩时，其位置居于宝鼎勋章之左，云麾勋章之右。

12. 忠勤勋章

图 1—12

忠勤勋章（图 1—12）于中华民国三十三年（1944）颁行，为襟绶，有表，不分等级。忠勤勋章中心为白边蓝底的书和剑，代表允文允武，白色四周为光芒，四周红色者为火，表示热情。

此章颁给陆海空军军人，凡服军职十年以上未兼外职，其服务成绩在近十年内层考优甲上一次、甲等八次、乙上一次以上，而行为足资矜式者，或层获颁与现职相称之陆海空军、光华、与干城奖章，而当年考绩最优者，颁给之。并依需要以星加缀。

此章于着军礼服时，以襟绶佩戴于左襟；着军常服时，得佩戴勋表。与他种勋章并佩时，其位置居于云麾勋章之左，大同勋章之右。

三 中国历代勋爵荣誉制度的特点

（一）古代勋爵荣誉制度是中国古代政治制度的重要组成部分

1. “皇权至上”的勋爵荣誉制度

封爵制度对封建政治经济结构的作用是，皇帝通过授宗亲以封爵，营建出地位尊崇的皇族势力，以彰显皇权的至高无上；同时，授文武功臣以封爵，则扩大了皇权的统治基础，从而协调了统治阶级内部关系。对皇族成员进行封爵，对有功之人进行封赏，使臣民从心理上更服膺于皇权的威力。如汉代二十等爵，“建立了皇帝与每个受爵者间的专有性联系，体现出皇权对个体农民的直接人身支配，在一定程度上限制了豪强地主变民为奴的随意性，保证了统一帝国中央政府租税赋役的稳固来源，维护了中央集权的社会基础”。①

爵位的荣耀，以及附加的各种权益，让众多的臣民趋之若鹜。秦西汉时期，封爵代表着崇高的等级地位和优厚的经济利益。魏晋南北朝，封爵较为贵重，高等士族多有封爵。南北朝时期，低等士族、寒人武将阶层中弥漫着封侯取富贵的功利气氛。北朝士人为求功利而习武，文武兼备成为一时风尚。甚至相面的社会心态盛行一时，如“天中容半印，封侯”；“天正舀如刀者，封侯”②。有些人面带“封侯”之相，时人必刮目相看，宋

① 武尚清：《二十等爵制·译序》，《二十等爵制》，国际文化出版公司 1992 年版，第 3—4 页。

② 《艺文类聚》卷 51，《封爵部》。

明帝见到武将李安民时，惊曰“卿面如方田，封侯状也”[①]。

封爵的人成为新的特权阶级，新的等级制建立起来。新的特权阶级作为既得利益的阶层必然会成为维护新政权的中坚力量。这种行政奖励制度与中央集权的专制制度相适应，加快了封建社会由血缘本位的社会向权力本位的社会演变的进程[②]，进一步巩固了封建皇权。

伴随着皇权的不断强化，爵制趋向衰弱。历代勋爵制度深受封建皇权及封建礼法制度的制约，封建社会的任何典章制度的设置、规模、运转及作用，都必须符合皇权的利益，封爵制度也不能例外。在皇权不断强化的过程中，对封爵权利的限制不断加强。如北魏袭爵中的“世减法”，将减少、剥夺权益与封爵传递相结合，从而成为一个创举。[③] 在这一过程中，受益者主要是封建皇权，减少特权对爵制本身而言，意味着它的社会政治经济功能的衰退。

2. 勋爵荣誉制度植根于封建宗法的土壤之中

继分封制后建立的封爵制度，与宗法制度有着密切的联系。随着土地私有制、中央集权制、郡县制等新的历史因素的产生和发展，宗法制在社会经济生活中的影响日益减少。除皇位继承实行君统与宗统合一的做法外，宗法制与封建官僚体系和郡县制几乎格格不入，当出现矛盾时，宗统不得不让位于君统。[④] 古代勋爵制度与封建“礼”、“法”制度有着千丝万缕的联系。首先，礼的重要性在于它能够维护社会的等级关系，使之井然有序。礼的作用的实现有赖于“器”，包括服章、乘舆、籍田、祭祀立庙、赠谥之礼、丧葬之礼、婚礼等方面。譬如东晋以前，无爵不赠谥号。《后汉书·祭遵传》有“礼，生有爵，死有谥”之说，爵与谥关系相关密切。东晋以后，无爵而谥者比比皆是，赠赐谥号，已非诸侯特权。礼制赋予封爵制种种政治利益，加强了封爵制在政治等级中的地位；又因封爵高下不同，礼“器”也有尊卑之分。一般情况下，封爵的等级名分要较职官为高。随着皇权的上升，封建政治经济结构的日趋完善，封爵礼遇也不断下降。

---

① 《南齐书》卷27，列传第8，本传。

② 董意城：《我国古代行政奖励制度研究》，研究生学位论文，兰州大学，2007年，第49页。

③ 杨光辉：《汉唐封爵制度》，学苑出版社1999年版，第229—232页。

④ 同上书，第234页。

其次，封建律令、封建礼制都与封爵制度有密不可分的关系。汉代有《汉律》九章，名义上对皇帝外所有人生效的法令，对汉代的王侯却只是一纸空文。为此，汉代皇权曾想方设法削弱诸侯权利，同时制定律令，以“法”的形式对王侯加科禁，其目的在于加强皇权。至西晋时，在《汉律》的基础上，修订了《晋律》，增加了《诸侯律》一篇。《诸侯律》采用《周礼》中有关公侯伯子男的条文，加以修改而成。其实际效果是保护了诸侯，但一定程度上也对王侯有科禁抑制的作用。由于律令不同于礼制，它带有量刑定罪的性质，成为限制甚或剥夺诸侯特权的工具。以“八议”来看，两汉诸王、列侯，凡有罪者，或削邑降爵，或以爵赎为庶人。曹魏时，“败军者抵罪，失利者免官爵”①。西晋时，诸侯犯罪须以不同方式抵罪。礼的作用在于从积极的方面维护它在整个封建等级制度中的尊崇地位，强化封爵内部的等级次序；律的主要作用在于对各级诸侯的违法行为加以惩处。律令是皇帝支配和限制诸侯的王牌，可以使诸侯的荣辱、生死、贵贱的命运操纵于皇帝手中。②

3. 勋爵荣誉制度与官制密不可分

汉代中期以前，官制与爵制的区别不明显。以赏功敦亲为目的的封爵具有一定的行政职能。汉初诸王，在封国内拥有行政、司法、军事等权力；列侯与丞相、吏二千石一样，可以参与朝议并举贤良能直言极谏者，汉武帝后，诸王不得与政，列侯亦归国食租，东汉封爵有与职官相对应的秩次。但爵并不等于官，东汉诸王不与政事，无职事官衔，功臣列侯多就国食租，即使任用也是有事才授职出山，事毕即上交印绶归国，官与爵呈分离状态。东汉中期以后，官爵又逐渐呈合一的趋势，一方面功臣侯不任职官之制废止，宦官外戚受封后，仍兼任朝官，操持权柄；一方面，受西汉任子制传统的影响，贡士选官时凭借父或祖官爵入仕之弊有所加强。至魏晋时，官爵合一的过程基本完成。官爵的合一，为世袭任官创造了条件。尤其是宗室王出任即为高官，构成宗室诸王与政、干政、乱政的政治格局。魏晋南北朝时，王侯出任，有官有爵，但出任就不能临国，因此得失参半。至隋唐时期，诸侯既无政治权力，又“设官无土”，近于虚设。

---

① 《三国志·武帝纪》。

② 杨光辉：《汉唐封爵制度》，学苑出版社 1999 年版，第 183—189 页。

（二）古代封爵荣誉制度具有鲜明的时代特点

汉代以前的封爵制度混沌不堪。先秦时期，社会奖赏制度不断发展，但封爵制度产生的时间相对较晚，至迟在战国时期初见端倪。关东六国的封君食邑制，秦二十等军功爵中的彻侯、关内侯，都属于封爵制度的初级形式。封爵制度出现后，在相当长时间内，其表现形式比较粗糙，与分封制的区别不甚明显。如战国时期的封君食邑制，封君在食邑内仍具有一定行政职能。秦二十等军功爵，累积爵级至关内侯、彻侯，即可食租税或食邑；食租税的封爵不仅与赐爵制浑然一体，而且仍具有吏职性质，尚未与官制发生彻底分离。

至汉代，封爵制度得到确立。汉承秦制，汉初除了封爵与赐爵界限不清外，又先后分封异姓、同姓为王。诸王封爵，带有浓厚的分封制色彩。汉中期以后，封爵制度得以确立和完善，其标志有四：一为食租税权与领民行政权分离；二为同姓封爵与异姓封爵的分离，即皇子封王，功臣封侯；三为赐爵制与封爵制的分离；四为封爵与职官的分离，即封爵自成等级序列，虽有与职官相对应的秩次，但无行政职能，不属于官。通过这四方面的分离，封爵制度的本质比较清晰，就是具有政治等级名位而无行政权；享有封国及食邑户；世袭相承，衣食租税。

魏晋南北朝时期，发生了较大的变异。魏晋南北朝封爵制度，就其继承关系和发展顺序而言，上承秦汉，下启隋唐，是封爵制度由确立到完备的中间环节，在爵制发展演变过程中占据重要地位。同时，由于魏晋南北朝这一特殊的历史环境，封爵制度出现某些变异，对诸如封建政治经济结构、皇权的地位、封建等级制等方面，都形成了不同的干扰和影响。

隋唐之后，勋爵荣誉制度趋于稳定。五等爵在炀帝时只保留王、公、侯三等，余皆废。宋朝封爵制度基本上沿袭唐制。宋初爵位分为十二级，神宗时期改为九等，哲宗时定为十等。王爵只能封给皇室子弟，异姓封王只限于死后追赠。元代爵制最简，封爵共分为八等：王、郡王、国公、郡公、郡侯、郡伯、县子、县男。与其他朝代不同，元朝异姓也可封王，而且这种情况很普遍。

明代宗室封爵自亲王至奉国校尉凡八等，功臣爵为公侯伯子男五等。清朝的封爵也分为王爵与世爵两套。王爵也称为显爵，是封给满族宗室的，最初为十二等，乾隆时增为十四等。清朝优待蒙古王公，专设有爵位，共七等。另一套世爵是封给宗室和蒙古贵族以外的旗人和汉人功臣的。

（三）清末民国时勋章荣誉制度呈现出近代化元素

1. 晚清勋章的近代化

晚清宝星制度摆脱了传统功牌式样的影响，中国的宝星制度从形式到内容都进一步靠近欧美各国的做法，反映了中国在走向世界历程中不断向西方学习。真正的勋章始于近代，晚清在近代对外交往中，从学习“夷技”到吸取西方制度不断近代化。中国人最早认识勋章这一新生事物，是从驻英钦差大臣郭嵩焘开始的。随着中外交往的日益增多，中国与国际间的一些礼仪差异突出地表现出来。为联络友邦，清政府顺应国际惯例制定自己的勋章。清光绪八年（1882），《宝星章程》得到批准。它带有浓厚的外交色彩，此后的20余年中，宝星勋章随着外交活动而广为颁赠。由于《宝星章程》限于颁赠国外人员，禁卫军大臣载涛在奏折中提议扩大颁赠范围。于是载涛等人重拟《勋章章程》，它更全面具体，更接近国际礼仪，符合国际惯例。共设5种勋章，设11等19级。

宝星制度最早出现在与西方打交道的过程中，往往为礼节上的互赠之物，后来逐渐成为酬奖有功洋人的常见方式，它对当时的社会产生过一定的影响。对外聘洋员的奖赏，先要经过洋员基层官员的考察，至清政府最后审定，有时也征求总署或外务部的意见。复核属实即给予宝星奖赏，大大激励了洋员。如德国兵官汉纳根，监造旅顺口炮台较为坚固，赏三等第一宝星；此后，在中日甲午战争的大东沟之战中又奋勇效力，再奖二等第一宝星。清政府赠予不少宝星，寄望于联络邦交，但成效甚微。随着列强的入侵，中国主权破坏，无独立的外交可言，所授宝星未达到预期目的。

从宝星的奖赏由“专为赠给各国人员，以示联络邦交”，到对国人也进行勋章奖励，具有明显的向国际看齐的倾向。在国际场合下，外交官佩戴勋章是先本国后他国；并且对内外官员一律颁给。清政府逐渐向各国靠拢，也陆续赏给本国出使大臣勋章。清政府批准后，专使美国兼考察各国财政大臣唐绍仪就获得了清政府颁给的宝星。此后，宝星奖赏发展到各部门。随着中西交往的加深，清政府改变传统臣属式奖赏制度。宝星颁赏制度的逐步完善，适应了中国传统社会向近代社会转型，由闭关锁国向对外开放的需要。

但宝星只有一种，“似嫌过简”，而且对象有限，不能满足普遍的需要。欧洲各国勋章分有皇族、战功、劳绩等类别，下又分若干等。于是，清政府也效法欧洲，初拟定王公佩戴的爵章；后着手制定可供广泛臣民佩戴的勋章。宣统三年（1911）定出清朝最后一套勋章章程。它仿各国将勋章等级、绶制、勋表、佩戴事宜均有详细规定，较宝星章程更具体、全面，摆脱了局限于外交的羁绊，更接近国际礼仪，更符合国际惯例。至此，中国的勋章制度完成了与世界的接轨。①

2. 民国勋章的近代化

中华民国成立后，即取消了自古以来长期存在的爵制等社会奖励制度。民国初年，陆军部制定《勋章章程》，规定勋章种类为九鼎、虎罴、醒狮三种，每种各分九等。此后政府又陆续公布《颁给勋章条例》、《陆海军勋章令》等相关法令，订定大勋章、嘉禾勋章、白鹰勋章、文虎勋章、宝光嘉禾勋章等。国民政府定都南京后，上述勋章全部废止。民国十八年（1929）国民政府公布《陆海空军勋章条例》，规定青天白日勋章与宝鼎勋章，适用于军职人员。民国二十二年公布《颁给勋章条例》，规定采玉大勋章与采玉勋章，适用于文职人员。民国二十四年公布《陆海空军勋赏条例》，同年八月废止《陆海空军勋章条例》。民国三十年将《颁给勋章条例》修正为《勋章条例》。民国三十四年公布《空军勋奖条例》。其后历经多次修正，除保留原有勋章适用外，并扩大颁赠勋章种类及范围。

民国时期的徽章制作可谓五花八门。奖励类徽章中，有中央的，有地方的；有军政机构的，也有民众团体的；有以组织机构名义颁发的，也有以个人名义赠予的。有的称勋章、奖章，有的称奖牌、荣誉章等，种类繁多，名目不一。民国初年，中央政府及一些省份军政机构即采用颁发勋章、奖章的方式来表彰、奖励那些对民国创建作出过贡献的各方面人士。

北洋军阀统治时期，北京政府设立过嘉禾勋章、文虎勋章等种类，各省则有不少以军政长官名义颁发的勋章。如直隶省长奖章、湖北督军萧耀南奖章等。民国统治时期，南京政府也设置了多种勋章与奖章，如青天白日勋章、中山勋章、干城勋章等。地方性、部门及行业性的奖章也不少，特别是军队系统的奖章尤多。

---

① 王彦章：《清代奖赏制度研究》，安徽人民出版社2007年版，第95页。

这些勋章制度的探索，为近代勋章制度的不断完善奠定了基础。民国时期，形成了各式各样的“章程”，有了明确的制度保障。随着时代的发展，它在不断发展完善，适应了更广泛的需要。它不仅侧重于军功，而且适用范围更广，如有功于教育文化者、创办救济事业者、有专门发明者等，均不同程度地可以授予勋章。

四 附表

附表 1—1　　　　秦汉至隋唐爵称爵序表①

	爵称爵序及爵级			等级数	附注
	王	五等爵	列侯		
秦			彻侯、关内侯	一等二级	关内侯无土，可食邑，故有封爵与赐爵双重属性，大庶长以下十八级赐爵未计
西汉	王		列侯	二等二级	关内侯以下赐爵未计，又列侯功大者食县，功小者食乡亭，但无乡、亭侯爵称
新莽		公、侯、伯、子、男		一等五级	
东汉	郡王		县侯、乡侯、亭侯	二等四级	关内侯以下赐爵未计，光武帝曾封其子为国公，但旋即罢废

① 杨光辉：《汉唐封爵制度》，学苑出版社 1999 年版，第 4—7 页。

续表

	爵称爵序及爵级			等级数	附注
	王	五等爵	列侯		
蜀汉	郡王		县侯、乡侯、亭侯	二等四级	县侯仅封外戚吴班、吴壹
孙吴	郡王		县侯、乡侯、亭侯	二等四级	赤乌五年（242），封皇子为王
曹魏（咸熙元年前）	郡王、县王	国公、郡公、县公、乡公、亭伯	县侯、乡侯、亭侯	三等九级	国公非常设封爵。亭伯为推恩爵，不明秩位，姑列县侯之上
曹魏（咸熙元年后）	郡王、县王（并第一品）	郡公、县公、乡公、侯、伯、子、男（并第一品）	县侯（第三品），乡侯（第四品），亭侯（第五品）	三等十二级	爵与官品对应见《通典·职官典》。官品第二无封爵，疑侯、伯、子、男与晋制同，为二品
西晋	国王、郡王（公大、次、小三级）、县王	郡公、县公（并第一品），郡侯、大国侯、次国侯、大国伯、次国伯、大国子、次国子、大国男、次国男（并第二品）	县侯（第三品），乡侯（第四品），亭侯（第五品）	三等十九级	《通典·职官制》无诸王官品，当为第一品。《晋书·郑冲传》、《职官志》记郡侯秩在县公上、郡公下，实际封郡侯者有羊祜、孙旂诸子。国王为太康十年封皇子王所立

续表

	爵称爵序及爵级			等级数	附注
	王	五等爵	列侯		
东晋	郡王	国公、郡公、县公（并第一品），大国侯、次国侯、伯、子、男（并为第二品）	县侯（第三品），乡侯（第四品），亭侯（第五品）	三等十二级	王爵是否分大、次、小，伯子男是否分大、次、小，均不详。国公非常设爵
刘宋	郡王（分大、次、小三级）	国公、郡公、县公、县侯、县伯、县子、县男、县五等侯、县五等子、县五等男	县侯（第三品），乡侯（第四品），亭侯（第五品）	三等十六级	《宋书·百官志》未记五等爵以上诸爵之官品，估计与晋制同。国公非常设爵。又县五等侯、五等子等爵为虚封之爵
萧齐	郡王（分大、次、小三级）	国公、郡公、县公、县侯、县伯、县子、县男	乡侯、亭侯	三等十三级	齐封爵官品史阙。国公非常设爵
萧梁	郡王（分大、次、小三级），县王	国公、郡公、县公（位视三公，班次之），县侯（位视孤卿，班次之），县伯（位视九卿，班次之），县子（位视二千石，班次之），县男（位视比二千石，班次之）	乡侯、亭侯	三等十三级	《南史·梁本纪》天监元年定制：自郡王以下，列爵为县六等。六等是以县为国的王、公、侯、伯、子、男。又终梁武帝世，无郡公爵。国公非常设爵

续表

	爵称爵序及爵级			等级数	附注
	王	五等爵	列侯		
陈	郡王（分大、次、小三级，第一品）	郡公、县公（并第二品），郡侯、县侯（并三品），县伯（第四品），县子（第五品），县男（第六品）	乡侯、亭侯（并第八品）	三等十二级	隋志记陈有郡侯，《陈书》无分封实例
北魏（孝文帝改制前）	郡王（分大、次，并第一品）	上郡公、次郡公（并第二品），县侯（第三品），县子（第四品），男（第五品）		二等七级	天赐四年取消伯男爵。拓跋泰又恢复男爵。又时有伯爵之号，见《卢玄传》，此后未见封伯之例，不计
北魏（孝文帝改制后）	郡王（第一品）	郡公（第一品），县公、散郡公（从一品），县侯（第二品），散侯（从二品），县伯（第三品），散伯（从三品），县子（第四品），散子（从四品），县男（第五品），乡男、散男（从五品）		二等十三级	散爵为虚封之爵

续表

	爵称爵序及爵级			等级数	附注
	王	五等爵	列侯		
东魏北齐	郡王（第一品）	国公、郡公（从一品），散郡公、县公（第二品），散县公、县侯（从二品），散县侯、县伯（第三品），散县伯（第三品），县子（第四品），散县子（从四品），县男（第五品），乡男、散县男（从五品）		二等十五级	散爵为虚封之爵。国公非常设之爵
西魏北周	国王，郡王，县王	国公、郡公、县公（正九命），县侯（正八命），县伯（正七命），县子（正六命），县男（正五命），乡男		二等十一级	周武帝建德三年（574）进宗室诸公为王。以前无王爵。散爵史籍无载，仅碑文有散男，因难辨其详，故不计
隋	国王（正一品），郡王（从一品）	国公、郡公、县公（从一品），县侯（正二品），县伯（正三品），县子（正四品），县男（正五品）		二等九级	大业三年，除伯、子、男三级。开皇三年废郡，郡王、郡公何以立国，不详
唐	国王（正一品），郡王（从一品）	国公（从一品），郡公（正二品），县公（从二品），县侯（从三品），县伯（正四品），县子（正五品），县男（从五品）		二等九级	

附表 1—2　　清末至民国时期主要勋章表

	时间	条例名称	勋章名称及分等	形制
1	光绪十七年（1891）12 月 29 日	总理各国事务衙门勋章章程	双龙宝星：五等Ⅱ级	外形为星状，图案仿照清朝国旗，以龙为标志
2	中华民国元年（1912）2 月 26 日	陆军部拟定勋章章程	九鼎勋章：九等 虎罴勋章：九等 醒狮勋章：九等	
3	中华民国二年（1913）12 月 6 日	临时大总统公布陆海军勋章令	白鹰勋章：九等 文虎勋章：九等	中心镂刻白鹰 中心镂刻文虎
4	中华民国 2 年（1913）12 月 6 日	临时大总统公布陆海军奖章令	金色奖章 银色奖章 蓝色奖章 白色奖章	奖章用银质为之，外作五瓣，各瓣间连以梅花，中镌中华民国×军奖章八字（×为陆或海）
5	中华民国二年（1913）7 月 29 日		嘉禾勋章：九等	
6	中华民国十四年（1925）5 月	陆军部等会拟星云金狮勋章暂行条例	星云勋章：九等 金狮勋章：九等	
7	中华民国二十六年（1937）6 月 15 日	陆海空军勋赏条例	青天白日勋章 宝鼎勋章：九等 云麾勋章：九等 勋刀：三等 荣誉旗	

续表

	时间	条例名称	勋章名称及分等	形制
8	中华民国二十六年（1937）11月8日	军事委员会修正陆海军勋赏条例	国光勋章 青天白日勋章 宝鼎勋章：九等 云麾勋章：九等 勋刀：三等 荣誉旗	
9	中华民国二十六年（1937）12月3日	国民政府公布特授空军将士复兴荣誉勋章条例令	复兴荣誉勋章：三等	
10	中华民国三十四年（1945）6月14日	国民政府公布空军勋奖条例	勋章：大同、河图、洛书、乾元； 奖章：鹏举、云龙、飞虎、翔豹、雄鹫、彤弓	

主要参考文献

1. 白钢主编：《中国政治制度史》，社会科学文献出版社2007年版。

2. 卜宪群：《秦汉二十等赠爵制与官僚制》，《文史知识》2000年第1期。

3. 陈恩林：《先秦两汉文献中所见周代诸侯五等爵》，《历史研究》1994年第6期。

4. 程大鲲：《清代的诰命与敕命》，《兰台世界》2004年第11期。

5. 陈明光：《曹魏的封爵制度与食封支出》，《西北师大学报》2005年第3期。

6. 董平均：《从功利主义价值取向看军功爵制对秦人社会生活的影响》，《人文杂志》2006年第3期。

7. 董劭伟：《曹魏加官制度研究》，《许昌学院学报》2005年第1期。

8. 董劭伟：《秦汉加官研究综述》，《高校社科信息》2005年第4期。

9. 董劭伟：《西晋加官制度考述》，《晋阳学刊》2006年第6期。

10. 董意城：《我国古代行政奖励制度研究》，研究生学位论文，兰州大学，2007年。

11. 董作宾：《五等爵在殷商》，《历史语言研究所集刊》第六本第三分册，1936。

12. 杜文玉、王丽梅：《五代十国封爵制度初探》，《陕西师范大学继续教育学报》2003年第4期。

13. 方原：《秦汉之际楚政权封君赐爵制度初探》，《浙江海洋学院学报（人文)》2007年第1期。

14. 傅斯年：《论所谓“五等爵”商》，《历史语言研究所集刊》第二本第一分册，1930。

15. 高敏：《从云梦秦简看秦的赐爵制度》，《云梦秦简初探（增订本)》，河南人民出版社1981年版。

16. 龚延明：《从岳飞封爵看宋代爵制》，《岳飞研究》第四辑，中华书局1996年版。

17. 果美侠：《唐代异姓王研究》，研究生学位论文，首都师范大学，2003年。

18. 哈恩忠：《中国近代勋章典制小史》，《纵横》2000年第4期。

19. 黄修明：《中国古代赐姓赐名制度考论》，《四川师范大学学报》2000年第6期。

20. 金锡佑：《唐代百姓勋官考论》，《东方论坛》2004年第6期。

21. 雷炳炎：《清代旗人封爵略论》，《北京社会科学》2003年第4期。

22. 雷炳炎：《试说清代五等爵》，《文史知识》2007年第10期。

23. 李福君：《试论明代的诰敕文书》，《档案学通讯》2007年第3期。

24. 李均明：《张家山汉简所反映的二十等爵》，《中国史研究》2002年第2期。

25. 李玉洁：《春秋时代晋国尊贤尚功与世卿世禄制度探析》，《郑州大学学报》2006年第1期。

26. 李治安：《元代政治制度研究》，人民出版社2003年版。

27. 李治安：《元代分封制度研究》，中华书局2007年版。

28. 林健：《明代肃王研究》，甘肃人民出版社2005年版。

29. 柳春藩：《秦汉封国食邑赐爵制》，辽宁人民出版社1984年版。

30. 刘敏：《承袭与变异：秦汉封爵的原则和作用》，《南开学报》

2002年第3期。

31. 马卫东：《春秋时代五等爵制的存留及其破坏》，《史学集刊》2006年第4期。

32. 马志立：《唐代勋官制度若干问题研究》，研究生学位论文，武汉大学，2005年。

33. 孙立家：《唐代农民的军功情结》，《青岛大学师范学院学报》2004年第9期。

34. 陶希圣、沈任远：《明清政治制度》，台湾商务印书馆1977年版。

35. 王世民：《西周春秋金文中的诸侯爵称》，《历史研究》1983年第3期。

36. 王彦章：《清代奖赏制度研究》，安徽人民出版社2007年版。

37. 王志超：《古代帝王褒奖功勋的七种特殊方式》，《史志研究》2000年第3期。

38. 韦庆远、柏桦编：《中国政治制度史》，中国人民大学出版社2005年版。

39. 伍闻：《清朝的官阶与爵位》，《档案与社会》2003年第6期。

40. 吴艳艳：《中国古代旌表制度研究》，硕士研究生学位论文，黑龙江大学，2009年。

41. 徐矛：《中华民国政治制度史》，上海人民出版社1992年版。

42. 徐启宪：《〈金书铁券〉与明代功臣封爵》，《紫禁城》1993年第6期。

43. 阎步克：《秦汉魏晋南北朝官阶制度研究》，中华书局2002年版。

44. 杨光辉：《汉唐封爵制度》，学苑出版社1999年版。

45. 杨眉：《秦汉民爵获得途径述略》，《伊犁教育学院学报》2004年第4期。

46. 杨树达：《古爵名无定称说》，《积微居小学述林》（卷六），中华书局1983年版。

47. 杨辛耕、黄次祥：《旧中国勋章探微》，《上海档案》1989年第1期。

48. 袁继成、李进修、吴德华主编：《中华民国政治制度史》，湖北人民出版社1991年版。

49. 张创新：《中国政治制度史》，清华大学出版社2005年版。

50. 张荣芳、高荣：《朱绍侯先生与军功爵制研究》，《史学月刊》2005年第10期。

51. 张铮：《论周代五等爵制与五服制》，《求索》2007年第12期。

52. 朱绍侯：《对刘劭〈爵制〉的评议》，《南都学刊》2008年第4期。

53. 朱绍侯：《军功爵制研究》，上海人民出版社1990年版。

54. 左言东：《中国政治制度史》，浙江古籍出版社1986年版。

55. ［日］西定生著，武尚清译：《二十等爵制》，国际文化出版公司1992年版。

第二章

新中国成立以来的国家荣誉制度

一　概况

中国国家奖励的思想及实践历史悠久。早在先秦时期，墨子就提出了“善人赏而暴人罚，则国必治”的激励论思想；到了封建时代，奖励作为封建君主治理国家的有效手段，主要集中于对人才的激励，并明确了“唯才是举”的思想，如唐太宗就提出了“赏当其劳，无功者自退罚当其罪，为恶者戒惧”[①]。然而，这些奖励思想还不是真正意义上的国家奖励制度。

中华人民共和国成立以来，为了促进社会经济建设，政府相继制定并颁发了一些奖惩方面的法规，例如1951年的《保守党和国家机密奖惩暂行办法》、1957年国务院颁布实施的《关于国家行政机关工作人员的奖惩暂行规定》等。当前，我国已经在某些领域设立了一些制度化和非制度化的具有“功勋奖励”特征的奖项，如“国家最高科学技术奖”就是以国家名义颁发的制度化的功勋奖励，“两弹一星功勋科学家”、“载人航天功勋科学家”等荣誉称号则是非制度化的国家功勋奖励。但是，与国外科学化、制度化和法制化的国家奖励制度相比，我国的功勋奖励制度在奖励对象、颁奖规格、评审条件、授奖方式和管理体制等方面都很不完善，尚未建立起真正意义上的具有重大社会影响和国际声望的国家奖励制度。[②]

随着社会主义建设事业的推进，21世纪党中央、国务院进一步提出

---

① 张学慧：《行政奖励制度研究》，硕士学位论文，山西大学法学院2005年版，第27页。

② 左高山：《论国家功勋奖励制度的内涵与结构》，《科技进步与对策》2007年第7期，第14页。

了人才强国战略，并相继印发了《2002—2005 年全国人才队伍建设规划纲要》和《中共中央、国务院关于进一步加强人才工作的决定》，明确提出“完善奖励制度，建立国家功勋奖励制度，对为国家和社会发展作出杰出贡献的各类人才给予崇高荣誉并实行重奖”。

国家奖励是行政管理的重要手段之一，授奖者通过授予奖励、勋章或荣誉引发民众赞赏心理的产生，并促使人在这种心理的支配下实施奖项所倡导的行为，同时也能积极引导和带动社会核心价值体系的形成，促进社会进步。因此，建立国家奖励制度具有重要意义。在我国现阶段，建立国家奖励制度尤为必要，这是因为首先，在我国当前的奖励体系中，中低层次的奖励多且重复严重，而国家级高层次的荣誉奖励少且知名度低，这样的荣誉体系很难起到应有的舆论导向和社会激励作用，不能很好地适应国家发展战略的需要。其次，我国当前的奖励制度不仅奖励范畴狭窄，而且奖励模式单一，奖励客体也大部分是成果或成绩，而非贡献者，没有完整地反映出奖励的本质，难以与国际奖励制度接轨。因此，有必要构建一种制度化、规范化、科学化、与国际接轨的完善的国家奖励制度。

二　我国主要的功勋类奖励

我国现有的功勋奖励种类繁多，覆盖领域非常广泛。从设奖单位的级别来看，有国家级的，也有省部级的；从授予对象来看，有针对普通民众的，也有针对特定人群的；从奖励形式来看，有授予崇高荣誉的，有给予物质奖励的，也有二者兼有之的；从授予次数来看，有定期授予的，也有一时性的，等等。下文仅对目前比较有影响力的几种主要奖励进行介绍。

（一）全国性先进称号

1. *劳动模范*

（1）劳动模范概况

劳动模范，简称劳模，是在社会主义建设事业中成绩卓著的劳动者，经职工民主评选、有关部门审核和政府审批后被授予的荣誉称号。劳动模范分为全国劳动模范与省部委级劳动模范，有些市、县和大企业也评选劳动模范。中共中央、国务院授予的劳动模范为“全国劳动模范”，是当前中国最高的荣誉称号。与此同级的还有“全国先进集体”、“全国先进工作者”称号。

“全国劳动模范”由中共中央、国务院授予在社会主义建设事业中作出重大贡献者。授予形式有：召开表彰大会、工作会议、零散表彰等。

“全国先进工作者”由中共中央、国务院授予在社会主义建设中作出重大贡献的工作人员。授予对象是机关、学校、事业单位的干部或职工。授予形式有：召开表彰大会、工作会议、零散表彰等。例如，“全国先进科技工作者”这一荣誉称号，是由中共中央、国务院授予在社会主义科学研究事业中作出重大贡献者的荣誉称号，包括科技研究理论工作者和从事科技活动的实际工作者，1978 年 3 月召开的全国科学大会集中表彰了一大批这一级别的先进人物。

“全国先进集体”由中共中央、国务院授予在社会主义革命和建设中有功的集体单位。全国先进集体可以是企事业单位，也可以是班组。这一荣誉称号除个别零散授予外，一般都在全国劳模表彰大会上授予。例如，中华全国总工会和国家经济委员会曾于 1986 年 9 月 18 日作出决定，首次评选 296 个班组为“全国先进班组”，并由中华全国总工会颁发“五一劳动奖状”，以表彰他们在社会主义现代化建设中作出的卓越贡献。

除了全国劳动模范以外，我国还设有省级和部委级劳动模范。省级劳动模范由省（区、市）总工会负责组织评选，以省（区、市）委和政府名义授予在社会主义建设事业中作出重大贡献的劳动者；部委级劳动模范由中共中央、国务院所属各部委评选，由各部委和对应的全国产业工会联合组织评选，以各部委党政名义授予在社会主义建设事业中作出重大贡献的人员。

（2）全国劳动模范和全国先进工作者表彰大会

① 全国劳动模范和全国先进工作者表彰大会概况

全国劳动模范和全国先进工作者是我国建设社会主义物质文明、政治文明和精神文明的先锋。为激励人们向劳动模范学习，1950 年到 2009 年，党中央、国务院先后召开过 13 次全国劳动模范和先进工作者表彰大会，累计表彰先进集体一万多个、先进个人两万五千多人次。1989 年后，国务院基本上每五年表彰一次全国劳动模范和先进工作者，每次表彰 3000 人左右。

全国劳动模范由地方政府推荐。国务院于 1989 年 4 月颁布的《关于召开全国劳模和先进工作者表彰大会的通知》称："热爱祖国、坚持四项基本原则，拥护改革开放方针并具有以下条件者，可入选劳模：（1）在企业发展生产，深化改革，改善经营管理，提高经济效益、社会效益方面作出重大贡献的；（2）在发展农业生产和农村经济方面作出重大贡献的；（3）在科研、教育、文化、卫生、体育等事业中作出重大贡献的……（9）在其他方面作出重大贡献的。"这个评选标准基本延续到今天。但是，评选标准的第一条，很容易把厂长、经理等企业负责人推上光荣榜。也正因为如此，1989 年全国劳模大会"表彰筹备委员会"硬性规定：在各地评选的人员比例中，一线工人不得少于 32%。

劳动模范评选不是工会系统"独家包干"，而是由国家劳动和社会保障部等 20 余家部委协同成立"表彰筹备委员会"。由于劳动模范的主体为职工，该会的办公室就设立在全国总工会，负责日常工作。因此，评选的范围是大大超过工会系统的。一般来说，全国劳动模范的数量更少一点，一般评全国劳动模范时"五一劳动奖章"获得者优先。

全国劳动模范和先进工作者评选表彰工作开展近 60 年来，通过对先进模范人物和劳模精神的宣传，"学习劳模、尊重劳模、关爱劳模、崇尚劳模、争当劳模"的风尚已在全社会基本形成，"劳动光荣、知识崇高、人才宝贵、创造伟大"的观念已深入人心。

② 历届全国劳动模范大会简介

全国工农兵劳动模范代表会议（1950 年）：1950 年 9 月 25 日至 10 月 2 日在北京举行。会议代表 464 人。中央人民政府授予"全国劳动模范"称号 464 人。9 月 25 日，大会在中南海怀仁堂开幕。中央人民政府主席毛泽东，副主席朱德、李济深、张澜出席。朱德主持开幕式，政务院副总理陈云致开幕词，毛泽东致祝词。9 月 26 日，中央人民政府副主席刘少奇在大会上讲话。10 月 2 日大会闭幕，中华全国总工会副主席李立三作会议总结。大会通过了《向毛主席的致敬信》。

全国先进生产者代表会议（1956 年）：1956 年 4 月 30 日至 5 月 10 日在北京举行。会议代表 5556 人。中共中央、国务院授予"全国先进集体"称号 853 个，授予"全国先进生产者"称号 4703 人。4 月 30 日，会议在北京体育馆开幕。毛泽东、刘少奇、周恩来、朱德等出席。中华全国总工会主席赖若愚主持开幕式，国务院副总理李富春致开幕词，中央书记处书记刘少奇致祝词。5 月 2 日，赖若愚向大会作报告。大会期间，国务院各办公室主任、全国妇联主席、团中央书记、中国科学院院长作了专题报告。5月10日，大会闭幕，中华全国总工会副主席朱学范致闭幕词。会议代表发出《全国先进生产者代表会议全体代表给全国职工的一封信》。

全国工业、交通运输、基本建设、财贸方面社会主义建设先进集体和先进生产者代表大会（全国群英会，1959年）：1959年10月25日至11月8日在北京举行。会议代表6577人。中共中央、国务院授予“全国先进集体”称号2565个，授予“全国先进生产者”称号3267人。10月25日，大会在人民大会堂开幕。刘少奇、周恩来、朱德、邓小平等出席。中华全国总工会主席刘宁一主持开幕式，中共中央副主席朱德致祝词，国务院副总理李富春向大会作报告。大会期间，国务院副总理薄一波、谭震林、李先念、聂荣臻、陆定一，团中央书记胡耀邦，全国妇联主席蔡畅作了专题报告；周恩来总理举行宴会招待全体代表。11月8日，大会闭幕，周恩来总理向各代表团授奖旗，中共中央委员、中央交通工作部部长曾山致闭幕词。大会通过了《向党中央、毛主席的致敬电》、《致全国职工书》、《向全国农民兄弟姐妹致敬书》、《向中国人民解放军致敬电》。

全国教育和文化、卫生、体育、新闻方面社会主义建设先进单位和先进工作者代表大会（全国文教群英会，1960年）：1960年6月1日至11日在北京举行。会议代表5806人。中共中央、国务院授予“全国先进单位”称号3092个，授予“全国先进工作者”称号2686人。6月1日，大会在人民大会堂开幕。刘少奇、周恩来、朱德、宋庆龄、董必武、邓小平等出席。中共中央委员、全国人大常委会副委员长林枫作工作报告。大会期间，中华全国总工会主席刘宁一讲话；周恩来总理举行宴会招待全体代表。6月11日大会闭幕，通过了《向党中央、毛主席致敬电》。林枫向代表发了奖，中共中央委员、国务院文教办公室主任张际春致闭幕词。

全国工业学大庆会议（1977年）：1977年4月20日至5月14日先后在大庆油田和北京举行。会议代表7000多人。中共中央、国务院授予“全国大庆式企业”、“全国先进企业”称号2126个，授予“全国先进生产者”称号385人。4月20日，会议在大庆油田开幕。中共中央主席、国务院总理华国锋主持开幕式，国务院副总理李先念致开幕词，大庆市委书记宋振明介绍大庆的基本经验。4月27日，大会在北京继续进行。5月4日，国务院副总理余秋里受中央委托向大会作报告。5月14日，大会闭幕，国务院副总理纪登奎致闭幕词，副总理王震、谷牧向代表颁发《光荣册》。

全国科学大会（1978年）：1978年3月18日至31日在北京举行。会议代表近6000人。中共中央、国务院授予“全国先进集体”称号826个，授予“全国先进科技工作者”称号1213人。3月18日，大会在人民大会堂开幕，中共中央主席、国务院总理华国锋主持开幕式，中共中央副主席、国务院副总理邓小平作了报告。3月24日，华国锋向大会作报告。3月31日，大会闭幕，中国科学院院长郭沫若作书面讲话，国务院副总理纪登奎致闭幕词，国务院副总理方毅向先进集体和个人颁发了奖状。

全国财贸学大庆、学大寨会议（1978年）：1978年6月20日至7月9日在北京举行。会议代表5000多人。中共中央、国务院授予“全国财贸战线大庆式企业”称号736个，授予“全国劳动模范”和“先进生产者”称号381人。6月20日，大会在人民大会堂开幕。中共中央主席、国务院总理华国锋主持开幕式，中共中央副主席、国务院副总理李先念讲话。7月9日，大会闭幕，国务院副总理方毅致闭幕词，副总理陈永贵、王震、康世恩向先进集体和个人颁发了《光荣册》。

国务院表彰工业、交通、基本建设战线全国先进企业和全国劳动模范大会（1979年）：1979年9月28日在北京人民大会堂举行。会议代表340人。国务院授予“全国先进企业”称号118个，授予“全国劳动模范”称号222个。华国锋、叶剑英、邓小平、李先念等出席大会。国务院副总理康世恩主持大会并宣读表彰决定，中共中央副主席、国务院副总理李先念讲话。党和国家领导人向先进企业代表颁发了《国务院嘉奖令》，向全国劳动模范颁发了证书和奖章。出席大会的代表向全国工业、交通、基本建设战线的职工发出《倡议书》。

国务院表彰农业、财贸、教育、卫生、科研战线全国先进单位和全国劳动模范大会（1979年）：1979年12月28日在北京人民大会堂举行。会议代表691人。国务院授予“全国先进单位”称号351个，授予“全国劳动模范”称号340人。华国锋、邓小平、李先念等出席大会。大会由国务院副总理余秋里主持并宣读表彰决定，中共中央副主席、国务院副总理李先念致词，党和国家领导人向全国先进单位的代表颁发了《国务院嘉奖令》、向全国劳动模范颁发了证书和奖章。全国劳动模范史来贺、刘靖慧分别宣读了《全国先进单位倡议书》和《劳动模范的倡议书》。

全国劳动模范和全国先进工作者表彰大会（1989年）：1989年9月

28日至10月2日在北京举行。与会代表3065人。国务院授予“全国劳动模范”和“全国先进工作者”称号2790人。9月28日，大会在人民大会堂开幕。江泽民、李鹏、杨尚昆、万里等出席。全国人民代表大会常务委员会副委员长、中华全国总工会主席倪志福主持开幕式，李鹏代表中共中央、国务院讲话，党和国家领导人向先进模范代表授奖。

全国劳动模范和全国先进工作者表彰大会（1995年）：1995年4月29日在北京人民大会堂举行。党中央、国务院授予“全国劳动模范”和“先进工作者”称号2873人。3059名代表参加会议。江泽民、李鹏、乔石、李瑞环、朱镕基、刘华清、胡锦涛等出席大会。大会由国务委员、国务院秘书长罗干主持。中共中央总书记江泽民发表重要讲话。中央政治局委员、国务院副总理邹家华宣读了《国务院关于表彰全国劳动模范和先进工作者的决定》。全国劳动模范包起帆宣读了《争做改革发展稳定的模范》的倡议书。

全国劳动模范和先进工作者表彰大会（2000年）：2000年4月29日在北京人民大会堂举行。党中央、国务院授予“全国劳动模范”和“先进工作者”称号2946人。江泽民、李鹏、朱镕基、李瑞环、胡锦涛、尉健行、李岚清出席大会。大会由中共中央政治局常委、国务院总理朱镕基主持。中共中央总书记、国家主席、中央军委主席江泽民发表重要讲话。国务委员兼国务院秘书长王忠禹宣读了《国务院关于表彰全国劳动模范和先进工作者的决定》。全国劳动模范李黄玺宣读了《倡议书》。

全国劳动模范和先进工作者表彰大会（2005年）：2005年4月30日全国劳动模范和先进工作者表彰大会30日在北京人民大会堂举行。胡锦涛、温家宝、贾庆林、曾庆红、黄菊、吴官正、李长春、罗干等党和国家领导人出席会议。胡锦涛在大会上发表了重要讲话，这次大会授予2124人“全国劳动模范”荣誉称号，授予845人“全国先进工作者”荣誉称号。

2.“五一劳动奖章”和“五一劳动奖状”

（1）“五一劳动奖章”和“五一劳动奖状”概况

“五一劳动奖章”和“五一劳动奖状”是中华全国总工会为表彰在技术创新、管理创新和体制创新中取得显著成绩，为经济建设和社会发展作出了突出贡献的先进个人和集体，是中国工人阶级的最高奖项之一。评选由中华全国总工会牵头。

“五一劳动奖章”是中华全国总工会为奖励在社会主义各项建设事业中作出突出贡献的职工而颁发的荣誉奖章。颁发范围包括工业、交通、基本建设、农林水利、财贸金融、文化、教育、新闻、出版、卫生、科研、体育、公安、机关团体等各行各业的职工。一般由省、自治区、直辖市总工会和全国产业工会申报，经全总审定批准。本奖章主要集中在“五一”劳动节期间颁发，平时也有少量颁发。

“五一劳动奖状”是为奖励在社会主义各项建设事业中作出突出贡献的企事业和班组而颁发的荣誉奖状。颁发审批程序均与“五一劳动奖章”的相同。这一奖状主要集中在每年“五一”劳动节期间颁发，平时也有少量颁发。评选范围和条件是：各行各业的企业、事业单位、机关团体及其下属单位直到班组。创造优异成绩，达到或创造全国同行业先进水平者。

(2)“五一劳动奖章”和“五一劳动奖状”简介

“五一劳动奖章”、“五一劳动奖状”的推选过程非常严格，被推荐的企事业单位和企事业负责人，要经过工商、税务、纪检、审计、安全等部门的审查。各地和各产业工会推荐上报的个人和集体，都要在当地新闻媒体进行公示，接受社会监督。

只要为国家的经济建设作出了贡献，都可以当选。只要私营企业有工会组织，无严重侵犯职工权利的行为，就与国有企业的评选标准一样。

3. 全国“三八”红旗手

(1) 全国“三八”红旗手概况

“三八”红旗手和“三八”红旗集体是妇女界的主要荣誉称号。“三八”红旗手是我国在三月八日妇女节时颁给优秀劳动妇女的荣誉称号。主要是表彰在中国各条战线上为社会主义物质文明和精神文明建设作出显著成绩的妇女先进人物和妇女先进集体。

1960年，全国妇联决定在纪念“三八”国际妇女节五十周年的时候，表彰一万个妇女先进人物和以妇女为主的先进集体，并分别授予“三八”红旗手、“三八”红旗集体的奖状和奖旗。“文化大革命”期间，全国“三八”红旗手（集体）的评选表彰工作曾一度停止。1979年，这一工作才重新得到恢复。

由全国妇联组织的全国“三八”红旗手（集体）评比表彰活动，一般每4—5年集中评比表彰一次。40多年来，全国已经有大量优秀女性和多个先进集体获此殊荣。

“三八”红旗手和共青团的“五四奖章”、工会的“劳模”等都是针对全国大众群体的，是为表彰和鼓励先进工作者对国家建设的模范带头作用所设的奖励。所不同的是，它们在奖励主体和客体的侧重上略有区别。相对于共青团的“五四奖章”、工会的“劳模”，“三八”红旗手的授奖对象更为狭窄，主要是有显著成绩的妇女先进人物和妇女先进集体。它可以对广大妇女群众发挥榜样模范效应。

（2）历年授予全国“三八”红旗手和“三八”红旗集体简介

1960 年 3 月 5 日，全国妇联、全国总工会、共青团中央等 10 个单位在北京中央人民广播电台联合召开《庆功表彰迎三八，高举红旗齐跃进》广播大会。全国妇联授予 6305 名先进妇女为全国“三八”红旗手，授予 3697 个以妇女为主体的先进集体为全国“三八”红旗集体。

1979 年 9 月 21 日，继中国妇女第四次代表大会后，全国妇联在人民大会堂召开表彰“三八”红旗手（集体）大会，授予 8960 名先进妇女为全国“三八”红旗手，1042 个集体为“三八”红旗集体。其中，最优秀的 191 名（个）被选为“三八”红旗手（集体）标兵。

1983 年 9 月 12 日，在中国妇女第五次代表大会闭幕式上，全国妇联授予 8568 名先进妇女为全国“三八”红旗手，授予 1391 个单位为全国“三八”红旗集体，并将其中最优秀的 100 名“三八”红旗手和“三八”红旗集体树为标兵。

1985 年 3 月 7 日，全国妇联表彰了 150 名在改革中作出突出贡献的妇女先进人物（含妇女工作者），授予其中 118 名全国“三八”红旗手称号。（其余的曾被授予全国“三八”红旗手称号）

1988 年 3 月 7 日，全国妇联授予被全国妇联、农牧渔业部、中国企业家协会、《中国妇女报》、《中国农村经营报》联合表彰的 50 名全国优秀女企业家为全国“三八”红旗手称号。

1989 年 3 月 7 日，在庆祝“三八”国际劳动妇女节暨全国妇联成立 40 周年大会上，全国妇联授予 1008 名妇女全国“三八”红旗手称号，同时授予全国妇联表彰的 504 名全国优秀妇联干部全国“三八”红旗手称号。

1989 年 9 月 30 日，全国妇联授予在庆祝建国 40 周年时表彰的 435 名女性全国劳模和先进工作者全国“三八”红旗手称号。

1990 年 3 月 7 日，全国妇联表彰了全国各族农村妇女“双学双比”

竞赛活动中的100名先进女能手，并授予其中85人以全国“三八”红旗手荣誉称号。同年12月，全国妇联授予在第十一届亚运会上荣获金牌的93名女运动员全国“三八”红旗手称号；授予15个团体全国“三八”红旗集体称号。

1991年3月7日，全国妇联授予了在“双学双比”竞赛活动中的100名先进个人全国“三八”红旗手称号。同年8月23日，又授予14位在抗洪救灾中作出突出贡献的妇女全国“三八”红旗手称号。

1991年8月，全国妇联授予北京市税务局昌平分局杨淑志等10名女税务官为全国“三八”红旗手。

1992年3月7日，全国妇联授予“双学双比”先进个人（100名）、“巾帼建功”活动先进个人及48名女企业家为全国“三八”红旗手。

1993年5月，全国妇联授予航空航天部刘尚勤等10名同志全国“三八”红旗手称号。

1997年3月7日，全国妇联授予107名先进妇女全国“三八”红旗手称号，授予100个单位为全国“三八”红旗集体。

1999年7月，全国妇联授予在第三届世界杯足球赛中荣获亚军的中国女子足球队“三八”红旗集体称号。

2000年3月7日，全国妇联授予刘秀兰等90名同志全国“三八”红旗手称号，授予内蒙古自治区赤峰市妇联等30个单位全国“三八”红旗集体荣誉称号。

2001年6月8日，全国妇联等11个部门联合表彰“十行百佳”妇女，在十个行业中作出突出贡献的100名妇女受到表彰，并被授予全国“三八”红旗手荣誉称号。

2002年3月6日，全国妇联授予杨扬等154名优秀妇女全国“三八”红旗手荣誉称号，授予哈尔滨医科大学第一临床医学院血透中心、新华社办公厅妇委会等47个单位全国“三八”红旗集体荣誉称号。

2002年6月18日，全国妇联表彰全国“十大农民女状元”、全国“十大绿化女状元”等先进个人和先进集体。韩书琴等12名女状元被授予全国“三八”红旗手荣誉称号。

2003年5月12日，在“5·12”国际护士节到来之际，全国妇联和卫生部作出决定，对战斗在防治“非典”第一线的优秀女医务工作者进行表彰，授予李秀华等70名事迹突出的女医护人员全国“三八”红旗手荣誉称号，授予北京地坛医院等 61 个女医护人员集体、贡献突出的单位全国“三八”红旗集体荣誉称号。

2003 年 7 月 17 日，为妇女儿童事业作出突出贡献的北京市丰台区妇联等 105 个先进集体、王琳等 62 名先进个人受到人事部和全国妇联的表彰，并被分别授予全国“三八”红旗集体和全国“三八”红旗手荣誉称号。这次表彰是人事部和全国妇联继 1995 年和 1999 年对全国妇联系统先进集体、劳动模范和先进工作者联合表彰之后的第三次重大表彰活动。

2004 年 3 月 3 日，全国“三八”红旗手颁奖典礼暨中外妇女庆“三八”文艺晚会在北京世纪剧院举行，全国妇联授予凌锋等 10 人全国“三八”红旗手标兵、郭培华等 1000 人全国“三八”红旗手、北京王府井地区环境卫生管理所等 500 个单位全国“三八”红旗手集体荣誉称号。此次评选的 10 位全国“三八”红旗手标兵是全国妇联第一次在历年来评出的近 3 万名全国“三八”红旗手中，优中选优评选出来的。

2008 年，全国妇联授予 160 名抗震救灾先进个人全国“三八”红旗手称号；授予陈燮霞等女运动员、中国女子体操队等单位全国“三八”红旗手、全国“三八”红旗集体荣誉称号；授予黄丽莎等女运动员“三八”红旗手荣誉称号。

4. 中国十大杰出青年

(1) 中国十大杰出青年概况

“中国十大杰出青年”评选活动是由中华全国青年联合会创意策划，联合中国青少年发展基金会及《人民日报》、中央电视台、中央人民广播电台、《光明日报》、《中国青年报》、《解放军报》、《科技日报》、《经济日报》、《工人日报》、《农民日报》等十家主要新闻单位共同主办的，旨在举荐青年人才，宣传杰出青年，树立时代楷模。自 1990 年开始实施。

“中国十大杰出青年”评选活动的宗旨是：发现青年人才，树立时代楷模，宣传“杰青”精神。它成功揭示了当代青年的成长成才轨迹，充分展示了杰出青年们在为全民族共同理想努力奋斗的过程中实现个人价值的奋斗历程。“十杰”青年具有鲜明时代特征的丰满形象和艰苦创业、追求卓越的成长经历极大地激励了广大青少年脚踏实地、锐意创新、立志成才、开拓进取的热忱。

(2) 中国十大杰出青年简介

“中国十大杰出青年”评选活动每年举行一次，经过 10 多年的努力探索与积极实践，不断规范举荐渠道，完善评选机制，拓展交流途径，加大宣传表彰力度，现已形成了层层选拔、逐级推报的候选人举荐渠道、专家评审和社会参议相结合的评选机制及党政关心、青年关注的良好社会环境。并且，通过表彰、宣传在改革开放和社会主义现代化建设中作出突出业绩和重大贡献的杰出青年典型，为当代青年树立了光辉榜样，激励了广大青年发愤学习、勤奋工作、艰苦创业、奋发成才。并在全社会进一步优化青年成长成才环境，为培养更多新世纪发展和祖国现代化建设需要的青年人才作出了积极贡献。

（二）军事类功勋和勋章

这种奖励的对象是政治和军事等方面的杰出人物。例如中国人民解放军英雄模范奖章，1979 年 3 月 23 日，经中国共产党中央军事委员会批准，中国人民解放军总政治部颁发了中国人民解放军英雄模范奖章和立功奖章。由中共中央军委授予英雄称号的，颁发一级英雄奖章；由军区和军种、兵种领导机关授予英雄或模范称号的，颁发二级英雄模范奖章。立三等功、二等功、一等功的，分别颁发三等功、二等功、一等功奖章。

1. 中国人民解放军勋章

（1）八一勋章

八一勋章是授予土地革命战争时期（1927 年 8 月 1 日至 1937 年 7 月 6 日）参加革命战争有功而无重大过失的人员。一级八一勋章授予当时的师级以上干部。二级八一勋章授予当时的团级和营级干部。三级八一勋章授予 1935 年 10 月 20 日前参加中国工农红军第一方面军，1936 年 9 月 30 日前参加中国工农红军第二方面军和第四方面军，1935 年 9 月 30 日前参加陕北红军和红军第 25 军，1937 年 7 月 6 日前坚持各地游击战争和参加东北抗日联军的连级以下人员。

八一勋章的中心图案是“红星”和“八一”，突出反映了中国共产党于 1927 年 8 月 1 日独立领导革命武装的光辉史实。

1955 年 9 月 23 日，第一届全国人大常委会第二十二次会议决定，授予在中国人民革命战争时期有功人员以勋章。同日，国家主席发布授勋命令，授予朱德等 131 人以一级八一勋章。

1957 年 6 月 17 日，第一届全国人大常委会第七十四次会议决定，授予在中国人民革命战争时期有功人员以勋章。6 月 18 日，国家主席发布授勋命令，授予杨成武等47人以一级八一勋章，授予丁盛等1467人以二级八一勋章，授予丁山等5339人以三级八一勋章。

两次共授予中国人民解放军一级八一勋章178枚，二级八一勋章1467枚，三级八一勋章5339枚。

1980年8月26日，第五届全国人大常委会第十五次会议决定，依法剥夺林彪、谢富治、黄永胜获得的一级八一勋章、一级独立自由勋章、一级解放勋章。

（2）独立自由勋章

独立自由勋章是授予抗日战争时期（1937年7月7日至1945年9月2日）参加革命战争有功而无重大过失的人员。一级独立自由勋章授予中国工农红军改编为八路军时的旅级和相当于旅级以上干部，中国工农红军改编为新四军时的支队级和相当于支队级以上干部，1945年9月2日前在八路军、新四军中和在中国共产党领导的抗日游击队中相当于军级的纵队和新四军师级以上干部。二级独立自由勋章授予当时的旅级、团级及与其相当级别的干部。三级独立自由勋章授予当时的营级、连级及与其相当级别的干部。

独立自由勋章的中心图案是“红星”和“延安宝塔山”，象征在中国共产党的领导下，革命圣地延安是中国人民抗日民族战争的革命大本营。

1955年9月23日，第一届全国人大常委会第二十二次会议决定，授予在中国人民革命战争时期有功人员以勋章。同日，国家主席发布授勋命令，授予朱德等117人以一级独立自由勋章。

1957年6月17日，第一届全国人大常委会第七十四次会议决定，授予在中国人民革命战争时期有功人员以勋章。6月18日，国家主席发布授勋命令，授予黄永胜等196人以一级独立自由勋章，授予丁本淳等4152人以二级独立自由勋章，授予丁仲等31098人以三级独立自由勋章。

两次共授予中国人民解放军一级独立自由勋章313枚，二级独立自由勋章4152枚，三级独立自由勋章31098枚。

1980年8月26日，第五届全国人大常委会第十五次会议决定，依法剥夺林彪、谢富治、黄永胜、吴法宪、李作鹏、邱会作获得的一级独立自由勋章。

（3）解放勋章

解放勋章是授予在解放战争时期（1945年9月3日至1950年6月30

日）参加革命战争有功而无重大过失的人员。一级解放勋章授予当时的军级以上及与其相当级别的干部，二级解放勋章授予当时的师级及与其相当级别的干部，三级解放勋章授予当时的团级、营级及与其相当级别的干部。解放战争时期直接领导国民党军队起义的人员（含1950年6月30日以后直接领导起义的），根据其功绩大小，分别授予解放勋章。

解放勋章的中心图案是“红星”和“天安门”，象征中国共产党领导人民武装夺取全国胜利。

1955年9月23日，第一届全国人大常委会第二十二次会议决定，授予在中国人民革命战争时期有功人员以勋章。同日，国家主席发布授勋命令，授予朱德等570人以一级解放勋章。

1957年6月17日，第一届全国人大常委会第七十四次会议决定，授予在中国人民革命战争时期有功人员以勋章。6月18日，国家主席发布授勋命令，授予王建安等421人以一级解放勋章，授予丁士采等4932人以二级解放勋章，授予刁志真等54879人以三级解放勋章。

两次共授予中国人民解放军一级解放勋章991枚，二级解放勋章4932枚，三级解放勋章54879枚。

1980年8月26日，第五届全国人大常委会第十五次会议决定，依法剥夺林彪、谢富治、黄永胜、吴法宪、李作鹏、邱会作、李彬山获得的一级解放勋章。

（4）红星国家奖励章

红星国家奖励章俗称红星勋章，是中央军事委员会授予军队离休干部的一种国家奖励章。1988年“八一”建军节前后开始授予。该勋章分一级和二级两等。

红星国家奖励章均为金银合金制作，图案为“红星”和“星火”，象征在中国共产党的领导下，工农革命之火呈燎原之势。

根据1988年7月1日第七届全国人民代表大会常务委员会第二次会议批准、7月3日公布的《中华人民共和国中央军事委员会关于授予军队离休干部中国人民解放军国家奖励章的规定》，一级红星勋章授予1937年7月6日以前入伍或参加革命工作，并在1965年5月21日以前曾被授予少将以上军衔或者曾任省、部级以上领导职务的军队离休干部。二级红星勋章授予下列人员：①1937年7月6日以前入伍或者参加革命工作，并在1965年5月21日以前曾被授予大校以下军衔或者未被授予军衔的军队离休干部；②1937 年 7 月 6 日以前入伍或者参加革命工作，并在 1965 年 5 月 21 日前曾被授予少将军衔或者曾任省、部级以上领导职务，但是 1965 年 5 月 22 日以后受降职、降级或者撤职处分的军队离休干部。

1988 年，全军被授予一级红星功勋章的有 835 人，被授予二级红星功勋章的有 3721 人。被授予中国人民解放军国家奖励章的人员，根据实际情况可被安排参加重大节日集会、阅兵活动，观看所在地区部队的军事演习，担任荣誉职务和领取定额荣誉金等。授予中国人民解放军国家奖励章的目的是表彰军队离休干部的历史功绩，增强他们的荣誉感、责任感，激励他们继续为军队建设和社会主义现代化建设作出新的贡献，教育后代增强国防观念，发扬革命传统，并在社会上树立尊敬革命前辈的良好风尚。

（5）独立国家奖励章

独立国家奖励章即中国人民解放军独立国家奖励章。1988 年 7 月，中华人民共和国中央军事委员会决定授予 1937 年 7 月 7 日至 1945 年 9 月 2 日期间入伍或者参加革命工作的军队离休干部和在中央及省、自治区、直辖市党的顾问委员会，县级以上各级人民代表大会常务委员会、政治协商会议等担任职务而不在军队继续担任职务的军队干部。

（6）胜利国家奖励章

胜利国家奖励章即中国人民解放军胜利国家奖励章。1988 年 7 月，中华人民共和国中央军事委员会决定授予 1945 年 9 月 3 日至 1949 年 9 月 30 日期间入伍或者参加革命工作的军队离休干部和在中央及省、自治区、直辖市党的顾问委员会、县级以上各级人民代表大会常务委员会、政治协商会议等担任职务而不在军队继续担任职务的军队干部。

2. 中国人民解放军奖章

中国人民解放军奖章是中国人民解放军团以上领导机关授予有功或获得荣誉称号人员佩戴的各种荣誉证章。土地革命战争时期，中华苏维埃中央军事委员会曾于 1933 年 7 月 9 日发布命令，颁发红星奖章。此后，在抗日战争和解放战争时期，各战区部队分别颁过各种奖章，如八路军、新四军的三等奖章、二等奖章、一等奖章，晋察冀军区的大功奖章、特功奖章，东北民主联军的战斗英雄奖章、工作模范奖章、毛泽东奖章、朱德奖章，华东野战军的人民英雄奖章等。

（1）红星奖章

红星奖章是授予中国工农红军有功人员的一种证章。1933 年 7 月 9 日，中华苏维埃中央革命军事委员会发布命令，于“八一”建军节时颁发红星奖章，表彰有特殊功勋的红军指战员。

红星奖章的基本形状是：底衬由两枚五角星交错而成星花，象征革命的星星之火；中间由五星和禾穗组成的圆形图案，象征着工农红军是中国共产党领导下的工农子弟兵，全心全意为工农解放而服务。五角星与禾穗之间标有“红星章”三字。

奖章分为三等，按照规定：一等发给“领导全部或一部革命战争之进展而有特殊功绩的”人员；二等发给“在某一战役当中曾经转移战局而获得伟大胜利的”人员；三等发给“经常表现英勇坚决的”人员。1933 年 7 月 11 日，中华苏维埃共和国临时中央政府也作出决议：对于“领导南昌暴动的负责同志及红军中有特殊功勋的指挥员和战斗员”授予红星奖章。

现有资料记载，红星奖章只在 1933 年和 1934 年“八一”建军节时颁发过两次。被授予一等红星奖章的有周恩来、朱德、彭德怀等；被授予二等红星奖章的有陈毅、张云逸、罗瑞卿、萧克、何长工、罗炳辉、陈伯钧、李达、李聚奎、毕占云、滕代远、彭绍辉、王诤等 34 人；被授予三等红星奖章的有程子华、王震、李天佑、杨得志、杨勇、苏振华等 53 人。此外，1935 年 7 月中旬，一、四方面军会师后，毛泽东代表中央政府亲自将一枚红星奖章授予红四方面军总指挥徐向前，以表彰他在四方面军的杰出贡献。

（2）八一奖章

八一奖章是根据 1955 年 2 月 12 日全国人民代表大会常务委员会第七次会议通过的《中华人民共和国授予中国人民解放军在中国革命战争时期有功人员的勋章奖章条例》的规定，授予在中国工农红军时期参加中国工农红军并一直坚持革命工作而无重大过失，不够授予一、二、三级八一勋章的人员的奖章。八一奖章、独立自由奖章、解放奖章共颁发了 56 万余枚。

（3）解放奖章

解放奖章是根据 1955 年 2 月 12 日一届全国人大常委会第七次会议通过的《中华人民共和国授予中国人民解放军在中国革命战争时期有功人员的勋章奖章条例》的规定设立的，解放奖章授予解放战争时期参加中国人民解放军在二年以上的，或参加虽不满二年但因作战负伤残废的连级以下人员。八一奖章、独立自由奖章、解放奖章共颁发了56万余枚。

（4）独立自由奖章

独立自由奖章是根据1955年2月12日一届全国人大常务委员会第七次会议通过的《中华人民共和国授予中国人民解放军在中国革命战争时期有功人员的勋章奖章条例》规定，对中国人民解放军在中国革命战争时期的有功人员授予奖章。独立自由奖章授予抗日战争时期参加八路军、新四军或脱离生产参加中国共产党领导的抗日游击队在二年以上的，或参加虽不满二年但因作战负伤残废的排级以下人员。八一奖章、独立自由奖章、解放奖章共颁发了56万余枚。

（5）中国人民解放军英雄模范奖章和立功奖章

社会主义建设时期，中国人民解放军的奖励制度逐渐统一。1979年3月23日，经中国共产党中央军事委员会批准，中国人民解放军总政治部颁发中国人民解放军英雄模范奖章和立功奖章。由中共中央军委授予英雄称号的，颁发一级英雄奖章；由军区和军种、兵种领导机关授予英雄或模范称号的，颁发二级英雄模范奖章。立三等功、二等功、一等功的，分别颁发三等功、二等功、一等功奖章。

（三）科技类荣誉称号或奖励

1. 中国院士制度

院士是国家设立的科学技术方面的最高学术称号，为终身荣誉。中国的院士制度最早可追溯至1928年成立的中央研究院，开始时其成员称为“评议员”。1946年，中央研究院决定建立院士制度。1948年中国最早的院士诞生。1948年3月，通过层层选拔，中央研究院经过评议和选举，产生了中国的第一批共81名院士。这些院士分为数理、生物、人文三组，每组院士人数大体相等，其中数理组有陈省身、华罗庚、苏步青、吴大猷、吴有训、叶企孙、严济慈、李四光、竺可桢、侯德榜、茅以升等学术大师28人，生物组有贝时璋、童第周、胡先骕、戴芳澜、汤佩松、俞大绂等著名科学家25人，而人文组有胡适、陈寅恪、顾颉刚、赵元任、金岳霖、冯友兰、郭沫若、梁思成等一流学者28人。这就是中国历史上的首批院士。

新中国诞生后，1949年11月1日，中国科学院以原中央研究院和北平研究院的部分研究所为主要基础建立起来，它是国家设立的科学技术方面最高学术机构和全国自然科学与高新技术综合研究发展中心。1953 年中国科学院访苏代表团回国后即酝酿学习苏联经验，建立学部制以加强学术领导和管理，并拟待条件成熟时选举院士（当时称为学部委员）。1954 年中国科学院开始筹备建立物理学数学化学、生物学地学、技术科学和哲学社会科学 4 个学部，向全国自然科学家发信，请他们推荐“学部委员”人选。中国科学院第一批学部委员共有 233 名，其中自然科学方面共推选出 172 名科学家为学部委员，包括物理学数学化学部 48 人，生物学地学部 84 人，技术科学部 40 人。另外还有社会科学方面的学部委员 61 名。原来中央研究院的 81 名院士中，没有离开大陆的有 59 人，其中包括华罗庚、苏步青、郭沫若、李四光、竺可桢、茅以升等 46 位著名科学家，重新进入新中国第一批学部委员的行列。1955 年 6 月，中国科学院学部成立大会在京召开，正式宣布成立学部，参会的学部委员有 199 人。①

从 1966 年开始的“文化大革命”，使我国整个院士工作处于瘫痪或停滞状态。在 1980 年以前，中国科学院的学部委员人数除了在 1957 年增加了 18 人之外，就再没有增加过。

1979 年春，经党中央和国务院批准，中国科学院正式恢复在“文化大革命”中停止的学部活动，并立即着手增补学部委员工作。1980 年 11 月，中国科学院增选了 283 位学部委员，加上前两届尚健在的 117 位学部委员，共有 400 位学部委员。同时，物理学数学化学部分设为数学物理学部和化学部。哲学社会科学部则已于 1977 年 5 月 7 日单独成立中国社会科学院。

1984 年 12 月中央书记处会议讨论决定，拟在中国建立院士制度，将中国科学院学部委员改为院士。中国科学院学部主席团执行主席严济慈、吴仲华、卢嘉锡、武衡、钱学森于 1985 年 1 月写信给中央领导同志表示拥护并提出了一些建议。1988 年 11 月 16 日，由严济慈主持召开执行主席会议，讨论建立院士制度问题。

1990 年 11 月 16 日，国务院批准中国科学院和国家科委关于增选学部委员的请示，批示规定：“增选学部委员工作，今后每两年进行一次，

① 张剑：《未能当选学部委员的首届中央研究院院士名单考》，《史林》2002 年第 2 期。

逐步使增选工作制度化、规范化。”

1993年10月19日，国务院第十一次常务会议决定中国科学院学部委员改称中国科学院院士，同时决定成立中国工程院。1994年1月14日，中国科学院向全体学部委员发出通知：党中央、国务院已决定，将中国科学院学部委员改称中国科学院院士。此后的中国科学院学部委员大会亦随之改称中国科学院院士大会。此后，历经多次增选，到2009年，中国科学院院士总人数达到714名，外籍院士达56名。[①]

1994年6月，中国科学院第七次院士大会选举产生了首批96名中国工程院院士，中国工程院正式成立，它是我国工程技术界的最高荣誉性、咨询性学术机构。与中国科学院院士的产生办法相同，中国工程院中国籍院士与外国籍院士都是每两年增选一次。1995年6月，中国工程院公布首尔增选院士名单，共新当选186名院士。同时公布的还有1994年年底选举出的医药卫生工程学部新学院院士30名，院士总数达312人。此后，历经多次增选，到2009年，中国工程院共有院士756名，外籍院士达36名。[②]

两院院士的职责是积极促进科学技术的研究、开发和应用，努力创新，不断做出成绩；提倡科学精神，维护科学道德，发扬优良学风，起表率作用；积极培养人才，推动学技术队伍建设；承担科学院（工程院）组织的咨询、评议任务，促进科学技术与国民经济、社会发展相结合，推动科学技术领域的国际交流与合作等。

2. 国务院政府特殊津贴

（1）国务院政府特殊津贴概况

1990年7月，为了充分体现党和国家对我国高级专家的关心与爱护，弘扬尊重知识、尊重人才的社会风气，经党中央、国务院批准，决定给部分高级知识分子发放特殊津贴。为此，人事部、财政部发出《关于给部分高级知识分子发放特殊津贴的通知》（人专发［1990］6号），决定将特殊津贴列为国家财政专款，从1990年7月开始发放，津贴额为每人每月100元。

1991年6月，中共中央、国务院发出《关于给作出突出贡献的专家、

① “中国两院院士资料库”，http：//scitech. people. com. cn/GB/25509/29829/index. html。

② 同上。

学者、技术人员发放政府特殊津贴的通知》（中发［1991］10号），确定了政府特殊津贴选拔的数量（当年10000名）、范围（以自然科学为主）、条件、程序和待遇（每人每月100元）等内容。从此，这项工作正式在全国推行。

1993年4月，人事部发出《关于〈对享受政府特殊津贴人员进行考核的意见〉的通知》（人专发［1993］10号），决定每两年对享受政府特殊津贴的专家、学者、技术人员进行考核。考核对象为在职人员，对其新成就通过各种途径进行宣传和表彰，并及时输入专家数据库；对谎报成果、违背思想政治条件、出国不归、自动离职、不求上进等情况，停发或取消政府特殊津贴。

1995年，人事部发出《关于从1995年起实行政府特殊津贴发放办法改革的通知》（人专发［1995］27号），实行“新人新办法，老人老办法”，即从1995年起，新选拔的享受政府特殊津贴人员，将不再采取逐月发放津贴的办法，而是由国务院向他们一次性发放5000元；1990年至1994年选拔的人员，仍按原逐月发放的方式发给政府特殊津贴。同时制定了《政府特殊津贴工作暂行办法》，进一步明确了政府特殊津贴选拔的范围、条件、数量（1995年至2000年，每年控制在5000名左右）、程序和待遇。

2001年6月，中共中央、国务院发出《关于对作出突出贡献的专家、学者、技术人员继续实行政府特殊津贴制度的通知》（中发［2001］10号），决定今后十年每年选拔3000名左右在社会主义现代化建设中作出突出贡献的专家、学者、技术人员享受政府特殊津贴。对享受政府特殊津贴的人员，每人一次性发放政府特殊津贴10000元。

享受政府特殊津贴专家的选拔制度实行十多年来，全国共有十几万人享受了政府特殊津贴。

（2）国务院政府特殊津贴发放办法

① 津贴标准和发放办法

- 每两年选拔一次享受政府特殊津贴人员，对经批准享受国务院政府特殊津贴的人员，国务院授权人事部颁发政府特殊津贴证书，由国家一次性发给人民币20000元，免征个人所得税。
- 对1995年以前享受国务院政府特殊津贴的人员，仍按月发放政府特殊津贴。

② 选拔条件

• 热爱祖国，遵纪守法，有良好的职业道德，模范履行岗位职责。

• 必须具有高级专业技术职务，并须具备下列条件之一：

——中国科学院院士或中国工程院院士。

——长期工作在工农业生产和科技推广第一线，有重大技术突破，推动了行业技术进步和经济发展；或在科研成果转化和技术推广中业绩突出，产生了显著的经济效益和社会效益。

——在自然科学研究中，学术造诣高深，学术成就卓著，对学科建设、人才培养、事业发展作出突出贡献，是学科领域带头人；或取得较多的科研成果，得到国内外同行专家公认，达到国际国内领先或先进水平。

——在技术研究与开发中有重大发明创造、重大技术革新或解决了关键性的技术难题，并取得了显著的经济效益和社会效益。

——在社会科学研究中，成绩卓著，对社会发展和学科建设作出突出贡献，是学科领域的学术带头人。

——在信息、金融、财会、外贸、法律和现代管理等领域，为解决国民经济和社会发展的重大问题提供基础性、前瞻性、战略性的科学理论依据，具有特殊贡献的人员。

——长期工作在教育、教学工作第一线，对学科建设、人才培养、事业发展发挥了重大作用，所创新的教育理论或教学方法，经省（部）级以上的教育行政部门鉴定并普遍推广，成效显著并为同行所公认。

——长期工作在防病、治病等卫生工作第一线，医术高超，多次成功地治愈疑难、危重病症；或在较大范围多次有效地预防、控制、消除疾病，社会影响大，业绩为同行所公认。

——在文化艺术、新闻出版领域，成绩卓著、享有盛名，是本领域的带头人。

——在教练执训工作中成绩卓著，为发展国家和地区体育事业作出重大贡献的职业体育教练员。

3. 科技类奖项

自 1978 年 3 月全国科学大会以来，我国恢复和重建了国家科学技术奖励制度，这项制度有力地激励了科技人才的创造热情。1999 年，为了解决科学奖励制度存在的一些问题（如奖励项目过多，获奖项目质量有所下降；缺少具有权威性的最高奖项；奖励项目促进技术创新、成果转化和高科技产业化的导向性不强；重复设奖、奖励名目多而乱），国家颁布实施《国家科学技术奖励条例》，通过立法设立了国家最高科学技术奖，并完善国家级四大科学技术奖——国家自然科学奖、国家技术发明奖、国家科学技术进步奖、中华人民共和国国际科学技术合作奖，并规范了省、部级以及社会力量的科学技术奖励办法（见表2—1）。

表2—1　关于国家科学技术奖励的部分政策

文件名	出台单位及时间
国家科学技术奖励条例	1999年5月23日，中华人民共和国国务院令第265号
国务院办公厅转发科技部《科学技术奖励制度改革方案》的通知	国办发［1999］67号
国家科学技术奖励条例实施细则	1999年12月26日，科技部令第1号
省、部级科学技术奖励管理办法	1999年12月26日，科技部令第2号
社会力量设立科学技术奖管理办法	1999年12月26日，科技部令第3号
国家科学技术奖励委员会章程	1999年12月8日，国家科学技术奖励委员会第一次会议通过
国务院关于修改《国家科学技术奖励条例》的决定	2003年12月20日，国务院令第396号
国家科学技术奖评审行为准则与督查暂行办法	国科奖字第9号，2003年7月1日实施

同时设立国家科学技术奖励委员会，聘请有关方面的专家、学者组成评审委员会，负责国家科学技术奖的评审工作。国家科学技术奖励委员会负责对国家科学技术奖励工作进行宏观管理和指导。其主要职责是：聘请有关专家组成国家科学技术奖评审委员会；审定国家科学技术奖评审委员会的评审结果；为完善国家科学技术奖励制度提供政策性意见和建议；研究、解决国家科学技术奖励工作中出现的其他重大问题。

（1）国家最高科学技术奖

国家最高科学技术奖设立于2000年，授予在当代科学技术前沿取得重大突破或者在科学技术发展中有卓越建树，在科学技术创新、科学技术成果转化和高技术产业化中创造巨大经济效益或者社会效益的科学技术工作者。国家最高科学技术奖每年授予人数不超过2名。国家最高科学技术奖不分等级。

国家最高科学技术奖报请国家主席签署并颁发证书和奖金。奖金数额由国务院规定，为500万元人民币。

自国家最高科技奖设立以来，吴文俊、袁隆平、王选、黄昆、金怡濂、刘东生、王永志、叶笃正、吴孟超、李振声、闵恩泽、吴征镒先后获得该项大奖（见表2—2）。

表2—2 国家最高科技奖历年获奖人物

年份	获奖人物
2007	闵恩泽（1924—今，石油化工催化剂专家） 吴征镒（1919—今，著名植物学家）
2006	李振声（1931—今，遗传学家，小麦远缘杂交的奠基人）
2005	叶笃正（1916—今，世界著名气象学家） 吴孟超（1922—今，世界著名肝脏外科学家）
2003	刘东生（1917—2008，著名地球环境科学家） 王永志（1932—今，著名航天技术专家）
2002	金怡濂（1929—今，高性能计算机领域的著名专家）
2001	王选（1937—2006，汉字激光照排系统创始人） 黄昆（1919—2005，著名物理学家）
2000	吴文俊（1919—今，世界著名数学家） 袁隆平（1930—今，杂交水稻之父）

（2）国家自然科学奖

国家自然科学奖授予在数学、物理学、化学、天文学、地球科学、生命科学等基础研究和信息、材料、工程技术等领域的应用研究中，阐明自然现象、特征和规律，作出重大科学发现的中国公民。国家自然科学奖不授予组织。

国家自然科学奖的授奖条件为：前人尚未发现或者尚未阐明；具有重大科学价值；得到国内外自然科学界公认。

国家自然科学奖的候选人应当是每项重大科学发现的主要论文或者专著的主要作者，并具备下列条件之一：其一，提出总体学术思想、研究方案；其二，发现重要科学现象、特性和规律，并阐明科学理论和学说；其三，提出研究方法和手段，解决关键性学术疑难问题或者实验技术难点，以及对重要基础数据进行系统收集和综合分析。

国家自然科学奖授奖等级根据候选人所作出的科学发现，从发现程度、难易复杂程度、理论学说上的创见性、研究方法手段的创新程度、学术水平、对学科发展的促进作用、对经济建设和社会发展的影响、论文被他人正面引用的情况、国内外学术界的评价和主要论文发表刊物的影响等方面进行综合评定。基本评定标准如下：在科学上取得突破性进展，学术上为国际领先，并为学术界所公认和广泛引用，推动了本学科或者相关学科的发展，或者对经济建设、社会发展有重大影响的，可以评为一等奖；在科学上取得重要进展，学术上为国际先进水平，并为学术界所公认和引用，推动了本学科或者其分支学科的发展，或者对经济建设、社会发展有较大影响的，可以评为二等奖。

1956 年华罗庚、吴文俊、钱学森获得国家自然科学奖一等奖（当时为中国科学院科学奖金）。

(3) 国家技术发明奖

国家技术发明奖授予运用科学技术知识作出产品、工艺、材料及其系统等重大技术发明的中国公民。国家技术发明奖不授予组织。

技术发明是指利用自然规律首创并成功地用于改造客观世界的技术新成果。它一般是与生产有关的新技术，如在国民经济某一技术领域中提供了新的、先进的、效益好的新技术。以上所称产品包括各种仪器、设备、器械、工具零部件及生物新品种等；工艺包括各领域的各种技术方法；材料包括用各种技术方法获得的新原料；系统是指产品、工艺和材料的技术综合。科学发现、科学理论不属于国家技术发明奖的奖励范围，但是，将科学发现成果应用于生产、生活等实践，将新的发现体现在工艺、产品中，也可以推荐为技术发明奖。如新发现的一种化学物质虽为客观存在，但如果将其开发为一种新药品或转化为一项技术发明，则符合技术发明奖的奖励范围。仅依赖个人经验和技能、技巧，而别人又不能根据所提供的方案将其重现的技术，不属于技术发明奖的奖励范围，如各种个人拥有的特技。

国家技术发明奖的授奖条件为：前人尚未发明或者尚未公开；具有先进性和创造性；经实施，创造显著经济效益或者社会效益。

候选人条件为：其一，国家技术发明奖单项授奖人数实行限额，每个项目的授奖人数一般不超过6人。对于综合性的重大技术发明，可以超过规定人数。其二，每位候选人应该独立完成一项发明中至少一个以上的发明点。仅从事组织、管理、协调和辅助工作的人员不能列为候选人，候选人按贡献大小排序。

国家技术发明奖的评审，对候选人所作出的技术发明，从难易复杂程度、技术思路新颖程度、技术创新程度、主要技术经济指标的先进程度，对技术进步的推动作用、推广应用程度、已获经济或者社会效益及发展应用前景等方面进行综合评定，据此决定授奖等级。基本评定标准如下：其一，属国内外首创的重大技术发明，技术思路独特，技术上有重大的创新，技术经济指标达到了同类技术的领先水平，推动了相关领域的技术进步，已产生了显著的经济效益或者社会效益，可以评为一等奖。其二，属国内外首创，或者国内外虽已有、但尚未公开的重大技术发明，技术思路新颖，技术上有较大的创新，技术经济指标达到了同类技术的先进水平，对本领域的技术进步有推动作用，并产生了明显的经济效益或者社会效益，可以评为二等奖。

1981年袁隆平获“籼型杂交水稻”特等奖。自1979年至2009年获得国家技术发明奖一等奖的有：庞居勤、盛家廉、景奉文、陈惠波、王国栋、王汀华、戴铭杰、沈荣显、方财杰、潘际銮等42名。获奖单位2个。

（4）国家科学技术进步奖

国家科学技术进步奖授予在技术研究、技术开发、技术创新、推广应用先进科学技术成果、促进高新技术产业化，以及完成重大科学技术工程、计划等过程中作出创造性贡献的中国公民和组织。

国家科学技术进步奖的奖励范围涉及国民经济的各个行业，是一项覆盖面广泛的科学技术奖。从候选人、候选单位所完成项目的性质来讲，包括了新产品和新技术开发、新技术推广应用、高新技术产业化、企业技术改造及技术进步、技术基础和重大工程建设、重大设备研制中引进消化、吸收国外新技术，或自主开发创新的技术等。

授奖条件为：技术创新性突出；经济效益或者社会效益显著；推动行业科技进步作用明显。

国家科学技术进步奖的候选人应当是具备下列条件的项目主要完成人：其一，提出并确定项目的总体方案；其二，在解决关键的技术和疑难问题中作出重大技术创新和重要贡献；其三，在成果转化和推广应用过程作出创造性贡献；其四，在高技术产业化方面作出重要贡献。候选人按贡献大小排序，并在限额内产生。如果在项目完成中仅从事协调和组织工作的领导，或是从事辅助服务的工作人员，不能作为国家科学技术进步奖的候选人。

国家科学技术进步奖候选单位应当是在项目研制、开发、投产、应用和推广过程中提供技术、设备和人员等条件，并对该项目的完成起到组织、管理和协调作用的主要完成单位。如果只是提供资金，不能作为项目的主要完成单位列为获奖候选单位。政府部门一般不应作为国家科学技术进步奖的候选单位。但对于技术开发类中推广应用先进成果和高新产业化的项目，政府部门如作为组织者、实施者又确有实质性重大作用的除外。

国家科学技术进步奖设两个奖励等级。授奖等级根据候选人、候选单位所完成项目的创新程度、难易复杂程度、主要技术经济指标的先进程度、总体技术水平、已获经济或者社会效益、潜在应用前景、转化推广程度、对行业的发展和技术进步的作用等进行综合评定，评定时对不同项目类型各有侧重。重大工程类项目应突出团结协作、联合攻关，强调在技术和系统管理方面的创新、技术难度和工程复杂程度、总体技术水平，以及对提高行业整体水平的作用意义。

(5) 中华人民共和国国际科学技术合作奖

中华人民共和国国际科学技术合作奖（China International Science and Technology Cooperation Award），简称国际科技合作奖。1993 年 7 月全国人大常委会八届二次会议通过的《中华人民共和国科学技术进步法》指出：国际科技合作奖是国务院设立的国家级科技奖励。从 1994 年起，国际科技合作奖开始由国家科学技术奖励工作办公室归口管理并负责组织实施。到目前为止，此项奖励在国内外享有较高的声誉。

国际科技合作奖设立的目的及宗旨就是奖励在与中国科技合作与交流中，为推进科技进步，增进中外科技界合作与友谊，为中国科学技术事业作出重要贡献的外国科学家、工程技术人员和科技管理人员及组织。该奖项不分等级。

国际科技合作奖每年评审一次。候选人由各省、自治区、直辖市人民政府，国务院有关组成部门、直属机构，中国人民解放军各总部，中华人民共和国驻外使、领馆及其他派出机构等推荐部门负责推荐。凡在某些科学技术领域具有一定知名度的外籍科学家、工程技术人员及科学技术管理人员等，只要具备上述条件之一者就可以被推荐。最后该奖项由国务院颁发证书，不设奖金。每年授奖数额不超过10个。国家每年都为国际科技合作奖的获奖人举行颁奖仪式。颁奖仪式一般在国内举行，必要时也可在国外举行。

自1995年首次颁奖以来，共有54位外国专家和1个国际组织被授予中华人民共和国国际科学技术合作奖。

（四）文艺类奖项

1951年12月21日，北京市人民委员会和各界人民代表会议协商委员会联席会议“授给名剧〈龙须沟〉的作者舒舍予（老舍）以‘人民艺术家’的荣誉奖状”。1953年，在画家齐白石90岁时，文化部授予他“人民艺术家”称号。国务院曾经授予夏衍“人民电影艺术家”称号，人事部经国务院批准曾授予巴金“人民作家”称号。2004年7月7日，国务院追授豫剧艺术家常香玉“人民艺术家”荣誉称号；2004年10月30日，“顶碗皇后”夏菊花被武汉市政府授予“人民艺术家”称号。

除了“人民艺术家”以外，各个艺术领域都设有奖励，如电影“百花奖”、电视“金鹰奖”、戏剧“梅花奖”、曲艺“牡丹奖”、舞蹈“荷花奖”等，都广为普通民众所熟知。下面以大众电影百花奖①为例进行详细介绍。

大众电影百花奖是中国群众性的电影奖，由中国发行量最大的电影刊物《大众电影》杂志编辑部主办，由《大众电影》发放选票，由读者（群众）投票评奖，各项奖均以得票最多者当选，百花奖代表观众对电影的看法和评价，因此又被称为“群众奖”。该奖项的设立旨在繁荣中国电影艺术，促进电影产业化建设，表彰奖励优秀中国电影作品和电影创作人员，推介、宣传、普及优秀国产电影。

“大众电影百花奖”设最佳故事片（含戏曲片）三部和最佳合拍片、最佳男演员奖、最佳女演员奖、最佳男配角奖、最佳女配角奖各一个。根据每年电影的创作情况，可增设“荣誉奖”。“百花奖”参选影片及创作人

---

① 百花奖是在周恩来总理的直接倡导和关怀下创立的，是经中央批准的全国性文艺大奖，也是我国电影界历史最长、规模和影响较大的一项奖项。

员，以上一个年度生产并于本年度 2 月份以前经广电总局批准发行、上映的影片及具有中华人民共和国国籍的创作人员为评选范围。

评选程序为：首先，中国影协按照《章程》规定向各电影制片单位发出本届“百花奖”通知。其次，各电影制片单位按照“百花奖”的各项规则和要求，提出本单位报名参选影片及创作人员的候选名单，加盖公章报送中国电影家协会候选，不接受任何个人参选。然后，中国电影家协会授权《大众电影》杂志社对各单位报送的候选名单进行筛选。确定的候选名单报送中国影协、中国文联审核批准后在《大众电影》上刊登。最后，中国影协将收回的选票送交国家认可的统计单位进行封闭式统计，并由公证单位进行公证后报送中国文联审批。

（五）社会发展类奖项

这类奖项主要表彰有益社会发展的行为和成绩，例如中华环境奖、中国杰出（优秀）青年卫士奖等。

1. 中华环境奖

环境保护是世界的热点。近年来随着中国在世界的影响壮大，世界在关注着中国环保；同时，随着中国公众意识的提高，各行各业也涌现了一大批关心环保、热心投身环保并作出突出成绩的人物，有的在本职岗位上紧密联系环保，有的牺牲业余时间默默贡献环保，有的奉献全部精力甚至生命致力环保，这些英模事迹的精神是中华民族文明的典范，是社会主义精神文明的一部分，应当得到社会的倡导和弘扬，对这些英雄人物应当给予最高的荣誉和奖励。为提高全民族环境意识，促进中国环境保护和可持续发展，根据《中华环境保护基金会章程》，中华环境保护基金会设立“中华环境奖”，该奖是中国环境保护的社会性奖励，评选的对象分布在各行各业、世界各地。评选的过程更是全面宣传环保、教育公众、向国际展示中国环保形象的过程。

国家环保总局于 2000 年 6 月 21 日转发《中华环境奖奖励办法》，2000 年 9 月 27 日，“中华环境奖”组委会在人民大会堂成立并召开启动仪式。

中华环境奖是中国环境保护的社会性奖励，主要表彰为中国环境保护事业作出重大贡献或取得优异成绩的个人或集体，强调社会广泛参与，个人、集体都可以推荐，也可以自荐。根据评选办法，中华环境奖的候选者不受国籍、地区、种族和宗教信仰的限制。只要符合条件的个人或集体都可以通过填表自荐、他人推荐和单位推荐参加评选。中华环境奖是一个常设奖项，首届和第二届为两年进行一次评选，从第三届起改为每年进行一次评选。评选工作严格按《中华环境奖评选办法》规定程序，聘请知名的学者、专家、教授组成评选委员会，本着“公开、公平、公正”的原则进行，获奖候选者的事迹在新闻媒体上公示，征求社会各界意见。

首届和第二届中华环境奖设立了5个中华环境奖，每名获奖者奖励10万元人民币。另设立若干提名奖，每名提名奖获奖者奖励1万元人民币。从第三届起，围绕环境保护5个方面设立了5个奖项，每个奖项原则上一名，总获奖者不超过5名，每名获奖者奖励50万元人民币。围绕中华环境奖5个方面的奖项，每项另设立4名绿色东方奖，每名获奖者奖励5万元人民币，获奖者不超过20名。

2. 中国杰出（优秀）青年卫士奖

国家为了防止和惩治犯罪，同时也为了降低办案成本、提高办案效率而设置了一些特别奖励，此外近年一些地方政府还出台了见义勇为专项奖励。这类奖励既有表彰英勇事迹、树立社会学习榜样、引导人们社会行为的作用，也具有社会补偿和生活保障的作用，例如中国杰出（优秀）青年卫士奖。中国杰出（优秀）青年卫士奖旨在深入贯彻党的精神，大力加强社会主义法制建设，维护社会稳定，积极培树、宣传一段时间内在全国社会治安综合治理、行政执法和推进国防建设等战线涌现出来的优秀青年典型，号召广大青年向“中国杰出（优秀）青年卫士”学习。

“中国杰出（优秀）青年卫士”评选活动组织委员会由12个主办单位（共青团中央、中央社会治安综合治理委员会办公室、最高人民法院、最高人民检察院、公安部、司法部、财政部、中国人民银行、国家税务总局、国家工商行政管理局、海关总署、武警部队总部）的负责同志组成，负责评选活动的组织领导和评审工作。组委会办公室设在团中央社区和维护青少年权益部，具体负责评选活动的日常工作。

（1）评选范围及标准

年龄在40周岁以下，在维护社会稳定、严厉打击违法犯罪、整顿和规范市场经济秩序、加强社会治安综合治理和民主法制建设及重大事件中坚持原则、秉公执法、严格管理、无私无畏，为捍卫法律尊严，维护国家和集体利益，保障人民群众生命财产安全作出突出成绩的政法、行政执法及财政金融战线的优秀青年。曾获“中国杰出青年卫士”荣誉的不再参加本届评选；曾获“中国优秀青年卫士”荣誉的经推荐仍可以作为本届“中国杰出青年卫士”候选人参加评选。

（2）评选标准

①认真学习马列主义、毛泽东思想、邓小平理论和“三个代表”重要思想，坚决执行党的路线、方针、政策，积极投身改革开放和社会主义现代化建设事业。

②忠于职守，爱岗敬业，模范执行国家法律法规和有关政策，出色完成各项工作任务，在本职岗位上有突出贡献。

③积极参与社会治安综合治理工作，坚持原则，廉洁自律，作风正派，勇于维护法律尊严与社会正义，有良好的社会声誉。

④秉公执法，无私无畏，在清除社会丑恶现象、严厉打击违法犯罪、保卫国家安全、维护社会稳定、保护人民群众生命财产安全的关键时刻有突出表现。

⑤严格履行监督职能，努力维护财经纪律，为促进经济、社会发展和建立、维护社会主义市场经济秩序作出突出贡献。

武警部队参照以上标准，重点推荐本系统在参与地方社会治安综合治理，为保护国家财产和人民群众生命财产安全见义勇为、无私无畏的先进人物。

（3）评选办法

候选人的产生采取系统推荐、地方推荐和社会推荐相结合的办法。

系统推荐：评选活动组织委员会成员单位经过认真选拔考察，向组委会推荐本系统的先进模范人物。

地方推荐：有条件的地方可相应成立本地评选活动组织机构，率先开展省级评选活动，各省级团委负责日常工作。按照评选标准和条件，由各系统省级主管部门和省级团委共同签署意见，推荐参评人选，向组委会办公室上报。

社会推荐：评选活动的消息向社会正式公布后，社会各界人士可以直接向组委会办公室推荐人选，组委会委托有关部门考察，符合条件者列入候选人名单。

组委会办公室对上报材料提出初评意见，并将初评出的“中国杰出青年卫士”候选人事迹材料在有关新闻媒体上公示，接受社会监督，最后由评选活动组委会统一审核，确定受表彰人员。

中国杰出（优秀）青年卫士评选表彰活动自1997年开展以来，已经成功地举办了五届，表彰和宣传了在政法机关、行政执法和经济监督管理部门中涌现出来的优秀青年，树立了一大批为维护社会稳定、保卫国家利益、保障人民生命财产安全作出突出贡献的先进典型，展示了当代青年的精神风貌，激励广大青年投身建设社会主义法治国家的伟大事业，为构建社会主义和谐社会贡献聪明才智。

（六）特定时期的特殊奖励

我国还曾在特定历史时期设立过具有明确指向性的特殊奖励，具有临时性，缺乏后续性的特点，例如“两弹一星”功勋奖。

1999年9月18日，在中华人民共和国成立五十周年之际，党中央、国务院、中央军委隆重表彰为我国“两弹一星”事业作出突出贡献的23位科技专家，并授予他们“两弹一星”功勋奖章。

“两弹一星”最初是指原子弹、导弹和人造卫星。“两弹”中的一弹是原子弹，后来演变为原子弹和氢弹的合称；另一弹是指导弹；“一星”则是人造地球卫星。

中国的“两弹一星”是20世纪下半叶中华民族创建的辉煌伟业。1964年10月16日我国第一颗原子弹爆炸成功，1967年6月17日我国第一颗氢弹空爆试验成功，1970年4月24日我国第一颗人造卫星发射成功。这是中国人民在攀登现代科学高峰征途中创造的“两弹一星”的人间奇迹。“两弹一星”的研制工作者们具有的惊人毅力和勇气，显示了中华民族在自力更生的基础上自立于世界民族之林的坚强决心和能力。“两弹一星”的研制成功，是中华民族为之自豪的伟大成就。

三　关于完善我国国家荣誉制度的思考

当前，我国奖励制度在激励人、引导人方面发挥着巨大的作用，但同时也存在着很多问题：

第一，现行的奖励以政府行政性奖励居多，并带有“官本位”色彩，不仅无法完整地体现出国家奖励制度对整个社会的激励作用，而且对有功之士进行政治安排或职位提升以示奖励的做法导致了各级权力部门，尤其是人大、政协等机构职位膨胀，造成了负面的社会影响。

第二，激励制度庞杂、重点不突出、覆盖面窄。例如，科技类荣誉称号和奖项种类很多，但各自针对科学技术的某一个领域，没有覆盖领域全、能够受到整个科技界认可的国家级奖励。

第三，奖励主体过多，功能划分不明确。以“人民艺术家”称号为例，从真正意义来说，新中国成立以来全国共有四位艺术家获得这一荣誉称号，却分别是由四个不同的单位授予的。

第四，因同一事迹被授予多项荣誉的重复性问题突出。如2008年汶川大地震中，四川省彭州市公安局政工监督室民警蒋敏因为抗震救灾中的优异表现先后被人力资源和社会保障部、公安部、妇联等单位授予全国抗震救灾模范、全国公安系统一级英雄模范、全国“三八”红旗手、抗震救灾优秀纪检监察干部等荣誉称号。

为了纠正和避免现行奖励制度中存在的上述种种问题，设立系统、权威的国家荣誉制度应当注意以下问题：

第一，国家最高荣誉应当由国家最高领导或最高机构设立，并选择重要的节日举行隆重的仪式进行颁授，例如国庆节、春节等。这样既能充分体现出国家荣誉的权威性和崇高地位，也能显示国家对功勋荣誉的高度重视，有益于在国内外提高我国国家荣誉的声誉。

第二，制定详细的相关法律、法规和选拔评审章程，并设立具有权威性的高级别管理委员会，对目前多头管理的现状进行整合，为勋章的设立与授予、候选人的选拔与资格审核、受勋者的管理等一系列活动提供规范的法律和制度保障。

第三，荣誉的设置要合情合理。首先，数量要少而精。西方主要国家的最高级别荣誉数量都很少，以法国为例，法国最高级别的勋章是荣誉军团勋章，用于表彰在民事和军事领域作出卓越贡献的法国公民。荣誉勋位勋章授予的名额有限，入选条件极为苛刻。其次，涵盖面要广，要覆盖社会主义建设的各行各业。再次，要具有等级性。一方面，可以根据贡献的大小授予不同级别的国家荣誉；另一方面，预留一定的上升空间，以便激励已获得荣誉的人继续努力追求更大的进步。最后，名称设计要庄严、响亮、易于宣传，并体现中国特色。

第四，积极宣传，扩大影响力。充分利用电视、网络、广播、报纸等主要媒体对国家功勋荣誉的设立、授予情况等进行宣传，还可以借鉴法国、德国、澳大利亚等国家的做法，创办专门的政府刊物。一方面，加强普通民众对国家勋章的了解和认识，力图将其发展成为一种民族认同，使其真正成为社会道德价值的核心，形成社会凝聚力和向心力；另一方面，提高国际知名度和影响力，使授勋章成为加深与他国友好关系、对外进行文化输出的一大途径。

第五，注重国际化。首先，每年要为外国友人预留一定的名额，可以在领导人互访等外交活动中授予他国首脑或政府要员以国家荣誉。其次，应当设置面向国际的高水平的专业奖项，向全世界宣传我国的软实力和价值观，并借此争夺我国在国际上的话语权。

四 附表

附表 2—1　　科学领域奖项

序号	奖项名称	设立时间（年）	设立主体	授予对象	评选情况	备注
1	国家最高科学技术奖	2000	国家科学技术奖励委员会	在当代科学技术前沿取得重大突破或者在科学技术发展中有卓越建树、在科学技术创新、科学技术成果转化和高技术产业化中创造巨大经济效益或者社会效益的科学技术工作者。	国家最高科技奖是中国科技界的最高荣誉，每年评审一次，报请国家主席签署并于次年年初开会公布结果，颁发证书和奖金，每年授予人数不超过2名，奖项不分等级。	2000年设立国家科学技术奖，包括国家最高科学技术奖，国家自然科学奖、国家技术发明奖、国家科学技术进步奖和中华人民共和国国际科学技术合作奖共五大奖项。

续表

序号	奖项名称	设立时间（年）	设立主体	授予对象	评选情况	备注
2	国家自然科学奖	2000	国家科学技术奖励委员会	在数学、物理学、化学、天文学、地球科学、生命科学等基础研究和信息、材料、工程技术等领域的应用基础研究中，阐明自然现象、特征和规律、作出重大科学发现的中国公民。国家自然科学奖不授予组织。	每年评审一次。由国务院颁发证书和奖金，分为一、二等奖两个等级。	
3	国家技术发明奖	2000	国家科学技术奖励委员会	运用科学技术知识作出产品、工艺、材料及其系统等重大技术发明的中国公民。国家技术发明奖不授予组织。	每年评审一次。由国务院颁发证书和奖金，分为一、二等奖两个等级。	
4	中华人民共和国国际科学技术合作奖	1994	国家科学技术奖励委员会	在与中国科技合作与交流中，为推进科技进步，增进中外科技界合作与友谊，为中国科学技术事业作出重要贡献的外国科学家、工程技术人员和科技管理人员及组织。	每年评审一次。由国务院颁发证书，奖项不分等级。	

续表

序号	奖项名称	设立时间（年）	设立主体	授予对象	评选情况	备注
5	国家科学技术进步奖	2000	国家科学技术奖励委员会	在技术研究、技术开发、技术创新、推广应用先进科学技术成果、促进高新技术产业化，以及完成重大科学技术工程、计划等过程中作出创造性贡献的中国公民和组织。	每年评审一次。由国务院颁发证书和奖金，分为一、二等奖两个等级。	
6	“两弹一星”功勋奖	1999	党中央、国务院、中央军委	为我国“两弹一星”事业作出突出贡献的科技专家。	1999年9月18日，党中央、国务院、中央军委隆重表彰为我国“两弹一星”事业作出突出贡献的23位科技专家，并授予他们“两弹一星”功勋奖章。	
7	中国青年科技创新奖	1994	全国青联、团中央、科技部	在改造传统产业结构，创办和管理高科技企业，加速科技成果产业化等方面取得突出成绩，创造出显著经济效益和社会效益的青年科技人才。	每两年评选一次，分杰出奖和优秀奖，其中杰出奖10名，优秀奖90名。各省级团委、青联原则上限报候选人3—4名，中央国家机关团工委、青联可适当多报。	前身为“中国杰出（优秀）青年科技创业奖”，国家科技奖励制度改革以后，国务院规定科技部不再主办社会奖项，因此科技部不再作为本奖项的主办单位，但科技部对本奖项仍给予高度重视，积极支持评选工作。

续表

序号	奖项名称	设立时间（年）	设立主体	授予对象	评选情况	备注
8	中国青少年科技创新大赛奖	2002	中国科协、教育部、科技部、国家发展改革委、环保部、国家体育运动总局、共青团中央、全国妇联和自然科学基金委员会	在中国青少年科技创新大赛中脱颖而出，具有创新精神、实践能力、较高科技素质的青少年。	每年举办一届，包括青少年科技创新成果竞赛和优秀科技教师评选。终评决赛时间为每年8月。竞赛活动由主办单位进行表彰和奖励。展示系列活动由大赛组委会进行表彰和奖励。创新大赛接受有关企业和社会机构设立的专项奖励。根据专项奖设立原则，评选出专项奖获奖项目，予以奖励。	创新大赛前身为创办于1982年的“全国青少年科技创新大赛”和1991年的“青少年生物和环境科学实践活动”，2002年八家主办单位将两个比赛整合为每年一届的“中国青少年科技创新大赛”。
9	长江小小科学家奖	2000	中华人民共和国教育部、李嘉诚基金会	近年来有优秀科技创新和科学发明成果，品学兼优的中国内地及香港、澳门特别行政区的初中、高中（包括中等师范学校、中等专业学校、职业中学、技工学校）的在校学生及其所在学校。	设一等奖一名；二等奖25名；三等奖50名；提名奖100名。	

续表

序号	奖项名称	设立时间（年）	设立主体	授予对象	评选情况	备注
10	中国少年儿童海尔科技奖	2002	全国少工委、海尔集团	具有科学创新精神、实践能力与综合素质、科学素养的少年儿童。	每两年举办一次，2002、2004 年设创新奖、优秀奖、希望奖，2006 年改设三等奖和活动优秀组织奖、活动园丁奖、奥运创新奖。	不以少年儿童小发明、小制作、小论文、小研究报告的成绩、成果、获奖情况为唯一依据，而是更加强调在取得这些成绩、成果的过程中，少年儿童是否培养了科学精神，逐步确立了科学的意识和态度；是否基本掌握了科学思维方式和方法，从而为形成科学的行为习惯奠定了坚实的基础。
11	拜耳青年科学家奖及项目启动奖	2001	中国科学院、拜耳公司	从国外大学学成归国的博士后人员在中国科学院的附属研究机构建立自己的科研小组。	“2001/2002 年度中科院—拜耳项目启动奖”的奖金为 2 万 5 千美元，中国科学院昆明植物研究所刘吉开获得“中科院—拜耳项目启动奖”（奖金为 1 万 5 千美元）；中国	

续表

序号	奖项名称	设立时间（年）	设立主体	授予对象	评选情况	备注
					科学院化学所分子科学中心赵进才获得“中科院—拜耳青年科学家奖”（奖金为1万美元）。	
12	华罗庚数学奖	1992	湖南教育出版社、中国数学会	长期以来对发展中国的数学事业作出杰出贡献的我国数学家。获奖人年龄在50岁至70岁之间。	每两年评奖一次，每次评选两名获奖人。	由湖南教育出版社捐资。
13	李四光地质科学奖	1989	“李四光地质科学奖”委员会	下设李四光野外地质工作者奖、李四光地质科学研究者奖、李四光地质教师奖和李四光特别奖。四个奖项分别奖励在野外地质工作中取得杰出成就的人员；在地质科学研究领域作出重要贡献的人员；长期从事地质教育工作，在为人师表、教书育人方面表现突出、并在教学和科研工作中取得优异成绩者；对地质工作有特殊贡献的地质工作者。	每两年评定一次，一人只能被授予一次，并作为终身荣誉奖。每次奖励人数控制在15人左右，其中野外工作者获奖人数不得少于50%。由“李四光地质科学奖”委员会负责颁奖，奖品包括证书、奖章和奖金，奖金额度由委员会确定。颁奖日期定于每年的10月26日。	“李四光地质科学奖”是中国地质行业最高层次的荣誉奖。

续表

序号	奖项名称	设立时间（年）	设立主体	授予对象	评选情况	备注
14	毕昇印刷技术奖	1986	中国印协	下设“毕昇印刷杰出成就奖”和“毕昇印刷优秀新人奖”，奖励对象分别是为发展我国印刷及其设备、器材研究开发、经营管理、教育等诸方面作出杰出贡献者，承继原“毕昇印刷技术奖”和为发展我国印刷及其设备、器材研究开发、经营管理、教育等诸方面作出突出贡献的中青年工作者，是“森泽信夫印刷技术奖”宗旨的延续。	每两年举办一次，杰出成就奖每次获奖不超过 8 人，优秀新人奖每次获奖不超过 12 人，授予证书、奖章和奖金。奖励资金来源主要依靠国内外个人和企事业单位、团体的赞助。	
15	蔡冠深行星科学奖	1996	蔡冠深基金会	在天文科技领域取得卓越成就的集体与个人。	每两年颁奖一次。由香港新华集团总裁蔡冠深先生捐资设立。	
16	周培源国际科技交流基金奖	1990	中国物理学会、周培源国际科技交流基金会	在国际民间科技交流活动中作出重要贡献的中国科技人员。	1991 年首次颁奖，除颁发大奖外，还颁发了特殊奖。	周培源国际科技交流基金设大奖、交流奖和鼓励奖，1992 年又增设专项国际交流奖。

续表

序号	奖项名称	设立时间（年）	设立主体	授予对象	评选情况	备注
17	光华工程科技奖	1996	中国工程院光华工程科技奖励办公室	在工程科学领域有重要贡献和成就的人。	每两年评选一次“光华奖”，每人奖金15万元。	该奖由全国政协副主席、两院院士朱光亚先生，台湾实业家陈由豪先生、杜俊元先生和尹衍木梁先生共同捐资，由中国工程院负责评奖的具体工作。该奖是1996年经国家科技奖励办公室批准的一项社会力量科技奖项，2002年在原“光华奖”的基础上增设“成就奖”、“青年奖”。
18	光华工程科技成就奖	2002	中国工程院光华工程科技奖励办公室	包括居住在台、港、澳及侨居他国的所有中国籍工程师和科学家，凡是在工程科学技术及管理领域作出重要贡献和杰出成就的，都可参与“光华工程科技奖”的评选。	每两年评选一次，每次产生的一名的“光华工程科技成就奖”得主将获得百万元人民币的奖金。	该奖由全国政协副主席、两院院士朱光亚先生，台湾实业家陈由豪先生、杜俊元先生和尹衍木梁先生共同捐资，由中国工程院负责评奖的具体工作。

续表

序号	奖项名称	设立时间（年）	设立主体	授予对象	评选情况	备注
19	光华工程科技青年奖	2002	中国工程院光华工程科技奖励办公室	在工程科学领域有重要贡献和成就的青年。	该奖每两年评选一次，每次产生的一名的“光华工程科技青年奖”，每人奖金10万元。	该奖由全国政协副主席、两院院士朱光亚先生，台湾实业家陈由豪先生、杜俊元先生和尹衍木梁先生共同捐资，由中国工程院负责评奖的具体工作。
20	中国物理学会奖	1987	中国物理学会	在实验物理技术、光学、声学、原子物理和分子物理学、凝聚态物理学、原子核物理和核子物理学等领域取得优秀成果的人。	每两年评选一次，每人每次评奖不超过两项，每项奖的获奖者不超过三人。每项奖颁发荣誉状一份，奖金若干，每位获奖者授予奖章一枚。	奖项分胡刚复物理奖、饶毓泰物理奖、叶企孙物理奖、吴有训物理奖。
21	中国机械工业科学技术奖	2001	中国机械工业联合会、中国机械工程学会	在机械工业科技领域作出创造性贡献，为推动机械工业科技进步、提高经济效益和社会效益作出突出贡献的组织或个人。	每年评审一次。分一、二、三等奖，颁发奖状、证书，并在评审基础上择优推荐申报国家奖。	

续表

序号	奖项名称	设立时间（年）	设立主体	授予对象	评选情况	备注
22	中国煤炭工业科学技术奖	2002	中国煤炭学会、中国煤炭工业协会	在煤炭工业科技工作中作出创造性贡献、推动煤炭工业科技进步、提高经济效益和社会效益的个人或组织。	每年奖励一次。设一等奖、二等奖、三等奖等三个等级。一等奖，项目主要完成人不超过15人，单位不超过10个。二等奖，项目主要完成人不超过9人，单位不超过7个。三等奖，项目主要完成人不超过5人，单位不超过5个。	
23	中国电力科学技术奖	2001	国家电力公司科技管理部门	在电力科学研究和技术开发中，在应用推广先进科学技术成果、完成重大科学技术项目等方面，作出突出贡献的单位和个人。	每年评审一次。由国家电力公司颁发证书，奖励费用由国家电力公司筹集。	
24	中国石油和化学工业科学技术奖	2001	中国石油和化学工业协会	在石油和化学工业科技工作中，在技术发明、科技进步等方面作出突出贡献的科技人员和单位。	每年评审一次，奖金额度分三等，奖金由获奖项目所在单位兑现。	奖项分别为技术发明奖和科技进步奖。

续表

序号	奖项名称	设立时间（年）	设立主体	授予对象	评选情况	备注
25	中国黄金协会科学技术奖	2002	中国黄金协会	在科学研究、技术创新与开发、科技成果推广应用和实现新技术产业化等方面取得成果或者作出贡献的个人、组织。	每两年评定一次。分为特等奖、一等奖、二等奖和三等奖。对获奖单位和个人分别授予中国黄金协会科学技术奖证书。	中国黄金协会科学技术奖是中国黄金行业设立的唯一全国性最高奖项。奖励范围是“在全国黄金生产、加工领域的工艺技术、材料设备及管理中取得突出成绩的科技成果”。
26	中国分析测试协会科学技术奖	1993	中国分析测试协会	获得高水平的分析测试结果的集体和个人。	每年评选一次。下设：一等奖，若干项；二等奖，若干项；三等奖，若干项；必要时，可设特等奖。获奖成果由中国分析测试协会发给证书和奖金，并在中国分析测试协会年报上刊登成果摘要。	该奖是我国分析测试领域唯一的国家正式承认的社会力量设立的科学技术奖。
27	中国公路学会科学技术奖	2002	中国公路学会	在公路交通科学技术进步中作出突出贡献的个人和组织。	每年奖励一次。中国公路学会科学技术奖奖励委员会对获奖项目、获奖等级进行审定、批准，以中国公路学会的名义颁发奖状和证书。	

续表

序号	奖项名称	设立时间（年）	设立主体	授予对象	评选情况	备注
28	中国兵工学会青年科技奖	1990	中国兵工学会	在兵器及国防系统科研、生产、教学、管理等科技工作中作出优异成绩并具有优良科学道德和学风的优秀青年科技工作者。年龄在40周岁以下。	每两年评选一次（与中国青年科技奖评选工作同步进行），每届授奖人数不超过12人。对同一个人不重复授奖。	该奖是兵器行业青年最高科技荣誉，以精神奖励为主，并进行适当的物质奖励。在适当时机举行颁奖仪式，对获奖者予以表彰，由常务理事会向获奖者颁发荣誉证书及奖金，并下发文件通报各推荐单位、获奖者及其所在工作单位。
29	中国航海学会科学技术奖	2002	中国航海学会	奖励对象为：航海领域（包括：交通、海军、海洋、渔业）中对决策和管理提供理论和实践依据与方法的软科学研究；应用于航海领域现代化建设的优秀科学成果、标准化和科技情报研究成果；在航海领域的技术改造，重大工程设计、建设和运输、安全生产中	每年评选一次，下设荣誉奖、一等奖、二等奖、三等奖。	

续表

序号	奖项名称	设立时间（年）	设立主体	授予对象	评选情况	备注
				推广、采用，消化、吸收国内外已有的先进科学技术成果中作出成绩的个人和组织。		
30	中国青年科学家奖	1992	共青团中央、中国科学院、中国工程院、全国青联	在数理科学（含天文、力学）、化学、生命科学、地球科学、信息科学、技术科学、管理科学7个学科任一领域内有新的重大科研成果的45周岁以下（1963年1月1日以后出生）的中华人民共和国公民。	每两年评审一次。	
31	国际科技合作奖	1994	国家科学技术奖励工作办公室	对中国科学技术事业作出重要贡献的外国公民或者组织。	每年评审一次，不分等级。国际科技合作奖获奖者，由国务院颁发证书，不发奖金。	国家每年都为国际科技合作奖的获奖人举行颁奖仪式。颁奖仪式一般在国内举行，必要时，也可在国外举行。

附表 2—2　　经济领域奖项

序号	奖项名称	设立时间（年）	设立主体	授予对象	评选情况	备注
1	中国经济学奖	2005	中国宏观经济学会和中国经济体制改革研究会	自 1978 年以来，将经济学理论与中国实际相结合，对发展和改革重大政策制定作出杰出贡献的经济学家。	中国经济学奖目前设立两个奖项，即“中国经济学杰出贡献奖”和“中国经济学青年学者奖”。杰出贡献奖的奖励对象不限年龄，奖金为 20 万元人民币；青年学者奖的年龄限制在 50 岁以下，奖金为 10 万元人民币。	该奖被认为是中国经济学的“诺贝尔奖”，是中国目前规格最高的经济学奖项。
2	全国企业管理现代化创新成果	1990	全国企业管理现代化创新成果审定委员会	在管理创新的实践中取得的经验并提高、上升为科学成果的企业。	各地方经贸委和企协（联），各部主管司局与行业联合会（企协）基本上都开展了省、部级管理成果的审定工作，并在此基础上向全国企业管理现代化创新成果审定委员会推荐。1991 年首届全国企业管理现代化创新成果获得成果 28 项，其中一等奖 4 个，二等奖 24 个。	该奖是国家经贸委与中国企联共同开展的一项全国性重要活动，是目前国家经贸委认可的唯一一项不属于涉及企业评比，而保留继续开展的项目。

续表

序号	奖项名称	设立时间（年）	设立主体	授予对象	评选情况	备注
3	袁宝华企业管理金奖	2005	中国企业管理科学基金会	全国范围内在管理创新方面有杰出贡献的企业家。	中国企业管理科学基金会在每年的全国企业管理创新大会或全国“企业家活动日”大会上举行“袁宝华企业管理金奖”颁奖仪式，向获奖者颁发荣誉证书和奖金或奖牌。	中国企业管理科学基金会成立“袁宝华企业管理金奖”评审委员会和专家委员会，“袁宝华企业管理金奖”由企业家本人按照相关标准向“袁宝华企业管理金奖”评审委员会秘书处自愿申报。
4	中国工业大奖	2005	中国工业经济联合会	在走新型工业化道路、坚持自主创新、培育世界知名品牌、增强产业国际竞争力的过程中，在技术、生产、经营、管理方面达到国内领先和世界先进水平并为产业发展和综合国力作出重大贡献的企业及具有特殊重大影响的产品。	大奖每两年评定一次，每三年复审一次，由企业或产品生产单位自愿申报。	荣获大奖企业及产品可以使用“中国工业大奖”荣誉称号及标识。

续表

序号	奖项名称	设立时间（年）	设立主体	授予对象	评选情况	备注
5	孙冶方经济科学奖	1985	中国社会科学院	评奖对象为我国经济理论工作者和实际工作者发表的论著。	孙冶方经济科学奖于1985年开始设立和评选，每两年评选、颁发一次，是迄今为止中国经济学界的最高奖。	孙冶方经济科学奖是为纪念我国卓越的经济学家孙冶方同志对经济科学的重大贡献，表彰和奖励对经济科学作出突出贡献的集体和个人，推动中国经济科学的繁荣和发展而设立。
6	安子介国际贸易研究奖	1991	对外经济贸易大学	从全国各地选送的大批由专家、教授、研究员编著出版的国际贸易领域的优秀著作、优秀论文和全国各有关院校推荐的大批优秀青年学生的优秀著作和论文。	“安子介国际贸易研究奖”现设的奖项有：“安子介国际贸易优秀著作奖”、“安子介国际贸易优秀论文奖”和“安子介国际贸易学术鼓励奖”。	自1992年举办第一届评奖活动以来，“安子介国际贸易研究奖”已成功地举办了十五届。
7	CCTV中国经济年度人物评选	2000	中央电视台	积极推动中国经济发展和社会进步的企业家、经济学家或者政府官员。	该评选每年一届，一届10人，每年的评选结果在年底或下一年度之初以电视颁奖典礼的方式在中央电视台发布。	CCTV中国经济年度人物评选被誉为中国经济领域的奥斯卡，是中国国内最具专业品质、最有影

续表

序号	奖项名称	设立时间（年）	设立主体	授予对象	评选情况	备注
						响力的一项评选，是中国认知度最高、最受社会各界推崇的一个品牌。
8	全国质量管理奖	2001	中国质量协会	实施卓越的质量管理并取得显著的质量、经济、社会效益的企业或组织。	每年评审一次。	由中国质量协会按照评审原则、当年质量管理实际水平，适当考虑企业规模，以及国家对中小企业的扶植政策确定授奖奖项。
9	全国商务发展研究成果奖(原全国外经贸研究成果奖）	1999	商务部（原外经贸部）	成果奖是一个面向全国的社会科学类奖项，用于奖励对外经贸各个领域具有前瞻性、创见性、可行性和全局意义，有较高理论和学术价值的外经贸论文和论著，以及对政府决策和实际工作产生重要影响的研究成果。	原来每年评选一次，成果奖设著作一、二、三等奖；论文一、二、三等奖和鼓励奖。从 2004 年开始，改为两年一届；成果奖设著作一、二、三等奖，论文一、二、三等奖和优秀作品荣誉奖各若干名，论文奖和优秀作品荣誉奖将以论文集的形式编辑出版。	在评奖六届之后，经商务部批准后更名为“全国商务发展研究成果奖”。

附表 2—3 **环境领域奖项**

序号	奖项名称	设立时间（年）	设立主体	授予对象	评选情况	备注
1	中华环境奖	2000	中华环境保护基金会	为中国环境保护事业作出重大贡献和取得优异成绩的个人或集体。	中华环境奖是中国环境保护的社会性奖励，是一个常设奖项，首届和第二届为两年进行一次评选，设立了五个中华环境奖，另设立若干提名奖。从第三届起改为每年进行一次评选，每项另设立四名绿色东方奖。	从 2007 年开始，中华环境奖被冠以“中华宝钢环境奖”。
2	中国人居环境奖和中国人居环境范例奖	2001	国家建设部	在改善城乡环境质量，提高城镇总体功能，创造良好的人居环境方面作出突出成绩并取得显著效果的城市、村镇和单位。	“中国人居环境奖”和“中国人居环境范例奖”采取申报制，每年评选一次，申报截止时间为每年 4 月 30 日。	自 2000 年建设部设立“中国人居环境奖”以来，先后有 17 个城市获得该奖项。
3	地球奖	1997	中国环境新闻工作者协会、香港“地球之友”	奖励新闻、教育、社会团体在提高社会公众的环境意识方面作出突出贡献的集体和个人。	每年评选一次，奖项分为：新闻奖、教育奖、综合奖，青少年集体奖四个类别，每个类别评出 10 名获奖者，共评出 40 名获奖者，每名获奖者获得奖杯、证书和奖金。	该奖是目前我国覆盖领域最多，单项个人奖励最高的环境奖项。

附表 2—4 **艺术领域奖项**

序号	奖项名称	设立时间（年）	设立主体	授予对象	评选情况	备注
1	大众电影百花奖	1962	《大众电影》杂志编辑部	为繁荣中国电影艺术，促进电影产业化建设的优秀中国电影作品和电影创作人员。	百花奖创办于1962年，有11.7万人参加评选；第二届（1963年）增至18万多人，之后，一直中断了17年，直到1980年才举办了第三届，有70多万人参加评选，此后每年举行一次（直到2004年），自2005年起，金鸡奖与百花奖隔年评选一次，百花奖逢偶数年评选。1992年，应广大电影工作者的热切要求，中国电影家协会在原《大众电影》百花奖和中国电影金鸡奖颁奖活动的基础上，创办了中国金鸡百花电影节，电影节年年举办。	

续表

序号	奖项名称	设立时间（年）	设立主体	授予对象	评选情况	备注
2	中国电影金鸡奖	1981	中国电影家协会	优秀影片和成绩卓著的电影工作者。	首届金鸡奖评奖活动于1981年5月举行，金鸡奖每年评选一次，评奖委员会由电影专家组成，因此又被称为“专家奖”。自2005年起，金鸡奖与百花奖隔年评选一次，金鸡奖逢单数年评选。1992年，应广大电影工作者的热切要求，中国电影家协会在原《大众电影》百花奖和中国电影金鸡奖颁奖活动的基础上，创办了中国金鸡百花电影节，电影节年年举办。	
3	中国戏剧梅花奖	1983	中国戏剧家协会	中国戏剧界优秀中青年演员。	截至2007年，梅花奖已走过了23个春秋，共评出涵盖47个剧种，30个省、市、自治区（除青海、新疆以外）和香港、台湾的戏曲、	

续表

序号	奖项名称	设立时间（年）	设立主体	授予对象	评选情况	备注
					话剧、歌剧、舞剧等获奖演员 523 名 551 人次。 自第 14 届起由中国文联和中国戏剧家协会共同主办，自第 11 届起增设二度梅，自第 17 届起增评民间职业剧团的演员，自第 19 届起增设梅花大奖并评出了第一位获得者尚长荣，自第 23 届起，每两年一评。	
4	文华奖	1991	中国文化部	专业舞台表演艺术工作者。	自 1991 年设立以来，每年举办一次评奖活动，现已举办九届。获文华大奖的话剧有 8 台，获新剧目奖的有 40 台。	
5	中国电视金鹰奖	1983	中国文学艺术界联合会和中国电视艺术家协会	为中国电视事业作出贡献的电视艺术工作者。	第 16 届起改名为“中国电视金鹰奖”，从第 18 届起定名为“中国金鹰电视艺术节”由湖南电广传媒股份有限公司承办，每年在长沙举行。该奖设电视剧、电视文艺片、电视	“中国电视金鹰奖”是经中宣部批准，由中国文学艺术界联合会和中国电视艺术家协会主办的一年一度的全国性电视艺术综

续表

序号	奖项名称	设立时间（年）	设立主体	授予对象	评选情况	备注
					纪录片、电视艺术片、电视广告片五大门类优秀作品奖和若干单项奖，共99个。	合奖，是国家级的唯一以观众投票为主评选产生的电视艺术大奖。
6	中国音乐金钟奖	2001	中国文联、中国音协会	在创作、表演、教育、理论、评论、编辑出版等方面，有突出成就的音乐家。	该奖项每年评选一次，设荣誉奖、单项成就奖及必要时设立的特别奖。获奖者将被授予相应的奖章、证书和奖金，荣誉奖获得者将被授予“终身荣誉勋章”，同时获得荣誉证书。	
7	中国舞蹈荷花奖	1996	中国文联、中国舞协	成绩突出的舞蹈创作与表演人员。	“中国舞蹈荷花奖”舞蹈比赛原则上每两年举办一次，舞剧、舞蹈诗比赛每三年举办一次。鉴于规范国家级文艺性评奖的需要，中央在原300多个奖项减少至30多个的情况下，增设了舞蹈专业“荷花奖”，该奖与戏剧梅花奖、电影金鸡奖、百花奖在同一级别上，具有较强的权威性。	

续表

序号	奖项名称	设立时间（年）	设立主体	授予对象	评选情况	备注
8	全国连环画创作奖	1963	中国美术协会、文化部	优秀的连环画优秀工作者。	文化部与中国美协于1963年举办了第一届全国连环画创作评奖，53部美术作品获绘画奖，27部文学脚本获脚本奖，14位连环画工作者获连环画工作劳动奖。1981年1月，文化部、中国美协、国家出版局举办了全国第二届连环画创作评奖，共有110件作品获奖。	
9	中国漫画金猴奖	1988	中国美术家协会漫画艺术委员会	数十年来为中国漫画事业作出突出贡献的漫画家。	“中国漫画金猴奖”是我国漫画界最高奖，至今已举办了四届，每一届都要颁发荣誉奖和作品奖。	
10	金彩成就奖	2001	中国文联、中国美协	85岁以上的美术大家。	“金彩成就奖”每两年评选一次，是国家级美术最高奖，全国共有千余画家参选。	

附表 2—5　　体育领域奖项

序号	奖项名称	设立时间（年）	设立主体	授予对象	评选情况	备注
1	中国十佳劳伦斯冠军奖	2004	国家体育总局、中国体育报业总社和北京二十家新闻媒体，中国体育记者协会和中国劳伦斯冠军委员会	每年在国内外赛场上取得卓越成绩或表现出坚强意志和信念的中国运动员、教练员。	“中国十佳劳伦斯冠军奖”是中国体育的最高荣誉，每年评审一次，共设立十个奖项，由中国体育记者协会提供候选人名单，群众可通过手机、网络投票参与评选，获奖名单在颁奖晚会现场揭晓。	“中国十佳劳伦斯冠军奖”的前身是开始于1979年的中国体育“十佳”运动员评选活动，2003年与劳伦斯世界体育奖结合，设立有中国十佳劳伦斯冠军委员会负责相关工作。
2	中国电视体育奖	2001	中央电视台主办，中央电视台体育节目中心和中视体育推广公司承办	在当年国际正式比赛或相当级别国际大赛上打破纪录或取得冠军的中国运动员，在当年国际大赛中指挥队员夺得冠军或率集体项目运动队获得前三名的教练员，荣誉奖授予为中国体育事业作出贡献、成就卓著的体育人士。	“中国电视体育奖”的评选工作于每年1月正式开始，3月揭晓。每年举行一次。设专业奖和群众奖两大类共10个奖项。8个专业奖项由50名体育专家和300名资深体育记者组成的专家评委会共同选出，群众奖则由群众直接投票选出。	所有奖项得主都将只收获荣誉，而没有高额奖金，2005年后改为中国体坛风云人物奖。

续表

序号	奖项名称	设立时间（年）	设立主体	授予对象	评选情况	备注
3	“世界十佳”运动员	1984	中国体育报业总社、《新体育》杂志联合主办	上一年度世界体坛表现突出的十名运动员。	专家委员会提名“世界十佳”候选人，全球体育爱好者通过网络、平面媒体、短信投票的方式进行评选，得票前十位者当选。	
4	中国体坛风云人物奖	2005	中央电视台	在当年国际正式比赛或相当级别国际大赛上打破纪录或取得冠军的中国运动员，在当年国际大赛中指挥队员夺得冠军或率集体项目运动队获得前三名的教练员，荣誉奖授予为中国体育事业作出贡献、成就卓著的体育人士。	奖项设置以“10＋1”的方式，10个风云人物分别为年度最佳男运动员奖、年度最佳女运动员奖、年度最佳教练奖、年度最佳新人奖、年度最佳组合奖、年度最佳团队奖、年度最佳非奥项目运动员奖、年度残疾人体育精神奖、年度未名体育人士奖、年度体坛特殊贡献奖以及1个终身成就奖。	前身是中国电视体育奖，其中年度未名体育人士奖授予在该年度工作或经历当中极大地彰显了体育精神，在体育或相关方面具有突出意义和影响力的普通人或团体。

续表

序号	奖项名称	设立时间（年）	设立主体	授予对象	评选情况	备注
5	中国体育广播杰出贡献奖	2005	中央人民广播电台和中华全国体育总会宣传部联合主办	推动中国体育广播的不断进步和发展的优秀广播工作者，创造优异的运动成绩和弘扬顽强拼搏精神的杰出的体育运动员。	组委会提供30名候选人，群众可通过报纸、电话、网络、短信进行投票评选。张之、姚明等11名及广播体操创编组和中央人民广播电台体育节目两个集体获“中国体育广播杰出贡献奖”。	该评选活动是中央人民广播电台为纪念新中国体育开播五十周年与中华全国体育总会宣传部联合主办的，只举办过一届。
6	全国群众体育先进奖、进步奖	1999	国家体育总局	先进奖授予一个周期内在群众体育工作方面作出突出贡献（未获当届先进奖）的省、自治区、直辖市；进步奖授予一个周期内在群众体育工作方面的成绩进步较大的省、自治区、直辖市。	四年一次，在全国运动会举办年进行评选和颁奖。评委会通常由9或11人组成，由国家体育总局领导任主任，国家体育总局群众体育司司长任副主任，设委员若干。	
7	全军优秀体育奖	1990	《解放军报》	在国内外赛场上取得优异成绩的解放军运动员、教练员、运动队。	设置有最佳男运动员、最佳女运动员、最佳教练、最佳新秀、非奥项目、最佳团队、年度突破奖以及突出贡献奖。每年度评选一次。	前身为全军十佳运动员。

附表 2—6 **教育领域奖项**

序号	奖项名称	设立时间（年）	设立主体	授予对象	评选情况	备注
1	全国模范教师	1998	中华人民共和国人事部和中华人民共和国教育部	在全国教育系统从事教育教学、科学研究、管理服务等工作五年以上，取得突出成绩的各级各类学校专任教师。1998年以来已获得人事部、教育部联合表彰的人员一般不再参加评选，如确有新的突出贡献，可推荐参评，但要从严掌握。教育行政部门、学校及其他教育机构中担任厅局级（含）以上职务的领导干部不参加全国模范教师的评选。	每三年进行一次。奖励工作坚持精神奖励和物质奖励相结合、重在精神奖励的原则。“全国模范教师”的奖章和证书，由国务院教育行政部门会同国务院人事部门统一制作，由国务院教育行政部门会同国务院人事部门颁发，并在评选当年的教师节举行颁奖仪式。	
2	全国教育系统先进工作者	1998	中华人民共和国人事部和中华人民共和国教育部	在全国教育系统在教育管理和提高办学水平等方面作出突出贡献的先进工作者。1998年以来已获得人事部、教育部联合表彰的人员一般不再参加评选，如确有新的突出贡献，可推荐参评，但要从严掌握。	每三年进行一次。奖励工作坚持精神奖励和物质奖励相结合、重在精神奖励的原则。“全国教育系统先进工作者”的奖章和证书，由国务院教育行政部门会同国务院人事部门统一制作，由国务院教育行政部门	

续表

序号	奖项名称	设立时间（年）	设立主体	授予对象	评选情况	备注
				教育行政部门、学校及其他教育机构中担任厅局级（含）以上职务的领导干部不参加全国模范教师的评选。	门会同国务院人事部门颁发，并在评选当年的教师节举行颁奖仪式。	
3	全国优秀教师	1998	中华人民共和国教育部	在全国教育系统从事教育教学、科学研究、管理服务等工作五年以上，取得突出成绩的各级各类学校专任教师。已获得国家或省部级荣誉称号的人员一般不再参加评选，如确有新的突出贡献，可推荐参评，但要从严掌握。	每三年进行一次。奖励工作坚持精神奖励和物质奖励相结合、重在精神奖励的原则。奖章和证书由国务院教育行政部门统一制作。	
4	全国优秀教育工作者	1998	中华人民共和国教育部	在全国教育系统教育管理和提高办学水平等方面作出突出贡献的学校校长、教育行政部门干部和其他教育机构管理人员。已获得国家或省部级荣誉称号的人员一般不再参加评选，如确有新的突出贡献，可推荐参评，但要从严掌握。	每三年进行一次。奖励工作坚持精神奖励和物质奖励相结合、重在精神奖励的原则。奖章和证书由国务院教育行政部门统一制作。	

续表

序号	奖项名称	设立时间（年）	设立主体	授予对象	评选情况	备注
5	特级教师	1978	中华人民共和国教育部、人事部、财政部	表彰特别优秀的中小学教师评定对象是普通中学、小学、幼儿园、师范学校、盲聋哑学校、教师进修学校、职业中学、教学研究机构、校外教育机构的教师。	特级教师是国家为了表彰特别优秀的中小学教师而特设的一种既具先进性、又有专业性的称号。授予特级教师称号，颁发特级教师证书，享受特级教师津贴。	1978 年教育部、国家计委联合颁发《关于评选特级教师的暂行规定》，1993 年国家教委、人事部、财政部修订为《特级教师评选规定》。
6	长江学者奖励计划	1998	中华人民共和国教育部和李嘉诚基金会	科学道德高尚、年龄在 50 岁以下、主要在自然科学领域取得国际公认领先水平的重大科研成果或者突破性进展的杰出华人学者。	包括特聘教授、讲座教授岗位制度和长江学者成就奖。该奖项每年评选一等奖 1 名，奖励人民币 100 万元，二等奖 3 名，每人奖励人民币 50 万元，奖金由李嘉诚基金会全额捐赠。	
7	国家级教学成果奖	1994	中华人民共和国教育部、国家教育委员会	取得教学成果的集体和个人。	每四年评审一次。国家级教学成果奖分为特等奖、一等奖、二等奖三个等级，授予相应的证书、奖章和奖金。	

续表

序号	奖项名称	设立时间（年）	设立主体	授予对象	评选情况	备注
8	高等学校教学名师奖	2005	中华人民共和国教育部、财政部	普通高等学校（经教育部正式批准）中承担本科、高职高专教学任务的专任教师。已获得第一届、第二届、第三届教学名师奖的教师不再参加评选。	每年评选一次。教育部向获奖者颁发“第四届高等学校教学名师奖”证书、奖章和奖杯。	
9	高等学校优秀青年教师	1999	中华人民共和国教育部	在教学和科研领域取得突出成就的高等学校优秀青年教师。	每年评审一次，每次奖励人数一般为100名，发给奖金并奖励资助专项经费。每年奖励每位获奖者5万—10万元，连续支持5年。年度奖励经费中1.5万元用于支付个人奖金，其余部分用于支持教学和科研工作。	
10	跨世纪优秀人才培养计划	1997	中华人民共和国教育部、国家教委	具有学术带头人潜质的较高学术水平的跨世纪优秀年轻学术人员	分五年滚动实施，每年选拔培养30人左右。入选者资助金额30万元，其中教育部资助金额20万元，学校配套10万元。	

续表

序号	奖项名称	设立时间（年）	设立主体	授予对象	评选情况	备注
11	优秀青年教师资助计划	1987	中华人民共和国教育部	计划的资助范围包括所有学科。教育部根据国家科技发展规划和产业发展政策，定期研究确定计划的重点资助领域。在同等条件下，优先资助在边远地区或艰苦条件下工作的教师。资助对象为在国内高等学校从事教学和科研第一线工作的教师，主要是优秀留学回国人员，在申请当年1月1日原则上不超过四十周岁，一般应具有博士或硕士学位。	每年资助一次，采取项目资助的方式，以面上项目资助为主，适当开展重点资助、联合资助和跟踪资助。重点资助、面上资助和跟踪资助项目的经费由教育部负责拨付，联合资助项目的经费由教育部和学校的主管部门共同负担。	原国家教委于1987年设立了“资助优秀年轻教师基金”，现更名为教育部“优秀青年教师资助计划”（以下简称“计划”）。
12	高等学校骨干教师资助计划	1999	中华人民共和国教育部	高等学校骨干教师资助计划的申报范围限于全国普通高等学校，包括军队院校的骨干教师。	分期分批资助。教育部将根据专项资金的情况，分期分批评选和资助。	该计划是国家第一个资助高校中青年教师的专项计划。

续表

序号	奖项名称	设立时间（年）	设立主体	授予对象	评选情况	备注
13	教育部留学回国人员科研启动基金	1990	中华人民共和国教育部	回国从事教学、科研工作的广大留学回国人员。凡获得国内外博士学位，在外留学一年以上，年龄在45岁以下，回国后在教学、科研单位从事教学、科研工作的人员均可在回国后两年内提出申请。	留学回国人员科研启动基金仅用于解决优秀留学人员回国后的科研启动问题，并且原则上只资助一次，不重复资助（极少数优秀拔尖人才除外）。对已获资助后再次出国的留学回国人员，一般也不再资助。	
14	全国中小学外语教师园丁奖（含三“十佳”）	1993	中国中小学幼儿教师奖励基金会、国家基础教育实验中心外语教育研究中心	全国从事中小学（含中师、职业学校，下同）外语教学工作的外语教师和教学研究工作的各省（自治区、直辖市）、市（地、州、盟）、县（市、区、旗）级外语教研员。不受学历、年龄、技术、专业、职务等限制。	每两年评选一次，每次奖励金额50万元，操作金额50万元，共100万元。三“十佳”教师：全国“十佳”小学英语教师、全国“十佳”初中英语教师、全国“十佳”高中英语教师各10名，共30名。	三“十佳”教师的评选与全国中小学外语教师园丁奖评选同时进行。候选人由各省（自治区、直辖市）教研部门推荐，在当届园丁奖获得者中产生。

附表 2—7 医学领域奖项

序号	奖项名称	设立时间（年）	设立主体	授予对象	评选情况	备注
1	中华医学科技奖	2001	卫生部、科技部	在医学科学技术领域，包括医药领域里的自然科学、技术发明、科学技术进步、国际科学技术合作有杰出贡献的个人和集体。	设一、二、三等奖，每年评选、授奖一次，中华医学科技奖评审专家委员会对推荐项目采取形式审查、初审和终审的评审程序，并以无记名投票方式评出获奖项目和奖励等级。	自 2005 年起，国家科学技术奖励工作办公室批准中华医学会可以直接推荐国家科学技术奖。
2	白求恩奖章	1994	卫生部	在医疗卫生战线上作出突出贡献的医疗卫生工作者。 在先进工作者评选条件的基础上，突出强调具有全心全意为人民服务的优秀品质和高尚的医德医风。对工作极端热忱，对技术精益求精，为解除患者的痛苦和人民健康事业长期作出不懈的努力，取得突出成绩，赢得社会尊敬和爱戴，是广大卫生工作者学习的楷模。	不定期评选；对评选出的白求恩奖章获得者授予“白求恩奖章”，颁发证书。	凡获得“白求恩奖章”者，同时接受荣誉证书和通报表彰，并享受省、部级劳动模范待遇。该奖是对全国卫生系统模范个人的最高行政奖励。

续表

序号	奖项名称	设立时间（年）	设立主体	授予对象	评选情况	备注
3	全国卫生系统先进集体和先进工作者及“白求恩奖章”获得者	2007	卫生部	全国卫生系统先进集体的评选对象是：各级卫生行政部门及所属各类卫生单位。全国卫生系统先进工作者评选对象是：全国卫生系统在职干部职工。	奖励以精神奖励为主，对评选出的先进集体授予“全国卫生系统先进集体”荣誉称号，颁发奖牌；对评选出的先进工作者授予“全国卫生系统先进工作者”荣誉称号，颁发奖章、证书。评选出的先进工作者和白求恩奖章获得者享受省部级劳动模范和先进工作者待遇。对先进事迹进行宣传报道，在全国卫生系统开展学习先进的活动。	
4	全国优秀乡村医生	2005	卫生部	连续在村医疗卫生机构从事预防，保健和基本医疗服务工作十年以上的乡村医生代表。	每年一次，名额为200人，候选人由地方卫生行政部门逐级推荐，省级卫生行政部门按1∶1的比例向卫生部推荐，卫生部审核认定。由卫生部授予全国优秀乡村医生荣誉称号，颁发奖牌和证书，并奖励每名优秀乡村医生5000元人民币。奖励资金由中国医药卫生事业发展基金会捐助。	

续表

序号	奖项名称	设立时间（年）	设立主体	授予对象	评选情况	备注
5	中国医师奖	2003	中国医师协会	在医师队伍中作出突出贡献的优秀代表。	每年举办一次，推荐单位按分配名额推荐候选人，中国医师奖组委会评审组审查资格并进行评选。	2008年设有中国医师提名奖。
6	中华预防医学会科学技术奖	1999	中华预防医学会	在预防医学基础研究、应用基础研究、应用研究和开发研究中取得优秀成果的个人和集体。	分设基础研究类、技术发明类、应用研究类、国际科学技术合作类奖项，聘请有关专家、学者和卫生管理专家组成中华预防医学会科学技术奖励委员会和评审委员会，设立一等奖、二等奖、三等奖三个等级，每两年评审一次，授奖一次。	公共卫生领域首设的专门科技奖。
7	中华预防医学会公共卫生与预防医学发展贡献奖	2008	中华预防医学会	从事公共卫生与预防医学或相关工作十五年及以上，并作出较高贡献或取得较高荣誉的医疗工作人员。	每两年评选一次。聘请从事公共卫生与预防医学领域工作的知名专家、学者和卫生管理工作者组成评审委员会，负责“发展贡献奖”的审定，各推荐单位推荐候选人，评审委员会审查并投票评选。	

续表

序号	奖项名称	设立时间（年）	设立主体	授予对象	评选情况	备注
8	吴阶平医学研究奖—保罗·杨森药学研究奖	1994	美国强生公司所属的西安杨森制药有限公司与我国医药卫生界联合设立	在医学、药学研究工作中，努力钻研并取得重大成绩的中青年医药工作者。	评委会每两年颁奖一次，并公布下一年度设奖专业，由全国性学术团体在全国范围内推荐获奖候选人，报评委会审议、评定。	该奖项是我国医药界非官方的高层次医药研究奖项。
9	赛克勒中国医师年度奖	1985	美国友人赛克勒博士与我国卫生部共同设立	我国每年在某一专业临床工作中作出优异成绩的中青年医师。	中国医学论坛报社受美国赛克勒基金会委托组织该奖项评选工作，每年在全国范围内评选1—3个专业的2—3名在临床工作中作出优异成绩的中青年医师，授予赛克勒中国医师年度奖奖牌，并由赛克勒基金会出资，安排获奖人前往美国等先进国家进行为期两周的学术交流。	原名为“中国医学论坛报医师年度奖”，赛克勒逝世后更名为“赛克勒中国医师年度奖”。

续表

序号	奖项名称	设立时间（年）	设立主体	授予对象	评选情况	备注
10	宋庆龄儿科医学奖	2005	由宋庆龄基金会与卫生部妇幼保健与社区卫生司共同发起，是由宋庆龄基金会在“宋庆龄儿科医学研究奖励基金”的基础上设立的一个永久性的奖项	每年在儿科医学领域有杰出科研成果者。	每年评审一次。每年的5月组织召开颁奖大会，并颁发奖金、奖章奖杯及荣誉证书，奖励项目原则上为5—10项，设立管理委员会和由管理委员会组织的专家评审委员会负责具体管理和评审工作。	评审专家委员会根据我国儿科医学的发展状况，并结合全国儿童卫生保健工作重点确定每年的奖励领域。
11	人文医学荣誉奖、医院人文管理荣誉奖	2005	中华医学会医学伦理学分会	具有执业医师资格、在临床一线工作十五年以上的医生或具有注册护士资格、在临床一线工作十年以上的护理人员，要求具有良好的职业化素质和良好的人文修养；医院人文管理荣誉奖授予重视文化管理、医患关系良好的医院。	每年举办一次，人文医学荣誉奖由各医院推荐候选人，评选委员会审定评选；医院人文管理荣誉奖采取医院申报、组织推荐、各界评议与专家审定相结合的办法，在全国各级各类医院中产生。	

续表

序号	奖项名称	设立时间（年）	设立主体	授予对象	评选情况	备注
12	贝利马丁奖	2000	贝利马丁基金会	为中国艾滋病教育、预防、治疗和关怀作出突出贡献的医务工作者或医疗机构。	基金会每年颁发数额不等的奖金即“贝利马丁奖”，奖励名额一般仅为1人。	
13	中国女医师协会五洲女子科技奖	2008	中国女医师协会	在医学科学技术活动中作出突出贡献的女医师。	共分三个奖项：基础医学科研创新奖、临床医学科研创新奖和管理科研创新奖，每两年评选一次。	
14	援外医疗工作先进集体和先进个人	2008	卫生部	在援外医疗工作中作出突出贡献和表现优异的集体和个人。		根据《卫生部办公厅关于评选援外医疗工作先进集体和先进个人的通知》（卫办国际发［2008］179号）的文件设立。
15	全国卫生应急先进集体和先进个人	2008	卫生部	在卫生应急领域作出突出业绩和贡献的基层卫生应急工作集体和个人。		按照《卫生部办公厅关于评选表彰全国卫生应急先进集体和先进个人的通知》（卫发明电［2008］159号）文件设立。

续表

序号	奖项名称	设立时间（年）	设立主体	授予对象	评选情况	备注
16	卫生系统全国青年文明号、青年岗位能手	2008	卫生部、共青团中央	在卫生系统开展的“号、手”争创活动中取得优异成绩的青年集体、优秀青年。	评选采取自下而上、逐级申报的方式，全国青年文明号90个，各省、区、市原则上各推荐1—3个；全国青年岗位能手不超过40名，各省、区、市原则上各推荐1—2名，“号、手”活动优秀组织奖共10名。各省、区、市原则上可推荐1个。	按照《关于评选表彰2008年度卫生系统全国青年文明号、青年岗位能手的通知》（卫办发［2008］72号）文件设立。
17	无偿献血奉献奖	2007	卫生部、中国红十字会总会、中国人民解放军总后勤部卫生部	积极关心、支持无偿献血事业的先进个人、单位、部队和无偿献血工作先进省、市。	设有“无偿献血奉献奖金奖”、“无偿献血促进奖”、“无偿献血先进省（市）奖”、“无偿献血先进部队奖”、“无偿献血奉献奖银奖”、“无偿献血奉献奖铜奖”、“无偿捐献造血干细胞奉献奖”和“无偿献血特别促进奖”。 每年度评选一次。	按照《卫生部、中国红十字会总会、总后勤部卫生部关于对无偿献血奉献奖金奖等奖项获奖者予以表彰的决定》（卫医发［2007］153号）文件设立。

续表

序号	奖项名称	设立时间（年）	设立主体	授予对象	评选情况	备注
18	抗震救灾医药卫生先进集体和先进个人	2008	卫生部、国家食品药品监督管理局、国家中医药管理局、总后勤部卫生部	汶川特大地震灾害中奔赴灾区、救死扶伤的英雄集体和模范个人。	授予北京赴四川抗震救灾医疗队等175个单位“抗震救灾医药卫生先进集体”称号，授予于鲁明等1400名同志“抗震救灾医药卫生先进个人”称号。	

附表2—8　　文学领域奖项

序号	奖项名称	设立时间（年）	设立主体	授予对象	评选情况	备注
1	茅盾文学奖	1981	中国作家协会	所有长篇小说的作者。	设立时规定每三年评选一次，参与首评而未获奖的作品，在下一届以至将来历届评选中仍可获奖。现在每四年评选一次。	“茅盾文学奖”是中国第一次设立的以个人名字命名的文学奖，是中国长篇小说的最高文学奖项之一。
2	鲁迅文学奖	1986	中国作家协会	所有中短篇小说、报告文学、诗歌、散文、杂文、文学理论和评论作品的及优秀的中外文学的翻译作品的作者。	每两年评选一次。	“鲁迅文学奖”是我国具有最高荣誉的文学大奖之一。

续表

序号	奖项名称	设立时间（年）	设立主体	授予对象	评选情况	备注
3	老舍文学奖	1999	北京市文联和老舍文艺基金会	京籍作者的创作和在北京出版、发表的优秀作品。	第一届老舍文学奖设优秀长篇小说奖、优秀中篇小说奖、优秀戏剧剧本奖、广播剧奖、电视连续剧奖。第二届老舍文学奖单项最高奖金达到3万元，总奖金额达到了16万元。第三届老舍文学奖设4个奖项，其中新设两个名额的“新人佳作奖”。奖励项目包括长篇小说、中篇小说、戏剧剧本、电影电视剧和广播剧。	1999年正式创立，2000年首次颁奖。
4	曹禺戏剧文学奖	1994	中国文联、中国戏剧家协会	创作出优秀剧本的作者。	每年评选一次，每届评出10个正式奖和10个提名奖。	其前身是中国戏剧家协会于1980年创办的“全国优秀剧本奖”，1994年更名为“曹禺戏剧文学奖”，专就剧本创作所进行的全国性评奖，代表了中国戏剧文学创作最高水准。

续表

序号	奖项名称	设立时间（年）	设立主体	授予对象	评选情况	备注
5	冯牧文学奖	2000	中华文学基金会冯牧文学专项基金	促进文学事业繁荣的中青年作家、评论家。其中青年批评家授予年龄为40周岁以内；军旅文学创作奖授予年龄为50周岁以内；文学新人奖现尚未规定具体年龄。	每年评选一次。冯牧文学奖的初选工作采用评审委员会推举的方式，即由评委会委员组成三个奖项的提名小组，分别提出各奖项的初选名单并说明推荐理由，同时提供相应的初选者背景资料以供评委会讨论。	
6	春天文学奖	2000	人民文学出版社	30岁以下的、文学创作成就显著的青年作者。	该奖每年评选一次。每次评选一人。	在春天文学奖颁奖的同时出版“春天丛书”，这是专门出版年度得奖者和获得提名者的作品集。
7	庄重文文学奖	1987	中华文学基金会主办	近年来在文学创作和文学评论中取得优异成绩、年龄在40岁以内的青年作家。	每两年评选一次，对获奖者颁发奖励证书、奖品和奖金。	“庄重文文学奖”是香港著名爱国人士、原庄士集团主席、中华文学基金会顾问庄重文先生于1987年倡议出资，由中华文学基金会主办的一项青年文学奖，以庄重文先生的名字命名。

续表

序号	奖项名称	设立时间（年）	设立主体	授予对象	评选情况	备注
8	全国优秀儿童文学奖	1986	中国作家协会主办	创作出优秀儿童文学的作者。凡在评选年度内出版的个人创作的儿童文学作品集均可参加评选。	每三年评选一次。	我国具有最高荣誉的文学大奖之一，是我国唯一的纯文学性的儿童文学奖项，为鼓励优秀儿童文学创作，推动我国儿童文学的发展、繁荣，为我国三亿多少年儿童提供更多更好的精神食粮而设立。
9	全国少数民族文学创作奖“骏马奖”	1981	中国作家协会、国家民族事务委员会	为民族文学交流作出贡献的作者。	每三年评选一次，全国少数民族文学创作奖设有以下奖项：长篇小说；中篇小说集；短篇小说集；诗集；散文集；报告文学集；评论、理论集；翻译；新人新作。	全国少数民族文学创作奖“骏马奖”是一个国家级文学奖。

续表

序号	奖项名称	设立时间（年）	设立主体	授予对象	评选情况	备注
10	姚雪垠长篇历史小说奖	2003	中国作家协会、中华文学基金会	“新时期”（1979年）以来经国内出版社正式出版的长篇历史小说。题材范围限于辛亥革命以前，单部作品字数不得少于20万字。	每四年评选一次，每届限2—3部。该奖的评奖宗旨是：力求以历史科学与小说艺术的有机结合为基准，要求获奖作品必须具备深刻的思想性、严肃的历史性和高超的艺术性。	该奖以奖励作品为主，同时参照作者在长篇历史小说创作领域的成就；已经过世的（以参评截止日期为限）作者的作品不在此列。
11	大家·红河文学奖	1995	云南人民出版社《大家》杂志社和云南红河卷烟厂	在《大家》杂志上发表作品的全部作者。	每两年一届，每届一奖，每奖一人。奖金高达10万元人民币。	大家·红河文学奖开启了文学大奖的序幕，引起极大的关注。
12	冰心奖	1990	冰心奖组委会	新作者及儿童文学作品的创作出版者。	每年举办一次。分为冰心儿童图书奖、冰心儿童文学新作奖、冰心艺术奖、冰心摄影文学奖四个奖项。	该奖是我国唯一的国际华人儿童文学艺术大奖。
13	新概念作文大赛	1998	由《萌芽》杂志社率先发起，联合十所著名大学共同主办	全国所有爱好文学的高中学生。	强调“新思维、新表达、真体验”，一度成为高校招生和少年成名的“直通车”。比赛分初赛、复赛，决赛。奖项	

续表

序号	奖项名称	设立时间（年）	设立主体	授予对象	评选情况	备注
					设一等奖、二等奖和三等奖，颁发奖励证书。	
14	华语文学传媒大奖	2003	《南方都市报》	年度最优秀的华语文学作品和文学人物。	一年一度，共设“年度杰出成就奖”、“年度小说家”、“年度诗人”、“年度散文家”、“年度文学评论家”、“年度最具潜力新人”6个奖项。第二届单项最高奖金仍为10万元，但奖金总额上升至20万元，是国内年度奖金最高的文学大奖。	该奖项是国内首个由大众媒体设立的文学大奖。
15	中国新闻奖	1991	中华全国新闻工作者协会	有全国统一刊号的报纸，通讯社，经国家正式批准的广播电台、电视台，经国务院新闻办批准的由新闻单位设立、具有登载新闻业务资质的新闻网站刊播登载的新闻作品和经全国统一刊号的报刊、图书发表的新闻学论文。	每年评选一次。	

续表

序号	奖项名称	设立时间（年）	设立主体	授予对象	评选情况	备注
16	长江韬奋奖	2005	中国记协	“长江韬奋奖”分别授予在有正式刊号、公开发行的报纸，国家通讯社，经正式批准的广播电台（站）、电视台和其他新闻机构从事记者工作连续10年以上，在评选年度不超过50周岁，人品、文品俱佳的现专职中青年记者（含新闻节目主持人、新闻播音员）和在有正式刊号、公开发行的报纸，国家通讯社，经正式批准的广播电台（站）、电视台和其他新闻机构从事新闻编辑、新闻评论员、新闻性节目制片人、通联、校对等连续10年以上，人品、文品俱佳的现专职新闻工作者。	每年评选一次，每届评选获奖者20名（其中长江系列10名，韬奋系列10名），评选条件与合并前基本相同。	“长江韬奋奖”原分别为范长江新闻奖和韬奋新闻奖，2005年根据中央关于《全国性文艺新闻出版评奖管理办法》的精神，将两奖合并为长江韬奋奖。
17	文艺评论奖	2000	中国文联	中国文联文艺评论奖，涵盖了文学、戏剧、电影、美术、音乐、舞蹈、杂技等12个艺术门类。	奖项分优秀理论文章奖（第四届起增设）、优秀评论文章奖，分别设一、二、三等奖，必要时设特等奖，另设组织工作奖。自2008年起每两年举办一次。	

附表 2—9　武警部队（包括公安、武警、军队、消防等）奖项

序号	奖项名称	设立时间（年）	设立主体	授予对象	评选情况	备注
1	中国杰出（优秀）青年卫士	1997	共青团中央、中央社会治安综合治理委员会办公室、最高人民法院、最高人民检察院、公安部、司法部、财政部、中国人民银行、国家税务总局、国家工商行政管理局、海关总署、武警部队总部	我国政法战线及社会治安综合治理相关部门，包括财税、金融等战线上的在本职岗位上勤奋敬业，秉公执法，勇于奉献，为维护社会稳定、保护国家和人民群众生命财产安全作出了突出贡献的优秀青年。	每两年举办一届。	曾获“中国杰出青年卫士”荣誉的，不再参加本届评选；曾获“中国优秀青年卫士”荣誉的，经推荐仍可以作为本届“中国杰出青年卫士”候选人参加评选。
2	中国武警忠诚卫士	1998	武警部队党委	武警部队官兵。	每年评选一届，每届评选十人。	

续表

序号	奖项名称	设立时间（年）	设立主体	授予对象	评选情况	备注
3	全国优秀公安局	1993	中华人民共和国公安部	全国县（市、旗）公安局、城市公安分局，铁道、交通、民航、森林公安机关和海关缉私部门相当县级公安机关的建制单位。	每年评选一次。精神鼓励与物质奖励相结合，以精神鼓励为主。奖励由低至高依次为：嘉奖，记三等功、二等功、一等功，授予荣誉称号。	
4	全国优秀公安基层单位		中华人民共和国公安部	全国公安机关基层科、所、队、站、室，包括公安边防、消防、警卫部队相当的建制单位，同一警种、部门的单位不超过所分配名额的20%，派出所可放宽至30%。	精神鼓励与物质奖励相结合，以精神鼓励为主。奖励由低至高依次为：嘉奖，记三等功、二等功、一等功，授予荣誉称号。	
5	任长霞式公安局长	2006	中华人民共和国公安部	全国县（市、旗）公安局、城市公安分局的局长（政委），铁道、交通、民航、森林公安机关和海关缉私部门相当县级公安机关建制单位的局长（政委）。	精神鼓励与物质奖励相结合，以精神鼓励为主。奖励由低至高依次为：嘉奖，记三等功、二等功、一等功，授予荣誉称号。	

续表

序号	奖项名称	设立时间（年）	设立主体	授予对象	评选情况	备注
6	全国优秀人民警察		中华人民共和国公安部	全国公安机关在编、在职民警（包括公安边防、消防、警卫部队的干部、士官），重点评选在基层基础建设工作中作出突出贡献的基层一线民警。	精神鼓励与物质奖励相结合，以精神鼓励为主。奖励由低至高依次为：嘉奖，记三等功、二等功、一等功，授予荣誉称号。	
7	全国特级优秀人民警察		中华人民共和国公安部	全国公安机关在编、在职的人民警察（包括公安边防、消防、警卫部队的干部、士官）。重点评选在基层基础建设工作中作出突出贡献的基层一线民警。	精神鼓励与物质奖励相结合，以精神鼓励为主。奖励由低至高依次为：嘉奖，记三等功、二等功、一等功，授予荣誉称号。	
8	2008中国消防卫士	2008	由公安部、消防局、中国消防在线网站发起，人民网、新华网、中国网、央视网、中国经济网、中青网、	20名在2008年表现突出的消防员。	采用互联网投票的评选方式。	

续表

序号	奖项名称	设立时间（年）	设立主体	授予对象	评选情况	备注
			中新网、中国广播网、光明网、搜狐、新浪、腾讯、网易、中华网等111家网站共同举办			
9	2008中国消防英雄	2008	由公安部消防局中国消防在线网站发起，人民网、新华网、中国网、央视网、中国经济网、中青网、中新网、中国广播网、光明网、搜狐、新浪、腾讯、网易、中华网等111家网站共同举办	10名在2008年表现突出的消防员。	采用互联网投票的评选方式。	

续表

序号	奖项名称	设立时间（年）	设立主体	授予对象	评选情况	备注
10	消防安全先进单位		各级政府及行政负责部门	在消防安全工作中取得先进成绩的单位。	每年评选一次。	
11	消防安全先进个人		各级政府及行政负责部门	在消防安全工作中取得先进成绩的个人。	每年评选一次。	
12	中国武警忠诚卫士	1998	武警部队	武警部队的忠诚卫士。	每年评选一次。	在“中国武警十大忠诚卫士”评选活动开展十周年之际，中共中央总书记、国家主席、中央军委主席胡锦涛题写了“中国武警忠诚卫士”奖章章名。
13	中国人民解放军科技创新群体奖		总参谋部、总政治部、总后勤部、总装备部	在国防和军队现代化建设中作出贡献的军队专业技术人员。	每两年评选一次，奖金为每人10万元。	

续表

序号	奖项名称	设立时间（年）	设立主体	授予对象	评选情况	备注
14	作战部队优秀专业技术人才奖		总参谋部、总政治部、总后勤部、总装备部	在国防和军队现代化建设中作出贡献的军队专业技术人员。	每年评选一次，奖励 300 名，奖金为每人 2 万元。	
15	军队院校育才奖		总参谋部、总政治部、总后勤部、总装备部	在国防和军队现代化建设中作出贡献的军队专业技术人员。	该奖分“金奖”和“银奖”，“金奖”的奖金为每人 3 万元，“银奖”的奖金为每人 1 万元。	
16	航天英雄	2003 2008	中共中央、国务院、中央军委	在我国载人航天飞行任务中作出突出贡献，为我国航天事业建立功勋的宇航员。	2003 年和 2008 年分别授予杨利伟和翟志刚“航天英雄”荣誉称号，并颁发“航天功勋奖章”。	
17	英雄航天员	2008	中共中央、国务院、中央军委	在我国“神舟”七号载人飞船航天飞行任务中作出突出贡献，为我国航天事业建立功勋的宇航员。	2008 年分别授予刘伯明和景海鹏“英雄航天员”荣誉称号和“航天功勋奖章”。	

续表

序号	奖项名称	设立时间（年）	设立主体	授予对象	评选情况	备注
18	抗震救灾英雄陆航团、抗震救灾英雄战士、一等功、通报表彰	2008	中央军委、成都军区	在四川汶川地震中作出突出贡献的部队及军人。	授予成都军区某陆航团“抗震救灾英雄陆航团”荣誉称号，给邱光华同志追记一等功；对空军总部直属的空降兵特种大队15人特遣队在茂县及灾情勘察、空投救灾物资引导方面的出色表现，中央军委对他们进行通报表彰；授予武文斌同志“抗震救灾英雄战士”荣誉称号；成都军区给李月、王怀远、陈林、张鹏等遇难机组其他4名同志也追记一等功。	

附表 2—10　　哲学社会科学领域

序号	奖项名称	设立时间（年）	设立主体	授予对象	评选情况	备注
1	全国劳动模范和全国先进工作者	1949	党中央、国务院	在社会主义建设事业中作出重大贡献者。	每隔5年评选一次。在每五年后的5月1日，中国都要以国家的名义奖励“劳模”，颁发“全国五一劳动奖章”等，	1950年以来，党中央、国务院先后召开过12次表彰大会，临时性表彰生产劳模先

续表

序号	奖项名称	设立时间（年）	设立主体	授予对象	评选情况	备注
					号召全国人民向他们学习，为国家作贡献。形式分为：召开表彰大会、工作会议、零散表彰等。	进集体和个人20余次，累计表彰先进集体10667个、先进个人22297人次。1989年后，国务院基本上每五年表彰一次全国劳动模范和先进工作者，每次表彰3000人左右。
2	“五一劳动奖章”和“五一劳动奖状”		中华全国总工会	在技术创新、管理创新和体制创新中取得显著成绩，为经济建设和社会发展作出了突出贡献的先进个人和集体。	一般集中在“五一”劳动节期间颁发，平时也有少量颁发。	是中国工人阶级最高奖项之一。
3	全国“三八”红旗手和“三八”红旗集体	1960	全国妇联	在中国各条战线上为社会主义物质文明和精神文明建设作出显著成绩的妇女先进人物和妇女先进集体。	我国妇女界的主要荣誉称号，一般每4—5年集中评比表彰一次。	1960年，全国妇联决定在纪念“三八”国际妇女节五十周年的时候，表彰一万个妇女先进人物和以妇女为主的

续表

序号	奖项名称	设立时间（年）	设立主体	授予对象	评选情况	备注
						先进集体，并分别授予“三八红旗手”、“三八红旗集体”的奖状和奖旗。“文化大革命”期间，全国“三八”红旗手（集体）的评选表彰工作曾一度停止。1979年，这一工作才重新得到恢复。
4	全国先进集体		中共中央、国务院	在社会主义革命和建设中有功的集体单位。	全国先进集体是企事业、班组。除个别零散授予外，一般都在全国劳模大会上授予。	先进集体有先进企业车间和先进事业单位以及先进班组等。
5	全国先进班组	1986	国家经委和中华全国总工会	在社会主义建设中有突出贡献的班组。	中华全国总工会和国家经委曾于1986年9月18日作出决定，首次集中296个班组为“全国先进班组”，并由中华全国总工会颁发“五一劳动奖状”，以表彰他们在社会主义现代化建设中作出的卓越贡献。	

续表

序号	奖项名称	设立时间（年）	设立主体	授予对象	评选情况	备注
6	中国青年五四奖章	1997	共青团中央、全国青联	在我国改革开放和社会主义现代化建设实践中涌现出来的各行各业表现突出，并作出重大贡献的先进青年。	授予青年的最高荣誉。原则上每年“五四”青年节授予，有特殊贡献者，可以随时授予。每年表彰人数在200人左右。不定期颁发“中国青年五四集体奖章”，主要授予在社会主义现代化建设中事迹突出、社会影响广泛、典型示范作用强、以青年为主要成员的先进集体。从2007年开始，颁发“中国青年五四奖章标兵”，每年表彰人数在10人左右。	2000年以来，为表彰我国青年运动员在奥运会赛场上顽强拼搏、为国争光的先进事迹，共青团中央、全国青联先后授予李小鹏、刘翔、杨扬等87名青年运动员，李强等94名残疾人运动员“中国青年五四杰出贡献奖章”。2005年，共青团中央、全国青联授予为我国载人航天事业作出突出贡献的费俊龙、聂海胜等五名航天员及航天科技工作者“中国青年五四杰出贡献奖章”。

续表

序号	奖项名称	设立时间（年）	设立主体	授予对象	评选情况	备注
7	全国道德模范	2007	中央文明办、全国总工会、共青团中央、全国妇联	自觉践行社会主义荣辱观，模范遵守公民基本道德规范，在助人为乐、见义勇为、诚实守信、敬业奉献、敬老爱亲方面表现突出，社会形象好、群众认可度高的公民。	中央文明办、全国总工会、共青团中央、全国妇联决定在第五个“公民道德宣传日”评选表彰全国道德模范。每年评选一次。 全国道德模范分为“助人为乐模范”、“见义勇为模范”、“诚实守信模范”、“敬业奉献模范”和“孝老爱亲模范”五项。	全国道德模范的产生步骤：一是群众推荐；二是组织审核；三是公示、上报和群众投票；四是综合评定。
8	中国消除贫困奖	2003	中国扶贫基金会	**成就奖**：此奖项颁发给长期支持或参与中国消除贫困事业，作出重大贡献并赢得全社会广泛认同的个人； **国际奖**：此奖项颁发给积极参与、支持中国消除贫困事业，对中国消除贫困事业提供最佳实践经验借鉴和示范，引发有效扶贫成果的国际组织或海外个人； **创新奖**：此奖项颁发给那些在扶贫领	中国消除贫困奖评选表彰活动每两年举办一届。每个奖项每届授予一个机构或个人。	中国消除贫困奖迄今共举办了三届，每届设立的奖项数量都不同，第一届设立了成就奖、科研奖、创新奖、项目奖、捐赠奖、国际奖、自强奖、奋斗奖等八个奖项；第二届设立了成就奖、国际奖、创新奖、捐赠奖、机构奖、项目

续表

序号	奖项名称	设立时间（年）	设立主体	授予对象	评选情况	备注
				域有重大创新，能推动扶贫事业能更加深入有效开展，产生良好的扶贫效果，在全社会有明显的示范和推广价值，获奖者可以是机构、个人，也可以是政府； **捐赠奖**：此奖项颁发给通过捐款参与和支持消除贫困事业的海内外个人和机构； **感动奖**：此奖项颁发给长期参加扶贫事业、扶贫效果明显、扶贫事迹感人肺腑的个人； **义工奖**：此奖项颁给那些在国内义工组织里面注册登记、具有服务时间记录、为中国的扶贫工作作出巨大贡献的国内义工； **政策奖**：此奖项授予颁布对扶贫工作具有重大推动作用和深远意义的相关政策的省（市）级以下各级政府（含省级政府）；		奖、政策奖、奋斗奖、奉献奖、义工奖等十个奖项；第三届设立了成就奖、国际奖、创新奖、捐赠奖、感动奖等五个奖项。

续表

序号	奖项名称	设立时间（年）	设立主体	授予对象	评选情况	备注
				项目奖：此奖项颁发给在中国大陆实施的，在创新、管理、行业影响方面对扶贫事业产生重大影响的扶贫公益项目； **奋斗奖**：此奖项授予那些身处逆境但意志坚强、充满爱心，从逆境中奋起，用自己的努力实现自立并为减轻其他人的疾苦与不安长期奋斗并取得非凡成就的杰出人士； **特别奖**：此奖项颁发给对中国消除贫困事业作出特别贡献的单位或者个人； **机构奖**：此奖项颁发给那些对中国的扶贫事业作出突出贡献的国内非政府组织。		
9	中国国家友谊奖	1991	国家外国专家局	中国政府为表彰在中国现代化建设和改革开放事业中作出突出贡献的外国专家而设立的最高奖项。	每年评选一次。	

续表

序号	奖项名称	设立时间（年）	设立主体	授予对象	评选情况	备注
10	郭沫若中国历史学奖	1998	中国社会科学院、郭沫若基金会	评奖对象为评选年之前四年里出版的中国历史研究领域，包括通史、断代史、专史（含科技史）、考古学、古文字学和古人类学方面的优秀学术专著。	“郭沫若中国历史学奖”被确定为相当于部委级别的科研成果奖。奖金主要来源是中国社会科学院院长基金和郭沫若子女的捐赠，包括《郭沫若全集》稿酬。该奖项每四年评选一次，截至目前已经评选了三届。	
11	全国抗震救灾英雄集体、全国抗震救灾模范	2008	中共中央、国务院、中央军委	在四川汶川地震中，在抗震救灾一线解救被困群众、救治伤病人员、安置受灾群众、抢修损毁基础设施、加强卫生防疫、降低次生灾害威胁、抓紧灾后恢复重建、加强对抗震救灾款物分配使用监管、维护灾区社会稳定、做好宣传报道等方面作出突出贡献的集体和个人。	经中央同意，中共中央办公厅、国务院办公厅、中央军委办公厅联合发出《关于做好全国抗震救灾英雄集体和抗震救灾模范推荐评选工作的通知》，决定以党中央、国务院、中央军委的名义对全国抗震救灾先进集体和先进个人进行表彰，分别授予“全国抗震救灾英雄集体”和“全国抗震救灾模范”荣誉称号。2008 年全国抗震救灾英雄集体 319 个，全国抗震救灾模范 5—22 名。	

续表

序号	奖项名称	设立时间（年）	设立主体	授予对象	评选情况	备注
12	抗震救灾英雄少年和优秀少年	2008	中央文明办、教育部、共青团中央、全国妇联	在四川汶川地震灾害中表现出超常的勇气和力量，临危不惧、坚强勇敢、勇于救人的少年英雄。主要范围是四川、甘肃、陕西、重庆四个受灾严重的省（市）的地震灾区，从高三年级以下的未成年人中产生。	授予林浩等20名同学“抗震救灾英雄少年”称号，授予马小凤等30名同学“抗震救灾优秀少年”称号。	
13	国家社会科学基金项目优秀成果	1999	全国哲学社会科学规划领导小组	申请参加评奖的成果，须是国家社会科学基金项目成果。在省部级评奖中获奖的各类项目的最终成果，均可申请参加评奖。未参加过省部级评奖的各类项目的最终成果，须由两名同行正高职专家书面推荐，经申请人所在单位和省区市哲学社会科学规划办公室或其他委托管理机构审核同意，符合申请基本条件的，也可申请评奖。	设立一等奖、二等奖、三等奖和特别荣誉奖。	把研究改革开放和社会主义现代化建设的重大理论与实践问题的优秀成果作为奖励重点，同时重视奖励基础研究以及新兴边缘交叉学科的优秀成果。

续表

序号	奖项名称	设立时间（年）	设立主体	授予对象	评选情况	备注
14	中国高校人文社会科学研究优秀成果奖	1995	教育部	在高校人文社会科学研究中作出突出贡献的研究人员。	中国高校人文社会科学研究优秀成果奖每三年评选一次。奖项分著作、论文和研究咨询报告类，按一级学科设立一等奖、二等奖、三等奖，并根据需要设立特等奖或荣誉奖，对获奖者颁发奖励证书和奖金。	中国高校人文社会科学研究优秀成果奖参选学科共分24大类，包括马克思主义，管理学，哲学，逻辑学，宗教学，语言学，中国文学，外国文学，艺术学，历史学，考古学，经济学，政治学，法学，社会学，民族学，新闻学与传播学，图书馆、情报与文献学，教育学，心理学，统计学，港澳台问题研究，国际问题研究，综合研究/交叉学科等。
15	中国社会科学院优秀科研成果奖	1993	中国社会科学院	哲学社会科学领域优秀科研成果，包括专著、论文、研究报告、学术普及读物、译著、工具书、古籍整理、计算机软件、社会科学研究新技术等。	最初每三年评选一次，现为每两年评选一次。分设一、二、三等奖项，且在必要时设荣誉奖。	

续表

序号	奖项名称	设立时间（年）	设立主体	授予对象	评选情况	备注
16	国家图书奖	1993	国家新闻出版署	国家图书奖参加评选的图书包括各种书籍、教材和画册。获国家图书奖的图书必须质量优秀，贡献突出，并具备以下五个条件之一： 对于中华民族的科学文化的发展有重要贡献的； 对于宣传马克思主义及党和国家的重大方针政策有重要贡献的； 对于国民经济、国防建设有重要贡献的； 对于出版事业的发展有重要贡献的； 有重要思想价值、科学价值、文化艺术价值或在思想界、学术界及社会上产生重大影响的。	设国家图书奖荣誉奖、国家图书奖和国家图书奖提名奖三种奖项。每两年评选一次，每次授奖额为 30 个，不分档次；另设提名奖 50 个。	从 2007 年开始，“国家图书奖”更改为“中国出版政府奖”之“图书奖”，每次授奖额为 60 个，不分档次，另设提名奖 120 项，仍为每两年评选一次。
17	五个一工程奖	1992	中共中央宣传部	评选各省、自治区、直辖市和中央部分部委，以及解放军总政治部等单位组织生产、推荐申报的精神产品中五个方面的精品佳作。	最初每年评奖一次，从 1997 年开始每两年评选一次，1998 年后又改为每三年评选一次。对获奖单位与入选作品，颁发获奖证书与奖金。	自 1995 年起，将一首好歌和一部好的广播剧列入评选范围，“五个一工程”的名称不变。从 2006

续表

序号	奖项名称	设立时间（年）	设立主体	授予对象	评选情况	备注
				这五个方面是：一部好的戏剧作品，一部好的电视剧（片）作品，一部好的电影作品，一部好的图书（限社会科学方面），一部好的理论文章（限社会科学方面）。并对组织这些精神产品生产成绩突出的省、自治区、直辖市党委宣传部和部队有关部门，授予组织工作奖。		年开始，“五个一工程奖”评选不再设理论文章奖项。
18	全国人口科学优秀成果奖	1994	国家人口计划生育委员会、中国人口学会	参评人为中国人口学会会员或团体会员。从2006年开始增设“全国优秀青年人口学者奖”，评选对象为年龄45岁以下人员；中国人口学会会员；坚定学术道德、理论联系实际；在人口科学教学研究领域作出突出贡献；为中国人口科学发展作出贡献。每届评选10名。	每三年评选一次，设专著（含教材）、论文、研究报告（包括内部报告、译著）三类，奖项设一等奖、二等奖、三等奖和优秀奖。由国家人口计生委和中国人口学会联合颁发。	

续表

序号	奖项名称	设立时间（年）	设立主体	授予对象	评选情况	备注
19	国家民委社会科学研究成果奖	2005	国家民委	参评主体为全国相关科研院所、高校、学术团体、党政机关及个人。参评成果原则上应是已公开发表，并在本研究领域有新突破、新观点、新方法，或对我国民族地区改革开放和现代化建设事业有较高应用价值。	评奖分学术论文、论著评奖和调研报告评奖（含内部研究报告）。学术论文、论著评奖分为三类，即学术论文类、专著类、译著及工具书类。分别设一等奖、二等奖和三等奖。调研报告评奖（含内部研究报告）：设一等奖、二等奖、三等奖和优秀奖。	
20	全国统计科研优秀成果奖	1992	国家统计局、中国统计学会	在统计科学研究工作中取得突出成就的集体和个人。	每两年举办一次，设优秀课题奖、优秀论文奖、优秀专著奖和信息技术应用成果奖四类奖项。奖项设立一等奖、二等奖、三等奖，从第八届开始又增设了博士论文奖，至今已举办了八届评选活动。	请奖成果一般应获得省、自治区、直辖市同类成果二等奖以上，否则应出具必要的学术水平证明。

主要参考文献

1. 华晓晨：《国家行政奖励体系研究》，《中国人才》2004 年第 7 期。

2. 苏玉堂：《建国以来我国国家奖励体系演变》，《北京党史》2004 年第 2 期。

3. 张剑：《未能当选学部委员的首届中央研究院院士名单考》，《史林》2002 年第 2 期。

4. 张树华、王秀玲：《国内外功勋奖励制度研究路径简述》，中国人才发展报告 NO. 5，2008 年。

5. 张学慧：《行政奖励制度研究》，硕士学位论文，山西大学，2005 年。

6. 左高山：《论国家功勋奖励制度的内涵与结构》，《科技进步与对策》2007 年第 7 期。

第三章

英国的功勋荣誉制度

英国功勋荣誉制度是通过颁发荣誉称号、勋位或勋章来表彰为英国作出过贡献的人。该制度表彰的对象古代仅限于政治、军事领域，近代扩展到科学、文学、艺术、商业等其他领域。

一 概况

（一）评选程序

英国的荣誉称号接受公众评选，每位公民都可以提名候选人。由于女王主要是根据内阁的建议颁发荣誉称号，因此公众的提名要送到内阁的仪式秘书处，而不是白金汉宫。有时也根据联邦外交部的建议，对两国外交关系有重大贡献的外国人授予荣誉勋章、奖章。英联邦国家政府也可以向英国政府提名自己的公民，不过大多数英联邦国家都建立了自己的荣誉制度。

英国荣誉表彰的主要事宜由内阁仪式秘书处负责管理。公众提名的候选人由内阁仪式秘书处评审委员会的初选机构筛选，初选机构把候选人的材料送外部的相关机构和熟悉候选人工作领域的部门，征求意见后将初选名单交给评审委员会评选。政府部门提名的候选人由政府内部的一个评审委员会初步筛选，然后再将初选名单交给内阁仪式秘书处的评审委员会。联邦外交部和国防部推荐的名单由各部门内部进行提名、筛选、评审，并最终确定。

内阁仪式秘书处的评审委员会收到初选名单后，对所有候选人进行评选。评审委员会分为两个等级——主委员会和 8 个分委员会。8 个分委员会分别为艺术与媒体、体育、卫生、教育、科技、经济、社区志愿者与地方服务，以及国家委员会，分别涉及不同的领域和社会生活的方方面面。为了保证公正性，委员会的成员都是公开招聘，委员会主席和绝大部分成员的身份都独立于政府部门之外。只有在某些特殊情况下，有些分委会才会考虑引用一些官方人员。被送到评审委员会的初选名单，根据候选人工作领域的不同，由分委员会先进行评估，然后再将评估后的名单送交主委员会。经过主委员会讨论和审议后，确定最终名单并送交内阁办公室，由办公室书记将名单呈交首相，再由首相交给女王，进行最终确认。①

贵族的册封由英国首相负责，女王只是行使形式上的准予权并出面加封而已。每次册封前都由首相拟好名单交给女王，同时获封者就会收到一份印有“机密、急件”印鉴的信函，内容是：“首相征求女王同意：将加封爵位给阁下。”实际上，这就是册封的“通知书”，获封者已经可以准备香槟酒了，因为女王绝不会不同意的。②

英国勋章的颁布虽然多数情况下是按照政府的建议，但有些荣誉是按君主个人意愿颁发的，如嘉德勋章、蓟花勋章、功绩勋章、皇家维多利亚勋章等。

（二）授予仪式

在英国，只有女王有权授予各项荣誉称号，包括终身贵族、爵士勋位及勇士。由于英国是君主立宪制国家，女王是国家象征性元首，因此她的分封代表着英国政府。

一般来说，英国女王每年会公布两次获得荣誉称号人士的名单，每批1000人左右，一次是新年，称为新年荣誉（New Year Honours）；一次是六月份英王生日，称为生日荣誉（Birthday Honours）③，在英王即位及佳节庆典时举行盛大的授予仪式。

颁授典礼由骑士勋章的中央档案处（The Central Chancery of the Orders of Knighthood）负责组织。每年大约有20次左右的授勋仪式在白金

---

① 《九旬老太获殊荣，英国荣誉制度：体现平民化趋势》，http：//eur. bytravel. cn/art/jxl/jxlthsrygryzdtxpmhqs/，2008－8－15。

② 《大不列颠联合王国爵位制度》，http：//9link. 116. com. cn/node/47834，2008－8－15。

③ Types of Honour，http：//www. honours. gov. uk/honours. aspx，2009－1－11.

汉宫的舞厅举行，其他在爱丁堡的荷里路德宫，有时也在威尔士的加德夫城堡举行授勋仪式。女王或其他皇室成员出访期间，也偶尔在国外举行。①

颁发荣誉的盛典总是受到注目。在正式的授勋典礼上，由女王或威尔士王子向受勋人颁发荣誉称号。参加授勋典礼时，受勋者最多可以由3位朋友或亲属陪同，他们坐在观众席上见证整个过程。典礼开始后，女王在两名廓尔喀士兵长官的陪同下入场（这是从1876年维多利亚女王流传下来的传统开场式），女王的贴身侍从值班站岗（从1485年由亨利七世流传下来），军乐队或普赛尔音乐学校的管弦乐队作音乐伴奏。授勋典礼由女王或皇室成员主持，整个过程要始终保持站立，每个授勋仪式大概耗时一小时。奏国歌后，英国王室的宫务大臣或管家宣读获奖人的姓名及其所获奖项，然后女王为其佩戴勋章或奖章，并表示祝贺。封爵仪式中，即将被封为爵士的人跪在女王面前，女王手持一把象征性的剑，轻轻敲打受封者的肩膀。②

骑士勋章、英勇奖（如乔治十字或女王英勇奖章）都在这种授勋典礼上颁发。英勇奖有时是死后追赠的，这种情况下，女王会在正式典礼开始前的私人仪式中将勋章、奖章授予获奖人的近亲。

（三）待遇及特权

如果说原来的王室分封还能给当事人带来政治和经济利益的话，那么现在英国的功勋荣誉已演变为一种精神奖励，获得者不享受任何物质待遇。

各种荣誉获得者会应邀出席英国政治生活中的重要典礼活动，如国王的加冕典礼，他们届时均会盛装打扮，戴上勋章、奖章，穿上特别设计的礼服出席，但服饰样式按勋章等级而异。一等、二等勋章获得者及男性成员的妻子、子女均可列入英国贵族地位排名名单之上。

另外，英国人对称呼十分讲究，对贵族称爵位和封号，对从男爵和爵士称Sir/Dame，只有对普通公民才称Mr./Mrs.（先生/女士），荣誉获得者名字前可以冠以Sir、Dame、Lady等尊称，名字后可以加上所获爵

---

① Honours，http：//www.thedukeofyork.org/output/Page4872.asp，2008-12-16.

② Investitures，http：//www.thedukeofyork.org/output/Page4876.asp，2008-12-16.

位、勋位的头衔缩写，以示尊荣。

英国的荣誉称号与各种荣誉紧密联系，目前保留的荣誉称号主要分为以下7类[①]：

——伴友荣誉（Companion of Honour）：该荣誉专门授予在艺术、科学、医学领域或在政府工作中作出卓越、持久贡献的人士；

——骑士，又称爵士或女爵士（Knight/Dame）：该称号获得者可以在其姓名前冠以“Sir/Dame”的头衔；

——司令勋章（Commander，头衔缩写为CBE）：“不列颠帝国勋章”的第三等；

——官佐勋章（Officer，头衔缩写为OBE）：“不列颠帝国勋章”的第四等；

——员佐勋章（Member，头衔缩写为MBE）：“不列颠帝国勋章”的第五等；

——女王志愿服务奖（The Queen's Award for Voluntary Service）：“女王奖励”的一种，用于评选并奖励从事志愿活动的优秀社会团体的一项年度奖项；

——女王企业奖（The Queen's Award for Enterprise）：“女王奖励”的一种，用于评选大不列颠联合王国的优秀公司的一项荣誉，以促进英国商业的发展。

1. 称谓

在贵族的五等爵位中，对公爵（Duke）、公爵夫人（Duchess）尊称为“Grace”。直接称呼时用“Your Grace”（大人、夫人），间接提及时用“His（Her）Grace”。用在信封或信的开头可尊称为“His Grace the Duke of...”（公爵大人……）或“Her Grace the Duchess of...”（公爵夫人……）

公爵之子和公爵以下的四等，一般都统称为“Lord”（勋爵），意思是“大老爷”、“显贵”。直接称呼时可称“Your Lordship”，间接提及时可用“Lord＋姓”或“Lord＋地名”。信封上或信的开头分别称“My Lord Marquis”或“My Lord”（主要用于伯、子、男爵）。公爵、侯爵、伯爵的长子在他们的父亲没死之前，即没有继承其父亲爵位之前，也可称

① Types of Award，http：//www.honours.gov.uk/honours/types.aspx，2009-1-11.

之为“Lord”，但不是贵族。公爵、侯爵的次子及以下的儿子，可以终身称之为“Lord”；对伯、子、男爵的次子及以下的儿子可称“Honorable”（尊敬的），他们也都不是贵族。

一般而言，人们可通过受勋的父亲或丈夫而获得相应的尊称并列入地位排名名单，但却不能通过受勋的母亲或妻子获得尊称和列入名单。侯爵夫人（Marchioness）、伯爵夫人（Countess）、子爵夫人（Viscountess）、男爵夫人（Baroness）均可称之为“Lady”（夫人），即用“Lady＋丈夫的姓或丈夫勋称中的地名”。从男爵、爵士的夫人也可称“Lady”，但女从男爵（Baronetess）的丈夫则不会因此获得任何敬称。

公爵、侯爵、伯爵的每一个女儿也都可称为“Lady”，即可用“Lady＋授予名＋姓”。如果她结了婚，就用丈夫的姓代替自己的姓，但仍称为“Lady”，即使丈夫无爵位，是个普通的“先生”，也可称为“Lady”。如果丈夫有了爵位，那她就要选用相应的誉称。

除了对贵族以外，还有别的一些尊称，对从男爵、爵士则尊称为“Sir/Dame”（爵士/女爵士）。具体做法是“Sir/Dame＋授予名＋姓”或“Sir/Dame＋授予名”。但作为爵位头衔，Sir/Dame绝不可只用于姓前，如“Sir James Manson”也可称“Sir James”，但绝不能称“Sir Manson”。

爵士的头衔不能继承，其儿子也和普通公民一样用“Mr.”相称。

另外，以“荣誉会员”身份受勋的外籍人士及神职人员均不可使用上述尊称，只有成为英国公民，方可享用有关尊称。

2. 封号

属于平民阶级的准男爵与爵士爵位并无额外的封号，只有贵族爵位才有类似中国诸侯的封号。英国贵族的封号式样繁多，英王可以授予任何封号，可以是封地地名，也可以是人的全名或姓氏，但有下列规则：通常是以议员的选区、贵族封地或是与受封者有某种关联，或是具有某种重要性的地名，作为封号的一部分，亦可以要求以姓（surname）作为封号的一部分，封号的授予会征询当事人的意见，如英国科学家、小说家及政治家史诺（C. P. Snow）于1957年受封为骑士，1964年受封为终生男爵，封号为Baron Snow of the City of Leicester，很明显，Snow是他的姓，Leicester是他的出生地，同时他也是毕业自University of Leicester，史诺可能因此而选择以 Leicester 作为他封号的一部分[①]；前工党领袖艾德礼在 1955 年辞去首相职务后，被封为伯爵，他用家姓作为封号，称为艾德礼伯爵；而前保守党领袖艾登在 1957 年辞去首相职务后，也被封为伯爵，他用的封号是一条河名“阿冯”，因为阿冯河流经选举他为下议院议员的选区沃里克城，从此他就叫做“阿冯伯爵”或“阿冯勋爵”了。[②]

一些古老世家的世袭贵族往往会在自己的爵位前标明承袭该爵位的辈数，以示家族的荣光，或者为了便于区分，因为往往几代的爵位称号都完全相同。

二　历史沿革

英国荣誉制度历史悠久，早在英格兰国王亨利三世（1207—1272）在位时就已经出现了下级勋位爵士。到了 13—15 世纪，英国的五级贵族大致成型。与中国周初的五级贵族分封制不同，英国的贵族等级制不是在某一特定时刻一次建立起来的，而是在漫长的岁月里逐渐形成，并最终成为定制的。伯爵、男爵、公爵、子爵、侯爵，这是依次出现的顺序。

到了中世纪后期，为了使各级贵族在骑士精神的感召下建功立业、效忠国王，英国开始设立不同等级的勋章勋位，奖赏他们的战功政绩。在英国最著名、历史最悠久、级别最高的是爱德华三世于 1348 年设立的嘉德勋章。

（一）公爵及其由来

在英国，公爵（Duke）是仅次于国王或亲王的最高级贵族。“公爵”本是中国古代爵位名，为中国古代封建制度五等爵的第一等，后来也用作英国等国贵族称号相应等级的译名。

早在罗马帝国时期，欧洲大陆的公爵称号通常授予守疆拓土、军功卓著的高级指挥官，以后因重大政治变化而中断。几百年后，公爵爵位又见

① 《英国世袭的爵位有哪些?》，http：//iask. edu. sina. com. cn/b/8770051. html? from=related，2008-8-13。

② 《大不列颠联合王国爵位制度》，http：//9link. 116. com. cn/node/47834，2008-8-15。

于德国，大约在公元970年，德国皇帝奥托一世初设公爵爵位。公爵拥有独立的领地，即公国（duchy，在英国意为公爵郡；大公国，Archduchy）。

英国公爵爵位出现很晚。1337年，爱德华三世把康沃尔郡升为公国，将公爵封号授予年方7岁的“黑太子”爱德华，公爵封号在英国首次出现。为突出公爵特殊地位，以后多年里除女王配偶和王子外，其余王亲均不许称王，最高可获得公爵爵位。随后，爱德华三世及其继承人又先后建立了兰开斯特公国（1351）、克拉伦斯公国（1362）、约克公国和格洛斯特公国（1385）、赫里福德公国（1397）、贝特福德公国（1413）和萨默塞特公国（1443）等。这些公国的领有人都是王室宗亲，他们得到高级爵位后，在贵族中鹤立鸡群，威势不凡，为以后争夺王权、扰乱朝纲、制造战乱埋下了隐患。自从1483年建立诺福克公国以后，公爵爵位开始授予王亲以外者，但很少建立公国。能获此最高爵位者多是军功显赫的统帅，行政界政务家即使任职多年，政绩昭著，也难获此殊荣。[①]

在正规场合公爵穿深红色的丝绒外套，帽子上镶4条貂皮，其冠冕上有一个金环，上饰8枚红色金叶片。国王称公爵为“我们真正可信和最为敬爱的伙伴”。

（二）侯爵及其由来

侯爵（Marquess，也做Marquis），相当于副公爵，在英国五级贵族中仅次于公爵。“侯爵”是中国古代爵位名，是中国古代封建制度五等爵的第二等，后来也用作英文贵族称号Marquess的中文译法。

就词源而言，侯爵是由德文Markgraf（堡侯，边疆殖民地总督）演变而来。侯爵原意与“方伯”词义相近，系指统辖一处的封疆大吏。在英格兰，拉丁语“侯爵”一词最初指威尔士边疆的领主，那时只说明他们领地的位置靠近边界，并不说明其地位高于伯爵。1385年，第9代牛津伯爵罗伯特·德·维尔被封为都柏林侯爵，含义开始发生变化；1397年，萨默塞特伯爵约翰被封为多西特侯爵和萨默塞特侯爵。侯爵的地位和尊荣程度不甚明确，大约在公爵和伯爵之间，一段时期内不被看重。到了15

① 《英国世袭的爵位有哪些?》，http：//iask. edu. sina. com. cn/b/8770051. html? from=related，2008-8-13。

世纪，这级封号稳定地保持了它在贵族爵位中的第二级地位以后，才被贵族们所看重。与其他四个等级的贵族相比，侯爵的数目一向最少。[①]

在重大场合，侯爵穿红色丝绒外套，帽子上镶有三条半貂皮，冠冕上装一银环，带有4片金叶和4个银球。国王对他的称呼一如对待公爵。

（三）伯爵及其由来

在英国五级贵族中，伯爵（Earl，也做Count），位列第三等，却是出现最早的贵族爵位。伯爵是中国古代爵位名，属中国古代封建制度五等爵的第三等，后来也用作英文贵族称号Earl的中文译法[②]。Earl来源于古英语的Eorl，丹麦语的Jarl，11世纪由丹麦国王克努特引进到英格兰，据说也来自古罗马帝国的官位。[③]

个别学者认为伯爵爵位来自欧洲大陆，至迟在公元900年的法国，伯爵已成为公爵的封臣。但更多的学者认为英国伯爵（Earl）与法国伯爵（Count）并无继承或连带关系，而且英国伯爵称号是五种贵族称号中唯一的英文词，是由古英语Eorl转化而来。大约在盎格鲁—撒克逊时代后期，因王权不够强大，英格兰广大地区曾划为几个较大的伯爵管辖区（Great Earldom），而伯爵爵位却是在11世纪初由丹麦国王克努特引进英格兰的。

11—12世纪中叶之前的伯爵多是镇守一方的诸侯，他们大多是一人治理数郡，所以又被称为“方伯”。诺曼大公威廉侵入英国后，担心他们权势过重，危及王权和国家统一，遂将方伯权力加以分割，移交给他的亲信，每个伯爵的辖区仅限一郡，与国王有着极其明确的君臣关系，伯爵倘敢兴兵作乱便会被王军镇压，或受其他贵族制裁。伯爵职权名号可由后代继承，但因为有的伯爵缺少继承人而使总数有减无增。斯蒂芬在位时，破格加封格奥弗雷·德·曼维尔为艾塞克斯伯爵。14世纪以来，伯爵数目大致呈上升趋势，1307年计有9名，1327年爱德华三世即位时仅余6名，10年后增至12名，爱德华在位晚期增至14名。14世纪20年代之前，伯

---

① 《英国世袭的爵位有哪些?》，http：//iask. edu. sina. com. cn/b/8770051. html? from=related，2008-8-13。

② 《伯爵》，http：//zh. wikipedia. org/wiki/%E4%BC%AF%E7%88%B5，2008-8-14。

③ 《英国世袭爵位》，http：//iask. edu. sina. com. cn/b/8770051. html? from = related，2008-8-13。

爵作为高级贵族，是男爵的“天然领导人”，在地方上负有对男爵、骑士的管理责任。但在1327年政治危机时（指爱德华三世废黜其母法国伊沙贝拉公主的摄政，登基亲政），伯爵曾作为一个具有“自我意识”的政治群体独立行动，与男爵们的“距离感”突然产生。1328年由亨利三世增封玛奇伯爵领地之后，伯爵不再行使地方管理的职责。①

在重大正式场合，伯爵穿着镶有白色毛皮边的深红色丝绒外套，软帽上缝镶着3条貂皮以表明爵位级别，冠冕上有一镀金银圈，上沿饰有8个银球。而国王对伯爵的称呼与对公爵、侯爵相同。

（四）子爵及其由来

子爵（Viscount）是英国五级贵族中最后出现的爵位，位列第四等，相当于副伯爵。上院贵族中数子爵资格最浅。“子爵”本是中国古代爵位名，中国古代封建制度五等爵的第四等，后来也用作英文贵族称号Viscount的中文译法。

子爵于1387年前在英国出现，来自古法文的visconte（现代法文为vicomte），而这一个词来自中世纪拉丁文vicecomitem（这一个词来自vicecomes）。② 子爵称号（Viscount）源于法国，原为郡守，地位在伯爵之下，但有时可能是实力强大的诸侯。在英国，1440年比奥芒特的约翰被封为子爵，位居所有男爵之上。

子爵帽子上有两条半貂皮，冠冕上加一银环，饰有6个银球。③

（五）男爵及其由来

男爵（Baron）在英国五级贵族中位列最末，是英国第二个出现的贵族爵位。“男爵”本是中国古代爵位名，属中国古代封建制度五等爵的第五等，后来也用作英文贵族称号Baron的中文译法。④ 盎格鲁—撒克逊时代已有Baron（男爵）一词，但无男爵爵位，而且词义不够确定，似有

① 《英国世袭的爵位有哪些?》，http：//iask. edu. sina. com. cn/b/8770051. html? from=related，2008-8-13。

② 《子爵》，http：//zh. wikipedia. org/wiki/%E5%AD%90%E7%88%B5，2008-8-14。

③ 《英国世袭的爵位有哪些?》，http：//iask. edu. sina. com. cn/b/8770051. html? from=related，2008-8-13。

④ 《男爵》，http：//zh. wikipedia. org/wiki/%E7%94%B7%E7%88%B5，2008-8-14。

"自由者"或"国王的臣仆"之意，但无尊贵的含义①。

英国的男爵出现于11世纪，原来是统称有地贵族，大部分高级世俗贵族都被封为男爵。12世纪开始发生分化，少数与王室关系密切、封地较多者又被称做"大男爵"，其地位在伯爵和男爵之间，很快大男爵发生分化，显赫者升为伯爵，其余与普通男爵不分伯仲。② 正因当时男爵在世俗贵族中占了很高比例，以至于"男爵"一词长期作为贵族的集合名词使用。11—14世纪，男爵的封号和封地可通过血缘和婚姻关系传递，但不得随意出售和转让，历代国王也不随意增加或褫夺贵族封号。1387年，理查德二世首次增补男爵爵位，比奥查姆波·德·豪尔特被封为基德敏斯特男爵。以后数百年至今，男爵始终人数最多。③

在正式场合，男爵穿着与伯爵同样的外套，帽子上镶有两条貂皮，冠冕上有一浅色银圈，饰有6个银球。

（六）从男爵及其由来

"从男爵"（Baronet）④ 一词源于"男爵"，地位则在男爵之下，骑士之上。"从男爵"始设于1611年，当时英王詹姆士一世为了筹集经费保护英国在北爱尔兰的种植园，特别设了这种低于男爵的爵位以供中小地主购买。"从男爵"是英国特有的，在欧洲大陆并没有同等于"从男爵"的爵位，唯有"世袭骑士"性质较近。"世袭骑士"的例子有德国和奥地利的Ritter，以及荷兰的erfridder。爱尔兰原本也有三个世袭骑士爵位，但其中一个已经断绝，另外两个则仍然存在。

1. 历史

"从男爵"历史悠久。托马斯·德拉摩尔爵士（Sir Thomas de la More）最早在1321年提到，巴仑伯格战役（Battle of Barrenberg）除了

---

① 《欧洲爵位制度（以英国为主）》，http://yomi.redsaga.com/bbs/read.php?tid=1209，2008-8-15。

② 《英国世袭爵位》，http://iask.edu.sina.com.cn/b/8770051.html?from=related，2008-8-13。

③ 《英国世袭的爵位有哪些?》，http://iask.edu.sina.com.cn/b/8770051.html?from=related，2008-8-13。

④ 《从男爵》，http://zh.wikipedia.org/wiki/%E5%BE%9E%E7%94%B7%E7%88%B5，2008-8-14。

有骑士和男爵参战外，也有从男爵的参与。此外，爱德华三世曾经在1328年册立了8个从男爵，后来在1340年、1446年和1551年相继有新的从男爵册立。然而，现今的研究已无法得知这些从男爵爵位是否世袭，但相信这些爵位早已悉数断绝。

一直至17世纪初期，从男爵制度才开始复兴。大约在16世纪末17世纪初时，罗伯特·科顿爵士发现了一张爱德华三世在位第13年时，颁给威廉·德拉波尔的专利状，该状指明，可以以一定之金钱换取从男爵爵位。这个发现引起了从男爵制度的重设。

从男爵制度的发展经过以下五个阶段：

（1）英皇詹姆士一世在1611年5月22日创设了世袭的英格兰从男爵爵位，以补助爱尔兰的拓居地。詹姆士一世向200名家境富裕、每年可从庄园赚取超过1000镑的人士提供爵位，但他们必须缴付相当于30名士兵服役3年，并以每人每日8先令计的军费，所缴款项交给君主的财务部。这个建议由索尔斯伯利伯爵建议，他认为“这项荣誉对各士绅的影响很少，却对财务部大有裨益”。

（2）爱尔兰从男爵爵位在1611年9月30日创设。

（3）1625年5月28日，诺华士高沙从男爵爵位创设，收入用作补助诺华士高沙的拓居地，其后又设立苏格兰从男爵爵位。

图3—1　联合王国的从男爵勋章

（4）《1707年联合法案》通过后，英格兰和苏格兰成为大不列颠王国，因此英格兰和苏格兰从男爵爵位停止颁发，改为颁发大不列颠从男爵爵位。

（5）《1800年联合法案》在1801年1月1日生效后，爱尔兰王国和大不列颠王国合并为联合王国，所有既有从男爵爵位停止颁发，改为颁发联合王国从男爵爵位（图3—1）。

2. 常规和惯例

只有从男爵循婚姻所生的长子，才有权继承从男爵爵位，而长子并不会在父亲逝世后立即成为从男爵，而是要待长子名称写在官方名册上，其从男爵爵位才会得到确认。

原本从男爵是有其他特权的，例如从男爵的长子可以在21岁生日当日授勋为爵士，但是这个惯例在乔治四世即位以后废除。另外，根据法律，从男爵逝世举行丧礼的时候，死者有权“盖上柩衣，由两人扶灵，并可以有一名专门哀悼者和四名其他人士”协助举行丧礼。

苏格兰和诺华士高沙的从男爵有权在他们的纹章（纹章也称家徽或族徽，是英国名门贵族的标志）上用上诺华士高沙的纹章样式。另外，他们也可以在颈项上戴上代表诺华士高沙的徽章，该徽章须系在间有黄褐色的橙色丝带上。这个徽章呈盾形，绘上诺华士高沙省旗之样式。徽章顶上缀有一枚帝国皇冠，而整个盾形徽章则嵌在一圆环内，圆环上写着格言“Fax mentis Honestae Gloria”，意即“荣耀是高贵意志之光”。英格兰和爱尔兰的从男爵曾要求查理一世赐予他们同类的徽章，而最早的同类徽章也在 17 世纪出现。可是一直至 1929 年，当时的英皇乔治五世才下令，准许苏格兰以外的从男爵戴上同类徽章。

苏格兰以外的从男爵以阿尔斯特纹章为他们的徽章样式。阿尔斯特纹章的图案为白色底色，正中涂上一只鲜红色的右手，可是从男爵徽章上的红色手掌却是一只左手，后者被人称为“阿尔斯特徽章”，有人认为这是因错误造成的结果。

至于乔治五世在 1929 年 4 月 13 日发出的皇家委任状（Royal Warrant），对徽章有以下的描述：徽章是漆上阿尔斯特纹章，顶上缀有帝国皇冠，并为皇冠漆上适当的颜色。徽章嵌在一圆环内，圆环以旋涡形装饰为主调，并可分别以三种配搭，即玫瑰、三叶草或玫瑰与蓟花，展示于圆环，以分别代表英格兰从男爵、爱尔兰从男爵、大不列颠从男爵。而联合王国从男爵之圆环则应同时展示玫瑰、三叶草和蓟花，以区分出苏格兰从男爵。联合王国从男爵之徽章应系在两沿为深蓝色的橙色丝带上，丝带之总宽度应为一又四分之三寸，两沿之深蓝色应各占四分之一寸。

3. 爵位获得者

根据 M. C. 派翠于 1967 年编著《从男爵爵位创设索引》，爵位按字母排列，不包括 4 个在 1964 年和 1 个在 1990 年创设的爵位，结果显示自 1611 年至 1964 年，一共创设从男爵爵位 3482 个。这个数字除了包括 5 个由奥利弗·克伦威尔创设，并得到查理二世确认的爵位外，又包括了 25 个于 1688 年至 1784 年期间，由已退位的詹姆斯二世、名义上的詹姆斯三世和名义上的查理三世所设立的从男爵爵位，而这些爵位则通称詹姆斯党从男爵爵位（Jacobite Baronetcies）。由于詹姆斯党从男爵爵位一直不为正统政权承认，而且又已随时间消失，所以它们不应计算在内，故此从男爵爵位总数应为 3457 个。此外，由于相信《索引》仍有遗漏，真实的数字应该比这个数目稍多。

现今大约仍然存在 1380 个从男爵爵位，但是官方名册上大约只有 1280 个，其中有 200 多个爵位同时由贵族拥有。

(1) 女从男爵

从男爵绝大多数都是为男性而创设，基本上不传予女性，只有专门为女性而设立的从男爵爵位，或者可传予女承继人的从男爵爵位真的出现女承继人，那女性才有机会成为“女从男爵”，在历史上只有三位“女从男爵”，她们分别是：

① 戴西·唐巴尔女爵士，8th Btss (Dame Daisy Dunbar, 8th Btss, 1906—1997)，她拥有的从男爵爵位于 1664 年创设。

② 玛丽·博尔斯女爵士，1st Btss (Dame Mary Bolles, 1st Btss, 1579—1662)，她是唯一一位获赐予从男爵爵位，而非继承的女性。她的从男爵爵位属苏格兰及诺华士高沙从男爵爵位，该爵位传至孙子以后断绝。

③ 埃莉诺·戴利埃尔女爵士，10th Btss (Dame Eleanor Dalyell, 10th Btss, 1895—1972)，她拥有的从男爵爵位于 1685 年创设，死后由工党政治家谭姆·戴利埃尔继承。

此外，创设于 1682 年的波洛克的斯特凌—麦斯威尔 (Stirling-Maxwell of Pollock) 从男爵爵位 (旧称麦斯威尔从男爵) 也可传于女性。

(2) 著名的从男爵

下列为英国历史上较为著名的从男爵，涵盖领域相当广泛，有政治家、银行家、建筑师、作家等，其中也有英国占领香港时期的几任总督。

① 乔治·唐宁爵士，1st Bt.，唐宁街修建者 (1632—1689)；

② 砵甸乍爵士，1st Bt.，第一任香港总督 (1789—1856)；

③ 戴维斯爵士，1st Bt.，第二任香港总督 (1795—1890)；

④ 文咸爵士，1st Bt.，第三任香港总督 (1803—1863)；

⑤ 罗便臣爵士，1st Bt.，第五任香港总督 (1824—1897)；

⑥ 昃臣爵士，1st Bt.，汇丰银行大班 (1841—1915)；

⑦ 贝登堡爵士，1st Bt.，童军创办人 (1857—1941)；

⑧ 查尔斯·塔珀爵士，1st Bt.，第 6 任加拿大总理 (1821—1915)；

⑨ J. M. 巴利爵士，1st Bt.，作家 (1860—1937)；

⑩ 汤玛斯·比彻姆爵士，2nd Bt.，指挥家（1879—1961）；

⑪ 汉弗里·戴维爵士，1st Bt.，化学家（1778—1829）；

⑫ 爱德华·埃尔加爵士，1st Bt.，作曲家（1857—1934）；

⑬ 查理斯·莱尔爵士，1st Bt.，地质学家（1797—1875）；

⑭ 罗伯特·皮尔爵士，2nd Bt.，英国首相（1788—1850）；

⑮ 沃尔特·司各脱爵士，1st Bt.，作家（1771—1832）；

⑯ 丹尼士·戴卓尔爵士，1st Bt.，商人和戴卓尔女男爵的丈夫（1915—2003）。

（3）外国从男爵

从男爵爵位曾经向荷兰人颁赠，亦有几个颁赠予印度拜火教人士的从男爵爵位。拜火教人士的后代按传统会更改姓氏，但拜火教徒一经接受从男爵爵位，其继承人均不可以再更改姓氏。

（七）爵士及其由来

爵士（Knight），又称骑士，是由中世纪的骑士制度流传而来的一种非世袭性爵位。骑士在欧洲中世纪时指受过正式军事训练的骑兵，用于表示一个社会阶层。

在欧洲中古时代纷乱的局势中，国王和贵族都需要一些在战争上具有压倒性优势的兵种，为此他们会悉心培育一些年轻人，使之成为骑士。训练一个男孩成为骑士需时 14 年，在这段期间，受训的男孩要学习各种礼仪、技艺、骑术、剑术和战术，又要为领主或负责训练他的骑士工作。成为骑士后，他要遵行“侠义精神”，例如效忠国王或领主、保护教会和妇孺、锄强扶弱以及奋勇作战等。

骑士在领主军队中服役，可以获得一小块封地，但需要自备武器、马匹。骑士在 8 世纪时法兰克人反对阿拉伯人的侵略中崭露锋芒。从 11 世纪开始，直到 15 世纪，骑士制度盛行于欧洲，成为十字军的主力。

骑士的含义随时间和领地的不同而不一样。随着时间的发展，骑士身份往往被作为一种荣誉头衔授予在某一方面有突出贡献的人士。此外，由于骑士身份是由一个联邦的领主授予的，一旦离开这个联邦到别的国家，其骑士身份便很难再得到别人的认可。

三　英国主要功勋荣誉制度

在政局动荡、战事连绵的中世纪后期，欧洲各封建君主为了使各级贵族在骑士精神的感召下建功立业、效忠国王，除了利用贵族爵位赏赐臣下之外，还别出心裁地设立了划分为不同等级名分的勋章勋位，奖赏他们的战功政绩。

（一）爵位制度

英国的爵位制度分为贵族（Peerage）与平民（Cirilian）两大部分。

1. 贵族

英国的贵族大致产生于11世纪，至今已有近千年的历史。从那时起，贵族在英国一直是个有权有势、生活奢侈的特权阶层。最初的贵族指的是奴隶制社会和封建社会中，因权力、财产高于其他阶级而形成的上层阶级，经过演变，贵族制度在一些国家延续下来，形成了稳定的贵族阶级。与平民阶级相比，贵族阶级享有更多的特权，拥有更大的政治权利。①

现在的贵族指有资格充任议会上院即贵族院议员的人，贵族同其他阶级的最明显区别是拥有爵位，爵位可能是世袭的，也可能是非世袭的。学界有一种很流行的说法：英国贵族是上院的当然成员，史实却非如此简单。在13—15世纪，尽管所有大贵族都拥有出席上院的资格，但每届议会召开前还必须得到国王诏令，否则不可前往开会。

从等级上看，英国的贵族分为公、侯、伯、子、男五等。从职业性质看，大体上可分为“宗教贵族”和“世俗贵族”两类。

（1）宗教贵族

英国“宗教贵族”只有26人，分别是：坎特伯雷大主教、约克大主教、伦敦主教、达姆勒主教、温切斯特主教和其他21个主教区的主教。

（2）世俗贵族

所谓“世俗贵族”，是指不以宗教为职业的贵族，又分为“世袭贵族（Hereditary peerage）”、“终身贵族（Life peerage）”和“司法贵族”

① 《贵族》，http：//zh.wikipedia.org/wiki/%E8%B4%B5%E6%97%8F，2008-8-14。

(Law Lords) 三种。

① 世袭贵族

顾名思义，其爵位封号可由子孙后世永远承袭，这是英国贵族的主体。英国的“世袭贵族”实行长子继承制，世代单传，继承顺序里男性先于女性，年长先于年幼，如某贵族无子嗣，他死后爵位则传给血缘关系最近的人。“世袭贵族”由女王根据首相的建议加封，近二百年来数量激增，19 世纪前，英国仅有 140 多名“联合王国世袭贵族”(指苏格兰贵族和爱尔兰贵族以外的英国贵族)，19 世纪新加封了约 250 名，20 世纪 60 年代又加封了 400 多名。

现在，“世袭贵族”已经很少授予王室以外的公众人士，最后一次授予王室以外成员是在 1984 年，当时获得册封的是前首相哈罗德·麦克米伦。最近的一次是爱德华王子结婚之时，获封为西撒克逊伯爵。自从英国国会在 1999 年通过新法例以后，受封者不会再自动成为上议院成员。

英国的“世袭贵族”共分五个等级，即公爵、侯爵、伯爵、子爵和男爵。承袭这些爵位的女性则相应的冠以女字。只是到了近代，一些女贵族才不是通过继承而是由女王直接加封获得爵位的。

② 终身贵族

终身贵族的爵位仅限于获封者本人，获封者过世封号即作废，儿孙是无权继承的。所有“终身贵族”都拥有“男爵”的爵位，并且都是议会上院成员。

“终身贵族”是根据 1876 年的《上诉权法案》(Appellate Jurisdiction Act) 和 1958 年的《终身贵族法案》(Life Peerage Act) 而设立的。为了防止议会上院议员人数无限制增加的状况，1958 年英国议会通过了《终身贵族法案》，并经女王批准成为法律，规定女王可以根据首相的建议加封一些贵族，不得承袭，这就是“终身贵族”。1964 年以来，英国新加封的贵族全部都是“终身贵族”。一些人获封为终身贵族并不是由于他的成就，而是通过册封让他可以进入议会上院，比如大法官等。

③ 司法贵族

实际上就是执行上院司法职能的几名高等法官。按照英国宪法惯例，议会上院是全国的最高司法机关，是英国本土各级法院的上诉院，可是上院里的贵族老爷们又多数不懂法律业务，难以胜任这项职能。为了解决这一矛盾，议会在 1876 年的《上诉权法案》中规定，英王可以根据首相的建议，在任期15年以上的高等法官中加封数名“常设上诉审判贵族”常任上诉法官（Lords of Appeal in Ordinary），来执行上院审判上诉案件的司法职能。这些“司法贵族”，多为“男爵”，爵位也只限于本人。2005年前，议会上院有司法权，对于联合王国内的案件，可自组最高上诉法院，由这些上议院高等法官来审理。2005年新的宪制改革法案出台后，这些司法贵族可任职于新的联合王国最高法院，但是必须在任职内远离上议院。

与欧洲大陆的西班牙、葡萄牙、瑞典、法兰西等国贵族相比较，英国贵族的特点之一是人数较少。长期以来，贵族称号以及相应的财产权和政治特权只是由爵位领有者本人所拥有，其家属虽为贵族家庭成员，但政治地位接近一般自由民，不得列席上院。贵族封号和封地按照相当严格的长子继承制传递，若长子早殁，依次由长孙、次子、幼子或其他家庭成员依序递补。若某贵族没有继承人，可根据其遗嘱或生前安排，并经国王和高级法庭批准认可后，由其近亲继承其封号封地，但在多数情况下是被国王收回爵位。

除了9名司法贵族外，所有的贵族都没有薪金，只是在出席议会时间内，每天有少量的车马津贴。20世纪以前，许多届英国首相都是贵族担任的，可是到了20世纪，贵族却一律不能担任首相职务了。这时，一些企图跻身政界的贵族反而希望扔掉头上的爵位，以便参加竞选。终于在1963年，议会通过了《贵族爵位法》规定世袭贵族可以放弃本人的爵位。英国1963—1964年间的首相霍姆就是根据该法宣布放弃爵位后，才得以进入唐宁街主政的。

在封建社会和资本主义社会初期，爵位是英国封建地主阶级的等级和荣誉标志，爵位制是封建统治阶级维持统治的重要手段。随着英国资本主义社会日渐发展，这些爵位早已失去了它们作为封建地主阶级的标志的意义，贵族头衔也早已不为地主阶级一家所独有了，按照《贵族爵位法》的规定，“凡是对于国家有功勋或是在文学、艺术、科学等方面有杰出贡献的人，都可以由首相建议，由英王加封为贵族；凡是内阁大臣，退休后都可以授予贵族爵位”①。英国没有法律规定外国人不得成为英国贵族，但

① 《英国的爵位制度》，http：//bbs. tiexue. net/post _ 1095429 _ 1. html，2008－8－15。

是却规定只有英联邦国家的公民才可以成为议院上院成员①。

2. 平民

除了贵族以外，英国还有一些属于平民阶层的荣誉性衔位，如“从男爵”和“爵士”。

(1) 从男爵

“从男爵”②（Baronet，传统简写是 Bart，现代简写是 Bt.；女从男爵 Baronetess，简写是 Btss.），又称“准男爵”，位于男爵之下，但位于除嘉德勋位获得者外的其他骑士等级之上，相当于副男爵，通常授予平民，是一种世袭性爵位。

“从男爵”不算贵族，在议院上院并没有议席，有权利参与议院下院的选举，因此，现时议院下院有不少议员是从男爵。

从男爵获册封后或世袭继承爵位后，名字前可冠以“Sir”（爵士）的尊称，名字后配以“Bt.”的头衔，女性则在名字前冠以“Dame”（女爵士）的尊称并在名字后配以“Btss.”的头衔。所有从男爵爵位均会以地域作区别，以防同姓氏者出现混淆，例如“砵甸乍从男爵”的全称为“萨里郡里奇蒙的砵甸乍从男爵”（Pottinger Baronets，of Richmond，Surrey）。从男爵虽以“爵士/女爵士”为尊称，但却不属于“爵士爵位”。

最近获册封的从男爵是前首相戴卓尔夫人的夫婿丹尼斯·撒切尔爵士，第一代从男爵（Sir Denis Thatcher，1st Bt.）于 1991 年获封，他于 2003 年去世后，儿子继承爵位，是为马克·撒切尔爵士，第二代从男爵（Sir Mark Thatcher，2nd Bt.）。

(2) 爵士

“爵士”（Knight），又称“骑士”，是英国政府用于授予平民的一种荣誉称号，不能世袭，是个人能够获得的最高荣誉。与“从男爵”类似，“爵士”获册封后名字前可冠以“Sir”（爵士）的尊称，女性则是“Dame”（女爵士）。

---

① 《英国授勋及嘉奖制度》，http：//zh. wikipedia. org/wiki/%E8%8B%B1%E5%9B%BD%E8%8D%A3%E8%AA%89%E5%88%B6%E5%BA%A6，2008-8-14。

② 《从男爵》，http：//zh. wikipedia. org/wiki/%E5%BE%9E%E7%94%B7%E7%88%B5，2008-8-14。

“爵士”有两种册封方法：爵士级骑士勋章、下级勋位爵士（Knight Bachelor）。

① 爵士级骑士勋章

英国荣誉制度规定，爵士级骑士勋章获得者将成为不同于“受勋骑士团”（Chivalric order）的成员并获得爵士头衔，其姓名后标注所获骑士勋章的头衔缩写。

以下是现行的骑士勋章，按等级从高到低排列：

- 嘉德勋章（The Most Noble Order of the Garter，1348 年设立）；
- 蓟花勋章（The Most Ancient and Noble Order of the Thistle，1687 年设立）；
- 巴斯勋章（The Most Honourable Order of the Bath，1725 年设立）；
- 圣米迦勒及圣乔治勋章（The Most Distinguished Order of St Michael and St George，1818 年设立）；
- 皇家维多利亚勋章（The Royal Victorian Order，1896 年设立）；
- 不列颠帝国勋章（The Most Excellent Order of the British Empire，1917 年设立）；
- 杰出服务勋章（The Distinguished Service Order，1886 年设立）；
- 帝国服务勋章（The Imperial Service Order，1902 年设立）。

② 下级勋位爵士

下级勋位爵士（Knight Bacher）[①] 是英国荣誉制度中的一种勋位，获此勋位者虽然由君主授勋为骑士，但并不获授骑士勋章，不属于受勋骑士团成员。下级勋位爵士是英国最古老的一种骑士，最早于英格兰国王亨利三世（1207—1272）在位时就已经出现，但它却是各种骑士勋位中最低等的。下级勋位爵士一般授予对社会事业有贡献之人。此外，所有出任英格兰及威尔士高等法院的男性法官均会获授此勋衔。

下级勋位爵士只授予男性，若有女性配得同等荣誉，会按第一种方法被授予“不列颠帝国勋章”的第二等——“爵级司令勋章”。与爵士级骑士勋章获得者一样，下级勋位爵士的名字前也可冠以“Sir/Dame”的尊

① 《下级勋位爵士》，http：//zh.wikipedia.org/wiki/%E4%B8%8B%E7%BA%A7%E5%8B%8B%E4%BD%8D%E7%88%B5%E5%A3%AB，2008-8-14。

称；但由于下级勋位爵士不是受勋骑士团的成员，没有正统的勋衔缩写，但也有在名字后配以“Kt”的缩写（注意是小写 t）来特显这一荣誉。

1908 年，一些下级勋位爵士创立了帝国下级勋位爵士学会，于 1912 年从英皇处取得了官方认可，现时该会保存了一份所有下级勋位爵士的名单。

在 1926 年以前，下级勋位爵士一直没有自己的佩章，直至 1926 年，英皇乔治五世才颁发一道授权令，准许下级勋位爵士在一般场合佩戴佩章。根据授权令，佩章须挂于左胸前的大衣或礼服上，而佩章为 2.375 寸长，1.375 寸宽，样式为：“佩章呈椭圆形，底色为朱砂色，外沿部分以涡卷条形装饰镶边，另有一条属于宝剑的腰带围绕置中的宝剑，形成内沿。宝剑乃交叉柄，而且上鞘，剑柄之圆球在佩章上方。另宝剑左右各置一踢马刺，马刺上的小齿轮亦朝向上方。以上描述之事物全部镀上金色。”[①]（图 3—2）

在 1974 年，英女皇伊丽莎白二世发出了另一道授权令，准许下级勋位爵士在适当的场合挂上颈章，而颈章则为挂在左胸口的佩章之微型版。1988 年，下级勋位爵士又得到新版本的确认状，该状是他们的唯一证明，由英国纹章院所设计。

图 3—2 1926 年后下级勋位爵士的佩章

(3) 其他等级、荣誉或奖章

获册封者没有“Sir/Dame”的尊称，但是可以在名字后面加入荣誉头衔的英文字母缩写。

其他国家的公民有时候也会获得荣誉头衔，当这些获得荣誉头衔的外国人加入英国国籍后，就可以以英王子民的身份申请将相对应的尊称放在名字前面。[②]

---

① 《下级勋位爵士》，http://zh.wikipedia.org/wiki/%E4%B8%8B%E7%BA%A7%E5%8B%8B%E4%BD%8D%E7%88%B5%E5%A3%AB，2008-8-14。

② 《英国授勋及嘉奖制度》，http://zh.wikipedia.org/wiki/%E8%8B%B1%E5%9B%BD%E6%8E%88%E5%8B%8B%E5%8F%8A%E5%98%89%E5%A5%96%E5%88%B6%E5%BA%A6，2008-8-14。

（二）现行勋章

目前，英国共有 10 项勋位，按等级依次为：1348 年设立的嘉德勋位、1687 年设立的蓟花勋位、1723 年设立的巴斯勋位、1902 年设立的功绩勋位、1818 年设立的圣米迦勒及圣乔治勋位、1892 年设立的皇家维多利亚勋位、1917 年设立的不列颠帝国勋位、1917 年设立的伴友荣誉勋位、1886 年设立的杰出服务勋位、1902 年设立的帝国服务勋位。

这些勋位由英国君主专门授予那些在不同领域功勋卓著的人，例如圣米迦勒及圣乔治勋位通常授予那些在英联邦事务和外交事务中的杰出贡献者，历任香港总督多有获此勋位的。每一项勋位都有与之相对应的勋章，其中一些勋位还通过不同质地、不同样式的勋章体现等级差异。

1. 嘉德勋章

嘉德勋章①（The Most Noble Order of the Garter，简称 Order of the Garter）是英国历史上最悠久、级别最高的骑士勋章，以表彰从事公共事务，为民生或君主作出特殊贡献的人。

嘉德勋章只有一个级别：爵级勋章（Knight/Lady），头衔缩写为 KG/LG。

（1）历史起源

1348 年爱德华三世设立嘉德勋章。据传，爱德华三世设立这个勋章是起源于一次似乎风马牛不相及的偶然事件。1348 年，在一次舞会上，爱德华三世在埃尔特姆宫殿与索尔兹伯里女伯爵跳舞时女伯爵的吊袜带突然落下来了，许多宫廷贵人笑，而爱德华三世则将这根吊袜带拾起系在自己的腿上，并对众人说："Honi soit qui mal y pense"（Shame on him who thinks evil of it. 心怀邪念者可耻）。从此，这句话成了嘉德勋章的格言，它同蓝色吊袜带和圣乔治十字架图形一起出现在勋章上，激励武士们在战争中蔑视死亡，奋勇厮杀，作为忠诚或战功的最高奖励。

① Order of the Garter，http：//www.thedukeofyork.org/output/Page4878.asp，2008－12－16.

《嘉德勋章》，http：//zh.wikipedia.org/wiki/%E5%98%89%E5%BE%B7%E5%8B%8B%E7%AB%A0，2008－8－14。

(2) 佩戴者

从18世纪到1946年，都是根据政府的建议来指定嘉德勋章的佩戴者。但是1946年乔治六世觉得嘉德勋章和蓟花勋章获得者太受政治关系影响，他与当时的首相和反对派领导人商讨后将这两种勋章改为国君的个人礼物。从此，只有国君可以颁发这枚勋章，首相无权建议或者提名佩戴者。历史上嘉德勋章佩戴者仅限于贵族，现在已经扩大到各个阶层。如果出现了空缺，就会在圣乔治日（4月23日）发布通告。

嘉德勋章的佩戴者非常少，仅限于英国国君、威尔士亲王和最多24名活着的佩戴者。英国君主还可以授予少数特例佩戴者（包括王室成员和外国君主）。嘉德勋章的特例佩戴者不受上述24名佩戴者的局限。1786年乔治三世建立了这个特例以使他的众多儿子不受这个局限限制，1805年他又将这个特例扩展到乔治二世的后代里，1831年这个特例再次被扩展到所有乔治一世的后代。

14世纪后，外国君主也可以成为特例嘉德勋章佩戴者，也不受法例规定的数额所限，作为建立和巩固国家联盟的手段。例如，爱德华四世曾于1474年授予意大利君主乌尔比诺（Urbino）公爵嘉德勋章。现有的这种特例嘉德勋章佩戴者包括西班牙和瑞典的国王以及日本天皇。

在中世纪，有不少妇女还没有成为骑士就获得了这枚勋章，其中之一就是玛格丽特·博福特（亨利七世的母亲，亨利八世的祖母）。1509年玛格丽特去世后，除少数女王以国君的名义获得这枚勋章外，只有男士获得这枚勋章。直到1901年，爱德华七世授予王后亚历山德拉这枚勋章。1987年，女王认为妇女应该与男士一样可以获得嘉德勋章，这才改变了这个惯例。现在，撒切尔夫人（即玛格丽特·撒切尔，大英帝国的第一位女首相）和桑姆斯夫人（温斯顿·丘吉尔爵士的小女儿）就是嘉德勋章的佩戴者。

假如一个佩戴者犯了巨大的罪行（比如行为异端、叛国或怯懦），那么英国君主有权剥夺其嘉德勋章。多年来，一些佩戴者被降级甚至被处死，如斯科洛普·玛萨姆男爵（Lord Scrope of Masham，亨利五世的童年好友），白金汉公爵三世。第一次世界大战中数个帝国君主被剥夺其嘉德勋章，其中包括德国皇帝威廉二世和奥地利皇帝弗朗茨·约瑟夫一世。第二次世界大战中日本参战后昭和天皇也被剥夺其嘉德勋章，但是战后伊丽莎白二世再次为昭和天皇颁发嘉德勋章，因此昭和天皇成为两次获得嘉德勋章的外国君主。

（3）常规和惯例

嘉德勋章的样式经过了几个世纪的发展，起初是一个蓝色吊袜带（图3—3）和一个绘有圣乔治骑马屠龙像的徽章（图3—4），16世纪增加了领环，17世纪又增加了佩星和宽丝带。法例规定，领环不能饰以宝石，而其他徽章则可以根据个人爱好和承受能力随意装饰。众所周知，爱慕虚荣的乔治四世就有55个样式不同的嘉德徽章。

图3—3　艾伯特王子的吊袜带和乔治三世的十字星

图3—4　1640年以来的嘉德勋章

嘉德勋章的格言是“Honi soit qui mal y pense”（Shame on him who thinks evil of it. 心怀邪念者可耻）；其守护神是圣乔治（St George，也是军人和英格兰的守护神）；其礼拜堂是位于温莎城堡的圣乔治礼拜堂，每位骑士都要在该礼拜堂陈列自己的武器旗帜，连同头盔、顶饰、剑及饰以珐琅的席位黄铜片。当获勋骑士逝世以后，所有的旗帜、头盔、顶饰、剑等都会被移除，其勋章要交还给国君，但其席位黄铜片却会保留在礼拜堂中作为纪念，由此形成了世界上最完整的纹章学收藏之一。

嘉德勋章佩戴者被冠以“Sir/Lady”（爵士/夫人）的尊称，男士的妻子也被冠以“夫人”，但是女士的丈夫不被冠以“爵士”。嘉德勋章佩戴者可以在他们的名字后面加上“KG”（男士）或“LG”（女士）的头衔缩写。假如佩戴者还获授其他勋章，这两个缩写放在所有其他缩写之前，但“Bt”

(男爵)、"VC"（维多利亚十字勋章）和"GC"（圣乔治十字勋章）除外。

每年 6 月，嘉德勋章佩戴者都会聚集到温莎城堡，新佩戴者宣誓并被授予勋章。午餐后，他们都要穿上蓝色天鹅绒披风（左肩戴上嘉德勋章，勋章上是被放射状银色光束环绕的圣乔治十字星），戴上插着白色羽毛的黑色天鹅绒帽子，去圣乔治教堂参加礼拜堂会。伊丽莎白二世女王（1947 年，女王的父亲乔治六世授予她和她的丈夫嘉德勋章）及其他皇室佩戴者也会参加，包括爱丁堡公爵、威尔士亲王和皇妃。

嘉德勋章的所有佩戴者组成一个骑士团，这个骑士团有 6 名军官：主教长、监督、注册官、首席纹章官、礼宾官和秘书。主教长、注册官和礼宾官是在嘉德勋章设立时就产生的，首席纹章官和监督是 15 世纪设立的，秘书是 20 世纪设立的。

主教长传统由英国国教会最重要的主教长之一——温切斯特主教担任；监督过去由温莎城堡所在的教区主教担任，后来这个职务也容其他人担任；注册官一般由温莎城堡的座堂主任牧师担任；首席纹章官由纹章学院的首领担任，这名纹章官有保管骑士团成员的纹章和头盔的义务；礼宾官兼任英国上议院的侍卫长和黑杖侍卫；秘书由一个专职礼宾官担任。

嘉德勋章设立时爱德华三世还指定了 26 名"穷骑士"来管理该骑士团的教堂，这个数目并不固定，17 世纪时只有 13 名"穷骑士"，1660 年查理二世加冕后将其数目提升到 18 名。19 世纪这些骑士不愿被称为"穷骑士"，因此威廉四世将他们改称为军人骑士。在正式场合下他们作为骑士团成员的护卫，并在骑士团的教堂里做神事，但他们不是骑士团的成员。

2. 蓟花勋章

蓟花勋章①（The Most Ancient and Noble Order of the Thistle，简称 Order of the Thistle）是苏格兰的最高荣誉，在联合王国的荣誉称号中仅次于嘉德勋章排名第二，以表彰从事公共事务，为民生作出特殊贡献的苏格兰公民。

蓟花勋章只有一个级别：爵级勋章（Knight/Lady），头衔缩写为

① Order of the Thistle，http://www.thedukeofyork.org/output/Page4879.asp，2008-12-16.

KT/LT。

（1）历史起源

蓟花勋章的设立时间不太确定，有说设立于809年，有说由詹姆士三世（1488—1513）设立。比较有影响的说法是，1687年詹姆士二世（苏格兰的詹姆士七世）制定法令正式设立了蓟花勋章，以奖励支持国王的政治和宗教目标的贵族。法令要求，蓟花勋章佩戴者的长袍上必须缀以许许多多的金蓟花，一件保存至今的长袍上有250个这样的蓟花图形。法令规定，蓟花勋章的佩戴者包括君主和12位骑士成员，象征着救世主耶稣和他的12位使徒。1688年詹姆士二世退位后，蓟花勋章一度被废止，直到1703年才被安妮女王重新启用，骑士成员的数量仍然保持12名。早期的汉诺威王也用蓟花勋章去奖励那些支持汉诺威与新教的苏格兰贵族。1822年，乔治四世访问苏格兰时戴着蓟花勋章，因此蓟花勋章重新引起了大家的重视。

（2）佩戴者

与嘉德勋章一样，从18世纪到20世纪中叶，根据政府的建议来指定蓟花勋章的佩戴者。后来，只有国君可以颁发这枚勋章，首相无权建议或者提名佩戴者。

1827年以前，蓟花勋章的佩戴者包括君主和12位骑士成员。1827年的一项法令将骑士成员的数量增加到16名。1987年的一项法令规定妇女也可以获得蓟花勋章，还可以通过特别法令增加特例骑士成员。如果出现了空缺，会在圣安德鲁日（11月30日）发布通告。

2001年6月，长公主（The Princess Royal）被授予了蓟花勋章。1962年，挪威国王奥拉夫（Olav）成为获得蓟花勋章超过200年的第一个外国人。

图3—5　乔治五世的蓟花勋章

（3）常规和惯例

蓟花勋章上面有其保护神——圣安德鲁的雕像，其配星是一个银色的圣安德鲁十字，十字的每个分叉之间分布有尖角的放射线；勋章中央是一个金质大奖章，饰以珐琅的蓟花标志，周围的绿边则写着勋章的格言（图3—5）。

蓟花勋章的格言是："Nemo me impune

lacessit”（No one harms me with impunity，任何伤害我的人必定会受到惩罚）；其保护神是圣安德鲁——苏格兰的保护神；其礼拜堂是圣伊莱斯大教堂；嘉德勋章佩戴者被冠以“爵士”（Knight）或“夫人”（Lady）的尊称，男士的妻子也被冠以“夫人”，但是女士的丈夫不被冠以“爵士”。蓟花勋章佩戴者可以在他们的名字后面加上“KT”（男士）或“LT”（女士）的头衔缩写。

只要条件允许，或有新佩戴者入选，每年趁女王视察荷里路德宫那一个礼拜，都会在圣伊莱斯大教堂举行蓟花勋章的礼拜堂会。

3. 巴斯勋章

巴斯勋章[①]（The Most Honourable Order of the Bath，简称 Order of the Bath）只授予高级军官和少数公职人员。

勋章分为三等，依等第如下：

- 爵级大十字勋章/一等勋爵士（Knight/Dame Grand Cross），头衔缩写为 GCB；
- 爵级司令勋章/二等勋爵士（Knight/Dame Commander），头衔缩写为 KCB/DCB；
- 伴友勋章/三等勋爵士（Companion），头衔缩写为 CB。

（1）历史起源

勋章的名字起源于中世纪晚期的洗礼仪式（受用水浸洗的启发），象征着灵魂的净化，是骑士受封仪式前的一项必要准备程序。候选人首先要进行一系列准备仪式，包括禁食、守夜、祈祷及沐浴，以净化其内在的灵魂，然后才能受勋。官方文件的最早记载是 1128 年威廉一世加冕后，15 岁的安茹伯爵杰弗里（即后来玛蒂尔达的丈夫）受封为骑士时的沐浴仪式。到 15 世纪末，尽管巴斯骑士还是在国君举行加冕礼时授封，但上述许多仪式、礼节却很少见了。

1725 年，第一任首相罗伯特·沃波尔要求增设一种政治上专用的奖项，巴斯勋章因此被乔治一世重新启用，作为军事领域的正规勋章。当时巴斯勋章的成员包括君主、大团长和 36 名骑士成员。乔治一世的法令中写道：为了防止欧洲境内的战争，我国应该处于应战状态，随时应对敌人

---

① Order of the Bath，http：//www.thedukeofyork.org/output/Page4883.asp，2008－12－16.

的进攻。因此，上述军事勋章的每一名成员今后都要尽自己所能，防御外敌入侵及内部叛乱。

1815 年，拿破仑战争末期，当时的摄政王（后来的乔治四世）将巴斯勋章设立了文、武两个分支，分别用于军事和民事领域，巴斯勋章的适应范围因此得以扩展。这在当时引起了很大的争论，一些人认为，增加成员数量就会降低勋章的价值。此外，沐浴、守夜等仪式也被正式废除了。

巴斯勋章重新启用后的第一次骑士受封仪式是在 1825 年，于威斯敏斯特大教堂的亨利七世礼拜堂举行，后来被选定为巴斯勋章的正式礼拜堂。

（2）佩戴者

巴斯勋章（图 3—6）佩戴者包括君主（女王）、大团长（Grand Master）以及三级普通骑士成员。普通骑士成员设有限额：第一等 120 名，第二等 295 名，第三等 1455 名，如遇战争或军事、民事行动，或有值得嘉奖的特殊行为，可视具体情况增加成员数量。1971 年，第一次准许妇女获得巴斯勋章。

外籍人士也可以获得巴斯勋章，但只属于“名誉成员”，名字前不能冠以“Sir”的头衔。有两位美国前总统曾获得过爵级大十字勋章，他们是：罗纳德·里根（1989）和乔治·布什（1993）。

（3）常规和惯例

巴斯勋章分文、武两种。武官版爵级大十字勋章由银质放射状马耳他八角十字组成，中心图案是银色背景上的 3 个王冠，红色珐琅的圆环上写着勋章的格言，勋章由两束桂枝环绕，枝干交叉处放着的蓝色卷轴中写着“Ich Dien”（I serve）。文官版爵级大十字勋章与此类似，只是没有马耳他八角十字、桂枝和卷轴，格言是詹姆士一世（苏格兰的詹姆士四世）统治时期首次使用的“Tria juncta in uno”（Three joined in one，三位一体）。

图 3—6 巴斯勋章

巴斯勋章的礼拜堂位于威斯敏斯特大教堂；获勋者可以在名字后面加上 GCB、KCB/DCB、CB 等头衔缩写。

一等勋爵士的受封仪式都在亨利七世礼拜堂举行，目前共有 34 名男性一等勋爵士在该礼拜堂设有席位。席位上方挂着骑士守则，他们的徽章黄铜片固定在席位上面。过去每位骑士的徽章黄铜片都保留在各自席位上面，其中包括著名的海军将领纳尔逊勋爵。

勋章成员每四年都要参加一项纪念、奉献、颂扬的礼拜堂会，大团长（威尔士亲王）必须出席。堂会期间，新成员的授封仪式于亨利七世礼拜堂举行。女王每 8 年出席一次该礼拜堂会。

4. 功绩勋章

功绩勋章[①]（The Order of Merit）是一种英国和英联邦勋章，于 1902 年由英皇爱德华七世创设，用以嘉奖在军事、科学、艺术、文学或文化推广方面有显著成就的人士。

功绩勋章只有一个级别：员佐级（Member），头衔缩写为 OM，没有爵士爵位，不属于骑士勋章。

（1）佩戴者

功绩勋章作为君主的礼物，由君主本人自由决定佩戴者。除君主外，该勋章的限额只有 24 位，包括军事领域的成员。尽管最后一名获勋的军事家——蒙巴顿伯爵已经去世，但军事领域部分从未废止。

早在创设之时，勋章已准许女性获勋，首位获勋的女性是南丁格尔（1907）。

除此之外，还有少数外籍获勋者，以“名誉成员”计算，不受名额限制。比较著名的“名誉成员”有艾森豪威尔将军（1890—1969，美国第三十四任总统）、加尔各答的特蕾莎修女（1910—1997，印度著名的慈善家，印度天主教仁爱传教会创始人，1979 年获诺贝尔和平奖）等。

（2）常规和惯例

功绩勋章本身呈十字形，四边漆上红色，正中则在蓝底金字写上“For Merit”，并分别由内至外围上白圈和桂冠，而勋章顶上则缀上皇冠，整个勋章是系在丝带上的，丝带的颜色为红、蓝相间。

功绩勋章分文、武两种，后者较罕见，专门授予军事领域的佩戴者，其勋章的徽章中央额外附有一对交叉的剑，以示区别。

---

① Order of Merit，http：//www.thedukeofyork.org/output/Page4881.asp，2008－12－16.《功绩勋章》，http：//zh.wikipedia.org/wiki/功绩勋章，2008－8－15。

功绩勋章的格言是:“For Merit”(为了功绩);其礼拜堂是圣詹姆士宫的皇家礼拜堂(Chapel Royal, St. James's Palace);功绩勋章并不是骑士勋章,不赋予骑士身份,亦无分等第,但佩戴者可以在姓名后加上“OM”作为标志。

5. 圣米迦勒及圣乔治勋章

圣米迦勒及圣乔治勋章[①](The Most Distinguished Order of Saint Michael and Saint George,简称 Order of St Michael and St George),是英国荣誉制度中的一种骑士勋章,一般授予外交官或对英联邦及外交事务作出贡献的人士。

勋章分为三等,依等第如下:

- 爵级大十字勋章/一等勋爵士(Knight/Dame Grand Cross),头衔缩写为 GCMG;
- 爵级司令勋章/二等勋爵士(Knight/Dame Commander),头衔缩写为 KCMG/DCMG;
- 伴友勋章/三等勋爵士(Companion),头衔缩写为 CMG。

(1)历史起源

圣米迦勒及圣乔治勋章于 1818 年由当时的摄政王(后来的乔治四世)设立。该勋章设立的原意是纪念爱奥尼亚群岛成为英国的保护领地,表彰的对象是为英国的殖民扩张政策作出了贡献的人士。一般而言,除非该英联邦王国的成员国有自己的一套荣誉制度,派往殖民地的每任总督都会在上任或卸任时获得爵级大十字勋章或爵级司令勋章。但澳洲和新西兰分别在 1989 年和 2000 年停止了这个惯例。

(2)佩戴者

圣米迦勒及圣乔治勋章的佩戴者包括君主、大团长以及普通骑士成员。普通骑士成员设有限额:一等 125 名,二等 375 名,三等 1750 名。皇室家庭成员可以被指定为特例一等勋爵士,外籍人士可以成为“名誉成员”,均不计入限额。

---

① Order of St. Michael and St. George, http://www.theduke of york.org/output/Page4884.asp, 2008-12-16.

《圣米迦勒及圣乔治勋章》, http://zh.wikipedia.org/wiki/%E8%81%96%E7%B1%B3%E8%BF%A6%E5%8B%92%E5%8F%8A%E8%81%96%E5%96%AC%E6%B2%BB%E5%8B%B3%E7%AB%A0, 2008-8-14。

君主是授勋骑士团的元首，并有全权任命勋章的所有成员（但通常先通过会议，再由政府提供意见）。下一级是大团长，以往由爱奥尼亚群岛的高级专员出掌，如今，大团长均由君主选任。

该勋章共设6位职员：高级教士、大臣、秘书、注册官、纹章院长及礼宾官。该勋章的纹章院长与不少司职纹章的官员一样，并非英国纹章院的成员。而勋章的传令员叫做“蓝杖礼宾官”（the Gentleman Usher of the Blue Rod），嘉德勋章亦设有同等的职位，但却称做“黑杖礼宾官”（the Gentleman Usher of the Black Rod），而且在议会上院有差事。

（3）常规和惯例

圣米迦勒及圣乔治勋章的配星和徽章上有圣乔治十字、勋章的格言以及天使长圣米迦勒右手持剑征服撒旦的图案（图3—7，图3—8）。领环上面交替刻有头戴皇冠的英格兰狮子、白色珐琅的马耳他之星及SM（St Michael）和SG（St George）两个简写；领环中央刻有两只面对面、有翼的狮子，各手持一本书和七支箭，顶上戴着皇冠，暗示了圣米迦勒及圣乔治勋章的起源。

图3—7　圣米迦勒及圣乔治勋章

（正面是圣米迦勒制服撒旦的图案，反面是圣乔治屠龙的图案）

图3—8　圣米迦勒制服撒旦

勋章的格言是“Auspicium Melioris Aevi”（Token of a better age，憧憬更美好的未来）。其守护神是天使长圣米迦勒及圣乔治，圣米迦勒制服撒旦的情景则是勋章的象征。其礼拜堂在圣保罗大教堂，一等勋爵士的武器旗帜悬挂在该礼拜堂中，与其他勋章不同的是，圣米迦勒及圣乔治勋章三个等级的获勋者的全部徽章黄铜片都陈列在该礼拜堂的席位上。礼拜堂会每四年一次，举行有关该勋章的大型宗教仪式，并正式任命新的一等勋爵士。

君主以及所有一等勋爵士在小礼拜堂内的唱诗班席位，均设有专门的座位，而座位上方更有各式各样代表他们的盾徽装饰、头盔、顶饰及其斗篷。然而，根据英国有关纹章的法律，除了女性君主以外，所有女性均不可获得头盔和顶饰，因此会以小冠冕代替。至于在顶饰/小冠冕之上，则挂有该勋爵士的纹章旗帜，上有他/她的盾徽。在座位的背部，会有一块黄铜片，写上了该名受勋人士的姓名、盾徽的样式和受勋的日期。佩戴者逝世以后，所有的旗帜、头盔、斗篷都会一并移除，但黄铜片却会保留，所以现今小礼拜堂内的唱诗班席位贴满了自 1906 年以来，来自一等勋爵士的黄铜片，而且各有千秋。

圣米迦勒及圣乔治勋章佩戴者被冠以“Sir/Dame”（爵士/女爵士）的尊称，男士的妻子被冠以“夫人”（Lady），但是女士的丈夫不被冠以“爵士”。然而，如果获勋人士是皇室成员，上述称号便不适用；此外，除非要写最完全的全称，获勋的贵族一般也不会使用上述称号。此外，以“荣誉会员”身份受勋的外籍人士及神职人员均不可使用上述称号（日后如果成为英国公民，方可享用有关尊称）。圣米迦勒及圣乔治勋章佩戴者可以在他们的名字后面加上 GCMG、KCMG/DCMG、CMG 等头衔缩写。

勋章的成员在重要日子，如君主的加冕典礼，均会盛装打扮，穿上特别设计的礼服出席，但服饰式样按等级而异；在较不重要的场合，勋章成员的衣饰则较为简单；在君主指定的领环日（collar day），勋章成员在重要场合要把勋章的领环戴在军服或晚礼服上。如果戴上了领环（不论是领环日还是加冕典礼一类的重要场合），就要把勋章悬挂在领环上。

所有在 1948 年以前颁发的领环都必须交还到该骑士勋章的中央档案处，其他的佩饰则可以保留。

6. 皇家维多利亚勋章

皇家维多利亚勋章[①]（The Royal Victorian Order）只授予服侍女王

① Royal Victorian Order，http：//www.thedukeofyork.org/output/Page4885.asp，2008－12－16.

或英国皇室的人士，包括皇宫的官员、皇室成员，或是帮助组织过对某个国家进行国事访问的英国大使也可以获得。

勋章分为五等，依等第如下：

- 爵级大十字勋章/一等勋爵士（Knight/Dame Grand Cross），头衔缩写为 GCVO；
- 爵级司令勋章/二等勋爵士（Knight/Dame Commander），头衔缩写为 KCVO/DCVO；
- 司令级勋章（Commander），头衔缩写为 CVO，没有爵士爵位，不属于骑士勋章；
- 尉佐级勋章（Lieutenant），头衔缩写为 LVO，没有爵士爵位，不属于骑士勋章；
- 员佐级勋章（Member），头衔缩写为 MVO，没有爵士爵位，不属于骑士勋章。

（1）历史起源

皇家维多利亚勋章于 1896 年 4 月由维多利亚女王创设，作为君主个人的礼物，奖励为她服务的人士。女王完全根据自己的意愿决定受勋者，不必考虑政府的建议。

勋章的纪念日是每年的 6 月 20 日——维多利亚女王即位的日子。

（2）佩戴者

皇家维多利亚勋章的佩戴者从未设定限额，女王或其他皇室成员在私底下或是在授勋仪式上都可以颁发该勋章。

皇家维多利亚勋章也可授予外籍人士，一般都是女王在外国进行官方访问期间颁发的。首次获得该勋章的外籍人士有法国阿尔卑斯滨海省（Alpes Maritimes）的长官和尼斯市的市长，是 1896 年维多利亚女王访问法国南部时颁发的。

（3）常规和惯例

皇家维多利亚勋章的样式如图 3—9 所示：

图 3—9 皇家维多利亚勋章

皇家维多利亚勋章的礼拜堂是萨瓦女王礼拜堂，由于历史原因，该礼拜堂成了皇室的特权，由作为兰开斯特公爵的国君私人拥有。

近年来，勋章成员的数量已经超出了萨瓦礼拜堂所能容纳的席位，因此，每四年一次的礼拜堂会改在温莎城堡的圣乔治礼拜堂举行。皇室成员中的勋章佩戴者、其他获勋人士，以及为君主服务多年的女王的仆人都会出席该礼拜堂会。

7. 不列颠帝国勋章

不列颠帝国勋章，又称大英帝国勋章[①]（The Most Excellent Order of the British Empire，简称 Order of the British Empire），是一种骑士勋章，用于奖励在文理科学、除国家行政服务外的公共服务中作出杰出贡献以及从事慈善事业的人士，作出的服务是否有价值是该勋章的唯一评选标准。它是英国骑士勋章的最低一级，也是成员最多的勋章。

勋章分文、武两类，分别用于民事和军事。勋章共设五等，依等第如下：

- 爵级大十字勋章/一等勋爵士（Knight/Dame Grand Cross），头衔缩写为 GBE；
- 爵级司令勋章/二等勋爵士（Knight/Dame Commander），头衔缩写为 KBE/DBE；
- 司令级勋章（Commander），头衔缩写为 CBE，没有爵士爵位，不属于骑士勋章；
- 官佐级勋章（Officer），头衔缩写为 OBE，没有爵士爵位，不属于骑士勋章；
- 员佐级勋章（Member），头衔缩写为 MBE，没有爵士爵位，不属于骑士勋章。

（1）历史起源

不列颠帝国勋章由英王乔治五世于 1917 年（第一次世界大战期间）创立。乔治五世当初设立勋章是为了填补当时英国授勋及嘉奖制度的缺漏。当时，巴斯勋章只授予高级军官和公职人员，圣米迦勒及圣乔治勋章只授予外交官，而皇家维多利亚勋章亦只授予服侍英国皇室的人士，结

---

① Order of the British Empire，http：//www.thedukeofyork.org/output/Page4886.asp，2008－12－16.

《不列颠帝国勋章》，http：//zh.wikipedia.org/wiki/%E4%B8%8D%E5%88%97%E9%A2%A0%E5%B8%9D%E5%9B%BD%E5%8B%8B%E7%AB%A0，2008－8－14。

果，对于那些身在不列颠群岛或英联邦的其他领土，为第一次世界大战作出贡献，但又没有上战场的人士，却没有合适的勋章，乔治五世于是就设立了此勋章。

由于乔治五世希望战后该勋章仍然能在更广泛的领域奖励为英国政府服务的人士，因此，自 1918 年起，该勋章被分为了军事和民事两类别。

在不列颠帝国勋章设立之初，乔治五世曾一并设立了“不列颠帝国勋位奖章”（Medal of the Order of the British Empire），到 1922 年，该奖章更名为不列颠帝国奖章（British Empire Medal），虽然获授此奖章的人士并非不列颠帝国勋章的成员，但他们仍然会按民事和军事分类。不列颠帝国奖章一般授予低级别的政府官员或军官，至于高级别的政府官员则通常直接获授不列颠帝国勋章。现时，不列颠帝国奖章已不再于英国及其属土颁发，但是库克群岛和部分英联邦王国却仍然有作出提名。

（2）佩戴者

英国君主是该勋章的元首，并有权任命所有获勋的人士（但惯例上是根据政府所作的建议任命）。

不列颠帝国勋章的各级受勋总人数均有限额，一等限 300 位，二等限 845 位，三等则限 8960 位。就官佐和员佐两级而言，总人数虽不设限额，但每年受勋的人数分别不可多于 858 位和 1464 位。获勋的人选往往是由英国政府以及一些英联邦王国政府提出，而依照惯例，所有获委任到英格兰及威尔士高等法院供职的女性法官都可获得 DBE 勋衔；但相反，同等的男性法官则只能册立为下级勋位爵士。

比起巴斯勋章和圣米迦勒及圣乔治勋章，取得不列颠帝国勋章的人士，并非单单只有官宦、功臣；相反，获勋人士来自的阶层十分之广，因此也更具有大众化的性质。外籍人士可以“荣誉成员”的形式获勋，并且不设限额。目前全世界共有 10 万以上的获勋成员。

尽管不列颠帝国勋章是众骑士勋章之中人数最多的，但能够凭此勋章而取得爵士爵位的人数却相对较少。在英国本土，取得不列颠帝国爵级司令勋章的人士其实只属少数，获勋人士以外国公民和居于海外的英国公民居多。可是在另一方面，不列颠帝国女性爵级司令勋章却是英国荣誉系统之中最普遍的女爵士级别。

该勋章共设6位职员：高级教士、司祭长、秘书、注册官、纹章院长及礼宾官。勋章的高级教士由英国圣公会内高级别的伦敦主教担任；而司祭长则由圣保罗教堂的司祭长出任；该勋章的纹章院长与不少司职纹章的官员一样，并非英国纹章院的成员；至于礼宾官则名叫紫杖礼宾官，紫杖礼宾官不同于嘉德勋章所附设的黑杖礼宾官，他无须在议会上院供职。

（3）常规和惯例

不列颠帝国勋章中的官佐勋章样式如图3—10、3—11、3—12所示：

图3—10　官佐勋章

（左边是女士的，右边是男士的）

图3—11　官佐勋章之勋表

（上为民事类别，下为军事类别）

图3—12　员佐勋章之正、背两面

该勋章的格言是“为了上帝和帝国”（For God and the Empire）。

1960年，圣保罗大教堂被特别委员会指定、并经女王批准，正式成为不列颠帝国勋章的所属教堂（该教堂也代表圣米迦勒及圣乔治勋章），该勋章的小礼拜堂位于圣保罗大教堂东端的地下室。作为首都的教堂，圣保罗大教堂能够容纳更多的人员，举办大规模的集会，不列颠帝国勋章每4年一次的大型礼拜堂会约有2000多人参加，因此仍然在大教堂的主堂举行，礼拜堂会期间会正式任命新的爵级大十字勋章获勋人士。女王和现任大团长爱丁堡公爵曾参加了1969年举行的正式奉献典礼。

该勋章的五个等级中，只有获最上两等的受勋英国或英联邦王国公民才算取得爵士爵位，可以在他们的名字前加上“Sir/Dame”的尊称。爵士的妻子可以被尊称为“Lady”，相反，女爵士的丈夫不可因妻子之地位取得任何敬称。如果外籍人士获最高两等的勋衔，他们只可当做名誉性质，并不能冠上任何尊称，但可以在姓名后加上勋位缩写。然而，假如这类外籍人士日后入籍成为英国或英联邦王国的公民，那么他们便自动成为“正式会员”，可以冠上“Sir/Dame”的尊称。不列颠帝国勋章的五级获勋者可以相应地在他们的名字后面加上GBE、KBE/DBE、CBE、OBE、MBE等勋位缩写。需要注意的是，以上的格式只适用于庶民，因为贵族、君主只会在列出自己全名的时候才会引用上述格式。另外，神职人员如果取得爵级勋衔，也不可使用“Sir/Dame”的尊称，亦不会有授爵典礼，但他们仍准在姓名后加上勋衔缩写以资识别。

不列颠帝国勋章的所有成员及男性成员的妻子都会列在地位排名名单之上。此外，爵级大十字勋章与爵级司令勋章佩戴者的儿女与妻子也会在排名名单占有席位。

不列颠帝国勋章的成员在重要场合上（例如君主登基大典和每4年一度的礼拜式）须穿上特别的服饰，而且各级不一。在君主指定的领环日，勋章成员在重要场合要把勋章的领环戴在军服或晚礼服上，把勋章悬挂在领环上。此外，在获勋者去世后，其后人须将领环交出，但佩章等装饰则可保留。在较不重要的场合，勋章成员的衣饰则较为简单。

所有爵级大十字勋章获得者可以在他们的纹章上加上护盾兽（纹章盾徽旁的扶持者，通常是动物，也有以人物作护盾兽）。另外，纹章之外亦可以围上圆环（上面写有该勋章的格言）以及领环。而圆环所示的位置，则必须在领环之外或之上。爵级司令勋章和司令勋章获得者只可以在他们的纹章之外围上圆环。因此，可从其纹章在圆环或领环上悬挂的样式判断勋章的级别。

8. 伴友荣誉勋章

伴友荣誉勋章[①]（The Order of the Companions of Honour）是英国和英联邦的一种勋章，有时被视为较低级别的"功绩勋章"，由英皇乔治五世创设于1917年大英帝国成立之时，用以表彰在为民族利益服务中作出公认成就的人士。

伴友荣誉勋章只有一个级别：员佐级（Member），头衔缩写为CH，没有爵士爵位，不属于骑士勋章。

（1）佩戴者

伴友荣誉勋章的佩戴者包括君主和65名普通成员，其中45名来自英国、7名来自澳大利亚、2名来自新西兰，还有11名来自其他奉英国君主为元首的国家。这些英联邦国家的首相们也可以提名佩戴者。

除此之外，其他国家的人也可以获得伴友荣誉勋章，但只属于"名誉成员"，并不算在65名佩戴者中，这种特例成员要在特殊纪念场合颁发特别法令才能增加。

图3—13 伴友荣誉勋章

（2）常规和惯例

伴友荣誉勋章的徽章呈椭圆形，内绘一棵栎树，一根树枝上挂着英国皇家武器中的盾牌，树的右边是一名全身铠甲、骑马的骑士。徽章正上方绘有帝国王冠，徽章的边缘涂上明亮的蓝色，并用金字写着勋章的格言："In action faithful and in honour clear"（行为忠诚，名声清白）。样式如图3—13所示：

伴友荣誉勋章并不属于骑士勋章，所以受勋者不可冠上"爵士"头衔，但可以在姓名后加上"CH"字样。

① 《名誉勋位》，http://zh. wikipedia. org/wiki/名誉勋位，2008-8-15。

The Order of the Companions of Honour，http://www. thedukeofyork. org/output/Page4882. asp，2008-12-16.

Order of the Companions of Honour，http://en. wikipedia. org/wiki/Order_of_the_Companions_of_Honour，2009-4-17.

9. 杰出服务勋章

杰出服务勋章[①]（The Distinguished Service Order，DSO）是纯军事的荣誉勋章，授予战争时期（尤其是在实战中）立了卓越战功的陆海空三军的军官。以前也适用于其他英联邦国家。勋章级别为伴友（Companion）。

（1）历史起源

杰出服务勋章于1886年9月6日由维多利亚女王设立，并刊登在9月9日的《伦敦公报》上，据记载，首枚勋章颁发于1886年9月25日。

（2）佩戴者

杰出服务勋章一般只授予高级军官，有时也授予极其勇武的低级军官。第一次世界大战期间共颁发了8981枚，均在《伦敦公报》上发布了通告。

勋章设立之初是为了军用，表彰战争中战功卓著或表现突出的军官。近代允许授予政府官员，通常是在救火现场或相当于在与敌斗争的实战情景中有卓越表现的官员。但是1914年至1916年间曾授予参谋等非军事工作的军官，引起了前线军官的反对。因此，自1917年1月1日起，该勋章只允许授予在救火中表现突出的官员。

第二次世界大战期间，有870名皇家空军军官获勋，其中62人获得一条勋带（bar），8人获得两条勋带，2人获得三条勋带。1942年授予了国家商船队的军官，以表彰他们在面对敌人进攻时的英勇行为。

1993年后，随着“显著英勇十字勋章”（Conspicuous Gallantry Cross）的设立，并作为军事领域嘉奖英勇行为的第二等勋章，杰出服务勋章又恢复了其初始使命——只授予作出杰出服务的高级军官。

（3）常规和惯例

获勋者称为“杰出服务勋章的伴友”（Companions of the Distinguished Service Order），可以在其名字后面加以“DSO”的头衔缩写，此勋章可以根据服役表现多次颁发给同一人，每获得一次就在其绶带上增加一条勋带。

勋章的样式如图3—14、3—15所示：

① Distinguished Service Order，http：//en.wikipedia.org/wiki/Disting wished Service Order，2009-1-23.

图 3—14　杰出服务勋章的奖章

图 3—15　杰出服务勋章的勋带

杰出服务勋章的奖章是一枚纯金（镀银）的十字，表面有一层白色的珐琅，边缘是纯金的，十字中间的绿色月桂花圈里是红底金色的皇冠。奖章的反面，绿色月桂花圈里是红底金色的皇室代码。奖章顶部有一个圆环与金质“悬挂勋带”底部的圆环套在一起，勋带上面还有一条金质勋带，均饰以月桂图案。勋带中的红色缎带宽 1.125 英寸（2.9 厘米），两侧配以蓝色窄边。勋章铸造时是不记名的，但有些获勋者将其名字刻在“悬挂勋带”的反面。第二次获勋者则多一条中间刻着一顶皇冠的金质勋带，背面刻有获勋年份。不穿制服时则在缎带上配以玫瑰花饰以示区别。

10. 帝国服务勋章

帝国服务勋章[①]（The Imperial Service Order）由爱德华七世设立于 1902 年 8 月，专授予为大英帝国作出长期、卓越服务的政府公职人员，一般至少要服务 25 年以上才有资格，但对于在有碍健康的岗位服务的人员可以降低至 16 年。

帝国服务勋章只有一个级别——伴友（Companion），无论男女都可获勋，获勋者可以在其名字后面使用“ISO”的头衔缩写。

帝国服务勋章授予男性的勋章是一枚银质的八角星，顶部的放射状线条上有一顶皇冠，中心的金质大奖章上刻有当时执政君主的代码，周围刻

① Imperial Service Order，http：//en. wikipedia. org/wiki/Imperial _ Service _ Order，2009 - 1 - 23.

着铭文“For Faithful Service”，悬挂在中间是蓝色条纹的深红色缎带上（图3—16）。授予女性的勋章与男性的大奖章相同，不同的是周围是银色的月桂花圈，上面有一顶皇冠，悬挂奖章的缎带呈蝴蝶结状。

图3—16　缎带

服务满25年的非管理岗位的公务人员退休后可以获授帝国服务奖章（Imperial Service Medal，ISM）。该奖章为银质圆形奖章，一面是当时执政君主的肖像，另一面是一个下班后正在休息的裸体男子的图形，以及“For Faithful Service”的铭文（图3—17、3—18）。缎带与蝴蝶结的样式与帝国服务勋章相同。

1993年英国荣誉体系改革后，英国政府决定不再颁发帝国服务勋章，但帝国服务奖章仍然继续使用。近年来，只有巴布亚新几内亚政府仍然为帝国服务勋章和帝国服务奖章提名候选人。

图3—17　帝国服务勋章的正面

图3—18　帝国服务勋章的反面

11. 小结

现行 10 项勋章的设立时间、级别及对应头衔缩写如表 3—1 所示。

表 3—1

勋章	设立时间（年）	级别（由高到低）	头衔缩写
嘉德勋章	1348	Knight/Lady	KG/LG
蓟花勋章	1687 或 809	Knight/Lady	KT/LT
巴斯勋章	1725	• Knight/Dame Grand Cross • Knight/Dame Commander • Companion	• GCB • KCB/DCB • CB
功绩勋章	1902	Member	OM
圣米迦勒及圣乔治勋章	1818	• Knight/Dame Grand Cross • Knight/Dame Commander • Companion	• GCMG • KCMG/DCMG • CMG
皇家维多利亚勋章	1896	• Knight/Dame Grand Cross • Knight/Dame Commander • Commander • Lieutenant • Member	• GCVO • KCVO/DCVO • CVO • LVO • MVO
不列颠帝国勋章	1917	• Knight/Dame Grand Cross • Knight/Dame Commander • Commander • Officer • Member	• GBE • KBE/DBE • CBE • OBE • MBE
伴友荣誉勋章	1917	Member	• CH
杰出服务勋章	1886	Companion	
帝国服务勋章	1902	Companion	

2003 年《伦敦公报》刊登了一份关于在正式场合下，各种荣誉勋章、勋表、奖章的佩戴顺序的公文，从中反映出各级荣誉的等级顺序，由高到

低排列如下[①]：

（1）维多利亚十字勋章；

（2）乔治十字勋章；

（3）嘉德勋章；

（4）蓟花勋章；

（5）圣帕特里克勋章；

（6）巴斯勋章；

（7）功绩勋章（仅次于巴斯爵级大十字勋章）；

（8）印度之星勋章；

（9）圣米迦勒及圣乔治勋章；

（10）印度帝国勋章；

（11）印度皇冠勋章；

（12）皇家维多利亚勋章（Ⅰ、Ⅱ、Ⅲ等）；

（13）不列颠帝国勋章（Ⅰ、Ⅱ、Ⅲ等）；

（14）伴友荣誉勋章（仅次于不列颠帝国爵级大十字勋章）；

（15）杰出服务勋章；

（16）皇家维多利亚勋章（Ⅳ等）；

（17）不列颠帝国勋章（Ⅳ等）；

（18）帝国服务勋章；

（19）皇家维多利亚勋章（Ⅴ等）；

（20）不列颠帝国勋章（Ⅴ等）。

（三）英勇奖

英勇奖[②]（Bravery awards）是为了表彰不惜冒着生命危险去救助或努力救助女王子民的个人英勇行为，或是为了预防犯罪、抓捕或尽力抓捕危险犯罪分子时表现出的无私的英勇行为而设立的多个奖项。

虽然多数候选人是通过官方渠道（如公安部门、消防部门等）提出的，但任何人都可以进行提名。英勇奖没有限额，而且可以随时评定，通常每年公布两次。

---

① Order of Wear，http：//www. honours. gov. uk/honours/wear. aspx，2009 - 1 - 11.

② Bravery Awards，http：//www. honours. gov. uk/honours/bravery. aspx，2009 - 1 - 11.

与其他荣誉、奖章一样，英勇奖也是几经变迁，形成了如今的几项奖励，并划分为不同等级以体现不同级别的勇敢行为。军事方面的英勇奖是著名的"维多利亚十字勋章"（Victoria Cross）和"显著英勇十字勋章"（Conspicuous Gallantry Cross），由国防部门负责评选；民事方面的英勇奖则包括"乔治十字"（George Cross，GC）、"乔治奖章"（George Medal，GM）、"女王英勇奖章"（The Queen's Gallantry Medal，QGM）、"女王英勇奖状"（The Queen's Commendation for Bravery）和"女王英勇空军奖状"（The Queen's Commendation for Bravery in the Air），由内阁仪式秘书处负责协调、评估，然后经首相提交给君主作正式批准。

如果一个人再次表现了值得嘉奖的英勇行为，可多次获授上述奖项。这种情况下，会在其 GC、GM 或 QGM 的绶带上增加一条杠；"女王英勇奖状"和"女王英勇空军奖状"的获得者可以再次得到奖状。

英勇人士候选人通常产生于执行紧急任务之时（通常是警察机关），但也可能从人民大众中产生。候选人提名会提交到政府相关部门，经研究后再上交到内阁的仪式秘书处。仪式秘书处将候选人名单提交到"乔治十字委员会"（The George Cross Committee，GCC）进行研究，如果该委员会赞成，将通过首相提交一份正式公文给君主作正式批准。仪式秘书处负责安排在《伦敦公报》（*London Gazette*）上详细刊登获奖人的英勇行为。

1. 维多利亚十字勋章

维多利亚十字勋章[①]（Victoria Cross，缩写为 VC），英国军队的最高荣誉，颁给临阵极其勇武的军人。维多利亚十字勋章高于所有其他的勋章、奖章，可以授予任何级别、任何领域与军事活动有关的个人。由英国君主在白金汉宫的授勋仪式上颁发。维多利亚十字是与乔治十字齐名的最高等级的联合王国英勇奖，只是前者用于军事领域，后者用于民事领域。但维多利亚十字要优先于乔治十字，如果一个人同时获得这两种勋章，佩戴时要将维多利亚十字排在前面。

维多利亚十字勋章设立于 1856 年 1 月 29 日，当时正值克里米亚战争，维多利亚女王设置了该勋章以表彰临阵英勇的军人。最初该勋章只能

① Victoria Cross，http：//en. wikipedia. org/wiki/Victoria _ Cross，2009 - 1 - 9. 《维多利亚十字勋章》，http：//baike. baidu. com/view/288396. htm，2008 - 8 - 15。

颁发给活着的人，而且不能授予殖民地部队（但殖民地部队的欧洲裔军官可以获得）。到 1858 年，新条令规定，维多利亚十字勋章亦可颁给对敌搏斗以外的勇敢行为，但此种情形很少。到 1881 年，勋章的颁发又恢复以前的规定，专门颁给那些大敌当前而骁勇善战的斗士。1902 年英王爱德华七世颁令，此项荣誉亦可死后追赠，而且允许将其颁发给为大英帝国效劳的全体官兵，这种做法沿用至今。凡是英国军队的人员，均有资格获得这项荣誉，妇女亦不例外，不过迄今还没有一名女性荣膺此种勋章。

历史上共有 1353 人获得维多利亚十字勋章，其中有三人曾两次荣获 VC，他们分别是诺尔·查瓦希（Noel Chavasse）、阿瑟·马丁—里克（Arthur Martin-Leake），以及新西兰人查尔斯·乌普海姆（Charles Upham）。第二次荣获 VC 的人可以在原来的勋章绶带上佩戴一枚金属勋牌作为标识。第二次世界大战后一共颁发了 13 枚，其中 9 枚颁给了英国军人，4 枚颁给了澳大利亚军人。

维多利亚十字勋章外形为马耳他十字造型，高 41 毫米，宽 36 毫米，正面图案中央为英王的圣爱德华王冠，王冠上方雄踞一头体态健硕的狮子，王冠下方是一条半圆形展开的飘带，上面有勋章的格言“以彰勇毅”（FOR VALOUR）。勋章的缎带为深红色，宽度为 1.5 英寸（38 毫米）。整个勋章连同悬挂部分总重约为 0.87 金衡制盎司（27 克）。勋章为青铜制品［最初系以克里米亚战争中围困塞瓦斯托波尔时俘获的俄国加农炮炮尾铸造的，已经颁发的勋章耗去了两个炮尾中的大部分材料，仅存的一个炮尾的剩余部分现今保存在唐宁顿（Donnington）皇家后勤部队第 15 团的仓库中］。勋章背面是取得该项战功的时间及获奖人姓名、阶级及所属团队。（图 3—19）

图 3—19　维多利亚十字勋章

维多利亚十字勋章获得者可以在姓名之后加以“VC”的头衔缩写，以示极其尊荣。

2. 显著英勇十字勋章

显著英勇十字勋章（Conspicuous Gallantry Cross，CGC）是英国的第二等军事勋章，仅次于维多利亚十字勋章。

显著英勇十字勋章是1993年10月英国荣誉体系改革时设立的。为了消除军队的等级区别，显著英勇十字勋章替代了原来专用于陆军的“卓越行为奖章”（Distinguished Conduct Medal）和用于海军及空军的“显著英勇奖章”(Conspicuous Gallantry Medal)，同时担当了杰出服务勋章奖励英勇军官的使命。现在的显著英勇十字勋章，适用于整个陆海空三军所有级别的将士。

显著英勇十字勋章可以死后追赠，以“承认其在与敌人积极斗争中的极其英勇的行为”。显著英勇十字勋章可以多次授予同一个人，第二次及以后获勋时，则是在其勋章上增加一条勋带，依次累加。获勋者名字后面可以使用“CGC”的头衔缩写。迄今为止，显著英勇十字勋章共颁发给个人31次，集体1次，其中一人为死后追赠。

勋章最宽处36毫米，银质十字镶在月桂花圈上，一顶皇冠位于中心的圆板上。缎带宽32毫米，中间是红色，两边依次为白色、蓝色。（图3—20）

图3—20 显著英勇十字勋章

3. 乔治十字

乔治十字[①]（George Cross）是大不列颠联合王国最高级别的民用勋章，在其他英联邦国家也享有同等地位。

（1）历史起源

乔治十字由国王乔治六世于1940年9月24日设立。当时正值第三帝国对英国的闪电式攻击战的高潮，急需表彰一批英勇的平民，已有的奖励体系不能适应这一需要，因此决定设立乔治十字和乔治奖章，以在更大范围内嘉奖那些面对敌人表现勇敢的平民。乔治十字与乔治奖章的准许状签发于1941年1月24日，并刊登于1941年1月31日的《伦敦公报》上。

乔治十字本计划替代"帝国英勇奖章"（Empire Gallantry Medal，EGM），并通知所有的帝国英勇奖章获得者将他们的奖章换成乔治十字，这是英国勋章史上一次空前的替换行为。这次替换政策忽略了"艾伯特奖章"（Albert Medal，AM）和"爱德华奖章"（Edward Medal，EM）的获得者，二者均优先于帝国英勇奖章。这个不合理现象于1971年得到矫正，当时活着的艾伯特奖章与爱德华奖章获得者都受邀将其奖章更换为乔治十字。当时艾伯特奖章与爱德华奖章分别有64位与68位符合更换条件的人员，但分别只有49位与59位做了更换。

（2）佩戴者

乔治十字可以死后追赠，用于表彰"在极端危险的环境中表现出的最伟大的英雄主义或最显著的勇气"。乔治十字主要用于民事，但军人在战场之外表现英勇时也可以获得。

若一个人符合再次获勋的条件，则在其勋章上增加一条勋带（目前尚未发生过）。

至今为止，乔治十字共追赠给86人，颁发给73位活着的人（不包括颁发给集体的两次，这两次分别是马耳他和皇家阿尔斯特警察），包括用其他勋章替换的，获勋人数共计404人。每一次获勋的详细情况都刊登在《伦敦公报》上。

① George Cross，http：//en. wikipedia. org/wiki/George _ Cross，2009－1－23.

（3）常规和惯例

勋章高 48 毫米，宽 45 毫米，银质十字中间是圆形的大奖章，雕着圣乔治屠龙的图案，环绕以“FOR GALLANTRY”的词语，十字的每个分支角落处是皇室代码——GⅥ，反面刻着获勋者的姓名及获勋日期，十字通过一个圆环与一个饰以月桂叶的金属条相连，缎带就连接在此金属条上。（图 3—21）

获勋者可以在其名字后加上“GC”头衔缩写。与维多利亚十字勋章一样，在不穿制服或单独佩戴奖章、缎带的非正式场合，是将一个缩微的奖章复制品佩戴在缎带的中间。（图 3—22）

图 3—21　乔治十字

图 3—22　缩微复制品挂在缎带中间

4. 乔治奖章

乔治奖章[①]（George Medal）是大不列颠联合王国及英联邦国家用于表彰勇敢行为的第二等民用勋章。该奖章可以死后追赠，而且并不限于英国子民。获勋者可以在其名字后加上“GM”头衔缩写。

乔治奖章与乔治十字一样，由国王乔治六世于 1940 年 9 月 24 日设立。乔治奖章设立初期并不允许死后追赠，1977 年修订了准许状后改为可以死后追赠。

乔治奖章也是主要用于民事，但军人在战场之外表现英勇时也可以获

① George Medal，http：//en. wikipedia. org/wiki/George _ Medal，2009 - 1 - 23.

得。目前为止获勋者大约有2000人，每一次获勋的详细情况同样会刊登在《伦敦公报》上。

乔治奖章是一枚银质圆形奖章，直径36毫米，正面是头戴皇冠的执政君主的肖像与铭文，反面是英格兰海岸上圣乔治屠龙的图案与铭文“THE GEORGE MEDAL”。缎带为深红色，宽32毫米，间有5条等宽的蓝色窄条纹，这个蓝色取自乔治十字的缎带。（图3—23）

若一个人符合再次获勋的条件，则在其勋章上增加一条勋带。在不穿制服或单独佩戴奖章、缎带的非正式场合，则在其绶带上挂一枚银质玫瑰形饰物以代表本奖章。

图3—23　乔治奖章

5. 女王英勇奖章

女王英勇奖章[①]（The Queen's Gallantry Medal，QGM）是大不列颠联合王国及英联邦国家的第三等民用勋章。

女王英勇奖章设立于1974年6月20日，以取代“大英帝国英勇勋章”（Order of the British Empire for Gallantry）、“大英帝国英勇奖章”（British Empire Medal for Gallantry）及“殖民警察英勇奖章”（Colonial

① Queen's Gallantry Medal，http：//en.wikipedia.org/wiki/Queen's _ Gallantry _ Medal，2009-1-23.

Police Medal for Gallantry）。从此终结了如下不合理情况：大英帝国英勇勋章的获得者英勇表现不如乔治奖章，但在勋章佩戴与头衔缩写的排序上却优先于乔治奖章。1977 年 11 月 30 日后，女王英勇奖章允许死后追赠，因此又替代了“女王英勇警察奖章”（Queen's Police Medal for Gallantry）。

女王英勇奖章用于表彰具有模范性质的英勇行为，主要用于民事，但军人在战场之外表现英勇时也可以获得，所要求的标准低于乔治奖章。获得者可以在其名字后加上“QGM”的头衔缩写，目前为止共有不到 600 人获奖。

女王英勇奖章是银质圆形奖章，直径 36 毫米，正面是头戴王冠的君主肖像，反面是“THE QUEEN'S GALLANTRY MEDAL” 4 个单词，每个单词占一行，单词上方是圣爱德华的王冠，两边侧翼为月桂枝。绶带为三条等宽的条纹，从左到右分别为深蓝、珠光灰、深蓝色，中间有一条窄的淡粉红色条纹。（图 3—24）

图 3—24 女王英勇奖章的反面

若一个人再次获得女王英勇奖章，则在其绶带上增加一条饰以月桂叶的银质勋带。单独佩戴绶带时，则挂一枚银质玫瑰形饰物以代表本奖章。

6. 女王英勇奖状

女王英勇奖状[①]（The Queen's Commendation for Bravery）是大不列颠联合王国的一项英勇奖，表彰冒着生命危险、应得到国家承认的英勇行为。女王英勇奖状可以死后追赠，而且并不限于英国子民。

获奖者没有任何头衔缩写，以一个月桂叶的银质枝状花饰表示此奖项。

① Queen's Commendation for Bravery，http：//en. wikipedia. org/wiki/Queen's _ Commendation _ for _ Bravery，2009 - 1 - 23.

（四）女王奖

除了上述荣誉体系外，女王伊丽莎白二世还以自己的名义设立了一些奖项，以奖励在某些领域取得杰出成绩的个人或团体，包括建筑、勘探、诗词、警察和科学领域。[①]

1. 女王企业奖

女王企业奖[②]（The Queen's Award for Enterprise）是用于评选大不列颠联合王国的优秀公司的一项荣誉，以促进英国商业的发展。

最初本奖项叫做“女王工业奖”（The Queen's Award to Industry），1966 年根据英国皇室御用许可设立；20 世纪 70 年代，设置“女王出口和技术奖”（The Queen's Awards for Export and Technology），用于奖励商品出口和工艺技术方面的突出成绩；1992 年，增设了“女王环境奖”（The Queen's Award for Environmental Achievement）。1999 年，这三个独立的项目合而为一，即现在的“女王企业奖”（The Queen's Awards for Enterprise）。

本奖项分为两类，分别适用于行业和个人。适用于行业的女王企业奖是为了奖励以下三类行业：国际贸易、革新及可持续发展；适用于个人的女王企业奖则是为了奖励对大不列颠联合王国的企业文化作出突出贡献的人士。

本奖项每年由女王颁发一次，评选时首先由一个顾问委员会（由来自政府、工商业界以及工会的代表组成）协助首相拟定人选，然后女王参照首相的建议加以选择。每年于女王的生日当天——4 月 21 日公布获奖者名单。获奖者会受到广泛的新闻报道，并因此得到全世界的认同，还会在白金汉宫受到女王的接待。

任何人都可以登陆“女王奖项”（The Queen's Award）网站提名候选人：http：//www. queensawards. org. uk/。

---

① Prizes and awards，http：//www. thedukeofyork. org/output/Page4888. asp，2008 - 12 - 16.

② Queen's Award for Enterprise，http：//www. thedukeofyork. org/output/Page4889. asp，2008 - 12 - 16.

2. 女王志愿服务奖

女王志愿服务奖[1]（The Queen's Award for Voluntary Service）是用于评选并奖励从事志愿活动的优秀社会团体的一项年度奖项。该奖项是在2002年庆祝女王执政五十周年纪念时宣布设立的，当初叫做“女王执政五十周年纪念奖”（The Queen's Golden Jubilee Award）。

本奖项只授予志愿为社会作出杰出服务的志愿者团体。

团体奖只能由受惠者、公众、公共团体的代表或其他志愿者团体提名候选者，经地区委员会评估，然后送到国家委员会作最后的筛选，最后向女王提交推荐人名单，获奖者的详细资料会在每年的6月2日（女王加冕纪念日）公布。

获奖团体会收到女王亲笔签名的证书和一块用于陈列在该团体主要工作场所的纪念水晶，由地方总督或副总督代表女王进行颁奖。

自本奖项设立以来，已有近600个不同类型的社团组织获奖[2]，包括保护地区环境的、从事社区教育的、管理运动配置的以及援助家庭的各种团体。

3. 女王纪念日奖

女王纪念日奖[3]（The Queen's Anniversary Prize）属于联合王国功勋荣誉体系的一部分，每两年颁发一次，授予从事高等教育和继续教育的教育机构，为联合王国的大学及高等院校树立典范。

该奖项由“皇家纪念委员会”（Royal Anniversary Trust）管理，每隔一年的秋季毕业典礼之际，所有联合王国的大学与高等院校都会受邀作一个简单登记，他们可以凭借任何专业领域或研究项目参选，但必须能够证明自己具有世界一流水平。过了截止日期，通常在三月底，所有参选者将进入严格的评估过程。

女王根据首相的建议做最后的决定，该建议由皇家纪念委员会下属的奖项理事会作出推荐。女王会在白金汉宫举行颁奖典礼，亲自为获奖者颁发奖章和获奖证书。

---

① Queen's Award for Voluntary Service, http://www.thedukeofyork.org/output/Page4892.asp，2008-12-1.

② Types of Award，http://www.honours.gov.uk/honours/types.aspx，2009-1-11.

③ The Queen's Anniversary Prizes，http://www.thedukeofyork.org/output/Page5253.asp，2008-12-16.

4. 女王诗歌金奖

女王诗歌金奖①（The Queen's Gold Medal for Poetry）于1933年由英王乔治五世根据时任桂冠诗人的约翰·梅斯菲尔德（John Masefield）的提议而设立，授予大不列颠联合王国或英联邦所属领域的诗集作者。

金奖候选人由多个桂冠诗人组成的委员会推荐，在莎士比亚的生日——4月23日宣布获奖者名单。获奖者被授予一枚金质奖章，奖章正面是戴着王冠的女王肖像（图3—25）。奖章由女王出资，皇家造币厂制造。

图3—25　女王诗歌金奖

著名的女王诗歌金奖获得者有：奥登（W. H. Auden）（1936）、约翰·贝哲曼（John Betjeman）（1960）、克里斯多佛·弗赖（Christopher Fry）（1961）、托马斯（R. S. Thomas）（1964）、菲利普·拉金（Philip Larkin）（1965）、罗伯特·格雷夫斯（Robert Graves）（1968）、史密斯（Stevie Smith）（1969）、斯蒂芬·斯彭德（Stephen Spender）（1971）、特德·休斯（Ted Hughes）（1974）及诺曼·麦凯格（Norman MacCaig）（1985）。

① The Queen's Gold Medal for Poetry, http://www.thedukeofyork.org/output/Page4890.asp, 2008-12-16.

5. 女王音乐奖章

女王音乐奖章[①]（The Queen's Medal for Music）设立于2005年，是一项年度奖项，授予对国民音乐生活有重大影响的人士。获奖者可以是任何国籍，但必须在联合王国的音乐生活中有着重大的影响力。

奖章评选过程必须在由女王的音乐教师组成的委员会监督之下进行。每年在音乐的守护神圣塞西莉亚日（St Cecilia's Day）——11月22日前后，也是本杰明·布里顿（Benjamin Britten）的生日，女王会亲自颁发奖章。

图3—26 女王音乐奖章

奖章由威尔士艺术家贝森·威廉斯（Bethan Williams）设计，正面如图3—26所示，背面有三个图形，分别代表着作曲、作词和器乐，奖章边缘刻着："What passion cannot music raise and quell"，摘自约翰·德莱顿（John Dryden）的诗《圣塞西莉亚日之歌》（*A Song for St. Cecilia's Day*）。

该奖章的获得者有歌唱家布林·特费尔（Bryn Terfel）（2006）和作曲家朱迪思·韦尔（Judith Weir）（2007）。

① The Queen's Medal for Music，http：//www.thedukeofyork.org/output/Page4891.asp，20084-12-16.

（五）昔日勋章

19世纪的勋章体系反映了英国的帝国地位，某些勋章（如圣米迦勒及圣乔治勋章）就是为了奖励国内及当时的殖民地国家效忠英王的官员。20世纪中叶，许多国家纷纷独立并建立了自己的荣誉体系。而那些仍以女王为首的国家则没有建立自己的荣誉体系，其总督以英国女王常驻代表的身份代为颁发英联邦的各项荣誉。[①]

曾用于英国各殖民地的勋章有：

1. 圣帕特里克勋章

圣帕特里克勋章[②]（The Most Illustrious Order of St. Patrick，简称Order of St. Patrick）是爱尔兰的最高勋章，设立于1783年，历史上用于奖励那些支持政府的爱尔兰高官和贵族。1922年，爱尔兰独立后这枚勋章就停止了，其最后一位佩戴者（亨利王子，格洛斯特公爵）逝世于1974年。

圣帕特里克勋章的礼拜堂是位于都柏林的圣帕特里克大教堂；圣帕特里克勋章佩戴者被冠以“爵士”（Knight）的尊称，名字后面可以加上“KP”的头衔缩写。

最初，圣帕特里克勋章骑士成员的数量是15名，1833年增加到22名。

2. 皇家圭尔夫勋章

皇家圭尔夫勋章[③]（The Royal Guelphic Order）有时也指“汉诺威圭尔夫勋章”（The Hanoverian Guelphic Order），是大不列颠的（更确切的说应该是汉诺威王国的）一项骑士勋章，1815年4月28日由当时的摄政王（后来的乔治四世）创设。1873年英王威廉四世去世后，联合王国与汉诺威的个人联盟宣告终结，之后英王就没再颁发过该勋章。但汉诺威王国独立后却仍然继续使用该勋章，后来汉诺威王国战败后被普鲁士王国强

① Commonwealth honours，http：//www.thedukeofyork.org/output/Page5252.asp，2008-12-16.

② Order of St. Patrick，http：//www.thedukeofyork.org/output/Page4880.asp，2008-12-16.

③ Royal Guelphic Order，http：//en.wikipedia.org/wiki/Royal_Guelphic_Order，2009-1-14.

行解散，该勋章则由汉诺威王室使用。勋章以汉诺威国王所属的汉诺威王室命名，勋章上的白马是汉诺威王国的武器。

勋章分文武两种，分别用于民事和军事。勋章分为三等，依次为：

- 爵级大十字勋章（Knight Grand Cross），头衔缩写为 GCH；
- 爵级司令勋章（Knight Commander），头衔缩写为 KCH（图 3—27）；
- 爵士勋章（Knight），头衔缩写为 KH。

图 3—27 皇家圭尔夫勋章的爵级司令勋章的配星和徽章

3. 印度之星勋章

印度之星勋章[①]（The Most Exalted Order of the Star of India）是维多利亚女王于 1861 年设立的一项骑士勋章。1947 年印度独立后该勋章就废除了。

勋章共有三等，分别是：

- 爵级大司令勋章（Knight Grand Commander），头衔缩写为 GCSI（图 3—28）；

① Order of the Star of India，http：//en.wikipedia.org/wiki/Order_of_the_Star_of_India，2009-1-14.

• 爵级司令勋章（Knight Commander），头衔缩写为 KCSI；

• 伴友勋章（Companion），头衔缩写为 CSI。

勋章的格言是“天堂之光，我们的向导”（Heaven's light our guide）；“印度之星”（Star of India）是勋章的象征，同时出现在印度总督的旗帜上。

4. 印度帝国勋章

印度帝国勋章[①]（The Most Eminent Order of the Indian Empire）由维多利亚女王在 1878 年设立（图 3—29）。到 1947 年印度独立后，勋章亦不再颁发。

图 3—28　印度之星勋章的爵级大司令勋章

图 3—29　印度帝国勋章

勋章共有三等，分别是：

• 爵级大司令勋章（Knight Grand Commander），头衔缩写为 GCIE；

• 爵级司令勋章（Knight Commander），头衔缩写为 KCIE；

• 伴友勋章（Companion），头衔缩写为 CIE。

勋章的格言是：“Imperatricis auspiciis”（Under the auspices of the Empress，在女皇的庇护之下），指维多利亚女王，印度的第一位女皇帝。

印度帝国勋章是印度帝国较低级别的大不列颠骑士勋章，次于印度之

---

① Order of the Indian Empire，http：//en. wikipedia. org/wiki/Order _ of _ the _ Indian _ Empire. 2009 - 1 - 14.

《印度帝国勋章》，http：//zh. wikipedia. org/wiki/%E5%8D%B0%E5%BA%A6%E5%B8%9D%E5%9C%8B%E5%8B%B3%E7%AB%A0，2008 - 8 - 14。

星勋章。

5. 英属印度勋章

英属印度勋章[①]（Order of British India）于1837年4月18日由东印度公司（East India Company）创立，以奖励长期、忠诚、光荣的服务。1859年印度起义后，该公司失去了以往的权力，该勋章成了英国荣誉体系的一部分。1947年印度独立后，该勋章就废除了。

该勋章享有极高的声誉，通常授予在特殊战役中作出卓越贡献的人士，也经常授予服务时间长达20—30年的官员。

该勋章分为两个等级，一等勋章获得者可以在其名字后加上Sardar Bahadur（heroic leader，英勇的领导者）的头衔，二等勋章获得者可以使用Bahadur（hero，英雄）的头衔，两者均可在其名字后使用勋章的头衔缩写OBI。（图3—30）

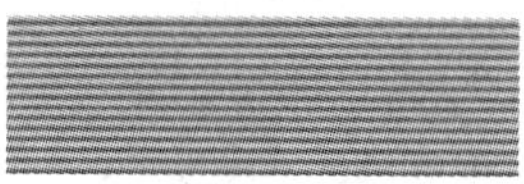

最初的勋表，1837—1838年使用

第二代勋表，1838—1839年使用

1939年后，一等勋增加了两条杠（左图），二等勋增加了一条杠（右图）

图3—30　英属印度勋章

6. 印度功绩勋章

印度功绩勋章[②]（Indian Order of Merit）于1837年由东印度公司引进。1837—1907年间，印度功绩勋章是唯一一项授予英国本土士兵的英勇奖章。获勋者可以在其名字后使用IOM的头衔缩写。1947年印度独立后，该勋章被废除。

---

① Order of British India，http：//en. wikipedia. org/wiki/Order _ of _ British _ India. 2009－1－14.

② Indian Order of Merit，http：//en. wikipedia. org/wiki/Indian _ Order _ of _ Merit，2009－1－14.

7. 印度皇冠勋章

印度皇冠勋章[①]（The Imperial Order of the Crown of India，简称Order of the Crown of India，图 3—31）于 1878 年由维多利亚女王设立，只授予英国公主、印度贵族的妻子或女性亲属以及某些官员的妻子或女性亲属。获勋者可以在其名字后加上 CI 的头衔缩写。1947 年印度独立后这枚勋章不再使用。伊丽莎白二世是最后一名获得印度皇冠勋章的人。

8. 缅甸勋章

缅甸勋章[②]（Order of Burma，图 3—32）于 1940 年 5 月 10 日创立，只有一个等级。获勋者可以在其名字后使用 OB 的头衔缩写，历史上只有 33 个人曾经获得此勋章。1948 年 9 月 2 日，独立后的缅甸政府创设了“Pyidaungsu Sithu Thingaha”（Order of the Union of Burma，缅甸联邦勋章）以替代缅甸勋章。

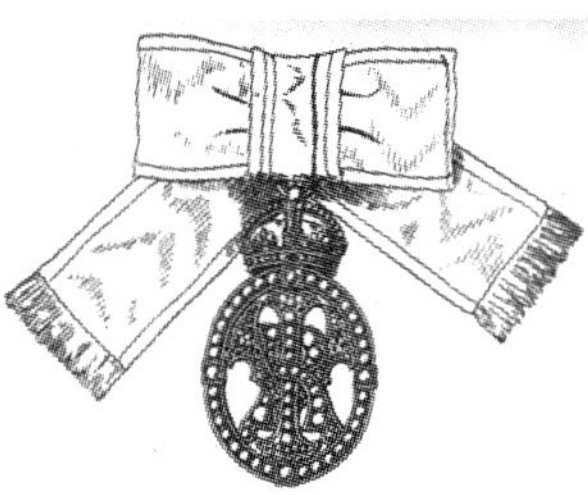

图 3—31　印度皇冠勋章

图 3—32　缅甸勋章的勋表

四　特点与趋势总结

（一）英国功勋荣誉制度的特点

1. 历史悠久、等级繁多

英国是最早设立功勋荣誉制度的国家之一，迄今已有 660 多年历史。

---

① Order of the Crown of India，http：//en. wikipedia. org/wiki/Order _ of _ the _ Crown _ of _ India，2009 - 1 - 14.

《印度皇冠勋章》，http：//zh. wikipedia. org/zh-hans/%E5%8D%B0%E5%BA%A6%E7%9A%87%E5%86%A0%E5%8B%B3%E7%AB%A0，2008 - 8 - 15。

② Order of Burma，http：//en. wikipedia. org/wiki/Order _ of _ Burma，2009 - 1 - 14.

英国荣誉制度中设有许多荣誉奖项，根据候选人所作的贡献和不同的工作领域授予不同的荣誉，主要包括勋章、勋位、奖章，每种荣誉下又设有多个等级的荣誉体系。

目前，英国保留的荣誉主要分为7类，根据候选人所作贡献和影响大小，分别授予伴友荣誉、爵士/女爵士、司令勋章、官佐勋章、员佐勋章、女王志愿服务奖和女王企业奖。骑士勋章下设有十余种等级的勋章和一个骑士爵位。这些勋章都具有悠久的历史，其中最古老也是最高级别的嘉德勋章设立于1348年，而最“年轻”的勋章也是设立于1917年。英勇奖章是奖励给那些勇敢的人，包括为保护皇室成员而冒着生命危险的人、与犯罪分子斗争并且表现出巨大勇气的人。

2. 封建色彩浓厚

英国的封建体系与爵士制度有极其久远的历史背景，几个世纪以来，英国勋位和荣誉制度同贵族制度一样历经沧桑，几度变迁。在王权日益被削弱的英国君主立宪制里，授予爵位、颁发勋章是王室手中仍然握有的重要权力之一，也正由于这点，王室勋爵的评判才如此引人注目。虽然这种历经700多年的荣誉制度已经演变为一种社会精神激励制度，但那些沿用至今的贵族头衔却显得与现代社会格格不入。

此前曾有英国媒体批评说，像“Sir（爵士）”、“Dame（女爵士）”这样的荣誉称谓难免让人把受册封者和特权、等级阶层画上等号，并联想起早已成明日黄花的大英帝国。

不列颠帝国勋章常被不少人批评是大英帝国理念下的产物。著名诗人本杰明·泽凡尼（Benjamin Zephaniah）就曾经在2003年公开表示拒绝接受OBE勋衔，称其为殖民主义的遗产，勋衔令他联想起“千年的残暴不仁，也回想起自己的祖先如何被强奸和屠杀”。2004年，英国议会下院一个特别委员会建议，将不列颠帝国勋章更名为“不列颠卓越勋章”，而且不再以“司令”为勋爵命名，以去除其“军事”色彩。①

3. 政治性较强

随着议会立法权力的增长及以首相为首的政府内阁的介入，确定荣誉候选人的方式也发生了改变，君主不再按照个人的意愿随意颁发荣誉，而

① 《不列颠帝国勋章》，http：//zh.wikipedia.org/wiki/%E4%B8%8D%E5%88%97%E9%A2%A0%E5%B8%9D%E5%9B%BD%E5%8B%8B%E7%AB%A0，2008-8-14。

是要参考首相的建议。[①] 现代英国册封贵族的主要原因还是出于英国首相的政治需要。据说，这种做法是始于20世纪60年代的保守党首相麦克米伦最早用册封终身贵族来报答政界好友、党内保护人和私人至交，从此以后，历任首相无不效法。[②] 按照规定，勋爵候选人推荐的标准是，接受荣誉勋爵的人须在各自的领域，包括商业、艺术等，作出重大贡献。但实际操作中，王室分封的荣誉勋爵大都集中在政坛、商界和娱乐明星领域中。由于涉及英国政府，每年英国社会都为候选人的名单争论不休。

英国君主有时还和外国政府首脑交换勋章。自20世纪中叶以来，勋章的交换变得更为正式化和外交化，荣誉与勋章的归还或免除等行为具有高度的象征性。如今，女王与外国政府首脑互换荣誉勋章已经被视为两国政府间正式的、官方的外交行为。[③]

有舆论认为，英国王室授勋太易受政治影响了，有时成了英国政府的外交工具。美国前总统老布什在任时被封爵，就被很多政治家指出这是一次政治交易，目的是拉近两国政府间的关系。美国9·11后，反恐也成了英国王室授勋的一项评判指标。2003年，女王授予海瑟·桑德丝勋爵，原因就是她在身为英国驻希腊大使馆专员的丈夫遭恐怖分子杀害后，能继续与恐怖分子作斗争。

4. 有严格的评选程序，却无成文立法

英国的荣誉制度根据候选人的成就、服务和勇气给予国家奖励，通常每年评选两次，分别在女王生日和新年时公布，虽然有着一套严格的评选标准和评选程序，但却没有一部完整和全面的成文立法，这也算是英国荣誉制度的一大特点。现存的有关荣誉制度的一个法规是《1925年荣誉封号（防止滥用）法例》，当时制定这条法例的目的，是为了防止有人以英国传统的荣誉封号换取利益。

（二）近年来授予功勋荣誉情况

1. 英国近年来颁发的主要是不列颠帝国勋章

从2006年到2008年，每年大约有954人获得勋章，平均分布情况如

① Development of the system，http：//www.thedukeofyork.org/output/Page4875.asp，2008-12-16.

② 《大不列颠联合王国爵位制度》，http：//9link.116.com.cn/node/47834，2008-8-15。

③ Honours，http：//www.thedukeofyork.org/output/Page4872.asp，2008-12-16.

下：爵级司令勋章（KBE）31人，司令级勋章（CBE）108人，官佐级勋章（OBE）232人，员佐级勋章（MBE）583人。

2008年新年时共有972人获奖，834人是员佐级勋章或官佐级勋章级别，其中599名员佐级勋章（占总数的62%），235名官佐级勋章（占总数的24%）。

2008年女王生日时颁发了959枚勋章，其中不列颠帝国勋章951枚，巴斯勋章7枚，伴友荣誉勋章1枚。

2009年的新年荣誉名单共有966人，其中8人获巴斯勋章，其余958人获得不列颠帝国勋章。

2. 重点奖励教育、卫生、法律和志愿者服务领域作出贡献的人员

2008年新年时有78%的人是从事公益事业、志愿者服务或与自己职业相关的兼职工作。

同年女王生日颁奖时这一比例则为76%。

2009年新年时超过70%的获奖者是基层模范人物，有许多人在社区从事过志愿者服务；从行业分布看，来自教育界的获奖者占10%，医疗卫生领域的占8%，工业和经济领域的占14%，体育领域占6%。

3. 尽量减少在性别、种族、地区等方面存在的不平衡现象

2008年新年荣誉名单中有378名女性，包括6名女爵士、32名不列颠帝国勋章的第三等——司令级勋章、4名巴斯勋章的第三等——伴友勋章、三等勋爵士，占总数的39%，与上期持平；少数民族所占比例为6%。

2008年女王生日荣誉名单中有393名女性，包括10名女爵士、15名不列颠帝国勋章的第三等——司令级勋章、2名巴斯勋章的第三等——伴友勋章、三等员爵士，占总数的41%，创历史最高记录；少数民族所占比例从上次的6%增加到8.2%；7.3%为“反歧视残疾人法”（Disability Discrimination Act）承认的残疾人士。

2006年获奖者的地区分布如下：约克郡和亨伯赛德郡6%，西南部10%，东南部14%，伦敦15%，中西部7%，东西部4%，东部9%，西北部8%，东北部3%，威尔士6%，北爱尔兰5%，苏格兰11%，海峡群岛与曼岛1%，其他未知地区1%。

（三）英国功勋荣誉制度的趋势

1. 面临改革

近来，英国老祖宗遗留的“荣誉封赐制度”处境不妙，不仅公众有一肚子牢骚，许多被提名册封者也对这些殊荣说“不”，就连已拥有这些头衔的人也不想再使用它。

有关报告显示，太多的公务人员、外交人士以及高级军事官员仅仅是因为他们做了自己应该做的工作而被授予称号，这造成了一种不公正的感觉，破坏了这一制度的可信性。相比较于男子和白人，很少有妇女以及少数民族能够获得称号，同时在不同的地区也有着不同的比例。

2003 年 12 月，英国《星期日时报》曾披露过一份文件，上面记载了自第二次世界大战以来拒绝被提名的约 300 位名人。包括摇滚歌手大卫·鲍依、英国喜剧界大师级人物约翰·克里斯、两届戛纳电影节影后范尼莎·雷德格雷夫等。去年，牙买加诗人本杰明·泽凡尼退回了他的不列颠帝国勋章（OBE），以表示对殖民主义和布莱尔政府对伊拉克政策的不满。在《东方快车谋杀案》中扮演神探佩洛的阿尔伯特·芬尼拒绝荣誉后称，接受各项英国荣誉的人都有“根深蒂固的势力”。[①]

这种尴尬局面促使英国议会决心对荣誉制度“改头换面”。英国议会下院公共管理特别委员会针对这个问题进行了几次听证会，并于 2004 年 7 月 13 日提出建议，对荣誉制度进行大刀阔斧的改革，扫除“封建气息”[②]。该特别委员会主席托尼·莱特表示，“荣誉制度需要从根本上进行系统化改革。”[③]

该委员会表示荣誉制度也应当“与时俱进”，有关骑士以及女爵士的称谓是适应过去的级别和等级制度的需要，现在已经不再适合了。他们建议把当时的 16 个荣誉称号削减至 4 个（目前已削减到 7 个），废除在英国流传已久的骑士以及女爵士等荣誉称号。

---

① 《700 多年荣誉制度遭质疑 英国要扫除“封建残余”》，http：//news.tom.com/1003/20040715—1097515.html，2008 - 8 - 15。

② 《英国荣誉制度面临改革 骑士称谓将成为历史》，http：//news.eastday.com/eastday/news/news/node4941/node25426/userobject1ai366959.html，2008 - 8 - 15。

③ 《700 多年荣誉制度遭质疑 英国要扫除“封建残余”》，http：//news.tom.com/1003/20040715—1097515.html，2008 - 8 - 15。

议员们形容大英帝国荣誉制度是“时代的错误，并且没有什么意思，是对当今的英国公民不适应的称号”。他们表示希望以新的最优秀不列颠帝国勋章荣誉制度代替现在的制度。新的制度将包含三个级别的荣誉称号：伴友勋章（Companion of Order，CH）、官佐勋章（Officer of Order，OBE）、员佐勋章（Member of Order，MBE）。

该委员会同时希望结束另外两个专门授予公务员、外交官以及军队人员的荣誉称谓：巴思勋章和圣米迦勒及圣乔治勋章。同时有相当多的公众人士建议停止不列颠帝国勋章制度，同时建立一种新的最优秀不列颠帝国勋章荣誉制度，以单一的扩大范围的伴友勋章来授予大多数的杰出人士。由于这两种制度有着同样的首字母缩写，所以将会确保其延续性，同时以前获得荣誉的公众也不会感到他们的荣誉遭到贬值。

同时该委员会希望以澳大利亚式的透明荣誉委员会制度取代目前的秘密的荣誉评选制度，目前现行的公务员匿名委员会制度应当被单一实体的由公众选择提名的委员会所取代。

2. 平民化趋势

纵观英国功勋荣誉制度，特别是经过近 50 年来的改革，大有平民化的趋势。原本为奖励那些“杰出人士”而设立的功勋荣誉，不再只面向那些为国家作出贡献和争得荣誉的人开放，而是将所有在自己的工作岗位上为社区作出贡献，兢兢业业工作的平民百姓都包括在内。因此，获得英国功勋荣誉的人也不再都是老百姓耳熟能详的明星级人物，普通平民也有了获得国家嘉奖的机会。

20 世纪 60 年代中期以前，英国绝大多数的荣誉都被授予了国家公务人员。而今天在首相推荐名单当中，国家公务人员的比例只有 1960 年的 1/3 左右。自从 1993 年英国增设公众直接提名候选人系统后，大众可以通过信件、电话或网络方式了解荣誉评定体系，也可以为自己心目中的“英雄”提名或者投上一票，近几年中几乎将近一半的荣誉获得者都是由公众提名的。英国首相布朗去年在《英国每日英雄》一书的颁布仪式上提到，大多数的功勋荣誉都应授予那些服务于社区的人们，比如在学校、医院和志愿者组织中工作的人。

2006 年，99 岁高龄的布朗太太被授予了员佐勋章，因为她在过去的七十多年里一直操持着自家经营的餐饮店“Fishandchips”，数十年如一日，始终为社区居民提供着优质的食品和服务，并赢得良好的声誉。[①]

近年来英国功勋荣誉的授予情况也逐渐趋于平民化，英国政府希望提高大众对于英国荣誉制度的认知，并鼓励公众积极为自己心目中的“英雄”提名，希望在将来的荣誉评选中，能够涌现出更多的“平民英雄”。

3. 面临贬值危险

也许是物以稀为贵，当初由于英国王室很少对平民授予勋爵，这也在另一方面提高了荣誉勋爵的价值。然而，随着英国王室分封制度的改革，王室勋爵也面临着贬值的危险。[②] 其关键原因就是授勋人数太多太滥，含金量远不如以前。

现在，英国女王一年要分封两次，每次的人数都达一千人左右，这么多的人难免鱼龙混杂。据媒体报道，许多人曾多次拒绝接受勋爵。英国著名画家劳里曾先后5次拒绝勋爵，其中包括1955年的“不列颠帝国官佐级勋章”、1961年的“不列颠帝国司令勋章”和1968年的“爵士”勋爵等。英国剧作家米歇尔在1989年和2004年两次拒绝“不列颠帝国司令勋章”和“爵士”勋爵。原因就是由于得到这一勋爵的人太多太滥了，突出不了自己的价值。

而且据媒体报道，获得女王授勋的人普遍经济实力雄厚，这难免引起社会对王室勋爵是否按照钱财多少进行分封的猜疑。2002年，就有人指责获得勋爵头衔的百万富翁古拉姆·努恩向工党政府捐献了10万英镑，是政府“用政治头衔奖励大额捐款者”的产物。难怪英国媒体普遍认为，王室授勋太过于“嫌贫爱富”了，成了有钱人的游戏。

这些因素都造成英国王室勋爵的大量缩水，以致很多人认为英国勋爵现在已经一文不值。更有甚者据此推测，若干年之后英国王室将没有可以授勋的候选人了。

---

① 《九旬老太获殊荣 英国荣誉制度：体现平民化趋势》，http://eur.bytravel.cn/art/jxl/jxlthsrygryzdtxpmhqs/，2008-8-15。

② 《谁知道国外的皇室都应该有哪些大臣?》，http://www.junshi99.com/baike/200709/2007-09-10/20070910171816_58388.html，2008-8-15。

五 附表

附表 3—1

序号	勋章	设立时间（年）
	现行勋章	
1	嘉德勋章（The Most Noble Order of the Garter，简称 Order of the Garter）	1348
2	蓟花勋章（The Most Ancient and Noble Order of the Thistle，简称 Order of the Thistle）	1687 或 809
3	巴斯勋章（The Most Honourable Order of the Bath，简称 Order of the Bath）	1725
4	功绩勋章（The Order of Merit）	1902
5	圣米迦勒及圣乔治勋章（The Most Distinguished Order of Saint Michael and Saint George，Order of St Michael and St George）	1818
6	皇家维多利亚勋章（The Royal Victorian Order）	1896
7	不列颠帝国勋章（The Most Excellent Order of the British Empire，简称 Order of the British Empire）	1917
8	伴友荣誉勋章（The Order of the Companions of Honour）	1917
9	杰出服务勋章（The Distinguished Service Order，DSO）	1886
10	帝国服务勋章（The Imperial Service Order）	1902
	英勇奖	
1	维多利亚十字勋章（Victoria Cross，缩写为 V. C.）	1856
2	显著英勇十字勋章（Conspicuous Gallantry Cross，CGC）	1993
	英勇奖	
3	乔治十字（George Cross）	1940
4	乔治奖章（George Medal）	1940
5	女王英勇奖章（The Queen's Gallantry Medal，QGM）	1974
6	女王英勇奖状（The Queen's Commendation for Bravery）	——
	女王奖	
1	女王企业奖（The Queen's Award for Enterprise）	1999
2	女王志愿服务奖（The Queen's Award for Voluntary Service）	2002
3	女王纪念日奖（The Queen's Anniversary Prize）	——

续表

序号	勋章	设立时间（年）
4	女王诗歌金奖（The Queen's Gold Medal for Poetry）	1933
5	女王音乐奖章（The Queen's Medal for Music）	2005
	昔日勋章	
1	圣帕特里克勋章（The Most Illustrious Order of St. Patrick，简称 Order of St. Patrick）	1783
2	皇家圭尔夫勋章（The Royal Guelphic Order）	1815
3	印度之星勋章（The Most Exalted Order of the Star of India）	1861
4	印度帝国勋章（The Most Eminent Order of the Indian Empire）	1878
5	英属印度勋章（Order of British India）	1837
6	印度功绩勋章（Indian Order of Merit）	1837
7	印度皇冠勋章（The Imperial Order of the Crown of India，简称 Order of the Crown of India）	1878
8	缅甸勋章（Order of Burma）	1940

主要参考文献

1.《700多年荣誉制度遭质疑 英国要扫除“封建残余”》，http://news.tom.com/1003/20040715－1097515.html，2008－8－15。

2.《伯爵》，http://zh.wikipedia.org/wiki/%E4%BC%AF%E7%88%B5，2008－8－14。

3.《不列颠帝国勋章》，http://zh.wikipedia.org/wiki/%E4%B8%8D%E5%88%97%E9%A2%A0%E5%B8%9D%E5%9B%BD%E5%8B%8B%E7%AB%A0，2008－8－14。

4.《从男爵》，http://zh.wikipedia.org/wiki/%E5%BE%9E%E7%94%B7%E7%88%B5，2008－8－14。

5.《大不列颠联合王国爵位制度》，http://9link.116.com.cn/node/47834，2008－8－15。

6.《功绩勋章》，http://zh.wikipedia.org/wiki/功绩勋章，2008－8－15。

7.《贵族》，http://zh.wikipedia.org/wiki/%E8%B4%B5%E6%97%8F，2008－8－14。

8.《嘉德勋章》，http：//zh. wikipedia. org/wiki/%E5%98%89%E5%BE%B7%E5%8B%8B%E7%AB%A0，2008-8-14。

9.《九旬老太获殊荣 英国荣誉制度：体现平民化趋势》，http：//eur. bytravel. cn/art/jxl/jxlthsrygryzdtxpmhqs/，2008-8-15。

10.《名誉勋位》，http：//zh. wikipedia. org/wiki/名誉勋位，2008-8-15。

11.《男爵》，http：//zh. wikipedia. org/wiki/%E7%94%B7%E7%88%B5，2008-8-14。

12.《欧洲爵位制度（以英国为主）》，http：//yomi. redsaga. com/bbs/read. php? tid=1209，2008-8-15。

13.《圣米迦勒及圣乔治勋章》，http：//zh. wikipedia. org/wiki/%E8%81%96%E7%B1%B3%E8%BF%A6%E5%8B%92%E5%8F%8A%E8%81%96%E5%96%AC%E6%B2%BB%E5%8B%B3%E7%AB%A0，2008-8-14。

14.《谁知道国外的皇室都应该有哪些大臣?》，http：//www. junshi99. com/baike/200709/2007-09-10/20070910171816_58388. html，2008-8-15。

15.《维多利亚十字勋章》，http：//baike. baidu. com/view/288396. htm，2008-8-15。

16.《下级勋位爵士》，http：//zh. wikipedia. org/wiki/%E4%B8%8B%E7%BA%A7%E5%8B%8B%E4%BD%8D%E7%88%B5%E5%A3%AB，2008-8-14。

17.《印度帝国勋章》，http：//zh. wikipedia. org/wiki/%E5%8D%B0%E5%BA%A6%E5%B8%9D%E5%9C%8B%E5%8B%B3%E7%AB%A0，2008-8-14。

18.《印度皇冠勋章》，http：//zh. wikipedia. org/wiki/印度皇冠勋章，2008-8-15。

19.《英国的爵位制度》，http：//bbs. tiexue. net/post_1095429_1. html，2008-8-15。

20.《英国荣誉制度面临改革 骑士称谓将成为历史》，http：//news. eastday. com/eastday/news/news/node4941/node25426/userobject1ai366959. html，2008-8-15。

21.《英国世袭的爵位有哪些?》，http：//iask. edu. sina. com. cn/b/8770051. html? from=related，2008－8－13。

22.《英国世袭爵位》，http：//iask. edu. sina. com. cn/b/8770051. html? from=related，2008－8－13。

23.《英国授勋及嘉奖制度》，http：//zh. wikipedia. org/wiki/%E8%8B%B1%E5%9B%BD%E8%8D%A3%E8%AA%89%E5%88%B6%E5%BA%A6，2008－8－14。

24.《子爵》，http：//zh. wikipedia. org/wiki/%E5%AD%90%E7%88%B5，2008－8－14。

25. Bravery Awards，http：//www. honours. gov. uk/honours/bravery. aspx，2009－1－11.

26. Commonwealth honours，http：//www. thedukeofyork. org/output/Page5252. asp，2008－12－16.

27. Development of the system，http：//www. thedukeofyork. org/output/Page4875. asp，2008－12－16，

28. Distinguished Service Order http：//en. wikipedia. org/wiki/Distinguished Service Order，2009－1－23.

29. George Cross，http：//en. wikipedia. org/wiki/George _ Cross，2009－1－23.

30. George Medal，http：//en. wikipedia. org/wiki/George _ Medal，2009－1－23.

31. Honours，http：//www. thedukeofyork. org/output/Page4872. asp，2008－12－16.

32. Imperial Service Order，http：//en. wikipedia. org/wiki/Imperial _ Service _ Order，2009－1－23.

33. Indian Order of Merit，http：//en. wikipedia. org/wiki/Indian _ Order _ of _ Merit，2009－1－14.

34. Investitures，http：//www. thedukeofyork. org/output/Page4876. asp，2008－12－16.

35. Order of British India，http：//en. wikipedia. org/wiki/Order _ of _ British _ India，2009－1－14.

36. Order ofBurma，http：//en. wikipedia. org/wiki/Order _ of _ Bur-

ma, 2009 - 1 - 14.

37. Order of Merit, http: //www. thedukeofyork. org/output/Page 4881. asp, 2008 - 12 - 16.

38. Order of St. Michael and St. George, http: //www. thedukeofyork. org/output/Page4884. asp, 2008 - 12 - 16.

39. Order of St. Patrick, http: //www. thedukeofyork. org/output/Page4880. asp, 2008 - 12 - 16.

40. Order of theBath, http: //www. thedukeofyork. org/output/Page 4883. asp, 2008 - 12 - 16.

41. Order of theBritish Empire, http: //www. thedukeofyork. org/output/Page4886. asp, 2008 - 12 - 16.

42. Order of the Companions of Honour, http: //en. wikipedia. org/wiki/Order _ of _ the _ Companions _ of _ Honour, 2009 - 4 - 17.

43. Order of the Crown of India, http: //en. wikipedia. org/wiki/Order _ of _ the _ Crown _ of _ India, 2009 - 1 - 14.

44. Order of the Garter, http: //www. thedukeofyork. org/output/Page4878. asp, 2008 - 12 - 16.

45. Order of the Indian Empire, http: //en. wikipedia. org/wiki/Order _ of _ the _ Indian _ Empire, 2009 - 1 - 14.

46. Order of the Star of India, http: //en. wikipedia. org/wiki/Order _ of _ the _ Star _ of _ India, 2009 - 1 - 14.

47. Order of the Thistle, http: //www. thedukeofyork. org/output/Page4879. asp, 2008 - 12 - 16.

48. Order of Wear, http: //www. honours. gov. uk/honours/wear. aspx, 2009 - 1 - 11.

49. Prizes and awards, http: //www. thedukeofyork. org/output/Page4888. asp, 2008 - 12 - 16.

50. Queen's Gallantry Medal, http: //en. wikipedia. org/wiki/Queen's _ Gallantry _ Medal, 2009 - 1 - 23.

51. Queen's Award for Enterprise, http: //www. thedukeofyork. org/output/Page4889. asp, 2008 - 12 - 16.

52. Queen's Award for Voluntary Service, http: //www. thedukeo-

fyork. org/output/Page4892. asp，2008-12-1.

53. Queen's Commendation for Bravery，http：//en. wikipedia. org/wiki/Queen's _ Commendation _ for _ Bravery，2009-1-23.

54. Royal Guelphic Order，http：//en. wikipedia. org/wiki/Royal _ Guelphic _ Order，2009-1-14.

55. Royal Victorian Order，http：//www. thedukeofyork. org/output/Page4885. asp，2008-12-16.

56. The Order of the Companions of Honour，http：//www. thedukeofyork. org/output/Page4882. asp，2008-12-16.

57. The Queen's Anniversary Prizes，http：//www. thedukeofyork. org/output/Page5253. asp，2008-12-16.

58. The Queen's Gold Medal for Poetry，http：//www. thedukeofyork. org/output/Page4890. asp，2008-12-16.

59. The Queen's Medal for Music，http：//www. thedukeofyork. org/output/Page4891. asp，2008-12-16.

60. Types of Award，http：//www. honours. gov. uk/honours/types. aspx，2009-1-11.

61. Types of Honour，http：//www. honours. gov. uk/honours. aspx，2009-1-11.

62. Victoria Cross，http：//en. wikipedia. org/wiki/Victoria _ Cross，2009-1-9.

第四章

德国的功勋荣誉制度

一 历史沿革与概况

现代功勋荣誉制度最早起源于有共同信仰的人为了达成共同的目标而成立的教会组织。在十字军东征的年代，这些教会组织演变成骑士团。这些骑士团实际上是现代骑士制度和功勋制度的前身，“Orden”一词的含义也随着历史的演变由原来的“骑士团”变成现代的“勋章”。

在欧洲设立最早，也最广为人知的有三大骑士团，分别是圣约翰骑士团、圣殿骑士团和条顿骑士团，这些骑士团成员的外套上都佩戴有装饰性的标志，圣约翰骑士团为黑色大衣配白色十字，圣殿骑士团为白色大衣配红色八角十字，条顿骑士团为白色大衣配黑色十字。这些十字标志后来逐渐演变成德国勋章和奖章的基本造型。

13、14世纪，骑士团作为不受任何一个国家管制的独立组织在世界范围内的知名度进一步提高，同时骑士团最初的宗教目的也不复存在，而变成由大团长领导，所有成员共同佩戴骑士勋章的世界性组织。这一时期的骑士团一般由国王建立，以召集各个阶级的代表，为其统治地位服务。起初骑士团并没有划分等级，随着数量的增加，骑士团之间以及骑士团内部都开始划分等级，不同等级的成员佩戴不同的勋章。这一时期的勋章并非现代意义上的荣誉奖赏，而只是骑士身份的象征。

到了19世纪，除了骑士勋章以外，各国君主还开始设立其他的奖章和徽章，主要是英勇奖章和军事奖章，授予不被骑士团接受的下士和士兵。直到第一次世界大战结束，德国许多种勋章和奖章并不是根据获得者作出的贡献，而是根据他们的军阶授予的。其中铁十字勋章（das Eiserne

Kreuz）是第一个可以授予所有军官、下士和士兵的勋章。随着历史的发展，勋章和奖章的等级划分依据逐渐演变成获得者所作贡献的大小，而不是他们的阶层和军阶。

1918 年以前德国勋章的设立和授予都由各邦国国王负责，因此严格来说 1918 年以前德国并没有国家级的勋章。尽管威廉一世和二世曾经设立过一些战争纪念章和纪念币，但他们都是以普鲁士国王而非德意志皇帝的身份设立和授予这些奖章的。但由于这些普鲁士奖章，尤其是战争类奖章有相当大部分授予了非普鲁士人士，因此在一定程度上也具有国家级勋章和奖章的性质。

德国的国家级荣誉制度最早建立于魏玛共和国时期（1919—1933）。根据魏玛共和国宪法第 109 条和第 175 条，除了 1914—1918 战争功绩类勋章外，国家元首不得设立和颁授勋章和奖章。但德意志各邦国均继承以往的传统设立各种奖章，主要有消防类和救援类奖章，其中部分奖章获得国家承认，作为国家级奖励进行颁授。

第三帝国（1933—1945）时期，德国的功勋荣誉制度蓬勃发展。第三帝国政府设立和颁授了大量的勋章和奖章，根据授予对象的不同主要分为非军事类和军事类两大类别。其中军事类勋章种类繁多，几乎覆盖了陆海空三军的所有兵种，其中最著名的莫过于铁十字勋章。

由于第三帝国政府设立和授予勋章和奖章几乎可以说达到了一种泛滥的程度，对德国勋章和奖章的声誉造成了严重的损害，因此第二次世界大战结束以后，德国占领区的统治政府决定对德国的勋章荣誉制度进行严格的管理和限制。美占区的军政府于 1945 年 7 月 14 颁布的法令第 8 条规定："禁止颁授、接受和佩戴任何军事或平民勋章和奖章。" 1949 年 9 月 21 日盟国德国最高委员会颁布的法令第 7 条取消了上述规定。从此德国功勋荣誉制度的建设不再受占领区盟国法律的约束。

1990 年 10 月 3 日两个德国统一前，联邦德国（西德）和民主德国（东德）都建立起了独具特色的荣誉制度。联邦德国继承了德意志历史上荣誉制度的特色，设立的不少勋章、奖章具有悠久的历史传统，例如红十字奖章、救援类奖章等。1957 年 7 月 26 日联邦议院颁布了《头衔、勋章和奖章法》(Gesetz über Titel，Orden und Ehrenzeichen)，成为德意志联邦共和国功勋荣誉制度的法律基础。除此之外，各个联邦州也都有相应的法律法规，对本州内的勋章和奖章进行约束和管理。不仅如此，设立一些重要的勋章和奖章时还会颁布相应的法令或细则，对勋章和奖章进行详细的规定。

民主德国则更多地受到苏联的影响，设立了种类繁多的勋章、奖章和荣誉称号，仅国家级的就有176种，大部分是各个行业杰出成就奖和贡献奖。两德统一后，原西德的荣誉制度继续保留，并适用于德国境内所有地区。根据《头衔、勋章和奖章法》和1990年两德《统一协议》的规定，只要不扰乱德意志联邦共和国的公共秩序，德意志民主共和国颁发的勋章和奖章可以继续佩戴，但取消相关的权利。

目前德国功勋制度的结构十分精简，国家级的勋章和奖章主要分联邦总统颁授、许可和承认三大类共十几种，各州政府设立的勋章和奖章一般也都不超过十种，主要有各州功绩勋章、消防勋章、救援勋章等。

二 德国历史上的勋章和奖章

（一）第二帝国时期的勋章和奖章（1871—1918）

在第二帝国时期德国并没有国家级勋章，只有22个德意志邦国颁授的勋章。威廉一世和二世只设立了一些奖章，主要是纪念章和战争纪念币，例如1870—1871年战争纪念币（die Kriegsdenkmünze）（1871年5月20日）、威廉大帝纪念章（die Kaiser Wilhelm-Erinnerungsmedaille）（1879年3月22日）等。

此外还有各种战争功绩奖章。1918年设立的伤员徽章（Verwundetenabzeichen）被一直沿用。

（二）魏玛共和国时期的勋章和奖章（1918—1933）

魏玛共和国时期，德国的国家级荣誉制度才开始建立。由于魏玛共和国宪法规定，除了1914/1918战争功绩类勋章外，国家元首不得设立和颁授勋章和奖章。因此这一时期国家元首只设立了少数几种徽章。但德意志各邦国所设立的部分救援类奖章获得国家承认，作为国家级奖励进行颁授。此外，还有部分国家机构和社会公益机构设立的奖章获得国家的认可。

1. 国家级勋章和奖章

（1）伤员徽章（das Verwundetenabzeichen）

1918年3月3日，威廉二世设立了“军队伤员徽章”（das Verwundetenabzeichen für die Armee），奖给“为了祖国流血或在战场上被敌人所伤，不能继续服役的军人”。1918年6月24日，设立“海军伤员徽章”（das Verwundetenabzeichen für die Marine）。

（2）救援奖章（die Rettungsmedaille）

1918年之前各个德意志邦国都设立了救援奖章，以奖励英勇的救援工作者。第一次世界大战后救援奖章一度中止颁授，后来除了不伦瑞克（即后来的下萨克森州），帝国的各个邦国又相继开始颁授救援奖章：例如巴登（1920）、符腾堡（1924）、普鲁士（1925）。1933年4月7日，德国法律规定救援奖章为帝国国家级奖章。奖章授予证书由帝国总统签发，总统去世后由总理签发。

2. 国家许可的勋章和奖章

（1）西里西亚边防徽章（das Schlesische Bewährungsabzeichen），即西里西亚雄鹰（Schlesischer Adler）。该徽章由第六军总指挥部于1919年6月16日设立，授予在边防中作出重要贡献的人，直到1933年5月才获得国家的许可。

（2）波罗的海十字奖章（das Baltenkreuz）

该奖章由波罗的海国家委员会于1919年夏天设立，以纪念1918—1919年南利弗兰和库尔兰战役。1933年5月获得国家批准。

（3）德意志红十字奖章（das Ehrenzeichen des Deutschen Roten Kreuzes）

该奖章由德意志红十字会于1922年4月28日在帝国总统的许可下设立，最初为非国家级奖章，分两个级别。当时的奖章为镶金边白色珐琅十字，中间镶有一个刻有（Deutsches Rotes Kreuz）（德意志红十字会）字样的盾牌。1934年1月30日颁布的《德意志红十字奖章细则》规定将奖章中心的图案改为刻有红十字的鹰标，并共设四个级别，分别为：带星奖章（佩戴于左前胸）、一级奖章（挂脖佩戴）、功绩十字奖章（胸针式）和德意志红十字奖章（绶带式），此外还设有一枚女式十字奖章。

1937年3月，德意志红十字奖章的外形又进行了一次变动，改为白色珐琅十字，中间镶红十字，红十字四周雕有花环图案，绶带为红色绣两道白条纹。这一造型一直沿用至今。1937 年 4 月 6 日还设立了一枚纪念章。1939 年 5 月 1 日起德意志红十字奖章和纪念章由“德意志人民护理奖章”（das Ehrenzeichen für deutsche Volkspflege）所替代。

（三）第三帝国时期的勋章和奖章（1933—1945）

第三帝国是德国功勋荣誉制度蓬勃发展的时期。这一时期的政府设立和颁授了大量的勋章和奖章，其中最著名的莫过于铁十字勋章。根据 1957 年的《头衔、勋章和奖章法》，这一时期的大部分勋（奖）章仍然允许继续佩戴，但不得带有纳粹标志，而一些直接服务于纳粹党派或政府、直接标榜纪念非正义的对外侵略战役的勋（奖）章不被认可。

1. 1934—1939 年期间的勋章和奖章

（1）被认可的和平类勋章和奖章

1934—1939 年期间颁授的勋章和奖章被现在政府认可的有以下几种。

①奥林匹亚奖章（das Olympia-Ehrenzeichen）和奥林匹亚纪念章（die Olympia-Erinnerungsmedaille）

奥林匹亚奖章设立于 1936 年 2 月 4 日，以表彰在 1936 年加米施·帕腾基兴冬季奥运会和柏林及基尔夏季奥运会上取得优异成绩的运动员。

奥林匹亚纪念章设立于 1936 年 7 月 31 日，以表彰在奥运会中作出杰出贡献的工作人员。

②德国国防军服务奖章（die Dienstauszeichnung der Wehrmacht）

该奖章设立于 1936 年 3 月 16 日，以示对“新国防军军人的忠诚服务表示认可”。奖章的授予对象为当时在国防军服役的军人。该奖章于 1939 年 9 月 1 日停止颁授。

③忠诚服务奖章（das Treudienst-Ehrenzeichen）

该奖章设立于 1938 年 1 月 30 日，授予对象为公务员和政府工作人员。根据受奖者的服务年限，奖章分两个级别。1943 年至第二次世界大战结束期间该奖章的颁授中止。

④帝国青年义务劳动军服务奖章（die Dienstauszeichnung für den Reichsarbeitsdienst）

该奖章设立于 1938 年 1 月 30 日，以示对为帝国青年义务劳动军服务的承认。根据受奖者的服务年限奖章分为 4 个级别。

⑤警察服务奖章（die Polizei-Dienstauszeichnung）

该奖章设立于 1938 年 1 月 30 日，按服务年限分三个级别。

⑥消防奖章（das Feuerwehr-Ehrenzeichen）

1936 年之前，德意志消防协会及各州各地区分会都设有消防奖章，但并没有国家级的消防奖章。1936 年 12 月 22 日帝国内政部长设立了帝国消防奖章（Reichsfeuerwehrehrenzeichen）。1938 年 1 月 30 日起由帝国总理负责颁授奖章。

奖章分两个级别：一级奖章授予在消防工作中表现英勇，作出突出贡献的人，可以是消防员，也可以是普通居民。二级奖章只授予 1936 年 5 月 1 日后从事消防工作满 25 年的消防员。1944 年 8 月 12 日又设立了金橡叶奖章，上面刻有“40”，授予服务满 40 年的消防工作者。

奖章均为白底刻火焰造型的十字，配有金色（一级）和银色（二级）环扣，上面刻有“Für Verdienste im Feuerlöschwesen（奖给消防特殊贡献者)”的字样，起初奖章中间刻有纳粹“卍”字标，后来被取消。奖章配有红—白—红绶带，应别在扣眼中或佩戴于左前胸。

⑦矿山救援奖章（das Grubenwehr-Ehrenzeichen）

1936 年以前多个联邦州都设有矿山救援奖，但没有国家级奖章。1936 年 11 月 13 日德国经济部长设立了帝国矿山救援奖章（Reichsgrubenwehrehrenzeichen），1938 年 1 月 30 日被新设立的矿山救援奖章所替代。

奖章为银色圆形，正面雕有十字交叉的双面锤和尖头锤。背面刻有“Für Verdienste im Grubenwehrwesen”（奖给矿山救援特殊贡献者）的字样。

⑧对空防御奖章（das Luftschutz-Ehrenzeichen）

该奖章设立于 1938 年 1 月 30 日，授予在对空防御领域作出突出贡献的人。设有两个级别。

⑨关境检查奖章（das Zollgrenzschutz-Ehrenzeichen）

该奖章设立于 1939 年 2 月 17 日，授予关境检查所的公务员，以示对其忠诚服务的认可。

（2）不被认可的和平类勋章和奖章

根据 1957 年 7 月 26 日联邦议院颁布的《头衔、勋章和奖章法》，1934—1939 年期间颁授的和平类奖章中有一些是不允许佩戴的，例如：

①德意志民族艺术与科学勋章（der Deutsche Nationalorden für

Kunst und Wissenschaft)

设立于 1937 年 1 月 30 日，当时替代了诺贝尔奖，一共只颁授 8 次。

②德意志雄鹰功绩勋章（der Verdienstorden vom Deutschen Adler）

设立于 1937 年 5 月 1 日，只授予外籍人士。

③德意志母亲十字奖章（das Ehrenkreuz der Deutschen Mutter）

授予生育多个孩子的母亲，分三个级别：一级（8 个或 8 个以上孩子）、二级（6—7 个孩子）、三级（4—5 个孩子）。

④德意志人民护理奖章（das Ehrenzeichen für deutsche Volkspflege）

在 1934—1939 年期间代替了德意志红十字奖章。

此外，不被认可的奖章还有纪念非正义战役、表彰参与非正义战争者和直接服务于纳粹党派的奖章，例如党卫军奖章（die SS-Dienstauszeichnung）等。

2. 第二次世界大战期间的战争类勋章和奖章

第二次世界大战期间，第三帝国政府设立了数量繁多的战争类勋章和奖章，本节只对其中几种重要的进行介绍，其余的请参见附表 4—4。

（1）勋章与奖章

① 1939 年铁十字勋章（das Eiserne Kreuz 1939）

铁十字勋章可以说是世界范围内最著名的德国勋章。由于铁十字勋章是因为第二次世界大战而被世人所熟悉，因此一提到铁十字勋章让人容易联想到纳粹德国，事实上铁十字的标志最初源于条顿骑士团的手持十字架，1870 年后成为德国三军的通用标志。

1813 年 3 月 1 日腓特烈三世为了奖励在自由战争中表现英勇的士兵，设立了铁十字勋章，同年 3 月 10 日，第一枚铁十字勋章被授予在对抗法国拿破仑战争期间表现优异的军人。之后铁十字勋章仅在战时依照军阶颁发。例如在 1870 年 7 月 19 日开始的普法战争期间再次对战争英雄授予铁十字勋章，1895 年在威廉一世的许可下普法战争期间的勋章获得者获得一个 25 年纪念别针。1914 年 8 月 5 日第一次世界大战开始后，威廉二世重新开始颁授铁十字勋章。

铁十字勋章十分朴素，几乎没有任何装饰，只是不同时期的勋章上分别刻有设立年代，如“1813”、“1870”、“1914”、“1939”。

1813 年、1870 年和 1914 年的铁十字勋章都分为三个级别，由高到低依次为：大铁十字勋章（Großkreuz des Eisernen Kreuzes）、一级铁十字勋章（Eisernes Kreuz 1. Klasse）、二级铁十字勋章（Eisernes Kreuz 2. Klasse）。其中大铁十字勋章只授予德军资深的陆军军官。第一次世界大战期颁授了约 21 万 8 千枚一级铁十字勋章和约 500 万枚二级铁十字勋章。[①] 此外还设有一个特殊的带星大铁十字勋章，但只颁授过两次，分别是 1813 年授予布吕歇尔元帅，1918 年授予兴登堡元帅。

随着第二次世界大战的爆发，1939 年 1 月第三帝国再次开始颁授铁十字勋章，直至第二次世界大战结束。勋章的授予对象是勇敢抗击敌人，出色领导军队的军人。

1939 年的铁十字勋章设有三大系列共 8 个级别，由高到低分别为：大铁十字勋章（Großkreuz des Eisernen Kreuzes）；骑士铁十字勋章：钻石双剑金橡叶骑士铁十字勋章（Ritterkreuz des Eisernen Kreuzes mit dem Goldenen Eichenlaub mit Schwertern und Brillanten）、钻石双剑橡叶骑士铁十字勋章（Ritterkreuz des Eisernen Kreuzes mit dem Eichenlaub mit Schwertern und Brillanten）、双剑橡叶骑士铁十字勋章（Ritterkreuz des Eisernen Kreuzes mit dem Eichenlaub mit Schwertern）、橡叶骑士铁十字勋章（Ritterkreuz des Eisernen Kreuzes mit dem Eichenlaub）、骑士铁十字勋章（Ritterkreuz des Eisernen Kreuzes）；铁十字勋章：一级铁十字勋章（Eisernes Kreuz 1. Klasse）、二级铁十字勋章（Eisernes Kreuz 2. Klasse）。

大铁十字勋章的授予对象为“影响战争动向，作出杰出决策”的参谋军官。勋章直径 63 毫米，镶银边，配有 57 毫米宽红色镶黑白边的绶带。

骑士铁十字勋章授予在战争中表现格外英勇的军人。日本的山本五十六曾获得双剑橡叶骑士铁十字勋章。骑士铁十字勋章直径约 48.5 毫米，配有和大铁十字同样颜色的绶带。

铁十字勋章也是对军人在战争中英勇表现的奖励。勋章直径 44 毫米，配有和大铁十字同样颜色的绶带。

通常 1914 年铁十字勋章的获得者在第二次世界大战中只能获得标有“1939”的勋章别针。这种做法在 1914 年也推行过，但由于在普法战争中获得铁十字勋章的人为数不多，因此 1914 年勋章别针格外稀有。

---

① 《铁十字勋章》，http://zh.wikipedia.org/wiki/%E9%90%B5%E5%8D%81%E5%AD%97%E5%8B%B3%E7%AB%A0。

第二次世界大战结束后，德国政府再也没有颁授过铁十字勋章，但允许其获得者继续佩戴。1957 年，联邦政府向第二次世界大战期间铁十字勋章的获得者颁发了新的铁十字勋章，中间以橡叶代替了原来的纳粹标志。

②战争功绩十字勋章（das Kriegsverdienstkreuz）

战争功绩十字勋章设立于 1939 年 10 月 18 日，授予在战争中作出重要贡献，但未获得铁十字勋章的军人。

勋章为八角十字，中间镶月桂叶环镶边的徽章，上面刻有“1939”。勋章分三个级别：战争功绩骑士十字勋章（Ritterkreuz des Kriegserdienstkreuzes）、一级战争功绩十字勋章（Kriegsverdienstkreuz 1. Klasse）、二级战争功绩十字勋章（Kriegsverdienstkreuz 2. Klasse）。此外，还设有战争功绩奖章（die Kriegsverdienstmedaille）。1944 年 7 月 8 日还设立了战争功绩骑士十字金质勋章（die Goldene Ritterkreuz des Kriegserdienstkreuzes），但一直没有颁授。

勋章最初正面刻有纳粹“卍”字标，骑士和二级十字勋章背面刻有“1939”。后来正面取消了“卍”字标，改刻“1939”，背面无字。骑士和一级十字勋章为银质，二级十字勋章和奖章为铜质。一级勋章有两把十字交叉的剑，骑士和二级十字勋章均无双剑。带双剑十字勋章授予在战争中表现英勇或指挥杰出的军人。不带双剑十字勋章授予在战争中出色完成特殊任务的军人。

骑士十字勋章配有黑色镶红白边的绶带，应挂脖佩戴。一级十字勋章没有绶带，应佩戴于左前胸一级铁十字勋章或者联邦功绩十字勋章下方。二级十字勋章配有和骑士十字勋章一样的绶带，应佩戴于左前胸。十字奖章配有与二级十字勋章的绶带类似，但中间有一道红色细条纹。

国防军成员由三军最高指挥或总指挥授予勋章，非国防军成员由国家部长和总理授予勋章，对空防御部成员由航空部长授予勋章。骑士十字勋章由国家总理颁授。

③伤员徽章（das Verwundetenabzeichen）

该徽章设立于第二次世界大战爆发日，授予对象为战争中的伤员，包括平民。国防军成员由营长及以上级别的军官授予徽章，其他人员由负责其所在地区的国防军指挥官授予徽章。因空袭受伤的人员由空军指挥官授予徽章。

徽章分为三个级别：金质徽章（受伤 4 次以上）、银质徽章（受伤 3—4 次）、黑色徽章（受伤 1—2 次）。

徽章仿照第一次世界大战期间的陆军伤员徽章，为椭圆形，四周雕月桂叶，中间雕有交叉的双剑和陆军头盔。

（2）部队徽章（Waffenabzeichen）

根据 1942 年 5 月 3 日颁布的《保护国防军部队徽章的规定》，部队徽章是指在战争期间因功绩突出或英勇过人，由国防军三军最高指挥官负责颁授的战争徽章。除了国防军成员，部队徽章也可以授予参战的外籍军人。部队徽章与勋章和奖章具有同等法律地位，受《头衔、徽章和奖章法》的保护。其他类别的徽章不在《保护国防军部队徽章的规定》范围之内，例如各种只属于某一特定部队的军服徽章，如山地部队雪绒花徽章（Edelweiß der Gebirgsdivisionen）。

①战斗类奖章

（a）国防军

• 战役纪念盾章、袖章

第二次世界大战期间，德国政府设立了多种纪念章，授予参与某些重要战役的国防军成员及隶属国防军的人员，多由指挥战役的最高级军官负责授予。例如设立于 1940 年 8 月 19 日的纳尔维克盾章（der Narvikschild）就是为了纪念纳尔维克战役[①]，授予对象为所有参加纳尔维克战役的国防军成员。盾章由纳尔维克部队指挥官爱德华·迪特尔（Eduard Dietl）上将[②]授予。

这类纪念章还有霍尔姆盾章（der Cholmschild）、克里米亚盾章（der Krimschild）、迪米扬斯克盾章（der Demjanskschild）、库班盾章（der Kubanschild）、华沙盾章（der Warschauschild）、拉普兰盾章（der Lapplandschild）、“克里特”袖带（das Ärmelband “Kreta”）、“非洲”袖带（das Ärmelband “Afrika”）、低空战斗机击落袖章（das Tieffliegervernichtungsabzeichen）等。

---

① 纳尔维克战役是第二次世界大战期间德军为保障铁矿砂运输安全和北海地区航运而发动的抢夺挪威港口小镇纳尔维克的侵略战争。

② 德国军事将领，参加过两次世界大战。1940 年 4 月 10 日起率领山地师在挪威纳尔维克作战，获骑士十字奖章，晋升中将。

• 东方占领区部队成员英勇和功绩奖章（die Tapferkeits-und Verdienst-Auszeichnung für Angehörige der Ostvölker)

该奖章设立于1942年7月14日，授予来自苏联但参加德军作战的公民，以表彰他们为德国战争表现出的英勇和功绩，1942年11月起也授予在东方占领区指挥作战的军官。英勇奖章由东方占领区部队指挥官负责颁授，功绩奖章由德国国家部长负责颁授。

• 游击战徽章（das Bandenkampfabzeichen)

该徽章设立于1944年1月30日，以表彰参加游击战的海陆空军成员。徽章由党卫队元首、游击战部队最高指挥官、海陆空最高指挥官负责颁授。

(b) 陆军

陆军战役徽章只授予党卫军陆军成员、隶属党卫军的部队成员和警察师的成员。其中突击徽章（Sturmabzeichen）和陆军防空徽章（Heeres-Flak-Abzeichen）应佩戴于左前胸一级铁十字勋章的下方，其他种类的徽章按各自规定的方式佩戴。1941年5月21日规定获得一种突击徽章者不得再获得其他种类的突击徽章。

• 突击徽章

陆军设置了三种突击徽章，分别是步兵突击徽章（das Infaterie-Sturmabzeichen)、坦克突击徽章（das Panzerkampfabzeichen）和普通突击徽章（das allgemeine Sturmabzeichen)，均由陆军最高指挥官设立，分别授予参加三天突击活动的步兵、坦克部队成员和其他陆军成员。

• 陆军防空徽章（das Heeres-Flak-Abzeichen)

该徽章由陆军总指挥官于1941年7月18日设立，授予对象为陆军步兵防空部队和陆军防空炮兵部队的成员，由陆军防空炮兵部队上将和陆军步兵防空部队上将负责授予。

• 坦克击毁袖章（das Panzervernichtungsabzeichen)

该袖章设立于1942年3月9日，授予自1942年6月22日起在战役中利用近战武器击毁盟军坦克的士兵，而且每击毁一辆坦克就可获得一枚袖章。

(c) 海军舰队

海军舰队徽章授予参加某场战役的海军部队成员。该类徽章应佩戴于一级铁十字勋章的下方，而且不能同时佩戴两种海军舰队徽章。

例如 1939 潜水艇战争徽章（das U-Boots-Kriegsabzeichen 1939），由海军舰队最高指挥官于 1939 年 10 月 13 日设立，授予至少两次作战成功的潜艇成员。此类徽章还包括驱逐舰战争徽章（das Zerstörer-Kriegsabzeichen）、扫雷部队、潜艇搜寻部队和守卫部队战争徽章（das Kriegsabzeichen für Minensuch，U-Boots-Jagd-und Sicherungsverbände）、辅助巡洋舰战争徽章（das Kriegsabzeichen für Hilfskreuzer）、舰队战争徽章（das Flotten-Kriegsabzeichen）、快艇战争徽章（das Schnellboot-Kriegsabzeichen）、海军炮兵战争徽章（das Kriegsabzeichen für die Marineartillerie）等。

（d）空军

• 前线飞行别针（die Frontflug-Spange）

该别针由空军最高指挥官于 1941 年 1 月 30 日设立，以表彰参加前线空战的空军飞行员。

在第二次世界大战即将结束的时候，已经颁授了 8 类前线飞行别针，分别是歼击机飞行员别针（die Frontflug-Spange für Jäger）、夜间作战歼击机飞行员别针（die Frontflug-Spange für Nah-sowie für Fernnachtjäger）、轰炸机和俯冲轰炸机飞行员别针（die Frontflug-Spange für Kampf-und Sturzkampfflieger）、侦察机飞行员别针（die Frontflug-Spange für Aufklärer）、运输机和空降机飞行员别针（die Frontflug-Spange für Transport-und Luftlandeflieger）、战斗机飞行员别针（die Frontflug-Spange für Schlachtflieger）、驱逐机飞行员别针（die Frontflug-Spange für Zerstörer）。根据完成前线飞行任务次数，所有的别针都分金（20 次前线飞行）、银（60 次前线飞行）、铜（110 次前线飞行）三个级别。

徽章（图 4—1）为橡叶造型，中间镶暗银色圆形月桂叶环（夜间作战歼击机飞行员别针的月桂叶环为黑色），月桂叶环中间镶有各个空军部队的标志。起初月桂叶环下方刻有纳粹“卍”字标，后来被取消。

1942 年 6 月 26 日又设立了“前线飞行金质别针带字垂饰”（Anhänger zur goldenen Frontflug-Spange mit Einsatzzahl），并于 1944 年 4 月 28 日获得空军最高指挥官的许可。垂饰为金色长方形，左右两边雕有月桂叶，中间刻有黑色数字，表示完成飞行任务的次数，最小为 200 次，并以 100 次递进。在极其特殊的情况下，空军最高指挥官还颁授过前线飞行金质带钻别针，并配有相应的垂饰。

图 4—1　前线飞行别针

别针和垂饰均由各个级别的军官和指挥官负责颁授。

• 高炮战斗徽章（das Kampfabzeichen der Flakartillerie）

该徽章由空军最高指挥官于 1941 年 1 月 10 日设立，授予作出突出贡献或出色指挥部队的高炮部队成员，以表彰他们在对空防御方面作出的贡献。徽章由高炮部队指挥官和空军指挥官负责颁授。

• 空军地面作战徽章（das Erdkampfabzeichen der Luftwaffe）

随着战争中参加地面作战的空军的增多，1942 年 3 月 31 日空军总指挥官设立了该徽章。授予对象为 1942 年 4 月 1 日起在最前线参加地面战斗至少 3 天的空军成员。获得陆军突击徽章的空军成员应当按照命令将其换成空军地面作战徽章。徽章由空军团长或者拥有同等权限的军官负责颁授。

1944 年 11 月 10 日又设立了更高级别的空军地面作战徽章，并根据参加战斗的次数分三个级别：25 次二级、50 次三级、75 次四级、100 次五级。

②功绩与行为类徽章

此类徽章授予当时的多个兵种，是对自愿参与战争或掌握某项技能的认可。例如国防军方面有机动车徽章（das Kraftfahrbewährungsabzeichen）和狙击手徽章（das Scharfschützenabzeichen）；陆军有伞兵徽章（das Fallschirmschützenabzeichen der Heeres）、气球观察员徽章（das Ballonbeobachterabzeichen）；海军舰队有小型战斗部队功绩徽章（das Bewährungsabzeichen der Kleinkampfmittel）；空军有飞机师徽章（das

Flugzeugführerabzeichen）、观察员徽章（das Beobachterabzeichen）等。

（四）德意志民主共和国勋章和奖章（1949—1990）

1949—1990 年期间，德意志民主共和国颁授了多种勋章和奖章，其中国家级的就有 176 种。1990 年两德统一的时候在《统一协议》中规定："只要不扰乱德意志联邦共和国的公共秩序（ordre public），由德意志民主共和国颁授的勋章和奖章可以继续佩戴。"

德意志民主共和国颁授的国家级勋章和奖章中大部分是各个行业杰出成就奖章和贡献奖章，例如德意志民主共和国建筑业杰出成就奖章（Medaille für hervorragende Leistungen im Bauwesen der Deutschen Demokratischen Republik）、德意志民主共和国矿山和能源经济杰出成就奖章（Medaille für hervorragende Leistungen im Bergbau und in der Energiewirtschaft der Deutschen Demokratischen Republik）、德意志民主共和国金融行业杰出成就奖章（Medaille für hervorragende Leistungen im Finanzwesen der Deutschen Demokratischen Republik）、德意志民主共和国高校教师贡献奖章（Verdienter Hochschullehrer der Deutschen Demokratischen Republik）、德意志民主共和国法学家贡献奖章（Verdienter Jurist der Deutschen Demokratischen Republik）、德意志民主共和国人民警察贡献奖章（Verdienter Volkspolizist der Deutschen Demokratischen Republik）、德意志民主共和国水利经济学家贡献奖章（Verdienter Wasserwirtschaftler der Deutschen Demokratischen Republik）等。下面介绍几种主要的德意志民主共和国勋章。

1. 卡尔·马克思勋章（das Karl-Marx-Orden）

卡尔·马克思勋章是德意志民主共和国最重要的勋章，设立于 1953 年 5 月 5 日卡尔·马克思诞辰 135 周年之际，主要授予在工人运动、马克思—列宁主义的运用、发展社会主义社会体制和经济体制、科学和技术、艺术、教育和文化、维护和平、维护和促进与苏联和其他社会主义国家和人民的友好关系等领域作出突出贡献的个人、机构、企业、学校、协会等。

勋章由国务委员会主席，在民主德国的特殊纪念日或者另外挑选出来的表彰日颁授。勋章还配有授予证书，如果授予个人，还有奖金。

勋章为不规则圆形橡叶盘，上面镶有五角星，五角星的中间镶有圆形徽章，上面雕有马克思头像，应佩戴于左前胸。一旦获得者去世，勋章应归还国务院。

2. 沙恩霍斯特勋章（der Scharnhost-Orden）

该勋章设立于1966年2月17日，是一种军事勋章，授予为保卫民主德国作出突出贡献的个人和部队。

勋章为金色五角星，中间镶有圆形徽章，上面刻有沙恩霍斯特头像和两把交叉的匕首，应佩戴于左前胸。

3. 祖国功勋勋章（der Vaterländische Verdienstorden）

该勋章设立于1954年，授予在社会生活各个领域作出杰出贡献的个人和机构，分金、银、铜三个级别。

三　德国现行勋章制度

（一）相关法律规定

德国现行的功勋荣誉制度主要由1957年7月26日联邦议院颁布的《头衔、勋章和奖章法》进行约束，该法令共6条19款，对德国头衔、勋章、奖章的授予原则，该法令发布前颁授的勋（奖）章的处理，勋（奖）章的佩戴方式和顺序，勋（奖）章的收回与取消等进行了详细规定，奠定了德国功勋荣誉制度的法律基础。

除此之外几乎每设置一种勋章或奖章都有相应的法令或颁授细则，例如《德意志联邦共和国勋章细则》、《矿山救援勋章设立法令》、《银质月桂叶奖章设立法令》、《残疾人运动奖章设立法令》等，对各种勋章和奖章的设立者、颁授者、颁授对象、颁授条件、造型、佩戴方式等进行了详细的补充规定。

（二）德意志联邦共和国的勋章和奖章

德国现代国家功勋荣誉制度的主要表现形式依然是勋章和奖章。目前，德国国家级的勋章和奖章主要分为三大类：总统颁发的勋章和奖章、总统许可颁发的勋章和奖章、国家承认的徽章。根据《头衔、勋章和奖章法》第一条和第三条，德国国家级的勋章、奖章都由联邦总统颁发或在联邦总统许可的前提下颁发。

1. 总统颁发的勋章和奖章

(1) 德意志联邦共和国勋章 (der Verdienstorden der Bundesrepublik Deutschland)

目前德国级别最高的国家级勋章是德意志联邦共和国勋章，该勋章同时也是德国涵盖范围最广的综合性勋章。

1952 年 9 月 7 日，当时的德意志联邦共和国总统豪伊斯 (Theodor Heuss) 发布了《德意志联邦共和国勋章设立公告》，公告中规定该勋章的授予对象是“在政治、经济、社会和文化领域对德国重建作出贡献的德国人和外国人”，借以对他们表示政府的认可和感谢。《头衔、勋章和奖章法》中规定，该勋章的授予对象还包括“为德意志联邦共和国作出特殊贡献的人”。

①提名、审核和授予程序

作为一个法治国家，德国对德意志联邦共和国勋章的候选人提名、审核和颁授程序有着严格的法律规定。1966 年 12 月 22 日出台的《德意志联邦共和国勋章颁授细则》规定：首先，任何人可以以任何方式提名他人 (自我提名无效) 为德意志联邦共和国勋章候选人。根据被提名者的不同情况，主要可以通过以下几个途径进行提名：最直接的方式是向被提名者住址所在州的总理办公厅提交提案；如果被提名者住在国外或者是其他国家的公民，则应当向外交部提交提案；如果提名联邦最高行政机构 (如联邦内政部或国防部) 的工作人员，则应向其最高主管提出提案。

其次，所有提案都要受到相关部门的严格审查。在审查结束后，如果拥有建议权者认为提名合理，再将提案材料呈交给联邦总统。这里所说的拥有建议权者是指有权向联邦总统提交提名建议的人，包括各州州长、柏林市在任市长、不莱梅市州和汉堡市州参议院主席、外交部长、负责相关领域工作的联邦参议院主席、最高联邦机构的主管和联邦议院主席。

最后，所有提案由联邦总统亲自审核和批准，并专门发布由联邦总统、内政部长和外交部长联合签署 (大十字带星功绩勋章以上还要有总理的副署) 的勋章授予公告。通常由各州州长、联邦部长或州部长、州参议院或市长为获奖者颁发勋章，只有少数情况由联邦总统亲自颁发。

大部分德意志联邦共和国勋章是在德国统一日和“国际志愿者日”授予的。德国总统魏茨泽克 (Weizsäcker) 规定，从 1991 年起德意志联邦共和国勋章的授予时间为德国统一日，即 10 月 3 日左右。1996 年德国总统赫尔佐克（Herzog）首次提出在“国际志愿者日”，即 12 月 5 日亲自接见长期献身志愿工作的公民，并授予其德意志联邦共和国勋章。从此在“国际志愿者日”授予勋章也成为一种传统。

②勋章概况

德意志联邦共和国勋章多为十字形，因此也被称做联邦十字勋章。勋章主体均为红色珐琅质镶金边十字，中间镶黑色德国鹰标，勋章的绶带为红色，镶黑—金边。

德意志联邦共和国勋章分为 4 大等级，共 8 个小级别，由高到低依次为大十字勋章（特级大十字勋章、大十字勋章）、大十字功绩勋章（大十字带星和跨肩绶带功绩勋章、大十字带星功绩勋章、大十字功绩勋章）、十字功绩勋章（一级十字功绩勋章、带绶带十字功绩勋章）和功绩奖章。

所有的德意志联邦共和国勋章都附有一张说明书和联邦总统签发的授予证书。大十字带星勋章及以上级别的勋章证书盖有联邦大公章，以下级别的勋章证书盖有联邦小公章。勋章是持有者的私有财产，只有持有者能够佩戴，持有者去世后勋章不必上交。

（a）大十字勋章

大十字勋章（图 4—2）直径 70 毫米，正反两面一样。配有宽 100 毫米绶带，佩戴方式为从右肩斜跨至左髋，绶带上绣有联邦鹰标。另配有一枚直径 80 毫米的六角星形金质徽章，上面镶有该勋章的图案，徽章应佩戴于左前胸。特级大十字勋章（图 4—3）配有一个稍大一点的八角星形金质徽章。女式大十字勋章和特级大十字勋章比男式的略小，直径为 60 毫米，绶带宽 60 毫米。星形徽章与男式的一样。

图 4—2　大十字勋章

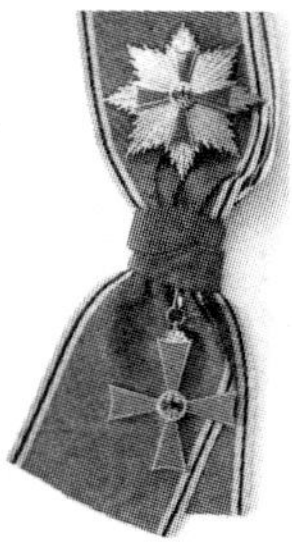

图 4—3　特级大十字勋章

到目前为止大十字勋章主要授予德国和其他国家的政府成员、外交官、政治家和科学家，例如德国现任总理默克尔于 2008 年荣获该勋章。其中特级大十字勋章按照国际惯例一直授予国家元首。1979 年以前的几位联邦总统豪伊斯、吕布克（Lübke）、海涅曼（Heinemann）和谢尔（Scheel）都是直接获得特级大十字勋章，没有举行授勋仪式。1979 年卡斯腾斯（Carstens）担任联邦总统一职，联邦议院正式授予其特级大十字勋章，联邦总理、参议院主席、联邦宪法法院院长都出席了授勋仪式。联邦总统在特定场合需佩戴特级大十字勋章，退休后可继续佩戴。

（b）大十字功绩勋章

大十字带星和跨肩绶带功绩勋章（图 4—4）的绶带和大十字勋章一样，宽 100 毫米，佩戴方式为从右肩斜跨至左髋，但绶带上没有绣联邦鹰标。配有四角星形金质徽章，直径为 85 毫米。女式的绶带宽 60 毫米。联邦宪法法院多任法官曾获该勋章。

图 4—4　大十字带星和跨肩绶带功绩勋章

大十字带星功绩勋章比大十字勋章略小，直径为 60 毫米，配有 44 毫米宽的绶带，应挂脖佩戴。配有一枚直径为 80 毫米四角星形金质徽章，上镶直径为 45 毫米的该勋章的图案。女式和男式的完全相同，但绶带宽 40 毫米，佩戴方式为领结式。（图 4—5、4—6）

图 4—5　大十字带星功绩勋章（男式）

图 4—6　大十字带星功绩勋章（女式）

大十字功绩勋章和大十字带星功绩勋章完全一样，但没有配徽章。获

得者需年满 70 周岁，极特殊情况可以放宽至 60 周岁。(图 4—7、4—8)

图 4—7 大十字功绩勋章（男式）

图 4—8 大十字功绩勋章（女式）

（c）十字功绩勋章

一级十字功绩勋章与带绶带十字功绩勋章大小一样，直径均为 55 毫米。区别在于一级功绩勋章背面平滑，带有别针，应佩戴于左前胸，带绶带十字功绩勋章配有 30 毫米宽的绶带，应佩戴于左前胸偏上的位置。女式一级十字功绩勋章与带绶带十字功绩勋章大小也一样，直径为 47 毫米，应佩戴于左肩下方一掌宽的位置。一级十字功绩勋章的获得者需年满 65 周岁，极特殊情况可以放宽至 55 周岁。(图 4—9、4—10)

图 4—9 一级十字功绩勋章（男式）

图 4—10 一级十字功绩勋章（女式）

《德意志联邦共和国勋章颁授细则》规定，首次受勋者只能获得带绶带十字功绩勋章（图 4—11、4—12）或功绩奖章，以上级别的勋章的获得者需年满 40 周岁。但如果受勋者由于不可抗的原因不得不结束其职业、政治、艺术或志愿者生涯，日后不可能再作出更多的贡献，首次受勋可以获得一级十字功绩勋章或大十字功绩勋章。

图 4—11　带绶带十字功绩勋章（男式）

图 4—12　带绶带十字功绩勋章（女式）

（d）功绩奖章

功绩奖章（图 4—13）为圆形金色，直径 38 毫米，上嵌十字，边上雕有月桂花环，背面刻有“Für Verdienste um die Bundesrepublik Deutschland（奖给德意志联邦共和国突出贡献者）”的字样。绶带宽 30 毫米，佩戴方式同带绶带十字功绩勋章。

③近年来勋章的颁授情况

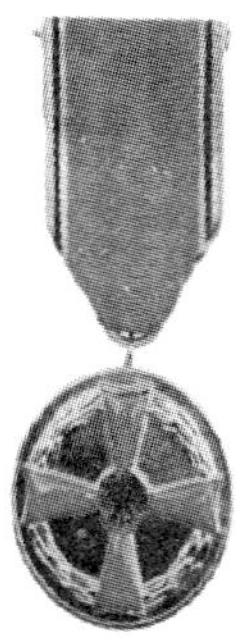

图 4—13　功绩奖章

《联邦公报》（*Bundesanzeiger*）每个月都会公布德意志联邦共和国勋章最新获得者的姓名、地址和职业。根据《联邦公报》的刊载，德意志联邦共和国勋章自 1951 年设立以来到 2005 年 10 月，共颁授约 21 万人次。迄今为止，德意志联邦共和国勋章获得者中有 25%强是由于社会贡献，约 7%是体育领域，约 13%是文化领域，地方行政领域约占 14%。[①] 自 1990 年德国统一以来，德意志联邦共和国勋章每年的颁授数量总体呈下降趋势，而女性获勋的比例却呈上升趋势（见表 4—1）。2006 年德国总统科勒提出将女性获勋的比重提高至 30%，这一建议现已被采纳。

① Bundespräsidialamt: *Der Verdienstorden der Bundesrepublik Deutschland*, http://www.bundespraesident.de/Anlage/original_620559/Broschuere-Verdienstorden-der-Bundesrepublik-Deutschland.pdf, 2001.

表 4—1　　　1990 年至 2008 年德意志联邦共和国勋章统计数据

年份	男性获勋人数	女性获勋人数	获勋总人数	女性获勋比例（%）
1990*	3443	642	4085	15.7
1991	4301	795	5096	15.6
1992	3425	591	4016	14.7
1993	3546	714	4260	16.8
1994	3400	726	4126	17.6
1995	3375	750	4125	18.2
1996	2777	727	3504	20.7
1997	3015	833	3848	21.6
1998	2926	801	3727	21.5
1999	2885	799	3684	21.7
2000	2604	718	3322	21.6
2001	2550	706	3256	21.7
2002	2527	829	3356	24.7
2003	2536	754	3290	22.9
2004	2650	797	3447	23.1
2005	1883	625	2508	24.9
2006	1749	563	2312	24.4
2007	1684	733	2417	30.3
2008	1703	772	2475	31.2

资料来源：http：//www.bundespraesident.de/artikel—，12071.622797/Statistik-Verdienstorden.htm。

（2）矿山救援奖章（das Grubenwehr-Ehrenzeichen）

德国最早的国家级矿山救援类奖章是 1934 年 4 月 17 日由普鲁士经济与劳动部部长设立的纪念奖。1936 年 11 月 13 日，设立了帝国矿山救援奖章，由第三帝国经济部长颁授，在随后的第二次世界大战中，该奖项的颁授中止。直到战后 1952 年，联邦州矿业委员会提议重新设立矿山救援奖，同年 9 月 15 日矿山资源最丰富的北莱茵—威斯特法伦州州长代表委员会向联邦总统提出相关申请。1953 年 7 月 14 日，联邦总统豪伊斯设立矿山救援奖章，旨在对在矿山救援工作中作出特殊贡献的矿山救援队成员进行嘉奖。各州州长、柏林市在任市长和不莱梅市州和汉堡市州参议院主席拥有该奖项的建议权。

由于矿山救援工作需要救援队员在矿山爆炸、失火等事故后自愿无私地救护他人生命，保护矿源，本质就是为他人生命和公共利益服务，因此矿山救援奖章是联邦总统颁发的所有勋章和奖章之中唯一具有职业特性的奖项。

矿山救援奖章分金质和银质两种。金质奖章（图 4—14）的获得者必须至少 20 年在矿山救援工作中作出卓越成绩，银质奖章（图 4—15）的年限要求是 15 年。矿山救援奖章为圆形，正面雕有交叉的双面锤和尖头锤以及救护队十字标，中央雕有德国鹰标，背面刻有“Für besondere Verdienste im Grubenrettungswesen”（奖给矿山救援工作特殊贡献者）的字样。奖章配有一条金色或银色滚边（对应金质和银质奖章）的橘色绶带，绣有黑色条纹，应佩戴于左前胸。

图 4—14　矿山救援金质奖章

图 4—15　矿山救援银质奖章

矿山救援奖章配有联邦总统签发的颁授证书，也属于私人财产，持有者去世后不必上交。

（3）银质月桂叶奖章（das Silberne Lorbeerblatt）

银质月桂叶奖章（图 4—16）由联邦总统豪伊斯于 1950 年 6 月 23 日设立，是联邦最高级别的运动奖章，奖给体育成就卓越的运动员或教练，目的是为了表示国家对发展体育运动的支持。

银质月桂叶奖章通常每年颁授约150人次，奥运会和残奥会过后获奖人数大大提高，因为获奖的奥运会运动员和残奥会运动员是该奖章最大的获奖群体。在国际体育赛事中多次取得优异成绩（通常是第二名或第三名）的运动员和世界纪录创造者通常可以获得该奖章。除此之外，每年都会为在上一届足球世界杯和欧洲冠军联赛中取得优异成绩的国家足球队预留一枚奖章。

该奖章为银质月桂叶形胸针式，长约12厘米，女式的略小。授予奥运会获奖运动员的月桂叶奖章上刻有奥运五环标志。奖章配有联邦总统签发的证书，属于私人财产。

图4—16　银质月桂叶奖章

除了德意志联邦共和国勋章和银质月桂叶奖章，联邦总统设立的奖章还包括残疾人运动银质奖章（die Silbermedaille für den Behindertensport），授予以优异的体育成绩证明自己能够战胜身体缺陷，并为他人树立榜样的残障人士。

（4）残疾人运动银质奖章（die Silbermedaille für den Behindertensport）

1978年4月13日，联邦总统设立了残疾人运动银质奖章（图4—17），目的是促进残疾人运动，使其成为帮助残疾人康复的重要途径。授予对象是以优异的体育成绩证明自己能够战胜身体缺陷，并为他人树立榜样的残障人士。

残疾人运动银质奖章为圆形，中间雕有德国鹰标，四周雕有月桂叶图案，背面刻有“Der Bundespräsident”（联邦总统）的字样和颁授日期。奖章配有一条奥运五环颜色的绶带，应佩戴于左前胸位置。该奖章也配有联邦总统签发的证书，属于私人财产。

图 4—17　残疾人运动银质奖章

残疾人运动银质奖章候选人由德意志运动协会主席负责向总统府或内政部部长推荐。有资格获得该奖章的包括：①在国际运动组织承认的国际大赛中（如世界和欧洲残疾人冠军赛、残疾人奥林匹克运动会、残疾人世界运动会），在至少 6 个球队参赛的情况下获得金牌的球队成员；②在同等规模的国内比赛中多次获得冠军的球队成员；③在至少 6 名运动员参加的国际比赛中获得冠军的残疾运动员；④多次在至少 6 名运动员参加的国际比赛中获得亚军或季军的残疾运动员；⑤多次在国内比赛中获得冠军，并且成绩优异的残疾运动员；⑥在正式的比赛中创造了世界纪录的残疾运动员；⑦在与非残疾运动员的比赛中取得优异成绩的残疾运动员。

2. 联邦总统许可颁发的勋章和奖章

联邦总统许可颁发的勋章和奖章主要分为两大类：一类是 1949 年德意志联邦共和国成立以前德国历史上设立的奖项，建国后被总统予以认可，继续颁授；另一类是国家部委或机构在联邦总统颁发许可令许可的前提下设立和颁发的奖项。

(1) 科学与艺术功勋勋章（der Orden Pour le mérite für Wissenschaften und Künste）

该勋章的历史可以追溯到普鲁士时代。1667 年 5 月 12 日，普鲁士国王威廉·腓特烈一世（Wilhelm Friedrich Ⅰ）设立了“勇敢勋章”（Ordre de la Générosité[①]）。1740 年威廉·腓特烈二世（Wilhelm Friedrich Ⅱ），即人们所熟知的“腓特烈大帝”继位后将其改名为“功勋勋章”（Pour le mérite），计划将其奖给在即将到来的与西里西亚之间的战争中立下卓越功绩的皇室成员，但并没有制定相应的勋章授予规章。在 1810 年以前该勋章的授予对象包括军人和普通公民，直到 1810 年 1 月 18 日腓特烈·威廉三世（Friedrich Wilhelm Ⅲ）颁布了法令，规定“功勋勋章”只授予“在抗击敌人的战争中作出卓越贡献的人”，使其成了纯粹的战争

① 当时普鲁士宫廷的官方语言为法语。

勋章。

1842年5月31日，爱好科学和艺术的腓特烈·威廉四世（Friedrich Wilhelm Ⅳ）专门为该勋章设立了一个“科学与艺术和平修会”，“在科学和艺术领域作出被广泛认可的卓越成绩的人”有资格获得科学与艺术功勋勋章，并成为和平修会的成员。修会只设30名成员，一旦有成员退休，其他成员有权利和义务推荐候选人，最终决定权由普鲁士国王掌握。

在第一次世界大战中“功勋勋章”闻名遐迩，被授予在任何前线进行任何军事行动的指挥官们。空战中，战斗机飞行员必须击落8架以上敌机才能获得此勋章。马克斯·伊默曼（Max Immelmann）是第一位因击落8架敌机而获得勋章的飞行员。从此，“功勋勋章”因其颜色以及首位获得者的名字在飞行员们之间被戏称为“蓝马克斯勋章”。1918年11月9日，随着德皇威廉二世的退位，“功勋勋章”也被废除。

德意志联邦共和国成立之后，1952年5月31日，修会制定了新的章程，将修会的性质改为自由的学者与艺术家团体。1954年5月31日，当时的联邦总统豪伊斯成为修会庇护人。1963年6月27日，修会制定了新的章程，规定：①修会成员只能是在科学和艺术领域作出被广泛认可的卓越成绩的人，应佩戴艺术与科学功勋勋章，以示其成员身份；②根据新的德国勋章法，该勋章也属于私人财产，但一旦持有者去世，其遗属应立即将勋章交还给内政部；③修会成员必须具有德国国籍，但在德国生活多年并具有重要影响力的外籍学者或艺术家可以以外籍成员的身份加入修会；④德国籍成员人数限定为30名，一旦有成员退休，应立即进行增补。外籍成员人数不得超过德国籍成员，一旦有成员退休不需要立即增补；⑤通常情况下人文科学、自然科学和艺术领域的成员各占三分之一；⑥修会设有一名会长和2—3名副会长。会长或副会长一旦退休，由修会成员以简单多数的方式自由投票推选继任者；⑦人文科学、自然科学和艺术三个小组各自必须由会长或一名副会长负责。

科学与艺术功勋勋章（图4—18）为蓝色珐琅质圆环，圆环上镶有“Pour le mérite”的字样，圆环外均匀地镶有4个皇冠，圆环中央为一个镶普鲁士鹰标的圆形徽章，徽章与圆环之间由4对“FⅠ”字母均匀地连接在一起。勋章所有金属部分均为金质。勋章配有一条黑色绣银条纹的绶带，应挂脖佩戴。

图 4—18　科学与艺术功勋勋章

（2）德意志红十字奖章（das Ehrenzeichen des Deutschen Roten Kreuzes）

德意志红十字奖章和德意志消防十字奖章可以说是德国历史最为悠久的两种奖章，早在第二帝国时期各邦国就设有这两类奖项。尽管德国的历史一直是分裂与统一不断更迭，但无论在国家级还是邦国（或者联邦）级的功勋荣誉体系中，这两类奖项一直占据着一席之地。

1953 年 5 月 8 日，在联邦总统豪伊斯的许可下重新设立德意志红十字奖章，并重新设为两个级别。该奖章由德意志红十字会徽章颁授，授予以出色的表现贯彻红十字会宗旨的人员。奖章的颁授规定和细则均由德意志红十字会制定。只有各州红十字会会长有权推举候选人。

图 4—19　德意志红十字奖章（男式）

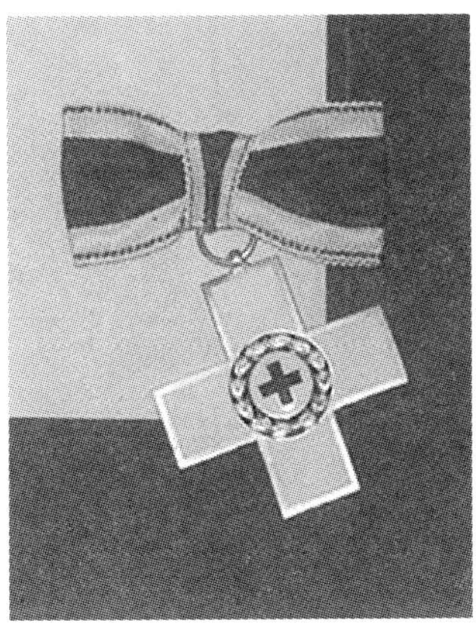

图 4—20　德意志红十字奖章（女式）

奖章的外形沿用1937年变动之后的造型，但两个级别之间略有差别，一级奖章的橡叶环为金色（德意志红十字金质奖章），二级奖章的橡叶环为银色（德意志红十字奖章）。男式（图4—19）应佩戴于左前胸，女式（图4—20）的绶带为领结式。

（3）德意志消防十字奖章（das Deutsche Feuerwehr-Ehrenzeichen）

1953年2月26日在联邦总统豪伊斯的许可下，德意志消防协会设立了德意志消防十字奖章，授予对象为在消防工作中成绩突出、表现英勇的消防员。奖章设有两个级别。每年平均1000次消防行动中会颁授一枚奖章，在获得银质奖章的基础上才可以获得金质奖章，每年平均3000次消防行动中会颁授一枚金质奖章。

奖章为蓝色珐琅十字，臂间有四个火焰图案，十字和火焰图案由一个金属环连接在一起，正面刻有“Für Verdienste im Feuerwehrwesen（奖给消防贡献者）”的字样，背面刻有“Deutscher Feuerwehrwesen（德意志消防协会）”的字样。十字的中心镶有黑色珐琅鹰标。一级奖章（图4—21）的所有金属部分为金色，二级（图4—22）的为银色。

图4—21　德意志消防十字奖章（一级）

图4—22　德意志消防十字奖章（二级）

1974年5月11日，德意志消防协会代表大会对奖章的授予条件、外形和佩戴方式作出了修改，获得了联邦总统的批准。新规章规定：①金质奖章改为胸针式，银质奖章仍为绶带式，均应佩戴于左前胸；②德意志消防协会分会主席有权推荐候选人，非协会成员由协会主席负责推荐；③奖章配有协会主席签署的证书；④奖章属于私人财产，持有者去世后不必上交。

（4）德意志船难救生协会海难救生奖章（die Medaille für Rettung aus Seenot der Deutschen Gesellschaft zur Rettung Schiffbrüchiger）

德意志船难救生协会成立于1865年，其任务是在德国北海和波罗的海海岸进行救援工作，为了奖励在救援工作中表现英勇，作出表率者。1955年4月20日，协会设立了海滩救生奖章。奖章的设立和颁授均获得联邦总统的许可。

奖章设金、银、铜三个级别，直径43mm，正面刻有协会会的名称和上开口的橡叶环图案，开口处刻有协会的标志——汉莎十字（Hansekreuz），背面刻有一幅船难图。奖章3mm厚的背脊上刻有获奖者的姓名、出色的救援事迹和颁授日期。三个级别的徽章均配有红—白绶带。

图4—23　德意志船难救生协会海难救生奖章（正面）

图4—24　德意志船难救生协会海难救生奖章（背面）

（5）德意志交通管理奖章（das Ehrenzeichen der Deutschen Verkehrswacht）

为了保障交通安全，1950年“联邦交通管理协会”（Bundesverkehrswacht，BVW）成立。1957年11月7日，协会设立了“联邦交通管理奖章”（Ehrenzeichen der Bundesverkehrswacht），以表彰为道路交通安全作出突出贡献的人。1968 年 7 月 11 日，改名为“德意志交通管理奖章”（图 4—25），奖章的设立和更名均获联邦总统的批准。奖章授予在维护交通安全、预防交通事故，即贯彻联邦交通管理协会宗旨等方面作出杰出成绩和重要表率的人，由协会会长负责颁授。

奖章设有两个级别，为白色珐琅十字，上镶交通管理标志（绿环中一个绿十字）。一级奖章的十字和交通管理标志镶金边，二级的镶银边。奖章背面刻有“Für Förderung der Sicherheit im Straßenverkehr-Deutsche Verkehrswacht（献给道路交通安全维护者——德意志交通管理协会）”。奖章配有绿色白边的绶带，应佩戴于左前胸，女式的为领结式。

图 4—25　德意志交通管理奖章

（6）圣约翰骑士奖章（die Ehrenzeichen des Johanniterordens）

成立于 1351 年的圣约翰骑士团勃兰登堡分团随着改革逐渐演变成天主教团体。由于其排水、垦荒等服务性活动，1810 年根据普鲁士教会世俗化谕令被解散。1812 年腓特烈三世设立了普鲁士圣约翰勋章，“以纪念解散的圣约翰骑士团勃兰登堡分团”。1852 年勃兰登堡协会重建，并沿用以往的规定，只接收天主教信仰的贵族和侯爵夫人。几十年后这一贵族原则被取消。

1949 年勃兰登堡协会获得了新联邦德国的承认，并将其驻地由柏林迁至波恩。1959 年联邦总统批准了以下级别的圣约翰骑士奖章（图 4—26），由高到低分别为：大团长奖章（Herrenmeisterkreuz）、荣誉成员十字奖章（Kreuz der Ehrenmitglieder）、指挥官十字奖章（Kommendatorenkreuz）、正义骑士十字奖章（Rechtsritterkreuz）、荣誉骑士十字奖章（Ehrenritterkreuz）。

1971 年 6 月 20 日，勃兰登堡协会制定了新的章程，规定其宗旨为在事故和紧急情况下提供帮助，照料伤者，照料老人、青少年和重病者，照料身体和经济状况窘困的人。章程还规定大团长十字奖章授予大团长，其余级别的奖章授予在贯彻协会宗旨时甘于奉献，表现突出的成员。受奖者还必须年满 35 岁，并成为协会成员至少 5 年。一旦持有者退出协会或者去世，协会立即收回奖章。

奖章均为白色珐琅八角金十字，十字臂间镶有四只展翅鹰标，荣誉骑士十字奖章和荣誉成员十字奖章的鹰标为黑色，其他为金色。所有奖章的十字上方都有一顶金色皇冠，配有带流苏的黑色绶带，应挂脖佩戴。

图 4—26　圣约翰骑士奖章

（7）歌德奖章（die Goethe-Medaille）

1932 年，为了保护德语在国外的发展以及促进国际文化合作，成立了歌德学院，后因战争中断运营。1952 年，在联邦政府的许可和资助下，歌德学院在慕尼黑重建，主要任务是负责对外文化政策和文化交流。1954年，在联邦总统的许可下设立了歌德奖章，以奖励在国际文化交流中，尤其是促进德语在国外的发展方面作出特殊贡献的人。通常在每年的3月22日（歌德的忌日）颁授3—5枚奖章，一般奖给非德国籍学者，只有在特殊情况下才会授予德国人。

奖章的授予证书由歌德学院院长签发。奖章和证书在德国由歌德学院院长颁发，在其他国家由负责对外文化交流的政府部门主管颁发，同时歌德学院分院院长也应当在场。此外，也可以在德国外交部长和歌德学院达成一致的情况下由分院院长颁奖。

歌德奖章（图4—27）为金色，直径30毫米，厚2毫米，环扣为月桂叶形，配有一条宽30毫米，长75毫米的蓝色绶带，应佩戴于左前胸。奖章正面雕有歌德头像，四周刻有“Johann Wolfgang von Goethe（约翰·沃尔夫冈·冯·歌德）”的字样，背面刻有“Für Verdienste. Goethe-Institut zur Pflege der deutschen Sprache im Ausland und zur Förderung der internationalen kulturellen Zusammenarbeit e. V.（献给特殊贡献者——保护德语在国外的发展以及促进国际文化合作歌德协会）”。奖章还配有一支蓝色玫瑰，可以别在衣服扣眼中。

图4—27　歌德奖章

（8）德意志技术救援奖章（das Ehrenzeichen des Technischen Hilfswerks）

技术救援机构（Das Technische Hilfswerk，THW）成立于1950年。1953年8月25日，联邦内政部长颁布法令将其划为内政部下属机构，其任务是以先进的设备和专业人员为灾难救援机构提供技术支持。1957年，技术救援机构划归联邦居民保护处，即后来的联邦居民保护局。

1975年9月17日，联邦内政部在联邦总统的许可下设立了德意志技术救援奖章，以表彰在灾难技术救援工作中作出特殊贡献的人。技术救援机构下辖11个州级和600多个地方协会。州和地方协会会长有权推荐候选人，地方协会提案要经由所在州协会向上提交。如果候选人不是协会成员，技术救援机构主任要将提案呈交给内政部长，最终由内政部长决定并颁授奖章。

奖章设有金、银两个级别。金质奖章（图 4—28）为白色珐琅镶银边十字，中间为蓝色珐琅齿轮，中心镶有金色德国鹰标，十字下臂刻有“THW”的字样。奖章背面为金色，刻有“Für besondere Verdienste um das Technische Hilfswerk（献给技术救援机构特殊贡献者）”的字样。奖章为胸针式，应佩戴于左前胸。银质奖章（图 4—29）与金质奖章的造型一样，但金属部分为银色，配有一条蓝色掐银丝绶带，应佩戴于左前胸。

图 4—28　德意志技术救援奖章（金质）

图 4—29　德意志技术救援奖章（银质）

（9）联邦国防军奖章（das Ehrenzeichen der Bundeswehr）

为了表彰服役期间表现优异、对国家忠诚的优秀军人，1980 年 11 月 6 日，在联邦总统的许可下联邦国防部设立了联邦国防奖章。起初奖章共设 4 大级别，由高到低分别为：联邦国防金质十字奖章（又分红边金质十字奖章和金质十字奖章，服役期至少满 20 年，图 4—30）、联邦国防银质十字奖章（又分红边银质十字奖章和银质十字奖章，服役期至少满 10 年）、联邦国防铜质十字奖章（服役期至少满 5 年）、联邦国防荣誉奖章（服役期至少满 7 个月，图 4—31）。根据授予对象的服役表现和作出的功绩授予不同级别的奖章，其中红边金质十字奖章和红边银质十字奖章均不设服役年限，以表彰功绩卓越之人。此外，如果平民或者其他国家的军人为德国联邦国防军作出了重要贡献，也可授予其奖章。奖章由国防部部长颁授。

2008 年 3 月，联邦国防部建议为联邦国防军奖章增设一个特殊级别，即英勇荣誉十字奖章（Ehrenkreuz für Tapferkeit，图 4—32），专门授予服役期间表现异常英勇的军人。同年 10 月 10 日，时任德国总统克勒（Köhler）批准了这一建议。从此，联邦国防军奖章扩展到 5 个级别。

荣誉奖章为圆形铜色，中间雕有铁十字，铁十字中央雕有德国鹰标，背面刻有“Für besondere Verdienste-Bundeswehr（献给特殊贡献者——联邦国防军）”的字样。奖章两面的四周均雕有橡树叶。十字奖章分别是金、银、铜色十字，中间雕有缩微版的荣誉奖章。英勇荣誉十字奖章的造型与其他奖章相同，只是在绶带上缀有一枚双叶橡叶。所有奖章都配黑色镶红边绶带，应佩戴于左前胸。

图 4—30　联邦国防十字奖章

图 4—31　联邦国防荣誉奖章

图 4—32　英勇荣誉十字奖章

（10）2002 抗洪奖章（Einsatzmedaille Fluthilfe 2002）

2002 年德国多瑙河和易北河发生特大洪水，是德国历史上非战时期间最大规模的洪水。为了表彰在抗洪过程中不怕牺牲、抢险救灾的技术救援机构成员、国防军和边防军军人，以及其他积极配合救灾工作、作出特

图 4—33　2002 抗洪奖章（正面）

图 4—34　2002 抗洪奖章（背面）

殊贡献之人，在联邦总统的许可下，联邦内政部和国防部联合发布公告，设立2002抗洪奖章。（图4—33、4—34）

奖章候选人分别由技术救援机构各地协会会长、国防军和边防军主席，以及各地拥有建议权者负责推荐，最后由内政部和国防部部长确定最终人选，并联合签署颁发令，授予奖章。

该奖章为银色圆形，正面上方雕有一座房屋被洪水淹没了一半的绘图，下方雕有德国鹰标，最下方刻有“Fluthilfe 2002”（抗洪2002）的字样。背面刻有“Dank und Anerkennung”（感谢与表彰）的字样。奖章配有一条蓝色镶黑红金三色边的绶带。

3. 国家承认的徽章

国家承认的徽章是指历史上由公益团体设立，后来被联邦总统认可为国家级别的徽章，主要有德意志体育徽章（das Deutsche Sportabzeichen）、德意志救生协会水上救生游泳徽章（das Deutsche Rettungsschwimmabzeichen der Deutschen Lebens-Rettungs-Gesellschaft）和德意志红十字会水上救生游泳徽章（das Deutsche Rettungsschwimmabzeichen des Deutschen Roten Kreuzes）。严格来说，这类徽章并不具有奖励的意义，而是对获奖者某些技能的认可。

（1）德意志体育徽章

德意志体育徽章由德意志体育联盟（Deutscher Sportbund）于1912年设立，最初的名称为“体育运动多项成就奖”（Auszeichnung für vielfältige Leistung auf dem Gebiet der Leibesübungen），只有某一运动协会的男性成员才有资格获得此奖。1921年起女性也有受奖资格。1934年至1945年第三帝国时期，该奖项更名为“帝国运动徽章”（Reichssportabzeichen）。1958年7月4日，联邦总统颁布法令对该徽章予以承认。

徽章将体育能力分为5组，要想获得徽章，至少要在5组运动类型中各完成一种。5组运动类型见表4—2。

徽章分为金、银、铜三个级别，外形为椭圆形橡叶环，中间雕有相互交错的三个字母“DSB”，所有级别的徽章均不配绶带，应佩戴于左前胸（图4—35）。

表 4—2　　德意志体育徽章运动分类①

能力要求	体育项目	附加体育项目
普通游泳能力	50 或 200 米游泳	无
跳跃能力	跳高、跳远、立定跳远、跳山羊、跳马、跳箱	无
速度	50/75/100/400/1000 米跑、300/500 米自行车、300/500 米直排轮滑	滑冰
弹性	铅球、垒球、实心球、实心皮球、棒球、100 游泳、单杠、双杠	运动射击、举重、划船
耐力	800/1000/2000/3000/5000 米跑、5000/10000 米直排轮滑、7 公里/10 公里竞走、北欧式竞走、20 公里自行车、600/1000 米游泳	划船、保龄球、滑冰

图 4—35　德意志体育徽章

1976 年，联邦内政部对德意志体育徽章以往的颁授条件进行了修正：徽章是对在多项体育运动中获得一定成绩的人的承认和奖励。金质徽章的获得者必须年满 40 岁（女性 35 岁），在一年内完成这个年龄段要求的 5

① *Deutsches Sportabzeichen*，http：//de. wikipedia. org/wiki/Deutsches _ Sportabzeichen.

项运动；银质徽章的获得者为 32 岁至 40 岁（女性为 28 岁至 35 岁），在一年内完成这个年龄段要求的 5 项运动；铜质徽章的获得者为 18 岁至 32 岁（女性为 18 岁至 28 岁），在一年内完成这个年龄段要求的 5 项运动。

除了成年人以外，体育联盟还设有小学生体育徽章，同样也设有三个级别，分别是金质、银质（11—12 岁）、铜质（8—10 岁），金质徽章是在获得银质和铜质徽章的基础上再次进行考核授予的。此外还有青少年体育徽章，也设三个级别，金质、铜质镶银十字（15—16 岁）、铜质（13—14 岁），金质徽章是在获得铜质镶银十字徽章和铜质徽章的基础上再次进行考核授予的。但这两种奖项都不具有法律意义。

（2）德意志救生协会水上救生游泳徽章

成立于 1913 年的德意志救生协会（Deutsche Lebens-Rettungs-Gesellschaft，DLRG）的主要任务是举行水上救生游泳测试，完成测试者就授予其一枚徽章，考试对多种游泳技能进行考察，包括长时间游泳、穿衣服游泳、潜水、救生等。按照考试的难度，徽章分为金、银两个级别，两种徽章对获得者都有最低年龄要求，分别为 16 岁和 15 岁。

徽章为椭圆形橡叶环，中间镶有鹰标和“DLRG”字母。该徽章不能与其他级别和其他机构的徽章同时佩戴（图 4—36）。

图 4—36　德意志救生协会水上救生游泳徽章

（3）德意志红十字会水上救生游泳徽章

水上救生同样也属于德意志红十字会的任务，只有通过水上救生测试才能负责水域管理。该徽章仿照德意志救生协会水上救生游泳徽章，根据考试难度分金、银两个级别。

徽章为椭圆形橡叶环，中间镶有三角旗图案和“Wasserwacht/Deutsches Rotes Kreuz”（水域管理/德意志红十字会）的字样（图4—37）。

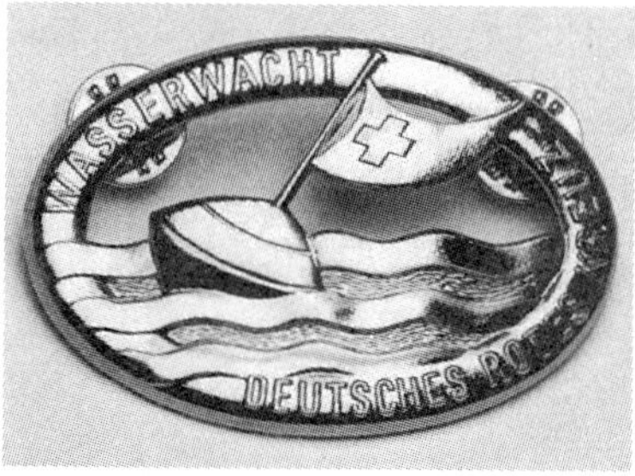

图4—37　德意志红十字会水上救生游泳徽章

四　德国功勋荣誉制度的特点

总的来说，德国功勋制度主要有以下几个特点。

（一）立法保障，管理规范

作为一个法治国家，德国的功勋制度有着坚实的法律基础。现行规章中除了总的《头衔、勋章和奖章法》之外，各州政府也制定了相应的勋章和奖章法规，对勋章和奖章的意义、授予原则、流通，以及历史遗留下来的勋章和奖章的有效性等作了基本的规定。除此之外，每设立一种勋章和奖章都要颁布相应的法令，一些重要的勋章和奖章还要制定相应的细则，对其授予者、授予对象、授予条件、造型、佩戴方式等进行详细的规定。

（二）结构精简

除了第三帝国时期泛滥地颁授勋章和奖章外，德国历史上其他时期和现行的功勋制度结构都比较精简。首先，现行联邦级别的勋章和奖章总共十几种，主要分为功绩类、体育类、消防类和救援类等，专门的行业类勋章和奖章较少。其次，不设专门的荣誉管理机构，资格提名和审查大多由州政府、国家政府各部门、部队和行业协会等负责。国家（或州）级勋章和奖章一般由国家元首负责颁授，战争类勋章和奖章大多由高级指挥官负责颁授，消防、救援等公益性勋章和奖章一般由各自的协会会长负责颁授。

（三）以公益性为主

除了战争类勋章和奖章主要是为了表彰或纪念参战军人，其他类的勋章和奖章大多以公益性为主。例如，德意志联邦共和国勋章明确规定授予对象是为国家和社会作出重要贡献的人。残疾人运动奖章的设立目的是为了表彰能够为其他残疾人作出表率的残疾人。消防类奖章、矿山救援奖章和其他救援类奖章也都是奖励在拯救他人生命、保护公共财产方面表现英勇，作出突出贡献的人。表彰个人工作成绩突出的奖项很少。

（四）造型传承文化传统

尽管由史至今德国设立了很多勋章、奖章、徽章和纪念章，各种奖章的造型各不相同，但基本上都以各种标志体现着历史悠久的德国文化。德国勋章和奖章造型中出现率最高的有十字、鹰标、橡叶和月桂叶。十字起源于骑士团的十字饰物；鹰标起源于神圣罗马帝国旗帜上的黑鹰标志；德意志民族对橡树叶有着强烈的感情，它在德国文化中代表着正义和力量；月桂叶在德国文化中代表着坚韧的品格，古罗马大帝曾经戴过月桂枝做成的桂冠。

五 附表

附表 4—1　　第二帝国时期勋章（1871—1918）

名称	设立时间
1870/1871 年战争纪念币（die Kriegsdenkmünze）	1871 年 5 月 20 日
婚礼纪念金章（die Goldene Hochzeitsmedaille）	1879 年 6 月 11 日
威廉大帝纪念章（die Kaiser Wilhelm-Erinnerungsmedaille）	1879 年 3 月 22 日
耶路撒冷十字奖章（das Jerusalem-Kreuz）	1898 年 10 月 31 日
西南非纪念币（die Südwestafrika-Denkmünze）	1907 年 3 月 19 日
殖民地纪念币（die Kolonial-Denkmünze）	1912 年 6 月 13 日

附表 4—2　　魏玛共和国时期勋章（1918—1933）

分类	名称	设立时间
国家级奖章	伤员徽章（das Verwundetenabzeichen）	1918 年 3 月 3 日
	救援奖章（die Rettungsmedaille）	
国家许可的奖章	西里西亚边防徽章（das Schlesische Bewährungsabzeichen）（即西里西亚雄鹰，Schlesischer Adler）	1919 年 6 月 16 日
	波罗的海十字奖章（das Baltenkreuz）	1919 年
	德意志红十字奖章（das Ehrenzeichen des Deutschen Roten Kreuzes）	1922 年 4 月 28 日

附表 4—3　　1934—1939 年期间的勋章和奖章

分类	名称	设立时间
被认可的和平类勋章和奖章	奥林匹亚奖章（das Olympia-Ehrenzeichen）和奥林匹亚纪念章（die Olympia-Erinnerungsmedaille）	1936 年 2 月 4 日
	德国国防军服务奖章（die Dienstauszeichnung der Wehrmacht）	1936 年 3 月 16 日
	忠诚服务奖章（das Treudienst-Ehrenzeichen）	1938 年 1 月 30 日
	帝国青年义务劳动军服务奖章（die Dienstauszeichnung für den Reichsarbeitsdienst）	1938 年 1 月 30 日
	警察服务奖章（die Polizei-Dienstauszeichnung）	1938 年 1 月 30 日
	消防奖章（das Feuerwehr-Ehrenzeichen）	1936 年 12 月 22 日
	矿山救援奖章（das Grubenwehr-Ehrenzeichen）	1936 年 11 月 13 日
	对空防御奖章（das Luftschutz-Ehrenzeichen）	1938 年 1 月 30 日
	关境检查奖章（das Zollgrenzschutz-Ehrenzeichen）	1939 年 2 月 17 日

续表

分类	名称	设立时间
不被认可的和平类勋章和奖章	德意志民族艺术与科学勋章（der Deutsche Nationalorden für Kunst und Wissenschaft）	1919年6月16日
	德意志雄鹰功绩勋章（der Verdienstorden vom Deutschen Adler）	1937年5月1日
	党卫军奖章（die SS-Dienstauszeichnung）	1938年1月30日
	1938年3月13日纪念奖章（die Medaille zur Erinnerung an den 13. März 1938）	1938年5月1日
	1938年10月1日纪念奖章（die Medaille zur Erinnerung an den 1. Oktober 1938）	1938年10月18日
	德意志母亲十字奖章（das Ehrenkreuz der Deutschen Mutter）	1938年12月16日
	西班牙战争遗属十字奖章（das Ehrenkreuz für Hinterbliebene deutscher Spanienkämpfer）	1939年4月14日
	西班牙自由战争伤员徽章（das Verwundetenabzeichen für deutsche Freiwillige im spanischen Freiheitskampf）	1939年5月22日
	德意志人民护理奖章（das Ehrenzeichen für deutsche Volkspflege）	1939年5月1日
	德意志防御工事奖章（das Deutsche Schutzwall-Ehrenzeichen）	1939年8月2日

附表4—4　　第二次世界大战期间的勋章和奖章

名称	设立时间
1939年铁十字勋章（das Eiserne Kreuz 1939）	1939年1月
德意志十字勋章（das Deutsche Kreuz）	1941年9月28日
战争功绩十字勋章（das Kriegsverdienstkreuz）	1939年10月18日
“1941/1942冬季东部战役”奖章——东部奖章（die Medaille “Winterschlacht im Osten 1941/1942” -Ostmedaille）	1942年5月26日
伤员徽章（das Verwundetenabzeichen）	1938年

附表 4—5　　第二次世界大战期间战斗类奖章

分类	名称	设立时间
国防军	纳尔维克盾章（der Narvikschild）	1940 年 8 月 19 日
	霍尔姆盾章（der Cholmschild）	1942 年 7 月 1 日
	东方占领区部队成员英勇和功绩奖章（die Tapferkeits-und Verdienst-Auszeichnung für Angehörige der Ostvölker）	1942 年 7 月 14 日
	克里米亚盾章（der Krimschild）	1942 年 7 月 25 日
	“克里特”袖带（das Ärmelband “Kreta”）	1942 年
	“非洲”袖带（das Ärmelband “Afrika”）	1943 年 1 月 15 日
	迪米扬斯克盾章（der Demjanskschild）	1943 年
	库班盾章（der Kubanschild）	1943 年 9 月 20 日
	游击战徽章（das Bandenkampfabzeichen）	1944 年 1 月 30 日
	“梅斯 1944”袖带	1944 年 10 月 24 日
	华沙盾章（der Warschauschild）	1944 年 12 月 10 日
	低空战斗机击落袖章（das Tieffliegervernichtungsabzeichen）	1945 年 1 月 12 日
	拉普兰盾章（der Lapplandschild）	1945 年 3 月
陆军	步兵突击徽章（das Infaterie-Sturmabzeichen）	1939 年 12 月 20 日
	坦克突击徽章（das Panzerkampfabzeichen）	1940 年 6 月 1 日
	普通突击徽章（das allgemeine Sturmabzeichen）	1940 年 6 月 1 日
	陆军防空徽章（das Heeres-Flak-Abzeichen）	1941 年 7 月 18 日
	坦克击毁袖章（das Panzervernichtungsabzeichen）	1942 年 3 月 9 日
	近战别针（die Nahkampfspange）	1942 年 11 月 25 日
	荣誉别针（die Ehrenblatt-Spange）	1944 年 1 月 30 日
	“库尔兰”袖带（das Ärmelband “Kurland”）	1945 年 3 月 12 日

续表

分类	名称	设立时间
海军舰队	1939潜水艇战争徽章（das U-Boots-Kriegsabzeichen 1939）	1939年10月13日
	驱逐舰战争徽章（das Zerstörer-Kriegsabzeichen）	1940年6月4日
	扫雷部队、潜艇搜寻部队和守卫部队战争徽章（das Kriegsabzeichen für Minensuch，U-Boots-Jagd-und Sicherungsverbände）	1940年8月31日
	辅助巡洋舰战争徽章（das Kriegsabzeichen für Hilfskreuzer）	1941年4月24日
	舰队战争徽章（das Flotten-Kriegsabzeichen）	1941年4月30日
	快艇战争徽章（das Schnellboot-Kriegsabzeichen）	1941年5月30日
	海军炮兵战争徽章（das Kriegsabzeichen für die Marineartillerie）	1941年6月24日
	封锁突破徽章（das Abzeichen für Blockadebrecher）	1941年4月1日
	潜水艇前线作战别针（die U-Boots-Frontspange）	1944年
	海军纪念别针（die Ehrentafel-Spange）	1944年5月13日
	海军前线作战别针（die Marine-Frontspange）	1944年11月19日
	小型战斗部队战斗徽章（das Kampfabzeichen der Kleinkampfmittel）	1944年11月30日
空军	前线飞行别针（die Frontflug-Spange）	1941年1月30日
	高炮战斗徽章（das Kampfabzeichen der Flakartillerie）	1941年1月10日
	空军地面作战徽章（das Erdkampfabzeichen der Luftwaffe）	1942年3月31日
	坦克击毁袖章（das Panzervernichtungsabzeichen）	1942年3月9日
	空军荣誉别针（die Ehrenblatt-Spange der Luftwaffe）	1944年7月5日
	空军近战别针（die Nahkampfspange der Luftwaffe）	1944年11月3日
	空军坦克突击徽章（das Panzerkampfabzeichen der Luftwaffe）	1944年11月3日
	空军海战徽章（das Seekampfabzeichen der Luftwaffe）	1944年11月27日

附表4—6　　第二次世界大战期间功绩与行为类徽章

分类	名称	设立时间
国防军	机动车徽章（das Kraftfahrbewährungsabzeichen）	1942年10月23日
	狙击手徽章（das Scharfschützenabzeichen）	1944年8月20日
陆军	陆军伞兵徽章（das Fallschirmschützenabzeichen der Heeres）	1937年9月1日
	气球观察员徽章（das Ballonbeobachterabzeichen）	1944年7月8日

续表

分类	名称	设立时间
海军舰队	小型战斗部队功绩徽章（das Bewährungsabzeichen der Kleinkampfmittel）	1944 年 11 月 30 日
空军	飞机师徽章（das Flugzeugführerabzeichen）	1936 年 3 月 26 日
	观察员徽章（das Beobachterabzeichen）	1936 年 3 月 26 日
	飞机师与观察员双徽章（das gemeinsame Flugzeugführer-und Beobachterabzeichen）	1936 年 3 月 26 日
	飞行员徽章（das Fliegerschützenabzeichen）	1936 年 3 月 26 日
	飞行员纪念章（das Fliegererinnerungsabzeichen）	1936 年 3 月 26 日
	滑翔机飞行员徽章（das Segelflugzeugführerabzeichen）	1940 年 12 月 16 日
	伞兵徽章（das Fallschirmschützenabzeichen）	1936 年 11 月 5 日

附表 4—7　　德意志联邦共和国的勋章和奖章

分类	名称	设立时间
国家级勋章和奖章	德意志联邦共和国勋章（der Verdienstorden der Bundesrepublik Deutschland）	1952 年 9 月 7 日
	矿山救援奖章（das Grubenwehr-Ehrenzeichen）	1934 年 4 月 17 日
	银质月桂叶奖章（das Silberne Lorbeerblatt）	1950 年 6 月 23 日
	残疾人运动银质奖章（die Silbermedaille für den Behindertensport）	1978 年 4 月 13 日
联邦总统许可颁发的勋章和奖章	科学与艺术功勋勋章（der Orden Pour le mérite für Wissenschaften und Künste）	1667 年 5 月 12 日
	德意志红十字奖章（das Ehrenzeichen des Deutschen Roten Kreuzes）	1953 年 5 月 8 日
	德意志消防十字奖章（das Deutsche Feuerwehr-Ehrenzeichen）	1953 年 2 月 26 日
	德意志船难救生协会海难救生徽章（die Medaille für Rettung aus Seenot der Deutschen Gesellschaft zur Rettung Schiffbrüchiger）	1865 年
	德意志交通管理奖章（das Ehrenzeichen der Deutschen Verkehrswacht）	1957 年 11 月 7 日
	圣约翰骑士奖章（die Ehrenzeichen des Johanniterordens）	1812 年
	歌德奖章（die Goethe-Medaille）	1954 年
	德意志技术救援奖章（das Ehrenzeichen des Technischen Hilfswerks）	1953 年 8 月 25 日
	联邦国防军奖章（das Ehrenzeichen der Bundeswehr）	1980 年 11 月 6 日

续表

分类	名称	设立时间
国家承认的奖章	德意志体育徽章（das Deutsche Sportabzeichen）	1912 年
	德意志救生协会水上救生游泳徽章（das Deutsche Rettungsschwimmabzeichen der Deutschen Lebens-Rettungs-Gesellschaft）	1913 年
	德意志红十字会水上救生游泳徽章（das Deutsche Rettungsschwimmabzeichen der deutschen Roten Kreuzes）	1964 年

主要参考文献

1. Bundespräsidialamt：*Der Verdienstorden der Bundesrepublik Deutschland*，http：//www. taeniae-mundi. de/DOWNLOAD/Broschuere-Verdienstorden-der-B，2001.

2. *Deutsches Sportabzeichen*，http：//de. wikipedia. org/wiki/Deutsches _ Sportabzeichen.

3. Geeb，Hans Karl & Kirchner，Heinz：*Deutsche Orden und Ehrenzeichen*. Carl Heymanns Verlag，1985.

4. *Liste der deutschen Orden und Ehrenzeichen*，http：//de. wikipedia. org/wiki/Liste _ der _ deutschen _ Orden， _ Ehrenzeichen _ und _ Abzeic hen＃Vom _ Bundespr. C3. A4sidenten _ verliehene _ Ehrenzeichen.

5. 《铁十字勋章》，http：//zh. wikipedia. org/wiki/％E9％90％B5％E5％8D％81％E5％AD％97％E5％8B％B3％E7％AB％A0。

第五章

法国的功勋荣誉制度

法国的功勋荣誉制度主要体现为荣誉团体、勋章和奖章制度。荣誉团体的历史可追溯至中世纪的骑士团，荣誉团体往往颁发勋章作为荣誉标志。奖章与荣誉团体和勋章的发展相并行。法国历史上和现行的奖章种类众多，既有军事奖章，又有民事奖章；既有荣誉奖章，也有纪念奖章；既有中央政府颁发的奖章，也有部委下属部门颁发的奖章。随着历史的发展，有的勋章、奖章已经被废止。在法国的荣誉制度体系中，荣誉军团管理会、荣誉军团委员会、国家功勋勋章委员会等荣誉管理和评审机构发挥着重要作用，法国功勋荣誉制度的管理体制和机构设置，独具特色。本章将着重介绍法国功勋荣誉制度的历史沿革、法国现行国家级的重要勋章和奖章，以及现行功勋荣誉制度的特点。值得一提的是，法国的学术荣誉制度也具代表性，本章将考察极具代表性的法兰西学院的院士头衔。

一　历史沿革[①]

根据法国荣誉团体、勋章和奖章等荣誉奖励的设置，法国的功勋荣誉制度大致的历史发展脉络如下。

6 世纪以来，一些欧洲天主教徒到圣地朝圣，其中一部分人留下来并建立了一些小的宗教团体，以接待前来朝圣的教徒或当地居民，并照料他们。十字军东征时期（11 世纪末至 13 世纪末）产生了宗教骑士团、军事骑士团和慈善骑士团，这些骑士团主要是为宗教服务的宗教团体。十字军

① http：//www. france-phaleristique. com/accueil. htm.

东征失败之后，许多骑士团逐渐消亡，留存的骑士团逐渐世俗化。

14—16 世纪，欧洲的一些君主受宗教团体的启发，建立了宫廷骑士团，其成员佩戴团体的标志，表明隶属于一个精英团体和等级集团。但宫廷骑士团只接纳贵族阶层。随着社会的发展，资产阶级精英出现，平民阶层开始担任高级职务，迫切需要对个人功绩而非出身、宗教和财富进行褒奖，于是以此为目标的新团体开始出现。

17 世纪末，法国国王路易十四设立法国第一个荣誉性骑士团——圣-路易皇家与军事骑士团（ordre royal et militaire de Saint-Louis），奖励天主教官员的热忱与忠诚，不计其出身如何。同时，圣-米歇尔骑士团（ordre de Saint-Michel）逐渐褒奖文学、艺术和科学领域的杰出人士。18 世纪末，在某些骑士团中出现了等级之分，如骑士、军官、指挥官、高级军官等，并且各级别有名额限制。17 和 18 世纪末还设立了一些对水兵、军队士兵和军官进行褒奖的奖章。

1789 年法国大革命爆发后，绝大多数骑士团被废除，一些奖章得以设立，主要奖励攻占巴士底狱的卫兵等。

在督政府时期（1795—1799），对于军功卓著的军人采取了军队中惯用的奖励方式，即以个人兵器作为奖励，无规定的程序。

在执政府时期（1799—1804），1799 年 12 月 25 日法令（经 1801 年 8 月 9 日法令修订）规定用荣誉兵器褒奖英勇作战的士兵。1802 年拿破仑·波拿巴创立了荣誉军团，以褒奖平民和军人。该组织并非骑士团，但却采用了法国过去的圣-路易骑士团的组织结构，荣誉军团勋章与圣-路易骑士团的勋章也很相似，绶带均为红色。

在第一帝国时期（1804—1815），1811 年，留尼旺岛荣誉勋章（ordre de la Réunion）设立，旨在为荣誉军团勋章提供补充。1808 年设立教师棕榈勋章（ordre des palmes pour les enseignants），该勋章之后转变为教育棕榈勋章（ordre des palmes académiques）。

在复辟王朝时期（1814—1830），大革命时期被废除的宫廷骑士团又得以恢复，留尼旺岛勋章被取缔。荣誉军团保留下来，并被调整修改。这一时期设立的奖章有百合花徽章（fleur de lys，1814），以奖励巴黎的卫兵。1814 年还设立了波尔多臂章（brassard de Bordeaux），旨在奖励攻占波尔多有功的卫兵。荣誉奖章有英勇献身与营救事迹荣誉奖章（médaille d'honneur pour actes de dévouement et faits de sauvetage，1820）。

在七月王朝时期（1830—1848），1830年法国国王路易·菲利普颁布修正的宪法，永久地取缔了骑士团，荣誉军团被再次保留，并作为法国最高的军事和民事国家级荣誉。这一时期设立的奖章有奖励海员的英勇行为和献身精神的七月十字奖章（croix et médaille de juillet，1831）、英勇与献身行为荣誉奖章（médaille d'honneur pour actes de courage et de dévouement，1833）等。

第二共和国时期（1848—1852）建立了一个重要奖项，即1852年1月22日由路易-拿破仑创立的军功奖章（médaille militaire）。该时期还设有互助荣誉奖章（médaille d'honneur de la mutualité，1852）等荣誉奖章。

19世纪下半期，法国尤其在非洲和远东地区实行大肆的殖民扩张政策，设立了法国殖民勋章和奖章（即海外荣誉勋章和奖章），奖励法国海外的军事和民事功勋。当然，这些殖民奖章有明显的殖民主义色彩。

在法国本土，自19世纪末开始，为了缓解荣誉军团成员过快增长状况，设立了一些专业荣誉勋章，即所谓的“部委勋章”或“部级勋章”：1883年设立农业荣誉勋章（ordre du mérite agricole），1930年设立海事荣誉勋章（ordre du mérite maritime），1936年设立社会荣誉勋章（ordre du mérite social），1938年设立公共健康荣誉勋章（ordre de la santé publique），1939年设立商业荣誉勋章（ordre du mérite commercial），1948年设立手工业荣誉勋章（ordre du mérite artisanal），1949年设立旅游业荣誉勋章（ordre du mérite touristique），1953年设立战士荣誉勋章（ordre du mérite combattant）和邮政荣誉勋章（ordre du mérite postal），1954年设立国民经济荣誉勋章（ordre de l'économie nationale），1955年设立教育棕榈勋章（ordre des palmes académiques），1956年设立体育荣誉勋章（ordre du mérite sportif）、劳动荣誉勋章（ordre du mérite du travail）、军事荣誉勋章（ordre du mérite militaire）、艺术与文学勋章（ordre des arts et des lettres）以及民事荣誉勋章（ordre du mérite civil），1958年设立撒哈拉驻军荣誉勋章（ordre du mérite saharien）。

19世纪末以来，各部委还设立了许多民事荣誉奖章以及军事纪念奖章。民事荣誉奖章有水利与森林荣誉奖章（médaille d'honneur des eaux et forêts，1883）、抵抗流行病荣誉奖章（médaille d'honneur des épidémies，1885）、小学教师荣誉奖章（médaille d'honneur des instituteurs，1886）、商业与工业部荣誉奖章（médaille d'honneur du ministère du commerce et de l'industrie，1886）、外交荣誉奖章（médaille d'honneur des affaires étrangères，1887，后被称为共和国总统奖章 médaille du président de la république）、公共救助荣誉奖章（médaille d'honneur de l'assistance publique，1891）等。纪念奖章有孚日军队奖章（médaille de l'armée des Vosges，1871）等。

第一次和第二次世界大战期间，法国设立了一些表彰军事功绩的勋章和奖章。如 1940 年戴高乐将军设立的解放勋章（ordre de la libération）；奖章有第一次世界大战纪念奖章（médaille commémorative de la guerre 1914—1918，1920）、法国海外领土部抵抗流行病荣誉奖章（médaille d'honneur des épidémies du ministère de la France d'outre-mer，1927）、第二次世界大战时期法国的抵抗运动奖章（médaille de la résistance，1943）、航空奖章（médaille de l'aéronautique，1945）等。

20 世纪 60 年代初，法国调整了国家制度。1962 年第五共和国颁布《荣誉军团与军功奖章法典》（*Code de la Légion d'honneur et de la médaille militaire*），对荣誉军团、军功奖章、外国勋章和奖章的接受和佩戴等作了具体规定。1963 年随着国家功勋勋章（ordre national du mérite）的建立，部级勋章遭受了一次"大扫除"，前述的部级勋章中只保留了 4 个勋章，即教育棕榈勋章、农业荣誉勋章、海事荣誉勋章、艺术与文学勋章。

20 世纪 60 年代以来设立的奖章有：海外奖章（médaille d'outre-mer，1962）、（1941—1944 年德国占领法国时）拒绝去德国服劳役者证章（insigne du réfractaire，1963）、志愿在军队服役奖章（médaille des services militaires volontaires，1975）、国防奖章（médaille de la défense nationale，1982）、北非奖章（médaille d'Afrique du Nord，1997）、国家承认奖章（médaille de reconnaissance de la nation，2002）。这一时期又增设了荣誉奖章，如青年与体育荣誉奖章（médaille d'honneur de la jeunesse et des sports，1969），国防部民事人员荣誉奖章（médaille d'honneur des personnels civils du ministère de la défense，1976），地区、省、市荣誉奖章（médaille d'honneur régionale，départementale et communale，1987），旅游奖章（médaille du tourisme，1989），国家警察荣誉奖章（médaille d'honneur de la police nationale，1996），监狱管理荣誉奖

章（médaille d'honneur de l'administration pénitentiaire，2003）等。

二　法国主要功勋荣誉制度

当前法国可佩戴的勋章、奖章主要分以下三类：一是覆盖国家各领域的国家级综合性勋章，如荣誉军团勋章和国家功勋勋章；二是军事勋章、奖章，如解放勋章、军功奖章等；三是非军事勋章、奖章，包括留存的4大部级勋章，如艺术与文学勋章、教育棕榈勋章、农业荣誉勋章和海事荣誉勋章，以及部委各部门颁发的各类民事荣誉奖章。

（一）国家级综合性勋章

1. 荣誉军团[①]和荣誉军团勋章

荣誉军团及荣誉军团勋章是法国最高级别的荣誉奖励。荣誉军团是一个荣誉组织，其成员包括曾为法兰西共和国作出过卓越贡献的军人和平民。荣誉军团勋章则是其成员身份与荣耀的标志。

（1）历史沿革

荣誉军团的设立是拿破仑·波拿巴（Napoléon Bonaparte）对国家进行重组的多项计划之一，这些计划包括制定《民法典》，建设行政法院、审计院、省政府、高等专业学院等。当时法国并没有真正意义上的功勋荣誉制度，拿破仑认为有必要重建或恢复这项制度。他曾说："作为首席执政官，我敢宣称，我们这一古老而又现代的国家缺乏荣誉……法国人（……）只有一种情感，那就是荣誉感。因此应该颁发荣誉，以满足法国人的荣誉感。"

在立法机构以276票中166票赞成通过之后，1802年5月19日关于荣誉军团创立及其组织的法律颁布。荣誉军团的主旨是会聚法国精英，既褒奖军人的英勇，也表彰平民的才能。当时的荣誉军团设有4个荣誉级别，即荣誉军团成员级（1808年被称为骑士级）、军官级、指挥官级和高

---

① Légion d'honneur，古罗马的优秀战士被称为"honorati"。"légion"一词与罗马军队精英团体有关。（参见 Anne de Chefdebien et Bertrand Galimard Flavigny，*La Légion d'honneur*，*Un ordre au service de la Nation*，Gallimard，2002，p. 25）

级军官级。1805 年 1 月 30 日又增设了荣誉军团高级级别（大鹰级）。加入荣誉军团者要宣誓。当时荣誉军团由大委员会（le grand conseil）[①] 管理。1804 年 7 月 11 日法令确定了荣誉军团勋章的式样，同年 7 月 15 日拿破仑进行了第一次授勋。

随着法国政权的更迭，在不同的历史时期荣誉军团进行了多次调整。1816 年 3 月 26 日，复辟王朝政府颁布法令对荣誉军团进行重组。该法令成为荣誉军团的基础法律文本，其中的某些条款沿用至今。这一时期荣誉军团内部重新进行了分级，设骑士级、军官级、指挥官级、高级军官级和大十字级 5 大级别，此后一直沿用这种分级方式。同时还确定了各级别勋章的佩戴方式，并增设了荣誉军团证书。

1851 年 3 月 24 日，第二共和国颁布法令设立了荣誉军团委员会；1870 年 9 月 5 日，梯也尔的“保守共和国”政府取消了入团宣誓，并确定了勋章的样式。

第一次世界大战是荣誉军团发展的重要转折时期。荣誉军团人数在这一时期急剧膨胀，许多部队和城市都获得了荣誉军团勋章。第二次世界大战期间，约 10 万名被关进集中营的抵抗运动老兵获得荣誉军团勋章，其中许多是死后追授的。第二次世界大战以前，荣誉军团成员人数约为 20 万，1964 年猛增至 30 万。

第二次世界大战结束后，1962 年 11 月 28 日颁布的《荣誉军团与军功奖章法典》改变了荣誉军团最初的封闭性，使其适应时代发展。20 世纪以前，荣誉军团不对民事领域开放，20 世纪以后，随着授勋领域扩大到民事领域以及授奖范围不断增加，荣誉军团逐渐发展成为一个汇聚现代国家精英的开放组织。

（2）奖励结构和奖励设置

①授予对象

荣誉军团接收在国家民事和军事领域作出杰出功绩（mérites éminents）的法国人，授奖范围广泛，既针对军人，也针对平民，包括社会各阶层人员。此外，某些集体也可获得荣誉军团勋章，例如军事部队或编队、军事学院、民事学院、法国城市和外国城市及其他团体。为法国或

---

① 大委员会于 1814 年被取消，与 1804 年 3 月设立的咨询委员会同为 1851 年建立的荣誉军团委员会的前身。

为法国支持的事业作出突出贡献的外国人有资格获得荣誉军团勋章，但不可加入荣誉军团。

②级别设置与限额

荣誉军团分为5级，由低到高依次排列为：骑士级、军官级、指挥官级、高级军官级和大十字级。荣誉军团成员数限额125000人，其中大十字级成员75人；高级军官250人，指挥官1250人，军官10000人，骑士113425人。除法律规定的特殊情况外，荣誉军团成员的任命和晋升都要受到以上的名额限制。

③授奖条件

要成为荣誉军团骑士，必须在民事或军事领域作出杰出功绩，且必须从事公共服务或工作至少20年。加入荣誉军团首次获得的荣誉等级不得高于骑士级。成为荣誉军团骑士之后至少8年，才可申请晋升为荣誉军团军官；成为荣誉军团军官5年或5年以上者，方可晋升为荣誉军团指挥官；从指挥官晋升为高级军官、从高级军官晋升为大十字级成员均至少需要3年。从荣誉军团的低一级晋升到高一级，必须作出新的成绩和贡献。

④勋章样式

荣誉军团勋章共分为5个级别，分别对应5种荣誉级别，几经变迁，当前的勋章样式为：

荣誉军团骑士勋章为5道双芒星状物，星状物上方为橡树和月桂王冠。星形中央为白色珐琅，其周围是橡树和月桂枝，勋章正面有代表法兰西共和国的头像和铭文“RÉPUBLIQUE FRANÇAISE”（意为“法兰西共和国”）。背面正中为两面法国国旗，外围上方铭文为“HONNEUR ET PATRIE”（意为“荣誉与祖国”），下方铭文为“29 FLORÉAL AN X”（意为“1802年5月19日”）。材质为银质，直径40毫米，佩戴于左前胸。其红色绶带呈波纹状，宽37毫米。

军官勋章与骑士勋章造型、大小和佩戴方式相同，但材质为镀金，绶带上带有玫瑰花结（图5—1）。

指挥官勋章与骑士勋章造型相同，但材质为金质，直径60毫米，悬挂于颈部。其红色绶带呈波纹状，宽40毫米（图5—2）。

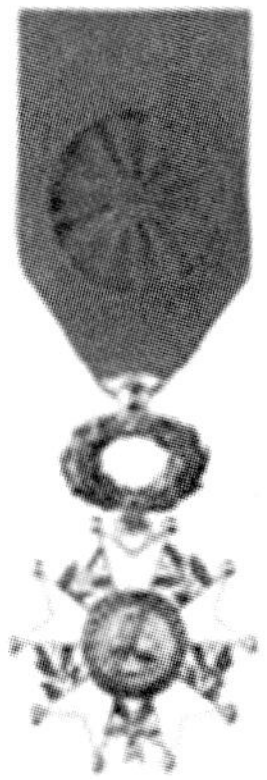

图 5—1　荣誉军团军官勋章

图 5—2　荣誉军团指挥官勋章

荣誉军团高级军官在右前胸佩戴一枚双芒星形银质徽章（图 5—3），直径 90 毫米，徽章正中为代表法兰西共和国的头像，头像外围刻有铭文“HONNEUR ET PATRIE”（意为“荣誉与祖国”）。此外，荣誉军团高级军官还应在左前胸佩戴荣誉军团军官勋章（图 5—1）。

图 5—3　双芒星银质徽章

荣誉军团大十字级成员应自右肩至左髋斜跨宽 100 毫米的红色绶带，在红色绶带的下方缀有与荣誉军团军官勋章相似，但直径为 70 毫米的勋章。此外，获奖者还在左胸佩戴与荣誉军团高级军官徽章相似，但为镀金的徽章（图 5—4）。

除荣誉军团勋章之外，历任团长在就职仪式上还被授予一条大项链。大项链由 16 枚金质大奖章组成，项链的中央有两个花体字母（H 和 P，分别为法文“荣誉”和“祖国”两个词的缩写，图 5—5）。花体字母上的挂环挂着荣誉军团团长的勋章，这一勋章与大十字勋章造型相同，但直径为81毫米。16枚大奖章的正面是象征国家生活主要活动的标志，奖章的背面刻有荣誉军团历任团长的姓名，以及他们上任和离任的日期。

图5—4 荣誉军团大十字级勋章及绶带

图5—5 法兰西第四和第五共和国时期的荣誉军团大项链

荣誉军团勋章只有在授勋仪式结束之后才可佩戴，其重要性高于所有其他勋章（包括外国勋章）。勋章的佩戴受法律保护。

（3）管理体制

荣誉军团具有法人资格。共和国总统是荣誉军团团长，领导荣誉军团管理会；荣誉军团管理会会长负责主持荣誉军团管理会及其行政部门的日常工作；荣誉军团委员会负责审议荣誉军团的预算、成员任命或晋升、对荣誉军团成员的纪律处分等；荣誉军团秘书长由共和国总统任命，负责荣誉军团管理会的主要行政工作。此外，荣誉军团管理会还下设荣誉军团博物馆和荣誉军团女子子弟学校。

荣誉军团管理会会长从荣誉军团大十字级成员中产生，任期6年，可连任。荣誉军团委员会委员包括：荣誉军团管理会会长为委员会主席；15名从荣誉军团指挥官、高级军官和大十字级成员中选出的人员；1名荣誉军团军官。委员会每两年轮换更替8名和9名委员，任期届满者可连任。

（4）评审和颁奖程序

在法国，所有法籍人士都有资格加入荣誉军团，但必须由他人推荐，不能自荐。国会议员、部委办公室成员及国际公务员在任职期间不能被推荐。所有推荐材料（包括荣誉军团团长——共和国总统的推荐材料）都递交给相关部委。

以法国每三年由总统令确定荣誉军团勋章年度授奖名额为前提，部委根据每年分配到的名额指标初步确定候选人。然后将候选人名单及其身份和事迹说明材料提交荣誉军团委员会。荣誉军团委员会确保候选提名符合荣誉军团法典，并考察候选人的资格、品行和工龄，确保关于候选人品行和声望的调查已进行，评审候选人，决定入选者。管理会会长将委员会通过的入选名单呈交给共和国总统，由总统确定最终人选，并签署任命或晋级的法令，法令发表在《政府公报》上。民事领域的常规授勋在每年元旦、复活节和法国国庆节（7 月 14 日）刊登于《政府公报》，军事领域的常规授勋在每年 5 月初和 7 月初刊登于《政府公报》。有时国家根据特殊情况，会增加特殊授勋。

在总统签署法令后，要举行正式的授勋仪式，这种授勋仪式继承了中世纪的授予骑士称号、兵器和盔甲的仪式。荣誉军团大十字勋章和荣誉军团高级军官勋章由总统颁发，如果总统不在场，荣誉军团管理会会长或至少与接受勋章者具有同一荣誉级别的大十字级成员和荣誉军团高级军官可被委托执行授勋。荣誉军团管理会会长指定荣誉军团中的一名不低于接受勋章者级别的成员执行荣誉军团指挥官、军官和骑士的授勋。总理或部长经总统授权，可执行荣誉军团各级别人员的授勋。在国外任职的大使可向在其任职国居住的法国人授勋。在授勋仪式结束后，候选人才能成为荣誉军团成员。受勋者还将收到一份表明其荣誉军团成员身份的证书。

（5）荣誉军团成员的义务、特权与惩戒

荣誉军团勋章的铭文是“荣誉与祖国”。荣誉军团成员的首要义务在于忠于这一具有象征意义和道德教义的铭言。荣誉军团成员应以光荣的方式行为处事。

荣誉军团成员的首要特权是佩戴勋章，但前提是不具有商业目的。第二是经荣誉军团管理会会长的授权向新加入军团的人员或晋升者授勋。此外，在公民身份文件、法律或公证文件，甚至在警察署笔录中，可在其姓名之后注明其荣誉军团成员身份。

以军事名义加入荣誉军团的成员享有年度薪俸，但数额极少，仅为象征性待遇。大十字级成员每年可获 36.59 欧元；荣誉军团高级军官，

24.39 欧元；荣誉军团指挥官，12.20 欧元；荣誉军团军官，9.15 欧元；荣誉军团骑士，6.10 欧元。

荣誉军团成员是终身制，不能从荣誉军团中辞退。如果成员发生有损荣誉的行为，荣誉军团委员会可对其实施纪律处分。《荣誉军团与军功奖章法典》第 89—111 条对荣誉军团纪律处分、纪律处分程序、纪律处分等作了详细规定。如“纪律处分措施有：审查；完全或部分中止权利、特权的行使和享有薪俸的权利；被荣誉军团除名。”（第 89 条）[①] “丧失法国人资格的人可被荣誉军团除名。”（第 90 条）“被开除荣誉军团的人还可包括：被定罪者；被判处立即执行的一年或一年以上监禁者。”（第 91 条）“被判处轻罪刑者均可被开除荣誉军团。”（第 92 条）“因缺席判决（抗传）导致荣誉军团成员权利和特权行使的中止。”（第 93 条）“所有被判监禁的服刑期间，意味着荣誉军团成员权利、特权和薪俸的中止。”（第 94 条）“在被判处轻罪刑或在破产的情况下，荣誉军团成员的权利、特权和薪俸可被全部或部分中止。”（第 95 条）《荣誉军团与军功奖章法典》第 99—111 条规定了相关纪律处分程序。

（6）奖励对象的构成

20 世纪初之前，荣誉军团成员人数稳步增长。在第一次世界大战之后、第二次世界大战之后两个时期，军团人数骤增，原因是国家加大力度奖励在战场上英勇无畏、战功卓著者。

1962 年，荣誉军团成员超过 30 万人。之后由于法国一直处于和平时期，戴高乐将军认为应该限制荣誉军团成员人数的增长，以符合荣誉军团的至高荣誉。表 5—1 显示了截至 1998、1999、2000、2005 年这几年年底荣誉军团的人数。该表显示，2005 年年底荣誉军团的人数比 1998 年年底的人数有所减少。截至 2005 年 12 月 31 日，荣誉军团成员人数为 98373 人。

法国每三年由共和国总统法令确定荣誉军团勋章三年期年度颁奖名额。表 5—2 和表 5—3 分别为针对法国籍人士的民事领域和军事领域的授奖名额，2006—2008 的三年期名额 2003—2005 年的三年期名额相比，民事领域的骑士级成员名额大幅增加，增幅为 33%。大十字级成员名额增加了 1 名。

① 下文法律条文后括号中所列条数均指《荣誉军团与军功奖章法典》中的条款数。

表 5—1　　　　1998—2005 年荣誉军团人数一览

级别	截至 1998 年 12 月 31 日	截至 1999 年 12 月 31 日	截至 2000 年 12 月 31 日	截至 2005 年 12 月 31 日	法典确定的限额
大十字级	60	61	61	65	75
高级军官级	323	322	321	320	250
指挥官级	3686	3664	3626	3312	1250
军官级	22631	22702	22401	18788	10000
骑士级	86852	87462	87371	75888	113425
总数	113552	114175	113780	98373	125000

资料来源：http：//www. légiondhonneur. fr/flash/findex. html；http：//www. quid. fr/2007/Ordres _ Et _ Decorations/。

表 5—2　　　　针对法国人的 2003—2005 三年期任命和晋升名额[①]

领域	大十字级	高级军官级	指挥官级	军官级	骑士级	总数
民事领域	3	12	72	384	1710	2181
军事领域	3	12	72	346	1200	1633
总数	6	24	144	730	2910	3814

资料来源：http：//www. légiondhonneur. fr/flash/findex. html。

表 5—3　　　　第 2006—100 号法令规定的针对法国人的 2006—2008 三年期任命和晋升名额

领域	大十字级	高级军官级	指挥官级	军官级	骑士级	总数
民事领域	4	12	72	384	2280	2752
军事领域	3	12	72	346	1200	1633
总数	7	24	144	730	3480	4385

资料来源：http：//www. france-phaleristique. com/accueil. htm。

除此之外，总统令也针对外国人的三年期授予名额作了规定。表 5—4 显示了 2003—2005 年以及 2009—2011 年的三年期授奖名额情况。

① 这些名额中，不包括为第二次世界大战、国外或法属北非战场老兵举行的特殊颁奖，这类颁奖的名额为 500 名荣誉军团骑士。此外，残疾军人的任命和晋升数额不受此名额之限。

2009—2011 年的名额与 2003—2005 年的名额相比，针对外国人的骑士勋章、军官勋章和指挥官勋章的授奖名额有所增加，增长额分别为 3 名、10 名和 20 名。

表 5—4　2003—2005 年以及 2009—2011 年的给予外国人的三年期授奖名额

时间（年）	大十字勋章	高级军官勋章	指挥官勋章	军官勋章	骑士勋章	总数
2003—2005	2	7	37	91	213	350
2009—2011	2	7	40	101	233	383

资料来源：http：//www.france-phaleristique.com/accueil.htm。

在 19 世纪中期之前，没有任何女性加入荣誉军团。自第一次世界大战以来，特别是近几十年来，女性参与所有的公共和私营行业和岗位，为她们加入荣誉军团铺平了道路。从表 5—5 可以看出，20 世纪 90 年代末至今，民事领域加入荣誉军团的女性人数总体呈上升趋势，这与女性社会地位的提高密切相关，但与男性成员人数仍相差甚远。因此，近年来法国领导人仍然非常重视女性的参与度，例如，2008 年 1 月初，法国总统萨科齐对法国政府部门提出的新年颁发荣誉军团勋章的提名名单表示不满，认为名单中女性所占比例不高，并且政府雇员和政界人员过多，要求政府部门予以修改，在评定时突出男女平等，提名名单应当体现“法国的多样性”，并且涵盖更多商界人士和慈善机构的人员。①

从加入荣誉军团成员的职业领域来看，截至 2001 年 7 月 14 日，在荣誉军团大十字级成员中有 35 名军人，其中包括 7 名法兰西研究院成员②、4 名科学家、4 名政治家、3 名曾被关进集中营的第二次世界大战抵抗运动老兵、2 名大使、2 名省长、2 名工业家。在荣誉军团高级军官中，军人占绝大多数（250 名），其次是公务人员（35 名）、科学院院士（十余名），此外，还包括 6 名政治家、4 名科学家、3 名媒体负责人、1 名律师等。③

① “萨科齐不满国家荣誉勋章提名 要求增加女性人选”，见 http：//news.sohu.com/20080103/n254448325.shtml。

② 大部分法兰西研究院成员获得过不同级别的荣誉军团荣誉。

③ Anne de Chefdebien et Bertrand Galimard Flavigny，*La Légion d'honneur*，*Un ordre au service de la Nation*，Gallimard，2002，pp. 91—95

表 5—5　　1980 年以来民事领域的荣誉军团任命和晋升成员中女性所占比重

单位：%

年份	民事领域任命和晋升人数	女性人数	女性所占比重
1980	1514	203	13.4
1985	1507	117	7.8
1990	1441	172	11.9
1995	1464	172	11.7
1996	1550	288	18.6
1997	2045	397	19.4
1998	2016	406	20.1
1999	2080	545	26.2
2000	2010	481	23.9
2001	—	—	23.4
2002	—	—	21.9
2003	—	—	17.26
2004	—	—	15.39
2005	—	—	16.77

资料来源：http：//www.légiondhonneur.fr/flash/findex.html；http：//www.quid.fr/2007/Ordres_Et_Decorations/。

2001 年 7 月 14 日这一批的受勋者中有 523 名骑士，其中包括 31 名企业主、30 名大学教授、13 名记者、11 名警察、10 名法官、9 名宗教人士、6 名医务助理人员、5 名演员或音乐家、2 名农业经营者、2 名画家、1 名运动员等。可以说，荣誉军团汇集了所有的社会阶层，所有的行政级别的代表。

2. 国家功勋勋章

(1) 设置背景

1963 年戴高乐将军设立国家功勋勋章。原因是当时荣誉军团勋章是唯一的国家级勋章，奖励名额和范围不能满足国家表彰各领域杰出人士的需要，而且在法国颁发的勋章大部分是过于专门化的部级勋章。于是当年第 63—1196 号法令创设了国家功勋勋章，旨在“奖励公职系统、民事和军事领域或个人行动中的突出贡献”，其级别和规定参照荣誉军团的设置。为了使法国功勋荣誉制度更加明朗，大部分部级勋章和法国海外领土勋章自 1964 年 1 月 1 日以来停止颁发。

（2）授奖对象

国家功勋勋章的授奖对象是为法国作出突出贡献（mérites distingués）的社会各界人士。不少外国人也因在法国表现突出，成绩优异而获此殊荣。国家功勋勋章的首批受勋者由 1964 年 6 月 24 日的法令确定，涉及广泛的专业领域。

（3）授奖条件

国家功勋勋章同荣誉军团勋章一样也分为 5 级，较之荣誉军团勋章，国家功勋勋章的授奖条件中对资历的要求较低（级别从低至高的授奖条件分别如下）：国家功勋骑士勋章：工龄达 10 年；国家功勋军官勋章：获国家功勋骑士勋章满 5 年；国家功勋指挥官勋章：获国家功勋军官勋章满 3 年；国家功勋高级军官勋章：获国家功勋指挥官勋章满 3 年；国家功勋大十字勋章：获国家功勋高级军官勋章满 3 年。

（4）国家功勋勋章委员会及其组成

2008 年 3 月 13 日第 2008—250 号法令，规定国家功勋勋章委员会包括荣誉军团管理会会长，即委员会主席；从获得国家功勋大十字勋章、高级军官勋章和指挥官勋章的成员中选出的 9 名成员；1 名国家功勋军官勋章获得者；1 名国家功勋骑士勋章获得者。[①]

2004—2010 年，国家功勋勋章委员会委员有：名誉财政总检察官、法国国家体育队队员联合会名誉主席、大学和法兰西学院名誉教授、最高法院首席名誉总检察长、国家歌剧院剧团前舞蹈家、法国大使、中将、大学名誉教授（巴黎急救中心前主治医师）、前大区区长、大学教授、法国玻璃制造行业工会前秘书长。[②]

（5）申报程序与颁奖时间

国家功勋勋章民事领域的获奖名单分别于 5 月 15 日和 11 月 15 日通

---

① http：//www.france-phaleristique.com/accueil.htm.

② “Le conseil des ordres nationaux”，http：//www.legiondhonneur.fr/shared/fr/ordresdecorations/conseil.html.

过总统法令公布于《政府公报》上，军事领域的公布时间为5月1日和11月1日申请与评定程序与法国荣誉军团的程序完全相同。申报人可直接到省政府或通过邮递的方式从省政府处获得打印的申报材料。

（6）勋章样式

勋章样式于1964年6月9日由共和国总统批准使用。该勋章为六角双芒星形，其正面为代表共和国的头像，有“RÉPUBLIQUE FRANÇAISE”（法兰西共和国）字样。背面是两面交错的法国国旗，以及国家功勋勋章的名称（ORDRE NATIONAL DU MÉRITE）和勋章设立的日期（3 DÉCEMBRE 1963）。勋章绶带为蓝色，各级别勋章的佩戴方式与荣誉军团勋章相同。

国家功勋骑士勋章直径40毫米，银质，佩戴于左胸，绶带宽37毫米。（图5—6）

国家功勋军官勋章直径也为40毫米，镀金，佩戴于左胸，绶带宽37毫米，绶带上带玫瑰花结。

图5—6　国家功勋骑士勋章

国家功勋指挥官勋章直径60毫米，镀金，佩戴于颈部，绶带宽40毫米。

国家功勋高级军官勋章获得者可获12角双芒星形直径为90毫米的银质徽章（1980年6月30日法令将徽章的尖脚变为圆形，并且勋章辐条涂上了蓝色彩釉），戴于右胸。此外还在左胸佩带国家功勋军官勋章。

国家功勋大十字勋章获得者可获 12 角双芒星形直径为 90 毫米镀金徽章，戴于左胸，在右肩至左髋斜跨宽 10 厘米的绶带，在绶带下方缀有与国家功勋指挥官勋章相似，但直径为 70 毫米的勋章。（图 5—7）

图 5—7　勋章和绶带

（7）授奖数量

截至 2005 年 12 月 31 日，获国家功勋勋章的法国人为 194908 名，其中国家功勋骑士 155131 名，国家功勋军官 35579 名，国家功勋指挥官 5687 名，国家功勋高级军官 355 名，国家功勋大十字勋章获得者 156 名。2005 年女性在民事领域的提名和晋升中占 26.48%。[①]

近年来，针对法国人的国家功勋勋章授奖名额变化不大，而针对外国人的名额则有所增加。（见表 5—6 和表 5—7）

表 5—6　　2003—2005 年三年国家功勋勋章的年度授奖名额

领域	国家功勋大十字勋章	国家功勋高级军官勋章	国家功勋指挥官勋章	国家功勋军官勋章	国家功勋骑士勋章
民事领域	5	12	140	720	2700
军事领域	5	12	95	470	1800
外国人	2	7	40	101	233

资料来源：http：//www. languedoc-roussillon. pref. gouv. fr/demarches/medailles _ decorations. shtm # medailles。

① http：//www. quid. fr/2007/Ordres _ Et _ Decorations/.

表 5—7 2006—2008 年三年国家功勋勋章的年度授奖名额

领域	国家功勋大十字勋章	国家功勋高级军官勋章	国家功勋指挥官勋章	国家功勋军官勋章	国家功勋骑士勋章
民事领域	6	12	140	720	2700
军事领域	5	12	95	470	1800
外国人	4	8	48	125	250

资料来源：http：//www. france-phaleristique. com/accueil. htm。

(二) 军事勋章、奖章

1. 解放勋章

(1) 授奖对象及概况

戴高乐将军于 1940 年 11 月 17 在布拉柴维尔签署第 7 号法令设立解放勋章，授奖对象是“为法国的解放事业作出贡献的军事或非军事领域的个人和团体”。解放勋章只有一个级别。该勋章只颁发到 1946 年 1 月 23 日。从创立之日到停授之日，法国政府共颁授了 1059 枚解放勋章，其中 1036 枚被授予个人，18 枚被授予海、陆、空三军的军队，5 枚被授予法国的市镇。解放勋章曾两度破例颁发，一次是 1958 年戴高乐将军颁给温斯顿·丘吉尔（Winston Churchill）爵士；另一次是 1960 年戴高乐将军颁给英皇乔治五世。因此获得解放勋章荣誉的人数最终达到 1038 人。如果勋章获得者已经去世，在与解放勋章有关的仪式上，其家庭代表可以在右前胸佩戴该勋章。

(2) 勋章样式

图 5—8 解放勋章

解放勋章又称解放十字勋章，为铜质带剑矩形勋章，矩形长 33 毫米，宽 30 毫米。剑上置黑色双十字。剑长 60 毫米，宽 7 毫米。其背面为铭文：“PATRIAM SERVANDO VICTORIAM TULIT”（意为“服务祖国者为拥有胜利者”）。勋章的绶带为绿色和黑色。（图 5—8）

(3) 解放勋章首领及其大项链

戴高乐将军对他创建的这一勋章情有独钟，当他成为共和国总统之后，在官方照片中可见其佩戴解放勋章首领的大项链。解放勋章首领的大项链由金银匠吉尔贝·普瓦尔拉（Gilbert Poillerat）设计制造，目前展览于解放勋章博物馆的荣誉厅中。该项链由9个大金质链环组成，链环之间用绿釉双十字架连接。链环上刻有法兰西帝国领地的名称。项链直径36厘米。其椭圆形大奖章带有解放双十字，解放双十字的周围是燃烧的火焰。椭圆形大奖章高69毫米，宽53毫米。大奖章上方为两把交叉的箭，项链与两箭的交叉处刻有PATRIAM SERVANDO VICTORIAM TULIT的拉丁文铭文（图5—9）。

图5—9　解放勋章首领及其大项链

（4）管理体制

解放勋章设有解放勋章委员会和解放勋章管理会两个专门机构，分别负责勋章颁授的评审工作和勋章的管理工作。解放勋章管理会下设“‘解放伴友’[①] 团国家委员会”（Conseil national des communes “compagnon de la libération”）、解放勋章博物馆（Musée de l'ordre de la libération）、解放伴友互助会（Société d'entraide des compagnons de la libération）和抵抗运动奖章国家委员会（Commission nationale de la médaille de la résistance）等机构。

管理会会长由解放勋章委员会从其委员中选出，并提请共和国总统批准，共和国总统颁布法令正式任命。管理会会长任期4年，可连任（1962年4月13日法令规定）。1941年以来，共有7名解放勋章管理会会长。

管理会会长由解放勋章秘书长协助工作，秘书长同时担任管理会办公室主任。办公室负责解放勋章管理会的各种事务，如预算管理，管理会会

① 解放勋章获得者又被称做解放伴友。

长代表管理会出席的外事活动，主持管理会和委员会例会，与解放伴友团及其家属联系等。

解放勋章管理会和博物馆均设于荣军院（l'Hôtel national des Invalides）。博物馆中的大部分展品是由解放战友所提供的个人物品和文件。荣誉厅特别为戴高乐将军而设，该厅展出了戴高乐将军的军服、所获的法国和外国勋章，以及某些最重要的战争手稿等文件。博物馆每年接待观众约 9 万余人。博物馆还开展丰富多彩的教学活动，向青年一代传承抵抗运动精神。解放勋章博物馆友好人士协会（L'Association des amis du Musée de l'ordre de la libération）负责管理该博物馆馆藏。

2. 军功奖章

（1）历史沿革

军功奖章于 1852 年 1 月 22 日由路易·拿破仑（Louis Napoléon）（法兰西第二帝国的拿破仑三世）颁布法令设立，旨在奖励陆、空军的将士。1852 年 6 月 13 日以来，授予对象扩大至担任过部长或总指挥职务的将领和将级军官。第一次世界大战中，根据战争形势，临时确定了新的特殊颁奖程序。虽然无条文规定军功奖章可授予团体，但是在第一次世界大战中有 5 个部队获得了该奖章。

（2）授奖对象

军功奖章的授奖对象为非军官的军人。在特殊情况下，军功奖章也可授予那些在战争时期指挥杀敌或为国家防务作出特殊贡献的法国元帅、将级军官或荣誉军团大十字级成员。国防部长经国家总统的批准，可直接或通过授权的方式，在一个月内向那些在完成任务过程中牺牲或受伤，并被公认为应该获得奖章的非军官军人追授军功奖章。一般情况下，非军官人员在获得军功奖章之后不能再申请加入荣誉军团。

（3）授奖条件与授奖数量

军功奖章的授奖条件包括：8 年兵役；受到过军队嘉奖，不论其服役时间的长短；在英勇杀敌时或在按令执勤时受伤；有英勇或献身事迹。满足以上 4 个条件之一者即有资格获军功奖章。1962 年以来的 40 多年间，法国没有直接和完全地介入任何战争。在这段和平时期，军功奖章被继续授予在军队长期服役的士官，经常作出英勇事迹的人员，在法国国外战区获得奖励的人员，预备役军人，第二次世界大战、印度支那战争和阿尔及利亚战争的老兵。截至 1962 年，共有 110 万军功奖章被授出。此后，每年的获奖者约为3500名，授奖时间为每年4月和11月初。

表5—8　　1852—2005年军功奖章获得者人数

年份	人数
1852	4250
1914	103000
1939	540000
1954	638000
1962	744000
1964	772000
1970	747000
1980	610000
1990	460000
2000	200000
2005	190048

资料来源：http：//www.légiondhonneur.fr/flash/findex.html；http：//www.quid.fr/2007/Ordres _ Et _ Decorations/。

（4）奖章的授予和管理

军功奖章由共和国总统根据国防部长的建议颁授。军功奖章的候选人评审、颁授、管理及纪律约束由荣誉军团管理会和荣誉军团委员会负责。军功奖章获得者的权利、义务、纪律处分等的相关规定与关于荣誉军团勋章获得者的权利、义务、纪律处分的规定相似。

获得军功奖章者可享有薪俸。军功奖章薪俸享有者可永久地或临时地放弃薪俸，以为全国军功奖章获得者协会所用。“军功奖章所涉及的薪俸可与国家或集体的所有的津贴或补助累加，但是不可与荣誉军团成员的薪俸累加。”（第152条）

（5）奖章样式

军功奖章为银质，正面是代表法兰西共和国的玛丽安娜的头像，头像周围刻有：“REPUBLIQUE FRANÇAISE”（意为“法兰西共和国”）字样，奖章背面为题铭：“VALEUR ET DISCIPLINE”（意为“价值与纪律”）。奖章的绶带为黄色，绿色镶边，宽40毫米。连接奖章与绶带的环扣为战利品造型。奖章应佩戴于左前胸。

3. 其他军事勋章、奖章

（1）战争十字奖章

①第一次世界大战十字奖章（croix de guerre 1914－1918）

1915 年 4 月 8 日设立，旨在奖励第一次世界大战中荣立过个人或集体战功者。

②海外战场作战十字奖章（croix de guerre des théâtres d'opérations extérieurs）

1921 年 4 月 30 日设立，奖励 1918—1921 年在海外作战有功者。1992 年 5 月 5 日后停止颁发。

③第二次世界大战十字奖章（croix de guerre 1939－1945）

1939 年 9 月 26 日设立，奖励在第二次世界大战中立有战功者。

（2）军功十字奖章（croix de la valeur militaire）

1956 年 4 月 11 日设立。1963 年 1 月 1 日以前，主要授予 1962 年 7 月 1 日之前在北非立有战功的军人；1972 年 11 月 13 日之后授予在乍得服役的军人（1991 年 8 月 1 日废止）；1992 年 7 月 6 日授予在前南斯拉夫行动中有功者；1997 年 7 月 10 日授予在中非共和国的行动中表现突出者。

（3）第二次世界大战时期法国的抵抗运动奖章（médaille de la résistance）

1943 年创设，奖励 1940 年 6 月 18 日以来为法国人民的抵抗运动作出贡献的人士和团体。截至 1947 年 3 月 31 日，获奖个人及团体约 4.7 万。1947 年 4 月 1 日以后不再颁发，已故的为法国解放事业作出贡献的集中营被关押者除外。

（4）“逃出俘虏营”奖章（médaille des évadés）

1926 年 8 月 20 日设立，奖励对象为在第一次和第二次世界大战中逃出俘虏营的老兵。奖章由国防部长颁发。第一次世界大战共颁发 7300 枚。截至 1997 年 1 月 1 日，为第二次世界大战的“逃出俘虏营”者颁发 39260 枚。

（5）第一次世界大战志愿军十字奖章（croix du combattant volontaire 1914－1918）

1935 年 7 月 4 日设立，由国防部长颁发。截至 2004 年 1 月 1 日，共颁发奖章数量为 4425348 枚。

（6）第二次世界大战志愿军十字奖章（croix du combattant volontaire 1939—1945）

1953 年 2 月 4 日设立，奖励第二次世界大战中的志愿兵。截至 2004 年 1 月 1 日，共授予奖章 1527784 枚。

（7）抵抗运动志愿军十字奖章（croix du combattant volontaire de la résistance）

1954 年 4 月 15 日设立，由老兵部（Mininstère des anciens combattants）管理。获得抵抗运动十字军证的老兵均可获该奖章。截至 2004 年 1 月 1 日，共授出 262534 枚奖章。

（8）战斗人员十字奖章（croix du combattant）

根据 1930 年 6 月 28 日法律和 1930 年 8 月 24 日法令设立。拥有战斗人员证的军人均可获该奖章。由国家老兵办公室（Office national des anciens combattants）颁发。

（9）国家宪兵奖章（médaille de la gendarmerie nationale）

1949 年 9 月 5 日设立，授予国家宪兵军官、士官和军人。在特殊情况下可授予为国家宪兵队作出重要贡献者。

（10）航空奖章（médaille de l'aéronautique）

1945 年 2 月 14 日设立，奖励作出杰出成就的国防部或交通部的军职或文职人员，以及为民用或军用航空的发展作出突出贡献的公民。截至 1997 年 1 月 1 日，共颁授 16937 枚奖章。

（11）志愿在军队服役奖章（médaille des services militaires volontaires）

1975 年 3 月 13 日设立，奖励那些不隶属现役军队的具有突出贡献的军人。

（12）国防奖章（médaille de la défense nationale）

1982 年 4 月 21 日设立，奖励在军事行动（特别是有利于法国人民的行动）中或在军事行动准备过程中作出突出贡献的军人。

（13）军队医务部门荣誉奖章（médaille d'honneur du service de santé des armées）

1962 年 8 月 30 日设立，由国防部授予为军队医务工作作出突出贡献者。该奖章可追授，也可授予外国人。共分 4 个级别（铜质、银质、镀金、金质）。

（三）非军事勋章、奖章

1. 部级勋章

（1）教育棕榈勋章

①历史沿革

教育棕榈勋章（图 5—10）根据 1955 年 10 月 4 日的第 55—1323 号法令设立，确立了三个级别，从低至高分别是：

- 三级教育棕榈勋章（骑士勋章）：获得者年龄至少为 35 岁，享有公民权，并具有 15 年工龄；
- 二级教育棕榈勋章（军官勋章）：获得三级教育棕榈勋章至少 5 年；
- 一级教育棕榈勋章（指挥官勋章）：获得二级教育棕榈勋章至少 5 年。

2002 年 4 月 19 日的第 2002—563 号法令对教育棕榈勋章的颁授条件作了调整：

- 三级教育棕榈勋章：享有公民权，并具有 10 年工龄；
- 二级教育棕榈勋章：获得三级棕榈教育勋章至少 5 年；
- 一级教育棕榈勋章：获得二级棕榈教育勋章至少 3 年。

②授予对象与授奖方式

教育棕榈勋章奖励的对象包括：隶属于教育部的法国或外国工作人员、在某一教育领域作出重要贡献者、为弘扬文化遗产作出特殊贡献的杰出人士。

教育棕榈勋章委员会设于教育部，负责勋章的授勋，监督勋章的规章和制度的执行。该委员会成员均为一级教育勋章获得者，包括教育部部长（委员会主席）、一名来自荣誉军团委员会的成员（由荣誉军团管理会会长提议，教育部部长任命）、教育部主要行政部门的主管和教育部总监察局局长。委员会的意见需获多数票才能通过。如果同意方和反对方票数相同，则由委员会主席最终决定结果。委员会的秘书处由教育部办公室主任负责。

2002 年 4 月 19 日以来，教育棕榈勋章的年度限额为：三级 7570 名；二级 3785 名；一级 280 名。每年 1 月 1 日和 7 月 14 日（仅限公共教育部门人员）公布获奖名单。在这些年度任命和晋级之外，有时还举行特殊授勋。

每个学区名额的分配由教育部部长决定。学区区长均可获一级教育棕榈勋章。教育部的工作人员如果在完成任务时牺牲或受伤，并被公认为应该获得此荣誉，可不受名额、资历和年限限制。外国人也可获教育棕榈勋章。在法国教育部工作的外国人获奖与法国人一样，受名额、资历和年限限制。不属于法国教育部编制的外国人，在教育棕榈勋章委员会的同意下，可直接获得某一级的教育棕榈勋章，而不受资历和名额的限制。截至2005年1月1日，教育棕榈勋章获得者人数为：骑士1112名、军官250名、指挥官51名。[①]

此外，2002年4月19日的第2002—563号法令还加强了对获奖者的纪律约束。任何教育勋章获奖者如果有损害荣誉的行为，无论这种行为是否被诉诸法庭，或者是被判处轻罪者都会受到纪律处罚，如中止教育棕榈勋章的授予或从教育棕榈勋章获得者中除名。因重罪而被最终判处刑罚者、最终被判处一年或一年以上监禁者也会被除名。

③勋章的申报

候选人材料需提交到住所所在地的省政府。公务员候选人的推荐是逐级进行的。获奖者可加入教育棕榈勋章获奖者协会（A. M. O. P. A.）。从省政府处可获得关于1月1日提名的说明；从大学区区长办公处可获得关于7月14提名的说明。[②]

④勋章样式

1955年以来，勋章样式为：三级教育棕榈勋章由两片银质棕榈叶构成，中心叶脉涂有紫色珐琅，高35毫米，宽25毫米，绶带为紫色，系于左前胸。(如下页图)

二级教育棕榈勋章由两片镀金或金质棕榈叶构成，中心叶脉涂有紫色珐琅，高35毫米，宽25毫米，绶带中央带玫瑰花结，系于左前胸。(如下页图)

一级教育棕榈勋章由两片镀金或金质棕榈叶构成，中心叶脉涂有紫色珐琅，高60毫米，宽25毫米，勋章上方有由两片涂有紫色珐琅的小棕榈叶组成的圆形王冠，挂于颈部。

① http：//www. quid. fr/2007/Ordres _ Et _ Decorations/.

② http：//www. languedoc-roussillon. pref. gouv. fr/demarches/medailles _ decorations. shtm # medailles.

三级教育棕榈勋章　二级教育棕榈勋章　一级教育棕榈勋章

图 5—10　教育棕榈勋章

（2）农业荣誉勋章（又译农业成就勋章，农业功勋勋章）

农业荣誉勋章旨在奖励为农业作出突出贡献者。农业荣誉勋章有三个级别，从低级至高级分别为三级农业荣誉勋章（也称骑士勋章）、二级农业荣誉勋章（也称军官勋章）、一级农业荣誉勋章（也称指挥官勋章）。

①历史沿革

1883 年 7 月 7 日农业部部长朱尔·梅利纳（Jules Méline）设立该勋章，确立了农业荣誉骑士级勋章，同年 7 月 17 日确定了第一批农业荣誉勋章获得者。农业荣誉勋章的设立在法国农业界受到高度评价，于是 1887 年农业部部长弗朗索瓦·巴布（François Barbe）建议增加农业荣誉骑士勋章数量，并增设军官级，同年 6 月 18 日的法令对增设农业军官级荣誉勋章作了规定。1893 年 3 月 11 日农业荣誉勋章纪律委员会设立。1895 年 4 月 9 日确定，荣誉军团军官享有特权，可直接获得农业荣誉勋章的军官级勋章。1896 年 7 月 27 日农业荣誉勋章的第一个总规章确定，并成立农业荣誉勋章委员会。1900 年 8 月 3 日，农业部长让·迪皮伊（Jean Dupuy）又增设了农业指挥官级荣誉勋章。[①] 1913 年 7 月 30 日，农业荣誉勋章的第二个总规章确定，并成立农业荣誉勋章最高委员会。1945 年 12 月 6 日，农业荣誉勋章临时委员会成立，取代了农业荣誉勋章最高委员会。1959 年 6 月 15 日的法令规定荣誉勋章委员会由以下成员组成：农业部部长

① http：//agriculture. gouv. fr/histoire/3 _ merite _ agr/chrono _ 1. htm.

(委员会主席)，一名荣誉军团委员会委员（副主席），农业部办公室主任，5名农业部下属部门主管，8名获得过一级农业勋章的农业界名人。

早在1883年，著名的科学家路易·巴斯德（Louis Pasteur）获得该勋章，1921年4月15日，在战争期间组织了一次特殊的颁奖。1922年12月11日，对于那些残疾程度至少为30%、继续从事农业活动的残疾军人进行了一次特别颁奖。1923年3月22日，对那些家庭100多年来一直耕作在同一土地上的耕作者进行了一次特别颁奖。

②授奖条件及申报程序

农业荣誉勋章各级别的授奖要求如下：

- 三级农业荣誉勋章：年龄至少为30岁，享有公民权，有15年农业领域工作经历；
- 二级农业荣誉勋章：获三级农业荣誉勋章至少5年；
- 一级农业荣誉勋章：获二级农业荣誉勋章至少5年。

每年有两次确定获奖人选时间，即每年的1月1日和7月14日，由农业和渔业部长决议决定，申报材料需包含身份证明。

③颁授限额

1993年6月21日的法令规定农业荣誉勋章的年度颁授名额为：三级农业荣誉勋章3200名；二级农业荣誉勋章800名；一级农业荣誉勋章60名。其中二级和一级农业荣誉勋章每年的授奖数可在限额的5%上下浮动。法令规定的以特殊名义颁发的农业荣誉勋章不受此名额的限制。

④农业荣誉勋章获奖者协会

1992年农业荣誉勋章获奖者协会（AMOMA）成立。它是唯一将农业荣誉勋章获奖者集中在一起的团体。该协会受农业部监管，其办公地点也设在农业部。

⑤勋章样式

农业荣誉勋章为白色珐琅六角星形，其周围冠以由左侧麦穗和右侧玉米穗组成的圆冠，六角星形正面的中心圆形雕饰为代表共和国的玛丽安娜像，底色为金色，在玛丽安娜像周围刻有铭文“REPUBLIQUE FRANÇAISE”（意为“法兰西共和国”），铭文的底色为绿色。在六角星形的背面，中央的铭文“MERITE AGRICOLE 1883”（意为“1883年农业荣誉勋章”），铭文的周围冠有一圈蓝色珐琅。

三级农业荣誉勋章为银质，直径最初为35毫米，1999年11月4日改为 40 毫米，佩戴于左前胸。其绶带主要颜色为绿色，绿色波纹状绶带的两侧分别有一道红色条，该红色条意指享有盛誉的荣誉军团勋章。因绶带的绿色和勋章的白色而得别名“韭葱”勋章。绶带宽 37 毫米，红色条宽 5 毫米，最外围有 1 毫米的绿色镶边。（图 5—11）

二级农业荣誉勋章上方有一半为葡萄藤，一半为橄榄叶的圆形。勋章材质为镀金，直径最初为 35 毫米，1999 年 11 月 4 日法令改为 40 毫米，佩戴于左前胸。其绶带与三级农业荣誉勋章大致相同，但带有与绶带颜色相同的直径为 30 毫米的玫瑰花结。（图 5—12）

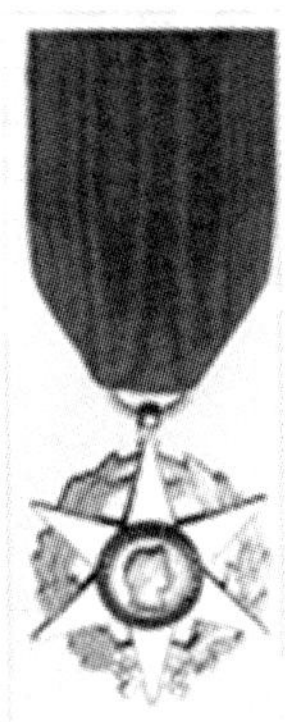

图 5—11　三级农业荣誉勋章

图 5—12　二级农业荣誉勋章

一级农业荣誉勋章在勋章上方有一半为葡萄藤，一半为橄榄叶的圆形。勋章材质为镀金或金质，直径为 60 毫米，佩戴于颈部。其绶带与三级农业荣誉勋章相同（图 5—13）。

图 5—13　一级农业荣誉勋章

（3）海事荣誉勋章（又译海事成就勋章，海事功勋勋章）

①历史沿革

海事荣誉勋章根据1930年2月9日的法律设立，分三个级别，从低至高为：三级海事荣誉勋章（骑士勋章），二级海事荣誉勋章（军官勋章），一级海事荣誉勋章（指挥官勋章）。1930年5月16日法令对海事荣誉勋章的组织作了规定，同年5月1日的法令对海事荣誉勋章的管理作了规定。1948年9月25日的法令规定，海事勋章的授予对象扩大至法国海军。

②授予对象与授奖条件

海事荣誉勋章奖励具有高超专业技能的海员，奖励为海上贸易、港口设施、渔业以及水上运动作出突出贡献的人士。对获奖人员年龄与资历的规定如下：

- 获三级海事荣誉勋章人员需至少达30岁，并且有15年工龄；
- 获二级海事荣誉勋章人员须获三级海事荣誉勋章至少8年；
- 获一级海事荣誉勋章人员须获二级海事荣誉勋章至少5年。

四级荣誉军团勋章和三级荣誉军团勋章获奖人员可直接分别获二级和一级海事荣誉勋章。居住在法国境外的外国人获海事荣誉勋章不受资历条件的限制，居住在法国境内的外国人获奖条件与法国人相同。在海事领域作出英勇行动或具有牺牲精神的人员，以及为海运业或海军作出特别突出贡献者获得或晋级勋章时，不受年龄与资历条件的限制。在特殊情况下，海事荣誉勋章也可身后追授。

海事荣誉勋章候选人的提名有两种途径：第一，法国海军候选人名单通过行政途径呈交国防部，国防部再转交海军部，由海军部最终作出决定；第二，非海军候选人的材料需提交至住所所属的省政府。每年有两次确定获奖人员时间，即1月1日和7月14日（法国国庆日），由总理法令确定，并公布于《政府公报》。

③授奖名额

表5—9显示了2009年海事荣誉勋章的授奖名额。从中可以看出，针对A类人员（即商船的航海人员、国家民事部门航海人员以及由国家批准的各种团体的救援船艇的船员）的授奖名额最多，其次是C类人员（即为海洋事业，尤其是海上贸易、港口设施、渔业及水上运动作出突出

贡献的人士）和B类人员（即国防部军人）。[①]

表5—9　　2008年6月23日决议确定的2009年的授奖名额

类别*	一级海事荣誉勋章	二级海事荣誉勋章	三级海事荣誉勋章
A类人员	5	36	120
B类人员	3	14	40
C类人员	2	20	100
总数	10	70	260

资料来源：http：//www.france-phaleristique.com/accueil.htm。

④授勋仪式

海事荣誉勋章的授勋仪式并不是必须进行的。如果举行授勋仪式的话，授勋者必须具有不低于被授勋者的勋章级别。

⑤海事荣誉勋章委员会

海事荣誉勋章委员会由交通、设备、旅游业与海洋部部长或其代表领导。委员包括：交通、设备、旅游业与海洋部的高级公务人员，一名行政法院法官，一名海军上将，一名海事会长，以及一名来自荣誉军团管理会的成员（他/她同时担任海事荣誉勋章委员会的副主席）。它负责考察提名和晋级材料，监督纪律的执行。海事荣誉勋章委员会的秘书处成员有两名，即交通、设备、旅游业与海洋部部长办公室主任和交通、设备、旅游业与海洋部部长指定的副秘书长。其委员由共和国总统根据部长的建议而任命，委员任期4年，可连任。

⑥勋章样式

海事荣誉勋章为形状类似罗盘方位标的具有16个分支的星形勋章（如图所示），在罗盘方位标之上，还附有一支锚。8支主要分支涂有白色珐琅，每两支主要分支夹有小分支，8只小分支形状为锚尖，金质。附在星形图案上方的锚也为金质。

勋章的正面中央为代表共和国图像的圆形雕饰，周围是铭文“RÉPUBLIQUE FRANÇAISE”（意为“法兰西共和国”），底色为蓝色珐

① http：//www.quid.fr/2007/Ordres _ Et _ Decorations/.

琅。背面中心圆形雕饰刻有“MÉRITE MARITIME”字样（意为“海事荣誉”）；周围是蓝色珐琅，之上刻有铭文“MARINE MARCHANDE”（意为“商船”）。勋章绶带为蓝色，宽 37 毫米，其两侧分别有两道垂直的绿线。

一级海事荣誉勋章比二级和三级荣誉勋章大一半。一级海事荣誉勋章的绶带系于颈部，二级和三级海事荣誉勋章系于左前胸。与一级和三级海事荣誉勋章所不同的是，二级海事荣誉勋章的绶带上还有宽 30 毫米的玫瑰花结。（图 5—14）

一级海事荣誉勋章

二级海事荣誉勋章

三级海事荣誉勋章

图 5—14　海事荣誉勋章

（4）艺术与文学勋章

艺术与文学勋章根据 1957 年 5 月 2 日第 57—549 号法令由文化部设立，旨在奖励和鼓励艺术与文学领域的活动。

①授予对象

该勋章奖励创作出杰出的艺术和文学作品的人员，或者是为法国和世界艺术与文学的繁荣与发展作出突出贡献的人员。

②授奖条件

艺术与文学勋章包括三个级别，授奖条件如下：

- 三级艺术与文学勋章（骑士勋章）：享有公民权，年龄至少为 30 岁；
- 二级艺术与文学勋章（军官勋章）：获三级艺术与文学勋章至少

5 年；

- 一级艺术与文学勋章（指挥官勋章）：获二级艺术与文学勋章至少 5 年。

四级和三级荣誉军团勋章获得者可直接晋升为艺术与文学勋章的二级和一级级别。一级艺术与文学勋章完全由文化部部长确定。居住地在法国境外的外国人获奖不受资历和名额的限制。法国国会议员在任职期间不能获得或晋级艺术与文学勋章。

③ 授奖程序

艺术与文学勋章由文化部部长管理，此外，还有一个艺术与文学勋章委员会。该委员会委员有：（a）固定委员：文化部中心管理部门主任，档案部门总管，报刊部门总管，法国博物馆总管，音乐、舞蹈、戏剧、影视部门总管，建筑与遗产部门总管，造型艺术部门代表，发展与区域行动部门代表，国家电影艺术中心主任，文化事务部门总监察局局长，法语语言部门总长，信息与通信法律与技术部门总管；（b）由文化部长任命的任期为五年、可连任的委员，包括一名荣誉军团委员会委员、12 名艺术与文学领域的人士。艺术与文学勋章委员会的秘书处由文化部办公室主任负责。

每年 1 月 1 日和 7 月 14 日分别确定艺术与文学勋章的获得勋章者人选。自 1997 年 5 月 5 日的第 97—468 号法令颁布以来，每年的授勋名额为：三级 450 名；二级 140 名；一级 50 名。候选人的材料需递交给候选人居住地所属的省政府，省政府将名单连同意见转达给文化部。

④勋章样式

该勋章为 8 支双芒绿色珐琅勋章，每一支镶有金色阿拉伯式装饰图案，每一支的两个顶端有金色小球。勋章正面的中心圆形雕饰有 A 和 L 两个交错的花体字母（这两个字母为法语“艺术”和“文学”的首写字母）。圆形雕饰的底色为白色珐琅，周围有金色铭文：“REPUBLIQUE FRANÇAISE”（意为“法兰西共和国”）。在勋章的背面，中心圆形雕饰为代表共和国的头像，底色为白色珐琅，周围是金色铭文：“ORDRE DES ARTS ET DES LETTRES”（意为“艺术与文学勋章”）。

三级和二级艺术与文学勋章的环扣为十字形；一级艺术与文学勋章的环扣为金色挂环。三级艺术与文学勋章为银质勋章，而二级艺术与文学勋章为镀金勋章，两者的直径均为 40 毫米，一级艺术与文学勋章的材质为镀金或纯金，直径为 55 毫米。二级和三级艺术与文学勋章系于左前胸，一级艺术与文学勋章持于颈部。

勋章绶带宽 37 毫米。绶带被 4 道垂直的宽为 2.4 毫米的白线分隔为 5 带，这五带为深绿色，宽 5.5 毫米。二级艺术与文学勋章的绶带上有玫瑰花结。（图 5—15）

三级艺术与文学勋章　　二级艺术与文学勋章　　一级艺术与文学勋章

图 5—15　艺术与文学勋章

2. 部委下属部门颁发的民事荣誉奖章

（1）英勇与献身行为荣誉奖章（médaille d'honneur pour actes de courage et de dévouement）

1820 年 3 月 2 日根据皇家法令设立，最初不可佩戴。1831 年 4 月 12 日路易-菲利普法令规定海员可佩戴该奖章，之后所有获奖者均可佩戴该奖章。省长受内政部长的委托，颁发（每年约 400 份）给海洋事业之外的英勇与献身行为，包括表扬信、铜奖、二级银奖、一级银奖、镀金奖和金奖。国防部长和交通部长根据英勇与献身行为颁发不同级别奖励，包括表扬信、荣誉评语、铜奖、二级银奖、一级银奖，镀金奖、二级金奖、一级金奖。

（2）抵抗流行病荣誉奖章（médaille d'honneur des épidémies）

在 1884 年发生大流行病之后，1885 年 3 月 31 日设立该奖章，以奖励在与流行病作斗争过程中表现突出之人。自 1962 年 10 月 30 日军队医务部门荣誉奖章设立以来，该奖章不再颁发。

（3）法国家庭奖章（médaille de la famille française）

由于在第一次世界大战中许多法国人丧生，政府为鼓励生育于1920年5月26日设立该奖项。1982年10月28日第82—938号法令和1983年3月15日法令修改了颁授条件。授予对象为已婚家庭抚养或已抚养多名子女的父母亲，共设三个级别：铜质奖章：抚养4个或5个子女的父母；在战争中丧夫并未再婚的妇女，抚养三个子女，并且其中一名子女在父亲去世时还不满5岁；银质奖章：抚养6—7个子女的父母；金质奖章：抚养8个或8个以上子女的父母；每年在母亲节颁奖。奖章申请需提交至住所的市政府，省委员会决定人选之后，由省长颁发奖章。在国外，申请需提交至法国驻外领事馆（奖章由社会事务部根据最高委员会的意见授予）。1921年至1980年1月1日，共授出奖章918945枚。2001年的授奖数量为6208枚（其中铜奖4099枚，银奖1300枚，金奖809枚）。

（4）监狱管理荣誉奖章（médaille d'honneur de l'administration pénitentiaire）

2003年12月31日设立，分铜质、银质和金质三个级别。

（5）航空荣誉奖章（médaille d'honneur de l'aéronautique et des transports aériens）

1921年设立，铜奖：25年工龄，银奖：30年工龄，镀金奖：35年工龄，金奖：40年工龄。

（6）外交荣誉奖章（médaille d'honneur des affaires étrangères）

1816年设立，奖励在外国为法国事业表现出英勇和献身精神的人，包括外国人，分铜质、银质和金质三个级别。有民事和军事两种样式。

（7）农业荣誉奖章（médaille d'honneur agricole）

1883年设立，奖励农业工作者的贡献，每年有15名获奖者。授奖条件为：银质奖章20年工龄，镀金奖章30年工龄，金质奖章35年工龄，大金质奖章40年工龄。

（8）铁路荣誉奖章（médaille d'honneur des chemins de fer）

1913年设立，授奖条件为：银质奖章25年工龄，镀金奖章35年工龄，金质奖章38年工龄。

（9）青年与体育荣誉奖章（médaille d'honneur de la jeunesse et des sports）

原为1929年5月4日设立的体育教育荣誉奖章，1969年10月14日改为现名。共分三级：铜质奖章（8 年工龄），银质奖章（12 年工龄），金质奖章（20 年工龄）。

（10）商务海员荣誉奖章（médaille d'honneur des marins du commerce）

1901 年设立，每年颁奖两次（3 月和 9 月）。

（11）互助荣誉奖章（médaille d'honneur de la mutualité）

1852 年设立，由社会事务部长颁发。

（12）国防部民事人员荣誉奖章（médaille d'honneur des personnels civils du Ministère de la défense）

1976 年设立，国防部长授予金质荣誉奖章，地方政府授予银质和镀金荣誉奖章。1994 年，授出金质荣誉奖章 490 枚，镀金奖 1684 枚，银奖 2242 枚以及铜奖 3787 枚。

（13）国家警察荣誉奖章（médaille d'honneur de la police nationale）

1903 年设立银质奖章，每年授奖数为 5000 枚。

（14）邮政与电信荣誉奖章（médaille d'honneur des postes et télécommunications）

1882 年设立，原名为邮政与电报荣誉奖章（médaille d'honneur des postes et télégraphes），分铜奖、银奖和金奖三个级别。

（15）地区、省、市荣誉奖章（médaille d'honneur régionale, départementale et communale）

1987 年设立，取代了省市荣誉奖章，每年授出 9000 至 12000 枚奖章。分三级：银奖（20 年工龄）、镀金奖（30 年工龄）、金奖（38 年工龄）。

（16）消防队员荣誉奖章（médaille d'honneur des sapeurs-pompiers）

1900 年设立，依工龄分银奖、镀金和金奖。针对特殊贡献，银奖和镀金奖的绶带上有玫瑰花结。每年颁发 5000—7000 枚。

此外，法国还有许多现行的部委下属部门颁发的其他荣誉奖章，这里不一一介绍。

（四）接受和佩戴外国勋章、奖章的程序

在法国，接受和佩戴外国勋章、奖章必须通过荣誉军团管理会，《荣誉军团与军功奖章法典》关于这一点作了下述规定。

1. 接受和佩戴外国勋章、奖章的条件

“所有外国勋章、奖章，无论其名称或式样如何，如果不是由主权国家颁发的，被宣布为是非法地和非正当地获得的。”（第 160 条）“获得外国勋章、奖章的任何法国人只能在荣誉军团管理会会长通过决议授权之后才能接受和佩戴该项外国勋章和奖章。”（第 161 条）

2. 申请的递交与批准

“所有要求获准接受和佩戴外国勋章或奖章的申请应通过申请者职务所属的部委逐级上报到荣誉军团管理会会长。不从事任何公职的申请人通过其住所所在地的省政府省长递交申请，居住在国外的不从事任何公职的申请人可通过法国领事提交申请。”（第 162 条）“部长和省长在调查了申请人的道德品质、从事的工作、申请人申请佩戴其标志的荣誉所表彰的贡献之后，将他们收悉的申请材料连同关于后续部分的意见转达给荣誉军团管理会会长。”（第 163 条）“由并非荣誉军团成员的法国人递交的请求批准的申请应附上个人身份信息卡。上报申请的机构在申请上附上申请人犯罪记录的第二单。”（第 164 条）

3. 法令的执行

“一份批准证书的副本被发给申请人。”（第 165 条）“荣誉军团管理会收取寄送证书的费用，数额由法令确定。”（第 166 条）“对于那些证明自己确实不能支付荣誉军团管理会费用的人员，可由荣誉军团管理会会长实行减免。”（第 167 条）

4. 纪律

“关于荣誉军团的纪律处分条款适用于获得外国勋章、奖章的法国人。由此，在针对荣誉军团成员的情况下，并根据针对荣誉军团成员的形式，佩戴外国勋章、奖章的权利可被中止或剥夺。”（第 168 条）

5. 特殊规定

“获得外国纪念奖章的法国人在将盖有同意章的证书原件在荣誉军团管理会免费注册之后可佩戴相应的奖章。”（第 169 条）“附有证书原件的申请应由依据申请人职务或工作所确定的所属的部委转给荣誉军团管理会会长，如果申请人无公职，则通过申请人住所所属的省政府省长转给荣誉军团管理会会长。”（第 170 条）

（五）法兰西学院及其院士

作为法国学术荣誉制度的代表，法兰西学院及其院士制度值得一提。

1. 法兰西学院[①]

法兰西学院是法兰西研究院下属的5个院之一，也是其中最富盛名和最具权威的学院。该学院于1635年由黎塞留主教建立，旨在吸纳法国文学和思想界泰斗加入，以保卫和弘扬法国的语言和文化。黎塞留主教所确立的宪章和制度，连同1635年路易十三签署的诏书，确定法兰西学院为一个文人团体。

法兰西学院有两个任务，一是跟踪法语语言的发展；二是充当资助者的角色。跟踪法语语言的发展这一任务在其宪章中已有所规定。为了完成这项任务，法兰西学院一直在做勘定语言的工作，使法语成为所有法国人和所有讲法语的人的共同财富。当前它的主要任务是在保持法语优点的同时，跟踪法语的变化，确定词语的正确用法。为此，它编撰词典以确定语言的用法，并向各种术语委员会提供建议。法兰西学院还颁发文学奖，也向一些文学或学术团体提供补贴；向人口多的家庭、孤寡人士、弱势群体，或者向那些有突出贡献的人士提供赠书和援助；此外还颁发一定数量的奖学金。法兰西学院的组织机构在3个半世纪中一直正常地运转（除1793—1803年期间的中断之外）。[②]

2. 法兰西学院院士——“不朽者”[③]

入选法兰西学院往往被认为是至高无上的荣耀。法兰西学院院士的名额为40名，不能超过这一限额。在一名法兰西学院院士去世之后，才宣布他所占据的席位空缺。任何人都有权申请作为该空缺席位的候选人，通过全体成员投票选举产生当选者。法兰西学院院士选举一直遵循着“宁缺毋滥”的原则。自法兰西学院创立以来至今已有院士718名。

法兰西学院院士又被称为“不朽者”，源自法兰西学院的创建者黎塞留主教给予学院的公章上的铭文：“直到不朽。”当选为院士就意味着从此进入法国语言文化的最高殿堂，成为“不朽者”。他们曾经是，现在仍然

① http：//www. academie-francaise. fr/role/index. html.

② http：//www. academie-francaise. fr/histoire/index. html.

③ http：//baike. baidu. com/view/375669. htm（2008/12/15）.

是关于字词的正确用法的学识渊博的评判者，也有权确定字词的概念及其意义。虽然法国人将法兰西学院院士尊奉为“圣人”，但是院士每月仅领取约135欧元的象征性酬劳，① 可以说，“他们是在为荣誉而非为实利而工作”②。法兰西学院院士头衔是终身荣誉，任何人不能辞去院士职务。对于严重玷污荣誉的行为，法兰西学院可宣布除名，不过这种情况在历史上极为罕见。③

虽然该院的文学院士数量较多，但并非只有文学领域的人士才能竞选院士。政治家、神职人员、哲学家、法学家、知识分子、医生、历史学家等都可竞选。院士的竞选条件包括：具有法国国籍，已经成年，并享有公民权。一般情况下，候选人提出拜访每一名院士。某些院士接受候选人的拜访，有的谢绝了候选人的拜访。选举以秘密投票的方式进行，获得绝大多数选票的候选人当选院士，有时需经过几轮的投票才能得出选举结果。该学院还规定，法定投票人数为20人。如果经过连续4次投票后，候选人未获半数以上投票，学员将暂时中止新院士的选举工作，并重新征集候选人以在几个月后再进行投票。④ 选举最终有效还需得到作为法兰西学院资助者的共和国总统的批准，即在共和国总统接见之后才算最终当选为院士。

在为接纳新院士举行盛大庆典的前8天，新当选的院士可参加例会。庄严的接纳仪式将在法兰西学院举行，一些被邀公众出席。新当选的院士身着绿色长袍，头戴两角帽，肩披披肩，佩带剑，并应发表致谢演讲，在演讲中，必须宣扬其前任的功绩。作为回应，一位法兰西学院院士致欢迎词。新院士和院长的演说稿的全文或摘要将会发表在报刊上，他们的演说稿也会被印制成书。⑤

① 林卫光，“法兰西院士被尊为‘圣人’月薪仅135欧元”，参见http：//world. people. com. cn/GB/41218/4052074. html。

② ［法］让-波尔·卡皮著，张择乾、黄贻芳译：《法兰西学院》，商务印书馆1997年版，第26页。

③ http：//www. academie-francaise. fr/immortels/index. html.

④ 林卫光，“法兰西院士被尊为‘圣人’月薪仅135欧元”，参见http：//world. people. com. cn/GB/41218/4052074. html。

⑤ http：//www. academie-francaise. fr/immortels/index. html.

三　特点与经验总结

法国的功勋荣誉制度发展较早，体系较为完善，有以下几个主要特点。

（一）历史悠久，覆盖面广

法国现代功勋荣誉制度从奖项设置、管理体制、授勋仪式等，均具有历史延续性。综合性与专业性并存，既有涵盖多个领域、多个行业的综合性荣誉勋章，也不乏针对某个专门领域和行业的勋章和奖章。在荣誉军团和其他勋章、奖章的授予对象方面，注重男女平等、组成的多样化。

（二）分级限额设置

勋章往往分五级或三级，奖章有的也有级别之分，并且实施从低级别到高级别的晋级，这激励着已获得功勋荣誉的人士进一步努力，作出新的、更大的贡献。荣誉军团设置了总的限额，许多勋章也有年度限额，增强了奖项的竞争特点。

（三）法律完善，管理严格

《荣誉军团与军功奖章法典》是法国功勋荣誉制度的重要文本；法国大部分国家级奖项的设立都要颁布相应的法令，对奖项的授予对象、授予条件、授予名额等都作了详细的规定；《刑法》对于勋章的非法使用等都有明确的处罚规定。此外，荣誉军团和多数勋章都设有专门的管理机构和评审委员会，有的下设博物馆、协会等机构，拓展了奖项的影响力。

（四）奖罚并重

重视精神奖胜过物质奖，大多数奖项不设物质奖励，少数奖项，如荣誉军团的军事领域，尤其是战绩类勋章虽然设有年薪，但数额很少，仅为象征性待遇。获奖者如果有损害荣誉的行为，将被剥夺荣誉奖励或从荣誉组织中除名，实行退出机制。法兰西学院也规定，对于玷污荣誉的行为，法兰西学院可宣布除名。

（五）国际化

法国国家级勋章和奖章均可颁授给外国人，这对于增进法国与其他国家的友谊，促进国际合作具有一定的意义。

四　附表

附表 5—1　　部分重要勋章、奖章的设立日期和授奖对象

	设立日期	授奖对象
荣誉军团勋章	1802 年 5 月 19 日	在国家民事和军事领域作出杰出功绩的国内外人士、团体。
国家功勋勋章	1963 年 12 月 3 日	为法国作出突出贡献的社会各界人士。
解放勋章	1940 年 11 月 17 日	为法国的解放事业作出贡献的军事或非军事领域的个人和团体。
军功奖章	1852 年 1 月 22 日	非军官的军人。在特殊情况下，军功奖章也可授予那些在战争时期指挥杀敌或为国家防务作出特殊贡献的法国元帅、将级军官或荣誉军团大十字级成员。
教育棕榈勋章	1955 年 10 月 4 日	隶属于教育部的法国或外国工作人员、在某一教育领域作出重要贡献者、为弘扬文化遗产作出特殊贡献的杰出人士。
农业荣誉勋章	1883 年 7 月 7 日	为农业作出突出贡献者。
海事荣誉勋章	1930 年 2 月 9 日	具有高超专业技能的海员，为海上贸易、港口设施、渔业以及水上运动作出突出贡献的人士。
艺术与文学勋章	1957 年 5 月 2 日	创作出杰出的艺术和文学作品的人员，或者是为法国和世界艺术与文学的繁荣与发展作出突出贡献的人员。

附表 5—2　　部分重要勋章、奖章的授奖级别与名额

荣誉军团勋章	5 级。由低到高及限额为：五级：113425 名；四级：10000 名；三级：1250 名；二级：250 名；一级：75 名。
国家功勋勋章	5 级。
解放勋章	只有一个级别。
军功奖章	只有一个级别，每年授奖数为 3500 名。
教育棕榈勋章	3 级。年度授奖限额为：三级，7570 名；二级，3785 名；一级，280 名。
农业荣誉勋章	3 级。年度授奖限额为：三级，3200 名；二级，800 名；一级，60 名。
海事荣誉勋章	3 级。
艺术与文学勋章	3 级。年度授奖限额为：三级，450 名；二级，140 名；一级，50 名。

附表 5—3　　部分重要勋章、奖章的授奖条件

荣誉军团勋章	成为荣誉军团骑士必须在民事或军事领域作出杰出功绩，且必须从事公共服务或工作至少 20 年。加入荣誉军团首次获得的荣誉等级不得高于骑士级。成为荣誉军团骑士之后至少 8 年，才可申请晋升为荣誉军团军官；成为荣誉军团军官 5 年或 5 年以上者，方可晋升为荣誉军团指挥官；从指挥官晋升为高级军官、从高级军官晋升为大十字级成员均至少需要 3 年。
国家功勋勋章	国家功勋骑士勋章：工龄达 10 年；国家功勋军官勋章：获国家功勋骑士勋章满 5 年；国家功勋指挥官勋章：获国家功勋军官勋章满 3 年；国家功勋高级军官勋章：获国家功勋指挥官勋章满 3 年；国家功勋大十字勋章：获国家功勋高级军官勋章满 3 年。
解放勋章	为法国的解放事业作出贡献。
军功奖章	8 年兵役；受到过军队嘉奖，不论其服役时间的长短；在英勇杀敌时或在按令执勤时受伤；有英勇或献身事迹，满足以上 4 个条件之一者（即有资格获军功奖章）。
教育棕榈勋章	三级教育棕榈勋章（骑士勋章）：享有公民权，并具有 10 年工龄； 二级教育棕榈勋章（军官勋章）：获得三级教育棕榈勋章至少 5 年； 一级教育棕榈勋章（指挥官勋章）：获得二级教育棕榈勋章至少 3 年。

续表

农业荣誉勋章	三级农业荣誉勋章（骑士勋章）：年龄至少为 30 岁，享有公民权，有 15 年农业领域工作经历； 二级农业荣誉勋章（军官勋章）：获三级农业荣誉勋章至少 5 年； 一级农业荣誉勋章（指挥官勋章）：获二级农业荣誉勋章至少 5 年。
海事荣誉勋章	获三级海事荣誉勋章（骑士勋章）人员需至少达 30 岁，并且有 15 年工作经历； 获二级海事荣誉勋章（军官勋章）人员须获三级海事荣誉勋章至少 8 年； 获一级海事荣誉勋章（指挥官勋章）人员须获二级海事荣誉勋章至少 5 年。
艺术与文学勋章	三级艺术与文学勋章（骑士勋章）：享有公民权，年龄至少为 30 岁； 二级艺术与文学勋章（军官勋章）：获三级艺术与文学勋章至少 5 年； 一级艺术与文学勋章（指挥官勋章）：获二级艺术与文学勋章至少 5 年。

附表 5—4　　部分重要勋章、奖章能否授予外国人、有否专门管理机构、评审机构？

类别	能否授予外国人	专门管理机构	评审机构
荣誉军团勋章	可以，可获荣誉军团勋章，但不可加入荣誉军团	荣誉军团管理会	荣誉军团委员会
国家功勋勋章	可以	荣誉军团管理会	荣誉军团委员会
解放勋章	可以	解放勋章管理会	1946 年 1 月之后停止颁发
军功奖章	可以	荣誉军团管理会	
教育棕榈勋章	可以	教育棕榈勋章委员会	教育棕榈勋章委员会
农业荣誉勋章	可以	农业荣誉勋章委员会	农业荣誉勋章委员会
海事荣誉勋章	可以	海事荣誉勋章委员会	海事荣誉勋章委员会
艺术与文学勋章	可以	艺术与文学勋章委员会	艺术与文学勋章委员会

附表 5—5　部分重要勋章、奖章的授奖周期和勋章、奖章的铭文

勋章奖章	授奖周期	勋章奖章铭言
荣誉军团勋章	民事领域：每年 1 月 1 日、复活节、7 月 14 日；军事领域：每年 5 月初和 7 月初	荣誉与祖国
国家功勋勋章	民事领域：每年 5 月 15 日和 11 月 15 日；军事领域：每年 5 月 11 日和 11 月 1 日	
解放勋章	1946 年 1 月 23 日后停止颁发	服务祖国者为拥有胜利者
军功奖章	4 月和 11 月初	价值与纪律
教育棕榈勋章	每年 1 月 1 日和 7 月 14 日	
农业荣誉勋章	每年 1 月 1 日和 7 月 14 日	
海事荣誉勋章	每年 1 月 1 日和 7 月 14 日	海事荣誉
艺术与文学勋章	每年 1 月 1 日和 7 月 14 日	

主要参考文献

1. Anne de Chefdebien et Bertrand Galimard Flavigny, *La Légion d'honneur*, *Un ordre au service de la Nation*, Gallimard, 2002.

2. http：//www. academie-francaise. fr/histoire/index. html.

3. http：//www. academie-francaise. fr/immortels/index. html.

4. http：//www. academie-francaise. fr/role/index. html.

5. http：//agriculture. gouv. fr/histoire/3 _ merite _ agr/index _ merite _ agricole. htm.

6. http：//agriculture. gouv. fr/histoire/3 _ merite _ agr/chrono _ 1. htm.

7. http：//agriculture. gouv. fr/histoire/3 _ merite _ agr/assoc _ 1. htm.

8. http：//baike. baidu. com/view/375669. htm.

9. http：//medaille. decoration. free. fr/.

10. http：//world. people. com. cn/GB/41218/4052074. html.

11. http：//www. droit. org/codes/LEGHON0. html # sectionLEGISCTA000006093075.

12. http：//www. france-phaleristique. com/accueil. htm.

13. http：//www. france-phaleristique. com/artslettres. htm.

14. http：//www. languedoc-roussillon. pref. gouv. fr/demarches/medailles _ decorations. shtm＃medailles.

15. http：//www. legiondhonneur. fr/flash/findex. html.

16. http：//www. ordredelaliberation. fr/fr _ doc/1 _ 2 _ maitre. html.

17. http：//www. quid. fr/2007/Ordres _ Et _ Decorations/.

18. ［法］让-波尔·卡皮著，张择乾、黄贻芳译：《法兰西学院》，商务印书馆 1997 年版。

19. 左高山：《论国家功勋奖励制度的内涵与结构》，《科技进步与对策》，第 24 卷，2007 年第 7 期。

第六章

苏联—俄罗斯的功勋荣誉制度

一　历史沿革与概况

俄罗斯的功勋荣誉制度历史悠久。早在沙俄时期就已经形成了比较完整的国家奖励体系。在 17 世纪下半叶就出现了第一批金质奖章，授予那些参加 1689 年征讨谢尔盖·圣三一修道院的人，以表彰他们拯救彼得一世，使其免遭射击队谋杀的功绩。第一枚沙俄勋章是圣安德烈勋章[①]，大约于 1699 年由彼得一世设立。该勋章是沙俄帝国的最高奖赏。1797 年 4 月 5 日保罗一世在自己的加冕日批准了《关于勋章的条例》这一命令，这是沙俄时期的主要勋章法案。该法案批准了勋章授予的规则，并规定了勋章获得者可以享受的优待。沙俄时期还有专门主持包括发放勋章在内的所有勋章事宜的机构——沙俄帝国勋章局（Капитул российских императорских и царских орденов）。

十月革命以后，全俄中央执行委员会和人民委员会于 1917 年 11 月 23 日通过了《关于取消等级和文官官衔》的法令，宣布废除所有沙皇时代的勋章和奖章。但是不到一年，国内战争爆发，急需设立专门奖励以表彰战斗中表现特别英勇的公民。为此，全俄中央执行委员会于 1918 年 9 月 16 日颁布法令设立了第一枚苏维埃勋章——俄罗斯苏维埃联邦社会主义共和国“红旗”勋章，授予直接参加战斗行动表现英勇的俄罗斯苏维埃联邦社会主义共和国公民。

---

① 也译作“圣徒安德烈勋章”、“使徒安德烈勋章”、“始徒安德烈勋章”或“安德烈·佩尔沃兹万内勋章”。

苏联时期，特别是斯大林时期，荣誉表彰制度是苏共领导的社会主义建设事业的重要组成部分，是苏共实现思想领导和组织领导的重要保证。一方面，苏联对内部敌对势力的打击不留情面，揭批资产阶级和帝国主义势力的本质和丑恶；另一方面，积极烘托社会主义事业蒸蒸日上和社会主义建设如火如荼的大好局面。爱国主义、革命英雄主义、集体主义、国际主义、为共产主义献身精神，成为报刊宣传和文艺作品的主旋律。当时，苏联十分重视思想教育工作，注重对知识及人才的尊重，注重社会楷模和榜样的作用。例如，1927 年设立劳动英雄（1938 年改为社会主义劳动英雄）称号，1930 年设立列宁奖章。1929 年起，全苏开展社会主义劳动竞赛活动，以后又先后开展合理化建议、突击队运动、斯达汉诺夫运动等。这样，通过制度规范和表彰宣传，苏联社会逐渐形成一种热爱社会主义，劳动光荣，懒惰、钻营、投机可耻的氛围。功勋荣誉表彰制度与思想宣传和文艺创作等工作紧密配合，激发了苏联社会忘我的劳动热情和奉献精神。

20 世纪 60 年代以后，苏联的奖励制度进一步发展，陆续设立了其他勋章、奖章和荣誉称号，相关法律法规也不断得到补充和完善。但和 70 年代苏联社会的政治气氛一样，奖励制度也随之僵化，表现为烦琐化、形式化、表面化、官僚化。获得各类奖章成了官员们的目的，而奖章背后包含的“献身、奉献和劳动光荣”等精神却被淡化。苏共领导人特别是勃列日涅夫对各类褒奖和勋章的“嗜好”和“追求”使社会风气更为恶化，成为“停滞、僵化、贪腐和老人政治”的象征。

苏联解体后，俄罗斯当局在政治上改弦易辙，但并没有从根本上改变苏联时期的荣誉制度，其保留了部分称号及获得者的相关待遇，同时又重新设置或恢复了部分沙俄时期的勋章和奖章。在法律建设方面，《俄罗斯联邦宪法》为俄罗斯功勋荣誉制度的建设提供了基本法律保障。1994 年 3 月 2 日出台了俄罗斯联邦第 442 号《俄罗斯联邦国家奖励条例》的总统令，对功勋荣誉的颁授事宜作了详细的法律规定。1995 年 6 月 1 日出台了第 554 号《关于对俄罗斯联邦 1994 年 3 月 2 日第 442 号〈俄罗斯联邦国家奖励条例〉进行修订》的总统令，该令对第 442 号法令的部分内容进行了修改。随后《俄罗斯联邦国家资励条例》在保持基本内容不变的基础上，根据现实的需求经过多次修订，最近的一次是在 2008 年 12 月。经过十几年的发展，俄罗斯形成了以大量法规为基础，以种类繁多的国家奖励为主体的现行功勋荣誉制度。

二 苏联时期功勋荣誉制度

（一）一般性介绍

截至1991年年底解体，苏联总共设立了21种勋章：列宁勋章、十月革命勋章、劳动红旗勋章、“胜利”勋章等；57种奖章：“金星”奖章、“劳动英勇”奖章、“英勇”奖章、乌沙科夫奖章、“恢复南方冶金工业”奖章、“母亲奖章”等；24种荣誉称号：苏联人民演员、苏联人民艺术家、苏联人民教师、苏联人民医生等；5种最高级别奖励英雄称号：“苏联英雄”称号、“社会主义劳动英雄”称号、“英雄城”（“英雄要塞”）称号、“英雄母亲”称号。

苏联宪法规定，设立和授予勋章的权力归苏联最高苏维埃主席团所有（1990年3月以后这一权力归苏联总统所有）。1936年5月7日批准的《关于苏联勋章的一般规定》和苏联最高苏维埃主席团1943年6月19日命令及1958年2月11日《关于授予苏联勋章和奖章程序》的命令，对与苏联勋章和奖章授予有关的问题作了规定。

每一勋章和奖章都有由苏联最高苏维埃主席团批准的颁发条例。条例指出何人因何功勋可被授予该奖励，对勋章和奖章的规格、样式和正反面图案予以说明，并规定其佩戴顺序。着军装的勋章和奖章佩戴次序由苏联军队军人着装条例规定。勋章的绶带通常有规定的颜色和花纹，用于佩戴勋章、奖章和勋表。在向机构、组织、部队授予勋章时，将绶带系在他们的旗杆上。勋章和奖章借助底托板条固定在衣服上，佩戴于左胸。条形底托板条由规定了颜色和花纹的勋章绶带包裹。

勋表可以代替勋章和奖章佩戴。勋表的设立是根据苏联最高苏维埃主席团1943年6月19日发布的命令。该命令同时还包括对勋表的说明及苏联勋章和奖章绶带式样的规定。勋表形状细长，其图案和所代表的勋章、奖章的绶带相同，由丝织绶带裹在金属或者硬塑的条形底托上而成，表面微凸。其背面有可以用于将勋表固定于衣服上的别针等装置，佩戴于左胸。

勋章绶带的规格为24毫米×8毫米。多枚绶带同时佩戴时，被固定在一个共同的勋表上，绶带之间的距离不大于3毫米。全部绶带无法在一排勋表上佩戴时，可在一至数排勋表上佩戴。“胜利”勋章的绶带是个例外。它被佩戴于宽46毫米，高8毫米的勋表上，并且位于所有勋表之上单独成一排。

(二) 勋章

勋章在苏联是光荣的国家奖励形式，是为表彰在苏联国防和社会主义建设领域的特殊功绩而设立。

苏联勋章按照表彰的类型可以分为：

用于表彰革命、劳动功绩；保卫社会主义祖国、发展民族间友谊和团结，巩固和平的功绩以及对苏维埃国家和社会作出的其他功绩的勋章：列宁勋章（苏联最高奖赏）、十月革命勋章、劳动红旗勋章、民族友谊勋章、荣誉勋章（1935年设立，至1988年，后改为“荣誉标志”勋章）、劳动光荣勋章（共三级）和“个人英勇”勋章。

用于表彰保卫社会主义祖国建立的功勋和其他军功的勋章：“胜利”勋章（最高军人勋章）、红旗勋章、苏沃洛夫勋章（共三级）、乌沙科夫勋章（共两级）、库图佐夫勋章（共三级）、纳希莫夫勋章（共两级）、波格丹·赫梅利尼茨基勋章（共三级）、亚历山大·涅夫斯基勋章、卫国战争勋章（共两级）、红星勋章、“在苏联武装力量中为祖国服务”勋章（共三级）和光荣勋章（共三级）。

用于表彰生育和培养多名子女的母亲的勋章：“英雄母亲”勋章和“光荣母亲”勋章（共三级）。

1. 红旗勋章（орден Красного Знамени）

第一个苏联勋章——红旗勋章是根据全俄中央执行委员会1918年9月16日法令设立，作为一种国家奖励授予直接参加战斗行动时表现特别英勇的俄罗斯苏维埃联邦社会主义共和国公民。布柳赫尔由于国内战争时期在对白军后方进行40天的英勇袭击中表现出勇敢精神和对大游击兵团的灵活指挥而成为这种勋章的第一个荣获者。（图6—1）

图6—1　红旗勋章

2. 俄罗斯苏维埃联邦社会主义共和国劳动红旗勋章（орден Трудового Знамени РСФСР）

该勋章是由全苏维埃第八次代表大会根据列宁

的倡议于 1920 年 12 月 28 日设立的，用于授予在社会主义建设中表现出特殊的忘我精神和主动精神、热爱劳动和组织性强的个人和劳动者小组。（图 6—2）

3. 列宁勋章（орден Ленина）

图 6—2 劳动红旗勋章

图 6—3 列宁勋章

列宁勋章为苏联的最高奖赏，是根据苏联中央执行委员会主席团 1930 年 4 月 6 日决议所设立的。章体为金质。其上有一圆形列宁头像，早期为银质，1934—1936 年为金质，其后改为白金。外饰金质麦穗环，顶端有一红旗，旗上刻有列宁的名字。勋章的左边是一颗红星，底部有“镰刀和斧头”标志。根据勋章颁发条例，此勋章可授予在国防和社会主义建设中建立特殊功勋的个人、集体、机关、社会组织和部队。第一枚列宁勋章于 1930 年 5 月 23 日授予了《共青团真理报》编辑部全体成员。

列宁勋章与苏联英雄及金星奖章之间有着不可分割的关系。1934 年 4 月 16 日，苏联中央执行委员会通过决定，设立最高级别奖励——“苏联英雄”称号，以表彰对国家立下英雄壮举的个人和集体。1936 年 7 月 29 日，苏联中央执行委员会通过了《关于苏联英雄称号的条例》。“苏联英雄”称号的获得者被授予苏联最高国家奖励——列宁勋章。1939 年 8 月 1 日，苏联最高苏维埃主席团决定设立“金星奖章”，颁发给为国家立下英雄壮举的“苏联英雄”。金星奖章最初被称为“苏联英雄”奖章，其设立的目的就是用于授予“苏联英雄”，后改名为“金星奖章”。只要是“苏联英雄”称号的获得者，就会被授予金星奖章。根据《关于苏联英雄称号的条例》，一个人只能获得一次“苏联英雄”称号。若再次建立大功勋，颁发第二枚金星奖章，但是不再颁发列宁勋章。金星奖章最多可获得三次。获得第二枚金星奖章者，政府为其在家乡修建半身铜像。1980 年苏联又修改了《关于苏联英雄称号的条例》，取消列宁勋章只能颁发一次，金星奖章不能超过三枚的规定。每次获得“苏联英雄”称号都颁发列宁勋章和金星奖章。

勋章只有一个等级，“苏联英雄”及“社会主义劳动英雄”称号的获得者被授予列宁勋章，列宁勋章也可以颁给致力于加强苏联与其他国家友好合作关系的外国人。（图 6—3）

4. 红星勋章（орден Красной Звезды）

红星勋章根据苏联中央执行委员会主席团 1930 年 4 月 6 日的决议设立。可授予在战时、和平时期在国防事业中作出卓越功勋的红军官兵、部队、舰队、兵团、劳动者、劳动者集体、机关、企业和社会组织。布柳赫尔在 1930 年又成为第一名红星勋章获得者。

图 6—4　红星勋章

红星勋章采用了工农红军的象征——红色五角星造型，红星中央为手持步枪的红军战士形象，周边有“全世界无产者联合起来”和“苏联”字样。（图 6—4）

5. “荣誉”勋章（орден《Знак Почета》）

“荣誉”勋章根据苏联中央执行委员会 1935 年 11 月 25 日的决议设立。可授予达到很高生产指标，在科研和文体活动中取得特殊成就，在技术提高和发明创造以及提高红军战斗力和苏联防卫能力方面有功的个人或集体。第一个获得“荣誉”勋章的集体是以基洛夫名字命名的马克耶夫冶金厂平炉二号车间。（图 6—5）

图 6—5　“荣誉”勋章

6. 卫国战争勋章（орден Отечественной войны）

卫国战争勋章由苏联最高苏维埃主席团设立于 1942 年 5 月 20 日，分两级，根据所作出功绩的作用大小授予一级（最高级）或二级勋章。

图 6—6　卫国战争勋章

勋章直径 45 毫米，图案为一颗放射光芒的金色镰刀斧头红星军徽，红星中镰刀斧头外围有一圈白底金字，上面写着代表勋章名称的“卫国战争”字样，以红星为中心，一把战刀和一支步枪在红星后面相互交叉着。图案寓意勋章获得者在保卫苏联的伟大卫国战争中拿起武器奋起杀敌，建立了光荣的功绩。勋章以红星军徽放射出的光芒线的颜色来区分等级，呈现金色的为一级，二级为银色。(图 6—6)

首批一级卫国战争勋章授给了在哈尔科夫方向的战斗中表现优异的炮兵军人克里克利（И. И. Криклий）大尉、副政治指导员斯塔岑科（И. К. Стаценко）和斯米尔诺夫（А. В. Смирнов）上士。首批二级卫国勋章授给了中士扎尔科夫（С. Т. Жарков）、涅姆菲拉（М. Г. Немфира）、涅斯捷连科（П. В. Нестеренко）和列兵格里戈里耶夫（Н. И. Григорьев）、库利涅茨（А. И. Кулинец）和彼得罗什（И. П. Петрош）。

7. 苏沃洛夫勋章（орден Суворова）

一级　　二级　　三级

图 6—7　苏沃洛夫勋章

在战争年代设立的一系列苏联勋章都以俄国陆、海军的伟大统帅的名字命名。这些勋章被授予在战斗和战役中灵活指挥军队（舰队）的指挥人员，以及作战表现优异的部队和兵团。

一、二、三级苏沃洛夫勋章（根据 1942 年 7 月 29 日的命令设立）用于授予在进攻中歼灭敌人优势兵力的军事首长和指挥员。首位荣获一级苏沃洛夫勋章者是苏联元帅朱可夫（Г. К. Жуков）（1943 年 1 月 28 日），二级苏沃洛夫勋章的首位荣获者是坦克军团军长博格丹诺夫（В. М. Богданов）中将（1942 年 12 月 26 日）。

在“胜利”勋章设立之前，一级苏沃洛夫勋章是苏联的最高级的军功勋章。（图 6—7）

8. 库图佐夫勋章（орден Кутузова）

图 6—8　库图佐夫勋章

一、二、三级库图佐夫勋章（根据 1942 年 7 月 29 日的命令设立）主要授予善于计划并实施方面军和集团军的战役或使自己部队巧妙地避开敌人突击并成功实施反击的军事首长和指挥员。第一枚一级库图佐夫勋章授给了集团军司令员加拉宁（И. В. Галанин）中将。（图 6—8）

9. 亚历山大·涅夫斯基勋章（орден Александра Невского）

亚历山大·涅夫斯基勋章（根据 1942 年 7 月 29 日的命令设立）只有一级，授予表现英勇果敢、灵活指挥战斗并在战斗中给敌以重创的红军排至师级军官。鲁班（И. Н. Рубан）上尉于 1942 年 11 月 5 日第一个获得此勋章。（图 6—9）

图 6—9　亚历山大·涅夫斯基勋章

10. 波格丹·赫梅利尼茨基勋章（орден Богдана Хмельницкого）

图 6—10　波格丹·赫梅利尼茨基勋章

一、二、三级波格丹·赫梅利尼茨基勋章（根据 1943 年 10 月 10 日的命令设立）主要授予在同德国法西斯侵略者的战斗中表现优异的军人和游击队员。集团军司令员达尼洛夫（А. И. Данилов）少将于 1943 年 10 月 26 日成为首位一级波格丹·赫梅利尼茨基勋章荣获者，卡普伦（И. Н. Каплун）中校和塔拉先科（Б. В. Тарасенко）少校在同一天成为首批二级波格丹·赫梅利尼茨基勋章荣获者。（图 6—10）

图 6—11　“胜利”勋章

11. “胜利”勋章（орден《Победа》）

该勋章为最高级军功勋章，根据苏联最高苏维埃主席团 1943 年 11 月 8 日的命令设立。授予这种统帅勋章是为了表彰成功指挥一个或数个方面军参加的大型战役，并由此使战势发生有利于红军变化的苏联武装力量最高级指挥官。“胜利”勋章荣获者有：朱可夫（Г. К. Жуков）、华西列夫斯基（А. М. Василевский）、斯大林（И. В. Сталин）、罗科索夫斯基（К. К. Рокоссовский）、科涅夫（И. С. Конев）、马林诺夫斯基（Р. Я. Малиновский）、托尔布欣（Ф. И. Толбухин）、戈沃罗夫（Л. А. Говоров）、季莫申科（С. К. Тимошенко）、安东诺夫（А. И. Антонов）、梅列茨科夫（К. А. Мерецков）。其中斯大林、朱可夫和华西列夫斯基曾两次荣获“胜利”勋章。（图 6—11）

由于对苏联人民和苏联武装力量在卫国战争中胜利的巨大贡献，在巩固国家防卫能力方面的出色功绩，研究和贯彻实施苏维埃国家对外政策以及保障和平条件下的国家发展，苏联共产党中央委员会书记、苏联最高苏维埃主席团主席勃列日涅夫于 1978 年 2 月 20 日被授予“胜利”勋章，他是苏联最后一位胜利勋章获得者。

第二次世界大战期间，“胜利”勋章还授给了外国军事活动家布罗兹·铁托（И. Броз Тито）、艾森豪威尔（Д. Эйзенхауэр）和蒙哥马利（Б. Монтгомери）等。

12. 光荣勋章（орден Славы）

图 6—12　光荣勋章

一、二、三级光荣勋章于 1943 年 11 月 8 日设立。此勋章用于授予在保卫苏维埃祖国的战斗中立有战功和表现出英勇顽强、无所畏惧模范精神的士兵、军士。此勋章以三、二、一级（最高级）的顺序依次授予。上等兵皮捷宁（М. П. Питенин）和上士舍甫琴科（К. К. Шевченко）于 1944

年 7 月 22 日成为此勋章的首批荣获者。荣获全部一、二、三级光荣勋章者享受许多优待和特权。(图 6—12)

13. 乌沙科夫勋章（орден Ушакова）

一、二级乌沙科夫勋章（根据 1944 年 3 月 3 日的命令设立）授予在组织、实施和保障海上战斗和战役中有卓越成就并战胜了在数量上占优势之敌的苏联海军军官。黑海舰队潜艇支队支队长、海军少将博尔图诺夫（П. И. Болтунов）和航空兵司令员，空军中将叶尔马琴科夫（В. В. Ермаченков）是一级乌沙科夫勋章的首批荣获者（1944 年 5 月 16 日）。(图 6—13)

图 6—13　乌沙科夫勋章

14. 纳希莫夫勋章（орден Нахимова）

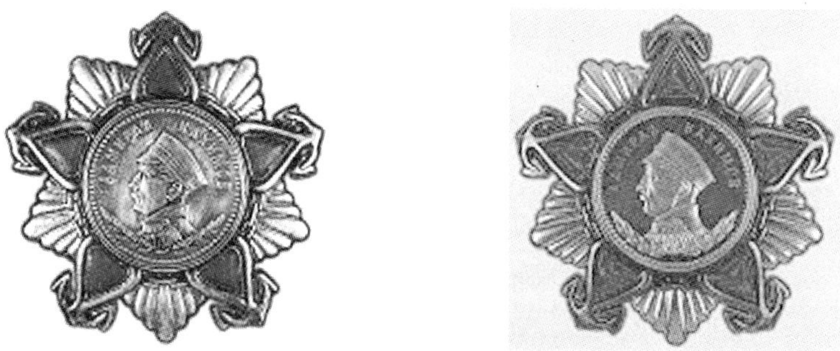

图 6—14　纳希莫夫勋章

一、二级纳希莫夫勋章（根据 1944 年 3 月 3 日的命令设立）授予苏联海军军官，以表彰其在组织、指挥和保障战斗和战役中建立的出色功勋，以及由此在保卫祖国的战争中所获得的胜利。黑海舰队岸防司令员、岸上勤务少将日季洛夫（Е. И. Жидилов）和海军上校图兹（Д. А. Туз）于 1944 年 7 月 22 日成为首批一级纳希莫夫勋章的荣获者。（图 6—14）

15. “英雄母亲”勋章（и орден《Мать-героиня》）

根据苏联最高苏维埃主席团 1944 年 7 月 8 日命令，为多子女母亲设立勋章。生育并教养 7、8、9 个子女者可相应获得三级、二级、一级（最高级）“光荣母亲”勋章。生育并教养 10 个以上子女者可授予“英雄母亲”勋章（根据 1944 年 8 月 18 日的命令）。（图 6—15）

16. 十月革命勋章（орден Октябрьской Революции）

为庆祝伟大的十月社会主义革命 50 周年，设立了十月革命勋章（根据 1967 年 10 月 31 日的命令设立）。此勋章授予苏联公民、企业、机构、团体、劳动者集体、部队和兵团，以及共和国、边疆区、州和市，以表彰其积极从事革命活动、为建立和巩固苏维埃政权作出巨大贡献，在建成社会主义和建设共产主义、加强苏联的国防实力方面作出的杰出功绩，在同苏维埃国家敌人的战斗中表现特别勇敢，在发展国民经济、科学文化方面取得重大成就，以及为发展和加深苏联同其他国家人民之间的友好联系、为巩固和平的积极活动。列宁格勒和莫斯科市荣获首批十月革命勋章（根据 1967 年 11 月 4 日的命令）。（图 6—16）

图 6—15　“英雄母亲”勋章

图 6—16　十月革命勋章

十月革命勋章为银质，上有镶嵌黄金的镰刀斧头图案。其上有“十月革命”字样和打响十月革命第一炮的阿芙乐尔号巡洋舰的图案。

17. 各族人民友谊勋章（орден Дружбы народа）

图 6—17　各族人民友谊勋章

为庆祝苏联成立 50 周年，设立了各族人民友谊勋章（根据 1972 年 12 月 17 日的命令），用以表彰在加强社会主义各民族的友谊和兄弟般合作方面建立的巨大功勋，为苏联和各加盟共和国的经济、社会政治和文化发展作出的巨大贡献，以及对巩固苏联国防实力的特殊功勋。苏联各加盟共和国和自治共和国、自治州和自治区于 1972 年 12 月 29 日获得首批各族人民友谊勋章。（图 6—17）

18. 劳动光荣勋章（орден Трудовой славы）

1974 年设立了一、二、三级劳动光荣勋章（根据 1 月 18 日的命令）。此勋章以三、二、一级（最高级）顺序依次授予。劳动光荣勋章授予工业、交通、建设工人和这些领域的生产技师、集体农庄庄员和农业工人，以表彰其在一个企业、团体、集体农庄和国营农场多年忘我高效的劳动。荣获全部三级劳动光荣勋章者享有特别优待和特权。（图 6—18）

图 6—18　劳动光荣勋章

19. "在苏联武装力量中为祖国服务"勋章（орден《За службу Родине в Вооруженных Силах СССР》）

1974 年设立了一、二、三级"在苏联武装力量中为祖国服务"勋章（1974 年 10 月 28 日的命令通过）。此勋章以三、二、一级（最高级）顺序依次授予。授予苏联红军、海军、边防军和内卫部队军人，以表彰其在战斗和政治训练、保持部队高度战斗准备和掌握新式技术兵器方面所取得的成绩；在勤务活动期间达到的高指标；顺利完成指挥员交给的特殊任务；在履行军人职责时表现出勇敢、奋不顾身精神；以及在苏联武装力量中服役期间的其他功绩。勋章荣获者享有特殊优待和特权。（图 6—19）

20. “个人英勇”勋章（орден《За личное мужество》）

“个人英勇”勋章于 1988 年设立，用以表彰在救人、维持社会秩序和保护社会主义财产，在同犯罪行为、自然灾害的斗争中以及在其他紧急情况下表现英勇的苏联公民。勋章佩戴于左胸，在佩戴其他苏联勋章时置于光荣勋章之后。（图 6—20）

图 6—19　为祖国服务勋章

图 6—20　“个人英勇”勋章

（三）奖章

苏联奖章是对军功及其他成就和功勋的国家奖赏。每一种苏联奖章均有根据苏联最高苏维埃主席团命令制定的条例（通常与设立奖章为同一命令）。“金星”奖章和“镰刀和锤子”金质奖章同裹有红色丝织波纹绸绶带的 19.5 毫米×15 毫米直角托连在一起挂于衣服上。“母亲奖章”同中间饰花纹镀金片、涂白珐琅的花结形金属托连在一起挂于衣服上。苏联奖章佩戴于左胸，位于勋章之下；“金星”奖章和“镰刀和锤子”金质奖章位于勋章和其他奖章之上；一级、二级“母亲奖章”位于勋章和其他奖章之左或之下。荣获苏联奖章者不戴奖章时可佩戴有相应颜色和花纹绶带的勋表。获得外国奖章的苏联公民也将奖章佩戴于左胸，但应位于所有苏联勋章和奖章之下（苏联最高苏维埃主席团 1943 年 6 月 26 日命令）。外国奖章绶带（佩绶带时可不带奖章）应附在单独的勋表上，位于苏联勋章和奖章的勋表之下。

苏联奖章按照表彰的类型可以分为：

特别功勋标志奖章："金星"奖章和"镰刀和斧头"金质奖章。

用于表彰劳动功绩的奖章："劳动英勇"奖章、"劳动优秀"奖章和"退休劳动者"奖章。

用于表彰在保卫社会主义祖国中的功绩和其他军功和奖章："勇敢"奖章、乌沙科夫奖章、"战功"奖章、纳希莫夫奖章、"卫国战争游击队员"奖章（共两级）、"保卫苏联国界有功"奖章、"服役优秀"奖章（共两级）、"苏联武装力量老战士"奖章、"巩固战斗友谊"奖章。

用于表彰在解决苏联重大国民经济问题中建立的功绩的奖章："恢复南方冶金工业"奖章、"恢复顿巴斯煤矿"奖章、"垦荒"奖章、"建设贝阿铁路"奖章、"改造俄罗斯苏维埃社会主义共和国黑土地带"奖章、"开发西伯利亚矿藏和发展石油天然气综合体"奖章。

用于表彰生育和培养多名子女的母亲的奖章："母亲奖章"（共两级）。

用于表彰在履行公民和部门义务时的功绩的奖章："维护社会秩序有功"奖章、"救火勇敢"奖章、"抢救溺水者"奖章。

用于表彰在伟大卫国战争期间，在保卫、攻克和解放城市和领土中建立的功绩的奖章："保卫列宁格勒"奖章、"保卫莫斯科"奖章、"保卫奥德赛"奖章、"保卫塞瓦斯托堡"奖章、"保卫斯大林格勒"奖章、"保卫基辅"奖章、"保卫高加索"奖章、"保卫苏联北极地区"奖章、"伟大卫国战争战胜德国"奖章、"战胜日本"奖章、"攻克布达佩斯"奖章、"攻克柯尼斯堡"奖章、"攻克维也纳"奖章、"攻克柏林"奖章、"解放贝尔格莱德"奖章、"解放华沙"奖章、"解放布拉格"奖章、"1941—1945年伟大卫国战争中忘我劳动"奖章。

和苏联人民历史上重要的纪念日有关的奖章："纪念列宁诞辰100周年忘我劳动（军人英勇）"奖章、"1941—1945年伟大卫国战争胜利20周年"纪念奖章、"1941—1945年伟大卫国战争胜利30周年"纪念奖章、"1941—1945年伟大卫国战争胜利40周年"纪念奖章、"工农红军建军20周年"纪念奖章、"苏联陆海军建军30周年"纪念奖章、"苏联武装力量建立40周年"纪念奖章、"苏联武装力量建立50周年"纪念奖章、"苏联武装力量建立60周年"纪念奖章、"苏联武装力量建立70周年"纪念奖章、“苏联民警建立50周年”纪念奖章、“纪念莫斯科建城800周年”奖章、“纪念列宁格勒建城250周年”奖章、“纪念基辅建城1500周年”奖章。

1. “工农红军建军20周年”纪念奖章（юбилейная медаль《XX лет Рабоче-Крестьянской Армии》）

该奖章（1938年1月24日）是为庆祝红军和海军建军20周年而设立的周年纪念奖章。该奖章授予至1938年2月23日服役不少于20年的干部指挥人员和领导人员、1938年1月24日工农红军和海军的基干人员、国内战争和其他保卫苏维埃祖国自由和独立的战斗行动的参加者以及荣获过红旗勋章的人员。（图6—21）

2. “勇敢”奖章（медаль《За отвагу》）

“勇敢”奖章（1938年10月17日）授予红军、海军和边防部队军人，以表彰其在为苏维埃祖国和保卫苏联国境不受侵犯的战斗中所表现出的个人英勇和无畏。（图6—22）

图6—21　“工农红军建军20周年”纪念奖章

图6—22　“勇敢”奖章

3. “战功”奖章（медаль《За боевые заслуги》）

“战功”奖章（1938年10月17日）授予军人和非武装力量成员，以表彰其在战斗中的英勇和无畏或在帮助前线取得战斗胜利时冒着生命危险采取的灵活主动行动。首批荣获“勇敢”奖章和“战功”奖章的是参加哈桑湖战斗和哈勒哈河战斗的军人。（图6—23）

4. “劳动英勇”奖章（медаль《За трудовую доблесть》）

“劳动英勇”奖章（1938年12月27日）授予在工农业劳动中达到高

指标、在发展科学技术方面取得成就、在文化建设和发展苏联艺术方面作出成绩的苏联公民。(图 6—24)

图 6—23　“战功”奖章

图 6—24　“劳动英勇”奖章

5. “劳动优秀”奖章(медаль《За трудовое отличие》)

“劳动优秀”奖章(1938 年 12 月 27 日)授予进行突击工作、取得很高生产指标、在发展科学技术和文化方面有功的工人、集体农庄庄员、职员、工程技术人员及其他工作人员。(图 6—25)

6. “金星”奖章(медаль《Золотая Звезда》)

“金星”奖章(1939 年 8 月 1 日)是授予苏联英雄的奖章。起初奖章被称作“苏联英雄”奖章,后根据苏联最高苏维埃主席团 1939 年 10 月 16 日命令改称“金星”奖章。(图 6—26)

7. “镰刀和斧头”金质奖章(золотая медаль《Серп и молот》)

“镰刀和斧头”金质奖章(1940 年 5 月 22 日)是作为社会主义劳动英雄的奖章而设立的。(图 6—27)

图 6—25　“劳动优秀”奖章

图 6—26　“金星”奖章

图 6—27　“镰刀和斧头”金质奖章

8—11. “保卫列宁格勒”奖章、“保卫敖德萨”奖章、“保卫塞瓦斯托波尔”奖章、“保卫斯大林格勒”奖章（медаль《За оборону Ленинград》, медаль《За оборону Одессы》, медаль《За оборону Севастополя》и медаль《За оборону Сталинграда》）

这些奖章（1942 年 12 月 12 日）授予直接参加保卫上述城市的军人和居民（图 6—28）。

“保卫列宁格勒”奖章 “保卫敖德萨”奖章 “保卫塞瓦斯托波尔”奖章 “保卫斯大林格勒”奖章

图 6—28

12. “卫国战争游击队员”奖章（медаль《Партизану Отечественной войны》）

一级、二级“卫国战争游击队员”奖章（1943 年 2 月 2 日）授予 1941—1945 年伟大卫国战争年代游击运动的积极参加者和组织者。（图 6—29）

图 6—29 “卫国战争游击队员”奖章

13. “乌沙科夫”奖章（медаль Ушакова）

“乌沙科夫”奖章（1944 年 3 月 3 日）授予在海上战区的战斗中表现英勇和无畏的海军列兵和军士。（图 6—30）

14. “纳希莫夫”奖章（медаль Нахимова）

“纳希莫夫”奖章（1944 年 3 月 3 日）授予海军列兵、军士以及其他冒着生命危险以自己的巧妙、主动、勇敢的行动帮助海军舰艇、部队和分队胜利完成战斗任务的人员。（图 6—31）

图 6—30　“乌沙科夫”奖章

图 6—31　“纳希莫夫”奖章

15. “保卫莫斯科”奖章（медаль《За оборону Москвы》）

“保卫莫斯科”奖章（1944 年 5 月 1 日）授予直接参加保卫莫斯科的军人和居民。（图 6—32）

16. “保卫高加索”奖章（медаль《За оборону Кавказа》）

“保卫高加索”奖章（1944 年 5 月 1 日）授予高加索会战的参加者。

17. “母亲”奖章（медаль《материнства》）

一级、二级“母亲”奖章（1944 年 7 月 8 日）分别授予生育和培养 6 个和 5 个孩子的母亲。（图 6—33）

18. “保卫苏联北极地区”奖章（медаль《За оборону Советского Заполярья》）

该奖章（1944 年 12 月 5 日）授予直接参加保卫北极圈内地区的战斗或构筑防线和防御工事的军人和公民。（图 6—34）

图 6—32　“保卫莫斯科”奖章

图 6—33　“母亲”奖章

图 6—34　“保卫苏联北极地区”奖章

19. “1941—1945 年伟大卫国战争战胜德国”奖章（медаль《За победу над Германией в Великой Отечественной войне 1941—1945 гг.》）

该奖章（1945 年 5 月 9 日）为纪念在卫国战争中战胜法西斯德国而设立，授予直接参加战斗者或以自己的圆满工作在苏联武装力量教导部队、后备部队、后勤部队、院校和各机构提供胜利保障的人员。（图 6—35）

图 6—35　“战胜德国”奖章

20. “1941—1945 年伟大卫国战争中忘我劳动”奖章（медаль《За доблестный труд в Великой Отечественной войне 1941—1945 гг.》）

该奖章（1945 年 6 月 6 日）授予在卫国战争中以自己的英勇和忘我劳动保障苏联战胜法西斯德国的工人，工程技术人员和工业，运输业职员，集体农庄庄员和农业专家，科学技术和文化艺术工作者，苏维埃、党、工会和其他社会组织的工作者。

21—27. “攻克布达佩斯”奖章、“攻克柯尼斯堡”奖章、“攻克维也纳”奖章、“解放贝尔格莱德”奖章、“解放华沙”奖章、“攻克柏林”奖章、“解放布拉格”奖章（медаль《За взятие Будапешта》，медаль《За взятие Кёнигесберга》，медаль《За взятие Вены》，медаль《За освобождение Белграда》，медаль《За освобождение Варшавы》，медаль《За взятие Берлина》，медаль《За освобождение Праги》）

这些奖章（1945 年 6 月 9 日）授予直接参加英勇强攻和攻克（解放）上述城市或组织和领导攻克（解放）上述城市战役的苏联红军军人和其他人员。

28. “战胜日本”奖章（медаль《За победу над Японией》）

该奖章（1945 年 9 月 30 日）授予直接参加反对日本帝国主义战斗的军人和其他人员或提供战斗保障者。（图 6—36）

29. “恢复顿巴斯煤矿”奖章（медаль《За восстановление угольных шахт Донбасса》）

该奖章（1947 年 9 月 10 日）授予达到很高生产指标和为恢复顿巴斯煤炭工业立下功勋的工人、职员、工程技术人员和经济工作者。（图 6—37）

30. “莫斯科建城 800 周年”奖章（медаль《В память 800 - летия Москвы》）

该奖章（1947 年 9 月 20 日）授予莫斯科市工业、运输业及其他企业、国家机构、党、工会及其他社会组织的工作人员以及在首都及其郊区居住不少于 5 年并积极参加城市公共事业，参加儿童教育、儿童机构等工作的其他劳动者。（图 6—38）

31. “苏军建军 30 周年”奖章（медаль《30 лет Советской Армии и Флота》）

该奖章（1948 年 2 月 22 日）为纪念苏联红军建军 30 周年而设立，授予 1948 年 2 月 23 日以前为苏联红军、内务部和国家安全部工作的所有基干军人。（图 6—39）

32. “恢复南方黑色冶金企业”奖章（медаль《За восстановление предприятий черной маталлургии Юга》）

该奖章（1948 年 5 月 18 日）授予工人、职员、工程技术人员和经济工作者，以表彰其在生产中达到的高指标和在恢复南方黑色冶金企业中所立的功绩。（图 6—40）

33. “守卫苏联国界有功”奖章（медаль《За отличие в охране государственной границы СССР》）

该奖章（1950 年 7 月 13 日）授予苏联边防部队军人和居民，以表彰其在保卫苏联国界时荣立的战功和特殊功绩。（图 6—41）

图 6—36

图 6—37

图 6—38

图 6—39

图 6—40

图 6—41

34. “维护社会秩序有功”奖章（медаль《За отличную службу по охране общественного порядка》）

该奖章（1950 年 11 月 1 日）授予警察、社会治安机关工作人员、人

民志愿纠察队成员和其他公民，以表彰其在维护社会秩序中所立功绩及所表现出的勇敢和奋不顾身精神。（图 6—42）

35. “垦荒”奖章（медаль《За освоение целинных земель》）

“垦荒”奖章（1956 年 10 月 20 日）授予集体农庄庄员、国营农场、农业机器站、工程建筑组织和其他组织的工作人员，党、苏维埃、工会和共青团工作者，以表彰其在哈萨克斯坦、西伯利亚、乌拉尔、伏尔加河流域和北高加索地区在开垦生荒地和熟荒地过程中的优异工作。（图 6—43）

36. “抢救溺水者”奖章（медаль《За спасение утопающих》）

该奖章（1957 年 2 月 16 日）授予在水中救人时表现英勇和奋不顾身以及及时防止发生不幸事故和模范组织水中救护工作的救护人员、其他苏联公民以及外国公民。（图 6—44）

37. “列宁格勒建城 250 周年”奖章（медаль《В память 250 - летия Ленинграда》）

该奖章（1957 年 5 月 16 日）授予在恢复和重建城市中表现出色，以自己的劳动保障城市工业、运输业、城市经济、商业的发展和科学、文化—教育机构的顺利工作并符合在列宁格勒及其郊区居住不少于 5 年条件的市民。该奖章还授予所有荣获“保卫列宁格勒”奖章的公民，不论其居住何地。（图 6—45）

38. “救火勇敢”奖章（медаль《За отвагу на пожаре》）

该奖章（1957 年 10 月 31 日）授予消防工作者、志愿消防队队员、军人和其他公民，以表彰其在扑灭火灾，火中抢救人员、社会主义财产和公民财产中，以及及时防止发生火灾和爆炸时表现出的勇敢、无畏和奋不顾身精神。（图 6—46）

图 6—42

图 6—43

图 6—44

图 6—45

图 6—46

39.“苏联武装力量建立40周年”奖章（медаль《40 лет Вооруженных Сил СССР》）

该奖章（1957年12月18日）是为纪念苏联武装力量成立40周年而设立的周年纪念奖章，授予1958年2月23日以前为苏联红军、内务部部队、国家安全委员会部队和机关的各种级衔的基干军人。（图6—47）

40.“圆满服役”奖章（медаль《За безупречную службу》）

一级、二级、三级“圆满服役”奖章（1958年12月13日）由国防部长、内务部长、国家安全委员会主席联合发布命令设立，授予具有良好鉴定、能胜任所负服役职责和满足一定服役年限的军人。一级奖章授予服役20年以上的军人，二级奖章授予服役15年以上的军人，三级奖章授予服役10年以上的军人。允许各级奖章同国家奖章一起佩戴。（图6—48）

41.“保卫基辅”奖章（медаль《За оборону Киева》）

该奖章（1961年6月21日）授予直接参加保卫基辅或在为前线需要服务的工厂工作的苏军和内务部的军人以及地下工作者、游击队员和居民。（图6—49）

图6—47

图6—48

图6—49

42.“1941—1945年伟大卫国战争胜利20周年”奖章（медаль《Двадцать лет победы в Великой Отечественной войне 1941－1945 гг.》）

该奖章（1965年5月7日）为纪念苏联人民战胜法西斯德国20周年设立，授予所有的卫国战争参加者、游击队员以及所有在周年纪念日以前为苏联武装力量的基干军人的人员。

43.“苏联民警建立50周年”奖章（медаль《50 лет советской милиции》）

该奖章（1967年11月20日）为纪念奖章，授予1967年11月21日以前仍在服现役或已转为预备役但军龄在25年或以上的苏联社会治安保卫部（后为苏联内务部）所属机关、机构和院校的工作人员。（图6—50）

44.“苏联武装力量建立50周年”奖章（медаль《50 лет Вооруженных Сил СССР》）

该奖章（1967年12月26日）为纪念奖章，授予1968年2月23日以前为苏联红军、苏联社会治安保卫部部队、国家安全委员会部队的苏联武装力量基干军人以及已转为预备役或退休但军龄在20年以上的军官和超期服役军人。

45.“纪念列宁诞辰100周年忘我劳动（军人英勇）”奖章（медаль《За доблестный труд（За воинскую доблесть）в ознаменование 100 - летия со дня рождения Владимира Ильича Ленина》）

该奖章（1969年11月5日）授予在筹备纪念列宁诞辰100周年过程中表现出很高劳动模范精神的先进工人、集体农庄庄员、国民经济专家、国家机关和社会组织的工作人员、科学和文化活动家；积极参加为建立苏维埃政权或保卫祖国而斗争的人员；国际共产主义运动活动家和其他外国进步活动家；在军事训练和政治培训中达到优秀指标、在领导部队和使部队保持战斗力方面取得优异成绩的军人。（图6—51）

46.“退休劳动者”奖章（медаль《Ветеран труда》）

该奖章（1974年1月18日）授予在年老退休后自愿到国民经济部门，科学、文化、国民教育部门，卫生部门及国家机关和社会组织参加劳动的劳动者，以表彰他们的功绩。（图6—52）

图6—50

图6—51

图6—52

47.“服役优秀”奖章（медаль《За отличие в воинской службе》）

一级、二级“服役优秀”奖章（1974年10月28日）授予在军事训练和政治培训中达到优秀指标；在演习、执行战斗勤务时表现特别出色；在苏联红军、边防部队和内卫部队服役期间表现勇敢、奋不顾身及有其他功绩的军人。

48.“1941—1945 年伟大卫国战争胜利 30 周年”奖章（медаль《Тридцать лет победы в Великой Отечественной войне 1941－1945 гг.》）

该奖章（1975 年 4 月 25 日）是为纪念苏联人民取得卫国战争胜利 30 周年设立的纪念奖章，授予在苏联武装力量中参加过前线战斗的军人和其他人员、伟大卫国战争中的游击队员、地下工作者，以及曾荣获“1941—1915 年伟大卫国战争战胜德国”奖章、“战胜日本”奖章的其他人员和荣获“1941—1945 年伟大卫国战争中英勇劳动”奖章的后方劳动者。

49.“苏联武装力量老战士”奖章（медаль《Ветеран Вооруженных Сил СССР》）

该奖章（1976 年 5 月 20 日）授予在苏联武装力量中圆满服役 25 年以上，已从现役转为预备役或退休的苏联红军、边防部队和内卫部队的军人。（图 6—53）

50.“建设贝—阿铁路”奖章（медаль《За строительство Байкало-Амурской магистрали》）

该奖章（1976 年 10 月 8 日）授予积极参加建设贝加尔—阿穆尔铁路大干线，在建筑工地工作和为其服务不少于 3 年者。（图 6—54）

51.“改造俄罗斯联邦苏维埃社会主义共和国非黑土地带”奖章（медаль《За преобразование Нечерноземья РСФСР》）

图 6—53

图 6—54

图 6—55

该奖章（1977 年 9 月 30 日）授予为完成俄罗斯苏维埃联邦社会主义

共和国非黑土地带农业发展长期规划进行突击劳动，在该地区工作3年以上的工人、集体农庄庄员和职员。（图6—55）

52. “苏联武装力量建立60周年”奖章（медаль《60 лет Вооруженных Сил СССР》）

该奖章（1978年1月28日）为纪念奖章，授予1978年2月23日以前在苏军、内卫部队、国家安全委员会部队和机关中服现役的军人；参加过保卫苏维埃祖国战斗的老赤卫队员和军人，国内战争和卫国战争中的游击队员；现已转入预备役或退休但服役20年或以上者以及在服现役期间曾荣获苏联勋章或“勇敢”奖章、“乌沙科夫”奖章、“战功”奖章、“守卫苏联国界有功”奖章、“纳希莫夫”奖章、“服役优秀”奖章者。

53. “开发西伯利亚矿藏和发展石油天然气综合体”奖章（медаль《За освоение недр и развитие нефтегазового комплекса Западной Сибири》）

该奖章（1978年7月28日）授予在开发西伯利亚矿藏和发展石油天然气资源的活动中积极劳动，在该地区工作3年以上的工人和职员。

54. “巩固战斗友谊”奖章（медаль《За укрепление боевого содружества》）

该奖章（1979年5月25日）授予为巩固与友好国家的战斗友谊和军事合作作出贡献的苏联红军军人与文职人员。

55. “基辅建城1500周年”奖章（медаль《В память 1500 - летия Киева》）

该奖章（1957年5月16日）授予在恢复和改造城市中表现出色，以自己的劳动保障城市工业、运输业、经济、商业的发展和科学、文化、教育机构的顺利工作，在基辅及其郊区居住5年以上的该市公民。该奖章还授予所有荣获保卫基辅奖章的公民。

56. “1941—1945年伟大卫国战争胜利40周年”奖章（Юбилейная медаль《Сорок лет победы в Великой Отечественной войне 1941—1945 гг.》）

该奖章（1985年4月12日）为纪念苏联人民取得1941—1945年卫国战争胜利40周年设立，授予在苏联武装力量中参加过前线战斗的军人和其他人员、卫国战争中的游击队员、地下工作者，以及曾荣获“1941—1945年伟大卫国战争战胜德国”奖章、“战胜日本”奖章者和荣获“1941—1945年伟大卫国战争中忘我劳动”奖章的后方劳动者。

57. “苏联武装力量建立70周年”奖章（медаль《70 лет Вооружённых Сил СССР》）

图6—56

该奖章（1988年1月18日）授予1988年2月23日以前在苏联红军、内卫部队、国家安全委员会部队和机关中服现役的军人，参加过保卫苏联战斗的老赤卫队员和军人，国内战争和卫国战争中的游击队员，已转入预备役或退休但服役20年以上者以及在服现役期间曾荣获苏联勋章或勇敢奖章、乌沙科夫奖章、战功奖章、守卫苏联国界有功奖章、纳希莫夫奖章、服役优秀奖章者。（图6—56）

（四）荣誉称号

荣誉称号是对公民和集体突出功绩的一种表彰形式。根据苏联宪法规定，荣誉称号的授予属于苏联最高苏维埃主席团权限范围。苏联荣誉称号的设立是为了表彰在发展生产、科学、卫生、国民教育、文化、艺术、巩固国防领域的特殊功绩和在职业生涯中的出色成就和高超技能。苏联荣誉称号的获得者被授予苏联最高苏维埃主席团证书和胸章。

值得注意的是，苏联英雄、社会主义劳动英雄、英雄城、英雄要塞和英雄母亲称号不是荣誉称号，而是苏联最高级别奖励英雄称号。

表6—1　　苏联荣誉称号列表

序号	名称	设立时间	备注
1	苏联人民演员 Народный артист СССР	1936年9月6日	
2	苏联人民艺术家 Народный художник СССР	1943年7月16日	
3	苏联人民建筑师 Народный архитектор СССР	1967年8月12日	
4	苏联人民医生 Народный врач	1977年10月25日	
5	苏联人民教师 Народный учитель СССР	1977年12月30日	

续表

序号	名称	设立时间	备注
6	苏联功勋试飞员 Заслуженный лётчик-испытатель СССР	1958 年 8 月 14 日	
7	苏联功勋试飞领航员 Заслуженный штурман-испытатель СССР	1958 年 8 月 14 日	
8	苏联功勋宇航员 Заслуженный лётчик-космонавт СССР	1961 年 4 月 14 日	
9	苏联功勋军事飞行员 Заслуженный военный лётчик СССР	1965 年 1 月 26 日	根据苏联最高苏维埃主席团 1988 年 8 月 22 日命令取消。
10	苏联功勋军事领航员 Заслуженный военный штурман СССР	1965 年 1 月 26 日	根据苏联最高苏维埃主席团 1988 年 8 月 22 日命令取消。
11	苏联功勋飞行员 Заслуженный пилот СССР	1965 年 9 月 30 日	根据苏联最高苏维埃主席团 1988 年 8 月 22 日命令取消。
12	苏联功勋领航员 Заслуженный штурман СССР	1965 年 9 月 30 日	根据苏联最高苏维埃主席团 1988 年 8 月 22 日命令取消。
13	苏联功勋发明家 Заслуженный изобретатель СССР	1981 年 12 月 28 日	
14	苏联功勋农业工作者 Заслуженный работник сельского хозяйства СССР	1982 年 5 月 31 日	
15	苏联功勋试伞员 Заслуженный парашютист-испытатель СССР	1984 年 7 月 13 日	根据苏联最高苏维埃主席团 1988 年 8 月 22 日命令取消。
16	苏联功勋土壤改良家 Заслуженный мелиоратор СССР	1984 年 10 月 26 日	根据苏联最高苏维埃主席团 1988 年 8 月 22 日命令取消。

续表

序号	名称	设立时间	备注
17	苏联功勋设计师 Заслуженный конструктор СССР	1985 年 6 月 14 日	根据苏联最高苏维埃主席团 1988 年 8 月 22 日命令取消。
18	苏联功勋工艺师 Заслуженный технолог СССР	1985 年 6 月 14 日	根据苏联最高苏维埃主席团 1988 年 8 月 22 日命令取消。
19	苏联功勋机械制造师 Заслуженный машиностроитель СССР	1985 年 8 月 16 日	根据苏联最高苏维埃主席团 1988 年 8 月 22 日命令取消。
20	苏联功勋建设者 Заслуженный строитель СССР	1988 年 8 月 22 日	
21	苏联功勋运输工作者 Заслуженный работник транспорта СССР	1988 年 8 月 22 日	
22	苏联功勋通讯工作者 Заслуженный работник связи СССР	1988 年 8 月 22 日	
23	苏联功勋工业工作者 Заслуженный работник промышленности СССР	1988 年 8 月 22 日	
24	苏联功勋武装力量专家 Заслуженный специалист Вооружённых Сил СССР	1988 年 8 月 22 日	

（五）苏联最高级别奖励英雄称号

1. “苏联英雄”称号（应为 Звание《Герой Советското Союза》）

1934 年 4 月 16 日，苏联中央执行委员会通过决定，设立最高级别奖励——“苏联英雄”称号，以表彰对国家立下英雄壮举的个人和集体。

1936 年 7 月 29 日，苏联中央执行委员会通过了《关于苏联英雄称号的条例》。“苏联英雄”称号的获得者被授予苏联最高国家奖励——列宁勋章。

1939 年 8 月 1 日，苏联最高苏维埃主席团决定设立“金星奖章”，颁发给为国家立下英雄壮举的“苏联英雄”。金星奖章最初被称为“苏联英雄”奖章，其设立的目的就是用于授予“苏联英雄”，后改名为“金星奖章”。只要是“苏联英雄”称号的获得者，就会被授予金星奖章。（图 6—57）

图 6—57

根据《关于苏联英雄称号的条例》，一个人只能获得一次“苏联英雄”称号。若再次建立大功勋，颁发第二枚金星奖章，但是不再颁发列宁勋章。金星奖章最多可获得三次。获得第二枚金星奖章者，政府为其在家乡修建半身铜像。

1980 年，苏联又修改了《关于苏联英雄称号的条例》，取消列宁勋章只能颁发一次，金星奖章不能超过三枚的规定。每次获得“苏联英雄”称号都颁发列宁勋章和金星奖章。

共有 12747 人获得“苏联英雄”称号。

2. “社会主义劳动英雄”称号（Звание《Герой Социалитического Труда》）

“社会主义劳动英雄”称号由苏联最高苏维埃主席团 1938 年 12 月 27 日的命令确立，用于表彰在苏联经济和社会文化领域所建立的功绩。

该称号的奖励标志——“镰刀和斧头”金质奖章于 1940 年 5 月 22 日确立。（图 6—58）

图 6—58

“社会主义劳动英雄”称号被授予列宁勋章、“镰刀和斧头”金质奖章和苏联最高苏维埃主席团证书。获得第二枚“镰刀和斧头”金质奖章或者获得苏联英雄称号的社会主义劳动英雄，政府为其在家乡（或根据苏联最高苏维埃主席团决定在其他地方）修建带有相应题字的半身铜像。

第一个社会主义劳动英雄称号于 1939 年授予斯大林。共有 20542 人获得“社会主义劳动英雄”称号。

3．“英雄母亲”称号（Звание《Мать-героиня》）

图 6—59

“英雄母亲”称号于 1944 年 7 月 8 日设立，授予生育并培养 10 个或更多子女的母亲。获得“英雄母亲”称号的母亲被授予“英雄母亲”勋章和苏联最高苏维埃主席团证书。（图 6—59）

共有 431000 人获得“英雄母亲”称号（其中包括一名男性）。

4．“英雄城”、“英雄要塞”称号（Звание《Город-Герой》，Звание《Крепость-Герой》）

伟大的卫国战争时期，苏联许多城市的军民为了保家卫国，与德国法西斯进行了殊死残酷的斗争。为了表彰苏联城市军民这种大无畏的革命英雄主义精神和英勇事迹，苏联最高苏维埃主席团 1965 年 5 月 8 日设立“英雄城”（“英雄要塞”）称号，授予其劳动人民在 1941—1945 年伟大卫国战争中为保卫祖国表现出英雄主义和英勇气魄的苏联城市。

荣获该称号的城市被授予列宁勋章、“金星”奖章和苏联最高苏维埃主席团证书。

在英雄城市和要塞树立带有列宁勋章、“金星”奖章和苏联最高苏维埃主席团命令文本形象的方尖碑。在英雄城的旗帜上还印有列宁勋章、“金星”奖章图像。

共有 13 个城市和要塞荣获这一称号。

三　俄罗斯联邦功勋荣誉制度

俄罗斯联邦国家奖励体系共包括：俄罗斯联邦“英雄”称号、俄罗斯联邦勋章、奖章、徽章和俄罗斯联邦荣誉称号。

（一）俄罗斯联邦“英雄”称号（1992 年 3 月 20 日）

俄罗斯联邦“英雄”称号代表着最高荣誉，根据时任俄罗斯联邦总统叶利钦 1992 年 3 月签署的俄联邦第 2553-Ⅰ法令设立。

1. 俄罗斯联邦“英雄”称号章程

（1）授予俄罗斯联邦“英雄”称号以表彰为国家和人民建立的英雄功勋。

（2）俄罗斯联邦“英雄”称号由俄罗斯联邦总统授予。

（3）向俄罗斯联邦“英雄”授予：特别功勋奖章——“金星”奖章、俄罗斯联邦“英雄”称号授予证书。

（4）俄罗斯联邦英雄享受法律规定的优待政策。

（5）“金星”奖章佩戴于左胸，并置于所有勋章和奖章之上。

2. “金星”奖章说明

“金星”奖章为一枚正面带有两棱光滑线条的五角星。线条长度为 15 毫米。奖章背面表面光滑，外缘有凸边。奖章背面的中心处有隆起的“俄罗斯英雄”的题字。字母的尺寸为 4 毫米×2 毫米。上端是高度为 1 毫米的奖章号码。（图 6—60）

图 6—60

奖章借助固定耳座和圆环与镀金板条相连接，板条是上下框架高度为 15 毫米、宽度为 19.5 毫米的直角薄片。沿着板条底座有个小槽，其内部被与俄罗斯联邦国旗相对应的三色波纹状绦带包裹。在板条背面有一枚用于将奖章固定在衣服上的带螺母的螺丝。金质奖章重量为 21.5 克。

（二）俄罗斯联邦勋章

1. 圣安德烈勋章（орден Андрея Первозванного）

1998 年 7 月 1 日，俄罗斯联邦总统颁布“关于恢复圣安德烈勋章”的第 757 号命令。在沙俄时，这一勋章是独一无二的最高权贵标志，只授予那些官级位于“官阶等级表”前三级的人。

（1）圣安德烈勋章颁发条例——经俄罗斯联邦总统 1998 年 7 月 1 日第 757 号总统令批准

①圣安德烈勋章是俄罗斯联邦最高级别国家奖励。

②圣安德烈勋章授予作出有助于俄罗斯繁荣、伟大和荣誉的非凡功绩的杰出的国家和社会的活动家以及其他俄罗斯联邦公民。

③圣安德烈勋章可以授予对俄罗斯联邦作出杰出功绩的外国首脑和政府领导人。

④圣安德烈勋章佩戴于勋章链上或者置于肩跨绶带上。

在特别隆重的场合下允许将圣安德烈勋章佩戴于勋章链上。

在将圣安德烈勋章佩戴于肩跨绶带上时，绶带要跨过右肩。

圣安德烈勋章的星章佩戴于左胸，置于勋章之左，低于勋章勋表。

⑤带宝剑的圣安德烈勋章和星章用以表彰战斗行动中的功绩。

⑥将圣安德烈勋章绶带佩戴于勋表时，要将勋表置于高于其他勋章绶带的位置。

（2）圣安德烈勋章说明——经俄罗斯联邦总统 1998 年 7 月 1 日第 757 号总统令批准

圣安德烈勋章有奖章、星章、勋章链条和勋章绶带。

勋章的奖章为表面蒙上蓝色珐琅的由银和镀金制成的椭圆形斜十字，上面有圣安德烈·佩尔沃兹万内被钉在十字架上的图像。在十字的边端分别是金色的字母“S”、“A”、“P”、“R”（意为俄罗斯的保护神圣安德烈）。十字被置于凸起的镀金双头鹰上，它头上加冕三顶王冠，双脚架着斜十字底端。奖章背面，在鹰胸前的白色部位是黑色珐琅题字“信仰和衷诚”。十字被悬挂在靠近最中间的王冠的蓝色绶带上。王冠后面有用于固定绶带的吊钩。奖章的高度为 86 毫米，宽度为 60 毫米。（图 6—61）

勋章的绶带为淡蓝色丝织波纹绸，宽度为 100 毫米。

星章为银质八角形。在星章中心，被镶上红珐琅的圆形框内是凸起的加冕三座王冠的镀金双头鹰图像。鹰的胸前是圣安德烈十字的图像。沿着其周围上端，在配有镀金镶边的蓝珐琅背景下，是金色的勋章题字“信仰和忠诚”。下端是两条相互交叉的镶上绿珐琅的月桂枝和交织的绸带。星奖相对两角间的距离为 82 毫米，以别针与衣服固定。（图 6—62）

图 6—61

图 6—62

勋章链条由 17 个相互串连的小环组成。

为了表彰战斗活动中的功勋，勋章的星章和奖章上配有宝剑。在宝剑与勋章的奖章相连接时，宝剑被置于最中间的王冠之下双头鹰之上。每把剑的长度为 47 毫米，宽为 3 毫米。在宝剑与勋章的星章相连接时，宝剑被置于其中心圆形框之后。每柄剑长度为 54 毫米，宽度为 3 毫米。

着制服时无勋章的绶带佩戴于长 12 毫米，宽 45 毫米的勋表上。为表彰在战斗活动中建立的功勋而在绶带上加挂两柄微型相互交叉的镀金宝剑。着便装时无勋章的绶带佩戴于直径为 22 毫米的花结上。

圣安德烈勋章在新俄罗斯的首次授予是在 1998 年 9 月 30 日。根据俄罗斯联邦总统叶利钦的总统令将勋章授予为文化发展作出杰出贡献的利哈乔夫（Д. С. Лихачев）院士。

2. 圣乔治勋章（орден Святого Георгия）

2000 年 8 月 8 日，俄罗斯联邦总统第 1463 号命令就批准了恢复圣乔治勋章的法令，但是直到 2008 年都没有授予过这一奖励。这主要是与勋章章程有关。章程中规定只能在外敌入侵时的战斗行动才能荣获这一勋章。而在这些年间俄罗斯联邦并未发生过这样的战争。

自 2008 年 8 月 13 日，由于南奥塞梯战争，勋章条例被修改，在其他国家境内维护和恢复世界和平和安全（维和行动）过程中展开战斗和其他行动的高级军官可以获得该勋章。俄罗斯总统梅德韦杰夫在 2008 年 8 月 18 日出席了首位圣乔治勋章的授予仪式，并表示：“这一勋章于 2000 年为了表彰那些在反对外敌入侵的战斗中表现良好的人而恢复。但是为了恢复圣乔治勋章获得者的光荣传统，我通过命令将这些奖励用于表彰在其他国家境内维护世界和平和安全的行为。”

2008 年 8 月 13 日，通过《对一些俄罗斯联邦总统关于俄罗斯联邦国家奖励的法令进行修改》的命令，对该勋章章程第 2 款以新的措辞表述：“2. 圣乔治勋章授予在外敌进攻时为保卫祖国而展开战斗的行动中完全击溃敌人，以及在其他国家境内支持和恢复世界和平和安全过程中展开战斗和其他行动的、成为军事技巧的典范的、其功绩成为各代祖国保卫者勇敢无畏榜样的以及由于在战斗行动中表现优异被授予俄罗斯联邦国家奖励的高级军官。”

（1）圣乔治勋章颁发条例——经俄罗斯联邦总统 2000 年 8 月 8 日第 1463 号命令批准

①圣乔治勋章是俄罗斯联邦最高军事奖励。

②圣乔治勋章授予在外敌进攻时为保卫祖国而展开战斗的行动中完全击溃敌人、成为军事技巧的典范、其功绩成为各代祖国保卫者勇敢无畏的榜样以及由于在战斗行动中表现优异被授予俄罗斯联邦国家奖励的高级军官。

③圣乔治勋章共有四级。一、二级圣乔治勋章有勋章和星章，三、四级只有勋章。一级为勋章最高级别。

圣乔治勋章的授予只能依从低级到高级的次序顺次授予。

一级圣乔治勋章佩戴于跨过右肩的肩跨绶带上。

二、三级圣乔治勋章佩戴于颈部绶带上。四级圣乔治勋章以板条佩戴于左胸，并置于其他勋章和奖章之前。

勋章获得者要佩戴所有级别的圣乔治勋章。因此一级圣乔治勋章获得者不佩戴二级勋章的星章。

在用肩跨绶带佩戴圣安德烈勋章时，不佩戴一级圣乔治勋章。

（2）圣乔治勋章说明——经俄罗斯联邦总统 2000 年 8 月 8 日第 1463 号命令批准

圣乔治勋章共有四级。第一、二级圣乔治勋章有勋章和星奖，三、四级只有勋章。勋章绶带为丝织波纹绸，由三黑两橙等宽相间条纹组成。

一级勋章为金质，章体为白珐琅质地的边缘渐次变宽的等边十字章。十字边缘有一条凸起的窄边。在十字中心有一个未被镶上白珐琅的带有镀金突边的双面圆形小框。圆框正面是被镶有红珐琅的着斗篷和头盔、骑白马的圣乔治持矛屠龙的图像。被镶上白珐琅的圆框背面是由“СГ”这两个黑色相互交织的字母形成的勋章的花体图样。十字下端是勋章的号码。十字两端的距离是 60 毫米。十字上端是用于固定于绶带上的耳座。勋章被固定于宽 100 毫米的绶带上。（图 6—63）

勋章星章为四角射线状，由银镀金材料制成。星章中心是一个圆形镀金有突边的小框，上面是相互交织的“С Г”字母的黑色花体。圆框周围，在黑珐琅背景下是有镀金镀边的勋章格言“职责和勇敢”。圆周上方，在“职责”和“勇敢”两词之间是一座镀金的王冠。星章相对两端距离是 82 毫米。星章以别针固定于衣服上。（图 6—64）

二级勋章有勋章和星章。勋章由银镀金材料制成。勋章被固定在 45 毫米宽的绶带上。

图 6—63

图 6—64

三级勋章只有勋章。十字边端的距离为 50 毫米。勋章被固定于 24 毫米宽的绶带上。

四级勋章只有勋章。十字边端距离为 40 毫米。勋章借助于耳座和小环被固定于被 24 毫米宽的绶带包裹的五角形板条上。

勋表上的绶带中间为黑色条纹，上有勋章星章的微型象征图像，一级为金色，二级为银色，三级为白色。

3.“祖国功勋”勋章（орден《За заслуги перед Отечеством》）

(1)“祖国功勋”勋章颁发条例

①“祖国功勋”勋章授予为人民建立特别的杰出功勋，如促进俄罗斯的国家体制的发展，取得丰硕的劳动成就，巩固和平、友谊和人民之间的团结以及为保护祖国事业作出巨大贡献的公民。

②“祖国功勋”勋章有一、二、三、四共 4 个等级：

一级和二级“祖国功勋”勋章有奖章和星章，三级和四级只有奖章。勋章的最高级别为一级。

③ 带有勋章链条的一级“祖国功勋”勋章是总统权力的象征物，俄罗斯联邦总统就任时直接获得该勋章。

④“祖国功勋”勋章的授予依照次序执行：

通常情况下，“祖国功勋”奖章是获得“祖国功勋”勋章的前提条件。只有在曾经荣获过一级“祖国功勋”奖章的情况下，才能申请授予四级“祖国功勋”勋章。

为表彰为祖国建立特别杰出的新功勋，可以将“祖国功勋”勋章授予那些未曾荣获“祖国功勋”奖章的俄罗斯联邦英雄、苏联英雄、社会主义劳动英雄和被授予过勋章、“圆满服役”奖章的人或者获得过荣誉称号的人。

⑤带剑“祖国功勋”勋章授予在战斗行动中建立功勋的军人。（图6—65）

⑥一级“祖国功勋”奖章被钉在肩挎绶带上，佩戴时挎过右肩。

一级和二级“祖国功勋”勋章星章戴在左胸，置于勋章左侧，低于勋章板条。

二级和三级“祖国功勋”勋章佩戴于颈部绶带上。

四级“祖国功勋”奖章佩戴于左胸的板条上，置于其他的勋章和奖章之前。如果获奖励者有高一级别的勋章，则不佩戴这一勋章的低级别勋章和“祖国功勋”勋章的奖章，除非是带有宝剑图案的勋章和奖章。

⑦ 在将绶带佩戴于没有勋章的勋表时，勋章的绶带置于单独的勋表上，高于其他的勋章绶带，居中。此时，只佩戴被授予者所拥有的这一勋章的最高级别的相应绶带。

（2）“祖国功勋”勋章说明

一级和二级“祖国功勋”勋章有奖章和星章，三级和四级只有奖章。勋章绶带为红色丝织波纹绸。

一级　“祖国功勋”奖章为金质底端渐宽的四方等长十字架。正面镶有红珐琅，十字各边端距离为60毫米，十字的边缘有凸边。十字正面镶有俄罗斯国徽的图样。背面正中是圆形框，其四周是“利益、荣誉和光荣”的题字，中央是其铸造年份——1994年。下端是月桂枝。最下端是奖章号码。链条背面是镶有白色珐琅的垫片，其上用金色字母雕出了俄罗斯每位总统的姓名、父称和出任这一职务的年份。奖章被固定在100毫米宽的绶带上。（图6—66）

图6—65

图6—66

图6—67

勋章链条由黄金、白银和珐琅制成，共有17个带有俄罗斯联邦国徽图案和勋章格言花结的小环。

星章为银质，形状为8边射线状，带有多条棱状抛光线条。其中心为一银质圆坠，上面镶嵌有凸起的镀金俄罗斯联邦国徽图样。勋章的格言“利益、荣誉和光荣”和月桂枝图案环于以红珐琅为底带有银色镶边的圆坠四周。星章各相对端间距为82毫米。星章佩戴于左胸，以别针固定在衣服上。（图6—67）

二级　奖章由白银和镀金制成，十字各端间距为50毫米，佩戴于45毫米宽的颈部绶带上。各相对端间距为72毫米。

三级　奖章由白银和镀金制成，十字各端间距离为50毫米，佩戴于24毫米宽的颈部绶带上。

四级　奖章由白银和镀金制成，十字各端间距离为40毫米，佩戴于24毫米宽，以耳座和小环固定在五角形板条上，板条由24毫米宽的绶带包裹。

授予在战斗行动中建立功勋的军人以带有两柄相互十字交叉的镀金宝剑的勋章。宝剑将奖章和位于勋表和十字之间的小环相连接。每柄剑长28毫米，宽3毫米。（图6—65）

在将绶带佩戴于无勋章的勋表上时：一级勋章为48毫米宽的绶带；二级勋章为36毫米宽的绶带；三级勋章为26毫米宽的绶带；四级勋章为24毫米宽的绶带。一级和二级勋章的绶带中心有微型的勋章星章标志性的银质图样。勋表高度为12毫米。

4. 朱可夫勋章（орден Жукова）

（1）朱可夫勋章条例

①朱可夫勋章授予：

获得苏联“英雄”称号或者在1941—1945年卫国战争期间在展开战斗行动时因领导部队建立功勋而被授予勋章的方面军和集团军总司令及他们的副职、参谋长、作战局和作战处首长、方面军和集团军军种司令、军长、师长、旅长；

获得苏联“英雄”称号或者在1941—1945年卫国战争期间因与红军协同展开战斗行动而被授予勋章的舰队司令，区舰队司令及他们的副职、分舰队舰长、海军基地指挥官、舰艇支队指挥；

在战争行动期间为保护祖国制定和成功实施大规模战役而建立功绩的

俄罗斯联邦武装力量最高级军官以及职务为师长（分舰队舰长）和更高级别的校官。

②朱可夫勋章的授予依俄罗斯联邦总统令进行。

③朱可夫勋章佩戴于右胸。

（2）朱可夫勋章说明

图 6—68

朱可夫勋章的奖章为上面镶嵌凸起的图章和四个盾牌的四边形银质基座。盾牌高于基座呈四等边十字状分布其上。盾牌为银和镀金材质，上镶暗红色珐琅。勋章的中心部分是一个银和镀金质地的圆形坠，直径 24 毫米，上镶蓝珐琅。圆坠表面最上方是金色的题字“格奥尔吉·朱可夫”。题字下方是由白银和镀金制成的朱可夫浮雕式胸像，圆坠下方为月桂枝和橡树枝。（图 6—68）

十字相对两边间距为 50 毫米，基座的相对各边距离为 45 毫米。奖章背面有用于将勋章固定于衣服上的带有螺母的螺桩。朱可夫勋章的绶带为宽为 24 毫米的丝织波纹绸。

5. 英勇勋章（орден Мужества）

（1）英勇勋章颁发条例

英勇勋章授予在救人、维护社会秩序、与犯罪行为的斗争中，或在自然灾害、火灾、事故和其他紧急状况发生时表现出英勇和奋不顾身行为的公民，以及在冒生命危险执行军队、民用和公务职责时作出果敢和坚决行动的公民。

图 6—69

英勇勋章佩戴于左胸，在佩戴俄罗斯联邦其他勋章时，置于四级“祖国功勋”勋章之后。

（2）英勇勋章说明

英勇勋章为银质，形状为带有圆边的等边十字。十字两面边缘镶有一圈凸边，十字四边分布着凹凸相间的发亮线条。中央是浮雕式俄罗斯联邦国徽图样。背面是凸起的“英勇”字样的题字和勋章号码。十字边距为 40 毫米。（图 6—69）

勋章的奖章以耳座和小环与五角形板条相连接，板条被边缘镶有白条的红色丝质波纹绸绶带包裹。绶带宽 24 毫米，白条宽 2 毫米。

6. “军人功勋”勋章（орден《За военные заслуги》）

（1）“军人功勋”勋章颁发条例

“军人功勋”勋章授予：

模范完成军人职责的隶属于分队、部队、兵团的军人，圆满完成服役职责，有很高军人素养的军人；

有高度部队备战状态和保障俄罗斯联邦防卫能力的军人；

在服役活动中达到很高的个人指标，在履行军人职责时表现出英勇和无畏的军人；

在巩固战斗友谊和与友邦国家友好合作时建立功勋的军人。

为表彰上述功勋，在满足尽忠服役不少于 10 年的条件下，授予“军人功勋”勋章。

“军人功勋”勋章佩戴于左胸，在佩戴俄罗斯联邦其他勋章时置于“英勇”勋章之后。

（2）“军人功勋”勋章说明

“军人功勋”奖章由白银和珐琅制成。呈八角星状。对角的线条形成四个镶有俄罗斯联邦国徽颜色的五角形。中间是一圆坠，其周围一圈布满月桂枝和橡树枝，上有凸起的题字“军人功勋”。圆坠中心是浮雕式的俄罗斯联邦国徽图样。勋奖的奖章直径为 40 毫米。背面是勋章号码。（图 6—70）

图 6—70

勋章以耳座和小环与五角形板条相连接。板条被蓝红相间且蓝色中间的红条两边有两条细白条镶边的丝织波纹绸绶带包裹。绶带宽 24 毫米，红条 5 毫米，白条宽 2 毫米。

7. “海军功勋”勋章（орден《За морские заслуги》）

（1）“海军功勋”勋章颁发条例——根据俄罗斯联邦总统 2002 年 2 月 27 日第 245 号命令批准

“海军功勋”勋章授予公民以表彰其在为提高国家防御能力研究、开发和使用世界海洋领域，保障国家安全、社会、经济和文化发展领域作出的功绩，以及在巩固俄罗斯海上潜力方面的重大贡献。“海军功勋”勋章佩戴于左胸，在有其他俄罗斯联邦勋章时，置于“军人功勋”勋章之后。

（2）“海军功勋”勋章说明——根据俄罗斯联邦总统 2002 年 2 月 27

日第 245 号命令批准

图 6—71

“海军功勋”勋章由银和珐琅制成。呈四边十字状，各边端由放射性光线组成，章体上镀上了锚的图像。在中心圆框外围镶有蓝珐琅，上有由月桂枝编成的花环和“海军功勋”题词。圆框中心是俄罗斯联邦国徽的立体图像。十字边端之间的距离为 40 毫米，圆框直径为 16 毫米。勋章背面是勋章的编号。勋章以耳座和小环与裹上丝织波纹绸绶带的五角形板条相连接。绶带为白色，中间有三条蓝色纵向条纹。绶带宽 24 毫米。蓝色条纹宽 2 毫米。条纹间距为 3 毫米。（图 6—71）

8. *“荣誉”勋章*（орден Почета）

（1）“荣誉”勋章颁发条例——根据俄罗斯联邦总统 1994 年 3 月 2 日第 442 号命令批准

“荣誉”勋章授予在国家、生产、科学研究、社会文化、社会和慈善这些能够大大改善人民生活水平的活动领域中取得重大成果的公民，授予在培养高素质干部、教育正在成长的新一代、遵纪守法中建立功绩的公民。

（2）“荣誉”勋章说明——根据俄罗斯联邦总统 1994 年 3 月 2 日第 442 号命令批准

图 6—72

“荣誉”奖章由白银和珐琅制成，呈八边形十字状。其中心为一镶有白珐琅的圆框。圆框上绘有俄罗斯联邦国徽图样。圆框边缘有月桂枝形镶边。奖章直径 42 毫米。背面是勋章号码。（图 6—72）

勋章以耳座和小环与五角形板条相连接，板条被蓝色带白色纵条的丝织波纹绸绶带包裹。绶带长 24 毫米，白条宽 2.5 毫米。白条距绶带右边缘为 5 毫米。

9. *友谊勋章*（орден Дружбы）

友谊勋章于 1994 年 3 月 2 日由俄罗斯联邦总统第 442 号命令设立。该勋章的前身是苏联时期于 1972 年设立的各族人民友谊勋章。新勋章继承了旧勋章的五角星形状。

（1）友谊勋章颁发条例——根据俄罗斯联邦总统 1994 年 3 月 2 日第 442 号命令批准

友谊勋章授予在巩固民族友谊和协作、发展俄罗斯经济和科学潜力方面作出重大成就，在民族文化的促进和相互丰富，以及巩固国家间和平和友好关系方面作出卓有成效的贡献的公民。

友谊勋章佩戴于左胸，在佩戴俄罗斯联邦其他勋章时置于荣誉勋章之后。

（2）友谊勋章说明——根据俄罗斯联邦总统1994年3月2日第442号命令批准

友谊勋章由银镶珐琅和镀金制成，呈五角星状，五角星由许多从中心向四周散射的金色光线组成。五角星中心镶有地球图样，地球各部分镀有彩色珐琅。地球被由月桂枝编成的镶有绿珐琅的花环镶框。花环上是红色的圆点。勋章背面是凸起的题词“和平和友谊”和勋章编号。五角星相对各角间距离为44毫米。（图6—73）

图6—73

勋章借助于耳座和小环与五角形板条相连接。板条被绿色边缘带蓝色条纹的丝织波纹绸绶带包裹。绶带宽24毫米，蓝色条纹宽6毫米。

10.“光荣父母”勋章（орден《Родительская слава》）

出生率急剧下降和人民健康状况日趋恶化，已导致俄罗斯人口急剧减少。联合国预计，到2050年俄罗斯联邦的人口将从现在的1.46亿减少至8000万。因此，俄罗斯联邦政府正在重新鼓励人们多生孩子。在中断实施奖励生育政策18年后，俄罗斯联邦现在重新实施这项政策，向多子女家庭颁发“光荣父母”勋章，力图扭转人口下滑趋势。

时任俄罗斯联邦政府第一副总理的梅德韦杰夫在2008年2月建议恢复苏联时期的“光荣母亲”勋章，并建议该勋章不仅只授予母亲，且更名为“光荣父母”勋章。勋章授予在巩固家庭制度和培养下一代方面作出伟大功绩的俄罗斯联邦公民。授予勋章同时，向每一位父母（包括收养子女者）支付一次性补助金5万卢布。奖励是成对颁授的，也就是说奖励给拥有完整家庭的父母（联邦子女收养者）两人以微型勋章和奖励证明，但是授予两位父母共一份勋章和奖励证书。

2009年1月4日，梅德韦杰夫总统签署了第一份关于授予“光荣父母”勋章的命令，并于2009年1月13日在克里姆林宫举行了首次授予仪式。

（1）“光荣父母”勋章颁发条例——由俄罗斯联邦总统2008年5月13日第775号命令批准

“光荣父母”勋章授予婚姻关系在民事注册登记机关签署的已婚父母（包括收养子女者），或者来自单亲家庭的父母（包括收养子女者）。奖励这些父母正在培养或已经培养了四个或更多身份为俄罗斯公民的孩子，双方组成社会意义上的负责家庭，有健康的生活方式，在对子女健康、教育、身心和道德发展方面保持适当程度的关心，保障子女个性充分和谐发展，在巩固家庭制度和培养子女方面作出的榜样。

在本条例的第一段提到可被授予“光荣父母”勋章的人员要满足其第四位子女年龄达到3岁且在其他子女存活的条件下，本条例有预先规定的情况除外。

在授予“光荣父母”勋章时要统计在保卫祖国或国家利益时，在履行军人、公务或者公民义务时已经死亡或者失踪的子女，由于受伤、震伤、残疾或者在上述情况下受到的其他伤病，或者由于劳动残疾或职业病而死亡的子女。

将“光荣父母”勋章授予收养子女者时，要求其以在不少于5年的时间内对养子（养女）进行了应有的培育和养护。

（2）“光荣父母”勋章说明

图6—74

“光荣父母”勋章由银和镀金制成，呈直角等边，各边端渐宽内凹的十字状。十字各角镶有小球。十字正面由浅蓝色珐琅蒙面。十字边端有凸起的窄边。十字中心是带有两圈凸起镀金边饰的圆形框。圆框镶有红珐琅。圆框中心是镀金的俄罗斯联邦国徽的基本轮廓。（图6—74）

十字被置于镶有绿色珐琅的圆形月桂花环上。十字各边之间是与月桂花环相连接的镀金线条。勋章背面是勋章编号。

十字各边之间的距离为70毫米。勋章置于盒中。勋章下面是镀金的绶带形状的金属薄片，上有题字“光荣父母”。

着西装时佩戴十字各边端间距离为20毫米的勋章微型复制品。

勋章设有佩戴于勋表的绶带。绶带为白色带有两条浅蓝色条纹的丝织波纹绸。绶带宽24毫米，浅蓝色条纹宽1.5毫米。条纹距绶带边缘距离为8毫米。

11—15. 从苏联荣誉制度继承的军人勋章

以下这些苏联时期设立的军人勋章根据俄罗斯联邦最高苏维埃 1992 年 3 月 20 日第 2557—Ⅰ号决议被保留于俄罗斯的当代奖励体系，以表彰外敌进攻俄罗斯联邦时在保卫祖国的战斗中建立的功勋。它们分别是苏沃洛夫勋章、乌沙科夫勋章、库图佐夫勋章、涅斯捷洛夫勋章和亚历山大·涅夫斯基勋章。但是，作为俄罗斯国家奖励，这些勋章并没有条例和说明。在当代俄罗斯还没有授予过这些奖励。

（三）俄罗斯联邦徽章

1. 乔治十字章（Георгиевский крест）

乔治十字章为军人奖章，用于表彰外敌进攻时在保卫祖国的战斗中建立的功勋，以及勇敢忘我和军人素养的楷模。于 1992 年 3 月 2 日设立。共有四级。恢复乔治十字徽章的条例由俄罗斯总统 2000 年 8 月 8 日第 1463 号命令批准，但是直到 2008 年都没有颁发过这一奖励。这与该勋章的条例有关，条例规定勋章用于表彰在外敌入侵时的战斗行为，而俄罗斯联邦近期并没有发生过这样的战争。自 2008 年 8 月 12 日起，因南奥塞梯战争，这一勋章条例发生变化，使得因在其他国家为维护世界和平与安全（维和行动）而展开的战斗或其他行动中建立的功勋有了获此奖励的可能。

图 6—75

奖励只能按照由低级到高级的顺序依次授予。

徽章呈直角等边十字状。十字边端渐宽，一、二级由银和镀金制成，三、四级为银质。（图 6—75）

十字章中心为一圆框。沿着十字边缘和圆框周围有一条凸起的窄边。圆框正面是浮雕状的面朝右方的圣乔治以矛屠龙的形象。圆框背面是立体的交织在一起的圣乔治勋章花体字母“СГ”。十字章背面，在其横向边端是顺序号码。十字下方边端是“一级”、“二级”、“三级”或者“四级”的题字。十字边端距离为 34 毫米。

十字章佩戴于五角形板条上，板条被 24 毫米宽的丝织波纹绸绶带包裹。一级和三级十字章在板条上有由圣乔治勋章颜色组成的花结。

十字章佩戴于左胸，置于勋章以左，奖章之前。多个徽章的获得者在佩戴时应依降次顺序。

2. “圆满服务”徽章（Знак отличия《За безупречную службу》）

（1）“圆满服务”徽章章程——经1994年3月2日的命令批准

“圆满服务”徽章授予符合俄罗斯联邦宪法和联邦法律规定经选举或任命任职的公民以及国家公职人员。“圆满服务”徽章用以表彰能够给祖国带来实质性利益的具体功绩。

在建立以下功绩时，被授予“圆满服务”徽章：

圆满服务不少于15年且个人曾因在履行军人职责时表现英勇而荣获勋章或奖章的军人；

圆满服务20、25、30、40和50年且荣获两项或更多国家奖励的公民。

获得“圆满服务”徽章的军人将徽章挂在乔治带上的，其他公民将徽章挂在“祖国功勋”勋章绶带上。

（2）“圆满服务”徽章说明

图6—76

“圆满服务”徽章为29毫米×32毫米的长方形。奖给军人的徽章上是由橡树枝编成的花环，奖给其他公民的徽章上是由月桂枝编成的花环。花环中央是表示服务年限的罗马数字。奖给军人和其他公民的徽章基架分别被24毫米宽的乔治带和“祖国功勋”勋章绶带包裹。奖给军人的徽章由白银和镀金制成，上有“XV”，“XX”，“XXV”和“XXX”的年限标识。徽章背面是徽章编号和用于将徽章固定于衣服上的螺桩和螺母。奖给其他公民的徽章中，带有“XX”，“XXV”年限标识的徽章为银质，带有“XXX”“XL”和“L”年限标识的徽章由白银和镀金制成，带有“L”年限标识的徽章为金质。徽章背面为徽章编号和用于将徽章固定于衣服上的别针。（图6—76）

（四）俄罗斯联邦奖章

1. “祖国功勋”奖章（медаль《За заслуги перед Отечеством》）（1994年3月2日）

（1）“祖国功勋”奖章章程

①“祖国功勋”奖章授予为祖国在工业、农业、建设和运输，在科学教育、卫生、文化及其他劳动领域作出具体和有益事业的公民；为保卫祖

国作出重大贡献，为维持分队、部队、兵团的高度战备能力作出成就，在战斗训练中取得优异指标和在服役期间建立其他功绩的公民；为维护法律和法制、保障国家安全作出贡献的公民。

②“祖国功勋”奖章有一、二两级：

奖章最高级别为一级。荣获一级“祖国功勋”奖章者在建立新的功勋时可以被授予“祖国功勋”四级勋章。授予应依照由低到高的次序进行。

③带有相互十字交叉宝剑的“祖国功勋”奖章授予战斗行动中获得功绩的军人。

④“祖国功勋”奖章佩戴于右胸，置于勋章之后。如获奖励者有一级奖章，则不佩戴二级奖章，除非是带有十字交叉宝剑的奖章。

⑤在将绶带佩戴于没有奖章的勋表时，奖章绶带置于勋章绶带之后。如果获奖者有一级奖章和二级奖章，则只佩戴一级奖章的绶带。

(2)“祖国功勋”奖章说明

“祖国功勋”奖章为银质、两面有凸边、直径 32 毫米的圆形。正面是“祖国功勋”勋章的图样。背面沿着圆周是“利益、荣誉和光荣”的题字。中间是奖章铸造时间——1994 年。下方是凸起的月桂枝和奖章号码。一级奖章为镀金。(图 6—77)

图 6—77

奖章以耳座和小环与五角形板条相连接，板条被 24 毫米宽的红色丝织波纹绸绶带包裹。

为表彰在战斗行动中建立功勋的军人而授予带有两柄十字交叉宝剑的“祖国功勋”奖章，宝剑将奖章和板条与奖章之间的小环相连接。每柄剑长 28 毫米，宽 3 毫米。

在佩戴一些不带奖章的绶带时，使用普通的 8 毫米高的勋表，绶带宽为 24 毫米。一级奖章的绶带中间有 1 毫米宽的黄条，二级奖章的绶带中间是 1 毫米宽的灰条。

2.“勇敢”奖章（медаль《За отвагу》）(1992 年 3 月 2 日)

(1)“勇敢”奖章章程

“勇敢”奖章授予军人以及内政机关工作人员和俄罗斯联邦的其他公民，以表彰在保护俄罗斯联邦及其国家利益的战斗中，在完成保障俄罗斯联邦国家安全的特殊任务时，在冒生命危险执行军人、公务和民事职责，以及保护公民的宪法权利时作出的英勇行为和表现出的勇敢精神。

“勇敢”奖章佩戴于左胸，在佩戴其他俄罗斯联邦奖章时置于“祖国功勋”奖章之后。

（2）“勇敢”奖章说明

“勇敢”奖章为银质、直径42毫米、两面有凸边的圆形。奖章正面上方是三架的飞机图样。飞机下面是列成两行的奖章名称，名称下面是坦克图样。奖章上的所有图样都是立体凸起的。题字被镶以红色珐琅。背面是奖章号码。（图6—78）

图6—78

奖章以耳座和小环与五角形板条相连接，板条被边缘带两条蓝边的灰色丝织波纹绸绶带包裹。绶带宽24毫米，蓝条宽2毫米。

3. “俄罗斯自由卫士”奖章（медаль《Защитнику свободной России》）（1991年8月21日）

（1）“俄罗斯自由卫士”奖章章程

①“俄罗斯自由卫士”奖章由俄罗斯联邦总统授予。

②“俄罗斯自由卫士”奖章授予俄罗斯联邦公民、外国公民和无国籍人士，以表彰其在1991年8月19—21日未遂国家政变期间保护宪法体制时表现出的英勇精神；在实行民主改革、经济和政治改革，以及巩固俄罗斯国体时所作出的功绩；在解决民族问题时作出的贡献。

③“俄罗斯自由卫士”奖章的申请和授予按俄罗斯联邦关于国家奖励制度的现行法律所规定的程序进行。

④“俄罗斯自由卫士”奖章佩戴于左胸，在佩戴勋章和奖章时置于“伟大卫国战争中忘我劳动”奖章之后。

（2）“俄罗斯自由卫士”奖章说明

“俄罗斯自由卫士”奖章为直径34毫米、边缘有镶边的圆形。奖章由铜锌合金制成，呈银白色。奖章正面中心为一个等边十字。十字上有击败恶蛇的圣乔治图像和凸起的题字“1991年8月21日”。十字周围的光滑处是月桂枝和橡树枝图样。奖章背面在波纹状背景下印有俄罗斯苏维埃办公大楼和标志性的街垒图样。下方凸起的题字“俄罗斯自由卫士”以三行排列。（图6—79）

图6—79

奖章以耳座和小环与五角形板条相连接，板条以丝织波纹绸绶带包裹。绶带宽24毫米，一半为蓝色，另一半为“乔治带”。奖章有编号。

4.“勇救遇难者”奖章（медаль《За спасение погибавших》）（1994年3月2日）

（1）“勇救遇难者”奖章章程

“勇救遇难者”奖章授予在自然灾害、在水中、在地下、在灭火时以及其他情况下勇于救人的公民。

“勇救遇难者”奖章佩戴于左胸，在佩戴俄罗斯联邦其他奖章时置于“勇敢”奖章之后。

（2）“勇救遇难者”奖章说明

“勇救遇难者”奖章为银质、两面边缘有凸边、直径32毫米的圆形。奖章正面是凸起的“英勇”勋章的图样。背面左侧是由棕榈、月桂和橡树枝编成的半圆花环。右侧是凸起的题字“勇救遇难者”和奖章编号。（图6—80）

图6—80

奖章以耳座和小环与五角形板条相连接，板条被边缘带红条的白色丝织波纹绸绶带包裹。绶带宽24毫米，红条宽2毫米。

5. 苏沃洛夫奖章（медаль Суворова）（1994年3月2日）

（1）苏沃洛夫奖章章程

苏沃洛夫奖章授予在陆上战斗行动中保卫祖国和俄罗斯联邦国家利益，在承担战斗勤务时、在操练和演习时、在执行保卫俄罗斯联邦国境任务时表现出个人英勇和勇敢，在战斗操练和野外训练时取得优异指标的军人。

苏沃洛夫奖章佩戴于左胸，在佩戴俄罗斯联邦其他奖章时置于“勇救遇难者”奖章之后。

（2）苏沃洛夫奖章说明

苏沃洛夫奖章为银质、两面带有凸边、直径32毫米的圆形。奖章正面是浮雕式的苏沃洛夫朝左侧面胸像。紧贴着左、右边缘印有凸起的“亚历山大·苏沃洛夫”字样。下面是凸起的月桂枝图样。背面中间是浮雕式的相互交叉的长剑和军刀图样，其下是奖章号码。（图6—81）

图6—81

奖章以耳座和小环与五角形板条相连接，板条以边缘带绿条的红色丝织波纹绸绶带包裹。绶带宽 24 毫米，绿条宽 3 毫米。

6. 乌沙科夫奖章（медаль Ушакова）（1994 年 3 月 2 日）

（1）乌沙科夫奖章章程

乌沙科夫奖章授予俄罗斯联邦海军和边防军海上部队的军人，以表彰其在海上战场保护俄罗斯联邦国家利益时，在保护国家海上边境时，在俄罗斯联邦舰队、海军和边防军部队完成战斗任务时，在承担战斗勤务时，在操练和演习时，在冒生命危险执行军人职责时所表现出来的个人英勇和勇敢，以及在战斗操练和海上训练时取得的优异指标。

乌沙科夫奖章佩戴于左胸，在佩戴其他俄罗斯联邦奖章时置于苏沃洛夫奖章之后。

（2）乌沙科夫奖章说明

图 6—82

乌沙科夫奖章为银质、两面有凸边、直径 36 毫米的圆形。其中央是浮雕式乌沙科夫胸像。胸像周围有一圈凸起的圆点镶边。沿着胸像周围上方是凸起的“阿德米拉尔·乌沙科夫”字样。胸像镶边下方是两束被相互交叉的缘带相连接的月桂枝。环形奖章与镀上的锚相连，背面是奖章号码。（图 6—82）

奖章以耳座和小环与五角形板条相连接。板条被边缘带有白色和深蓝色镶边的蓝色丝织波纹绸绶带包裹。绶带宽 24 毫米，白条宽 2 毫米，深蓝条宽 1.5 毫米。由锚和锚链将绶带上方板条最上方两角和奖章的耳座固定。

7. 涅斯捷洛夫奖章（медаль Нестерова）（1994 年 3 月 2 日）

（1）涅斯捷洛夫奖章章程

涅斯捷洛夫奖章授予俄罗斯联邦空军、武装力量各类航空兵、边防和内卫部队各兵种军人以及民航和航空工业的飞行人员，以表彰其在保卫俄罗斯联邦国家安全、在承担战斗勤务时、在操练和演习时所表现出的个人英勇和勇敢；在开发、运营和维护航空技术时建立的特殊功绩和高超的职业领航技能以及在战斗操练和空中训练时取得的优异指标。

图 6—83

（2）涅斯捷洛夫奖章说明

涅斯捷洛夫奖章为银质、两面有凸边、直径 32 毫米的圆形。奖章正面是浮雕式着制服上衣和制帽的涅斯捷洛夫军装胸像。奖章上方是凸起的“彼得·涅斯捷洛夫”题字，下方是月桂枝花环。奖章背面上方是凸起的俄罗斯军人飞行员的标志——带有宝剑、螺旋桨和点燃手榴弹的双头鹰，下方是奖章号码。（图 6—83）

奖章以耳座和小环与五角形板条相连接。板条被天蓝色边缘带黄条的丝质波纹绸绶带包裹。绶带宽 24 毫米，黄条宽 3 毫米。

8. "保卫国家边境有功"奖章（медаль《За отличие в охране государственной границы》）（1994 年 3 月 2 日）

（1）"保卫国家边境有功"奖章章程

"保卫国家边境有功"奖章授予俄罗斯联邦边防军人以及其他军人和公民。

授予"保卫国家边境有功"奖章以表彰：在保卫俄罗斯联邦国家边境时建立的战功和特殊功勋；在阻截破坏俄罗斯联邦国境者的战斗行动中所表现出来的勇气和自我牺牲精神；在保卫俄罗斯联邦国境不容侵犯时巧妙地领导边防执勤战争行动；因高度的警惕性和主动行动而阻截破坏俄罗斯联邦国境者；在巩固俄罗斯联邦国家边境时善于组织边境勤务和模范的工作；在保卫俄罗斯联邦国家边境时圆满执行任务；在边防军执行保卫俄罗斯联邦国家边境工作时积极提供援助。

"保卫国家边境有功"奖章佩戴于左胸，在佩戴俄罗斯联邦其他奖章时置于涅斯捷洛夫奖章之后。

（2）"保卫国家边境有功"奖章说明

"保卫国家边境有功"奖章为银质、两面有凸边、直径为 32 毫米的圆形。奖章正面在国境界标背景下是相互交叉的军刀和步枪图样。其周围是一半由橡树枝一半由月桂枝织成的花环。背面是凸起的"保卫国家边境有功"题字和奖章号码。

奖章以耳座和小环与五角形板条相连接。板条被边缘带红条的绿色丝织波纹绸绶带包裹。绶带宽 24 毫米，红条宽 3 毫米。（图 6—84）

图 6—84

9. "维护社会秩序有功"奖章（медаль《За отличие в охране общественного порядка》）（1994 年 3 月 2 日）

（1）"维护社会秩序有功"奖章章程

"维护社会秩序有功"奖章授予内务机关工作人员、内卫部队军人和其他军人，以表彰其在维护社会秩序和与犯罪行为的斗争中所表现出的勇敢和无畏精神，在执行勤务活动中的达到的高指标和在服役期间的其他功绩，也授予在内务机关维护社会秩序时给予合作的其他公民。

“维护社会秩序有功”奖章佩戴于左胸，在佩戴其他俄罗斯联邦奖章时置于“保卫国家边境有功”奖章之后。

（2）“维护社会秩序有功”奖章说明

“维护社会秩序有功”奖章为银质、两面有凸边、直径 32 毫米的圆形。正面中央是由“维护社会秩序有功”字样组成的五行题字。由月桂枝和橡树枝缠绕成带状的花环将题字包围。花环的下方是盾牌图样。正面所有字图均为立体凸起状。奖章背面是奖章号码。

图 6—85

奖章以耳座和小环与五角形板条相连接。板条被中间带两条红色窄条边缘带两条红色宽条的蓝色丝织波纹绸绶带包裹。绶带宽 24 毫米，红色窄条宽 1 毫米，宽条宽 5 毫米。（图 6—85）

10. **朱可夫奖章**（медаль Жукова）（1994 年 3 月 2 日）

（1）朱可夫奖章章程

①朱可夫奖章授予红军、海军、内务人民委员会部队的军人和非军职人员、游击队员、地下工作者，以表彰其在同德国法西斯侵略者、日本军国主义者的战斗行动中所表现出的勇敢、坚决和英勇。该奖章用以纪念朱可夫诞辰 100 周年。

奖励的根据是能够证明直接参加 1941—1945 年卫国战争时的作战部队或者对日战斗行动的文件。

②授予朱可夫奖章要根据俄罗斯联邦总统命令进行。

③朱可夫奖章以俄罗斯联邦总统名义并由俄罗斯联邦总统委托，由俄罗斯联邦主体的国家政权机关领导人，区、市的行政首脑、军事委员和军事首长授予。

④荣获朱可夫勋章者不再被授予朱可夫奖章。

⑤朱可夫奖章佩戴于左胸，并置于“伟大的 1941—1945 年卫国战争胜利 50 周年”纪念章之后。

（2）朱可夫奖章说明

朱可夫奖章为直径 32 毫米的圆形，由黄铜制成。奖章正面是朱可夫的浮雕式胸像。上方是凸起的题字“格奥尔基·朱可夫”，下方是凸起的月桂枝和橡树枝图样。奖章背面中心是凸起的数字“1896—1996”。下面是凸起的月桂枝和橡树枝图样。奖章边缘有镶边。

图 6—86

奖章以耳座和小环与五角形板条相连接。板条被丝织波纹绸绶带包裹。绶带宽 24 毫米。绶带左半边为红色。右半边有五条纵向等宽相互交替条纹：三条黑色，两条橙色，边缘是 1 毫米宽的橙色镶边。奖章没有编号。（图 6—86）

11. “伟大的 1941—1945 年卫国战争胜利 50 周年”纪念章（юбилейная медаль《50 лет Победы в Великой Отечественной войне 1941－1945 гг.》）（1993 年 7 月 7 日）

（1）“伟大的 1941—1945 年卫国战争胜利 50 周年”纪念章章程

“伟大的 1941—1945 年卫国战争胜利 50 周年”纪念章授予：

在苏联武装力量行列中参加过卫国战争前线战斗的军人和非军职人员，卫国战争中的游击队员、地下工作者，卫国战争期间在苏联武装力量行列中服役的军人和非军职人员，曾荣获“1941—1915 年伟大卫国战争战胜德国”奖章、“战胜日本”奖章者，以及拥有“1941—1915 年伟大卫国战争战胜德国”奖章证明或卫国战争参加者证明者。

在卫国战争年代因忘我劳动荣获苏联勋章、“1941—1945 年伟大卫国战争中忘我劳动”奖章、“劳动英勇”奖章、“劳动优秀”奖章、“保卫列宁格勒”奖章、“保卫莫斯科”奖章、“保卫敖德萨”奖章、“保卫塞瓦斯托波尔”奖章、“保卫斯大林格勒”奖章、“保卫基辅”奖章、“保卫高加索”奖章、“保卫苏联北极地区”奖章的后方劳动者以及拥有“被封锁的列宁格勒居民”证章或“1941—1945 年伟大卫国战争中忘我劳动”奖章证明者。

第二次世界大战期间集中营、犹太人居住区和其他由法西斯分子及其同盟建立的强制地区的未成年被关押者。

1941 年 6 月 22 日至 1945 年 5 月 9 日期间，除在临时敌占区工作时间外，工作不少于 6 个月的公民。

授予“伟大的 1941—1945 年卫国战争胜利 50 周年”纪念章要以俄罗斯联邦总统名义进行：离开苏联武装力量和俄罗斯联邦武装力量的人员由

居住地的军事委员会授予；离开苏联和俄罗斯联邦内卫部队和内政机关及苏联和俄罗斯联邦国家安全部队和机关的人员由居住地军事委员会或者相应的政府部门授予；后方劳动者、曾经的游击队员和地下工作者由当地政府授予。

“伟大的1941—1945年卫国战争胜利50周年”纪念章佩戴于左胸，置于“伟大的1941—1945年卫国战争胜利40周年”纪念章之后。

（2）“伟大的1941—1945年卫国战争胜利50周年”纪念章说明

“伟大的1941—1945年卫国战争胜利50周年”纪念章为直径32毫米的圆形，边缘有镶边，由铜锌合金制成。奖章正面是带有斯巴斯克塔楼的克里姆林宫城墙，垛上祈祷教堂和节日礼花图样。奖章下方是卫国战争勋章图样和“1941—1945”的数字，周围是月桂枝。奖章背面中间是“伟大的1941—1945年卫国战争胜利50周年”的题字。下方周围是月桂枝半花环。奖章上的所有题字和图样都呈凸起状。（图6—87）

图6—87

奖章以耳座和小环与五角形板条相连接，板条被宽24毫米的红色丝织波纹绸绶带包裹。绶带左侧边缘为5条2毫米宽的三黑两橙条纹，最边缘的黑条有1毫米宽的橙色条纹镶边。

12. “伟大的1941—1945年卫国战争胜利60周年”纪念章（юбилейная медаль《60 лет Победы в Великой Отечественной войне 1941—1945》）（2004年2月28日）

（1）“伟大的1941—1945年卫国战争胜利60周年”纪念章章程

“伟大的1941—1945年卫国战争胜利60周年”纪念章授予在苏联武装力量行列中参加过卫国战争前线战斗的军人和非军职人员，卫国战争中的游击队员和卫国战争中在临时被占领的苏联领土内从事地下组织工作的成员，卫国战争期间在苏联武装力量服役的军人和非军职人员，曾荣获“1941—1945年伟大卫国战争战胜德国”奖章、“战胜日本”奖章者，以及拥有“1941—1945年伟大卫国战争战胜德国”奖章证明或卫国战争参加者证明者。

在卫国战争年代因忘我劳动荣获苏联勋章、“1941—1945年伟大卫国战争中忘我劳动”奖章、“劳动英勇”奖章、“劳动优秀”奖章、“保卫列宁格勒”奖章、“保卫莫斯科”奖章、“保卫敖德萨”奖章、“保卫塞瓦斯托波尔”奖章、“保卫斯大林格勒”奖章、“保卫基辅”奖章、“保卫高加索”奖章、“保卫苏联北极地区”奖章的后方劳动者以及拥有“被封锁的列宁格勒居民”证章或“1941—1945年伟大卫国战争中忘我劳动”奖章证明者。

第二次世界大战期间集中营、犹太人居住区和其他由法西斯分子及其同盟建立的强制地区的未成年被关押者。

1941年6月22日至1945年5月9日期间，除在临时敌占区工作时间外，工作不少于6个月的公民。

在苏联武装力量行列中的民兵组织、游击队、地下组织、其他反法西斯部队作过战、为卫国战争胜利作出巨大贡献并且荣获过苏联或俄罗斯联邦国家奖励的未加入独联体的外国公民。

“伟大的1941—1945年卫国战争胜利60周年”纪念章佩戴于左胸并置于朱可夫奖章之后。

（2）“伟大的1941—1945年卫国战争胜利60周年”纪念章说明

图 6—88

“伟大的1941—1945年卫国战争胜利60周年”纪念章为直径32毫米的圆形，由铜锌合金制成。奖章正面上方是“胜利”勋章的图案，下方是数字“1945—2005”。奖章背面中心是“伟大的1941—1945年卫国战争胜利60周年”的题字，周围是月桂枝。奖章边缘有镶边。奖章上所有的图案、题字和数字都是立体凸起的。奖章借助于耳座和小环与五角形板条相连接。板条被24毫米宽的红色丝织波纹绸绶带包裹。紧贴绶带边缘有五条1毫米宽的条纹：分别为三条黑色和两条橙色。最边上的黑色条纹被0.5毫米宽的橙色条纹镶边。（图6—88）

13. “俄罗斯海军建军300周年”纪念奖章（юбилейная медаль《300 лет Российскому Флоту》）（1996年2月10日）

（1）“俄罗斯海军建军300周年”纪念奖章章程

“俄罗斯海军建军300周年”纪念奖章授予：

曾荣获俄罗斯联邦、俄罗斯苏维埃联邦社会主义共和国、苏联的国家奖励，且在授予命令生效之日在舰上和担任海军航空部队飞行人员职务圆满服役10年，在其他的海军部队圆满服役20年或以上的俄罗斯联邦海军、边防局海上力量的军人。

曾荣获俄罗斯联邦、俄罗斯苏维埃联邦社会主义共和国、苏联的国家奖励，且在海军、俄罗斯联邦边防局海军、苏联国家安全委员会边防部队海上部队中在舰上或者担任海军航空部队飞行人员职务圆满服役 10 年，在其他的海军部队圆满服役 20 年或以上的从俄罗斯联邦武装力量、苏联武装力量、俄罗斯联邦联防局、苏联国家安全委员会边防部队离开转入预备役（退休）的将军、军官、准尉、军士和水兵。

曾荣获俄罗斯联邦、俄罗斯苏维埃联邦社会主义共和国、苏联的国家奖励，且在授予命令生效之日在船上圆满工作 15 年或以上的海军船舶保障人员，海上、内河、捕鱼、科研和勘察舰的舰勤人员和科研成员。

曾荣获俄罗斯联邦、俄罗斯苏维埃联邦社会主义共和国、苏联的国家奖励，且在授予命令生效之日在相关专业或职业圆满工作 20 年或以上的方案设计局、科研机构、教育机构的设计师、研制人员、领导，船舶制造业核心管理机关领导，直接从事船舰制造和维修等主要职业的工作人员。

曾荣获俄罗斯联邦、俄罗斯苏维埃联邦社会主义共和国、苏联的国家奖励，且在授予命令生效之日在相关领域工作 20 年或以上的核心水域管理机关领导，海上、内河、捕鱼、科研和勘察舰的科研所、教育机构领导。

“俄罗斯海军建军 300 周年”纪念奖章佩戴于左胸并置于朱可夫奖章之后。

（2）“俄罗斯海军建军 300 周年”纪念奖章说明

图 6—89

“俄罗斯海军建军 300 周年”纪念奖章由铜锌合金和镀银制成，为两面有凸边、直径 32 毫米的圆形。奖章正面是以左侧海军部为背景的彼得一世浮雕式肖像。距上方边缘处是凸起的“俄罗斯舰队成立 300 周年”题字。奖章背面上方是凸起的数字“1696—1996”，下方是以月桂枝和橡树枝为背景的十字交叉的锚的图样。奖章没有编号。（图 6—89）

奖章以耳座和小环与五角形板条相连接。板条被带有两条蓝条的白色丝织波纹绸绶带包裹。蓝条宽 7 毫米，距绶带边缘 1 毫米。绶带宽 24

毫米。

14.“纪念莫斯科建城 850 周年”奖章（медаль《В память 850 - летия Москвы》）（1997 年 2 月 26 日）

（1）“纪念莫斯科建城 850 周年”奖章章程

①“纪念莫斯科建城 850 周年”奖章授予：被授予“保卫莫斯科”奖章的保卫莫斯科的参与者；曾于 1941—1945 年伟大卫国战争期间在莫斯科工作过并被授予国家奖励的后方劳动者；被授予“纪念莫斯科建城 800 周年”奖章的公民；为莫斯科发展作出重大贡献的公民。

②“纪念莫斯科建城 850 周年”奖章佩戴于左胸，在佩戴其他俄罗斯联邦奖章时置于“俄罗斯海军建军 300 周年”奖章之后。

（2）“纪念莫斯科建城 850 周年”奖章说明

“纪念莫斯科建城 850 周年”奖章由黄铜制成，为直径 32 毫米的圆形。奖章正面是所向无敌的圣乔治骑马以矛屠蛇的图案。边缘左方是“莫斯科 850 年”的题字。（图 6—90）

图 6—90

奖章背面周围是月桂枝，中心是数字“1147—1997”。奖章上的所有图案和数字均为立体凸起。奖章以耳座和小环与五角形板条相连接。板条被 24 毫米宽的丝织波纹绸绶带包裹。绶带为深红色，紧贴绶带右边距边缘 1 毫米处有三条白、蓝和红色条纹，每条条纹宽 2 毫米。

15. 普希金奖章（медаль Пушкина）（1999 年 5 月 9 日）

（1）普希金奖章章程

普希金奖章授予公民以表彰其在文化、教育、人文科学、文学和艺术领域的功绩；在研究和保护文化遗产方面，在促进和相互丰富民族文化方面的重大贡献。普希金奖章佩戴于左胸并置于“纪念莫斯科建城 850 周年”奖章之后。

（2）普希金奖章说明

图 6—91

普希金奖章为银质、两面带凸边、直径为 32 毫米的圆形。奖章正面是普希金的朝左侧面自画像。奖章背面中心是普希金的题字，其下是奖章编号。奖章以耳座和小环与五角形板条相连接。板条由天蓝色带金色纵条的丝织波纹绸绶带包裹。绶带宽 24 毫米，条纹宽 2.5 毫米。金色纵条距绶带右侧边缘距离为 5 毫米。（图 6—91）

16. “西伯利亚大铁路 100 周年”纪念奖章（юбилейная медаль《100 лет Транссибирской магистрали》）（2001 年 6 月 27 日）

（1）“西伯利亚大铁路 100 周年”纪念奖章章程

“西伯利亚大铁路 100 周年”纪念奖章授予在本领域圆满工作 20 年或以上的铁路交通工作者，以及为发展西伯利亚大铁路作出重大贡献的其他公民。

图 6—92

“西伯利亚大铁路 100 周年”纪念奖章佩戴于左胸并置于普希金奖章之后。

（2）“西伯利亚大铁路 100 周年”纪念奖章奖章说明

“西伯利亚大铁路 100 周年”纪念奖章为银色、由德银制成的直径 32 毫米、两面带凸边的圆形。

奖章正面是向右运行着的带有铁路列车的火车头图案。上方中心处是西伯利亚的古老标志（两只由王冠支撑的紫貂，弓和箭）。奖章四周是“西伯利亚大铁路 100 周年”的题字。（图 6—92）

奖章背面中心是数字“1901”和“2001”，数字之间是相互交叉的锤子和扳手的图案。奖章上的所有图案和数字都是立体凸起的。奖章以耳座和小环与五角形板条相连接。板条由等宽的绿色、黑色和银色纵条组成的丝织波纹绸绶带包裹。绶带宽 24 毫米。

图 6—93

17. “人口普查有功”奖章（медаль《За заслуги в проведении Всероссийской переписи населения》）（2002 年 10 月 14 日）

（1）“人口普查有功”奖章章程

“人口普查有功”奖章授予为筹备和实施全俄人口普查作出重大贡献的公民。奖章佩戴于左胸并置于“西伯利亚大铁路 100 周年”纪念奖章之后。

（2）“人口普查有功”奖章说明

“人口普查有功”奖章由黄铜制成，为直径 32 毫米、两面带凸边的圆

形。奖章正面是由月桂枝镶边的俄罗斯联邦国徽图案。紧贴奖章边缘是凸起的“全俄人口普查”字样的题字。（图 6—93）

奖章背面是“奖励开展全俄人口普查的功绩”的凸起的题字。题字下方是数字“2002”。奖章借助耳座和小环与五角形板条相连接。板条被与俄罗斯联邦国旗色彩相同的三色丝织波纹绸绶带包裹。绶带宽 24 毫米。

18.“纪念圣彼得堡建城 300 周年”奖章（медаль《В память 300 - летия Санкт-Петербурга》）（2003 年 2 月 19 日）

（1）“纪念圣彼得堡建城 300 周年”奖章章程

“纪念圣彼得堡建城 300 周年”奖章授予：被授予“保卫列宁格勒”奖章的保卫列宁格勒的参与者；被授予“被封锁的列宁格勒”证章的公民；曾于 1941—1945 年伟大卫国战争期间在列宁格勒工作过并被授予国家奖励的后方劳动者；被授予“纪念列宁格勒建城 250 周年”奖章的公民；为列宁格勒市发展作出重大贡献的公民。

（2）“纪念圣彼得堡建城 300 周年”奖章说明

“纪念圣彼得堡建城 300 周年”奖章由黄铜制成，为直径 32 毫米的圆形。奖章正面是加冕月桂花环的彼得大帝的立体肖像图案。奖章周围是“纪念圣彼得堡建城 300 周年”的题字。奖章背面是垂直放置的帝王权杖，权杖置于两把相互交叉的锚上。奖章边缘是数字“1703”和“2003”。奖章上的所有图案和数字均为立体凸起的。（图 6—94）

图 6—94

19.“农业成果”奖章（медаль《За труды по сельскому хозяйству》）（2004 年 3 月 10 日）

（1）“农业成果”奖章章程

“农业成果”奖章授予在农业领域作出功绩和为发展农工综合体、培养干部、旨在提高农业生产效能的科学和其他活动作出重大贡献的公民。“农业成果”奖章佩戴于左胸并置于“纪念列宁格勒建城 300 周年”奖章之后。

（2）“农业成果”奖章说明

“农业成果”奖章由银和镀金制成，为直径 32 毫米、两面带凸边的圆形。

奖章正面是镶有绿珐琅的直角等边边端渐宽的十字。十字边端有凸起的窄边。十字中心是立体的俄罗斯联邦国徽图案。国徽周围是由麦穗编成的花环镶边。奖章背面是凸起的题字“农业成果”。题字下方是奖章编号。奖章借助于耳座和小环与五角形板条相连接。板条被绿色距边缘1.5毫米处有黄色条纹的丝织波纹绸绶带包裹。绶带宽24毫米，条纹宽1.5毫米。（图6—95）

图 6—95

20. “纪念喀山建城1000周年”奖章（медаль《В память 1000－летия Казани》）（2005年6月30日）

（1）“纪念喀山建城1000周年”奖章章程

①“纪念喀山建城1000周年”奖章授予：参加于1941—1945年伟大卫国战争的喀山市居民，曾在1941—1945年伟大卫国战争期间工作不少于6个月或者因在1941—1945年伟大卫国战争中忘我劳动而被授予苏联勋章或奖章的后方劳动者、退休劳动者、为发展喀山市作出重大贡献的公民。

②“纪念喀山建城1000周年”奖章佩戴于左胸，且置于“农业成果”奖章之后。

（2）“纪念喀山建城1000周年”奖章说明

“纪念喀山建城1000周年”奖章由黄铜制成，为直径32毫米、两面有凸边的圆形。（图6—96）

奖章正面是国家历史—建筑和艺术博物馆综合体——“喀山克里姆林宫”文物保护区的图案。奖章周围是“纪念喀山建城1000周年”的题字。

图 6—96

奖章背面中心是喀山市徽，下方沿着奖章周围是数字“1005”和“2005”。围绕奖章边缘，在市徽左侧是月桂枝，右侧是橡树枝图案。奖章上的所有图案和数字均呈立体凸起状。

奖章借助耳座和小环与五角形板条相连接。板条由丝织波纹绸绶带包裹。绶带宽24毫米，由三种颜色的条纹组成：左边为绿色，右边为红色，每个条纹宽10毫米。中间为4毫米宽的白色条纹。

21.“发展铁路”奖章（медаль《За развитие железных дорог》）（2007 年 7 月 9 日）

（1）“发展铁路”奖章章程

“发展铁路”奖章授予为在俄罗斯联邦发展铁路运输建立功绩、为培养干部，以及在旨在提高铁路工作效能的其他活动中作出重大贡献的公民。

“发展铁路”奖章佩戴于左胸，并置于“纪念喀山建城 1000 周年”奖章之后。

（2）“发展铁路”奖章说明

“发展铁路”奖章为银质、直径 32 毫米、两面有凸边的圆形。奖章正面是俄罗斯第一台蒸汽机车和电汽机车的图案。（图 6—97）

奖章背面是“发展铁路”的题字，其下是奖章编号。奖章上的所有图案均呈立体凸起状。

奖章借助耳座和小环与五角形板条相连接。板条由绿色边缘带银色和黑色纵条的丝织波纹绸绶带包裹。绶带宽 24 毫米，纵条宽 2 毫米。

图 6—97

（五）俄罗斯联邦奖励体系过渡时期奖励

1992—1994 年间俄罗斯奖励体系过渡时期，俄罗斯联邦最高苏维埃主席团于 1992 年 3 月 2 日发布了第 2424—1 号《关于俄罗斯联邦国家奖励》的命令，恢复了部分苏联时期的勋章、奖章，后来这些勋章和奖章作为各种俄罗斯部门级奖励被采用。以下对这部分勋章和奖章进行介绍。

另外，这里所给出的是苏联时期的该奖励的图案。在俄罗斯，它们的外形与苏联时期基本相同，只是有一些细微差别。“苏联”的题字被改为“俄罗斯”，且苏联国徽被改为俄罗斯苏维埃联邦社会主义共和国或者是俄罗斯联邦国徽。

1. 俄罗斯联邦各族人民友谊勋章（орден Дружбы народов）

该勋章一直存在到 1994 年 3 月 2 日，根据俄罗斯联邦总统令被替换为友谊勋章。该勋章共被授予 1212 枚，其中 40 枚勋章被授予了来自 13 个国家的外国公民（不包括独联体国家）。（图 6—98）

图 6—98

2. “个人英勇”勋章（орден《За личное мужество》）

“个人英勇”勋章为全民勋章，授予在救人、维持社会秩序和社会主义财产，在同犯罪行为、自然灾害的斗争中以及在其他紧急情况下表现英勇的公民。1995 年该勋章被英勇勋章取代。（图 6—99）

3. 纳希莫夫奖章（медаль Нахимова）

纳希莫夫奖章为军人奖章，用以表彰在保卫祖国和俄罗斯联邦国家利益过程中在海域上的军事行动中、在保卫俄罗斯联邦国家边境时、在舰队、海军部队和俄罗斯联邦边防局海洋保卫机关完成战斗任务时、在演习时所表现出的巧妙、主动、勇敢的行动，表彰在履行军人义务时的忘我牺牲精神，或在伴有生命威胁条件下服役过程中的其他功绩，以及在战斗素养和海上训练的优秀指标。该奖章于 1994 年被废止。（图 6—100）

4. “服役优秀和英勇”奖章（медаль《За отличие и доблесть в воинской службе》）

“服役优秀和英勇”奖章为军人奖章，奖励在战斗和政治素养中的优异指标；在演习中，在执行战斗勤务时的特殊功绩；在服役期间表现出的勇敢、忘我精神和其他功绩。（图 6—101）

图 6—99

图 6—100

图 6—101

5. “抢救溺水者”奖章（медаль《За спасение утопающих》）

“抢救溺水者”奖章为全民奖章，用于表彰在水中救人时表现出的英勇和奋不顾身的精神；以高度的警惕性和机智及时防止水下不幸事故的发生以及模范组织水中救护工作。（图 6—102）

6. “救火勇敢”奖章（медаль《За отвагу на пожаре》）

“救火勇敢”奖章为全民奖励，用于表彰在扑灭火灾，火中抢救人员、社会主义财产和公民财产中表现出的勇敢、无畏和奋不顾身精神，以及及时防止火灾和爆炸的发生的行为。（图 6—103）

图 6—102

图 6—103

（六）俄罗斯联邦荣誉称号

俄罗斯联邦 1992 年 3 月 20 日第 2555—Ⅰ号补充法案确立了“俄罗斯联邦宇航员”荣誉称号、“俄罗斯联邦功勋军事飞行员”荣誉称号和“俄罗斯联邦功勋军事领航员”荣誉称号。

根据 1995 年 12 月 30 日俄罗斯联邦总统第 1341 号《关于确立俄罗斯联邦荣誉称号，批准关于俄罗斯联邦荣誉称号章程及对荣誉称号胸章的说明》的命令，在俄罗斯联邦又设立了各种荣誉称号。直到设立俄罗斯联邦荣誉称号的 1995 年第 1341 号命令通过之前，在俄罗斯发生效力的是关于《设立俄罗斯苏维埃联邦社会主义共和国荣誉称号》的法令。自国家名称由“俄罗斯苏维埃联邦社会主义共和国”改为“俄罗斯联邦”后，所有的带有“俄罗斯苏维埃联邦社会主义共和国”字样的荣誉称号名称都被“俄罗斯联邦”替代。

俄罗斯联邦荣誉称号获得者获颁荣誉称号胸章和证书。1341 号总统令中的荣誉称号胸章具有统一式样，均为银质，高 40 毫米，宽 30 毫米，呈椭圆花环状。花环由月桂枝和橡树枝编成，以花结将相互交叉的枝条底端束住。在花环上方是俄罗斯联邦国徽。正面中间花环上镀有带有俄罗斯联邦荣誉称号名称题词的卷边花饰。胸章背面有用于与衣服固定的别针。（图6—104）

图 6—104

为了表彰公民高超的职业技能和长期的勤恳劳动，俄罗斯联邦共设立了以下50余种荣誉称号，覆盖了工业、农业、林业、渔业、经济、科学、军事、文化、艺术、教育、体育、法律、医学、航空等领域，是对各行业长期工作并取得成绩人员的奖励。这些荣誉称号分别是："俄罗斯联邦人民演员"、"俄罗斯联邦人民艺术家"、"俄罗斯联邦功勋农艺师"、"俄罗斯联邦功勋演员"、"俄罗斯联邦功勋建筑师"、"俄罗斯联邦功勋兽医师"、"俄罗斯联邦功勋军事专家"、"俄罗斯联邦功勋医生"、"俄罗斯联邦功勋地质学家"、"俄罗斯联邦功勋艺术活动家"、"俄罗斯联邦功勋科学活动家"、"俄罗斯联邦功勋工地规划师"、"俄罗斯联邦功勋畜牧学家"、"俄罗斯联邦功勋发明家"、"俄罗斯联邦功勋设计师"、"俄罗斯联邦功勋林学家"、"俄罗斯联邦功勋试飞员"、"俄罗斯联邦功勋生产培训能手"、"俄罗斯联邦功勋土壤改良家"、"俄罗斯联邦功勋冶金学家"、"俄罗斯联邦功勋气象学家"、"俄罗斯联邦功勋度量衡学家"、"俄罗斯联邦功勋农业机械师"、"俄罗斯联邦功勋飞行员"、"俄罗斯联邦功勋居民生活服务人员"、"俄罗斯联邦功勋土地勘测和绘图工作者"、"俄罗斯联邦功勋住房公共事业服务工作者"、"俄罗斯联邦功勋保健工作者"、"俄罗斯联邦功勋文化工作者"、"俄罗斯联邦功勋森林工业工作者"、"俄罗斯联邦功勋石油和天然气工业工作者"、"俄罗斯联邦功勋食品工业工作者"、"俄罗斯联邦功勋渔业工作者"、"俄罗斯联邦功勋通讯工作者"、"俄罗斯联邦功勋农业工作者"、"俄罗斯联邦功勋居民社会保障工作者"、"俄罗斯联邦功勋纺织和轻工业工作者"、"俄罗斯联邦功勋商贸工作者"、"俄罗斯联邦功勋运输工作者"、"俄罗斯联邦功勋体育工作者"、"俄罗斯联邦功勋生产合理化建议者"、"俄罗斯联邦功勋救援者"、"俄罗斯联邦功勋建设者”、“俄罗斯联邦功勋教师”、“俄罗斯联邦功勋艺术家”、“俄罗斯联邦功勋矿工”、“俄罗斯联邦功勋领航员”、“俄罗斯联邦功勋试飞领航员”、“俄罗斯联邦功勋生态学家”、“俄罗斯联邦功勋经济学家”、“俄罗斯联邦功勋动力工程学家”、“俄罗斯联邦功勋法学家”。

（七）俄罗斯联邦勋章、奖章的佩戴情况

俄罗斯联邦的勋章、奖章、徽章和其证明书都带有编号。周年纪念奖章和荣誉称号胸章没有编号。

佩戴勋（奖）章、证章、荣誉称号奖章时，要按照以下顺序：俄罗斯联邦国家勋（奖）章、苏联国家勋（奖）章、外国勋（奖）章。

通常将勋（奖）章固定在一种五边形金属板条的朝下一角上。金属板条高 50 毫米，最上端一边的长度为 26 毫米，两条侧边长度均为 39 毫米，最下方两条边长度均为 26 毫米。

如果勋章法规没有规定其他的佩戴规则，通常将有金属板条的勋（奖）章佩戴于左前胸，将没有金属板条的勋章佩戴于右前胸，荣誉称号胸章佩戴于右前胸并置于勋章之下。

佩戴多枚配有五边形金属板条的勋（奖）章时，板条上边要齐平，并相互紧贴，形成不间断的一条直线。右侧金属板条依次压住左侧金属板条的一角。

勋章获得者可以佩戴勋章绶带和勋表。一般的勋章和奖章的绶带宽度为 24 毫米，勋表高 8 毫米。勋表是一种矩形金属薄片，表面略微隆起，由相应的勋章和奖章绶带包裹。但三种最高级别的勋章：圣安德烈勋章、“祖国功勋”勋章和圣乔治勋章的勋表设计和佩戴要求有所不同。第一，这些勋章勋表的佩戴要高于其他的勋章绶带；第二，勋表高 12 毫米；第三，这些勋表的宽度不同：圣安德烈勋章的勋表宽 45 毫米，圣乔治勋章的勋表宽 32 毫米，“祖国功勋”勋章的勋表宽度依级别不同而不同，四级为 24 毫米，二级和三级为 32 毫米，一级为 45 毫米。

（八）俄罗斯联邦国家奖励的主管部门及授予程序

1. 主管部门

根据《俄罗斯联邦国家奖励条例》，俄罗斯联邦总统办公厅内部设有“干部和国家奖励局”，负责国家奖励的相关事宜。并成立“国家奖励委员

会”，对奖励材料进行评估，保障对公民奖励持客观态度。

干部和国家奖励局在国家奖励方面的主要职能是：实施宪法赋予总统在授予俄罗斯联邦国家奖励方面的权力；制定授予国家奖励的统一政策。

主要任务是：审查授予国家奖励和荣誉称号的申请；准备总统国家奖励令或指示方案；起草关于国家奖励的联邦法律和其他标准化法律文件草案；分析国家奖励法规执行情况，向总统提出年度报告；为国家奖励委员会的活动提供保障；组织国家奖励的总统授予仪式；保障国家勋（奖）章的订购、登记和递送；监督执行总统授予国家勋（奖）章的命令和指示的落实情况；登记受表彰人员名单，建立国家奖励数据库；研究、分析和总结外国经验，就授予国家奖励问题同外国建立联系和进行交流；审理公民对授予国家奖励所提出的建议、申请和投诉；对联邦机构颁发勋（奖）章方案进行专家评定。

2．法律依据

为保障上述奖项的权威性、严肃性与公正公平性，俄罗斯联邦注重奖励制度的法律化。除依据国家根本性法律——《宪法》以外，还制定并不断完善《俄罗斯联邦国家奖励条例》等文件，作为国家嘉奖表彰活动的法律保障。除此之外，俄罗斯联邦还针对每个具体奖项，以总统令、议会决议、政府决定等法律文件进一步明确奖励的权威性。对一些特殊奖项更是在相关章程中进行明确表述。俄罗斯联邦每项国家嘉奖都有与之相对应的《奖励章程和说明》，以法律文件的形式进行规范，确保严肃性。章程中的规定相当具体，包括奖励范畴、人员类别、受奖理由、奖励等级、授奖级次、享受待遇等内容。另外，还详细说明所授徽章的样式、图样、规格、材质、装饰、铭文等。同时对各类徽章佩戴的场合、方式、方法和佩戴位置及禁忌进行细致规范。例如，《英勇勋章章程》规定，该勋章佩戴于左胸，在佩戴其他勋章时，戴于四级“祖国功勋”勋章之后，等等。

3．授予程序

根据《俄罗斯联邦国家奖励条例》，俄罗斯联邦境内的企业、机关、团体，以及在俄罗斯联邦境内长期定居的外国公民和无国籍人士，均可以向自己的上级主管机关推荐国家奖励的候选人，由政府各主管部门审议后向联邦国家权力机关提出推荐申请，联邦国家权力机关的领导人与相应的共和国首脑、行政区、州、联邦直辖市、自治州和自治区首脑协商统一意见后，由后者向总统提交国家奖励的推荐名单。非常住俄罗斯联邦的外国公民和无国籍人士的推荐事宜由外交部负责。提交给总统的国家奖励名单最终由国家奖励委员会审议并报请总统批准，并由总统发布颁奖令。

大部分俄罗斯联邦国家奖励没有固定的授予时间，随时上报，经审批后即时发布总统颁奖令。颁奖令发布之后的两个月内在克里姆林宫举行隆重仪式。少数获奖者由总统亲自授奖，大多数获奖者由各级主管部门和地方政府的首长根据总统的委托进行授奖。

如果审核程序不合理，或获奖者的行为有损国家奖励的声誉，总统有权撤销并收回已授出的勋（奖）章、证书、胸章等。如果被撤销荣誉的获奖者的行为已不具备社会危害性，总统也有权恢复已撤销并收回的勋（奖）章、证书、胸章等。

（九）俄罗斯联邦国家奖金[①]

1. 俄罗斯联邦国家奖金概况

俄罗斯联邦国家奖金（Государственная премия Российской Федерации）于1992年设立，由俄罗斯联邦总统于每年6月12日——俄罗斯联邦国庆日在莫斯科克里姆林宫格奥尔基厅举行隆重颁发仪式，以表彰为科学和技术、文学和艺术的发展所作出的贡献和杰出的生产成就。已故俄罗斯文学大师索尔仁尼琴、著名女诗人贝拉·阿赫马杜琳娜等都曾荣获俄罗斯联邦国家奖金。

俄罗斯联邦国家奖金共分三类，分别是科技领域国家奖金、文学艺术领域国家奖金和人文活动领域杰出成就国家奖金。

科技领域国家奖金授予以自己的杰出著作、发现和成绩从实质上丰富了祖国和世界科学，并对科技进步产生深远影响的俄罗斯联邦公民。

文学艺术领域国家奖金授予为发展祖国和世界文化、完成有特别意义的文学作品和在创作上有杰出贡献的俄罗斯公民。

人文活动领域杰出成就国家奖金授予完成了有助于形成永恒精神价值、社会团结和在俄罗斯联邦获得广泛社会认可的积极、富于成效、有启

① 俄罗斯联邦国家奖金也属于俄罗斯联邦国家奖励的一个重要部分，但其组织和审议都是由总统下属的科学、工艺和教育委员会或文化、艺术委员会来负责，而不是干部和国家奖励局或国家奖励委员会负责。《俄罗斯联邦国家奖励条例》也未对其相关授予事宜进行法律规定。因此在这里单独介绍一下。

蒙意义和慰藉人心的活动的人士。

俄罗斯联邦国家奖金的获得者根据其作出的成就分别被授予相应的“俄罗斯联邦科技领域国家奖金获得者”、“俄罗斯联邦文学艺术领域国家奖金获得者”和“俄罗斯联邦人文活动领域杰出成就国家奖金获得者”称号，被授予奖金、奖状、荣誉奖章和证书。

作为对俄罗斯联邦国家奖金获得者荣誉奖章的补充，还颁发燕尾服奖章（图 6—105）。燕尾服奖章是特别功勋奖章，于 2007 年 2 月 14 日设立，和俄罗斯联邦国家奖金获得者荣誉奖章一起授予获奖人，是俄罗斯联邦国家奖金获得者荣誉奖章的缩微版。奖章背面有俄罗斯联邦国家奖金获得者荣誉奖章的序列号和与衣服固定的装置。奖章由黄金和白银制成，高 20 毫米，宽 18 毫米。

图 6—105　俄罗斯联邦国家奖金获得者奖章

自 2004 年起，各领域的俄罗斯联邦国家奖金都设置了每年的授予名额，分别为：科技领域 3 名（2006 年起改为 4 名）、文学艺术领域 3 名、人文活动领域 1 名（2006 年开始设立，首位获奖者是俄罗斯东正教大牧首阿列克谢二世）。每项国家奖金均为 500 万卢布。颁发奖金旨在激励获奖者继续从事科学和创作活动，为新的科学发现和创作成就创造适宜的条件。

俄罗斯联邦国家奖金具有个人性质，通常只授予一位竞争者。如果在成果中有数人起决定作用，则俄罗斯联邦国家奖金可以授予一个集体，但其成员不得多于 3 人。在这种情况下，奖金由所有获得者平均分配，而奖状、荣誉奖章和证书会分别授予各位获奖者。如果有新的、意义特别重大的成果，俄罗斯联邦国家奖金可以重复授予。

俄罗斯联邦国家奖金可以死后追授。死后被追授者或已经去世的获奖者的奖状和荣誉奖章转交或遗交给其家庭作为纪念，奖金转交其继承人。

2. 俄罗斯联邦国家奖金授予程序

俄罗斯联邦国家奖金的授予事宜主要由俄罗斯联邦总统下属的科学、工艺和教育委员会或文化、艺术委员会负责。

首先，俄罗斯联邦国家奖金的申请人（亲自或由他人代交或通过邮寄方式）将所有文件和材料提交给上述委员会。

接着，各委员会对申请材料进行初选，由主席团提出推荐，并在主席团共同会议上形成由执行主席签字的备忘录（必须在委员会会议召开之日两周前形成）。之后主席团将该备忘录和推荐报告提交给委员会会议成员，这些资料均不得公布。

然后，通常在委员会会议上以自由交换意见的方式公开讨论关于授予俄罗斯联邦国家奖金的问题。与会者不得少于委员会成员的 2/3，每位委员会成员都有发言权。讨论结束后进行无记名投票。如果赞成票达到2/3，候选人资格才获通过。委员会要将选出的候选人的推荐材料和相关备忘录提交给总统。备忘录要由委员会副主席和委员会秘书签字。最后由总统确定国家奖金的授予。

如果没有确定出值得授予俄罗斯联邦国家奖金的候选人资格，则在相应年度不授予俄罗斯联邦国家奖金。

与俄罗斯联邦国家奖金授予有关的委员会活动的财政、物质、技术方面的保障，包括俄罗斯联邦国家奖金获得者荣誉奖章、奖状、证书、俄罗斯联邦国家奖金获得者燕尾服奖章的制造等，由俄罗斯联邦总统事务管理局根据用于此目的的财政预算资金来实施。

四　俄罗斯联邦功勋荣誉制度的主要特点

（一）以总统的名义进行国家最高奖励的评审和授予等活动

《俄罗斯联邦宪法》第 89 条第 2 款规定，俄罗斯联邦总统有权授予俄罗斯联邦荣誉称号、军事及其他专业称号；《俄罗斯联邦国家奖励条例》

规定，总统办公厅下设的“国家奖励委员会”和“干部和国家奖励局”负责以国家总统的名义进行国家奖励和授勋等活动。

（二）注重仪式，偏重精神鼓励

俄罗斯联邦国家奖励通常在克里姆林宫的叶卡捷琳娜大厅举行隆重的授予仪式，总统出席、致辞，并亲自为获奖者颁发勋（奖）章和证书。仪式庄严、隆重，一般通过电视新闻进行直播。俄罗斯联邦国家奖励大多不设奖金、津贴等物质奖励，而主要通过国家重视、社会宣传等形式进行精神鼓励。

（三）法律体系完备

除了《俄罗斯联邦宪法》中的有关条文对俄罗斯联邦国家奖励作了基本的法律规定外，目前涉及俄罗斯联邦国家奖励的法律法规主要包括《俄罗斯联邦国家奖励条例》，以及每项国家奖励所对应的奖励章程和说明，例如《“俄罗斯联邦英雄”称号章程》、《圣安德烈勋章[①]颁发条例》、《圣乔治勋章颁发条例》等。这些法规和条款对俄罗斯联邦国家奖励的奖励范围、奖励对象、享受待遇、奖章的式样、规格、材质、佩戴场合和佩戴方式等作了详细的规定，还明确了违反法律规定应承担的责任。

（四）奖励体现广泛性与公众性

《俄罗斯联邦国家奖励条例》明文规定，国家奖励可以授予俄罗斯公民、外国公民及无国籍人士。不同奖项有其特定的授予对象，从而使不同人员可以享有相同的获奖机会。无论是外国友好政要，还是俄罗斯联邦本国的显赫政商、知名人士及普通百姓，都有机会成为奖励荣获者。特别是荣誉称号的设立，极大地保障了国家奖励的广泛性和公众性。值得一提的是，2007 年 10 月，普京总统在克里姆林宫主持隆重的颁奖仪式，表彰 50 名对俄罗斯联邦发展作出突出贡献的各界人士，其中最受瞩目的就是一位普通的老牧羊人米哈伊洛夫，他获得了象征俄罗斯联邦最高荣誉的“俄罗斯联邦英雄”称号和特别功勋标志——“金星”奖章。

---

① 也译作“圣徒安德烈勋章”、“使徒安德烈勋章”、“始徒安德烈勋章”或“安德烈·佩尔沃兹万内勋章”。

五　近年来授予功勋荣誉情况

独立后的俄罗斯联邦始终将从苏联时期继承和修订的国家奖励制度作为一项基本法律制度加以完善。近年来，以重振俄罗斯联邦辉煌为己任的普京总统和梅德韦杰夫总统格外重视国家奖励，将其视为继承优秀传统，增强民族凝聚力，进行爱国主义教育的重要手段。

（一）近年来俄罗斯联邦主要国家奖励的授予情况

1. 圣安德烈勋章授予情况

圣安德烈勋章在俄罗斯联邦的首次授予是在 1998 年 9 月 30 日。根据时任俄罗斯联邦总统的叶利钦的总统令将勋章授予为文化发展作出杰出贡献的利哈乔夫院士。哈萨克斯坦总统纳扎尔巴耶夫也是首批圣安德烈勋章的荣获者。而诺贝尔文学奖获得者、“俄罗斯的良心”索尔仁尼琴则在 1998 年自己的 80 岁生日时，公开拒绝了叶利钦颁发给他的圣安德烈勋章，原因是他不愿获得来自一个“摧毁了他的国家”的政权的任何奖励。自 1998 年至 2008 年共有 14 人获得这一勋章。

2. “俄罗斯英雄称号”授予情况

截至 2009 年 6 月，俄罗斯联邦共有 930 人被授予“俄罗斯英雄”称号，其中有 410 人是被死后追授的。获得这一称号的人来自社会各个领域，包括宇航员谢尔盖·克里卡廖夫（因当时在“和平号”空间站创下了近地轨道停留天数的世界纪录而成为首位荣获该称号的人）、试飞员弗拉基米尔·沙马诺夫、运动员柳波芙·叶卡洛娃、政治家艾哈迈德·卡德罗夫等。

3. “祖国功勋”勋章授予情况

截至 2009 年 6 月，共有 782 人被授予“祖国功勋”勋章，其中一级——29 人；二级——188 人；三级——565 人。前法国总统希拉克、前俄罗斯联邦总统叶利钦、莫斯科市市长卢日科夫分别于 1997 年 9 月 25 日、2001 年 6 月 12 日和 2006 年 9 月 21 日获得“祖国功勋”一级勋章。

4. 俄罗斯联邦国家奖金的授予情况

2007 年度俄罗斯联邦国家奖金的获奖者中包括俄罗斯著名演员阿莉萨·弗雷恩德利赫、前法国总统雅克·希拉克、俄罗斯著名数学家弗拉基米尔·阿诺尔德、著名语言学家安德烈·扎利兹尼亚克、俄罗斯科学院院士阿列克谢·霍赫洛夫等六人。其中雅克·希拉克获得了人文活动领域杰出成就国家奖金，此前只有莫斯科和全俄东正教大牧首阿列克赛二世、诺贝尔文学奖获得者索尔仁尼琴二人获此殊荣。

2009 年 6 月 12 日，俄罗斯总统梅德韦杰夫第二次在克里姆林宫为 2008 年度国家奖金的获得者颁奖。科学技术领域的获得者包括：计算机病毒学家约瑟夫·阿达别科夫、天体物理学家德米特里·瓦尔夏洛维奇和阿列克谢·费里德曼、阿纳托里·契列帕苏克，以及在信息安全领域作出杰出贡献的国际知名的信息安全解决方案提供商卡巴斯基实验室的 CEO 尤金·卡巴斯基。

文学艺术领域的获得者包括：巴甫洛夫斯克博物馆文化保护区馆长玛丽娜·费里特、俄罗斯知名电视动画剧《动物游乐会》主创团队阿纳托里·普洛霍洛夫、萨拉瓦特·夏西努洛夫、伊利亚·波波夫，以及斯维尔德洛夫斯克国家爱乐乐团团长亚历山大·克洛图尔斯基和乌拉尔学院爱乐乐团总指挥德米特里·里茨。

人文活动领域的获得者包括：世界第一位女航天员瓦莲金娜·捷列什科娃。

5. 其他国家奖励授予情况

根据公开发布的资料，截至 2009 年 6 月，共有 8 人获得圣乔治勋章，100 人获得“朱可夫”勋章，94 人获得“军人功勋”勋章，35 人获得“海军功勋”勋章，360 人获得“荣誉”勋章，31 人获得“友谊”勋章，一对夫妇获得“光荣父母”勋章，263 人获得乔治十字章，48 人获得圆满服役徽章。

（二）近年来俄罗斯联邦功勋荣誉授予特点

2000 年普京担任总统以来，在全社会大力提倡爱国主义传统，历史上，特别是苏联时期的功勋荣誉重新受到尊重。如今，俄罗斯联邦的荣誉制度在继承的基础上也出现了一些变化，值得关注。

1. 根据时局变化，适时修改一些奖励条例

例如，早在 2000 年 8 月 8 日，经第 1463 号总统令批准恢复了圣乔治勋章，但一直未能实施。原因是章程规定只能在外敌入侵时才能颁授这一勋章，而这些年来俄罗斯联邦并未发生类似的战争。2008 年 8 月 13 日，

由于爆发了俄格南奥塞梯战争，勋章条例被修改。勋章条例中第2款修改为："2. 圣乔治勋章授予在外敌进攻时为保卫祖国而展开的战斗行动中完全击溃敌人以及在其他国家境内在支持和恢复世界和平和安全过程中展开战斗和其他行动的、成为军事技巧的典范的、其功绩成为各代祖国保卫者英勇无畏榜样的，以及由于在战斗行动中表现优异并被授予俄罗斯联邦国家奖励的高级军官。"俄罗斯总统梅德韦杰夫在2008年8月18日出席了首枚圣乔治勋章的授予仪式。

2. 视国家利益和社会发展的需要，适当增设专门奖项

例如，近些年俄罗斯联邦出生率急剧下降。为鼓励家庭多生子女，政府出台鼓励和补助政策，并决定向多子女家庭颁发"光荣父母"勋章。时任俄罗斯联邦政府第一副总理的梅德韦杰夫在2008年2月建议恢复苏联时期的"光荣母亲"勋章，并建议将其更名为"光荣父母"勋章，不只授予母亲，也可以授予父亲。授予勋章同时，向每一位父母（或收养子女者）支付一次性补助金5万卢布。2009年1月4日，梅德韦杰夫总统签署了第一份关于授予"光荣父母"勋章的命令。于2009年1月13日在克里姆林宫举行了首次授予仪式。除此之外，近几年俄罗斯为发展农业、铁路运输等先后设立了"农业成果"奖章、"发展铁路"奖章、"纪念喀山建城1000周年"奖章等。

3. 注重传承历史传统，突出爱国主题

1998年7月1日，叶利钦签署《关于恢复圣徒安德烈勋章》的第757号总统令，恢复了具有300年历史的"圣安德烈勋章"；2005年为纪念卫国战争胜利60周年，特颁发"伟大的1941—1945年卫国战争胜利60周年"纪念章；2007年12月9日，俄罗斯联邦政府在首次庆祝"祖国英雄日"这一天时，向有战功的苏联和俄罗斯联邦英雄授予重新恢复的"圣乔治勋章"，以提倡爱国主义精神。

4. 维护国家奖励的权威性，打击违法乱发奖章

近几年，俄罗斯联邦执法部门发现一些机构，如"国防及安全科学院"，打着干部和国家奖励局的旗号，自行设立和颁发号称国家权威级别的奖章、奖状，破坏国家奖励秩序，造成不良社会影响。2008年俄罗斯联邦检察院及执法部门已对此进行了查处。另外，一些教会团体、政党和非政府组织也有类似"山寨版"的奖励，这些现象已经引起了俄罗斯联邦相关部门的重视。

六　附表

附表 6—1　　　　勋章、奖章的设立日期和授奖对象

	设立日期	授奖对象
	苏联勋章	
红旗勋章	1918 年 9 月 16 日	授予直接参加战斗行动时表现特别英勇的俄罗斯苏维埃联邦社会主义共和国公民。
俄罗斯苏维埃联邦社会主义共和国劳动红旗勋章	1920 年 12 月 28 日	授予在社会主义建设中表现出特殊的忘我精神和主动精神、热爱劳动和组织性强的个人和劳动者小组。
列宁勋章	1930 年 4 月 6 日	授予在国防和社会主义建设中建立特殊功勋的个人、集体、机关、社会组织和部队。
红星勋章	1930 年 4 月 6 日	授予在战时、和平时期在国防事业中作出卓越功勋的红军官兵、部队、舰队、兵团、劳动者、劳动者集体、机关、企业和社会组织。
“荣誉”勋章	1935 年 11 月 25 日	授予达到很高生产指标，在科研和文体活动中取得特殊成就，在技术提高和发明创造以及提高红军战斗力和苏联防卫能力方面有功的个人或集体。
卫国战争勋章	1942 年 5 月 20 日	授予在保卫苏联的伟大卫国战争中拿起武器奋起杀敌，建立了光荣功绩的军人。
苏沃洛夫勋章	1942 年 7 月 29 日	授予在进攻中歼灭敌人优势兵力的军事首长和指挥员。
库图佐夫勋章	1942 年 7 月 29 日	授予善于计划并实施方面军和集团军的战役或使自己部队巧妙地避开敌人突击并成功实施反击的军事首长和指挥员。
亚历山大·涅夫斯基勋章	1942 年 7 月 29 日	授予表现英勇果敢、灵活指挥战斗并在战斗中给敌以重创的红军排至师级军官。
波格丹·赫梅利尼茨基勋章	1943 年 10 月 10 日	授予在同德国法西斯侵略者的战斗中表现优异的军人和游击队员。

续表

	设立日期	授奖对象
“胜利”勋章	1943 年 11 月 8 日	授予这种统帅勋章是为了表彰成功指挥一个或数个方面军参加的大型战役，并由此使战势发生有利于红军变化的苏联武装力量最高级指挥官。
光荣勋章	1943 年 11 月 8 日	授予在保卫苏维埃祖国的战斗中立有战功和表现出英勇顽强、无所畏惧模范精神的士兵、军士。
乌沙科夫勋章	1944 年 3 月 3 日	授予在组织、实施和保障海上战斗和战役中有卓越成就并战胜了在数量上占优势之敌的苏联海军军官。
纳希莫夫勋章	1944 年 3 月 3 日	授予苏联海军军官，以表彰其在组织、指挥和保障战斗和战役中建立的出色功勋，以及由此在保卫祖国的战争中所获得的胜利。
“光荣母亲”勋章	1944 年 7 月 8 日	授予生育并教养 7、8、9 个子女的母亲。
“英雄母亲”勋章	1944 年 7 月 8 日	授予生育并教养 10 个以上子女的母亲。
十月革命勋章	1967 年 10 月 31 日	授予苏联公民、企业、机构、团体、劳动者集体、部队和兵团，以及共和国、边疆区、州和市。
各族人民友谊勋章	1972 年 12 月 17 日	表彰在加强社会主义各民族的友谊和兄弟般合作方面建立的巨大功勋，为苏联和各加盟共和国的经济、社会政治和文化发展作出的巨大贡献，以及对巩固苏联国防实力的特殊功勋。
劳动光荣勋章	1974 年 1 月 18 日	授予工业、交通、建设工人和这些领域的生产技师、集体农庄庄员和农业工人，以表彰其在企业、团体、集体农庄和国营农场中的多年忘我高效的劳动。

续表

	设立日期	授奖对象
“在苏联武装力量中为祖国服务”勋章	1974年10月28日	授予苏联红军、海军、边防军和内卫部队军人，以表彰其在战斗和政治训练、保持部队高度战斗准备和掌握新式技术兵器方面所取得的成绩；在勤务活动期间达到的高指标；顺利完成指挥员交给的特殊任务；在履行军人职责时表现出勇敢、奋不顾身精神；以及在苏联武装力量中服役期间的其他功绩。
个人英勇勋章	1988年12月28日	授予在救人、维持社会秩序和社会主义财产，在同犯罪行为、自然灾害的斗争中以及在其他紧急情况下表现英勇的苏联公民。
苏联奖章		
“工农红军建军20周年”纪念奖章	1938年1月24日	授予至1938年2月23日服役不少于20年的干部指挥人员和领导人员、1938年1月24日工农红军和海军的基干人员、国内战争和其他保卫苏维埃祖国自由和独立的战斗行动的参加者以及荣获过红旗勋章的人员。
“勇敢”奖章	1938年10月17日	授予红军、海军和边防部队军人，以表彰其在为苏维埃祖国和保卫苏联国境不受侵犯的战斗中所表现出的个人英勇和无畏精神。
“战功”奖章	1938年10月17日	授予在战斗中的英勇和无畏或在帮助前线取得战斗胜利时冒着生命危险采取的灵活主动行动的军人和非武装力量成员。
“劳动英勇”奖章	1938年12月27日	授予在工农业劳动中达到高指标、在发展科学技术方面取得成就、在文化建设和发展苏联艺术方面作出成绩的苏联公民。

续表

	设立日期	授奖对象
“劳动优秀”奖章	1938 年 12 月 27 日	授予进行突击工作、取得很高生产指标、在发展科学技术和文化方面有功的工人、集体农庄庄员、职员、工程技术人员及其他工作人员。
“金星”奖章	1939 年 8 月 1 日	授予苏联英雄。
“镰刀和斧头”金质奖章	1940 年 5 月 22 日	授予社会主义劳动英雄。
“保卫列宁格勒”奖章	1942 年 12 月 12 日	授予直接参加保卫上述城市的军人和居民。
“保卫敖德萨”奖章	1942 年 12 月 12 日	授予直接参加保卫上述城市的军人和居民。
“保卫塞瓦斯托波尔”奖章	1942 年 12 月 12 日	授予直接参加保卫上述城市的军人和居民。
“保卫斯大林格勒”奖章	1942 年 12 月 12 日	授予直接参加保卫上述城市的军人和居民。
“卫国战争游击队员”奖章	1943 年 2 月 2 日	授予 1941—1945 年伟大卫国战争年代游击运动的积极参加者和组织者。
“乌沙科夫”奖章	1944 年 3 月 3 日	授予在海上战区的战斗中表现出个人的英勇和无畏的海军列兵和军士。
“纳希莫夫”奖章	1944 年 3 月 3 日	授予海军列兵、军士以及其他冒着生命危险以自己的巧妙、主动、勇敢的行动帮助海军舰艇、部队和分队胜利完成战斗任务的人员。
“保卫莫斯科”奖章	1944 年 5 月 1 日	授予直接参加保卫莫斯科的军人和居民。
“保卫高加索”奖章	1944 年 5 月 1 日	授予高加索会战的参加者。
“母亲”奖章	1944 年 7 月 8 日	授予生育和培养 6 个和 5 个孩子的母亲。
“保卫苏联北极地区”奖章	1944 年 12 月 5 日	授予直接参加保卫北极圈内地区的战斗或构筑防线和防御工事的军人和公民。

续表

	设立日期	授奖对象
“1941—1945 年伟大卫国战争战胜德国”奖章	1945 年 5 月 9 日	授予直接参加战斗者或以自己的圆满工作在苏联武装力量教导部队、后备部队、后勤部队、院校和各机构提供胜利保障的人员。
“1941—1945 年伟大卫国战争中忘我劳动”奖章	1945 年 6 月 6 日	授予在卫国战争中以自己的英勇和忘我劳动保障苏联战胜法西斯德国的工人、工程技术人员和工业和运输业职员，集体农庄庄员和农业专家，科学技术和文化艺术工作者，苏维埃、党、工会和其他社会组织的工作者。
“攻克布达佩斯”奖章	1945 年 6 月 9 日	授予直接参加英勇强攻和攻克（解放）该城市或组织和领导攻克（解放）该城市战役的苏联红军军人和其他人员。
“攻克柯尼斯堡”奖章	1945 年 6 月 9 日	授予直接参加英勇强攻和攻克（解放）该城市或组织和领导攻克（解放）该城市战役的苏联红军军人和其他人员。
“攻克维也纳”奖章	1945 年 6 月 9 日	授予直接参加英勇强攻和攻克（解放）该城市或组织和领导攻克（解放）该城市战役的苏联红军军人和其他人员。
“解放贝尔格莱德”奖章	1945 年 6 月 9 日	授予直接参加英勇强攻和攻克（解放）该城市或组织和领导攻克（解放）该城市战役的苏联红军军人和其他人员。
“解放华沙”奖章	1945 年 6 月 9 日	授予直接参加英勇强攻和攻克（解放）该城市或组织和领导攻克（解放）该城市战役的苏联红军军人和其他人员。
“攻克柏林”奖章	1945 年 6 月 9 日	授予直接参加英勇强攻和攻克（解放）该城市或组织和领导攻克（解放）该城市战役的苏联红军军人和其他人员。

续表

	设立日期	授奖对象
"解放布拉格"奖章	1945年6月9日	授予直接参加英勇强攻和攻克(解放)该城市或组织和领导攻克(解放)该城市战役的苏联红军军人和其他人员。
"战胜日本"奖章	1945年9月30日	授予直接参加反对日本帝国主义战斗的军人和其他人员或提供战斗保障者。
"恢复顿巴斯煤矿"奖章	1947年9月10日	授予达到很高生产指标和为恢复顿巴斯煤炭工业立下功勋的工人、职员、工程技术人员和经济工作者。
"莫斯科建城800周年"奖章	1947年9月20日	授予莫斯科市工业、运输业及其他企业、国家机构、党、工会及其他社会组织的工作人员以及在首都及其郊区居住不少于5年并积极参加城市公共事业,参加儿童教育、儿童机构等工作的其他劳动者。
"苏军建军30周年"奖章	1948年2月22日	授予1948年2月23日以前为苏联红军、内务部和国家安全部工作的所有基干军人。
"恢复南方黑色冶金企业"奖章	1948年5月18日	授予工人、职员、工程技术人员和经济工作者,以表彰其在生产中达到的高指标和在恢复南方黑色冶金企业中所立功绩。
"守卫苏联国界有功"奖章	1950年7月13日	授予苏联边防部队军人和居民,以表彰其在保卫苏联国界时荣立的战功和特殊功绩。
"维护社会秩序有功"奖章	1950年11月1日	授予在维护社会秩序中所立功绩及所表现出的勇敢和奋不顾身精神的警察、社会治安机关工作人员、人民志愿纠察队成员和其他公民。
"垦荒"奖章	1956年10月20日	授予集体农庄庄员、国营农场、农业机器站、工程建筑组织和其他组织的工作人员,党、苏维埃、工会和共青团工作者,以表彰其在哈萨克斯坦、西伯利亚、乌拉尔、伏尔加河流域和北高加索地区在开垦生荒地和熟荒地过程中的优异工作。

续表

	设立日期	授奖对象
“抢救溺水者”奖章	1957年2月16日	授予在水中救人时表现英勇和奋不顾身以及及时防止发生不幸事故和模范组织水中救护工作的救护人员、其他苏联公民以及外国公民。
“列宁格勒建城250周年”奖章	1957年5月16日	授予在恢复和重建城市中表现出色，以自己的劳动保障城市工业、运输业、城市经济、商业的发展和科学、文化—教育机构的顺利工作并符合在列宁格勒及其郊区居住不少于5年条件的市民。
“救火勇敢”奖章	1957年10月31日	授予消防工作者、志愿消防队队员、军人和其他公民，以表彰其在扑灭火灾，火中抢救人员、社会主义财产和公民财产中，及时防止发生火灾和爆炸时表现出的勇敢、无畏和奋不顾身精神。
“苏联武装力量建立40周年”奖章	1957年12月18日	授予1958年2月23日以前为苏联红军、内务部部队、国家安全委员会部队和机关的各种级衔的基干军人。
“圆满服务”奖章	1958年12月13日	授予具有良好鉴定、能胜任所负服役职责和满足一定服役年限的军人。
“保卫基辅”奖章	1961年6月21日	授予直接参加保卫基辅或在为前线需要服务的工厂工作的苏联红军和内务部的军人以及地下工作者、游击队员和居民。
“1941—1945年伟大卫国战争胜利20周年”奖章	1965年5月7日	授予所有的卫国战争参加者、游击队员以及所有在周年纪念日以前为苏联武装力量的基干军人的人员。
“苏联民警建立50周年”奖章	1967年11月20日	授予1967年11月21日以前仍在服现役或已转为预备役但军龄在25年或以上的苏联社会治安保卫部（后为苏联内务部）所属机关、机构和院校的工作人员。

续表

	设立日期	授奖对象
“苏联武装力量建立50周年”奖章	1967年12月26日	授予1968年2月23日以前为苏军、苏联社会治安保卫部部队、国家安全委员会部队的苏联武装力量基干军人以及已转为预备役或退休但军龄在20年以上的军官和超期服役军人。
“纪念列宁诞辰100周年忘我劳动（军人英勇）”奖章	1969年11月5日	授予在筹备纪念列宁诞辰100周年过程中表现出很高劳动模范精神的先进工人、集体农庄庄员、国民经济专家、国家机关和社会组织的工作人员、科学和文化活动家；积极参加为建立苏维埃政权或保卫祖国而斗争的人员；国际共产主义运动活动家和其他外国进步活动家；在军事训练和政治培训中达到优秀指标、在领导部队和使部队保持战斗力方面取得优异成绩的军人。
“退休劳动者”奖章	1974年1月18日	授予在年老退休后自愿到国民经济部门，科学、文化、国民教育、卫生部门及国家机关和社会组织参加劳动的劳动者，以表彰他们的功绩。
“服役优秀”奖章	1974年10月28日	授予在军事训练和政治培训中达到优秀指标；在演习、执行战斗勤务时表现特别出色；在苏联红军、边防部队和内卫部队服役期间勇敢奋不顾身及有其他功绩的军人。
“1941—1945年伟大卫国战争胜利30周年”奖章	1975年4月25日	授予在苏联武装力量行列中参加过前线战斗的军人和其他人员、卫国战争中的游击队员、地下工作者，以及曾荣获“1941—1945年伟大卫国战争战胜德国”奖章、“战胜日本”奖章的其他人员和荣获“1941—1945年伟大卫国战争中英勇劳动”奖章的后方劳动者。

续表

	设立日期	授奖对象
“苏联武装力量老战士”奖章	1976 年 5 月 20 日	授予在苏联武装力量中圆满服役 25 年以上，已从现役转为预备役或退休的苏军、边防部队和内卫部队的军人。
“建设贝—阿铁路”奖章	1976 年 10 月 8 日	授予积极参加建设贝加尔—阿穆尔铁路大干线，在建筑工地工作和为其服务不少于 3 年者。
“改造俄罗斯联邦苏维埃社会主义共和国非黑土地带”奖章	1977 年 9 月 30 日	授予为完成俄罗斯苏维埃联邦社会主义共和国非黑土地带农业发展长期规划进行突击劳动，在该地区工作 3 年以上的工人、集体农庄庄员和职员。
“苏联武装力量建立 60 周年”奖章	1978 年 1 月 28 日	授予 1978 年 2 月 23 日以前在苏联红军、内卫部队、国家安全委员会部队和机关中服现役的军人；参加过保卫苏维埃祖国战斗的老赤卫队员和军人，国内战争和卫国战争中的游击队员；现已转入预备役或退休但服役 20 年或以上者以及在服现役期间曾荣获苏联勋章或“勇敢”奖章、“乌沙科夫”奖章、“战功”奖章、“守卫苏联国界有功”奖章、“纳希莫夫”奖章、“服役优秀”奖章者。
“开发西伯利亚矿藏和发展石油天然气综合体”奖章	1978 年 7 月 28 日	授予在进行开发西伯利亚矿藏和发展石油天然气资源的活动中积极劳动，在该地区工作 3 年以上的工人和职员。
“巩固战斗友谊”奖章	1979 年 5 月 25 日	授予为巩固与友好国家的战斗友谊与军事合作作出贡献的苏联红军军人与文职人员。

续表

	设立日期	授奖对象
“基辅建城 1500 周年”奖章	1957 年 5 月 16 日	授予在恢复和改造城市中表现出色，以自己的劳动保障城市工业、运输业、经济、商业的发展和科学、文化、教育机构的顺利工作，在基辅及其郊区居住 5 年以上的该市公民。该奖章还授予所有荣获保卫基辅奖章的公民。
“1941—1945 年伟大卫国战争胜利 40 周年”奖章	1985 年 4 月 12 日	授予在苏联武装力量中参加过前线战斗的军人和其他人员、卫国战争中的游击队员、地下工作者，以及曾荣获“1941—1945 年伟大卫国战争战胜德国”奖章、“战胜日本”奖章者和荣获“1941—1945 年伟大卫国战争中英勇劳动”奖章的后方劳动者。
“苏联武装力量建立 70 周年”奖章	1988 年 1 月 18 日	授予 1988 年 2 月 23 日以前在苏联红军、内卫部队、国家安全委员会部队和机关中服现役的军人，参加过保卫苏联战斗的老赤卫队员和军人，国内战争和卫国战争中的游击队员，已转入预备役或退休但服役 20 年以上者以及在服现役期间曾荣获苏联勋章或勇敢奖章、乌沙科夫奖章、战功奖章、守卫苏联国界有功奖章、纳希莫夫奖章、服役优秀奖章者。
俄罗斯联邦勋章		
圣安德烈勋章	1998 年 7 月 1 日	授予作出有助于俄罗斯联邦繁荣、伟大和荣誉的非凡功绩的杰出的国家和社会的活动家以及其他俄罗斯联邦公民；授予对俄罗斯联邦作出杰出功绩的外国首脑和政府领导人。

续表

	设立日期	授奖对象
圣乔治勋章	2000年8月8日	授予在外敌进攻时为保卫祖国而展开的战斗行动中完全击溃敌人，以及在其他国家境内在支持、恢复世界和平和安全过程中展开战斗和其他行动的、成为军事技巧的典范的、其功绩成为各代祖国保卫者勇敢无畏榜样的以及由于在战斗行动中表现优异被授予俄罗斯联邦国家奖励高级军官。
“祖国功勋”勋章	1994年3月2日	授予为人民建立特别的杰出功勋，如促进俄罗斯的国家体制的发展，取得丰硕的劳动成就，巩固和平、友谊和人民之间的团结以及为保护祖国事业作出巨大贡献的公民。
朱可夫勋章	1994年5月9日	授予获得苏联“英雄”称号或者在1941—1945年卫国战争期间在展开战斗行动时因领导部队建立功勋而被授予勋章的方面军、集团军总司令及他们的副职、参谋长、作战局和作战处首长、方面军和集团军军种司令、军长、师长、旅长；获得苏联“英雄”称号或者在1941—1945年卫国战争期间因与红军协同展开战斗行动而被授予勋章的舰队司令、区舰队司令及他们的副职、分舰队舰长、海军基地指挥官、舰艇支队指挥；在战争行动期间为保护祖国研究和成功实施大规模战役而建立功绩的俄罗斯联邦武装力量最高级军官以及职务为师长（分舰队舰长）和更高级别的校官。
英勇勋章	1994年3月2日	授予模范完成军人职责的隶属于分队、部队、兵团的军人，圆满完成服役职责，有很高军人素养的军人；有高度部队备战状态和保障俄罗斯联邦防卫能力的军人；在服役活动中有很高个人指标，在履行军人职责时表现出英勇和无畏精神的军人；在巩固战斗友谊和与友邦国家友好合作时建立功勋的军人。

续表

	设立日期	授奖对象
海军功勋勋章	2002 年 2 月 27 日	授予在为提高国家防御能力研究、开发和使用世界海洋领域，保障国家安全、社会—经济和文化发展领域作出功绩，以及在巩固俄罗斯海上潜力方面有重大贡献的公民。
“荣誉”勋章	1994 年 3 月 2 日	授予在国家、生产、科学研究、社会文化、社会和慈善这些能够大大改善人民生活水平的活动领域中取得高度成果的公民，及在培养高素质干部、教育正在成长的新一代、遵纪守法中建立功绩的公民。
友谊勋章	1994 年 3 月 2 日	授予在巩固民族友谊和协作，在发展俄罗斯经济和科学潜力方面作出重大成就，在民族文化的促进和相互丰富，巩固国家间和平友好关系方面作出卓有成效的贡献的公民。
“光荣父母”勋章	2008 年 5 月 13 日	授予婚姻关系在民事注册登记机关签署的已婚父母（或收养子女者），或者来自单亲家庭的父母（或收养子女者）。奖励这些父母正在培养或已经培养了四个或更多身份为俄罗斯公民的孩子，双方组成社会意义上的负责家庭，有健康的生活方式，在对子女健康、教育、身心和道德发展方面保持适当程度的关心，保障子女个性充分和谐发展，在巩固家庭制度和培养子女方面作出的榜样。
俄罗斯联邦徽章		
乔治十字章	2000 年 8 月 8 日	授予外敌进攻时在保卫祖国的战斗中、在其他国家为维护和恢复世界和平和安全（维和行动）所展开的战斗或其他行动中建立功勋、勇敢忘我、表现出军人素养的楷模。

续表

	设立日期	授奖对象
圆满服务徽章	1994 年 3 月 2 日	授予符合俄罗斯联邦宪法和联邦法律规定经选举或任命任职的公民以及国家公职人员。
俄罗斯联邦奖章		
“祖国功勋”奖章	1994 年 3 月 2 日	授予为祖国在工业、农业、建设、运输、科学教育、卫生、文化及其他劳动领域作出具体和有益事业的公民；为保卫祖国作出重大贡献，在维持分队、部队、兵团高度战备能力作出成就，在战斗训练中取得优异指标和在服役期间建立其他功绩的公民以及为巩固法律和法制、保障国家安全作出贡献的公民。
“勇敢”奖章	1992 年 3 月 2 日	授予军人以及内政机关工作人员和俄罗斯联邦的其他公民，以表彰其在保护俄罗斯联邦及其国家利益的战斗中；在完成保障俄罗斯联邦国家安全的特殊任务时；在冒生命危险执行军人、公务和民事职责，保护公民的宪法权利时表现出个人的英勇行为和勇敢精神。
“俄罗斯自由卫士”奖章	1991 年 8 月 21 日	授予俄罗斯联邦公民、外国公民和无国籍人士，以表彰其在 1991 年 8 月 19 日—21 日未遂国家政变期间保护宪法体制时表现出的英勇精神；在实行民主改革、经济和政治改革，巩固俄罗斯国体而作出的功绩以及在解决民族问题时作出的贡献。
“勇救遇难者”奖章	1994 年 3 月 2 日	授予在自然灾害、在水中、在地下、在灭火时以及其他情况下勇于救人的公民。

续表

	设立日期	授奖对象
苏沃洛夫奖章	1994 年 3 月 2 日	授予在陆上战斗行动中保卫祖国和俄罗斯联邦国家利益，在承担战斗勤务时、在操练和演习时、在执行保卫俄罗斯联邦国境任务时表现出个人英勇和勇敢以及在战斗操练和野外训练时取得优异指标的军人。
乌沙科夫奖章	1994 年 3 月 2 日	授予俄罗斯联邦海军和边防军海上部队的军人，以表彰其在海上战场保护俄罗斯联邦国家利益时，在保护国家海上边境时，在俄罗斯联邦舰队、海军和边防军部队完成战斗任务时，在承担战斗勤务时，在操练和演习时，在冒生命危险执行军人职责时所表现出来的个人英勇和勇敢以及在战斗操练和海上训练时取得的优异指标。
涅斯捷洛夫奖章	1994 年 3 月 2 日	授予俄罗斯联邦空军、武装力量各类航空兵、边防和内卫部队各兵种军人以及民航和航空工业的飞行人员，表彰其在保卫祖国和俄罗斯联邦国家安全时、在承担战斗勤务时、在操练和演习时所表现出的个人英勇和勇敢；在开发、运营和维护航空技术时建立的特殊功绩和高超的职业领航技能以及在战斗操练和空中训练时取得的优异指标。
“保卫国家边境有功”奖章	1994 年 3 月 2 日	授予在保卫俄罗斯联邦国家边境时建立战功和特殊功勋；在阻截破坏俄罗斯联邦国境者的战斗行动中表现出来的勇敢和自我牺牲精神；在保卫俄罗斯联邦国境不容侵犯时巧妙地领导边防执勤战争行动；因高度的警惕性和主动行动而阻截破坏俄罗斯联邦国境者；在巩固俄罗斯联邦国家边境时善于组织边境勤务和模范的工作；在保卫俄罗斯联邦国家边境时圆满执行任务；在边防军执行保卫俄罗斯联邦国家边境工作时积极提供援助的俄罗斯联邦边防军人以及其他军人和公民。

续表

	设立日期	授奖对象
“维护社会秩序有功”奖章	1994 年 3 月 2 日	授予内务机关工作人员、内卫部队军人和其他军人，以表彰其在维护社会秩序和与犯罪行为的斗争中所表现出的勇敢和无畏精神，在执行勤务活动中的达到的高指标和在服役期间的其他功绩，也授予在内务机关维护社会秩序时给予合作的其他公民。
朱可夫奖章	1994 年 3 月 2 日	授予在同德国法西斯侵略者、日本军国主义者的战斗行动中所表现出的勇敢、坚决和英勇的红军、海军、内务人民委员会部队的军人和非军职人员、游击队员、地下工作者。
“伟大的 1941—1945 年卫国战争胜利 50 周年”纪念章	1993 年 7 月 7 日	在苏联武装力量行列中参加过卫国战争前线战斗的军人和非军职人员，卫国战争中的游击队员、地下工作者，卫国战争期间在苏联武装力量服役的军人和非军职人员，曾荣获“1941—1945 年伟大卫国战争战胜德国”奖章、“战胜日本”奖章者，以及拥有“1941—1945 年伟大卫国战争战胜德国”奖章证明或卫国战争参加者证明者；在卫国战争年代因忘我劳动荣获苏联勋章、“1941—1945 年伟大卫国战争中忘我劳动”奖章、“劳动英勇”奖章、“劳动优秀”奖章、“保卫列宁格勒”奖章、“保卫莫斯科”奖章、“保卫敖德萨”奖章、“保卫塞瓦斯托波尔”奖章、“保卫斯大林格勒”奖章、“保卫基辅”奖章、“保卫高加索”奖章、“保卫苏联北极地区”奖章的后方劳动者以及拥有“被封锁的列宁格勒居民”证章或“1941—1945 年伟大卫国战争中忘我劳动”奖章证明者；第二次世界大战期间集中营、犹太人居住区和其他由法西斯分子及其同盟建立的强制地区的未成年被关押者；以及 1941 年 6 月 22 日至 1945 年 5 月 9 日期间，除在临时敌占区工作时间外，工作不少于 6 个月的公民。

续表

	设立日期	授奖对象
“伟大的1941—1945年卫国战争胜利60周年”纪念章	2004年2月28日	授予在苏联武装力量行列中参加过卫国战争前线战斗的军人和非军职人员，伟大卫国战争中的游击队员和卫国战争中在临时被占领的苏联领土内从事地下组织工作的成员，卫国战争期间在苏联武装力量服役的军人和非军职人员，曾荣获“1941—1945年伟大卫国战争战胜德国”奖章、“战胜日本”奖章者，以及拥有“1941—1945年伟大卫国战争战胜德国”奖章证明或卫国战争参加者证明者；在卫国战争年代因忘我劳动荣获苏联勋章、“1941—1945年伟大卫国战争中忘我劳动”奖章、“劳动英勇”奖章、“劳动优秀”奖章、“保卫列宁格勒”奖章、“保卫莫斯科”奖章、“保卫敖德萨”奖章、“保卫塞瓦斯托波尔”奖章、“保卫斯大林格勒”奖章、“保卫基辅”奖章、“保卫高加索”奖章、“保卫苏联北极地区”奖章的后方劳动者以及拥有“被封锁的列宁格勒居民”证章或“1941—1945年伟大卫国战争中忘我劳动”奖章证明者；第二次世界大战期间集中营、犹太人居住区和其他由法西斯分子及其同盟建立的强制地区的未成年被关押者；1941年6月22日至1945年5月9日期间，除在临时敌占区工作时间外，工作不少于6个月的公民；以及在苏联武装力量行列中民兵组织、游击队、地下组织、其他反法西斯部队作过战、为卫国战争胜利作出巨大贡献并且荣获过苏联或俄罗斯联邦国家奖励的未加入独联体的外国公民。
“俄罗斯海军建军300周年”纪念奖章	1996年2月10日	授予曾荣获俄罗斯联邦、俄罗斯苏维埃联邦社会主义共和国、苏联的国家奖励，且在授予命令生效之日在舰上和担任海军航空部队飞行人员职务圆满服役10年，在其他的海军部队圆满服役20年或以上的俄罗斯联邦海军、边防局海

续表

	设立日期	授奖对象
		上力量的军人；曾荣获俄罗斯联邦、俄罗斯苏维埃联邦社会主义共和国、苏联的国家奖励，且在海军、俄罗斯联邦边防局海军、苏联国家安全委员会边防部队海上部队中在舰上或者担任海军航空部队飞行人员职务圆满服役 10 年，在其他的海军部队圆满服役 20 年或以上的从俄罗斯联邦武装力量、苏联武装力量、俄罗斯联邦边防局、苏联国家安全委员会边防部队离开转入预备役（退休）的将军、军官、准尉、军士和水兵；曾荣获俄罗斯联邦、俄罗斯苏维埃联邦社会主义共和国、苏联的国家奖励，且在授予命令生效之日在船上圆满工作 15 年或以上的海军船舶保障人员，海上、内河、捕鱼、科研和勘察舰的舰勤人员和科研成员；曾荣获俄罗斯联邦、俄罗斯苏维埃联邦社会主义共和国、苏联的国家奖励，且在授予命令生效之日在相关专业或职业圆满工作 20 年或以上的方案设计局、科研机构、教育机构的设计师、研制人员、领导，船舶制造业核心管理机关领导，直接从事船舰制造和维修主要职业的工作人员；以及曾荣获俄罗斯联邦、俄罗斯苏维埃联邦社会主义共和国、苏联的国家奖励，且在授予命令生效之日在相关领域工作 20 年或以上的核心水域管理机关领导，海上、内河、捕鱼、科研和勘察舰的科研所、教育机构领导。
“纪念莫斯科建城 850 周年”奖章	1997 年 2 月 26 日	授予被授予“保卫莫斯科”奖章的保卫莫斯科的参与者；曾于 1941—1945 年伟大卫国战争期间在莫斯科工作过并被授予国家奖励的后方劳动者；被授予“纪念莫斯科建城 800 周年”奖章的公民以及为莫斯科发展作出重大贡献的公民。

续表

	设立日期	授奖对象
普希金奖章	1999年5月9日	授予在文化、教育、人文科学、文学和艺术领域作出功绩，在研究和保护文化遗产方面，在促进和相互丰富民族文化方面的有重大贡献的公民。
“西伯利亚大铁路100周年”纪念奖章	2001年6月27日	授予在本领域圆满工作20年或以上的铁路交通工作者，以及为发展西伯利亚大铁路作出重大贡献的其他公民。
“人口普查有功”奖章	2002年10月14日	授予为筹备和实施全俄人口普查作出重大贡献的公民。
“纪念圣彼得堡建城300周年”奖章	2003年2月19日	授予被授予“保卫列宁格勒”奖章的保卫列宁格勒的参与者；被授予“被封锁的列宁格勒”证章的公民；曾于1941—1945年伟大卫国战争期间在列宁格勒工作过并被授予国家奖励的后方劳动者；被授予“纪念列宁格勒建城250周年”奖章的公民及为列宁格勒市发展作出重大贡献的公民。
“农业成果”奖章	2004年3月10日	授予在农业领域作出功绩和为发展农工综合体、培养干部、旨在提高农业生产效能的科学和其他活动中作出重大贡献的公民。
“纪念喀山建城1000周年”奖章	2005年6月30日	授予参加于1941—1945年伟大卫国战争的喀山市居民，曾在1941—1945年伟大卫国战争期间工作不少于6个月或者因在1941—1945年伟大卫国战争中忘我劳动而被授予苏联勋章或奖章的后方劳动者，退休劳动者及为发展喀山市作出重大贡献的公民。
“发展铁路”奖章	2007年7月9日	授予为在俄罗斯联邦发展铁路运输建立功绩和为培养干部，在和旨在提高铁路工作效能科学的其他活动中作出重大贡献的公民。

主要参考文献

1. Всеволодов И. В. *Беседы о фалеристике. Из истории наградных систем*. М. : Вече, 2009.

2. Мурашев Г. А. *Титулы, чины, награды*. М. : Полигон, 2004.

3. Халин К. Е. *Ордена и медали России*. М. : Дом Славянский Книги, 2009.

4. Щеголев К. А. *Современные награды России*. Традиции и преемственность. М. : Вече, 2009.

5. http://award. adm. gov. ru/.

6. http://ru. wikipedia. org.

7. http://www. rossimvolika. ru/gos-nagrady/.

8. http://www. kremlin. ru/.

第七章

美国的功勋荣誉制度

一　概况

美国的功勋荣誉大多源于战争。从两个多世纪前的独立战争到南北战争、两次世界大战，再到至今硝烟未散的伊拉克战争，都成为功勋荣誉制度演进的必不可少的时代背景。在 20 世纪中期以前，美国的功勋荣誉基本上是军事性的，平民荣誉数量极少，已有的专业荣誉也多属民间团体的性质，并没有形成一个完整的国家体系。随着第二次世界大战的结束及国内外形势的发展，美国的非军事荣誉在短期内获得了迅猛的发展。一方面，一些军事荣誉经过修改与完善，逐渐向普通民众倾斜，并最终转化为非军事荣誉；另一方面，包括平民荣誉和专业荣誉在内的非军事荣誉大量涌现，表彰在各行各业作出突出贡献的平民、公务员和专业人士，从而大大激发了美国公民为民族争光、为国家献身的热忱。

经过半个多世纪的发展，美国的功勋荣誉制度已经日臻完善。目前，美国每年颁发的各种国家级荣誉多达上百项，范围涵盖自然科学、社会科学、人文科学、宗教、军事、医学、体育、娱乐等各个领域。其中，有些荣誉（如总统自由勋章和国会金质奖章）早已超越了美国的国界，成为世界闻名的大奖。凡是对美国作出杰出贡献的人，不管是科学家还是学生，不管是高官还是平民，也不管是美国公民还是外国公民，都有机会获得美国政府给予的殊荣。

就奖项的形制而言，美国的功勋荣誉主要包括：勋章（或奖章，medal）、徽章（或佩章，badge）、大奖章（medallion）、十字章（cross）、星章（star）、勋标（citation）、挂条（bar）、肩带（sash）、绶带（或勋带，ribbon）、奖状（certificate）、证书（letter of appreciation）、称号（title）等，统称为表彰（decorations）。其中，勋章在美国功勋荣誉制度中所占的比重最大，用途也最为广泛。

二 历史沿革

（一）美国的军事荣誉

美国军事奖章的历史最早可以追溯至美国宣布独立之前的1756年。当时曾以费城名义授予约翰·阿姆斯特朗上校（后为将军）一枚奖章，以表彰他在基塔宁区（今宾夕法尼亚州）攻打印第安部落战役中的功绩。第一枚真正意义上的军事勋章是独立战争期间颁发的忠诚大奖章（Fidelity Medallion，图7—1），它于1780年根据大陆会议法案设立，表彰那些曾参加过英军少校约翰·安德雷的抓捕行动的士兵。奖章的正面印有“忠诚”字样，背面印有拉丁文 *AMOR PATRIÆ VINCIT*，意为“对祖国的热爱战胜一切”。遗憾的是，这也是该奖章的唯一一次颁发。两年以后，即1782年，为了表彰士兵们在独立战争中的“个人有功行为”，乔治·华盛顿将军在纽约州的纽堡市设立了军事功绩徽章（Badge of Military Merit，图7—2），也就是后来有名的紫心章。当时的徽章其实是一块缝在获奖者制服上的紫色心形织物。独立战争结束后，军事功绩徽章曾一度废止，直到1932年才得以恢复，并正式更名为紫心章。一般认为，军事功绩徽章是美国历史上最早的军事奖章。

图7—1 忠诚大奖章

图7—2 军事功绩徽章（紫心章）

从独立战争结束到第一次世界大战爆发前夕的一百多年间，美国只颁发了数量极少的军事奖章。其中最为著名的当属荣誉勋章（Medal of Honor）。荣誉勋章于1861年由国会设立，授予那些“在战斗中冒生命危险，在义务之外表现出英勇无畏”的军人。它不仅是美国最高级别的军事荣誉，也是唯一一种在南北战争期间设立，并沿用至今的军事奖章。这期间，美国虽然经历了几次对外扩张战争（如美西战争）与南北战争，但是并未在战时设置相应的奖项。直至1905年，美国战争部才集中颁发了一批纪念奖章，如印第安战争章、南北战争纪念章等。其中，南北战争纪念章也是美国颁发的首枚战争服役章。值得一提的是，迫于“镇压印第安民族及其文化”的舆论压力，美国政府后来不得不宣布废止印第安战争章，并着手对这一奖章予以召回和销毁。总体而言，美国早期的军事荣誉多是一次性的，在很大程度上带有纪念的性质。

从20世纪初期开始，美国的军事荣誉制度逐渐走向规范。两次世界大战，特别是第二次世界大战的爆发，极大地促进了美国军事荣誉的发展。这主要体现在以下几个方面。首先，军事奖章的数量和种类较以前均有大幅度的增加。两次大战期间颁发的军事奖章有：海地战役章（Haitian Campaign Medal）、墨西哥服役章（Mexican Service Medal）、越南服役章（Vietnam Service Medal）等。仅在1942年当年，罗斯福总统就签发了三个奖项，分别是美洲防御服役勋章（American Defense Service Medal）、美洲战役勋章（American Campaign Medal）和亚太战役勋章（Asiatic-Pacific Campaign Medal）。军事奖章主要分为四种：战争章、服役章、占领章和胜利章。其中，占领章和胜利章均是新设置的奖项。其次，在原有勋章的基础上，美国增设了十字章和星章，如飞行十字章（Flying Cross）、银星勋章（Silver Star）、铜星勋章（Bronze Star）等。再次，授奖范围由先前较为单一的军种（主要是陆军和海军）扩大到包括海、陆、空、海军陆战队和海岸警备队在内的各个军种。与此同时，美国还设置了专门针对女性的奖项，如陆军妇女工作队服役章（Women's Army Corps Service Medal）等。此外，从第二次世界大战开始，美国政府允许本国官兵接受外国政府所颁发的奖项。

第二次世界大战以后的军事荣誉制度呈多元化趋势。首先，美国继续颁发了一定数量的战争章和服役章，如朝鲜半岛服役章（Korean Service Medal）、科索沃战争章（Kosovo Campaign Medal）、越南战争章（Vietnam Campaign Medal）等。其次，许多军事性部委（如陆军部）在原有的军事荣誉的基础上，增设了一批针对公务员与平民的非军事性奖项，有的甚至演变成了平民奖或专业奖。自20世纪70年代开始，冷战形势趋于缓和，国内外局势发生了巨大的变化。有鉴于此，美国增设了若干以人道主义、自由为名义的奖项，如人道主义服役章（Humanitarian Service Medal）、平民人道主义服役奖（Civilian Award for Humanitarian Service）、自由奖章（Medal of Liberty）等。“9·11”事件发生后，反恐成为美国国家安全和对外政策的重心。为了配合其在全球发动的反恐战争，美国显著增加了这方面的奖章，如全球反恐战争远征章（Global War on Terrorism Expeditionary Medal）、全球反恐战争服役章（Global War on Terrorism Service Medal）、全球反恐战争非军事服役章（Global War on Terrorism Civilian Service Medal）、阿富汗战争章（Afghanistan Campaign Medal）、伊拉克战争章（Iraq Campaign Medal）等。

（二）美国的非军事荣誉

1. 平民荣誉

第二次世界大战结束后，虽然美国在较长时间内奉行冷战思维，却在客观上营造了一个相对和平稳定的国内环境，这无疑为非军事荣誉的发展提供了绝好的契机。在这种形势下，一些军事荣誉经过恢复或修改，实现了自身的“和平转变”。下面以美国目前的两大平民荣誉——国会金质奖章Congnessional Gold Medal和总统自由勋章（Presidential Medal of Freedom）为例，分别予以介绍。国会金质奖章在设立之初，主要奖励曾参与美国独立战争和墨西哥战争的军人。但自19世纪中期开始，该奖章的授予范围逐渐扩大。此间，作曲家欧文·柏林和英国海军医生弗雷德里克·罗斯都曾获得过该奖章。进入20世纪后，国会进一步修改了法案，将授奖范围扩大至文学、体育、航天、外交、娱乐、探险、医药、政治、宗教和科学等诸多领域。2003年7月，美国国会通过决议，决定授予英国首相布莱尔以国会金质奖章，以表彰他自“9·11”恐怖袭击以来对美国的帮助。然而，由于害怕背负“布什哈巴狗”的骂名，布莱尔一直没有接受该奖章。

另一项著名的平民奖——总统自由勋章于1945年由美国总统杜鲁门签发，旨在褒奖在第二次世界大战中作出杰出贡献的美国功臣。但自1952年起，美国政府也开始向在非战争时期保卫美国及盟国安全的有功人员授予这种勋章。1962 年 11 月 28 日，盖洛普机构进行了一项民意调查，其主题是：是否应当设立一个“国家荣誉名录”（National Honors List），用来表彰在科学、文学、艺术、教育、宗教、社区服务及其他方面作出卓越贡献的人。调查结果显示，广大民众及各个党派都赞成设立。于是，在民意调查后不到三个月，即 1963 年肯尼迪总统就下令重设了总统自由勋章，并扩大了授奖范围，包括美国的安全或国家利益、世界和平，以及文化或其他领域等。该勋章的获得者中有宇航员阿姆斯特朗；也有电影演员和歌唱家迪特里克。如今，该勋章的获奖者可以是教师、外交人员、作家、科学家、演员，甚至可以是商业主管，且不限于美国公民。

2. 专业荣誉

早在 18 世纪末期，美国国内就出现了专业的科学技术奖项。1786 年由美国学者协会（American Philosophical Society，APS）设立的麦哲伦奖（Magellanic Premium）是美国历史上最古老的专业技术荣誉，它主要奖励在航行（包括航海、航天和航空）、天文或自然哲学（自然史除外）领域有杰出发现或发明的人士。

美国早期的专业荣誉大多由学会或协会设立。除了上述麦哲伦奖之外，较为著名的还有：美国学者协会的菲利普斯奖（Henry M. Phillips Prize，1888）和富兰克林奖章（Benjamin Franklin Medal，1906）；美国科学促进会的里夫兰奖（Newcomb Cleveland Prize，1923）；美国土木工程协会的诺尔曼奖章（Norman Medal，1872）和克罗斯奖章（Croes Medal，1912）；美国化学协会的普里斯特利金奖（Priestley Medal，1922）；美国艺术与科学学院的拉姆福德奖（Rumford Prize，1839）和艾默里奖（Amory Prize，1931）等。授奖范围涉及科学、人文、艺术、公共服务等多种领域。虽然这些奖项中不乏一些著名的大奖，但是它们均属于民间团体的奖项，不是国家级的科学技术荣誉。直到 1956 年，为纪念诺贝尔奖获得者恩力克·费米对核物理学的贡献，美国政府设立了著名的费米奖，以表彰为和平利用核能作出贡献的各国科学家。费米奖是美国政府设立的历史最悠久的专业奖项之一。

美国科学界的最高荣誉——国家科学奖是 1959 年由美国国会通过法案设立的，目的在于表彰那些在物理学、生物学、数学、工程学、化学、社会科学和行为科学等领域作出突出贡献的科研人员。1980 年，国会又设立了国家技术创新奖，以表彰在科技创新、开发、商业化与管理方面拥有卓越成就的个人、团体或公司。目前，国家科学奖和国家技术创新奖由国家科学技术奖基金会（National Science and Technology Medals Foundation）统一管理。

三　美国功勋荣誉制度的主要内容

（一）军事荣誉

1. 荣誉勋章（Medal of Honor）

图 7—3　陆军荣誉勋章

图 7—4　海军荣誉勋章

图 7—5　空军荣誉勋章

荣誉勋章根据 1862 年国会法设立，是美国政府颁发的级别最高且最难获得的军事勋章。

荣誉勋章为三军通用勋章，但各军种所颁勋章的造型略有不同。其中，陆军荣誉勋章为铜五角星，周围雕绿色珐琅质的月桂环，五角星光芒呈绿色三叶图案，勋章中央为刻有“美利坚合众国”字样的圆环，内雕战争女神的头像。勋章扣环为展翅飞翔的鹰形图案，环上刻有“英勇”字样，背面刻有“国会颁发”的字样及获奖者姓名。（图 7—3）

授予对象是“在战斗中冒生命危险，在义务之外表现出英勇无畏”的军人。获得荣誉勋章的个人必须具备英勇顽强或自我牺牲的事迹，所表现的勇气与大无畏精神必须明显超过他的战友。荣誉勋章由总统亲自颁发。

根据《美国法典》，荣誉勋章的获得者享有以下权利：

（1）可以向美国退伍军人事务部提出申请，将自己的名字列入荣誉勋章名册（Medal of Honor Roll）。列入名册的人员经申请后可以终身享受一定数额的特别养老金和军装补贴，并一次性享受一定数额的交通补贴；

（2）依据国防部第 4515.13－R 号规定，勋章获得者享有空乘的特别资格，即在有空余舱位的情况下，获得者可以免费乘坐军事空运司令部的飞机；

（3）勋章获得者本人及其合法子女持有专门证件，并享有购物与汇率特权；

（4）勋章获得者的合法子女可以不受提名或名额限制由美国各军事学院录取；

（5）依据《美国法典》第 10 编第 3991 号规定，勋章获得者的退休金以 10％的幅度增长；

（6）2002 年 10 月 23 日以后的勋章获得者还可以获颁一面“荣誉勋章旗”（Medal of Honor Flag，图 7—6）。此前的获得者只要在世，也可以获得该旗；

图 7—6　荣誉勋章旗

（7）退休人员可以在“适当”的便装上佩戴荣誉勋章。法律还规定，允许勋章获得者“随意地”穿着军装，但是不得带有政治、商业或极端目的。

关于荣誉勋章，还有两条不成文的规定：

（1）所有军阶的军人（无论其军衔高低）都要向荣誉勋章的获得者敬礼；

（2）获奖者要先于未获奖者受到问候和敬礼。

表 7—1　　1999—2008 年荣誉勋章获得者享有的津贴数额变化

（单位：美元）

年度	1999	2000	2001	2002	2003	2004	2005	2006	2007	2008
交通补贴（一次）	8000	8000	9000	9000	11000	11000	11000	11000	11000	11000
军装补贴（每年）	546	565	580	588	600	616	641	662	677	716
特别养老金（每月）	600	600	600	1000	1000	1027	1069	1104	1129	1194

资料来源：美国退伍军人事务部网站，http：//www. vba. va. gov/bln/21/Rates/special1. htm。

荣誉勋章是美国唯一不能仿制或私自买卖的奖章。2006 年 12 月 20 日实施的《2005 年反窃取英雄荣誉法》（*Stolen Valor Act of 2005*）规定，任何人以口头、书面或身体的形式非法拥有该章，都将受到法律的制裁。非法制作或佩戴该章将依据《美国法典》第 18 编 33 节 704 条被处以 10 万美元的罚款及一年的监禁。

表 7—2　　荣誉勋章在各军种之间的数量分布

陆军	2398
海军	745
空军	13
海军陆战队	297
海岸警备队	1
平民	8

资料来源：http：//www. homeofheroes. com/moh/history/history _ statistics. html。

截至 2008 年 6 月，荣誉勋章共计颁发了 3467 枚，其中有 618 枚是在获得者去世后追授的，19 人获颁两枚荣誉勋章，其中 5 人同时获颁陆、海两军的荣誉勋章。到第二次世界大战以前，不涉及与敌军的直接战斗的行动（绝大多数为救水）也被纳入到授奖范围。这类勋章的数量已达 193

枚。在诸多获奖者中，有先后担任远东美军和太平洋西南战区盟军指挥官的麦克阿瑟将军、领导过战时战略谍报处的多诺万等。荣誉勋章的唯一女性得主是玛丽·霍克，她是南北战争时期的一名随军外科医生。由于荣誉勋章的评审标准相当严格，所以近年来能够获该勋章的美国人寥寥无几。在阿富汗与伊拉克战争中，一共只有5名军人获得荣誉勋章，且都是死后追授的。

2. 模范服役十字勋章（Distinguished Service Cross）

图7—7　陆军模范服役十字勋章

图7—8　海军模范服役十字勋章

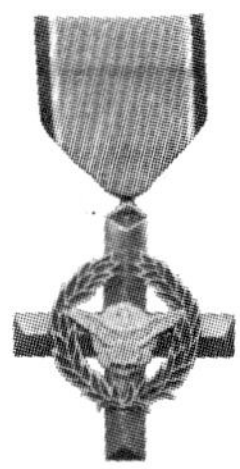

图7—9　空军模范服役十字勋章

模范服役十字勋章在级别上仅次于荣誉勋章，是美国政府颁发的第二大军事奖项。它于1918年1月2日由威尔逊总统设立，最初旨在表彰在与敌对武装力量的战斗中冒着生命危险、表现无比英勇的陆军军人。后来模范服役十字勋章的授予对象是参加与美国的敌人，包括外部敌对势力的斗争，或在国外服役时参加友军与敌军的武装冲突（美国为非参战方时），表现优异但尚不足以获得荣誉勋章的陆军服役人员。

历史上曾经发生过模范服役十字勋章被撤销的情况。这一般有三个原因：第一，勋章被升格为荣誉勋章；第二，两个不同的机构对同一人的同一次行动重复颁发了奖项；第三，勋章的勋标需要重设或修改。

截至2008年，模范服役十字勋章共计颁发了约13400枚。其中，第一次世界大战期间颁发了6309枚，第二次世界大战期间颁发了5000余枚。在众多获得者中，有菲律宾前总统马科斯和艾森豪威尔将军。美军飞行员埃迪·里肯巴克获得过8枚十字勋章，是获得该勋章次数最多的美国军人。

最初的模范服役十字勋章属陆军勋章（图7—7），外形为四片橡树叶的青铜章。后来在海军和空军中又设立了相应的海军十字勋章（图 7—8）和空军十字勋章（图 7—9），造型略有不同。海、陆、空三军的十字勋章均为铜质。其中，陆军勋章高 5 厘米，宽 4.6 厘米。勋章的中间为鹰形图案，下方刻有“英勇”的字样。勋章的背面刻有获奖者的名字，周围环绕着花冠。勋章的绶带宽 3.5 厘米，为蓝、白、红三色。

3. 模范服役奖章（Distinguished Service Medal）

图 7—10　陆军模范服役奖章

图 7—11　海军模范服役奖章

图 7—12　空军模范服役奖章

模范服役奖章是美国政府颁发的最高级别的非英勇类奖项。它于 1918 年 1 月 2 日由威尔逊总统设立，主要表彰自 1917 年 4 月 6 日以来在战时承担重大职责、或在抗击敌军的相关军事行动中为美国政府作出杰出贡献的人。模范服役奖章的名称虽然与模范服役十字勋章相仿，但在级别上要低于模范服役十字勋章。

模范服役奖章既是一项军事奖项，也是一项非军事奖项。作为军事奖项，该奖章分为陆军（1918）、海军（1919）、空军（1960）、海岸警卫队（1949）、国防（1970）和国土安全（2002）六大类。其中，国土安全模范服役奖章是 2002 年 3 月由布什总统新设的，该章取代了 1992 年设立的交通部模范服役奖章。通常，只有陆军军种的模范服役奖章（图 7—10）可以简称为模范服役奖章，其他军种的模范服役奖章则需特别注明。

作为非军事奖项，该章又根据具体的政府部门分为：司法部模范服役奖章、内务部模范服役奖章、国家航天局模范服役奖章、海军部工作人员模范服役奖章、空军部工作人员模范服役奖章等。

陆军版的奖章直径约 3.8 厘米，表面镀金，周围环绕着一圈深蓝色珐琅。正面刻有“模范服役 1782”的字样；背面刻有国旗和武器图案，上方刻有获奖人的姓名。奖章的绶带宽约 3.5 厘米，为红、蓝、白三色。

4. 银星勋章（Silver Star）

图 7—13　银星勋章

银星勋章（图 7—13）在级别上低于模范服役奖章，是美国政府颁发的第三大军事奖项，也是美国第三大英勇类奖项。其前身是 1918 年 7 月 9 日根据国会法设立的勋标星章（Citation Star），主要授予在美国武装力量服役期间作出英勇事迹的个人，具体包括：参加抗击美国敌人的行动；参加对抗国外敌对力量的军事战役；参加武装对抗敌对力量的盟国军事行动（美国为非交战方）。1932 年，该章被重新命名为银星勋章，并于 1942 年获国会法案通过。从此银星勋章也可以授予平民。

据粗略估计，截至 2008 年年底，美国政府共计颁发了 10 万—15 万枚银星勋章。曾在太平洋战区服役的美国第 36 届总统约翰逊曾获得过该勋章。获得勋章次数最多的是大卫·海克渥斯上校，他曾在朝鲜战争和越南战争期间获得过 10 枚勋章。第二次世界大战以来，共有 9 名女性获得过银星勋章，其中包括一名参加过阿富汗战争的女兵。

按照《美国法典》第 18 编第 704 条规定，任何以口头、书面或身体的形式非法拥有该章，或非法佩带、（企图）购买、招购、邮寄、海运、进口、出口、制造、（企图）售卖、做广告、交易或交换该章，都将视为联邦罪，可以处以一定数额的罚款和/或一年的监禁。

该章为金质，直径 3.8 厘米，正面镶有一个呈放射光束状的月桂花冠，中间为一枚银星，直径约 0.5 厘米。勋章的背面刻有“行动英勇”的字样。绶带宽 3.5 厘米，为蓝、白、红三色。

5. 防卫高级服役勋章（Defense Superior Service Medal）

图 7—14　防卫高级服役勋章

防卫高级服役勋章（图 7—14）是美国国防部颁发的高级奖项。它于 1976 年 2 月 6 日由福特总统下令设立，表彰 1976 年以来“在重要职位上作出突出、优异的服务”的美国军官。勋章由国防部长颁发。

勋章呈蓝色的五角图案，上面镶有一只银色展翅的雄鹰，其胸部雕有美国盾的图案，爪中握有三柄相交的银箭。鹰翅上方为 9 颗星组成的半圆，放射出五道银色的光芒。勋章的左下方为月桂枝，右下方为橄榄枝。勋章的背面正中央刻有“国防部长颁发给×××”的字样，外环上刻有“高级服役”的字样。绶带宽 3.49 厘米，为黄、蓝、白、红四色相间。

6. 三军功绩章（Legion of Merit）

图 7—15　三军功绩章

三军功绩章（图 7—15）是美国的第六大军事奖项，也是美国的六大勋章[①]之一。它于 1942 年 7 月 20 日通过国会法案设立，主要表彰在服役期间表现优异或作出突出功绩的人士，授予对象既包括美国军人，也包括外国军人和外国政界人士。

三军功绩章呈绿色的月桂花冠图案，下方缀有一个金色的玫瑰花饰。花冠上镶有一枚镶边的白色五角星，各角的顶端点缀着一个金球。勋章的中心为一个蓝色的圆盘，周围环绕着金色的云朵，圆盘上镶有 13 颗白星，其图案与美国盾徽上的图案一致。各角之间分别是两柄相交的箭。背面的正中央刻有“天佑吾人基业 1782”及“美利坚合众国”的字样。

司令官级	司令级	军官级	士兵级

		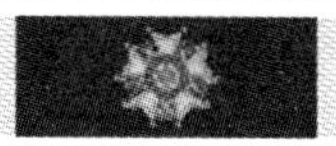	

图 7—16

三军功绩章设有四个级别，分别为司令官级、司令级、军官级和士兵

① 其他的五个勋章是：荣誉勋章、公共安全人员勇气勋章、“9·11”英雄勇气勋章、随军教士英勇勋章和总统自由勋章。

级（图 7—16）。司令官级三军功绩章宽 7.5 厘米，绶带上饰有一个金色横条上的小型金章。司令级三军功绩章宽 5.7 厘米，绶带上饰有一个银色横条上的小型银章。其绶带宽 4.9 厘米，红、白相间。军官级三军功绩章宽 4.8 厘米，造型与司令级大致相同，只不过连接勋章的只有吊环，而没有月桂花冠。其绶带上缀有一个 1.9 厘米宽的小型金章。士兵级三军功绩章的造型与军官级大致相同，不过绶带上没有点缀小型金章。其绶带宽 3.5 厘米，红、白相间。三军绩章是美国唯一一枚分等级的军事奖章。

7. 紫心勋章（Purple Heart）

图 7—17　紫心勋章

图 7—18　紫心勋章的证书

紫心勋章（图 7—17）是美国历史最悠久的军事勋章之一。其前身是独立战争期间颁发的军事功绩徽章（Badge of Military Merit），于 1782 年 8 月 7 日由乔治·华盛顿将军在纽约州的纽堡市设立。当时只有三人被授予这一奖项，而且只有两份保存至今。1932 年 2 月 22 日，为纪念华盛顿诞辰 200 周年，美国政府下令恢复颁发紫心勋章。

紫心勋章以美国总统的名义授予自 1917 年 4 月 5 日以后在主管当局领导下以任何身份于美国武装力量的一个军种服役期间负伤、牺牲或因伤阵亡的美国武装部队成员。军事行动具体包括：抗击美国敌人的任何行动；美国正在参与或已经参与的与外国敌对武装力量作战的任何行动；与盟军一起参与抗击敌对武装力量的作战（美国为非交战方）。伤亡包括：因上述敌人或敌对武装力量所造成的伤亡；因国外敌人所造成的伤亡等。

紫心勋章在 1962 年和 1984 年先后两次扩大授奖范围。自 1973 年 3 月 28 日以后，在针对美国或盟国的国际恐怖袭击中，或作为维和部队成员在美国领土以外伤亡的服役军人也可以获得紫心勋章。多次获得该章者，加授星章或橡树叶束。在获勋者死亡的情况下，可将紫心勋章授予其最亲近的遗属。陆军人事局局长一收到阵亡报告即应办理授勋事宜。与其他军事奖项不同的是，紫心勋章的候选人不需要推荐。只要符合相关条件，即可获得该章。

根据《2005年反窃取英雄荣誉法》的相关规定，任何人以口头、书面或身体的形式非法拥有该章，都将视为联邦罪，从而被处以监禁和/或罚款。

最初的紫心勋章只是一块用织物制成的有银色镶边的紫色心形佩饰。获得者可以将其缝在制服的左胸位置。重设后的紫心勋章由青铜制成，形状和颜色均与此前的标志相同。该章宽约4.3厘米，中央为美国首任总统乔治·华盛顿的侧面头像，头像上方为盾形的华盛顿徽章，勋章的背面同样雕有华盛顿徽章，下方铸有“因军事功绩而颁发”的字样以及获得者的姓名。勋章绶带宽约4.3厘米，为白、紫两色。

8. 铜星勋章（Bronze Star）

铜星勋章（图7—19）于1944年2月4日由罗斯福总统下令设立，授予1941年12月6日以后参加对抗敌人（不含飞行作战）或参加盟国对抗敌对势力的军事行动（美国为非参战方），在行动中表现英勇、功绩卓著的陆军军人。铜星奖章的获得者中有美国前国防部长温伯格、第二次世界大战中在陆军服役的参议员多尔、曾在西欧战场参战的美国前国务卿和总统国家安全助理基辛格等。铜星奖章的得奖者中还有一位法国油漆匠勒内·迪歇，他曾于1943年成功窃取了德国在诺曼底的防御工事计划。

图7—19 铜星勋章

该章为铜质，直径3.8厘米，中央的小铜星直径约0.5厘米。勋章的背面刻有“英勇事迹或功绩”的字样以及获奖人的姓名。勋章的绶带宽3.5厘米，为红、白、蓝三色。

9. 其他军事荣誉

除了上述荣誉以外，美国的军事荣誉还有很多，如飞行十字章、武装部队服役章等。

（二）非军事荣誉

如上所述，美国的非军事荣誉分为两种：一种是平民荣誉，专门授予公务员和普通民众；另一种是专业荣誉，专门授予各个领域的专业人士，如科学、文学、艺术、娱乐、卫生等。

1. 平民奖项

(1) 总统自由勋章（Presidential Medal of Freedom）

图7—20　总统自由勋章

总统自由勋章（图7—20）是由总统颁发的美国最高级别的平民荣誉。它原名为自由勋章（Medal of Freedom），于1945年由美国总统杜鲁门签发，旨在奖励在第二次世界大战中作出杰出贡献的美国军人。1952年起开始对在非战争时期保障美国及盟国安全的有功人员授予该勋章。1963年，肯尼迪总统下令将自由勋章更名为“总统自由勋章”，并扩大评奖范围，包括在美国安全或国家利益、世界和平、文化或其他重要领域作出突出贡献的各界人士。获奖者不限于美国公民。

总统自由勋章的候选人通常由杰出公务员服务奖励理事会（Distinguished Civilian Service Awards Board）向总统推荐，也可以由总统自行选定。人选确定以后，一般在每年的国庆节（7月4日）前后颁发勋章，也可以根据具体情况由总统择机另选时日。

总统自由勋章可以重复颁发，也可以追授。获奖者中包括多任美国总统和第一夫人，如肯尼迪总统、约翰逊总统及其夫人、福特总统及其夫人、卡特总统及其夫人、里根总统及其夫人等。最近一次的颁奖发生在2009年1月。布什总统为了感谢英国前首相布莱尔、哥伦比亚总统乌里韦和澳大利亚前总理霍华德三人在促进世界民主、人权及和平等方面作出的贡献，在白宫授予三人以总统自由勋章。

总统自由勋章为颈章，即通常佩戴于颈部。该勋章为一枚白色珐琅镶金边的五角星，下衬红色五角星。勋章的正中心为绘有13颗金星的圆形蓝色珐琅。勋章的周边还镶有五只展翅的金鹰。勋章的绶带为蓝色镶白条。勋章的获得者同时还获颁一枚小型的总统自由勋章，佩戴于左胸位置。胸章的绶带上缀有一只银色的白头鹰。

除总统自由勋章之外，还有一个特级版的杰出总统自由勋章（Presidential Medal of Freedom with Distinction）。获得者除了要在左胸佩戴总统自由勋章外，还要在右肩至左胯位置佩戴一条大勋带，颜色与总统自由勋章的绶带相同。胸章的绶带上缀有一只金色的白头鹰。

表 7—3 1945—2009 年总统自由勋章的领域分布

领域	数量	领域	数量
经济与金融	22	计算机	4
教育	2	历史	7
医药	10	哲学	2
科学	17	社会学	2
宗教	14	体育	16
人道主义	7	慈善	3
人文艺术：60			
建筑	3	艺术	4
舞蹈	2	电影	23
文学	14	音乐	16
媒体：24			
新闻	11	广播	2
电视	11		
政治与政府：167			
活动家	23	外交	9
环境主义者	6	间谍	8
外国政府首脑	13	美国外交家/政治家	4
法律	7	最高法院法官	6
军事	21	美国内阁成员	19
美国总统夫人	3	国会议员	22
美国总统	5	美国副总统	3
其他政界人士	18		

资料来源：http：//medlibrary. org/medwiki/List _ of _ notable _ Presidential _ Medal _ of _ Freedom _ recipients。

上表显示，总统自由勋章的授予带有浓厚的政治色彩。如果把“政治与政府”中的法律、军事、环境主义者、间谍和最高法院法官这五项忽略不计，那么获奖的政界人士有 119 名，占总数的 1/3 以上。此外，经济与金融、电影、科学、文学、体育、音乐、宗教等领域也是授奖的重要领域。

(2) 总统公民奖章(Presidential Citizens Medal)

总统公民奖章(图 7—21)是美国总统颁发的第二大平民奖,在级别上仅次于总统自由勋章。总统公民奖章于 1969 年 11 月 13 日由尼克松总统设立,1973 年首次颁发,旨在表彰为"国家或国民作出模范事迹或服务"的公民。自设奖之日至今,已有近百人获得过这一奖项。

图 7—21 总统公民奖章

总统公民奖章由包金和珐琅制成,上面镶有一只被橄榄叶花冠簇拥的白头鹰。奖章绶带的颜色为深蓝色,中间为浅蓝色条纹,两边镶有白边。

(3) 总统联邦杰出公务员奖(President's Award for Distinguished Federal Civilian Service)

总统联邦杰出公务员奖是美国联邦政府授予政府工作人员的最高荣誉奖项。它于 1957 年 6 月 27 日由艾森豪威尔总统设立,旨在表彰为国家作出过突出贡献的政府工作人员。候选人最初由杰出公务员服务奖励理事会负责推荐给总统,现改由美国人事管理局局长负责,最后再由总统颁奖。自肯尼迪总统任期起,该奖项每年有 5 个名额。

该奖包括一张证书和一枚金质奖章,奖章的绶带为蓝、白两色,上面缀有玫瑰花饰。

(4) 公共安全人员勇气勋章(Public Safety Officer Medal of Valor)

图 7—22 公共安全人员勇气勋章

公共安全人员勇气勋章(图 7—22)是美国公共安全领域的最高奖

项，在级别上相当于军界的荣誉勋章。公共安全人员勇气勋章设于2001年3月30日，由总统以国会的名义颁发给在公共安全领域表现英勇的人员，包括警察、执法人员、救火人员等。候选人的推荐工作通常由11人组成的勇气勋章评议理事会（Medal of Valor Review Board）负责。此前，美国并没有国家级的针对公共安全人员的奖励，多为州级或地方级。公共安全人员勇气勋章的设立填补了这项空白。事实证明，这项勋章的设立在后来的"9·11"事件中发挥了重要的作用。

勋章由包金和蓝色珐琅制成，形状为一枚倒置的五星。五星的每一角正好构成英文字母"V"，意为"勇气"。勋章的周边由月桂树叶构成的花冠组成。勋章的正中央镶有美国国玺。勋章的背面刻有"超越国家的使命"的字样，中间为获奖人的名字。勋章的上方还有一个镀金花盘，其上镶有为月桂树叶花冠环抱的"V"字。勋章配有一条蓝、白、红相间的颈带，上面的金色条纹代表荣誉。

（5）国会金质奖章（Congressional Gold Medal）

国会金质奖章是由国会颁发的最高级别的军事奖章。该奖章设立之初，主要奖励曾参加美国独立战争和墨西哥战争的军人。自19世纪中期开始，该奖章的授奖范围逐渐扩大。进入20世纪后，国会进一步修改了法案，将授奖范围扩大至文学、体育、航天、外交、娱乐、探险、医药、政治、宗教、科学，甚至人道主义等诸多领域。

国会金质奖章的评选标准十分严格。根据美国法律规定，必须由参议院至少2/3的议员联合提名才能成为奖章候选人，然后在众议院得到至少2/3的议员支持，才最终有资格获得国会金质奖章。美国建国200多年来，约有300余人获得金质奖章。获奖者包括美国国父乔治·华盛顿、已故教皇约翰·保罗二世、印度特雷萨修女、美国前总统里根和福特、人权领袖马丁·路德·金，以及前南非总统曼德拉等。近年来，由于美国推行单边主义，干涉他国内政，该勋章有点变味，甚至出现了获奖者"回避"的事情。2003年，美国决定将国会金质奖章授予时任英国首相的布莱尔，但当时布莱尔因为在伊拉克战争问题上对美国亦步亦趋，在英国国内受到严厉抨击，不得不要求美国取消授勋仪式。2007年，美国还曾向流亡海外的西藏达赖喇嘛颁发了国会金质奖章，遭到中国政府的强烈抗议。

另据法律规定，国会金质奖章不得随意佩戴，而只能作为奖品展示。

由于国会金质奖章由美国铸币局依据获奖人的具体事迹铸造，因而奖章的式样各不相同。

图 7—23　科林・鲍威尔 1991

图 7—24　施瓦茨科普夫将军 1991

图 7—25　谢尔顿将军 2002

表 7—4　　1998—2008 年间国会金质奖章的颁发情况

国会金章获得者	授予日期	职业
纳尔逊・曼德拉	1998 年 7 月 29 日	南非前总统
小石城九学生	1998 年 10 月 21 日	黑人学生
福特总统及其夫人贝蒂	1998 年 10 月 21 日	美国总统
罗莎・帕克斯	1999 年 5 月 4 日	黑人女裁缝
西奥多・赫斯伯格	1999 年 12 月 9 日	美国圣母大学校长
约翰・卡迪纳尔・奥康纳	2000 年 3 月 3 日	纽约教区大主教
查尔斯・舒尔茨	2000 年 6 月 20 日	美国漫画家
约翰・保罗二世	2000 年 7 月 27 日	罗马教皇
里根及其夫人南希	2000 年 7 月 27 日	美国前总统
纳瓦霍编码翻译员	2000 年 12 月 21 日	翻译
亨利・谢尔顿	2002 年 1 月 16 日	将军
托尼・布莱尔	2003 年 7 月 17 日	英国前首相
杰基・罗宾森	2003 年 10 月 23 日	美国非裔棒球选手
多萝西・海特博士	2003 年 12 月 6 日	全美黑色人种妇女协会名誉主席
约瑟夫・德兰等人	2003 年 12 月 15 日	黑人学校校长
马丁・路德・金及其遗孀科雷塔	2004 年 10 月 25 日	美国人权领袖

续表

国会金章获得者	授予日期	职业
塔斯克基飞行员	2006 年 4 月 11 日	飞行员
宗喀巴·罗桑札巴	2006 年 9 月 27 日	第十四世达赖喇嘛
布赖恩·尼尔森	2006 年 10 月 16 日	高尔夫球
诺尔曼·鲍洛格博士	2006 年 12 月 14 日	作物育种家
米高·德贝基	2007 年 10 月 10 日	心脏外科医生
昂山素姬	2008 年 5 月 6 日	缅甸民主运动领袖
康士坦丁·布伦米迪	2008 年 7 月 1 日	意大利艺术家
爱德华·布鲁克三世	2008 年 7 月 1 日	黑人议员

资料来源：美国众议院网站，http：//clerk. house. gov/art _ history/house _ history/goldMedal. html。

由上表可见，从 1998 年至 2008 年，国会金质奖章共计颁发了 24 枚。其中，只有一枚颁发给了美国的亨利·谢尔顿将军，其余的则授予了政治、宗教、绘画、体育、人权、农业、医药等各个行业的人士。

（6）国会银质奖章（Congressional Silver Medal）

正面　　反面

图 7—26　国会银质奖章

国会银质奖章（图 7—26）是美国国会颁发的一项纪念奖，旨在奖励在各行各业有突出表现的公民。奖章由美国财政部专门铸造。首枚国会银质奖章于 1976 年颁发给飞行员查理斯·查克·意格尔，表彰其于 1947 年首次成功超越音速飞行，开创了人类航空史的新纪元。

(7) 国会救生奖章（Congressional Life Saving Medal）

图 7—27　国会救生金章

图 7—28　国会救生银章

国会救生奖章于 1874 年 6 月由国会设立，主要表彰在落水事件、船只失事或其他与水有关的危险中冒着生命危险救助或尽力救助别人的事迹。救助行为须发生在美国的边境或领土范围内。

国会救生奖章分为金质奖章（图 7—27）和银质奖章（图 7—28）两种。金质奖章由纯金打造，级别较高，正面刻有“一级救生章”的字样，背面刻有“1949 年 8 月 4 日国会法”的字样。金质奖章的绶带为金、白、红三色。银质奖章级别较低，正面刻有“二级救生章”的字样，背面刻有“1949 年 8 月 4 日国会法”的字样。银质奖章的绶带为蓝、白两色。

国会救生奖章最初由财政部颁发，现由国土安全部代表海岸警卫队颁发。

(8) 自由奖章（Medal of Liberty）

1986 年，为纪念自由女神像落成一百周年，美国总统里根在制片人大卫·沃尔普的建议下设立了自由奖章（图 7—29），以表彰非美裔的美籍杰出人士。在设奖当年，即有 12 位非美裔人士获奖。由于该章与百年庆典有着紧密的联系，这也是目前为止唯一的一次颁奖。第二次颁奖预计在 2086 年，即自由女神像落成 200 周年之际。

图 7—29　自由奖章

奖章为手工制作的圆形铜质大奖章，直径为 18 厘米。奖章的正面为自由女神像的雕刻家巴托尔迪的半身像，他身体右倾，手持一具自由女神的微型铜像。章上刻有巴托尔迪的名字。

（9）美国荣誉公民证书（Honorary Citizen of the United States）

20世纪中期设立，旨在表彰作出卓越事迹的非美国公民。该证书（图7—30）一般须经过国会通过后，再由总统宣布。截至2008年，已有6人获得了这一荣誉证书，其中包括印度修女特雷萨和英国首相丘吉尔。

图7—30　美国荣誉公民证书

（10）其他

限于篇幅，以上仅简要介绍了美国的几项平民奖。事实上，美国的平民奖五花八门，有几百项之多。

2. 专业荣誉

（1）费米奖（Enrico Fermi Award）

1956年设立，旨在纪念诺贝尔物理学奖获得者费米在物理学及原子能领域取得的突出成绩。费米奖主要奖励在开发、使用与生产能源方面取得杰出成就，并享有很高国际声誉的在世科学家，不限于美国公民。

图7—31　费米奖金质奖章

每年1月31日以前，申请人要将申请材料（包括个人简历和成果目录）和3—6人的推荐函寄给负责评审工作的美国联邦能源部。然后由来自国家实验室、大学和私立研究机构的权威科学家和工程师组成的筛选评议团评估所有申请材料，并向跨部门奖励委员会推荐候选人。该委员会由美国联邦主要研究机构的科学行政高级主管组成，负责审议筛选评议团的推荐，并依程序通过美国能源部科学办公室主任向能源部部长推荐候选人。能源部部长继而向美国总统推荐候选人，最后由美国总统确定获奖人选。

费米奖每年颁奖一次，每年获奖人数1至3人。获奖者将得到一张由美国总统和能源部部长共同签署的奖状、一枚雕有费米像的金质奖章（图7—31）。费米奖设37.5万美元奖金，平均奖给当年的所有获奖者。截至2005年，费米奖共产生了62名获奖者。

（2）国家科学奖（National Medal of Science）

国家科学奖又称美国全国科学奖，是美国科学界的最高奖项，号称“美国的诺贝尔奖”。该奖由美国国会于1959年设立，1962年首次颁发。

主要奖励在物理学、生物学、数学或工程学领域作出突出贡献的科学家。1980年，国会修正了相关法案，将授奖范围扩大到行为科学或社会科学领域。

国家科学奖有六大评奖标准：①个人工作对化学、物理学、生物学、社会科学或行为科学、数学或工程学的学科现状具有总体性的影响；②个人成就对科学思想的发展具有非同寻常的潜在影响；③对科学和工程学的整体推动有特别突出的事迹，特别是在对科学内容作出重要贡献的情况下；④对创新和产业有所贡献；⑤通过出版物、教育活动、扩大服务项目、指导等对教育有所影响；⑥必须是美国公民或已经申请美国公民的永久居民。

图7—32　国家科学奖奖章

国家科学院和其他的国家科学与工程机构负责国家科学奖的推荐工作。评奖前一年6月30号之前，推荐机构应将被推荐人（名额不限）的推荐材料和3封推荐信寄给负责评审工作的国家科学奖章评选委员会。委员会由总统委任的12位科学家和工程师组成，负责对候选人进行评选，然后将评选结果上报美国国会，最后由美国总统确定最终人选。

奖章由美国总统亲自颁发，每年颁发一次，获奖名额不能超过20名。截至2008年，已有449位科学家和工程师获得这一奖章，其中包括陈省身、吴健雄、朱经武、杨振宁、丘成桐等9位华人科学家。

该奖章的正面绘有大地、海洋和天空，中间的沙滩上跪着一个沉思着的人，他手中的水晶代表永恒的秩序，同时也暗含生物的基本组成单位之意。沙上的公式则象征科学的抽象性。奖章的周边刻有“国家科学奖章”的字样。（图7—32）

（3）国家技术创新奖（National Medal of Technology and Innovation）

原名“国家技术奖”（National Medal of Technology），于1980年由国会设立，1985年首次颁发。2007年8月，美国总统布什签署了COMPETES（创造机会发挥技术、教育和科学优势）法案，对原“技术创新法案”的第16节进行了修正，并将该奖章更名为“国家技术创新奖”。该奖主要授予在先进

图7—33　国家技术创新奖奖章

技术和提高美国的技术竞争能力方面作出杰出贡献的人士，奖励范围包括产品与工艺发明、技术转让、先进制造技术、技术管理、人力资源开发以及环保技术等领域。

国家技术创新奖的奖励对象既可以是个人，也可以是团体或企业。个人必须是美国公民，企业必须由美国公民拥有超过50%的股份或资产。商务部下属的专利商标局负责候选人的遴选工作，然后提交至评审委员会。评审委员会负责对候选人的评审，并向商务部长推荐获奖人选，再由商务部长本人向总统推荐。最终的获奖者还要接受美国联邦调查局的安全审查。

该奖每年颁发一次，每次获奖名额不超过10名。截至2007年，已有146位个人和14家公司获得过国家技术与创新奖章。获奖的个人一般是著名公司的创始人或总裁，如微软公司的比尔·盖茨、美国生物技术制药公司的首席执政官文森特等，获奖的企业则包括摩托罗拉、IBM、AT&T、宝洁公司、贝尔试验室等。

该奖章为铜质，直径为7.6厘米。奖章的正面绘有一名技术专家，其手心折射出一支光束，象征技术与创新过程的投入与产出。周围刻有“国家技术与创新奖章”的字样。奖章的背面是一只抓着橄榄枝和箭的老鹰，周围刻有“美国总统颁发”的字样和获奖者的名字。（图7—33）

（4）总统杰出青年学者奖（Presidential Early Career Award for Scientists and Engineers）

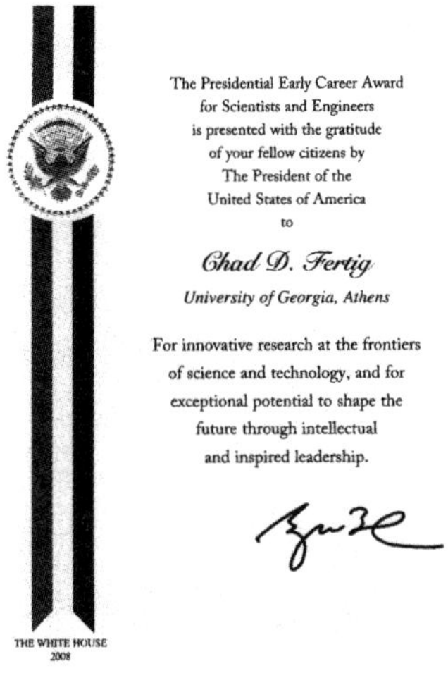

图7—34　总统杰出青年学者奖

总统杰出青年学者奖（图 7—34）又称“青年科学家总统奖”，1996 年 2 月由美国总统克林顿设立，主要授予在生物、医学、物理等科学技术领域取得突出科研成就的青年科学家，意在培养后备科研力量，保持美国科技在世界上的领先地位。授予对象包括取得博士学位不久、有固定工作岗位的从事科学与技术研究的青年科学家和工程师，需要是美国公民或在美永久居民。

该奖每年评选一次，获奖者每次不超过 60 名。获奖者在 5 年内享有 50 万美元的研究资助，并且终身只能获得一次。共有 11 个联邦政府部门参与该奖的推荐工作，包括农业部、商务部、国防部、能源部、卫生部、退伍兵事务部、交通部、国家宇航局、环境保护部、国家科学基金会和国家科学与技术理事会等。美国国家科学技术委员会负责协调相关部门进行评审。美国科学基金会、卫生部等联邦机构按照一定的比例向美国总统推荐各自部门的候选人，最后由总统确定最终人选。

（5）杰出数学与科学教育总统奖（Presidential Award for Excellence in Mathematics and Science Teaching）

1983 年由国会通过法案设立，授予对象包括幼儿园、小学及中学的优秀数学或科学教师。每年共有 108 个名额，分别从 50 个州及 4 个管辖权范围（哥伦比亚特区、波多黎各、国防部附属学校和美国若干境外领土）各选出数学或科学教师 2 人（一名小学教师、一名初高中教师）。参选者必须是全职教师，且至少要有 5 年的教学经验，由同事、学校管理者、学生或学生家长提名。各州协调人负责将提名提交给国家选拔委员会，然后由国家科学基金会进行审议。获奖者将得到国家科学基金会授予的 1 万美元奖金及一张总统签名的奖状。其中两名获奖者还将被送往华盛顿参加为期一周的颁奖和职业发展活动。

自设立之日起，美国已有近 4000 名中小学教师获得了这一奖项。

图 7—35　国家人文科学奖章

（6）国家人文科学奖章（National Humanities Medal）

国家人文科学奖章（图 7—35）的前身是 1988 年由美国国家人文基金会（National Endowment for the Humanities，NEH）设立的查尔斯·弗兰克尔奖（Charles Frankel Prize），旨在奖励为增进公众对人文科学的理解作出突出贡献的人。1997年，该奖更名为国家人文科学奖章，并拓展了授奖范围。它主要奖励在以下三个方面作出卓越贡献的个人或组织：加深美国人对于人文科学的理解；促进美国公民对于人文科学的参与；帮助美国公民拓展重要人文资源的存取途径。

该奖项每年有12个名额。截至2008年，共产生了96位获奖者。

(7) 国家艺术奖章（National Medal of Arts）

图7—36 国家艺术奖章

1984年由国会通过法案设立，是美国政府授予艺术家和艺术赞助者的最高奖项。国家艺术奖章主要授予在支持美国优秀艺术的发展，提高其实用性等方面作出特别贡献的个人或团体。授奖范围包括艺术、艺术教育、手工艺、舞蹈、绘画、电影、图形/产品设计、室内设计、园林建筑、文学、古典和流行音乐、绘画、广告、摄影、版画、雕塑、戏剧、城市设计等广泛的领域。(图7—36)

国家艺术奖章是一项终身成就奖，由国家人文基金会负责获奖者的遴选工作，由总统颁发奖章。到目前为止到目前为止，共有250多名影视、表演及文学艺术领域的艺术家获得这一殊荣。

该章为银质，正面雕有六个跳舞的人像及“国家艺术奖章”的字样，背面铸有“美国”的字样以及获奖者的名字。

图7—37 国家图书奖

(8) 国家图书奖（National Book Awards）

美国国家图书奖（图7—37）是美国文学界的最高荣誉之一。美国国家图书奖是由美国出版商协会、美国书商协会和图书制造商协会于1950年3月16日联合设立的，每年颁奖一次。其宗旨在于提升大众对优秀美国文学作品的认识，并在整体上促进阅读风气。它是美国文学界最重要的奖项，也是出版界的盛典。

1964年后，美国国家图书奖非小说奖进一步划分为文艺、历史与传记、科学、哲学与宗教类最佳作品奖。1965年增加了翻译作品奖。1969年又增设了儿童文学奖。1972年开始颁发当代事务、当代思想、当前热点等最佳作品奖。1980年曾进一步区分小说的精装本及平装本最佳作品奖。同时为了鼓励新人，增设了处女作小说奖。从1984年奖项骤然减少。如今，美国国家图书奖的评奖主要分为小说、非小说、诗歌和青年文学四类作品。每类作品由一个小组负责评选，每个小组由五人组成，其中包括一位主席，由国家图书基金会选出。每类作品将选取最佳的五本入围最后的决赛。而每种类型中，最终的获奖者将得到 1 万美元的奖金和一尊铜像，其他 16 位获得提名者也将各获得 1000 美元的奖金和一枚奖章。

四 美国近年来授予功勋荣誉的情况

（一）近年来美国功勋荣誉的设奖情况

2001 年“9·11”事件发生后，反恐成为美国国家安全和对外政策的重心。为了配合其在全球发动的反恐战争，从 2003 年起，美国增设了一系列这方面的奖章，如全球反恐战争远征章、全球反恐战争服役章、全球反恐战争非军事服役章、阿富汗战争章、伊拉克战争章等。与此同时，一些原有的奖章也针对反恐行动进行了多次授奖。据不完全统计，在伊拉克战争和阿富汗战争中，银星勋章就曾以反恐的名义颁出了近 400 枚。[①] 2001 年所设的公共安全人员勇气勋章同样发端于“9·11”事件，它已经成为公共安全领域的最高奖项。

（二）近年来美国功勋荣誉的颁奖情况

为了进一步了解美国近年来功勋荣誉的授予情况，下面分别选择军事荣誉、平民荣誉和专业荣誉领域的三个奖项加以说明。

1. 军事荣誉——荣誉勋章

从表 7—5 可以看出，荣誉勋章视需要而颁发，并没有严格的时间限制。勋章亦没有等级之分，上至将军，下至士兵，都可以获得该章。勋章的颁发一般针对美国曾参加过的几大战争，且大部分都是死后追授的。国会荣誉勋章协会（Congressional Medal of Honor Society）的统计数字表

---

① 资料来源：http：//www.homeofheroes.com/valor/08 _ WOT/ss _ GWOT/01 _ main.html。

明[①]，近年来，少数民族获得荣誉勋章的比例也在不断攀升。在所颁的3467枚勋章中，非裔美国人有87枚；西裔美国人有41枚；亚裔美国人有31枚；原住民有22枚，约占总数的5%。

表7—5　　荣誉勋章近年来的颁发情况

姓名	军衔	所在机构	参加战争	时间	性质
爱德·弗里曼	上尉	陆军	越南战争	2001年7月16日	
安德鲁·史密斯	下士	陆军	南北战争		追授
西奥多·罗斯福	中校	陆军	美西战争		追授
本·萨洛蒙	上尉	陆军	第二次世界大战	2002年5月1日	追授
乔恩·斯万森	上尉	陆军	越南战争		追授
亨伯特·范思哲	上尉	陆军	越南战争	2002年7月8日	追授
詹森·敦汉姆	下士	海军陆战队	伊拉克战争	2005年1月11日	追授
保罗·史密斯	上士	陆军	伊拉克战争	2005年4月4日	追授
迪波尔·鲁宾	下士	陆军	朝鲜战争	2005年9月23日	
布鲁斯·克兰德	少校	陆军	越南战争	2007年2月28日	
迈克尔·墨菲	上尉	海军	阿富汗战争	2007年10月22日	追授
伍德罗·凯伯	军士长	陆军	朝鲜战争	2008年3月3日	追授
迈克尔·蒙苏尔	警卫官	海军	伊拉克战争	2008年4月8日	追授
麦金尼斯·罗斯	一等兵	陆军	伊拉克战争	2008年6月2日	追授

资料来源：http://www.homeofheroes.com/moh/history/history_statistics.html。

2. 平民荣誉——总统自由勋章

表7—6　　总统自由勋章近5年的颁发情况

总统自由勋章获得者	职业	授予日期
鲁思·约翰逊·科尔文	作家	2006年12月15日
诺曼·弗朗西斯	路易斯安那重建署主席	
保罗·约翰逊	历史学家	
赖利·比·比·金	非裔音乐家	

① 资料来源：http://www.cmohs.org/society-faq.php。

续表

总统自由勋章获得者	职业	授予日期
乔舒亚·莱德伯格	洛克菲勒大学名誉校长	2006年12月15日
大卫·麦卡洛夫	作家	
诺曼·峰田	美国运输部长	
约翰·奥尼尔	非裔棒球队员	
威廉·萨菲尔	语言学家	
纳坦·夏兰斯基	以色列前内阁成员	
加里·贝克尔	经济学家	2007年11月5日
奥斯卡—埃利亚斯—比塞特	古巴医生	
弗朗西斯·柯林斯	人类基因组计划主任	
本杰明·胡克斯	全国有色人种协进会的前执行董事	
亨利·海德	前国际关系委员会主席	
布赖恩·莱姆	美国有线—卫星公共事务电视网主席	
哈伯·李	作家	
埃伦·约翰逊·瑟里夫	利比里亚总统	
彼得·佩斯	美国参谋长联席会议主席	2008年6月19日
唐娜·沙拉拉	美国前卫生公众服务部部长	
劳伦斯·希伯曼	联邦上诉法院哥伦比亚特区高级法官	
托尼·布莱尔	英国前首相	2009年1月13日
约翰·霍华德	澳大利亚前总理	
阿尔瓦罗·乌里韦·贝莱斯	哥伦比亚总统	
本杰明·卡森	神经外科医生	
安东尼·福奇	全国免疫和传染疾病研究所主任	
汤姆·兰托斯	国会众议员	

资料来源：美国参议院网站，http：//www. senate. gov/pagelayout/reference/two _ column _ table/Presidential _ Medal _ of _ Freedom _ Recipients. htm。

上表显示，近年来总统自由勋章的领域分布较为广泛，涉及政治、经济、文学、医学、传媒、语言等多个领域，几乎已经完全脱离了原来的军事色彩。政府人员，特别是外国政府人员在其中占有较大比例，这也在一定程度上反映了其日趋明显的国际化倾向。

3. 专业荣誉——国家科学奖

表 7—7　　2000—2007 年国家科学奖的学科分布

年份＼学科	化学	物理学	生物学	工程学	数学与计算机科学	行为科学与社会科学	总计
2000	2	3	3	1	2	1	12
2001	2	3	6	1	2	1	15
2002	1	3	2	1	1	0	8
2003	0	2	3	1	1	1	8
2004	1	1	3	1	1	1	8
2005	1	2	2	1	1	1	8
2006	3	1	2	1	1	0	8
2007	1	2	2	1	2	0	8
总计	11	17	23	8	11	5	75

资料来源：http：//www. nationalmedals. org/medals/laureates. php。

近年来，生物学、物理学、化学，以及数学与计算机科学依然是国家科学奖的重要获奖领域。行为科学与社会科学领域相对较弱。另据美国国家科学基金会的统计，20 世纪 90 年代以来，获得国家科学奖的女性呈上升趋势，共有 21 名，占历史上所有女性获奖者（32 名）的 66％。

五　美国功勋荣誉制度的特点及趋势

（一）美国功勋荣誉制度的主要特点

美国功勋荣誉制度的完全确立相对较晚，只有短短半个多世纪的时间。它与众多历史悠久的欧洲国家相比，呈现出以下不同的特点。

1. 功勋荣誉一般由总统和国会颁发

美国是总统制国家，其功勋荣誉主要由两大部分组成：一种是总统奖；另一种是国会奖。总统奖的设立通常是通过颁发总统令的形式，战争期间的战争章和服役章多由总统颁发。而在和平年代，总统也会颁发其他名义的奖项，如人道主义、反恐等。国会奖一般是通过国会立法的形式产生的。虽然国会在战争期间也颁发军事奖项，但这一职能正在逐渐向平民转化。无论是总统奖还是国会奖，都具有严格的法律效力，并受到法律的特别保护。

2. 功勋荣誉大多没有等级之分

美国的功勋荣誉基本上是不分等级的。以专业荣誉为例，无论是最高级别的国家科学奖，还是历史最悠久的费米奖，都不设等级。这意味着，凡是对美国作出杰出贡献的人，不管是科学家还是学生，不管是高官还是平民，也不管是美国公民还是外国公民，都有机会获得美国政府给予的殊荣。目前，三军功绩章是美国唯一分等级的奖项，它包括司令官、司令、军官和士兵四个级别。

3. 功勋荣誉侧重精神鼓励

大体上，美国的功勋荣誉制度比较重视精神激励，而轻视物质奖励。国家科学奖和国家技术奖堪称美国科学技术界的诺贝尔奖，却都不设奖金，只颁发一枚奖章，以表彰科学技术人员在各自领域所作出的贡献。美国历史最悠久的费米奖也只设了 37.5 万美元的奖金额，如果同一年有多人得奖，那么他们将平分这一奖金。

（二）美国功勋荣誉制度的发展趋势

1. 颁奖主体日益多样化

除了总统和国会以外，第二次世界大战以来，各大部委也纷纷加入到设奖颁奖的行列中，如国防部、能源部、司法部、商务部、交通部、航空航天局、国土安全部等。每个部门下设多个奖项，奖励在情报、交通、商业、航空、公共安全、环境保护等领域有突出成就的人士。2007 年，美国国务院设立了国际妇女勇气奖（International Women of Courage Award），奖励在社会公平与妇女权益方面作出突出事迹的各国妇女领导人，这也是美国国务院在其历史上的首次设奖。

2. 军事荣誉与非军事荣誉相互交织

第二次世界大战以来，美国的军事荣誉不断地向非军事荣誉渗透，有的甚至演变成了非军事荣誉，如上面提到的国会金质奖章和总统自由勋章。另外，许多非军事荣誉并不限于平民和公务员，同时可以颁发给军人。在很多情况下，两种奖章可以同时佩戴，互不矛盾。这两类荣誉互相交织、互相渗透，构成了一个覆盖面极广、渗透性极高的功勋荣誉体系，激励着一代又一代美国人积极进取、锐意创新。

3. 国际化趋势增强

近年来，美国荣誉奖项的设置与颁发均呈现出明显的国际化趋势。这表现在，奖项的授奖对象大多不限于美国公民，而是面向全世界。这些奖项中不乏最高级别的军事奖、平民奖和专业奖。例如，在荣誉勋章的获得者中，就有61名加拿大人。根据荣誉勋章的有关规定，任何人，不论其国籍如何，只要在美军中服役过并有杰出事迹的，就有机会获得荣誉勋章。

六　美国的院士制度

美国的院士制度也是一种重要的功勋荣誉制度。它由美国国家联合研究院（The National Academies）下属的国家科学院、国家工程院、医学科学院等一系列的院士制度组成。

（一）美国的院士制度

美国国家联合研究院院士制度是美国的国家院士制度。美国国家联合研究院是一个松散性组织，而不是实体性组织。它包括三个相对独立的机构和一个管理机构：美国国家科学院（National Academy of Sciences，NAS）、美国国家工程院（National Academy of Engineering，NAE）、美国医学科学院（Institute of Medicine，IM）、国家研究理事会（National Research Council，NRC）。它们的相互关系是：国家科学院和国家工程院的理事会协作治理国家研究理事会，并委托国家研究理事会的执行理事会履行治理职责。国家研究理事会的执行理事会成员由国家科学院、国家工程院和医学科学院的部分院士担任。国家科学院的理事会还负责美国国家联合研究院的管理工作。国家工程院和医学科学院的院士参加NRC的工作。目前，美国国家联合研究院的院士总数接近6000人。

1. 美国国家科学院（The National Academy of Sciences）

美国国家科学院是美国科学界荣誉性及政府咨询机构，英文简称NAS。1863年3月3日根据林肯总统签署的国会法令建立。它不是政府部门，而是民间的、非营利的、科学家的荣誉性自治组织，其下不设研究机构。以国家研究委员会（NRC）为执行机构，其工作程序通常是由美国国会专门委员会授权或由联邦政府部门提出，由国家研究委员会的管理委员会确定所承担的关于当代科技问题的研究项目，并组织国家科学院及国家工程院、医学研究院和全国其他专家组成专门委员会、小组进行研究并作出答复。

美国国家科学院的职能是：针对意义重大且亟待解决的国家问题组织召开座谈会，为政府提供科学技术方面的咨询和建议，出版《美国国家科学院学报》，促进科学技术的发展和运用科学技术为公众服务。

美国国家科学院下设 6 个学团、31 个学部，分别是：（1）数理科学学团：包括数学；天文学；物理学；化学；地质学；地球物理学等 6 个学部；（2）生物科学学团：包括生物化学；细胞与发育生物学；生理科学；神经生物学；遗传学；种群生物学；进化与生态学等 9 个学部；（3）工程及应用科学学团：包括工程学；应用生物学；应用物理和数学科学等 4 个学部；（4）生物医学学团：包括医学遗传学、血液学和肿瘤学；医学生理学及代谢；医学微生物学与免疫学等 4 个学部；（5）行为及社会科学学团：包括人类学、心理学、社会和政治学、经济科学等 4 个学部；（6）应用生物学、农业及环境科学学团：包括动物、营养及应用微生物学；植物、土壤及微生物学；环境科学与生态学；人类环境科学等 4 个学部。

美国国家科学院由院士、名誉院士与外籍非正式院士（须取得美国国籍）组成。每年 4 月在华盛顿召开一次年会。美国国家科学院规定每年当选的新院士总数不超过 60 名，外籍非正式院士不超过 15 名。对多数美国的科学家来说，他们能够得到的最高荣誉，除诺贝尔奖之外，就是当选为美国国家科学院的院士。

截至 2010 年 7 月，国家科学院大约有 2100 名院士和 380 名外籍院士。中国目前有六位美国科学院“外籍院士”，他们是：华罗庚（1984 年，数学家），他是美国国家科学院成立以来获得这个荣誉称号的首位中国科学家；贾兰坡（1994 年，中国科学院院士、古脊椎动物与人类研究所研究员）；袁隆平（2007 年，中国工程院院士、杂交水稻专家）；白春礼（2007 年，纳米技术专家）；张启发（2007 年，中国科学院院士、华中农业大学生命科学技术学院院长）和李爱珍（2007 年，中国科学院上海微系统与信息技术研究所研究员）。李爱珍是获得美国科学院外籍院士荣誉的第一位中国女科学家，也是唯一一个在国内没有院士头衔的科学家。

国家科学院院长经由选举产生，任期由理事会确立，一期最长为6年，可以连任一届，但最多不超过两届，且年龄不超过70岁。学团主任由选举产生，任期3年，可以连任一届。

为鼓励院士们进一步研究，美国科学院设立了荣誉奖励制度。在科学院所设立的各类奖项中，奖金数额一般为1万美元，低的约五六千美元（如微生物奖），高的可达5万美元（如朗斯伯利生物与医学成就奖）。其中，设于1914年的公共福利奖是科学院的最高荣誉奖，表彰那些把科技知识应用于公共福利事业并作出突出贡献的人员。它只颁发一枚铜质奖牌，没有奖金。各奖的评选周期也有差异。多数为一年一次，有的则2—4年评选一次。绝大多数奖一次只有一名获奖者。全科学院每年有15名左右的学者、教授或研究人员获此殊荣。这些奖项在一年一度的国家科学院年会上颁发。

2. 美国国家工程院（The National Academy of Engineering）

美国国家工程院成立于1964年12月，是一个民间的非营利组织。其任务是向联邦政府提供咨询，并进行独立的研究以完成在工程和技术领域的重要课题。作为国家联合研究院的成员之一，工程院与科学院等机构一起服务于国家的重要学术任务。美国工程院是美国工程科技界最高级别的学术机构，也是世界上较有影响的工程院之一。当选美国国家工程院院士是工程领域专家的最高专业荣誉之一。

美国工程院院士由同行（通常是工程院士）选举产生，至2008年，美国国家工程院院士已达2227名，外籍院士达到194名。他们在大量的跨越工程、技术和生活质量等相关领域，提供专业性领导或指导。目前，中国在美国工程院有近20名“外籍院士”，其中包括中国工程院的院士宋健、徐匡迪等。

美国工程院通过对国家研究理事会所提出的研究项目和课题任务进行研究，从而为联邦政府提供相关领域的政策建议。通常一年中，它要完成由国家研究理事会所提出的超过900项任务。

除了执行NRC提出的任务外，它也用自己的基金进行独立的研究。这些研究项目主要集中在工程和技术方面，它们有重要的经济和社会价值。美国工程院项目办公室经常联合美国科学联合会的其他成员共同进行研究、举办论坛和公共信息宣传活动。

国家工程院的主要关注领域包括工程技术人员的多样化、工程技术和环境保护、工程技术教育、在工程技术教育领域的高级学术基金、工程技术、经济与社会，工程技术伦理和社会、工程技术前沿问题、加强公众对工程技术的理解、工程技术术语/K12 工程技术教育、医学/公共关系等。

美国工程院为鼓励院士的研究，共设戈登奖（Gordon Prize）、拉斯奖（Russ Prize）和查尔斯·德雷珀奖（Charles Stark Draper Prize）三个奖项，并称“工程科学的诺贝尔奖”，是工程人员所能获得的最高荣誉。这三大奖项的奖金均为 50 万美元，是目前美国乃至世界上奖金最高的大奖之一。其中，戈登奖得主个人及其所在机构平分 50 万美元。拉斯奖得主除了 50 万美元现金以外，还可另外得到一枚大奖章。而德雷珀奖则由个人独得 50 万美元。

3. 美国医学科学院（Institute of Medicine）

美国医学科学院成立于 1970 年，是一个非营利性的非政府组织，为美国国家联合研究院的一部分。其涉及领域主要是生命医学和健康事业，也包括相关的行为社会学、人类学、管理学、法学、物理学和工程学。美国医学科学院被认为是国家在分析人类卫生健康相关领域问题时进行决策的主要依据。

美国医学科学院的工作主要集中于有关委员会的报告或研究，其主题涵盖广泛，从国家医疗保护的质量，到国家天花种痘接种预防方案；从国家卫生科学院（NIH）的主要议题到保障国家食品供应。委员会的组成委员要尽量避免偏见和利益冲突。医学科学院出具的每份报告都要经过外部专家组严格的匿名审议和评估。只有当报告出版之后，这些专家的名字才能披露。医学科学院的主要目标是通过综合和分析相关的证据资料来形成独立的结论，从而为国家政策制定者提供参考。医学科学院的研究和活动大多是联邦政府委托并资助的。私人企业、基金会、地方政府也可以研究提出请求。

医学科学院既是一个政策研究组织，也是一个荣誉性的院士组织。它的院士主要依靠以下方式来选择，即他们的专业成就及其所履行的职责，不仅包括研究领域，也包括另外一些在卫生健康领域的执行重要任务的实践性行为。

美国医学科学院特别规定每年选举不超过 65 位新院士。新当选的院士名单在每年 10 月份的美国医学科学院年会上宣布。截至目前，医学科学院的正式院士加上外籍院士大约共有 1600 名。我国有三位当选美国医学科学院的外籍院士。他们是：巴德年（1999 年，北京协和医科大学教授、中国工程院院士）、陈竺（2007 年，上海交通大学教授、分子生物学家）和刘德培（2008 年，中国协和医科大学教授、中国工程院副院长）。章程规定，在美国医学科学院的院士中，至少要有四分之一来自卫生健康学科之外，诸如自然科学、社会科学、行为科学、法律、行政管理等领域。

（二）美国院士制度的特点与经验总结

关于美国的院士制度，中国人民大学的顾海兵教授等人曾在 2004 年作出过很好的总结，现将其有关观点整理如下。

1. 是松散性组织，不是实体性组织

美国的科学院、工程院和医科院都是美国国家联合研究院的其中一个组成部分。它们没有专门的研究实体，只拥有院士，其大部分研究项目交由专门的管理机构——国家研究理事会承担管理。换句话说，国家研究理事会是科学院、工程院和医科院的主要代理机构，为政府、公众和科学工程团体提供服务。

以国家科学院为例，科学院下只设有少数几个委员会，其中两个是：国际安全和军控委员会和人权委员会。它的主要工作是：召开学术性会议，出版《国家科学院学报》，授予奖章和颁发奖品，而不再直接承担项目研究工作。所以无论从名称和还是从职能上看，美国只有松散性的科学院，这与我国目前大而全的科学院体制大为不同。相对于松散性机构而言，大而全的实体机构在科学细分的今天已日益显示出其臃肿老态之势。

2. 只是荣誉称号，没有实体性权利和义务

美国的科学院、工程院和医科院这三个机构由院士（members）、荣誉退休院士（members emeritus）和外籍院士（foreign associates）构成。院士和外籍院士是根据他们在原创性研究中取得的卓越成就被选入科学院的。科学院对院士的管理具有以下特点：

（1）院士是自愿而非义务参加院里的活动。几乎没有院士担任国家科学院的全日制工作，院士自愿参加科学院和研究理事会的工作。科学院只是邀请和鼓励院士参加它的活动，它对院士没有规定正式的院士义务。院士辞职时应向内务部长提出，内务部长汇报给理事会，经过 2/3 以上理事会成员同意后批准。辞职的院士要在其辞职 4 年后才能申请恢复院士

资格。

（2）院士没有工资，只有补贴。科学院的院士没有工资。科学院对院士为科学院所作的工作不给予报酬。院士参与科学院的活动是自愿的。科学院只提供食宿费和差旅费。

（3）院士必须交会费。院士每年向科学院缴纳会费，数额由理事会决定。连续三年未交会费的院士将转成荣誉退休院士。荣誉退休院士没有选举院士和选举高级管理人员的投票权。美国没有具有实体权利义务的院士，院士只是一种荣誉称号。

3. 不是最高荣誉，只是最高荣誉之一

根据美国国家科学院的网站介绍，科学院院士或外籍院士被认为是美国科学家或工程师的最高荣誉之一。院士是根据他们在原创性研究中取得的卓越成就被选入科学院的。但是，由于美国科研体制的分散性，除了国家科学院以外，有很多机构的科研人员也是国内一流的人才。比如在著名的斯坦福国际咨询研究所，其理事会的50多名成员是来自企业界、科技界、教育界和政界的知名人士。作为类似于哈佛大学的世界知名大学的学者也是极高的荣誉。从这个意义上说，科学院的院士只是最高荣誉之一，而不是最高荣誉。有学者认为，在学术领域里设置一个最高的职衔，不仅会削弱学术人员的创新动力，还会阻碍他人的超越。

4. 独立于政府的自我管理机构

尽管美国国家科学院由美国联邦政府创立，为美国政府提供科学技术方面的咨询服务，但它却是独立于政府的自我管理机构。它是一个民间的而不是政府的机构。它没有年度的国会资金拨款，政府是以单独合同和津贴的方式支持科学院。科学院与政府签订合同并得到拨款的项目占其全部工作的70%。准公共机构、私营公司和基金会也可以赞助科学院承担的项目。政府部门的专家参加科学院的研究工作受到严格的限制，需要满足下列条件：与发起研究项目的政府部门和项目有关决策者没有关系，不会受到项目研究成果的直接影响。

由于科学院独立于政府，在经济上不依附于联邦政府，不受政府部门的行政性领导，能够自我管理，这减少了政府部门干预科学院研究工作的可能性，使得科学院能够更加客观地反映科学技术发展的要求，提供符合公众和国家利益的研究成果。

七 附表

附表 7—1

奖章名称	英文名称	设置时间	授予对象	颁发数量	表彰形式
荣誉勋章	Medal of Honor	1862 年	在战斗中冒生命危险，在义务之外表现出英勇无畏的军人	3467 枚（截至 2008 年）	奖章；“荣誉勋章旗”
模范服役十字勋章	Distinguished Service Cross	1918 年 1 月 2 日	参加与美国的敌人，包括外部敌对势力的斗争、或在国外服役时参加友军与敌军的武装冲突（美国为非参战方时），表现优异但尚不足以获得荣誉勋章的陆军服役人员	13400 枚（截至 2008 年）	奖章
模范服役奖章	Distinguished Service Medal	1918 年 1 月 2 日	自 1917 年 4 月 6 日以来在战时承担重大职责、或在抗击敌军的相关军事行动中对美国政府作出杰出贡献的人	不详	奖章
银星勋章	Silver Star	1918 年 7 月 9 日；1932 年重设	参加抗击美国敌人的行动；参加对抗国外敌对力量的军事战役；参加武装对抗敌对力量的盟国军事行动（美国为非交战方）	10 万—15 万枚（截至 2008 年）	奖章
防卫高级服役勋章	Defense Superior Service Medal	1976 年 2 月 6 日	1976 年以来“在重要职位上作出突出、优异的服务”的美国军官	不详	奖章

续表

奖章名称	英文名称	设置时间	授予对象	颁发数量	表彰形式
三军功绩章	Legion of Merit	1942年7月20日	在服役期间表现优异或作出突出功绩的人士，既包括美国军人，也包括外国军人和外国政界人士	不详	奖章
紫心勋章	Purple Heart	1782年8月7日；1932年重设	自1917年4月5日以后在主管当局领导下以任何身份于美国武装力量的一个军种服役期间负伤、牺牲或因伤阵亡的美国武装部队成员	不详	奖章；证书
铜星勋章	Bronze Star	1944年	1941年12月6日以后参加对抗敌人（不含飞行作战）或参加盟国对抗敌对势力的军事行动（美国为非参战方），在行动中表现英勇、功绩卓著的陆军军人	不详	奖章
总统自由勋章	Presidential Medal of Freedom	1945年；1963年重设	在美国安全或国家利益、世界和平、文化或其他重要领域作出突出贡献的各界人士，不限于美国公民	357枚	奖章
总统公民奖章	Presidential Citizens Medal	1969年11月13日	为“国家或国民作出模范事迹或服务”的公民	约100枚	奖章
总统联邦杰出公务员奖	President's Award for Distinguished Federal Civilian Service	1957年6月27日	为国家作出过突出贡献的政府工作人员	约270人	奖章；证书

续表

奖章名称	英文名称	设置时间	授予对象	颁发数量	表彰形式
公共安全人员勇气勋章	Public Safety Officer Medal of Valor	2001 年 3 月 30 日	在公共安全领域表现勇敢的人员，包括警察、执法人员、救火人员等	不详	奖章
国会金质奖章	Congressional Gold Medal	18 世纪末	文学、体育、航天、外交、娱乐、探险、医药、政治、宗教、科学，甚至人道主义等诸多领域	约 300 人	奖章
国会银质奖章	Congressional Silver Medal	1976 年	在各行各业有突出表现的公民	不详	奖章
国会救生奖章	Congressional Life Saving Medal	1874 年 6 月	在落水事件、船只失事或其他与水有关的危险中冒着生命危险救助或尽力救助别人的事迹	不详	奖章
自由奖章	Medal of Liberty	1986 年	非美裔的美籍杰出人士	12 枚	奖章
美国荣誉公民	Honorary Citizen of the United States	20 世纪中期	作出卓越事迹的非美国公民	6 人（截至 2008 年）	证书
费米奖	Enrico Fermi Award	1956 年	在开发、使用与生产能源方面取得杰出成就，并享有很高国际声誉的在世科学家，不限于美国公民。	62 人（截至 2005 年）	奖章；奖状；37.5 万美元奖金

续表

奖章名称	英文名称	设置时间	授予对象	颁发数量	表彰形式
国家科学奖	National Medal of Science	1959年	在物理学、生物学、数学或工程学、行为科学或社会科学领域作出突出贡献的科学家	449人(截至2008年)	奖章
国家技术创新奖	National Medal of Technology and Innovation	1980年；2007年重设	在先进技术和提高美国的技术竞争能力方面作出杰出贡献的人士，奖励范围包括产品与工艺发明、技术转让、先进制造技术、技术管理、人力资源开发以及环保技术等领域。可以是个人，也可以是团体或企业	146位个人和14家公司(截至2007年)	奖章
总统杰出青年学者奖	Presidential Early Career Award for Scientists and Engineers	1996年2月	在生物、医学、物理等科学技术领域取得突出科研成就的青年科学家	约700人	证书；50万美元奖金
杰出数学与科学教育总统奖	Presidential Award for Excellence in Mathematics and Science Teaching	1983年	幼儿园、小学及中学的优秀数学或科学教师	约4000人	奖状；1万美元奖金

续表

奖章名称	英文名称	设置时间	授予对象	颁发数量	表彰形式
国家人文科学奖章	National Humanities Medal	1988 年；1997 年重设	在以下三个方面作出卓越贡献的个人或组织：加深美国人对于人文科学的理解；促进美国公民对于人文科学的参与；帮助美国公民拓展重要人文资源的存取途径	96 人（截至 2008 年）	奖章
国家艺术奖章	National Medal of Arts	1984 年	在支持美国优秀艺术的发展，提高其实用性等方面作出特别贡献的个人或团体	约 250 人	奖章
国家图书奖	National Book Awards	1950 年 3 月 16 日	前一年在美国出版的优秀文学作品，包括小说、非小说、诗歌和青年文学四类	不详	铜像；1 万美元奖金

主要参考文献

1. *Handbook of Scientific and Technical Awards in the United States and Canada，1900—1952*. Special Libraries Association. Science-Technology Division. New York：Special Libraries Association，1956.

2. http：//clerk. house. gov/art _ history/house _ history/goldMedal. html.

3. http：//en. wikipedia. org/wiki/Emmy _ Award.

4. http：//www7. nationalacademies. org/archives/nasfounding. html.

5. http：//www. gruntsmilitary. com/.

6. http：//www. iom. edu/.

7. http：//www. nas. edu/.

8. http：//www. nasonline. org/.

9. http：//www. nae. edu/nae/naehome. nsf.

10. http：//www. nasonline. org/.

11. http：//www. nationalbook. org/.

12. http：//www. nationalbook. org/nba. html.

13. http：//www. nationmaster. com/encyclopedia/Honorary-Citizen-of-the-United-States.

14. http：//www. nea. gov/honors/medals/.

15. http：//www. nea. gov/honors/medals/medalsfacts. html.

16. http：//www. nsf. gov/.

17. http：//www. paemst. org/controllers/home. cfc? method = view.

18. http：//www. pulitzer. org/.

19. http：//www. sc. doe. gov/fermi/.

20. http：//www. sedu. org. cn/n594041/n594196/n594338/index. html.

21. http：//www. usamilitarymedals. com/.

22. http：//www. uspto. gov/nmti/general _ info. html.

23. http：//www. vba. va. gov/VBA/.

24. 顾海兵、金开安：《借鉴美国经验改革我国院士制度》，《复旦教育论坛》2004 年第 2 卷第 3 期。

25. 余瀛波、徐建红：《美国：从战争中走来的荣誉制度》，《法制日报》2008 年 1 月 18 日。

26. 亦明："美国国家科学院成立始末"，http：//www. china. com. cn/chinese/feature/389605. htm。

27. http：//www. cmohs. org/.

28. http：//en. wikipedia. org/wiki/Medal _ of _ honor.

29. http：//en. wikipedia. org/wiki/Distinguished _ Service _ Cross _ (United _ States) .

30. http：//en. wikipedia. org/wiki/Distinguished _ Service _ Medal _ (United _ States) .

31. http：//en. wikipedia. org/wiki/Silver _ star.

32. http：//www. gruntsmilitary. com/dsupserv. shtml.

33. http：//en. wikipedia. org/wiki/Legion _ of _ Merit.

34. http：//en. wikipedia. org/wiki/Purple _ Heart.

35. http：//en. wikipedia. org/wiki/Bronze _ Star _ Medal.

36. http：//en. wikipedia. org/wiki/Presidential _ Medal _ of _ Freedom.

37. http：//en. wikipedia. org/wiki/Presidential _ Citizens _ Medal.

38. http：//en. wikipedia. org/wiki/President%27s _ Award _ for _ Distinguished _ Federal _ Civilian _ Service.

39. http：//en. wikipedia. org/wiki/Public _ Safety _ Officer _ Medal _ of _ Valor.

40. http：//en. wikipedia. org/wiki/Congressional _ Gold _ Medal.

41. http：//en. wikipedia. org/wiki/Congressional _ Silver _ Medal.

42. http：//en. wikipedia. org/wiki/Congressional _ Life _ Saving _ Medal.

43. http：//en. wikipedia. org/wiki/Medal _ of _ Liberty.

44. http：//en. wikipedia. org/wiki/Honorary _ citizen _ of _ the _ united _ states.

45. http：//en. wikipedia. org/wiki/National _ Medal _ of _ Science.

46. http：//en. wikipedia. org/wiki/National _ Medal _ of _ Technology.

47. http：//en. wikipedia. org/wiki/PECASE.

48. http：//www. neh. gov/whoweare/nationalmedals. html.

49. http：//www. nea. gov/honors/medals/.

第 八 章

日本的功勋荣誉制度

一　概况

（一）日本的功勋荣誉制度

日本有完整的功勋荣誉制度，该制度始于日本明治时代（1868—1911）之初，历经大正（1912—1926）与昭和时代（1926—1989）逐渐定型，成为持续百年以上的国策。进入21世纪后，随着社会的发展和需求，日本对功勋荣誉制度进行了调整和改革，使之更臻完善。在现代日本社会的运行与管理中，该制度受到社会各界的广泛关注，发挥着引领社会风尚的重要作用。

日本的功勋荣誉制度主要由三个层面构成，一是国家级的功勋荣誉制度，二是各级政府部门的荣誉表彰制度，三是自治团体及公益事业团体等的荣誉表彰制度。

国家级的功勋荣誉制度主要包括授位阶、授勋章和授奖章三大内容，表彰对象是对国家和社会有突出贡献之人。各级政府部门的荣誉表彰制度主要面向主管范围内的工作领域，设立荣誉奖项，表彰工作成绩卓越之人。自治团体及公益事业团体的荣誉表彰制度在维护社会正常运行，应对突发事件，及鼓励人们积极投身于公共事业方面发挥着重要作用。尤其是消防团等自治团体，在应对地震、水灾、火灾等灾难方面，更是有不可替代的重要作用。对在抢险救灾中有突出表现的团体、个人以及在社会慈善事业和公益事业中有突出贡献之人进行表彰，是日本荣誉表彰制度的重要组成部分。

(二)日本功勋荣誉制度的历史沿革

日本功勋制度有悠久的历史。早在律令制时期(公元7—10世纪),日本就曾出现过12个等级的勋位制度,表彰对国家有卓越贡献之人。该制度的出现与中国古代文化有一定的关系。到了平安时代(794—1185)末期,勋位制度被废除,代之而出现的是日本幕府政府的君主以颁发奖状和赏赐兵器、甲胄、茶具、衣服等形式表彰有功之人。这些奖状和所赐之物虽无勋位的功能,也同样流传后世,成了子孙显示先祖功勋的证据,也记录了日本中世纪(12—16世纪)功勋荣誉制度的历史。

到了明治时代(1868—1912),日本模仿西欧重建勋位制度,制作功勋荣誉奖章,表彰对国家有贡献之人。明治4年,即公元1871年的10月15日,明治政府向当时的立法院"左院"发文,要求左院考虑建立"赏牌"(即勋章)制度。在左院的提议下,1873年3月,法学家、教育家细川润次郎等5人开始着手调查研究,收集各国有关勋位勋章的资料,为日本建立功勋荣誉制度做准备。1875年4月,明治政府以太政官布告形式公布了"制定赏牌从军牌"(太政官布告54号)文件,确立了日本的勋位等级和"赏牌"颁发制度,向为国家事务作出了突出贡献者授一至八等级的勋位和分属于各等级勋位的"赏牌"。该文件成了日本近代建立国家功勋荣誉制度的开端,现代日本功勋荣誉制度中使用的"旭日勋章",就是由该文件中规定的"赏牌"发展而来。

1875年年末,有栖川宫帜仁亲王等10名皇族成为明治时代功勋荣誉制度成立后首批获得勋位和"赏牌"之人。1876年,即功勋荣誉制度建立后的第二年,皇族之外的人士和外国人士也开始被授予勋位和"赏牌"。同年10月,明治政府设立"赏勋事务局",12月,"赏勋事务局"更名为"赏勋局",专门掌管授勋位、勋章的事务。此后,日本历经大正时代(1912—1926)、昭和时代(1926—1989)直至目前的平成时代,政府行政机构多次发生变更,但"赏勋局"作为政府内的行政机构一直延续,由此可见日本历届政府对国家功勋荣誉制度的重视。

同样是在1876年,日本将"赏牌"改为勋章,将"从军牌"改为"从军纪念章",并根据天皇诏书,在一等勋位中设了最高级别的"大勋位",与"大勋位"对应,制定了"菊花章"和"菊花大绶章"等勋章。

1881年12月,日本在勋章之外又增设奖章项目,公布了"奖章条例”（明治14年太政官布告第63号），制定“红绶带奖章”、“绿绶带奖章”和“蓝绶带奖章”，以奖章的形式表彰为社会作出了贡献之人。

1888年，为进一步完善功勋荣誉制度，日本又增设了“宝冠章”和“瑞宝章”，同时在“旭日大绶章”中增设了最高等级的“旭日桐花大绶章”，在“菊花大绶章”中增设了最高等级的“菊花章颈饰”。

明治时代是日本发展史上的重要时代。1868年明治维新提出的一系列改革措施促进了日本的现代化和西化，使日本迅速走向富强。改革者当局以“富国强兵”为口号，企图建立一个能同西方并驾齐驱的国家，结果导致了主张对外扩张的军国主义的出现。在这一思想的影响下，1890年日本在国家的功勋荣誉制度中增设了“金鵄勋章”，分七个级别。与其他功勋奖章不同，“金鵄勋章”的授予对象必须是军人，而且必须是立有战功的军人。

1937年，日本在国家功勋荣誉制度中增加了“文化勋章”，表彰在文化方面成绩卓著之人。至此，自1875年明治政府公布“制定赏牌从军牌”，设立功勋荣誉制度之后，历经半个世纪和多次增设，基本上完成了国家功勋荣誉制度，建立了对政界、军界、文化界及社会各界卓越人士的表彰方法。不过，这一制度的起步源自日本的富国强兵政策，完成时期也处在对外扩张侵略的战争时期，因而该制度曾长期服务于错误的国策。如1874年率日本军队出兵台湾的西乡从道以及美国人李仙得（Charles W. Le Gendre或译李让礼、李善得，1830—1899）、法国人波索纳德（Gustave Emile Boissonade de Fontarabie，1825—1910）等外国人均因支持日本的对外侵略政策而被授以勋位，并获得勋章。“金鵄勋章”设立之后，在中日甲午战争、日俄战争、第一次世界大战、侵华战争和第二次世界大战等对外侵略战争中大约颁发出了90余万枚，其数量之多以致后来政府无法支付规定中应当颁发的抚恤金。这些情况表明，该制度被错误地运用于对外侵略政策上时，给日本社会的发展带来巨大的负担和损失。

1945年8月15日，日本宣布无条件投降，结束了对外侵略扩张的历史。战败之后，在美军的直接参与下，日本政体实施了彻底的改革。伴随新宪法的诞生，1946年，日本也改革了自明治时代以来一直实施的国家功勋荣誉制度，除了保留对文化人士和对外国人的授勋外，对社会各界人士实施表彰的“生存者授勋”制度和专为立有战功的军人设立的“金鵄勋章”被废除，同时还废除了因获得勋章而享有的各种特权，让国家的功勋荣誉制度服务于和平事业和经济建设。

1953年，日本政府根据战后经济社会形势发展的需要，开始考虑恢复面向全国各行各业卓越人士的授勋表彰活动，其直接原因是这一年日本自然灾害频发，各地暴雨成灾，表彰抢险救灾活动中有突出贡献的人士以及战后日本经济复兴中有突出贡献的社会各界人士成了日本政府需要面对的问题。8月18日的日本内阁会议认为，应当重新恢复对“生存者授勋”的制度，并拟出方案，提交国会审议。日本政府的这次内阁会议决议，拉开了战后日本全面恢复国家功勋荣誉制度的序幕。

1963年7月12日，日本内阁会议做出决定，恢复对“生存者授勋”的制度，大规模表彰在新的历史时期长期坚持从事某一社会工作、并为社会作出了突出成就的社会各界人士。1964年4月21日，日本公布了新的授勋标准。29日，发布了战后第一次授勋令，对全国各行各业的卓越人士实施授勋表彰。自此，战后日本国家级的功勋荣誉表彰活动正式展开，每年的春秋两季，日本都会发布授勋令，举行大规模的授勋活动，并受到全民关注。

二 日本国家级功勋荣誉制度

日本国家级的功勋荣誉制度主要由授位阶、授勋章和授奖章三部分组成。以下简要论述这三部分的内容。

（一）位阶的授予

“位阶”原指官职的品级，如今在日本演化为对有功者的表彰。

日本的位阶制度源自中国，有1400余年的历史。公元603年，圣德太子实施国家政体改革时，按管理才能和功绩将官位分为十二个等级。这是日本历史上第一次出现位阶现象。此后，经过多次变革，在公元8世纪初，位阶作为制度被固定下来。

位阶制度的出现在日本历史的发展进程中有其积极的作用。由于该制度与官职连在一起，打破了依据血缘或势力分配官职的做法，使优秀的人才得到适当的任用，防止了官职的世袭。而且，位阶的授予权集中在天皇手中，也有助于日本建立权力高度集中的国家体制。

8 世纪初的日本大宝律令和养老律令规定，皇族的亲王分 4 个位阶，有特殊地位的诸王分 14 个位阶，臣下分 30 个位阶。根据位阶的不同任不同的官职，穿不同的衣服，享受不同的待遇。这种位阶制度实行了大约半个世纪后，开始暴露出种种问题，到了平安时代初期就已成了空壳，到了 1871 年（明治 4 年）被宣布废除。

1887 年，一直以西方为参照物实施政体改革的明治政府认为位阶制度有积极意义，遂决定重新恢复位阶制度，并颁布了新的“授位条例”（法律号码：明治 20 年勅令第 10 号）。按照新的条例，日本的位阶从正一位到从八位共分为 16 个等级，减少了明治之前过于烦琐的等级划分，并扩大了授位阶对象的范围，无论华族还是普通民众，只要为国家作出了突出贡献，有值得表彰的功绩，均可以授予位阶。条例还规定，从四位以上享受华族礼遇，从一位相当于公爵，正二位相当于侯爵，从二位相当于伯爵，正从三位相当于子爵，正从四位相当于男爵。

明治政府 1887 年的这一规定，有明显效仿近代西方国家功勋荣誉制度的痕迹，使日本的位阶制度随时代的改变发生了新的变化。

1926 年，在“授位条例”实行了近 40 年后，日本又公布了“位阶令”（法律号码：大正 15 年 10 月 21 日勅令第 325 号），将授位阶列入国家功勋荣誉制度之中，并明确规定，位阶只授予臣民，不授予皇族。而被授予位阶的必须是日本人，一旦失去日本国籍，所授位阶也会自然失去。这与勋章和奖章的授予规定有很大不同。自此，日本的国家功勋荣誉制度就有了“授位阶”、“授勋章”和“授奖章”三大内容。

此时公布的位阶令的另一大改革是突出了位阶授予的荣誉表彰性质与意义。在授予对象的问题上，过去的位阶条例先强调身份，再注重为国家做的贡献，新的位阶令则先强调为国家作的贡献，再看身份等条件。

1945 年以后，日本的位阶授予活动也同授勋活动一样一度被停止，在决定恢复功勋荣誉表彰活动的 1964 年得到恢复，但将授予对象限定在已故人身上。即战后日本荣誉制度中的位阶授予活动，主要目的是追悼已亡故的有功之人，对其生前所作的贡献给予表彰。这种做法一直持续到现在。

在日本，授勋章和授奖章的活动，由内阁府的赏勋局专门掌管，而授位阶的活动由内阁府的大臣官房人事科掌管。位阶的授予对象，包括各级政府官员、议员、消防官员、消防队员、教员、警察、自卫队员等。

位阶的授予通常在当事人死后由生前所属部门或家属在一周至一个月内提出，由于位阶是对长期从事公务活动之人的表彰，因而各行业在资格认定上都有最低工作年限的规定，所授位阶也视对国家及所从事的工作领域的贡献而定。例如在 1948 年到 2006 年期间，日本授出的最高位阶是“正二位”，共有 21 人获此殊荣。其中内阁总理大臣有 13 位，包括 2004 年逝世的铃木善幸首相和 2006 年逝世的桥本龙太郎首相，其余的或是最高法院院长，或是内阁成员，或是宫内府高官。地方上的官员和普通人士被授予的位阶相对较低，如北海道沼田町吉田俊一任 36 年议员，2007 年逝世后被授予的位阶是“正六位”。长冈技术科学大学校长内田安三 2004 年逝世后被授予的位阶是“正四位”。滋贺大学名誉教授吉井典章 2007 年逝世后被授予的位阶是“从四位”。东京都板桥区常盘台车站的巡警宫本邦彦在 2007 年为救一名女子身亡后被授予的位阶是“正七位”。

位阶的授予由于仅限定在已故去的对国家及社会作出了突出成绩的人士，是由死者家属或死者生前所属部门及时申请、随时颁布的表彰，因而在日本的功勋荣誉制度中并不是定时的、大规模的活动。定时的、大规模的、受全民各行各业关注的国家功勋荣誉表彰活动是“授勋章”和“授奖章”活动，亦称对“生存者”的授勋活动。

（二）勋章的授予

1. 勋章的种类与授予对象

目前，日本设立的勋章有六大类 22 个类别。

六大类是“菊花章”、“桐花章”、“旭日章”、“瑞宝章”、“宝冠章”和“文化勋章”。六大类所含 22 个类别的勋章的名称如下。

“菊花章”是“大勋位菊花章”（Supreme Orders of the Chrysanthemum）的简称，分“大勋位菊花章颈饰”（Collar of the Supreme Order of the Chrysanthemum）和“大勋位菊花大绶章”（Grand Cordon of the Supreme Order of the Chrysanthemum）两个类别。

“桐花章”是桐花大绶章（Grand Cordon of the Order of the Paulownia Flowewrs）的简称，只有一个类别。

“旭日章”（Orders of the Rising Sun）分“旭日大绶章”（Grand Cordon of the Order of the Rising Sun）、“旭日重光章”（The Order of the Rising Sun, Gold and Silver Star）、“旭日中绶章”（The Order of the Rising Sun, Gold Rays with Neck Ribbon)、“旭日小绶章”（The Order of the Rising Sun, Gold Rays with Rosette)、“旭日双光章”（The Order of the Rising Sun, Gold and Silver Rays）和“旭日单光章”（The Order of the Rising Sun, Silver Rays）六个类别。

“瑞宝章”（Orders of the Sacred Treasure）分“瑞宝大绶章”（Grand Cordon of the Order of the Sacred Treasure)、“瑞宝重光章”（The Order of the Sacred Treasure, Gold and Silver Star)、“瑞宝中绶章”（The Order of the Sacred Treasure, Gold Rays with Neck Ribbon)、“瑞宝小绶章”（The Order of the Sacred Treasure, Gold Rays with Rosette)、“瑞宝双光章”（The Order of the Sacred Treasure, Gold and Silver Rays）和“瑞宝单光章”（The Order of the Sacred Treasure, Silver Rays）六个类别。

“宝冠章”（Orders of the Precious Crown）分“宝冠大绶章”（Grand Cordon of the Order of the Precious Crown)、“宝冠牡丹章”（The Order of the Precious Crown, Peony)、“宝冠白蝶章”（The Order of the Precious Crown, Butterfly)、“宝冠藤花章”（The Order of the Precious Crown, Wistaria)、“宝冠杏叶章”（The Order of the Precious Crown, Apricot）和“宝冠波光章”（The Order of the Precious Crown, Ripple）六个类别。

“文化勋章”（Order of Culture）只有一种，不再分类别。

日本六大类勋章授予对象如下。

（1）菊花章

设立于1876年，为日本最高级别的荣誉勋章。其中“大勋位菊花章颈饰”（1888）为顶级勋章，授予对象从已获得了“大勋位菊花大绶章”者中产生，表彰对象虽说是为国家作出了突出贡献之人，但从1945年以后“大勋位菊花章颈饰”授予的对象上看，该勋章主要授予国家元首。因为截至2008年，日本获得“大勋位菊花章颈饰”的人只有1989年继位的明仁天皇一人。在外国元首中，获此殊荣的有英国女皇伊丽莎白二世、泰国国王普密蓬、美国第三十四任总统艾森豪威尔等人。在授予外国元首时，该勋章可直接授予，不必是“大勋位菊花大绶章”的获得者。

“大勋位菊花大绶章”设立于1876年，是仅次于“大勋位菊花章颈饰”的勋章。授予对象是作出了超出获旭日大绶章或瑞宝大绶章功绩之人，1945年以后，授予对象主要是任职超过两年的内阁总理大臣、长期担任最高法院院长职务之人等。此外，皇族、外国元首也是授予对象。宝冠章是日本为女性设立的专用勋章，如果外国元首是女王或女性时，可以授“大勋位菊花大绶章”。

1945年以后，日本获“大勋位菊花大绶章”殊荣的有21人。其中有明仁亲王（现在的日本天皇）等皇族7人，长期担任最高法院院长的田中耕太郎一人和内阁总理大臣13人。

（2）桐花章

设立于1888年，在勋章等级中次于“菊花章”。该勋章原本是“旭日章”中的最高级别，名称为“勋一等旭日桐花大绶章”，2003年改革功勋荣誉制度时从“旭日章”中剥离出来，表彰比获得“旭日大绶章”和“瑞宝大绶章”功劳成绩等更为突出的人士。

在2003年的改革之前，“旭日桐花大绶章”的授予对象是内阁总理大臣、众议院或参议院议长和最高法院院长，即国家行政、议会和司法最高负责人中作出了优秀成绩之人。实施改革之后，为国家的发展作出了特别重大贡献的实业家也成为该勋章授予的对象。因而，该勋章也是民间人士可以获得的最高级别的勋章。2003年改革之后，获得“桐花大绶章”的三权最高负责人有山口繁（最高法院院长）、村山富市（内阁总理大臣）、町田显（最高法院院长）、仓田宽之（参议院议长）、井上裕（参议院议长）5人。民间人士中有二人获得该项殊荣，一个是平岩外四，另一个是丰田章一郎，这二人均为日本经济团体联合会会长。此外，还有二位美国驻日大使也获得了“桐花大绶章”，对他们在任时为发展日美友好事业作出的努力给予了最高级别的肯定。

（3）旭日章

设立于1775年，是日本设立最早的勋章，授予对象是“对国家和公共事业有功之人”，主要着眼于社会各领域的功绩，表彰那些功绩卓著之人。如有功于国际社会的稳定和发展之人；有功于实现适当纳税之人；有功于振兴学校教育或社会教育之人；有功于振兴文化或体育事业之人；有功于振兴科学技术之人；有功于提高或增进社会福祉之人；有功于提高或增进国民健康或公众卫生之人；有功于改善劳动者工作环境之人；有功于环境保护之人；从事农业、林业、水产业、商业、矿业、工业、信息通信业、建筑业、房地产业、金融保险业、服务业的工作，努力发展经济及产业，有功于公益事业之人；从事律师、公证会计师等业务，有功于公益事业之人；从事新闻、广播等报道业务，有功于公益事业之人；从事电气、煤气、运输等公益事业，有功于增进公众福祉之人；其他各类有功于公益事业之人。

“旭日章”共分六个类别，授何等勋章一般会参照候选人职务的重要性、功绩的大小、影响力的大小等情况而定。担任高级公职人员所授的勋章级别较高，级别低的公职人员所授勋章级别也会相应降低。例如，最高等级“旭日大绶章”的授予对象是担任过内阁总理大臣、众议院议长、参议院议长和最高法院院长且功绩卓著之人。担任过国务大臣、内阁官房副长官、副大臣、众议院副议长、参议院副议长、最高法院法官等职，且功绩显著者授“旭日重光章”或“旭日大绶章”。

担任大臣政务官、长官政务官、众议院常任委员、参议院常任委员、国会议员且功绩卓著者授“旭日中绶章”或“旭日重光章”。

担任都道府县[①]知事之职且功劳卓著者授“旭日中绶章”或“旭日重光章”。市长、特别区的区长且功劳显著者授“旭日重光章”、“旭日小绶章”或“旭日中绶章”。任町长、村长之职，且功劳显著者授“旭日单绶章”、“旭日双光章”或“旭日小绶章”。

担任都道府县议会议员、市议会议员、特别区议会议员之职，且功绩显著者授“旭日单光章”、“旭日双光章”、“旭日小绶章”或“旭日中绶章”。担任町村议会议员之职，且功绩显著者授“旭日单光章”或“旭日双光章”。

从事公益事业的团体的负责人也根据其贡献大小、影响力等授予不同的勋章。如担任全国性团体组织负责人，且功绩卓著者授“旭日小绶章”或“旭日中绶章”。在都道府县区域内开展活动的团体负责人，且功绩显著者授“旭日双光章”。在全国或都道府县区域内开展活动的团体，且显著成绩的干部授“旭日双光章”。在市町村区域内开展活动的团体的负责人，且成绩突出者授“旭日单光章”。

对于企业的负责人，根据在企业内任职务的情况以及对经济社会发展贡献的大小，授予的勋章的等级也有所不同。如对经济社会的发展有巨大贡献，在企业内担任最高负责人，授“旭日中绶章”。对经济社会的发展有重大贡献的企业负责人，授“旭日小绶章”或“旭日中绶章”。在国际

① 都、道、府、县和市、町、村是日本的行政区名称。

社会知名度高、技术先进的企业负责人，授“旭日小绶章”。

此外，在风灾、水灾、火灾、地震等自然灾害发生时，冒着生命危险抢险救灾或在灾后重建中成绩突出的人士、冒着生命危险抓捕现行犯人等防治犯罪发生的人士、从事有生命危险的工作并以身殉职的人士，以及其他有突出功绩的人士也可以获得不同类别的旭日奖。

（4）瑞宝章

设立于1888年，表彰常年从事公务事业，并且作出了突出成绩之人。该勋章设立初期，授予对象只限定从事公务的男性，即作出成绩的政府官员。1892年，随着勋章条例的改变，有四位民间人士获得“勋四等瑞宝章”，自此以后，民间的杰出人物也成为该勋章授予的对象。1919年以后，该勋章也为女性敞开大门。战后日本恢复功勋荣誉表彰活动后，瑞宝章的授予对象依然涵盖政府官员和民间人士，并且不分男性和女性。

瑞宝章最初从“勋一等瑞宝章”到“勋八等瑞宝章”共分八个等级，2003年以后改为六个类别，各类别名称与旭日章统一。授予对象除长年从事国家及地方公务的公职人士之外，在教育部门直接从事教育或研究之人、在各种设施中直接从事社会福祉之人、直接从事医疗或保健指导之人、受调停委员、保护局、民生委员等国家或地方公共团体的委托开展工作之人、从事高危工作之人、在精神或肉体上处于明显辛苦环境中工作之人以及在不受人重视的领域里工作之人等，是该勋章的授予对象。

对公职人员的授勋，一般要参考职务的高低、履行公职的难易程度、所担负之责的重要性等。对于公认的特别重要的职务的负责人，且作出了优异成绩者，授“瑞宝重光章”以上的勋章；对公认的重要职务的负责人，且成绩优秀者，授“瑞宝小绶章”以上的勋章；其余职务的负责人授“瑞宝单光章”以上的勋章。

2003年以后，有10位人士获得瑞宝章的顶级勋章“瑞宝大绶章”。他们是国际司法法院副院长小田兹（2003）、九州大学校长和田光史（2003）、大藏事务次长小粥正巳（2004）、内阁法制局局长工藤敦夫（2004）、检察院院长吉永佑介（2004）、土肥孝治（2004）、京都大学校长井村裕夫（2005）、日本银行行长松下康雄（2005）、早稻田大学校长西原春夫（2007）、侍从长渡边允（2008）。

（5）宝冠章

设立于1888年，授予对象目前仅限于皇族中的女性和外国女性。

在旧的日本勋章制度中，“旭日章”的授予对象为男性，“宝冠章”的授予对象为女性，从“勋一等”到“勋五等”分为五个等级。1896年又增添了三个等级，成为八个等级。其中最高级别的“勋一等宝冠章”，授予对象仅限于皇族中的女子、明治天皇、大正天皇的生母和嫁入皇室的女性，是一种非常特殊的勋章。

2003年以后，由于旭日章的授予对象扩大到女性，宝冠章遂成为仅面向皇族中的女子和外国女性的勋章，勋章等级也由八级改为六个类别。

宝冠章的授予对象为皇族女性时，皇后、亲王妃及内亲王可授顶级勋章“宝冠大绶章”，王妃和女王可授次一等的“宝冠牡丹章”。即宝冠章的授予原则依身份而定。

（6）文化勋章

设立于1937年，表彰在文化、艺术领域有突出贡献的人士。候选人从文部科学省设立的奖项“文化功劳者”获奖者中产生，也可以视为“文化功劳者”的顶级奖项。

授文化勋章的一个惯例是，诺贝尔奖得主若此前未曾获文化勋章就会自然成为该勋章的授予对象。该惯例始自1973年获诺贝尔物理学奖的江崎玲于奈，此前江崎未获文化勋章，第二年毫无争议地被授予文化勋章。此后，获诺贝尔奖的日本人，都会在当年被授予文化勋章。

而既非“文化功劳者”，又非诺贝尔奖得主，却也获得了“文化勋章”的情况在日本也曾出现。那就是阿波罗11号的三名美国宇航员。当这三名宇航员完成人类初次登月的壮举成功返回地球，到各国巡回访问时，各国对这三名宇航员均给予了该国的最高礼遇，有的还授予了最高荣誉勋章。日本的最高荣誉勋章授予对象是政府要人，为平衡各国的做法，1969年10月31日，当三名宇航员来到日本时，被授予了不划分等级的“文化勋章”。这在日本文化勋章的历史上是极为特殊的例子。

截至2008年，日本公布的文化勋章获得者共有348人，其中第二次世界大战后，即1946至2008年共有322人获得文化勋章，著名作家大江健三郎（本人未接受）、庆应义塾大学校长石川忠雄、经济学家小宫隆太郎、宇泽弘文、历史学家大冢久雄、江上波夫、化学家田中耕一、人类学家中根千枝等这些声名显赫的学者都是文化勋章的获得者。著名指挥家小泽征尔是2008年文化勋章的获得者。

2. 授勋活动的类别与时间

日本的授勋活动分“春秋授勋”、“高危作业者授勋”、“高龄者授勋”、“死亡授勋”、“外国人授勋”和“文化勋章”六大类别。在这六大类授勋活动中，“高龄授勋”和“死亡授勋”的时间不定，其余均有固定的时间。

（1）春秋授勋

始于1964年，每年的4月29日和11月3日公布获勋者名单，由于这两次授勋日一个在春季，一个在秋季，因而被称为“春秋授勋”，是日本规模最大的国家级表彰活动。

“春秋授勋”的对象是对国家和社会有突出贡献的社会各界人士，获勋章者遍及全国，春季4500余人，秋季4500余人，总人数每年高达9000余人。

如此大规模的授勋活动显然是整个日本社会生活中的重要事件，每年的春季和秋季，授勋活动不仅是新闻媒体报道的热点，也是各级政府首脑工作的重心之一，获奖人士的各种庆贺会自然会使全国有关人士充满欢乐，就连作为日本国家象征的天皇也会放下其他事物，亲自颁发勋章或接见获得勋章和奖章的人员。因为在日本国现行的宪法中，“授予荣誉称号”被规定为天皇必须履行的“国事行为”。

（2）高危作业者授勋

始于2003年，是日本功勋荣誉制度中新设立的项目，授勋对象包括警察、消防队员、海上保安人员、刑务人员、自卫队官兵等从事危险工作的人。授勋候选人由政府有关部门的首长提出，内阁府赏勋局审查后制定方案，经内阁会议讨论决定人选。对外公布的时间也同春秋授勋一样，在每年的4月29日和11月3日。名额每次大约3600人，每年大约7200人。授勋大会由有关政府部门的首脑主持，仪式结束后授勋者佩戴上勋章，在配偶陪同下拜谒天皇。

（3）高龄者授勋

始于1973年，是为因“春秋授勋”名额所限，虽有许多功绩但未能得到授勋的高龄人士设立的表彰活动，每月的1日公布名单（年满88岁，长期服务于社会，对社会有突出贡献的人士）。授勋时间定在授勋对象度过88周岁生日后的第二个月进行。

（4）死亡授勋

为完全可以成为授勋对象因死亡而未能得到勋章的人设立的表彰项目。与春秋授勋不同，“死亡授勋”随时上报，随时颁布授勋令。

（5）外国人授勋

分为两类。一类是礼仪勋章，另一类是功劳勋章。礼仪勋章作为国与国之间的礼仪进行，授予对象是外国元首或政府邀请来日访问的国宾。功劳勋章在相互承认勋章授予的国家间进行，对象有两种，一种是长期驻日的外交官，另一种是长期从事发展同日本友好事业的外国人。

“礼仪勋章”是在受邀的国宾访问日本时进行。“功劳勋章”是在长期驻日的外交官离任时进行。对长期从事发展同日本友好事业的外国人的授勋，从 1981 年起被并入春秋授勋活动之中，一年进行两次。而具体授勋时间则是在获勋章之人来日后或离日前的适当时候进行。

无论给哪类外国人授勋，均须由日本外务大臣推荐。

（6）文化勋章授勋

始于 1937 年。授勋对象从“文化功劳者”获奖人士中产生，名单在每年的 11 月 3 日，即日本的“文化节”当日公布。

由文部科学省常设机构“文化审议会”下属的“文化功劳者遴选分科会”决定人选，经由文部科学大臣推荐，再经内阁府赏勋局审查，最后由内阁会议讨论决定。

“文化勋章授勋”和“外国人授勋”是日本第二次世界大战前设立，在第二次世界大战后初期功勋荣誉制度改革中未被终止的奖项。

3. 勋章的授予方式

日本的授勋方式和地点因勋章的等级不同所采取的方式也有所不同。“大勋位菊花章”、“桐花大绶章”、“旭日大绶章”和“瑞宝大绶章”的授勋仪式在皇宫内进行，届时内阁总理大臣侍立陪伴，由天皇亲自颁发勋章。

旭日重光章及瑞宝重光章的授勋仪式虽然也在皇宫内进行，但却由内阁总理大臣直接颁发。中绶章以下的勋章等，由政府各部门的首脑颁发，仪式举行地点也在皇宫之内。

但不管是上述哪种情况，获得勋章的人士都会在仪式结束后由配偶陪同拜谒天皇。这对受勋者来说是一种很高的礼遇。

“文化勋章”的授勋仪式虽说一直在皇宫内进行，但在 1996 年之前所采取的是“天皇陛下御前”的授予方式，即举行授勋仪式时天皇虽然亲临现场，但不直接授勋，由内阁总理大臣授勋。1997 年以后，改为在内阁总理大臣侍立陪同下由天皇直接授勋，以表示对文化成就卓越人士的重视。

因而，文化勋章在日本原来的功勋荣誉制度中相当于勋二等级别，现在由于由天皇直接授勋，勋章的等级也有所提高，排入“大绶章”之列。

在“外国人授勋”方式中，对于长期居住在国外的人，过去一直由驻该国的大使在当地颁发，从 2006 年秋季起，可根据外国人本人的意愿，与大绶章获得者一样，参与日本皇宫内举行的由天皇直接颁发勋章的仪式。

（三）奖章的授予

颁发奖章也是日本功勋荣誉制度中的重要内容。奖章与勋章的区别是，勋章用于对人的一生业绩的综合评定和表彰，有严格的年龄规定；奖章用于对特定功绩的表彰，在作出相应的功绩后，即可以对该人颁发奖章。

另外，当奖章的表彰对象是团体时，一般用颁发“奖状”的方式代替。如果受表彰的对象死亡时，也用颁发奖状或颁发“奖杯”的方式代替（遗族追授）。

1. 奖章的种类与授予对象

日本国家级的奖章有六个类别。即“红绶带奖章”（Medal with Red Ribbon）、“绿绶带奖章”（Medal with Green Ribbon）、“黄绶带奖章”（Medal with Yellow Ribbon）、“紫绶带奖章”（Medal with Purple Ribbon）、“蓝绶带奖章”（Medal with Blue Ribbon）和“青绶带奖章”（Medal with Dark Blue Ribbon）。

这六个类别奖章的授予对象如下。

（1）红绶带奖章

设立于 1881 年，授予对象为“不顾个人安危，救助他人性命”之人。

“红绶带奖章”设立后的第二年，即 1882 年，在青森县海岸救助暴风雨中落难渔民的工藤仁次郎成为第一个获得该奖章之人。1945 年以后，“红绶带奖章”颁发的数量逐年减少。在 2003 年的功勋荣誉制度改革中，日本力图增大颁发该奖的力度，2004 年春，在空缺了 16 年之后，有三名人士获得了“红绶带奖章”；2005年，一位15岁少年因从落水的汽车里救人而成为“红绶带奖章”最年轻的获得者；同年秋天，参与福知山地段出轨列车救助活动的当地企业和防止灾难再次发生的主妇成为“红绶带奖章”表彰的对象。

（2）绿绶带奖章

设立于1881年，最初授予对象是“孝子、贤孙、节妇、义仆等德行卓绝之人”。1882年，数十年如一日孝敬母亲的外崎专四郎成为获该奖的第一人。第二次世界大战结束后，随着日本人世界观的转变，该奖一直空缺。

2003年，日本改变了该奖的评选标准，将社会福祉领域、志愿者活动中的突出人物作为奖章的授予对象。于是，2005年春，有26位人士在该奖空缺了半个世纪后成为奖章的获得者。

（3）黄绶带奖章

设立于1887年，授予对象最初为“奉献私有财产，赞助海防事业之人”。在此标准下，第一个奖章获得者是中井新右卫门。此奖项持续数年后，长期中断，无人问津，第二次世界大战后曾被一度废除。

1955年，日本修改了“黄绶带奖章”的标准，改为授予“勤于业务，成为民众楷模之人”。此次标准制定后，北海道多年从事水稻技术改良的天崎正太郎成为第一个获奖者。目前每年颁发500—600枚奖章。

为了进一步扩大表彰范围，2003年，日本再次修改“黄绶带奖章”的标准，“在第一线勤于业务，具有成为他人楷模的技术或成绩之人”成为该奖的表彰对象。

（4）紫绶带奖章

设立于1955年。授予对象是“在学术、艺术、体育领域的有功之人”。该奖章设立后，著名的舞蹈家石井漠成为该奖的第一位获奖者。1955年以后，每年有50—100名个人或团体获得该项奖的表彰。

2003年，日本修改了该奖章的标准，将授予对象改为“在科学技术领域里有所发明、有所创造；或在学术、体育、艺术领域里有优异成绩之人”，而且废除了年龄限制，加快了对有关人员的表彰。在此原则下，奥林匹克运动会的金牌得主成为该奖章的授予对象。

自1955年日本设立紫绶带奖章后，到2008年，该奖章获得者共有269人。其中体育界有13人，围棋界5人，日本象棋界5人，学者109

人，诗人、作家、剧作家 34 人，演员、歌手 61 人，舞蹈家 2 人，音乐家 38 人，画家、雕塑家、陶艺家 6 人，漫画家 10 人，曲艺[①]界 11 人，实业界 2 人，建筑设计师 1 人。

（5）蓝绶带奖章

设立于 1881 年，授予对象是“提高公众利益成绩卓著者或献身公共事务[②]功劳显著者”。1882 年，大阪府人石田长藏和久保田伊平因用灌溉方式使荒野变成沃田，对村民生活改善作出了贡献而成为该奖的最先获得者。1947 年以后，日本每年为大约 600—1000 人颁发该奖。

2003 年，蓝绶带奖章的授予对象侧重于“作出了可以成为他人楷模的优异成绩之人”，将在公共事务中作出成绩之人纳入奖章授予的范围。

（6）青绶带奖章

设立于 1918 年。授予对象是“为公益捐献私人财物功绩卓著之人”。

1919 年，小野光影因向恩赐财团济生会捐款 5 万日元（相当于现在的 1000 万日元）而成为第一个获得该奖章之人。

现在，凡向公益法人或公共机构捐献 500 万日元以上者即可成为青绶带奖章的授予对象。如捐献金额巨大，还可以用颁发奖杯的形式给予表彰。

2. 奖章授予的时间与方式

日本每年颁布奖章获得者名单的日期与颁布勋章获得者的日期基本一致，即在每年的 4 月 29 日和 11 月 3 日公布“红绶带奖章”、“绿绶带奖章”、“黄绶带奖章”、“紫绶带奖章”和“蓝绶带奖章”的获奖者名单，并分别冠以“春季奖章”和“秋季奖章”之名。也就是说，在日本的功勋荣誉制度中，不仅有大规模的“春秋授勋”活动，还有大规模的“春秋授章”活动，而且这两个活动是在同一个时间内进行的。

唯一例外的是“青绶带奖章”。无论什么时候，一旦出现符合表彰条件之人，在地方政府的推荐之下，经审查属实，即可以快捷地颁发奖章。每月末的日本内阁会议均可以讨论、决定各地上报的表彰人选。

在日本的奖章授予制度中，原则上对同一人只授一次同类奖章，如有

① 这里的“曲艺”，指日本一种特有的民间说唱艺术“落语”，语言幽默，深受人们喜欢。

② 这里所说的“公共事务”，指受国家或地方团体委托，从事的民生以及儿童保护方面的事务。

充足的同样理由再度表彰某人时，则授以“饰板”。“饰板”分金银两种，“饰板”授予的次数不受限制，每授五枚银“饰板”可换一枚金“饰板”。

另外，当授奖对象是团体时，则以奖状的方式替代。2006年，紫绶带奖章便以这种方式颁发给了参加世界棒球经典赛事的日本棒球代表队。

如果授奖对象已然死亡，则采用“遗族追授”方式，颁发“银杯”、“木杯”或“奖状”。

奖章的授予方式相对于勋章来说简单一些，由政府各部门的首长颁发，但奖章获得者也同勋章获得者一样，在仪式完毕后，由配偶陪同拜谒天皇。

（四）奖杯的授予

在实施表彰活动时，日本有时用奖杯替代勋章或附带勋章授予获勋之人，有时替代奖章或附带奖章授予获奖章之人或团体。奖杯的授予是因为受奖对象作出了比获得勋章或获得奖章更值得表彰的功绩，或是因对级别高的宗教家不适宜用勋章表彰其功绩时使用。

奖杯分金杯、银杯和木杯三种。

金杯是日本最高位的奖杯，1938年以前曾颁发过，同年7月20日，金杯授予活动被终止，改用银杯替代。这一做法一直持续到现在。

银杯的授予在1947年以后共有7次，有24人获得银质奖杯。

木杯在1990年以前曾为战争中死去的人追赠勋章时使用过。从1963年起，对高龄者（88岁或百岁）一律颁发。

代替勋章或与勋章一起颁发的奖杯刻有菊花纹饰，代替奖章或与奖章一起颁发的奖杯刻有桐花纹饰。根据勋功的大小，奖杯分三件一组带座托、三件一组不带座托和单件三种。

替代勋章的菊花纹饰杯颁发给相当于勋一等或勋二等人员时，使用三件一组的银杯，银杯的规格分大中小三种。颁发给相当于勋三等或勋四等人员时，使用单件银杯，银杯规格分大小两种。颁发给相当于勋五等人员时，使用三件一组带座托的木杯。颁发给相当于勋五等以下人士时，使用三件一组的木杯。2003年以后取消了勋章的等级，奖杯的授予参照功绩情况选用。

替代奖章或与奖章一起颁发的奖杯分单件银杯和三件一组带座托的木杯两种。其中，三件一组带座托的木杯分大中小三种规格。大号颁发给捐赠 5000 万日元以上的人士（与青绶带奖章同时使用）；中号颁发给捐赠 2500 万至 5000 万日元的人士（与青绶带奖章同时使用）；小号颁发给捐赠 1500 万至 2500 万日元的人士（与青绶带奖章同时使用）。

（五）勋章、奖章人选的产生及荣誉称号的取消与退还

1. 勋章人选的产生

对于各类勋章（包括奖杯）人选的产生办法，日本政府近年来不断进行改革和完善，内阁会议 1978 年曾制定过“春秋授勋”、“外国人授勋”、“文化勋章授勋”等人选推荐纲要，1990 年、2000 年和 2003 年又分别对推荐纲要作出修改和补充。

（1）春秋授勋人选推荐程序

每次授勋预定人数为 4500 余人，一年为 9000 余人。由众议院议长、参议院议长、国立国会图书馆馆长、各省大臣、会计审计院院长、人事院院长、宫内厅长官及设置在内阁府的局长负责提名辖内各行各业辛勤工作，成绩卓著者，向内阁总理大臣推荐。

推荐对象的年龄须在 70 周岁以上，若从事精神上肉体上格外辛苦的工作，或是不为常人所知的工作，年龄在 55 周岁以上。

勋章候选人所作出的功绩，若是完成于 1947 年之前，则该人不能成为推荐对象；若是在 1964 年以后的春秋授勋和 2003 年以后的高危作业人员授勋中已然获得勋章，即便有了新的值得表彰的卓越贡献，也须间隔 7 年以上方可列入考虑对象。

实施推荐时，须事先拟好文件递交内阁府赏勋局进行协调。若是春季授勋人选，推荐文件须在前一年的 12 月 26 日前送达。若是秋季授勋人选，须在当年 6 月 30 日前送达。

除上述推荐方式之外，2003 年又实施了一种由普通公民推荐候选人的“一般推荐”方式，目的是表彰鲜有人知、为社会作出了优异成绩之人。

“一般推荐”对象的基本条件是，对国家或公共事业有功，工作 20 年以上，年满 70 岁以上之人或在环境艰苦的岗位上长年劳作，年满 55 岁以上之人。

推荐方法使用内阁府赏勋局统一制定的表格，须有一人的推荐书，二人赞同的复议书，推荐书可随时邮寄到内阁府赏勋局。

在实施“一般推荐”时，推荐人和赞同人须年满 20 岁以上，推荐人和赞同人均不能推荐或赞同推荐与自己有二等亲缘[①]之内关系之人。

如推荐 70 岁以上的候选人，推荐范围为私立学校校长、学校法人理事长、有功于文化财产保护之人、有助于振兴艺术文化之人、社会福利设施负责人、幼儿园园长、医院院长、国情调查员、行政事务解说员、保护司、人权拥护委员会委员、民生·儿童委员会委员、调停委员、在公益性团体中工作的有功人员、对公益事业有所贡献的企业经营者、有助于科学技术振兴的人员等。

如推荐 55 岁以上的候选人，推荐范围为看管社会福利设施宿舍的女生宿舍管理人、指导员、保育院的保育员、护士、偏远地区的医生、保健师、助产士、消防员、水防员、水位观测员、灯塔、火情监测员、森林看护员等。

内阁府赏勋局接到推荐信后，将情况转给政府相关部门处理，一旦列入春秋授勋对象，政府有关部门会到赏勋局办理相关手续，同时通知推荐人。2008 年春季，日本有 4028 人获得勋章，其中通过“一般推荐”方式获得勋章的有 5 人。

内阁总理大臣最后审查被推荐人的情况，召开内阁会议决定最终人选。并于每年的 4 月 29 日和 11 月 3 日公布。

(2) 外国人授勋人选推荐程序

每次授勋的预定人数由内阁总理大臣听取了外务大臣的意见后决定。由外务大臣提出人选，推荐给内阁总理大臣。所推荐之人不得是日本人加入外国国籍后的第一代人，候选人不仅要对日本的政治、经济、外交、学术以及文化的发展有功，也要对其他国家或公共事业有功。被推荐之人若是住在国外，年龄须在 50 岁以上，若是住在日本，应在 65 岁以上。

众议院议长、参议院议长、国立国会图书馆馆长、各省大臣、会计审计院院长、人事院院长、宫内厅长官及设置在内阁府的局长若是有符合推荐条件的外国人选，须以文件形式陈述意见，递交给外务大臣。若是春季授勋候选人，推荐文件须在前一年的 11 月 30 日前送达外务大臣，若是秋季授勋对象，文件须在当年的 5 月 30 日前送达外务大臣。

外务大臣的推荐人选须以文件形式预先报送内阁府赏勋局进行协调。

① 指有祖父母、兄弟姊妹、孙子女关系。

若是春季授勋，文件须在当年的1月31前送达，若是秋季授勋，文件须在当年的7月31日前送达。

内阁总理大臣审查外务大臣推荐的情况，召开内阁会议决定最终人选，并于每年的4月29日和11月3日公布。

(3) 文化勋章人选推荐程序

每年授勋预定人数5人。由文部科学大臣从获“文化功劳者”人员中考虑人选，推荐给内阁总理大臣。而文部科学大臣的推荐不得偏向特定的学术或艺术领域，须在规定日期内将推荐候选人的文件送达内阁府赏勋局。

内阁总理大臣负责审查文部科学大臣推荐的情况，召开内阁会议决定最终人选，于每年的11月3日公布。

(4) 高危作业者勋章人选推荐程序

每次授勋预定人数大约3600人，每年大约7200人。由总务大臣、法务大臣、国土交通大臣、国家公安委员会委员长考虑人选，向内阁总理大臣推荐。

被推荐之人的年龄须在55岁以上，其在高危工作中作出的成绩须在1947年即日本实施新的宪法以后，若在1964年的春秋授勋和2003年以后的高危作业者授勋中已然获得勋章，原则上不再列入候选人之列。

推荐要以文件形式报送内阁府赏勋局进行协调。若是春季授勋，文件报送时间不得晚于前一年的10月15日，若是秋季授勋，不得晚于当年的4月15日。

内阁总理大臣审查推荐上来的情况，召开内阁会议决定最终人选，于每年的4月29日和11月3日公布。

2. 奖章人选的产生

日本每年的4月29日和11月3日公布红绶带奖章、绿绶带奖章、黄绶带奖章、紫绶带奖章和蓝绶带奖章的人选名单。授奖人数每次预定大约800人，每年大约1600人。

奖章候选人的推荐程序是，由众议院议长、参议院议长、国立国会图书馆馆长、各省大臣、会计审计院院长、人事院院长、宫内厅长官及设置在内阁府的局长提出名单，向内阁总理大臣推荐候选人。

同勋章候选人推荐程序一样，奖章候选人的推荐也须以文件形式报送内阁府赏勋局进行协商；由内阁总理大臣审查，在内阁会议上讨论决定。

综上所述，勋章候选人和奖章候选人均由政府各部门的首长提出，经内阁府赏勋局审查和与政府各部门协商，再经内阁官房长官主持的授勋、授章等审查会议讨论，最后在内阁总理大臣主持下的内阁会议上决定人选。

3. 荣誉称号的取消与退还

勋章的获得者被视为社会各界学习的楷模。因而，对勋章候选人的审查相当严格和彻底，即使有违反道路交通法的事情，也会被取消资格。

1909年，即日本明治政府在制定功勋荣誉制度后的第六年，又公布了《勋章褫夺令》。褫夺令中规定，在获得勋章之后，如果触犯了刑律，被处以死刑、徒刑或三年以上刑期，所授勋章将被剥夺。在获得勋章后，若被依法拘留，拘留期间不得佩戴勋章。这些规定，直到目前依然有效。

此外，当勋章获得者名单公布后，有些人不愿接受勋章，但在第二次世界大战之前既没有拒受勋章的相关法律条文，在当时的政治环境下也不可能拒绝天皇颁发的勋章。“二战”结束之后，一些当年获勋之人提出退还勋章的要求，政府根据呼声立案处理，认为退还勋章属正当行为，作为天皇咨询机构的枢密院[①]对政府的动议也无不同意见，于是1945年日本发布了《关于位、勋章等请求返还之事宜》的法律规定（法律号码：昭和20年敕令第699号），将退还勋章的行为正当化。此法律至今仍然有效。

1947年以后，有四位文化勋章获得者辞退了勋章。他们是陶艺家河井宽次郎、画家熊谷守一、女演员杉村春子和作家大江健三郎。大江健三郎辞退文化勋章的理由是“不承认有高出民主主义的权威和价值观”。

（六）勋章、奖章的样式与材质

1. 勋章的样式与材质

日本国家颁发的勋章由正章、副章和略绶三部分组成。在颁发勋章的同时，还会颁发证书，注明勋章授予的理由。

正章在穿晨礼服或燕尾服参加重大仪式时佩戴。副章在穿西服或制服参加一般性活动时佩戴。略绶是将勋章简易化，别在上衣左胸位的圆形饰

① 第二次世界大战前日本的帝国宪法规定，授勋、授章等是天皇的权利。枢密院是宪法的“值班人”。因而退还勋章的动议须通知枢密院。随着战后新宪法（1947）的诞生，枢密院也被取消。

物，使用场合广泛。

日本勋章的正章、副章、略绶和证书都由造币局统一制作。造币局成立于1871年，是日本明治维新政府为创建现代国家的货币制度而建立的部门，在引进西方国家的货币制造技术、推动国家的现代化方面发挥了重大作用。

由于勋章与奖章的制作工艺极为考究，内阁府赏勋局要求务必达到美观、高雅和精细的标准，从明治初期日本建立功勋荣誉表彰制度后，造币局就在承担货币制造之外，担当起了制作勋章、奖章的重任。目前，造币局有150名专门制造勋章、奖章的工匠。勋章、奖章的制作工艺大部分是由这些工匠手工完成的。

现将各类勋章的设计图案及使用材质介绍如下。

（1）大勋位菊花章颈饰

日本最高等级的勋章，佩戴在受勋者的颈上，因其式样为“颈饰”而得名（图8—1）。

图8—1　大勋位菊花章颈饰

图案及材质：环状。环正中为圆形直径3.9厘米的菊花，花为纯金，叶为绿色景泰蓝[①]，下坠“大勋位菊花章”。连环由2.8厘米×2.4厘米的

① 日文名称为“七宝烧”，日本特有的工艺，与我国的景泰蓝近似，可烧制成各种不同颜色。

椭圆形菊花和古篆体汉字“明”、“治”组成。花为纯金，叶为绿色景泰蓝。“明”、“治”两汉字为纯金。

（2）大勋位菊花大绶章

等级仅次于“大勋位菊花章颈饰”。有正章、副章、绶带[①]和钮[②]。图8—2别在绶带上的为正章，右下为副章，左下为略绶。

图8—2　大勋位菊花大绶章

图案及材质：正章为银质，直径7.6厘米。正面中央为太阳图案，太阳外侧有内外两个环，内环为八角形光线，外环为四角形光线。外环四周搭配菊花和菊叶。太阳为红色景泰蓝，光线为金色和白色景泰蓝，菊花为黄色景泰蓝，菊叶为绿色景泰蓝。背面与正面相同。钮为菊花，黄色景泰蓝，背面刻有汉字“大勋旌章”。绶带为紫红色，男性用宽10厘米，女性用宽7.9厘米。

副章材质与正章相同，直径为9.1厘米，图案光线部分有两层，一层为金色与黄色景泰蓝，另一层为银色与白色景泰蓝。副章的背面刻有汉字“大勋旌章”。其余与正章相同。

略绶为绢质，圆形，直径0.7厘米。圆正中有红色放射线，紫色边缘，两侧有黄色翼。

① 连接勋章和衣服的缎带。

② 勋章与绶带之间的连接物。

(3) 桐花大绶章

等级次于“大勋位菊花大绶章”。有正章、副章、绶带和钮。图 8—3 别在绶带上的为正章，右下为副章，左下为略绶。

图 8—3 桐花大绶章

图案及材质：正章为银质，直径 7.6 厘米，正面中央为太阳图案，外有八角形及四角形内外两层光线，四周围绕 12 个桐花。背面图案与正面相同。钮为五七桐[①]、花为紫色景泰蓝、叶为绿色景泰蓝。背面刻有“勋功旌章”汉字。勋章中的太阳为红色景泰蓝，光线为银色与红色景泰蓝和金色与白色景泰蓝。桐花为紫色景泰蓝。桐花叶为绿色景泰蓝。绶带为红底搭配白色双线条，男性用宽 10 厘米，女性用宽 7.9 厘米。

副章材质与正章相同，直径 9.1 厘米。正面图案设计与正章相同，背面刻有“勋功旌章”汉字。

略绶为绢质，圆形，直径 0.7 厘米。正中及边缘为红色，有白色及红

① 根据中国凤凰栖于梧桐的传说，日本有将桐树的花和叶形象化，制成家徽的做法。这类徽章称为“桐纹”或“桐花纹”。依据桐花的数目，桐纹分“五三桐”、“五四桐”、“五七桐”等。其中“五七桐”最为高贵，是代表日本政府的纹章，仅次于日本皇室专用的家徽“菊花纹章”。

色放射线，两侧有黄色翼。

（4）旭日大绶章

旭日类勋章中的最高等级。有正章、副章、绶带和钮。图 8—4 别在绶带上的为正章，右下为副章，左下为略绶。

图 8—4　旭日大绶章

图案及材质：正章为银质，直径 6.7 厘米。正面中央为太阳图案，外有八角形光线。太阳部分为红色景泰蓝，光线部分为金色与白色景泰蓝。背面与正面相同，钮为五七桐，花为紫色景泰蓝，叶为绿色景泰蓝，背面刻有“勋功旌章”汉字。绶带为白底搭配红色双线条，男性用宽 10 厘米，女性用宽 7.9 厘米。

副章材质与正章相同，直径 7.6 厘米。正面中央为太阳图案，外有双层八角形光线。太阳部分为红色景泰蓝，光线部分为金色与白色景泰蓝和银色与白色景泰蓝。背面刻有“勋功旌章”汉字。

略绶为绢质，圆形，直径 0.7 厘米。正中及边缘为红色，有白色放射线，两侧有黄色翼。

（5）旭日重光章

等级次于旭日大绶章。有正章、副章、绶带和钮。图 8—5 右为副章，中间为略绶，左为正章。

图 8—5 旭日重光章

图案及材质：正章为银质，直径 7.6 厘米。正面中央为太阳图案，外有双层八角形光线。太阳部分为红色景泰蓝，光线部分为金色与白色景泰蓝和银色与白色景泰蓝。背面刻有“勋功旌章”汉字。无绶带和钮。

副章材质与正章相同，直径 5.5 厘米。正面中央为太阳图案，外有八角形光线。太阳部分为红色景泰蓝，光线部分为金色与白色景泰蓝。背面与正面相同。钮为五七桐，花为紫色景泰蓝，叶为绿色景泰蓝，背面刻有“勋功旌章”汉字。绶带为白底搭配红色双线条，宽 3.6 厘米。

略绶为绢质，圆形，直径 0.7 厘米。正中及边缘为红色，有白色放射线，两侧有翼，一侧为白色，另一侧为黄色。

（6）旭日中绶章

等级次于旭日重光章。无副章，有绶带、钮及略绶。图 8—6 右为勋章，左为略绶。

图 8—6 旭日中绶章

图案与材质：银质，直径 5.5 厘米。正中为太阳图案，外有八角放射性光线。太阳部分为红色景泰蓝，光线部分为金色与白色景泰蓝。钮为五七桐，花为紫色景泰蓝，叶为绿色景泰蓝，背面刻有“勋功旌章”汉字。绶带为白底搭配红色双线条，宽 3.6 厘米。

略绶为绢质，圆形，直径 0.7 厘米。正中及边缘为红色，有白色放射线，两侧有白色翼。

（7）旭日小绶章

等级次于旭日重光章。无副章，有绶带、钮及略绶。图 8—7 右为勋章，左为略绶。

图 8—7　旭日小绶章

图案及材质：银质，直径 4.6 厘米。正面正中为太阳图案，外有八角放射性光线。太阳部分为红色景泰蓝，光线部分为金色与白色景泰蓝。背面为金色，刻有“勋功旌章”汉字。钮为五七桐，花为紫色景泰蓝，叶为绿色景泰蓝。绶带为白底搭配红色双线条，宽 3.6 厘米，饰有彩花。

略绶为绢质，圆形，直径 0.7 厘米。正中及边缘为红色，有白色及红色放射线，两侧无翼。

（8）旭日双光章

等级次于旭日小绶章。无副章，有绶带、钮及略绶。图 8—8 右为勋章，左为略绶。

图案及材质：银质，直径 4.6 厘米。正面正中为太阳图案，外有八角放射性光线。太阳部分为红色景泰蓝，光线部分为金色与白色景泰蓝。背面刻有“勋功旌章”汉字。钮为五三桐，花为紫色景泰蓝，叶为绿色景泰蓝。绶带为白底搭配红色双线条，宽3.6厘米，不饰彩花。

图8—8　旭日双光章

略绶为绢质，圆形，直径0.7厘米。正中及边缘为红色，有八道红色放射线自正中连接到边缘，两侧无翼。

(9) 旭日单光章

为旭日章中最低等级。无副章，有绶带、钮及略绶。图8—9右为勋章，左为略绶。

图8—9　旭日单光章

图案及材质：银质，直径3.9厘米。正面正中为太阳图案，外有八角放射性光线。太阳部分为红色景泰蓝，光线部分为银色与白色景泰蓝。背面刻有“勋功旌章”汉字。钮为五三桐，花为紫色景泰蓝，叶为绿色景泰蓝。绶带为白底搭配红色双线条，宽3.6厘米，不饰彩花。

略绶为绢质，圆形，直径0.7厘米。正中及边缘为红色，有六道红色放射线自正中连接到边缘，两侧无翼。

（10）瑞宝大绶章

瑞宝类勋章中的最高等级。有正章、副章、绶带和钮。图8—10别在绶带上的为正章，右下为副章，左下为略绶。

图8—10　瑞宝大绶章

图案及材质：正章为银质，直径6.7厘米。正面中央仿伊势神宫的神器八咫镜，搭配16个连珠，外侧有4组光线。镜面为银色，底为蓝色，连珠为红色景泰蓝，光线为金色与红色景泰蓝。背面金色，刻有“勋功旌章”汉字。钮为五七桐，花为淡紫色景泰蓝，叶为白色景泰蓝。绶带为淡蓝色搭配橙黄色双线条。男用宽10厘米；女用宽7.9厘米。

副章材质与正章相同，直径7.6厘米。镜面为银色，底为蓝色，连珠为红色景泰蓝，外有八组光线，光线为金色与白色景泰蓝及银色与白色景泰蓝，光线间为蓝色景泰蓝。背面为金色，刻有“勋功旌章”汉字。无绶带和钮。

略绶为绢质，圆形，直径 0.7 厘米。底及边缘为蓝色，放射线为橙黄色及蓝色。两侧有黄色翼。

（11）瑞宝重光章

等级次于瑞宝大绶章。有正章、副章、绶带和钮。图 8—11 左为正章，右为副章，中间为略绶。

图 8—11　瑞宝重光章

图案及材质：正章为银质，直径 7.6 厘米，正面中央仿伊势神宫的神器八咫镜，搭配 16 个连珠，外侧有八组光线。镜面为银色，底为蓝色景泰蓝，连珠为红色景泰蓝，光线为金色与红色景泰蓝和银色与白色景泰蓝。背面金色，刻有“勋功旌章”汉字。无绶带和钮。

副章材质与正章相同，直径 5.5 厘米。镜面为银色，底为蓝色景泰蓝，连珠为红色景泰蓝，外有四组光线，光线为金色景泰蓝。章的背面为金色，刻有“勋功旌章”汉字。钮为五七桐，花为淡紫色景泰蓝，叶为白色景泰蓝。绶带为淡蓝色搭配橙黄色双线条，宽 3.6 厘米。

略绶为绢质，圆形，直径 0.7 厘米。底及边缘为蓝色，放射线为橙黄色及蓝色。两侧有翼，一侧为黄色，另一侧为蓝色。

（12）瑞宝中绶章

等级次于瑞宝重光章。无副章，有绶带、钮及略绶。悬挂在颈上（图 8—12）。

图案及材质：银质，直径 5.5 厘米。正面中央仿伊势神宫的神器八咫镜，搭配 16 个连珠，外侧有四组光线。镜面为银色，底为蓝色景泰蓝，连珠为红色景泰蓝，光线为金色与红色景泰蓝。背面金色，刻有“勋功旌章”汉字。钮为五七桐，花为淡紫色景泰蓝，叶为白色景泰蓝。绶带为淡蓝色搭配橙黄色双线条，宽 3.6 厘米。

图 8—12　瑞宝中绶章

略绶为绢质，圆形，直径 0.7 厘米。中央及边缘为蓝色，底为黑色，有橙黄色及蓝色放射直线连接中央及边缘，两侧有白色翼。

(13) 瑞宝小绶章

等级次于瑞宝中绶章。无副章，有绶带、钮及略绶（图 8—13)。

图 8—13　瑞宝小绶章

图案及材质：银质，直径 4.6 厘米。正面中央仿伊势神宫的神器八咫镜，搭配 16 个连珠，外侧有四组光线。镜面为银色，底为蓝色景泰蓝，连珠为红色景泰蓝，光线为金色与红色景泰蓝。背面金色，刻有“勋功旌章”汉字。钮为五七桐，花为淡紫色景泰蓝，叶为白色景泰蓝。绶带为淡蓝色搭配橙黄色双线条，宽 3.6 厘米，折为三角形，上饰彩花。

略绶为绢质，圆形，直径 0.7 厘米。中央及边缘为蓝色，底为黑色，有橙黄色及蓝色放射曲线连接中央及边缘，两侧无翼。

（14）瑞宝双光章

等级次于瑞宝小绶章。无副章，有绶带、钮及略绶（图 8—14）。

图 8—14　瑞宝双光章

图案及材质：银质，直径 4.6 厘米。正面中央仿伊势神宫的神器八咫镜，搭配 16 个连珠，外侧有四组光线。镜面为银色，底为蓝色景泰蓝，连珠为红色景泰蓝，光线为金色与红色景泰蓝和银色与白色景泰蓝。背面刻有“勋功旌章”汉字。钮为五三桐，花为淡紫色景泰蓝，叶为白色景泰蓝。绶带为淡蓝色搭配橙黄色双线条，宽 3.6 厘米，折为三角形，不饰彩花。

略绶为绢质，圆形，直径 0.7 厘米。中央为橙黄，边缘为蓝色，底为蓝色，有八条橙黄色放射线连接中央及边缘，两侧无翼。

（15）瑞宝单光章

等级为瑞宝类最低级。无副章，有绶带、钮及略绶（图 8—15）。

图 8—15　瑞宝单光章

图案及材质：银质，直径 3.9 厘米。正面中央仿伊势神宫的神器八咫镜，搭配 16 个连珠，外侧有四组光线。镜面为银色，底为蓝色景泰蓝，连珠为红色景泰蓝，光线为银色与白色景泰蓝。背面刻有“勋功旌章”汉字。钮为五三桐，花为淡紫色景泰蓝，叶为白色景泰蓝。绶带为淡蓝色搭配橙黄色双线条，宽 3.6 厘米，折为三角形，不饰彩花。

略绶为绢质，圆形，直径 0.7 厘米。中央为橙黄色，底及边缘为蓝色，有六条橙黄色放射线连接中央及边缘，两侧无翼。

（16）宝冠大绶章

宝冠类勋章中的最高级。有正章、副章、绶带和钮。图 8—16 别在绶带上的为正章，右下为副章，左下为略绶。

图案及材质：正章为 3.7 厘米×3.2 厘米银质椭圆盾牌形，盾牌正中为金质女皇皇冠，底为蓝色景泰蓝。外用 108 颗珍珠镶嵌成双层轮廓。轮廓之间底为大红色景泰蓝，饰有竹枝，竹枝为绿色景泰蓝。轮廓外镶有四组樱花，樱花为红色景泰蓝，叶为绿色景泰蓝。钮为桐花组成的环，花为紫色景泰蓝，叶为绿色景泰蓝。绶带为黄色，搭配红色双线条，宽 7.9 厘米。

副章材质与正章相同，五角形状，直径 6.7 厘米。正中为金质凤凰，底为蓝色景泰蓝。外用珍珠镶嵌成双层轮廓，轮廓之间底为大红色景泰蓝，饰有竹枝。竹枝为绿色景泰蓝。勋章的五角为放射性光线，由珍珠组成。其间有樱花相连，樱花为红色景泰蓝，叶为绿色景泰蓝。无绶带及钮。

图 8—16　宝冠大绶章

略绶为绢质，圆形，直径 0.7 厘米。底为黑色，外缘为黄色，有黄色放射线从中央连接到外缘，每条黄线中段有一段为红色。两侧有黄色翼。

（17）宝冠牡丹章

等级次于宝冠大绶章。无副章，有绶带、钮及略绶。图 8—17 左为略绶。

图 8—17　宝冠牡丹章

图案及材质：3.4 厘米×2.9 厘米银质椭圆盾牌形。盾牌正中为金质女皇皇冠，底为蓝色景泰蓝。外用珍珠镶嵌成双层轮廓。轮廓之间底为大红色景泰蓝，饰有竹枝。竹枝为绿色景泰蓝。轮廓外镶有四组樱花，樱花为淡红色景泰蓝，叶为绿色景泰蓝。钮为牡丹花组成的环，花为白色景泰蓝，叶为绿色景泰蓝。绶带为黄色，搭配红色双线条，宽 3.6 厘米，折成蝴蝶状。

略绶为绢质，圆形，直径 0.7 厘米。底为黑色，外缘为黄色，有黄色放射线从中央连接到外缘，每条黄线中段有一段为红色。两侧有翼，一侧为黄色，另一侧为白色。

（18）宝冠白蝶章

等级次于宝冠牡丹章，无副章，有绶带、钮及略绶。图 8—18 左为略绶。

图 8—18　宝冠白蝶章

图案及材质：3.4 厘米×2.9 厘米银质椭圆盾牌形。盾牌正中为金质女皇皇冠，底为蓝色景泰蓝。外用珍珠镶嵌成双层轮廓。轮廓之间底为大红色景泰蓝，饰有竹枝。竹枝为绿色景泰蓝。轮廓外镶有四组樱花，樱花为淡红色景泰蓝，叶为绿色景泰蓝。钮为蝴蝶形，为白色景泰蓝。绶带为黄色，搭配红色双线条，宽 3.6 厘米，折成蝴蝶状。

略绶为绢质，圆形，直径 0.7 厘米。底为黑色，外缘为黄色，有黄色放射线从中央连接到外缘，每条黄线中段有一段为红色。两侧有白色翼。

（19）宝冠藤花章

等级次于宝冠牡丹章，无副章，有绶带、钮及略绶。图 8—19 左为略绶。

图 8—19　宝冠藤花章

图案及材质：3.2 厘米×2.7 厘米银质椭圆盾牌形。盾牌正中为金质女皇皇冠，底为蓝色景泰蓝。外用珍珠镶嵌成双层轮廓。轮廓之间底为大红色景泰蓝，饰有竹枝。竹枝为绿色景泰蓝。轮廓外镶有四组樱花，樱花为红色景泰蓝，叶为绿色景泰蓝。钮为藤花构成环，藤花为紫色景泰蓝。绶带为黄色，搭配红色双线条，宽 3.6 厘米，折成蝴蝶状。

略绶为绢质，圆形，直径 0.7 厘米。底为黑色，中央及边缘为黄色，有黄色放射线从中央连接到外缘，每条黄线中段有一段为红色，其中两条为双线。两侧无翼。

（20）宝冠杏叶章

等级次于宝冠藤花章，无副章，有绶带、钮及略绶。图 8—20 左为略绶。

图案及材质：3.2 厘米×2.7 厘米银质椭圆盾牌形。盾牌正中为金质女皇皇冠，底为蓝色景泰蓝。外用珍珠镶嵌成双层轮廓。轮廓之间底为大红色景泰蓝，饰有竹枝，竹枝为绿色景泰蓝。轮廓外镶有四组樱花，樱花为淡红色景泰蓝，叶为绿色景泰蓝。钮为杏叶，绿色景泰蓝。绶带为黄色，搭配红色双线条，宽 3.6 厘米，折成蝴蝶状。

图 8—20　宝冠杏叶章

略绶为绢质，圆形，直径 0.7 厘米。底红色，边缘为黄色，有八条黄色放射线。两侧无翼。

（21）宝冠波光章

宝冠类勋章中最低等级，无副章，有绶带、钮及略绶。图 8—21 左为略绶。

图 8—21　宝冠波光章

图案及材质：2.8 厘米×2.4 厘米银质椭圆盾牌形。盾牌正中为金质女皇皇冠，底为蓝色景泰蓝。外用珍珠镶嵌成双层轮廓。轮廓之间底为红色景泰蓝，饰有竹枝。竹枝为银色景泰蓝。轮廓外镶有四组樱花，叶为绿色景泰蓝。钮为波纹，淡蓝色景泰蓝。绶带为黄色，搭配红色双线条，宽3.6厘米，折成蝴蝶状。

略绶为绢质，圆形，直径0.7厘米。底红色，边缘为黄色，有六条黄色放射线。两侧无翼。

（22）文化勋章

只有一种，无副章，有绶带、钮及略绶。图8—22左为略绶。

图8—22　文化勋章

图案及材质：银质金橘花形状，直径6.6厘米。正面中央三块勾玉，勾玉为白色景泰蓝，底为红色景泰蓝。外有两层轮廓。轮廓间为金地深蓝景泰蓝，外有五个金橘花瓣，花瓣为白色景泰蓝。背面刻有“勋功旌章”汉字。钮由金橘的果实和叶子组成。果实为淡绿色景泰蓝，叶子为绿色景泰蓝。

略绶为绢质，淡紫色，圆形，直径1厘米，两侧有淡紫色翼。

2. 奖章的样式与材质

日本颁发的国家级奖章有六种，材质和图案一致，无副章，有绶带、钮及略绶。（图8—23）

图案及材质：银质，直径3厘米。正面中央为金色，刻有汉字“褒章”，外饰樱花纹。背面刻有汉字“赐”及受奖者的名字（青绶带奖章除外）。绶带分红、黄、蓝、绿、紫、青等颜色，宽3.6厘米。钮为银质。

略绶为绢质，圆形，直径 0.7 厘米，按奖章种类，分为红、黄、蓝、绿、紫、青等颜色。以下为各类奖章的图片，图片中的左下为略绶。

红绶带奖章

黄绶带奖章

蓝绶带奖章

绿绶带奖章

紫绶带奖章

青绶带奖章

图 8—23　日本国家级奖章

（七）颁发勋章、奖章的相关法规

从 1875 年 4 月日本以太政官布告形式颁发赏牌开始，日本近代的国家级功勋荣誉制度已实施了 130 余年，但无论是过去还是现在，日本都未形成一部有关国家功勋荣誉制度的法律。第二次世界大战之前日本实施的《大日本帝国宪法》规定，天皇有广泛的命令制定权，因而勋章、奖章的颁发常以“敕令”的形式出现。第二次世界大战结束后，新的《日本国宪法》否决了与法律无关的、行政部门自己单独制定的命令和紧急情况下天皇代替法律颁布的命令，只承认行政部门为实施宪法而制定的“执行命令”和天皇的“委任命令”。

为恢复功勋荣誉制度，芦田内阁、吉田内阁和鸠山内阁曾分别于 1948 年、1952 年和 1956 年向国会提出过制定日本功勋荣誉制度法律的提案，但三次提案均未获通过。1963年池田内阁决定恢复功勋荣誉表彰制度时，决定采用政令的形式，因为《日本国宪法》第七条规定，“根据内阁的建议……授予荣誉称号”是“天皇的国事行为”，颁布功勋荣誉制度的政令，属于符合宪法的“执行命令”之列，并承认日本历史上有关功勋荣誉制度的太政府布告、敕令等仍然有效[①]，使功勋荣誉制度的实施有了法律根据。

因而，除了百年前具有法律效力的太政府布告和战前天皇的敕令外，第二次世界大战后日本有关功勋荣誉制度的规定均以“内阁决议”等形式出现。日本各时期颁布的有关功勋表彰文件的名称如下。

• 制定赏牌从军牌（法律号码：明治8年太政官布告第54号，1875年4月10日）

这是日本有关功勋荣誉表彰制度最早、具有法律意义的文件，迄今已有四次修改。修改的名称分别是“赏牌略绶雏形（法律号码：1875年太政府布告第204号）”；“自今将赏牌改称勋章、从军纪念牌改称从军纪念章（法律号码：1876年太政府布告第141号）”；“勋章配用式（法律号码：1888年敕令第76号）”；“部分修改勋章、从军纪念章事宜等的政令（法律号码：2002年政令第277号）”。修改后的文件名为“勋章制定之事宜”。

• 奖章条例（法律号码：明治14年太政官布告第63号，1881年12月7日）

日本最初公布的国家级奖章的文件，最后一次修改为2002年8月12日政令第278号 。

• 授位条例（法律号码：明治20年勅令第10号，1888年）

• 勋章褫夺令施行细则（法律号码：明治41年阁令第2号，1909年）

• 文化勋章令（法律号码：昭和12年2月11日勅令第9号，1937年2月11日）

• 关于位、勋章等请求返还之事宜（法律号码：昭和20年内阁令第68号，1945年）

• 官吏任用授级令实施后有关处理对贵族院及众议院议长、副议长、议员或市町村村长及市町村官员授勋的事宜（法律号码：昭和21年5月3日内阁决定，1946年5月3日）

---

① 日本部分宪法专家对此提出过质疑。

• 关于生存者授勋的开始（法律号码：昭和 38 年 7 月 12 日内阁决定，1964 年 7 月 12 日）

• 制定各种勋章以及大勋位菊花颈饰制式及形状的内阁府令（法律号码：平成 15 年 5 月 1 日内阁府令第 54 号，2003 年 5 月 1 日）

• 制定奖章制式及形状的内阁府令（法律号码：平成 15 年 5 月 1 日内阁府令第 55 号，2003 年 5 月 1 日）

• 勋章的授予基准（法律号码：平成 15 年 5 月 20 日内阁决定，2003 年 5 月 20 日。2006 年 12 月 26 日修改）

三　日本政府各部门的荣誉制度

日本除设立国家级的功勋荣誉表彰制度外，政府各部门也有本系统的表彰制度。以下介绍日本最高行政首脑及部分行政机构的一些奖项。

（一）内阁总理大臣及内阁府的荣誉奖

1. 内阁总理大臣表彰[①]

设立于 1966 年。以总理大臣名义表彰在执行国家重要政策或在发展学术、文化、体育等方面有突出贡献的个人或团体。

该奖无固定颁发时间，由内阁总理提名，在内阁会议上通过，由内阁总理颁发奖状和奖牌。

自该奖设立至 2000 年，主要表彰的团体有日本奥运男子体操队、出色完成道路交通建筑事业的日本道路公团、关西国际空港株式会社、本州四国联络桥公团等。主要表彰的个人有在奥运会上有突出表现的上武洋次郎（东京、墨西哥奥运会最轻量级自由式摔跤冠军）、三宅义信（东京、墨西哥奥运会最轻量级举重冠军）、远藤幸雄（罗马、东京、墨西哥奥运会体队操核心队员）、第一个飞上太空的日本宇航员毛利卫、第一个日本

① 该奖日文为“内阁総理大臣顕彰”。此外，日本还有“内阁総理大臣表彰”奖（在本节的“海上保安厅的荣誉表彰”和“总务省消防厅的荣誉表彰”等部分中涉及）。日文的“顕彰”与“表彰”译为中文时均是“表彰”，但在意义上“顕彰”比“表彰”分量重。为加以区别，介绍“顕彰”时，中文后加“（顕彰）”。

女宇航员向井千秋、棋手羽生善治、柔道运动员田村亮子、游泳运动员成田真由美、成功实施反劫机行动的全日空 61 号航班机长、与盗贼奋力搏斗献身的国学院四年级大学生等。

2. 国民荣誉奖

设立于 1977 年。用于表彰受国民广泛爱戴，给社会带来光明希望之人。国民荣誉奖的设立与旅日华人棒球运动员王贞治有密切的关系。王贞治 1940 年出生于日本东京，祖籍为中国浙江省青田县，曾创出 868 次世界全垒打纪录，深受日本国民喜欢，却坚持保持中国国籍。日本舆论强烈呼吁给王贞治颁发荣誉称号。王贞治创造新的世界棒球纪录时，年仅 37 岁，大大低于授勋规定的年龄标准。时任日本首相的福田赳夫在王贞治创造新的棒球全垒打世界纪录的第二天（1977 年 9 月 5 日），授予他“国民荣誉奖”称号。从此，该表彰制度就被固定下来。

“国民荣誉奖”无固定颁奖时间，候选人由内阁总理大臣提名，在内阁会议上通过后，由内阁总理颁发奖状、奖牌和纪念品。

截至 2000 年，共有 15 人获得了国民荣誉奖。其中有作曲家古贺正兴（1978）、演员长谷川一夫（1984）、征服世界五大洲最高峰的登山运动员植村直己（1984）、柔道运动员山下泰裕（1984）、棒球手衣笠祥雄（1987）、歌唱家加藤和枝（1989）、大相扑秋元贡（1989）、歌唱家增永丈夫（1992）、漫画家长谷川町子（1992）、作曲家服部良（1993）、演员田所康雄（1996）、作曲家吉田正（1998）、电影导演黑泽明（1998）和田径运动员高桥尚子（2000）。

从上述情况可以看出，国民荣誉奖涵盖面很宽，年龄方面也无限制，有时一年颁布几次，有时几年颁布一次，随意性较大。2008 年北京奥运会上北岛康介获得蛙泳金牌后，希望给他颁发国民荣誉奖的呼声高涨，一时成为舆论关注的焦点。

国民荣誉奖没有统一的标准，能否颁奖由内阁总理大臣决定，对此舆论提出许多批评。同其他奖项相比，该奖名称很容易得到人们的理解，成为该奖的一大特色。

3. 内阁总理大臣奖

由内阁或内阁府决定，以总理名义对日本国内各领域活跃开展工作或作出了贡献的团体及个人进行表彰的奖项。

颁布日期不定，根据申请随时进行。

4. 内阁总理大臣杯

由内阁或内阁府决定，以总理名义表彰体育竞技领域取得优异成绩者的奖项。简称为“总理大臣杯”或“总理杯”。在总理公务繁忙时，可由内阁官房长官或副长官颁发。

5. 绿色学术奖

2006年创建。由内阁府主持，文部科学省、农林水产省、国土交通省、环境省等部门协助，表彰研究有关“绿色”成绩显著者，如研究植物、森林、绿地、园林、自然保护等，以及开发相关的技术，使国民深刻认识“绿色”的意义。原则上每年一个名额，由总理大臣决定并颁发。在“绿色之月”（4月15日至5月14日）内进行。

（二）厚生劳动省的荣誉奖

厚生劳动省是日本主管国民健康、医疗保险、医疗服务、药品与食品安全、社会保险与社会保障、劳动就业、弱势群体社会救助等方面事务的政府机构。在其主管业务内，设立的奖项有“优良奖”、“努力奖”、“团体奖”、“功劳奖”、“功绩奖”、“劳动卫生推进奖”等。

“优良奖”用于表彰在劳动卫生方面特别优秀，可以成为楷模的工作场所。

“努力奖”用于表彰努力提高劳动卫生水平，有显著进步的工作场所。

“团体奖”用于表彰在劳动卫生方面积极开展活动，工作整体场所的卫生环境良好的团体。

“功劳奖”用于表彰长年开展劳动卫生活动，为提高日本的劳动卫生水平尽心尽力，作出了显著成绩者。

“功绩奖”用于表彰长期从事劳动卫生活动的指导工作，对提高职业场所的劳动卫生水平作出了显著成绩者。

“劳动卫生推进奖”用于表彰长期从事劳动卫生方面的工作，对提高有关社区和职业场所的劳动卫生水平作出了贡献者。

上述这些奖项，均以“奖状”的形式颁发给团体或个人。“优良奖”、“团体奖”和“功劳奖”由厚生劳动省大臣在东京颁发；“努力奖”、“功绩奖”和“劳动卫生推进奖”由各地都道府县的劳动局长颁发。

此外，厚生劳动省还设有“卓越技能章”，以奖章和奖状的形式颁发给获奖人。

"卓越技能章"设立于1967年，是为提高日本技术人员的地位和技术水平设立的表彰制度。1995年以前，每年表彰100个优秀技术人员，此后名额增加到150名，截至2007年，已有4000余人获得该奖章。

"卓越技能章"的授予对象分金属加工、机械器具组合与维修、服装制作、木工等20种职业部门的技术人员。由都道府县知事和事业团体推荐，在听取技术人员表彰审议会意见的基础上，由厚生劳动大臣决定。此外，普通人员也可以推荐候选人，但不得推荐二等亲以内的亲属。

2004年以前，推荐对象必须是35岁以上之人，2005年取消了年龄的限制。

对于表彰对象，除授奖状、"卓越技能章"（奖牌或徽章）外，还从1971年起，奖励10万日元。

（三）防卫省的荣誉奖

防卫省是日本主管国防事务的政府机构，类似其他国家的国防部。防卫省设有"防卫功劳章"制度，表彰对国防事业建设等有功之人。

根据日本自卫队法的规定，日本自卫队的表彰有"嘉奖"、"奖状"和"精勤奖"三种。其中的"嘉奖"又分"特别嘉奖"、"一级嘉奖"、"二级嘉奖"、"三级嘉奖"、"四级嘉奖"和"五级嘉奖"六个类别。

"特别嘉奖"、"一级嘉奖"、"二级嘉奖"和"三级嘉奖"的获得者，可以获得"特别防卫功劳章"、"一级防卫功劳章"、"二级防卫功劳章"和"三级防卫功劳章"。

"奖状"也分"特别奖状"、"一级奖状"、" 二级奖状""三级奖状"、" 四级奖状"和"五级奖状"六个类别。

"精勤奖"授予对象是陆、海、空军上士以下忠于勤务之人。

"特别防卫功劳章"、"特别嘉奖"和"特别奖状"由内阁总理颁发；"一级防卫功劳章"、"一级嘉奖"和"一级奖状"由防卫大臣颁发；其他防卫功劳章、嘉奖、奖状和精勤奖由各幕僚长（司令）颁发。目前颁发出去的"一级防卫功劳章"和"二级防卫功劳章"主要是在参加国际维和活动和举办奥运会期间的有功之人。

（四）海上保安厅的荣誉奖

海上保安厅是日本战后成立的国家行政机构，初创时主要是为了管理日本海上的交通安全，排除战时在日本近海布下的水雷，后来把业务扩展到海上治安、救灾、护渔、防止污染等方面。

目前，日本海上保安厅职员有 1.2 万人，其中被称为“海上警察”的“海上保安官”有 1.15 万人。海上保安官肩负着海上的安全保卫、有关法令的执行、海上救难、防止海水污染等工作。海上保安厅的荣誉表彰制度，是为这些“海上保安官”设立的。

海上保安厅的荣誉表彰活动在每年 7 月 3 日的“海洋纪念日”进行，由“国土交通大臣表彰”和“海上保安厅长官表彰”两项内容组成。设立的奖项有“海事事业功劳”、“长年连续工作功劳”“海湾事业功劳”和“经营责任者功劳”。

此外，海上保安厅还设立了“海上保安勋功章”、“海上保安功绩章”和“海上保安发明方案章”。用内阁总理大臣表彰、国土交通大臣表彰、海上保安厅长官表彰的形式颁发给个人或组织。

（五）警察厅的荣誉奖

日本警察厅设立的荣誉表彰有“警察勋功章”、“警察功劳章”、“警察功绩章”、“警察嘉奖”、“警察奖状”、“警察表扬”、“警察协力章”、“感谢信”、“警视总监奖”、“警视总监特别奖”、“内阁总理大臣特别嘉奖”等。

“警察勋功章”授予功劳特别突出，成为众人楷模的警察职员，是日本警察厅颁布给警察的最高奖。

“警察功劳章”授予功劳突出，成为众人学习模范的警察职员，在日本警察厅设立的奖中，位置仅次于“警察勋功章”。

“警察功绩章”授予功劳显著的警察职员。

“警察嘉奖”授予作出了许多功劳贡献的警察职员。

“警察奖状”授予在执行勤务上有突出成绩的警察职员。

“警察表扬”授予有功劳、成绩优秀或业绩突出的警察职员。

“警察协力章”授予协助警察预防或制止犯罪行为、抓捕犯罪嫌疑人、救人和警戒、防护、救护水灾、火灾和其他灾害有功之人或团体。该奖是警察厅长官授予民间人士的最高警察奖，每年大约颁发 30 枚。

“感谢信”授予在上述事情中有功的外部人员或团体。

“警视总监奖”（署长奖、科长奖）授予在警察署内部处理有关警察职员有功之人。

“警视总监特别奖”授予在警察署内部处理有关警察职员恶性案件有功之人。

“内阁总理大臣特别嘉奖”授予警察职员受到暴力攻击，死亡或致残人员。

日本“警察表彰规则”认为，由于警察在履行职务时常置身于危险境地之中，难免受到危害、伤害甚至伤残、死亡，而“警察勋功章”、“警察功劳章”、“警察功绩章”和“嘉奖”的获得者是警察职员中的佼佼者，这些人不顾个人安危为社会作出了许多贡献，因而对他们的表彰还应附带奖金。

于是，该规则规定，警察职员明知有危险仍勇敢地执行公务，结果受到危害导致死亡，在授“警察勋功章”时可授3000万日元以下（若该职员是警察厅的职员或地方警务官，奖金可在6000万日元以下）殉职者特别奖金。此外，该规则对因公致残的抚恤奖金也作了明文规定（见表8—1）。

表8—1　　警察因公殉职奖金及伤残奖金

奖金种类	金额（万日元）
一、殉职者奖金	
1. 在执行公务中殉职，功劳特别突出，成为众人学习楷模者。	2520
2. 在执行公务中殉职，功劳突出，成为众人学习榜样者。	1870
3. 在执行公务中殉职，功劳特别显著者。	900—1360
4. 在执行公务中殉职，有重大功绩者。	490
二、伤残奖金	
1. 对在执行公务中有特大功劳，导致伤残，成为他人楷模者实施的奖励。	
（1）一级伤残	1870
（2）二级伤残	1550
（3）三级伤残	1360
（4）四级伤残	1210
（5）五级伤残	1030
（6）六级伤残	900
（7）七级伤残	760

续表

奖金种类	金额（万日元）
（8）八级伤残	640
2. 对在执行公务中有显著功劳，导致伤残者的奖励。	
（1）一级伤残	900—1360
（2）二级伤残	790—1210
（3）三级伤残	710—1070
（4）四级伤残	640—950
（5）五级伤残	550—820
（6）六级伤残	470—700
（7）七级伤残	410—590
（8）八级伤残	340—490
3. 对在执行公务中有诸多功劳，导致伤残者的奖励。	
（1）一级伤残	490
（2）二级伤残	460
（3）三级伤残	410
（4）四级伤残	360
（5）五级伤残	310
（6）六级伤残	280
（7）七级伤残	230
（8）八级伤残	190

资料来源：《警察表彰規則》，昭和二十九年八月六日国家公安委員会規則第十四号，最終改正：平成 18 年 9 月 29 日国家公安委員会規則第 26 号，参见 http：//law. e-gov. go. jp/htmldata/S29/S29F30301000014. html。

“警察勋功章”、“警察功劳章”和“警察协力章”由警察厅长官颁发。“警察功绩章”、“警察嘉奖”、“警察奖状”、“警察表扬”由警视总监、皇宫警察本部部长或管区警察局局长颁发。

即将退职的警察职员或面临死亡者，表彰日期可提前到退职前和生前。

殉职者的奖金发放给警察职员的遗属。

“警察勋功章”、“警察功劳章”和“警察功绩章”的获得者若触犯刑律被处以拘留以上的处罚或被开除公职，须退还奖章。若有了与警察职责不符的犯罪行为，也须退还奖章。

（六）总务省消防厅的荣誉奖

日本的消防事务由地方公共团体管理和运营，采用的是地方自治体制。总务省消防厅是统一管理国家消防、防灾政策及各地部分消防财政的中央政府部门。

日本对有关消防人员的表彰，除国家设立的“授勋”、“授章”等奖项外，还有“内阁总理大臣表彰”、“总务大臣表彰”和“消防厅长官表彰”。

表彰消防人员的“内阁总理大臣表彰”有两种，一种是“安全功劳者表彰”，另一种是“防灾功劳者表彰”，均从消防厅长官表彰的对象中选出功劳显著者，由内阁会议决定，由内阁总理大臣颁奖。

“安全功劳者表彰”于每年的7月1日（国民安全日）颁布，表彰在组织、维护国民安全方面成绩显著或有功绩者。

“防灾功劳者表彰”于每年9月1日（防灾日）颁布，表彰从事防灾活动成绩显著或有功绩者。

“总务大臣表彰”的对象是在确保地方社会安全、普及防灾思想、整顿消防设施及贯彻防灾政策方面功绩卓著者。

“消防厅长官表彰”分定期和非定期类，表彰对象是成绩优异的消防职员、消防队员。

定期表彰在每年3月7日的“消防纪念日”颁布，在3月上旬举行授奖仪式。定期颁布的奖有“功劳章”、“长年连续工作功劳章”、“奖旗”和“旗杆绶带①”。

“功劳章”的授予对象是在普及防灾思想、整顿消防设施和实施防灾对策方面成绩特别优异者。

“长年连续工作功劳章”的授予对象是长年连续从事消防工作，成绩突出，成为他人模范者。

“奖旗”和“旗杆绶带”的授予对象是在普及防灾思想、整顿消防设施和实施防灾政策方面成为模范的防灾机构和消防机构、消防团体的负责人。

不定期表彰主要以奋勇救人等灾害现场上救灾成绩突出的人为对象。设立的奖项有“特别功劳章”、“功劳章”、“功绩章”、“国际合作功劳章”和“表彰状”、“表扬状”、“奖状”、“安全功劳者表彰”、“防灾功劳者表

① 在旗杆前端的金属部分装上纪念章和标明功绩的绶带。

彰”、“退职消防队员奖励”等。

“特别功劳章”的授予对象是在灾害发生时实施消防作业，功劳特别显著，成为他人模范的消防官员和消防队员。

“功劳章”的授予对象是灾害发生时从事消防工作，成绩特别显著的消防官员和消防队员。

“功绩章”的授予对象是在灾害发生时从事消防作业，作出了突出成绩的消防官员和消防队员。

“国际合作功劳章”的授予对象是参与国际紧急救助队，从事救助活动，功劳显著者。2008 年 5 月 12 日中国四川发生大地震时，日本派出 80 名国际救助队员参与救助活动，回国后，有 17 名队员获得该项奖章。

“表彰状”的授予对象是在执行公务中死亡者。

“表扬状”的授予对象是灾害发生时从事消防作业，成绩显著或在普及防灾思想等方面有优异成绩之人。

“奖状”的授予对象是在灾害发生时参与消防作业，功劳显著之人。

“安全功劳者表彰”的授予对象是在普及、提高安全思想等方面成绩显著或有功，又非都道府县知事表彰的消防队员和非消防机构的团体。

“防灾功劳者表彰”的授予对象是在防灾活动、普及防灾思想等方面成绩特别优秀，但非都道府县知事表彰对象的个人或团体。

“退职消防队员奖励”的授予对象是长年从事消防工作，有众多功劳后退职的消防队员。由消防厅长官授予奖状和银杯。

此外，属消防领域的各种“表彰”还有许多，此处不再一一列举。

日本对消防人员的表彰除颁发“奖章”、“嘉奖”、“奖状”等之外，从 1962 年起还设立了“殉职者奖金”和“伤残者奖金”；1984 年又增加了“殉职者特别奖金”，对执行公务中死亡或伤残者给予补偿。奖金额度为 2520 万日元以下（殉职者特别奖金金额在 3000 万日元以下）。同时授予“特别功劳章”、“功劳章”或“功绩章”。

四　日本其他部门的荣誉制度

（一）消防团的荣誉奖

日本的消防团通常隶属于日本行政区划的市町村（东京都隶属于东京

消防厅），团员为兼职人员，平时参加预防火灾的训练，灾情发生时参与灭火、救助等活动，同时也是地震、风灾、水灾发生时抢险救灾的生力军。

消防团的团员没有固定的薪金报酬，只领取金额很少的参加培训活动的补贴，每次数百日元到数千日元不等，一年的补贴通常不会超过数万日元。如果是国家公务员，因参与救灾活动受伤可得到公共保险的补偿，非公务员则很难有保险补偿。

由于消防团工作性质特殊，为鼓励全民参与防灾救灾事务，消防团是日本设置奖项最多的机构，也是颁发奖章、荣誉章等最多的机构。即除了管理消防团的中央政府机构“总务省消防厅”设置了许多奖项外，各地的消防团也有自己的荣誉表彰制度，设置了许多奖项。凡参加消防团，并积极坚持参与活动的人，一般在三五年后，就会得到一枚具有表彰、鼓励性质的奖章。

日本各地消防团之间设置的奖项虽有一些差异，但基本上分为三大类型。一种是针对消防团员颁发的奖，另一种是针对退役消防团员颁发的奖，还有一种是针对消防团员家属颁发的奖。

对消防团员颁发的奖项有：

- 殊勋章；
- 荣誉章；
- 特别功劳章；
- 现场功劳章；
- 一等功劳章；
- 二等功劳章；
- 三等功劳章；
- 功劳章；
- 功绩章；
- 优胜章；
- 持续勤劳章；
- 勤劳章；
- 勤业章；
- 敬岗章；
- 业绩章；

- 善行章；
- 优良章；
- 团长章；
- 优秀团员章；
- 青年章；
- 表彰章等。

为退役消防团员设立的奖项有“名誉消防团长章”和“名誉消防团员章”。

日本一些地区还设立了“消防团员优秀家属章”，表彰支持消防团员工作的家属。

这些奖项，对日本开展全民消防活动起到了积极作用。

（二）日本红十字社的荣誉奖

日本红十字社根据“看护及救护有功”、“对红十字社开展工作有功”和“对增加红十字社资金有功”的三项原则，设立了“日本红十字社金色有功章”、“日本红十字银色奖章”和“弗洛伦斯·南丁格尔奖章”等奖项。

“日本红十字社金色有功章”设立于1888年，是日本红十字社最高位奖项。表彰参加红十字服务活动、捐款和对献血等有贡献之人。如参与红十字服务活动20年以上、捐款50万日元以上（可以累计）和献血70次以上，都可以成为奖章的授予对象。奖章分男用章和女用章。法人授奖牌。献血70次以上者授奖杯和奖状。

“日本红十字社金色有功章”获得者可以成为都道府县的“红十字有功会”会员。

“日本红十字银色奖章”的授予对象是捐款20万日元以上或献血50次以上者。

“弗洛伦斯·南丁格尔奖章”设立于1920年，最初只授予女性，1954年以后也授予男性。隔年颁奖，每次授奖50人。

（三）公益法人的荣誉奖

日本的公益法人包括以公益为目的，按民法第34条设立的财团法人或社团法人；以公益为目的，在民法之外按特别法设立的社团法人以及财团方面的医疗法人财团等。

日本的公益法人组织也有表彰制度，表彰在公益事业方面作出贡献之人。以下列举其中的主要例子。

1. 日本水难救济会的荣誉奖

日本水难救济会是日本在海上或海滨救助遇难者及船舶的全国性志愿者团体，由皇族人员任名誉会长。该团体通过各地法人对海难救助者实施补偿与奖励。

日本水难救济会设立的奖项有：

- 日本水难救济会名誉会长章；
- 特别有功章；
- 救助特别有功章；
- 救助功劳章；
- 救助出动次数功劳章；
- 连续工作功劳章等。

2. 大日本农会的荣誉奖

大日本农会成立于1881年，是以农业知识交流方式发展农业的全国性农业团体组织。该组织一直由皇族担任名誉会长。

大日本农会的表彰制度建立于1894年，以会长的名义颁发奖章。到2008年，共颁发了92次奖。

奖章候选人或由各地都道府县知事及各地分会推荐，或由有关农业团体推荐。表彰对象还包括多年从事农业，为增进日美友好关系作出贡献的美国人，候选人由美国加利福尼亚州分会推荐。

大日本农会设立的奖有“大日本农会紫白绶带有功章”、“大日本农会红白绶带有功章”和“大日本农会绿白绶带有功章”，分别授予“农事功劳者”、“农业改良普及功劳者”、“农业技术开发功劳者”。

3. 日本善行会的荣誉奖

善行会是日本内阁府管理的公益法人。该会通过表彰和推广善行，创造良好社会秩序，进而发展国际友好事业。

善行会每年进行两次善行表彰活动。5月为春季表彰活动，表彰青少年的善行、危急时刻有贡献之人、对国际有贡献之人和外国人的善行等。

11月为秋季表彰活动，表彰成人的善行。

表彰活动时颁发的奖有“善行金章”、“善行银章”、“善行铜章”和

“善行章”。

4. 交通安全协会的荣誉奖

日本的都道府县都设有“交通安全协会”，为地方法人组织。这些安全协会也设有表彰制度，对安全运营无事故的司机及时给予表彰。

如京都府的“交通安全协会”的优秀运营者表彰制度设立于1965年，有“金奖”、“银奖”和“铜奖”三个奖项。“金奖”授予9年以上安全运营无事故，获得银奖后又安全运营了三年以上的司机。由警察本部部长授奖。“银奖”授予6年以上安全运营无事故，获得铜奖后又安全运营三年以上的司机，由警察署长授奖。“铜奖”授予三年以上安全运营无事故的司机，由地方交通安全协会会长授予。

全日本交通协会近畿地区设立的奖项是“交通荣誉章绿十字金奖”、“交通荣誉章绿十字银奖”、“近畿交通荣誉章”和“交通荣誉章绿十字铜奖”。

兵库县交通安全协会2008年颁发的交通安全“金奖”有1455枚，“银奖”1236枚，“绿十字铜奖”430枚。奖励对象不局限在专职司机范围，对开私家车的司机同样给予表彰。

五　日本功勋荣誉制度的改革

1964年日本恢复了因战败而终止的国家功勋荣誉制度，并制定了实施标准，这些标准被执行了30余年后，随着社会的发展和时代的需要，希望对国家功勋荣誉制度实施改革的呼声开始出现。1999年，日本执政的自民党依据形势的发展，成立了功勋荣誉制度研究规划小组，开始探讨国家功勋荣誉制度的改革，并于2000年4月13日提交了改革报告书。2000年9月，时任日本内阁总理大臣的森喜朗设立了功勋荣誉制度改革的“恳谈会”，广泛征集意见。“恳谈会”经过8次讨论，于2001年10月29日归纳出有关改革的“报告书”。根据“报告书”的意见，2002年8月7日，日本内阁会议作出了“关于荣誉制度的改革”决议，修改了荣誉制度的内容。2003年5月20日，日本又以内阁会议决定的方式，通过了“勋章的授予标准”。从此，日本的功勋荣誉表彰活动开始在新的标准下运行。这次的改革主要有以下一些内容。

（一）勋章制度的改革

勋章制度的改革主要集中在勋章的等级与名称、男女勋章的区别、官民获勋人数的比例、功绩评判的标准等方面。

1. 勋章的名称与等级

1964年日本恢复的功勋荣誉制度，在“旭日章”、“宝冠章”和“瑞宝章”的奖项中分八个等级，每个等级的前面均附有“勋一等”到“勋八等”的不同称呼。比这三个勋章级别高一级的勋章“桐花章”虽然只有一种，但名称前也冠有“勋一等”的定语。

这样的功勋荣誉制度有其形成的历史原因。第二次世界大战后日本最初启动功勋荣誉制度的政府文件发布于1946年5月3日（内阁会议决议），题目是“官吏任用授级令实施后有关处理对贵族院及众议院议长、副议长、议员或市町村村长及市町村官员授勋的事宜”，即在这一文件中，重视的是对政府官员的表彰。1964年5月3日，池田内阁作出恢复功勋荣誉制度的决定，虽然授勋对象划定为为国家和公共事务作出贡献之人，但侧重点仍是政治家、法官、公务员等从事公共事务之人，政府官员依旧是授勋的主要对象。在公务员中，对社会有较大贡献的检察官、警察、刑务官、消防人员等获得勋章的机会显然比政治家少得多。因而，2002年前的日本功勋荣誉制度，被批评有“官尊民卑”的倾向。政治家不仅获勋的机会多，获勋的级别也高，民间人士即使有很突出的成绩，获奖的机会也少，级别也低。

在改革勋章荣誉制度的讨论中，不少人士提出，勋章不应分等级，因为在任何岗位上都可以作出值得最高位奖励的成绩。而且，人们的价值观已随时代的发展而发生了变化，为国家和公共事业作出贡献者的确需要表彰，民间的经济活动、志愿者活动也同样应该大力提倡和表彰。表彰与表彰之间不能用等级划分。经过讨论，日本最终认为，划分等级还是有意义的，因为授勋不是对个人事业的评价，是对国家、公共事务所作贡献大小的评价，若以单一的文化勋章的形式颁发勋章，获奖人的数量会大幅度减少，失去了表彰社会各领域先进人物的意义。不过，过去以数字划分等级的做法不妥，造成了给各类优秀人物划分等级的误解。

于是，在2003年实施的功勋荣誉制度中，“旭日章”、“宝冠章”和“瑞宝章”全部取消数字排序方法，由八个级别改为六个等级，采用“大绶章"、"重光章"、"中绶章"、"小绶章"、"双光章"和"单光章"的方式颁发给不同类型的人。"勋一等桐花大绶章"也取消"勋一等"说法，改为"桐花大绶章"。

2. 官民获勋人数的比例

对于有广泛争议的获奖者比例的"官尊民卑"问题，担负改革重任的恳谈会调查发现，公务员获奖的比例的确高于民间（见表8—2）。对此，恳谈会的报告书建议政府作适当调整。

表8—2　　日本各类人员的获勋比例（2001）

获勋章的各类人员	比例（%）
公选职务（国会议员、行政首长、地方议会议员等）	8
民间人士	34
警察、自卫队等公务员	18
小学中学高中教师等公务员	9
一般行政职务的公务员	12
一般行政职务的地方公务员	5
其他公务员	7
原国铁、电信电话、烟草专卖公司及邮电公司的职员①	7

资料来源：《栄典制度の在り方に関する懇談会報告書》平成13年10月29日，参见http://www8.cao.go.jp/intro/kunsho/kondankai/houkoku/index_ho.html。

不过，报告书认为，勋章荣誉制度本身就是为了表彰为国家和公共事业者设立的，表彰范围包括教育工作者、警察、自卫队员等特殊领域的人员，因而单从公务员和非公务员获奖人数的统计上说"官员高出民间2倍"并不准确。

从过去获奖人员的情况上看，日本获得高位勋章者主要集中在政治家、政府官员、法院院长、检查院院长和国立大学校长身上，民间人士的确少得多。对此，日本新的功勋荣誉表彰活动开始有所调整。例如，2003

① 这类职员原来也在公务员系列中，后转为民营企业。

年日本民间获勋人数为1650人，创历史最高纪录。而官民人士获勋的比例是，公务员比过去减少了一成，民间人士增加了一成。

3. 评判功绩的标准与方法

对于评判候选人是否符合授勋条件，日本过去主要采用两种方法。一种是看其是否长期在特定的领域里工作，此间作出的成绩如何。这种方法不仅应用在一般公务员身上，也应用在长期从事某种工作，积累了许多功绩的民间人士身上。另一种方法是主要看其功绩内容和影响力的大小，主要应用于民间人士身上。

为了避免因重视工作时间的长短而忽略了是否有突出成绩的弊端，在评判中日本有关部门提倡更多地重视工作上的功绩而不是工作时间的长短，但在实践中证明，表彰长期积累的功绩和表彰重点放在功绩的内容而不是工作的长期性上不仅在方法上很难获得统一，两者之间的功绩也无法进行比较。

此外，随着社会的发展，社会领域"公"与"私"的界限越来越模糊。民间领域为"公"作贡献的内容越来越多，例如企业和个人的经济活动与增加国家的实力紧密相关，同样属于为国家作贡献的范畴。长期领导社会团体或企业的负责人，利用其岗位也在为国家的发展作出种种贡献。即使是规模小的企业，也会因为有重大发明而对社会的进步有不俗的贡献。而随着国际化的来临，现代社会中的人们并不把视野局限在国内事务上，而那些以"为国家和公共事业作贡献"为国家表彰基本条件的规定就会把以人道主义精神，积极参与国际救援活动等人士排除在外。

在过去的勋章评判标准与方法中，为了使表彰"公"与"私"的功绩有所区别，也为了使侧重表彰在岗时间长短积累的功绩与侧重表彰功绩的内容有所区别，日本曾规定在同一个勋级中，"旭日章"优于"瑞宝章"。2003年，对过去评判功绩的标准与方法进行了改革，增加了新的表彰范围，同时区分领域，让"旭日章"和"瑞宝章"表彰不同的对象，使表彰活动更为明晰有效。

4. 性别差异的取消

在日本过去实施的功勋荣誉制度中，"旭日章"为男性专用勋章，"宝冠章"为女性专用勋章，"瑞宝章"为男女共用勋章。

这是因为，1875年创设"旭日章"时只考虑把男性作为授勋对象，直到1889年，才开始仿效欧洲国家的做法，设立了符合女性礼服用的女性专用勋章“宝冠章”。这种做法显然已落后于时代，在 2003 年的改革中，“旭日章”同“瑞宝章”一样，成为男女共用的勋章。女性专用勋章“宝冠章”虽继续存在，仅规定在特殊场合下使用。

5. 授勋数量的调整

1964 年春季，日本的春季授勋仅颁发了 197 枚勋章，秋季虽然有所增加，也只颁发了 534 枚勋章。此后授勋数量逐年增加。1970 年每次颁发大约 3000 枚（一年颁发大约 6000 枚），1977 年增加到每次大约 4000 枚（一年大约 8000 枚），到了 1987 年，增加到每次大约 4500 枚（一年大约 9000 枚）。

改革功勋荣誉制度“恳谈会”的报告书提出，目前，法国每年授勋人数 1.1 万人，英国 1.2 万人，意大利 1.4 万人，比利时 1.5 万人。日本应考虑增加授勋人数。而且应关注工作环境相对辛苦和经常处于危险环境中的人的情况，增加他们获勋的机会。

日本政府接受了这些建议，在 2003 年秋季的授勋中，有 3546 名从事高危工作岗位的优秀人员获得了勋章，比过去（以前为 600 人左右）有了大幅度增加。

（二）奖章制度的改革

作为日本功勋荣誉制度重要内容之一的奖章，主要是授予特定领域的优秀人员。自 1978 年以后，黄绶带奖章、紫绶带奖章和蓝绶带奖章就已同授勋一样，分春秋两次颁发。2003 年奖章制度的改革，主要集中在奖章的授予标准、年龄和能否尽快颁奖等问题上。

例如，过去的奖章授予标准之一是 55 周岁以上，这样的规定使许多作出了成绩的人很难及时受到表彰，尤其是紫绶带奖章的授予对象是在科技、体育、艺术领域有突出贡献之人，这些领域的人很多在年轻时就作出了成绩，而获奖却要等到 55 岁以后，造成创造佳绩的时间与获奖时间脱节的现象。

再比如，绿绶带奖章过去的授予对象是“孝子等德行卓著之人”，这样的规定已大大落后时代的发展，使该奖项在 1955 年以后长期空缺。

2003 年，日本调整了各类奖章授予对象的条件，取消了年龄的限制，是年有 8 位不到 50 岁的人获得了奖章。绿绶带勋章条件的调整，也使 34 名（含 5 个团体）在志愿者活动中有突出表现的个人和团体在 2003 年获奖。

新的奖章制度还有一定的灵活性，采用“定额之外增加一个名额”的方式，使奖章的授予更有效率，并要求在选择奖章授予对象时，要注意不要偏向中央政府部门、著名人物，而是扩展到社会各个阶层、民间企业特别是中坚企业、中小企业中的优秀人物；特别是不受人注意的行业领域中兢兢业业工作的人士以及女性模范人物等，从而更好地发挥国家表彰制度的作用。

六 日本功勋荣誉制度的特点

日本的国家级功勋荣誉表彰制度至今已有120余年的历史，纵观该制度的形成、改革与发展，有如下一些特点值得重视。

（一）治国方略、举国重视

日本的功勋荣誉制度自明治之初创立到现在，一直被置于重要国策的位置上，与国家的发展紧密相连。日本在1875年创立的功勋荣誉制度，主要对象是政府官员和军人。这是因为明治维新政府实施的是“富国强兵”的政策，荣誉表彰制度也服务于日本政府的这一政策。

1945年日本宣布战败，1947年制定了被称为和平宪法的新宪法，开始走向和平发展之路。在最初的有关授勋的文件中，日本依然有重视政府官员的痕迹。1964年，日本全面恢复功勋荣誉制度后，把各行各业的优秀人物纳入表彰范围，成为鼓励全民为国效力、振兴民族的重要手段。经过30余年春秋两次大规模的面向全社会和各个阶层的授勋与授章等活动，这种表彰活动已深入人心，成了日本文化的内容之一。日本的功勋荣誉制度同民族的命运相关，与国家的发展目标相连，是社会道德的指向标和举国关注的国事。天皇直接参与授勋，政府各级首脑颁布勋章奖章，舆论大肆报道，民间有关人士设宴庆贺。这些活动对国家的发展、民族的振兴都形成了动力。

在进入21世纪之初，日本又一次对功勋荣誉制度实施改革，其目的也是借功勋荣誉制度之力，整饬社会风气，推动社会在21世纪的发展。

（二）政策持久、制度稳定

日本是个非常重视法律的国家，政府部门的任何举措，都要有相关的法律做依据。日本目前实施的功勋荣誉表彰，除依据战后制定的《日本国宪法》的第七条“天皇的国事行为”中规定的“根据内阁的建议……授予荣誉称号”外，其他所依据的竟是百年前日本创建功勋荣誉制度时颁布的“太政官布告”、“敕令”和“内阁府令”等历史上的文件，并声明这些文件与现在的政令有“同样的效力”。

这就表明，日本现在实施的功勋荣誉制度的目的，与百年前创建这一制度的初衷一致。一项政策能长久不变地贯穿各个历史阶段的时空，是这一制度成为日本文化的组成部分，融入日本民族血液之中的重要原因，也是民族的传统价值观发扬光大，不会因时代的变化而渐趋衰减的保证。

（三）官民兼顾、覆盖面全

日本的功勋荣誉制度面向日本全社会，设计非常全面，覆盖各个阶层和各行各业。无论是国家或政府各级部门的首脑，还是士农工商学文体艺术界的人士，也无论在什么岗位上工作，只要兢兢业业，作出突出贡献，积累一定功绩，都有获得勋章或奖章的机会。在 2003 年改革之后实施的荣誉表彰方针中，还对不引人注目的工作岗位上的优秀人物和从事高危作业的人士给予了特别的关照，提醒人们尽力挖掘他们的事迹，让他们也成为奖章的获得者，公众称颂的人物。

为了在表彰活动中不遗漏任何一位值得国家表彰的人物，2003 年还设立了“一般推荐”制度，任何人都可以举荐自己发现的优秀人物，有关部门也会进行认真的核实和处理。

（四）重名轻利、不设特权

日本国家级的功勋荣誉表彰，如颁发勋章、奖章、奖杯等，完全是一种荣誉性的活动，是对获奖人勤恳工作，为国家和公共事业作出突出贡献的承认和精神上的表扬，并不附带任何物质方面的奖励，获奖者也没有任何借此可以享受的特权。这一点在《日本国宪法》第十四条中有明文规定[①]。从1999—2003年专门负责荣誉表彰活动的政府部门“赏勋局”的预算上看（见表8—3），勋章奖章的制作费有严格的预算方案，该部门的预算主要用于勋章、奖章等奖品的制作，本身经费并没有因国家重视该活动、实施新的改革和增加获奖人数有大幅度的增加。即日本的功勋荣誉表彰是一种“重名轻利”的活动，获奖者不会因获奖而名利双收，政府也不会因开展该项活动而开支猛增。

在历史上，日本实施国家功勋荣誉制度时也曾附有金钱方面的奖励，例如1890年为对外侵略战争中立有战功的军人设立的“金鵄勋章”，下分七个等级，分别有65日元至900日元终身享用的年薪。20世纪30年代日本军队二等兵的月薪是8日元，因而该年薪是一笔数额很高的奖金。由于对外侵略的扩大，授勋人数猛增，给国库造成巨大负担，后来演变成以国债形式支付。该勋章制度在第二次世界大战结束后被废除。1964年恢复的功勋荣誉制度也依据宪法规定与物质奖励彻底脱离。

表8—3　　**赏勋局经费预算**　　（单位：百万日元、年）

预算事项名称	1999	2000	2001	2002	2003
赏勋局经费	2154	2232	2391	2418	3063
其中制造勋章、奖章费用	2050	2153	2308	2350	2963

资料来源：賞勲局“平成15年度政策評価書（事後評価）”，参见 http：//www8. cao. go. jp/hyouka/h15hyouka/h15jigo/hyoukasyo17. pdf。

为奖励为民族文化作出了杰出贡献的“文化勋章”获得者，1951年日本设立了“文化功劳者”制度，同时颁布“文化功劳者年金法施行令（昭和26年政令第147号）”，给获得“文化功劳者”称号的人颁发终身享有的年薪（350万日元），然后规定“文化勋章”候选人须从获得“文化功劳者”称号的人中产生，这才绕开了宪法的规定，实现了奖励日本文化、艺术、学术领域有杰出贡献者的目的。这种特殊的做法在社会上并没有异议，显示了日本全社会对文化人士的尊敬。

① 《日本国宪法》第十四条规定的内容是：“荣誉、勋章以及其他荣誉称号的授予，概不附带任何特权。授予的荣誉称号，其效力只限于现有者和将接受者一代。”

七　附表

附表 8—1　　　　日本国家级勋章的种类与授予对象

<table>
<tr><th colspan="2">种类</th><th colspan="2">授予对象</th></tr>
<tr><td colspan="2">大勋位菊花章
大勋位菊花章颈饰
大勋位菊花大绶章</td><td colspan="2" rowspan="2">比获得旭日大授
章或瑞宝大绶章
有更优异功劳者。</td></tr>
<tr><td colspan="2">桐花大绶章</td></tr>
<tr><td>旭日章</td><td>瑞宝章</td><td colspan="2">对国家及公共事业有功劳者。</td></tr>
<tr><td>旭日大绶章
旭日重光章
旭日中绶章
旭日小绶章
旭日单光章</td><td>瑞宝大绶章瑞宝重光章
瑞宝中绶章
瑞宝小绶章
瑞宝单光章</td><td>旭日章
侧重于功绩
内容，有显
著功绩者。</td><td>瑞宝章
长年担任公
职等，有工
作业绩者。</td></tr>
<tr><td colspan="2">文化勋章</td><td colspan="2">在文化发展方面有特别显著功绩者。</td></tr>
<tr><td colspan="2">宝冠章</td><td colspan="2" rowspan="7">用于外交礼仪，
专门授予女性。</td></tr>
<tr><td colspan="2">宝冠章大绶章</td></tr>
<tr><td colspan="2">宝冠章牡丹章</td></tr>
<tr><td colspan="2">宝冠章白蝶章</td></tr>
<tr><td colspan="2">宝冠章藤花章</td></tr>
<tr><td colspan="2">宝冠章杏叶章</td></tr>
<tr><td colspan="2">宝冠章波光章</td></tr>
</table>

附表 8—2　　日本国家级奖章的种类与授予对象

种类	授予对象
红绶带奖章	全力以赴舍己救人者。
绿绶带奖章	主动为社会服务，德行显著者。
黄绶带奖章	业务上兢兢业业，成为民众楷模者。
紫绶带奖章	在学术、艺术领域发明、改良、创新成就显著者。
蓝绶带奖章	在提高公众利益方面成绩卓著者或献身公共事务功劳显著者。
青绶带奖章	为公益捐献私人财产者。
饰板	已然是奖章获得者，又作出了值得颁发同样奖章的功绩（每获五枚银饰板后换一枚金饰板）。

附表 8—3　　日本国家级奖杯的种类与授予对象

种类	授予对象
银杯	可替代勋章颁发（菊花纹）。
木杯	可替代奖章颁发（桐花纹）。

主要参考文献

1. 佐藤正纪《勲章と褒章》時事画報社，2007 年 12 月 。

2. フリー百科事典『ウィキペディア（Wikipedia）』，《褒章》，参见 http：//ja. wikipedia. org/wiki/%E8%A4%92%E7%AB%A0。

3. フリー百科事典『ウィキペディア（Wikipedia）』，《内閣総理大臣顕彰》，见 http：//ja. wikipedia. org/wiki/% E5% 86% 85% E9% 96% A3%E7% B7% 8F% E7% 90% 86% E5% A4% A7% E8% 87% A3% E9% A1%95%E5%BD%B0。

4. フリー百科事典『ウィキペディア（Wikipedia）』，《栄典》，参见 http：//ja. wikipedia. org/wiki/%E6%A0%84%E5%85%B8。

5. フリー百科事典『ウィキペディア（Wikipedia）』，賞杯，参见 http://ja. wikipedia. org/wiki/%E8%B3%9E%E6%9D%AF。

6. フリー百科事典『ウィキペディア（Wikipedia）』，《勲章》，参见 http：//ja. wikipedia. org/wiki/%E5%8B%B2%E7%AB%A0。

7. 閣議決定：《栄典制度の改革について》平成 14 年 8 月 7 日，参见 http：//www8. cao. go. jp/intro/kunsho/kondankai/eite. pdf。

8. 閣議決定:《勲章の授与基準》平成15年5月20日，参见http://www8.cao.go.jp/intro/kunsho/kondankai/kijyun.pdf。

9. 栄典制度の在り方に関する懇談会:《栄典制度の在り方に関する論点の整理》平成13年5月22日，参见http://www8.cao.go.jp/intro/kunsho/kondankai/seiri/index_ro.html。

10. 栄典制度の在り方に関する懇談会:《栄典制度の在り方に関する懇談会報告書》平成13年10月29日，参见http://www8.cao.go.jp/intro/kunsho/kondankai/houkoku/index_ho.html。

11. 賞勲局,《日本の勲章・褒章》，参见http://www8.cao.go.jp/intro/kunsho/index.html。

12. 日本における栄章（表彰記章・表彰徽章）の代表例，参见http://ja.wikipedia.org/wiki/%E6%A0%84%E7%AB%A0#.E6.97.A5.E6.9C.AC.E3.81.AB.E3.81.8A.E3.81.91.E3.82.8B.E6.A0.84.E7.AB.A0.28.E8.A1.A8.E5.BD.B0.E8.A8.98.E7.AB.A0.E3.83.BB.E8.A1.A8.E5.BD.B0.E5.BE.BD.E7.AB.A0.29.E3.81.AE.E4.BB.A3.E8.A1.A8.E4.BE.8B。

第九章

韩国的功勋荣誉制度

一 概况

（一）韩国的功勋荣誉制度

韩国的功勋荣誉制度历史悠久，最早可追溯到父系社会时代。韩国历史上的统一新罗时期，功勋荣誉制度得到了长足的发展，国家对战争中的立功者、孝子、烈女，以及为国家作出贡献的功臣赐予食邑和官职，给予厚待。此后的历朝历代都设有专门的功勋奖赏机构，对为国家和社会作出贡献的功臣论功行赏。

韩国现代功勋荣誉制度的雏形形成于旧韩末期。1899 年国家设立了表勋院，负责国家的授勋表彰等相关工作。1900 年颁布了《勋章条例》，规定对国家有功之人实施授勋，并设立了勋位及等级，按照标准授予勋章。然而，到了 1910 年日本帝国主义吞并朝鲜半岛以后，韩国的勋章制度逐渐被废止。

1948 年，大韩民国政府成立之后，国家的功勋荣誉制度开始进入正常的发展时期。政府重视国家功勋荣誉制度的建设和发展，并将其作为国家实现行政目标的重要手段之一。政府先后颁布了各种勋章法令，对勋章制度予以规定和规范。1963 年，政府将此前各种单行的勋章法令以及功勋相关法令进行整合，颁布实施了《赏勋法》。《赏勋法》主要对国家实行的勋章和奖章制度从法律层面上进行了规定。此后，又于 1967 年颁布了《赏勋法施行令》，作为《赏勋法》具体施行的补充法令，进一步对韩国的勋章和奖章制度作了详细规定。此前政府于 1962 年 8 月制定颁布的《政府表彰规定》是对国家、政府一级的表彰作出规定的法规。多年来，《赏勋法》、《赏勋法施行令》和《政府表彰规定》经历了多次修改、补充和完善，这三部法律法规基本上构成了韩国现代功勋荣誉制度的基本法律法规框架，对韩国功勋荣誉制度的发展、建设和实施发挥了关键性的指导作用。

（二）韩国功勋荣誉的种类

韩国现行的功勋荣誉制度分为政府授勋和政府表彰两大类。政府授勋依据《赏勋法》和《赏勋法施行令》对为国家和社会发展作出杰出贡献的本国和外国人授予勋章或奖章。政府表彰依据《政府表彰规定》对为国家和社会发展作出贡献的本国人和外国人，以及在教育、各种比赛和作品创作等方面取得优异成绩的人进行表彰。

勋章和奖章按照社会各个领域分为十二个种类，分别是无穷花大勋章、建国勋章（奖章）、国民勋章（奖章）、武功勋章（奖章）、勤政勋章（奖章）、保国勋章（奖章）、修交勋章（奖章）、产业勋章（奖章）、新村勋章（奖章）、文化勋章（奖章）、体育勋章（奖章）、科技勋章（奖章）、预备军奖章。这十二种勋章和十二种奖章之间没有等级差别，只是在佩戴时有一定的先后顺序规定。十二种勋章中除无穷花大勋章没有等级以外，其余十一种勋章分别分为五个等级，其中一等修交勋章又分为光化大章和光化章。奖章是勋章下一等级的授勋，没有等级之分，为单一等级。奖章基本与勋章一一对应，只是奖章中没有无穷花奖章，多了一个预备军奖章。政府表彰则是奖章下一等级的褒奖，分为总统表彰、国务总理表彰、中央行政机关首长表彰和各级机关首长表彰。

二　历史沿革

（一）统一新罗时期至朝鲜王朝时期

在韩国父系社会时代功勋荣誉制度已现雏形。当时，部落首领对在战争中立下战功的人给予马匹和奴婢奖励。统一新罗时期，国家的功勋荣誉制度得到了长足的发展，国家为在战争中立功的功臣、孝子、烈女，以及为国家作出贡献的人赐予食邑和官职，给予厚待。当时，国家设立了专门的功勋奖赏机构——“赏赐署”，对建国、抗击倭寇侵略，以及为国家作出贡献的功臣论功行赏。此后，高丽王朝时期、朝鲜王朝时期也都设立了专门的功勋奖赏机构，如高丽王朝时期的“考功司”，朝鲜王朝时期的“功臣都监”，以及朝鲜王朝末期设立的“纪功局”等，对建国功臣、孝子、烈女以及战争中的功臣论功行赏。

（二）旧韩末时期

1899 年，国家设立了“表勋院”，负责国家的授勋表彰等相关工作。1900 年 4 月 17 日，第十三号国王令颁布了《勋章条例》。《勋章条例》规定了对国家有功之人实行授勋，并设立了勋位及等级，按照标准对功臣授予勋章。当时的等级分为大勋位、勋、功三个等级，勋和功又分成八个等级。起初勋章只有金尺大勋章、李花大勋章、太极章、紫鹰章四种，后来又追加了八卦章、瑞星大勋章、瑞凤章三种勋章，使勋章种类达到七种。这七种勋章的排列序列为金尺大勋章、瑞星大勋章、李花大勋章、太极章、八卦章、紫鹰章、瑞凤章。金尺大勋章没有等级，只授予皇室，但偶尔也可授予拥有瑞星大勋章和李花大勋章，并且有特别功绩的皇室宗亲和文武百官。太极章和八卦章各分为八个等级，紫鹰章主要授予武将；瑞凤章授予宫内外贤良淑德和有功绩的女子，由皇后授予。获得勋章者同时还会获得特殊月俸和赏金，但瑞凤章没有特殊月俸。对于授勋对象的考察和审议由表勋院进行，每年 1 月和 7 月在议政官会议上决定授勋对象。《勋章条例》规定勋章只有本人可以佩戴，不能传于子孙；有违法乱纪行径即刻收回勋章，并取消特殊月俸等。1910 年，日本帝国主义吞并朝鲜半岛之后，韩国的勋章制度逐渐被废止。

（三）大韩民国政府成立至今

大韩民国政府成立后颁布了《建国功劳勋章令》（1949 年 4 月 27 日）。至此，旧韩末时期制定实施的《勋章条例》废止，政府建立了新的勋章制度。接着，政府又接连颁布了无穷花大勋章令（1949 年 8 月 13 日）、武功勋章令（1950 年 10 月 19 日）、文化勋章令（1951 年 12 月 22 日）、素星勋章令（1952 年 1 月 15 日）和褒奖令（1949 年 6 月 6 日），对勋章和表彰制度作出规定。1963 年 12 月 14 日，政府将此前各种单行的功勋制度法令进行整合，制定并颁布了《赏勋法》。起初，《赏勋法》中规定的勋章有八个种类，分别是无穷花大勋章（不分等级）、建国功劳勋章

（分为三个等级）、武功勋章（分为五个等级）、素星勋章（分为五个等级）、勤劳功劳勋章（分为五个等级）、建交勋章（分为五个等级）、文化勋章（分为三个等级）、产业勋章（分为三个等级）。1967 年，韩国政府又颁布了《赏勋法施行令》，作为《赏勋法》具体实施的补充法令，进一步对韩国的勋章和奖章制度作了详细规定。此前政府于 1962 年 8 月制定颁布的《政府表彰规定》是对国家、政府一级的表彰作出规定的法规。此后，功勋荣誉制度又经过多次修改，1967 年 1 月 16 日，对《赏勋法》进行了修改，并对功勋荣誉制度进行了修整和完善。这次修整将“建国功劳勋章”更改为“建国勋章”、“素星勋章”更改为“勤政勋章”、“勤劳功劳勋章”更改为“保国勋章”、“文化勋章”更改为“国民勋章”、“建交勋章”更改为“修交勋章”，“产业勋章”中增加了“铁塔”和“锡塔”两个等级，变成五个等级。1971 年 1 月 4 日，对《赏勋法》进行修改，规定了保国勋章和修交勋章的各等级名称。1973 年 1 月 25 日，修改《赏勋法》，新增设了“文化勋章”、“新村勋章”和“体育勋章”，并将“修交勋章”的“光化章”分成“光化大章”和“光化章”。由此，韩国的功勋荣誉制度得到进一步的完善。多年来，《赏勋法》、《赏勋法施行令》和《政府表彰规定》经历了多次修改、补充和完善过程，基本上构成了韩国现代功勋荣誉制度的基本法律法规框架。

三　韩国现行的功勋荣誉制度

（一）勋章[①]

韩国现行勋章有十二种，分别是无穷花大勋章、建国勋章、国民勋章、武功勋章、勤政勋章、保国勋章、修交勋章、产业勋章、新村勋章、文化勋章、体育勋章、科技勋章。

1. 无穷花大勋章

无穷花大勋章是韩国的最高荣誉勋章，只授予总统、总统配偶、友邦国元首及配偶，以及对韩国的发展和国家安全作出突出贡献的前任友邦国元首及其配偶。

---

① 勋章图片下载网址，http：//user. chol. com/~koran99/jokbocol/hunjang. htm。

无穷花大勋章于1949年8月15日设立。无穷花大勋章的制式为颈式勋章和大绶带组成的正章、副章、略章和胸章。无穷花大勋章上的标志性图案是象征最高地位的金冠图案。

2. 建国勋章

建国勋章授予为大韩民国建国和巩固国家基础作出突出贡献的人。

建国勋章分为五个等级，分别是一等建国勋章大韩民国章、二等建国勋章总统章、三等建国勋章独立章、四等建国勋章爱国章、五等建国勋章爱族章（图9—1）。1948年8月15日，韩国政府成立，为表彰为国家独立和建国作出突出贡献的人，政府于1949年4月颁布了《建国功劳勋章令》，对建国有功者进行授勋表彰。后来将各种褒奖令进行整合制定的《赏勋法》和《赏勋法施行令》将原有建国功劳勋章的等级名称进行了修改，将建国功劳勋章重章改为建国勋章大韩民国章，建国功劳勋章复章改为建国勋章总统章，建国功劳勋章单章改为建国勋章国民章。后又经过修改变成现在的五个等级。各等级建国勋章的制式为一等建国勋章大韩民国章和二等建国勋章总统章由大绶带、正章、副章、略章和胸章组成；三等建国勋章独立章授予中绶带以及正章、略章和胸章；四等建国勋章爱国章和五等建国勋章爱族章授予小绶带以及正章、略章和胸章。建国勋章上的标志性图案是象征韩国的太极图案。

大韩民国章　总统章　独立章　爱国章　爱族章

图9—1　建国勋章

3. 国民勋章

国民勋章授予在政治、经济、社会、教育、学术领域为提高国民福祉和促进国家发展方面作出突出贡献的人。

国民勋章分为五个等级，分别为一等国民勋章无穷花章、二等国民勋章牡丹章、三等国民勋章冬柏章、四等国民勋章木莲章、五等国民勋章石榴章（图 9—2）。国民勋章于 1951 年 12 月设立，当时分为三个等级，分别是一等文化勋章大韩民国章、二等文化勋章总统章、三等文化勋章国民章。1967 年 2 月修订《赏勋法》，重新将国民勋章分成五个等级。各等级国民勋章的制式基本与建国勋章相同，只是二等国民勋章牡丹章授予的是中绥带。国民勋章上的标志性图案是象征韩国的无穷花图案。

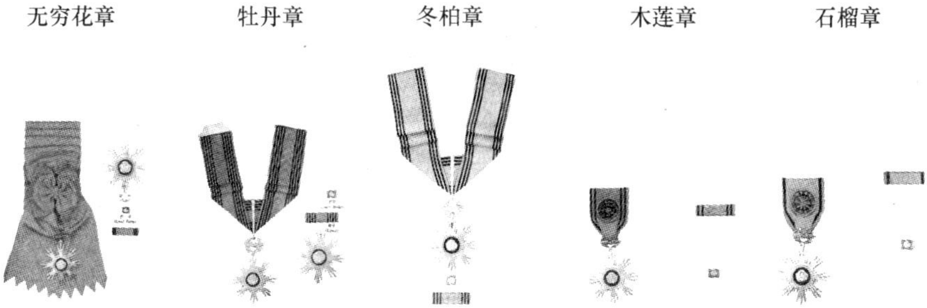

图 9—2　国民勋章

4. 武功勋章

武功勋章授予战时或者国家进入非常状态时，参加战斗并立下战功的人。

武功勋章分为五个等级，分别为一等太极武功勋章、二等乙支武功勋章、三等忠武武功勋章、四等花郎武功勋章、五等仁宪武功勋章（图 9—3）。武功勋章于 1950 年 10 月 18 日设立，1951 年 5 月 21 日进行第一次修改时将武功勋章分为太极武功勋章、乙支武功勋章、忠武武功勋章、花郎武功勋章四个等级。1963 年 12 月 14 日，第二次修改时增加了五等仁宪武功勋章。各等级武功勋章的制式同上。武功勋章上的标志性图案是象征军人的头盔图案。

5. 勤政勋章

勤政勋章授予忠于职守、功绩突出的公务员（军人及军队文职人员除外）。

勤政勋章分为五个等级，分别为一等青条勤政勋章、二等黄条勤政勋章、三等红条勤政勋章、四等绿条勤政勋章、五等玉条勤政勋章（图 9—4）。勤政勋章于 1952 年 1 月 15 日设立，当时分为四个等级，分别为一等青条素星勋章、二等黄条素星勋章、三等红条素星勋章、四等绿条素星勋章。1963年12月14日，新增五等玉条素星勋章。1967年2月28日，将勋章名称由素星勋章更改为勤政勋章。各等级勤政勋章的制式同上。勤政勋章上的标志性图案是象征忠诚心的红玉板和象征韩国的无穷花图案。

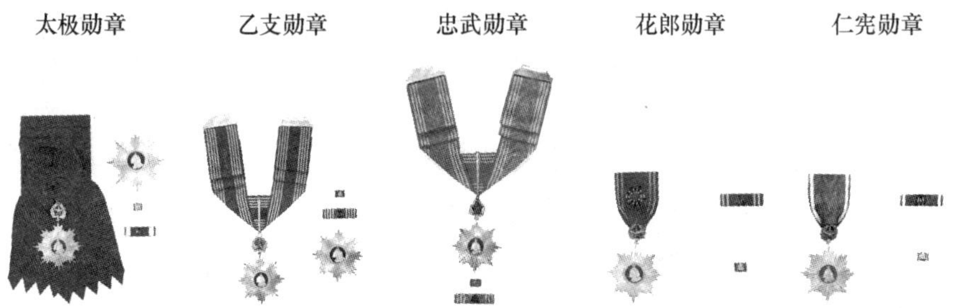

图9—3　武功勋章

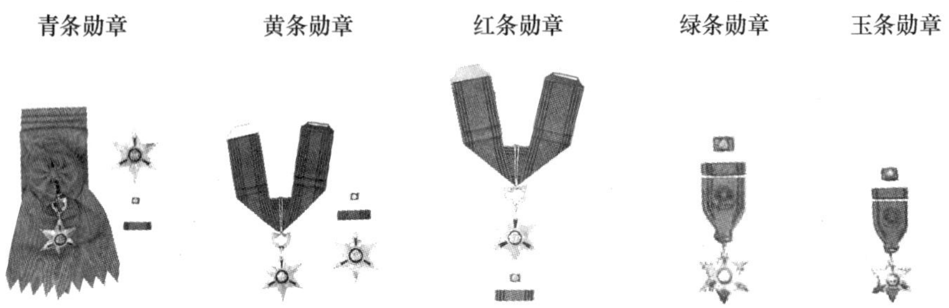

图9—4　勤政勋章

6. 保国勋章

保国勋章授予为保卫国家安全作出突出贡献的人。

保国勋章主要授予军人和军队文职人员。保国勋章分为五个等级，分别为一等保国勋章统一章、二等保国勋章国仙章、三等保国勋章天授章、四等保国勋章三一章、五等保国勋章光复章（图9—5）。1961年7月26日，制定《勤务功劳勋章令》设立了勤务功劳勋章。1963年12月14日进行了修改，将勤务功劳勋章从原来的七个等级变更为五个等级。1967年2月28日，进行了第二次修改，将勋章名称由勤务功劳勋章变更为保国勋章。1970年11月17日进行了第三次修改，各等级名称变更为现在的名称。各等级保国勋章的制式同上。保国勋章上的标志性图案是象征国家防卫的“鬼面”和象征韩国的四卦和太极图案。

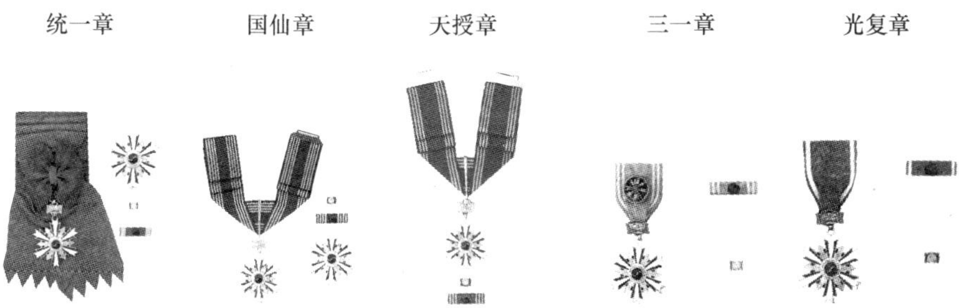

图 9—5　保国勋章

7. 修交勋章

修交勋章授予在国际上维护国家权益，为发展和巩固本国与友邦国家友好关系作出突出贡献的人。

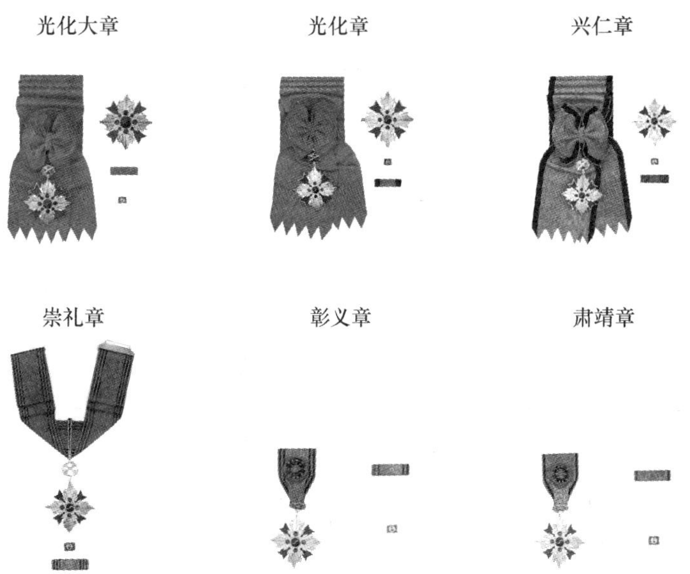

图 9—6　修交勋章

修交勋章主要授予在国家外交领域工作的外交官。修交勋章分为五个等级，分别为一等修交勋章光化章（又分为光化大章和光化章）、二等修交勋章兴仁章、三等修交勋章崇礼章、四等修交勋章彰义章、五等修交勋章肃靖章（图 9—6）。修交勋章除授予上述人员以外还经常授予新任命即将赴任的外交官、出访外国的政府代表和特别使节等，在外交活动时作为礼节性装饰佩戴，以提高外交人员的形象品位。各等级修交勋章的制式同建国勋章，即二等修交勋章兴仁章也授予大绶带。修交勋章上的标志性图案是象征和平自由的橄榄枝和象征与外国纽带关系的鹅羽，以及象征韩国的太极图案。

8. 产业勋章

产业勋章授予为国家产业发展作出突出贡献的人。

产业勋章分为一等金塔产业勋章、二等银塔产业勋章、三等铜塔产业勋章、四等铁塔产业勋章、五等锡塔产业勋章五个等级（图 9—7）。各等级产业勋章的制式同保国勋章相等。产业勋章上的标志性图案是象征农、工、商、水产业的锚板图案。

图 9—7　产业勋章

9. 新村勋章

新村勋章授予在新村运动中为国家和社会发展作出突出贡献的人。

新村勋章分为一等新村勋章自立章、二等新村勋章自助章、三等新村勋章协同章、四等新村勋章勤勉章、五等新村勋章努力章五个等级（图 9—8）。新村勋章于 1973 年 1 月 25 日设立，后又经历 1988 年 8 月和 1990 年 1 月几次修改至今。各等级新村勋章的制式同上。新村勋章上的标志性图案是象征果实与财富的稻花图案和寓意将新村运动的成果波及全国的钟图案。

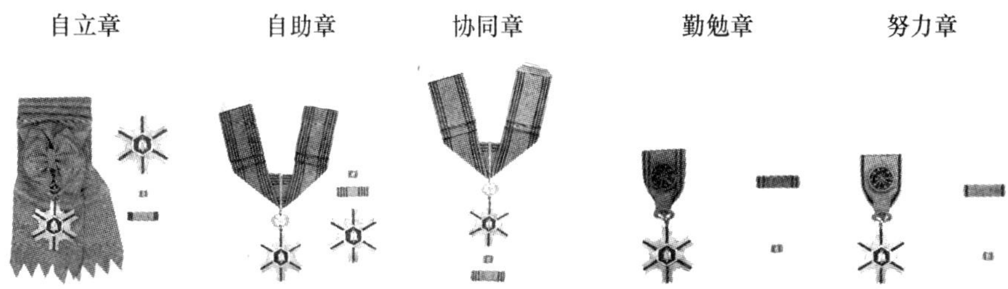

图 9—8　新村勋章

10. 文化勋章

文化勋章授予在文化艺术领域为发展国民文化和促进国家发展方面作出突出贡献的人。

文化勋章分为一等金冠文化勋章、二等银冠文化勋章、三等宝冠文化勋章、四等玉冠文化勋章、五等花冠文化勋章五个等级（图 9—9）。文化勋章于 1973 年 1 月 25 日设立。各等级的文化勋章制式同上。文化勋章上的标志性图案是象征文笔的笔形图案和象征世宗大王伟业的世宗大王像。

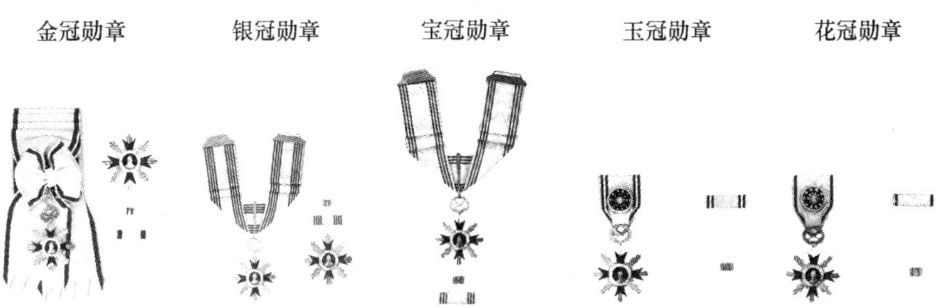

图 9—9　文化勋章

11. 体育勋章

体育勋章授予在体育领域为提高国民体育水平和促进国家体育事业发展作出突出贡献的人。

体育勋章分为一等体育勋章青龙章、二等体育勋章猛虎章、三等体育勋章巨象章、四等体育勋章白马章、五等体育勋章麒麟章五个等级（图 9—10）。体育勋章于 1973 年 1 月设立。各等级体育勋章的制式同上。体育勋章上的标志性图案是展翅欲飞的金鹰图案。

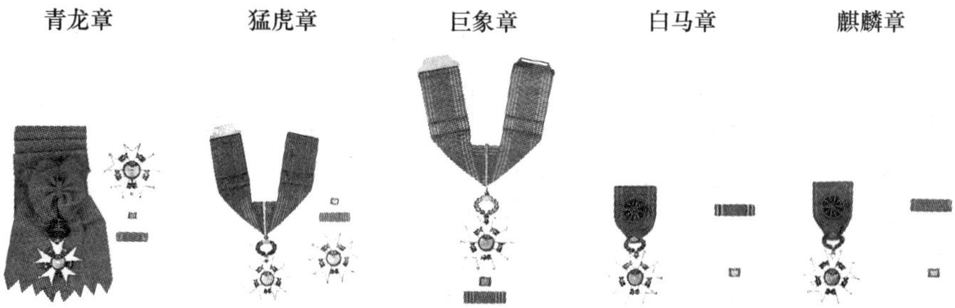

图 9—10 体育勋章

12. 科技勋章

科技勋章授予在科学技术发展领域作出突出贡献的人。

科技勋章分为一等科技勋章创造章、二等科技勋章革新章、三等科技勋章雄飞章、四等科技勋章跳跃章、五等科技勋章进步章（图 9—11）。科技勋章于 2001 年 8 月设立。各等级的科技勋章制式同上。科技勋章上的标志性图案是日晷图案，象征祖先的智慧。

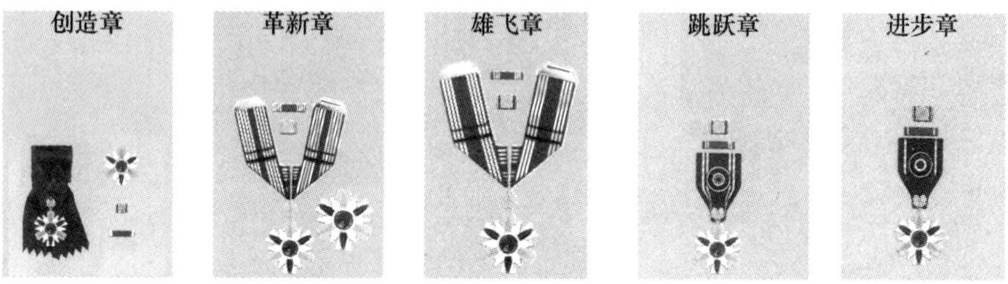

图 9—11 科技勋章

（二）奖章[①]

韩国现行的奖章有十二种，分别是建国奖章、国民奖章、武功奖章、勤政奖章、保国奖章、预备军奖章、修交奖章、产业奖章、新村奖章、文化奖章、体育奖章、科学技术奖章。奖章是勋章下一等级的授勋，没有等级之分，为单一等级。奖章基本与勋章一一对应，只是奖章中没有无穷花奖章，多了一个预备军奖章。

---

① 奖章图片下载网址：http：//user. chol. com/~koran99/jokbocol/hunjang. htm。

1. 建国奖章

建国奖章授予为大韩民国建国和巩固国家基础献身尽力且功绩突出者。

图 9—12　建国奖章

2. 国民奖章

国民奖章授予在政治、经济、社会、教育、学术领域贡献突出，为公益设施捐赠大额财产，经营公益设施及从事公益事业以及为增进国民福祉作出突出贡献者。

图 9—13　国民奖章

3. 武功奖章

武功奖章授予在国土防卫事业中献身、努力工作且功绩显著者。

图 9—14 武功奖章

4. 勤政奖章

勤政奖章授予公务员、私立学校教员、国家及公立企事业单位、公共团体及社会团体职员中忠于职守，为富国强民作出突出贡献者。

图 9—15 勤政奖章

5. 保国奖章

保国奖章授予在保卫国家安全、维护社会安定秩序方面作出突出贡献，以及不顾生命危险救助人员和国家财产者。

图 9—16　保国奖章

6. 预备军奖章

预备军奖章授予为预备军事业发展作出显著贡献者以及忠于职守的预备役军人。

图 9—17　预备军奖章

7. 修交奖章

修交奖章授予在国际上维护国家权益，为增进本国与友邦国家友好关系作出突出贡献，以及为提升国家形象和地位作出重大贡献者。（图 9—18）

图 9—18　修交奖章

8. 产业奖章

产业奖章授予为产业开发和发展作出贡献，精心创业且功绩显著，以及在工厂、公司以及其他工作岗位忠于职守，为国家发展作出突出贡献的劳动者。

9. 新村奖章

新村奖章授予在新村运动中表现出新村精神，为地区社会的发展和改善人民福祉作出突出贡献者。

10. 文化奖章

文化奖章授予通过文化艺术活动为国家文化发展作出突出贡献者，以及通过文化艺术活动提升国家形象和地位的人。

11. 体育奖章

体育奖章授予通过体育活动为发展国民体育事业作出突出贡献的人，以及通过体育活动提升国家形象和地位的人。（图 9—19）

图 9—19　体育奖章

12. 科技奖章

科技奖章授予通过科学技术研发工作为国家科学技术发展作出贡献以及为国增光的人。(图 9—20)

图 9—20　科技奖章

奖章的制式为小绶带，并配有正章、略章和胸章。奖章的图案与对应的勋章图案相同，预备军奖章上的标志性图案是朝鲜半岛图案。

(三) 政府表彰

政府表彰是奖章下一级别的褒奖，按等级分为四个级别：

1. 总统表彰；

2. 国务总理表彰；

3. 中央行政机关首长表彰：如国防部长表彰、文化体育观光部长表彰等；

4. 各级机关首长表彰：包括各级政府机关首长表彰等。

政府表彰按内容分为四个奖项。

1. 功绩奖

功绩奖授予忠于职守，工作成绩突出，具有奉献精神，为国家和社会的发展作出贡献的人。

2. 创意奖

创意奖授予为提高行政效率提出具有建设性和创意性建议、方案，为国家和社会的发展作出贡献的人。

3. 优等奖

优等奖授予在各种教育事业中取得优异成绩，以及在各种展览会、体育比赛和文艺比赛中获得优异成绩的人。

4. 协助奖

协助奖授予在行政工作中积极协助，功绩显著，对外提高国家形象和地位，具有奉献精神，为国家和社会的发展作出贡献的人。

政府表彰功绩奖和创意奖授予表彰状，优等奖授予奖状，协助奖授予感谢状。授予总统和国务总理表彰时同时授予个人表彰总统和总理授章、集体表彰总统和总理授旗以及表彰状，有时还同时授予纪念牌和其他奖品。

（四）功勋表彰的评选程序

韩国的功勋表彰评选以定期评选为主，不定期评选为辅。功勋的推荐和评选通常都是在年底、国家的国庆日，以及建军节等其他重大节庆日时进行。不定期的评功评奖通常在某一重大项目完成、政策评估、重大检查以及作品大赛结束时进行。

通常在具有功勋表彰推荐权的机关都设立有功绩审议委员会，委员会由 5 人以上 10 人以下委员组成，委员长由机关首长担任。首先，对被推荐的授勋和表彰对象在本级的功绩审议委员会进行审议，然后在授勋表彰预定日 30 日前按照规定范式将功绩情况介绍等相关材料提交给行政安全

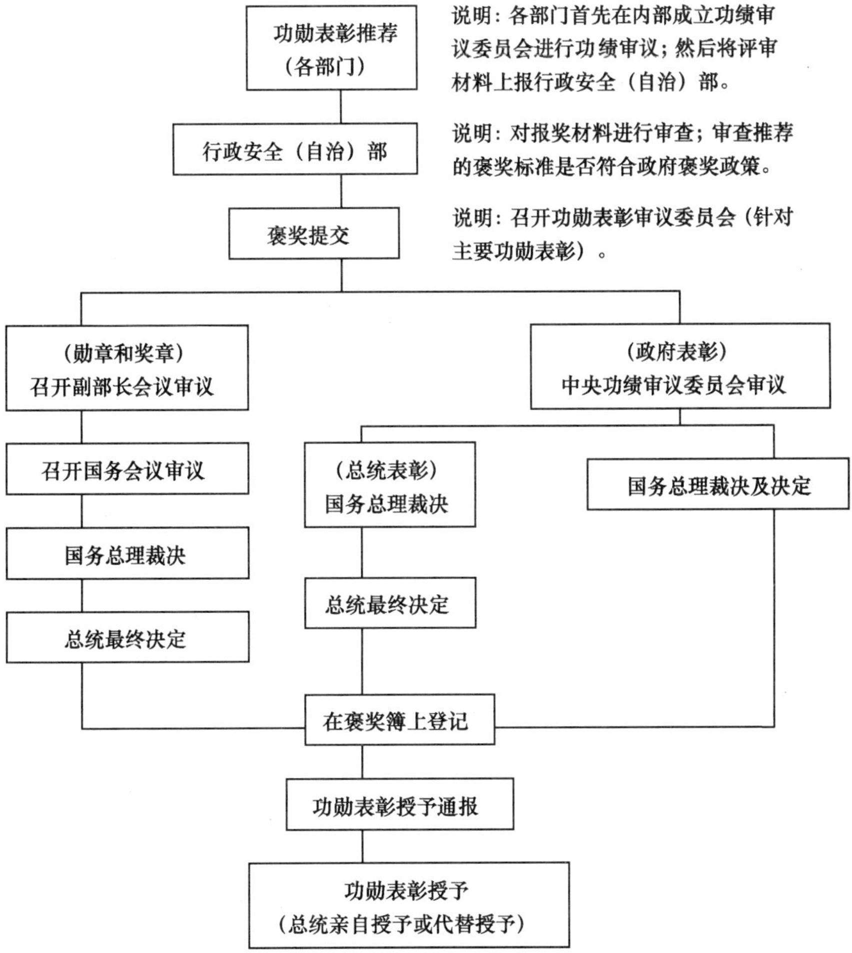

图 9—21　功勋表彰的评选程序图示①

（自治）部部长。行政安全（自治）部对相关评审材料进行审查，主要看推荐的褒奖标准是否符合政府褒奖政策。然后，将主要功勋表彰提交到功勋表彰审议委员会审议。勋章和奖章要召开副部长会议和国务会议审议；政府表彰要召开中央功绩审议委员会审议。最后，勋章和奖章的授予要由

① 崔庆默（音译）：《陆军褒奖制度发展方案研究》，韩国公州大学经营行政学硕士论文，2006 年。

国务总理裁决，总统最终决定；政府表彰中的总统表彰要由国务总理裁决，总统最终决定；其他表彰由国务总理裁决及最终决定。

（五）授勋及表彰等级评定标准

授勋及表彰等级的评定要考虑功绩的大小程度、获奖人的职级、职位、在职工作时间等各种因素。总的原则是勋章、奖章以长期功绩为主，政府表彰以短期功绩为主。通常在职的勋章获得者至少要有15年以上的工作经历，奖章获得者至少要有10年以上的工作经历，政府表彰获得者至少要有5年以上的工作经历。退休公务员除有特别功绩以外，通常根据工作时间、职级、职位评定授勋和表彰等级。退休人员获得勋章的工作年限为33年以上；奖章是30—33年；总统表彰是28—30年；国务总理表彰是25—28年。

表9—1① **勋章等级评定标准**

分类	建立功绩的时间	功绩的大小程度	社会评价的范围和地位
一等勋章	通过一生的活动建立的功绩。退休（退役）、去世时授予。	对国家、社会的发展和某一领域的发展作出巨大的贡献。	受到国民的仰慕，全国级的人物（元老级）。
二等勋章	通过至少20年以上的时间建立的功绩。	对国家、社会的发展和某一领域的发展作出超群的贡献。	受到国民尊敬的社会著名人士。
三等勋章	通过至少15年以上的时间建立的功绩。	对国家、社会的发展和某一领域的发展作出卓越的贡献。	地区社会或社会各领域的主要代表人士。
四等勋章	通过至少10年以上的时间建立的功绩。	对国家、社会的发展和某一领域的发展作出特殊的贡献。	地区社会或社会各领域的中坚人士。
五等勋章	通过至少5年以上的时间建立的功绩。	对国家、社会的发展和某一领域的发展作出显著的贡献。	地区社会或社会各领域的一般人士。

① 表9—1、9—2、9—3、9—4编译自：大韩民国《2008年度政府褒奖工作指南》，网址：http：//www. sanghun. go. kr。

以下举例说明按照职级评定勋章等级标准。

表 9—2　　政府公务员

勋章等级	青条勤政勋章（一等）	黄条勤政勋章（二等）	红条勤政勋章（三等）	绿条勤政勋章（四等）	玉条勤政勋章（五等）
职级	部长（级）以上	副部长（级）以上	1—3 级高级公务员	4—5 级公务员	6 级以下公务员

表 9—3　　军人及文职人员

勋章等级	保国勋章统一章（一等）	保国勋章国仙章（二等）	保国勋章天授章（三等）	保国勋章三一章（四等）	保国勋章光复章（五等）
军衔	大将	中将	少将、准将	校官	尉官以下
文职级别			1 级	2—4 级	5 级以下

表 9—4　　外交人员礼节性勋章等级标准

勋章等级	修交勋章光化章（一等）	修交勋章兴仁章（二等）	修交勋章崇礼章（三等）	修交勋章彰义章（四等）	修交勋章肃靖章（五等）
职级	大使（级）以上	公使（级）	参赞级	一秘、二秘	三秘

（六）对外国人的授勋和表彰

韩国的《赏勋法》中规定大韩民国勋章和奖章授予为大韩民国作出突出贡献的大韩民国国民及友邦国国民；《政府表彰规定》中也规定了政府表彰的对象是对国家和社会作出突出贡献的本国和外国人。因此，韩国的功勋荣誉制度包括对外国人的授勋和表彰。对外国人的授勋和表彰存在一定的特殊性，通常对外国人进行授勋和表彰的对象是为韩国发展作出贡献的外国人、韩国政府邀请的外国访韩人士，以及结束在韩国工作的外交官或军人等。授勋的时间原则上是在外国人访韩时或结束在韩国的工作任期离任时。对于外国人的授勋等级除了要考虑功绩的大小程度和时间的因素以外，还要考虑授勋对象国家与韩国的国家关系等。例如，1964 年，朴正熙总统访问西德时，曾授予西德总统海因里希·吕布克夫妇无穷花大勋章，这是无穷花大勋章首次授予外国元首的例子。此外，对于外国军人的表彰还要事先与国防部长协商，对于普通外国人的表彰要事先与外务部长协商。2008 年 2 月 20 日，六方会谈美国首席代表希尔访韩时，韩国政府授予了他修交勋章光化章。

四 韩国功勋荣誉制度相关法律法规

《赏勋法》、《赏勋法施行令》和《政府表彰规定》这三部法律法规基本上构成了韩国现代功勋荣誉制度的基本法律法规框架，对韩国功勋荣誉制度的发展、建设和实施发挥了重要的指导性作用。

（一）《赏勋法》[①]

《赏勋法》于 1963 年 12 月 14 日颁布，后经过多次修改，现行《赏勋法》是 2005 年 8 月修订的。《赏勋法》主要是对授勋的相关事项作出了规定。具体条款及内容如下：

第一条（目的）：该法对为大韩民国作出突出贡献的大韩民国国民及友邦国国民授勋相关事项作了规定。

第二条（授勋原则）：大韩民国勋章和奖章授予为大韩民国作出突出贡献的大韩民国国民及友邦国国民。

第三条（授勋标准）：参考授勋对象的功绩内容、对国家和社会的影响效果，以及地位和其他事项决定。

第四条（禁止重复授勋）：对同一功绩不重复授勋。

第五条（授勋的推荐）：中央行政机关首长（包括总统直属机关首长和国务总理直属机关首长）、国会秘书长、法院行政处长、宪法裁判所秘书长、中央选举管理委员会秘书长拥有推荐权。不属于上述机关首长所属的推荐由行政安全（自治）部部长推荐。授勋的推荐要按照总统令的规定对授勋对象的功绩进行审议。

第六条：删除（1999 年 1 月 29 日）。

---

① 大韩民国《赏勋法》，网址：http：//ko. wikisource. org/wiki。

第七条（授勋的决定）：授勋对象要经过国务会议审议，由总统决定。

第八条（授勋的取消）：对于被判定为功绩虚假；犯下危害国家安全罪，叛逃到敌国；被判处死刑、无期、三年以上徒刑和监禁者剥夺授予的勋章和奖章，以及奖品和奖金等；外国授勋者禁止其继续佩戴勋章和奖章。

第九至十七条：对勋章的十二个种类和授予对象进行了规定。

第十八条（勋章各等级名称）：参照总统令。

第十九至二十六条：对奖章的十二个种类和授予对象进行了规定。

第二十七条（勋章的制式和规格）：无穷花大勋章由颈式勋章和大绶带组成的正章，以及副章、略章和胸章组成。一等勋章授予大绶带；二等和三等勋章授予中绶带，但二等建国勋章和修交勋章授予大绶带；四等和五等勋章授予小绶带；一等、二等勋章都有正章、副章、略章、胸章，三等（建国勋章除外）、四等、五等勋章有正章、略章和胸章，但没有副章；奖章授予小绶带、正章、略章和胸章；勋章的正章、副章、略章、胸章、颈饰、绶带的形态、尺寸、颜色、材料等由总统令规定；科技勋章和奖章的制式和规格由总统令规定。

第二十八条：删除（1999 年 1 月 29 日）。

第二十九条（勋章的授予）：勋章原则上由总统亲自授予，但由于特别事由总统无法亲自授予时，可以按照总统令的规定转授给获奖人。

第三十条（代理授予）：在战时或非常时期，国防部长可以代理总统授予二等以下的武功勋章。国防部长无法亲自代理授予时，可委任各军参谋总长、海军陆战队司令官、军区司令官、军长、师长授予。

第三十一条（代理授予的事后确认）：国防部长按照第三十条规定代理授予武功勋章后，应详细记录授勋对象的功绩事项，经国务会议审议，报总统确认。

第三十二条：授予勋章时可同时授予附带奖品和奖金。

第三十三条：授勋者已去世或由于其他事由不能亲自受领勋章，可由遗属或其他代理者代理本人受领。

第三十四条（勋章的佩戴）：勋章只限于本人终身佩戴，本人去世后勋章可由家属保存，但不能佩戴。

第三十五条：删除（1999 年 1 月 29 日）。

第三十六条（勋章的补发）：勋章丢失或损坏时，可按照总统令的规定申请有偿补发，具体事项由总统令规定。

第三十七条（展览用勋章的规定）：博物馆、图书馆以及教育机构用来展览和教育用勋章由政府另行制作发放。

第三十八条：删除（1999 年 1 月 29 日）。

第三十九条（处罚）：没有获得勋章者（包括遗属）如果佩戴勋章，处以六个月以下拘役和 500 万韩元以下罚款的处罚。

第四十条（处罚）：没有经过政府特许，制作并贩卖勋章者处以一年以下拘役和 1000 万韩元以下罚款的处罚。

第四十一条：删除（2001 年 1 月 8 日）。

附则。

（二）《赏勋法施行令》①

1967 年颁布《赏勋法施行令》，作为《赏勋法》具体施行的补充法令，进一步对韩国的勋章和奖章制度作了详细的规定。《赏勋法施行令》的目的就是对《赏勋法》在施行过程中所需的事项进行规定。具体内容包括：

第一条　目的；

第二条　功绩审议委员会的组成和授勋推荐；

第三条至第九条　取消；

第十条　授勋的取消；

第十一条　勋章的各等级名称；

第十二条　外交人员礼节性勋章等级标准；

第十三条　勋章奖章的制式和规格；

第十四条　勋章的缩小；

第十五、十六条　删除；

第十七条　勋章的授予和附带奖品，对同一种类、同一等级勋章重复授予的禁止；

第十八条　勋章的转授；

第十九条　勋章的代理授予；

第二十条　代理接受授勋的代理者资格；

---

① 大韩民国《赏勋法施行令》，网址：http：//www. yeslaw. co. kr。

第二十一条　勋章、奖章佩戴的时期：国庆日、法令规定的纪念日、阅兵式、庆祝活动、开学典礼、毕业典礼及其他正式活动等；

第二十二条　佩戴勋章时的服装要求；

第二十三条　禁止勋章的正章、缩小勋章、略章和胸章同时佩戴；

第二十四条　勋章的佩戴顺序；

第二十五条　勋章的佩戴方法；

第二十六条　奖章的佩戴方法；

第二十七条　略章的佩戴方法；

第二十八条　胸章的佩戴方法；

第二十九条　缩小勋章的佩戴；

第三十条　删除；

第三十一条　勋章的有偿补发；

第三十二条　在褒奖簿上备案。

附则。

(三)《政府表彰规定》[①]

《政府表彰规定》于 1962 年 8 月制定颁发，1964 年 3 月第一次修订，对表彰对象、评选办法、中央功绩审议委员会的构成等进行了整理和规定。此后，《政府表彰规定》又经历了数次修订，现行《政府表彰规定》是 1996 年 5 月修订的。《政府表彰规定》主要是对政府表彰的相关事项作了具体规定。具体条款及内容如下：

第一条（目的）：该法令对政府各机构实行的表彰相关事项作了规定。

第二条（表彰对象）：政府表彰的对象是对国家和社会作出突出贡献的本国人和外国人，以及在教育、各种比赛和作品创作等方面取得优异成绩的人。

第三条（表彰的种类）：政府表彰的种类分为功绩奖、创意奖、优等奖和协助奖。优等奖的种类由各中央行政机关首长决定。

第四条（表彰方法及附带奖品）：功绩奖和创意奖授予表彰状，优等奖授予奖状，协助奖授予感谢状。授予总统和国务总理表彰时，同时授予个人表彰授章，集体表彰授旗和表彰状，还可同时授予纪念牌和其他

① 大韩民国《政府表彰规定》，网址：http：//dongbu. ice. go. kr。

奖品。

第五条（授章和授旗的佩戴）：总统和国务总理表彰授章佩戴在右胸前。总统集体表彰或国务总理集体表彰授旗挂在单位旗的旗杆与旗面之间。总统表彰授章和国务总理表彰授章同时佩戴时，总统表彰授章位于国务总理表彰授章前，两个以上同级个人表彰授章同时佩戴时，按照授予的先后顺序佩戴。

第六条：规定了功绩奖的授予对象和条件。

第七条：规定了创意奖的授予对象和条件。

第八条：规定了优等奖的授予对象和条件。

第九条：规定了协助奖的授予对象和条件。

第十条（政府表彰权者）：总统、国务总理、各中央行政机关首长和各级机关首长行使政府表彰权利。

第十一条（功绩审议）：政府表彰的功绩要经过功绩审议委员会议的审议。只有优等奖可以省略功绩审议委员会议的审议过程。

第十二条（中央功绩审议委员会）：为对总统、国务总理表彰对象的功绩进行审议，在总务处设立中央功绩审议委员会。中央功绩审议委员会由委员长1人，副委员长1人，7人以上9人以下委员构成。委员长由总务处长担任，副委员长由副处长担任，委员由总务处长在各院、部、处一级公务员中任命。审议委员会在委员过半数时召开，出席委员过半数赞成才能通过决议。

第十三条（各机关功绩审议委员会）：在表彰权者所属机关设立功绩审议委员会对表彰对象的功绩进行审议。这个功绩审议委员会由表彰权者委任的一名委员长和5人以上10人以下委员组成。

第十四条（表彰对象的推荐）：总统和国务总理褒奖对象的推荐由中央行政机关（外国人除外）首长、总统直属机关首长、国务总理直属机关首长、和平统一政策咨文会议秘书长以及首尔市长推荐。如果拥有表彰推荐权人要推荐的公务员不是所属机关公务员，要首先争得该公务员所属机关首长的同意才可以推荐。表彰对象为外国人时，外国军人的表彰要事先与国防部长协商，普通外国人的表彰要事先与外务部长协商。表彰推荐书及附带的功绩材料要于授奖预定日30日前提交总务处。

第十五条：对同一功绩不重复表彰。

第十六条：各级表彰权者要公正行使表彰权利。

第十七条（表彰的代理授予）：战时和非常时期，国防部长可代理总统和国务总理授予功绩奖。国防部长代理授予表彰后，应将功绩事项报中央功绩审议委员会审议，并报总统和国务总理确认。

第十八条（代理者的表彰受领）：总统、国务总理表彰获得者去世或因其他事由不能亲自受领表彰的，可由遗属或代理者受领。

第十九条：总统、国务总理个人表彰授章和总统、国务总理集体表彰授旗丢失或损坏时，可向总务处提出申请，有偿接受补发。

第二十条（委任规定）：总务处长有权对该规定中需要的事项进行规定。

附则。

五　韩国功勋荣誉制度的特点与经验总结

韩国的功勋荣誉制度经过多年的实践、修订和发展已经具备了一套比较完整的体系，并具有了自身的一些特点。

（一）设置了勋章、奖章和政府表彰三个层次相结合的褒奖等级体系，制定了《赏勋法》、《赏勋法施行令》、《政府表彰规定》等专门的功勋表彰法律法规，对功勋制度和功勋制度的实施作出了统一、详细的规定，使国家的功勋荣誉制度的实施有章可循，有法可依，并且更加规范、统一。

（二）韩国的勋章和奖章按照社会各个领域分成十二个种类，覆盖了公务员、军人、工业、农业、文化、体育、科技等几乎社会的所有领域，褒奖的范围十分广泛而全面，奖章的名称和称号简明、庄重，并且一目了然。

（三）勋章除无穷花大勋章以外又各自分为五个等级，这五个等级参考获奖对象在职工作的时间长短、功绩的大小程度、职级、职位等各种因素评定。

（四）《赏勋法》和《政府表彰规定》都规定禁止对同一功绩进行勋章、奖章和政府表彰的重复授予，这样避免了褒奖的重复性、复杂性和主次不分。并且勋章获得者五年内不能再次授予勋章和奖章（不分种类）；总统和国务总理表彰两年内不能重复表彰，这样就保证了褒奖的广泛性、严肃性和权威性。

（五）韩国的功勋荣誉制度还包括对外国人进行授勋和表彰，这样不仅促进了国家与友邦国家的关系发展，增进了信赖关系，更为国家的外交、国防、经济、社会发展起到了积极的促进作用。

（六）韩国的勋章和奖章设计都有表现各自特征的图案，如金冠、太极、无穷花、头盔、钟、橄榄枝等，使各个种类的勋章和奖章更容易识别，而且勋章和奖章的外形简洁、优雅、富有进取感，很好地表现出民族的传统和特点。

（七）功勋表彰的推荐、评选及授奖周期固定，并与国家的重大节庆日（国庆日、建军节等）相结合进行，更增加了褒奖的权威性和庄重性，以及获奖者的荣誉感。

韩国通过对为国家社会发展作出显著贡献的人授勋和进行表彰，极大地提高了人们的工作热情和积极性，催人奋进，促进人们忠于职守，努力工作。韩国的功勋荣誉制度对养成健全的公民精神，实现明朗、正义的社会，建立正直的市民意识，塑造良好的国家形象，以及促进社会全面健康发展等都发挥了积极的促进作用。

六　附表

附表 9—1　　韩国的勋章及奖章

表奖名称	等级名称	设立时间	授予对象	授予时期
无穷花大勋章 Grand Order of Mugunghwa	无等级	1949 年 8 月 15 日	授予总统、总统配偶、友邦国元首及配偶，或者对韩国的发展和安全作出突出贡献的前任友邦国元首及其配偶。	新总统就任前授予

续表

<table>
<tr><th>表奖名称</th><th>等级名称</th><th>设立时间</th><th>授予对象</th><th>授予时期</th></tr>
<tr><td rowspan="5">建国勋章
Order of Merit for National Foundation</td><td>1. 大韩民国章
Republic of Korea Medal</td><td rowspan="5">1949 年 4 月</td><td rowspan="5">授予为大韩民国建国和巩固国家基础作出突出贡献的人。</td><td rowspan="5">纪念日等</td></tr>
<tr><td>2. 总统章
Presidential Medal</td></tr>
<tr><td>3. 独立章
Independent Medal</td></tr>
<tr><td>4. 爱国章
Patriotic Medal</td></tr>
<tr><td>5. 爱族章
National Medal</td></tr>
<tr><td rowspan="5">国民勋章
Order of Civil Merit</td><td>1. 无穷花章
Mugunghwa Medal</td><td rowspan="5">1951 年 12 月</td><td rowspan="5">授予在政治、经济、社会、教育、学术领域为提高国民福祉和促进国家发展方面作出突出贡献的人。</td><td rowspan="5">年末</td></tr>
<tr><td>2. 牡丹章
Moran Medal</td></tr>
<tr><td>3. 冬柏章
Dongbaek Medal</td></tr>
<tr><td>4. 木莲章
Mongnyeon Medal</td></tr>
<tr><td>5. 石榴章
Seongnyu Medal</td></tr>
<tr><td rowspan="3">武功勋章
Order of Military Merit</td><td>1. 太极
Taegeuk</td><td rowspan="3">1950 年 10 月 18 日</td><td rowspan="3">授予战时或者国家进入非常状态时，参加战斗并立下战功的人。</td><td rowspan="3">不定期</td></tr>
<tr><td>2. 乙支
Eulji</td></tr>
<tr><td>3. 忠武
Chungmu</td></tr>
</table>

续表

表奖名称	等级名称	设立时间	授予对象	授予时期
	4. 花郎 Hwarang			
	5. 仁宪 Inheon			
勤政勋章 Order of Service Merit	1. 青条 Blue Stripes	1952年1月15日	授予忠于职守，功绩突出的公务员（军人及军队文职人员除外）以及私立学校的教员。	教师节等纪念日
	2. 黄条 Yellow Stripes			
	3. 红条 Red Stripes			
	4. 绿条 Green Stripes			
	5. 玉条 Aquamarine Stripes			
保国勋章 Order of National Security Merit	1. 统一章 Tongil Medal	1961年7月26日制定《勤务功劳勋章令》设立了勤务功劳勋章。1967年2月28日，进行第二次修改，将勋章名称由勤务功劳勋章变更为保国勋章。	授予为保卫国家安全作出突出贡献的人。	建军节等纪念日
	2. 国仙章 Gukseon Medal			
	3. 天授章 Cheonsu Medal			
	4. 三一章 Samil Medal			
	5. 光复章 Gwangbok Medal			

续表

<table>
<tr><th>表奖名称</th><th>等级名称</th><th>设立时间</th><th>授予对象</th><th>授予时期</th></tr>
<tr><td rowspan="6">修交勋章
Order of Diplomatic Service Merit</td><td>1. 光化大章
Grand Gwanghwa Medal</td><td rowspan="6"></td><td rowspan="6">授予那些在国际上维护国家权益，为发展和巩固本国与友邦国家友好关系作出突出贡献的人。</td><td rowspan="6">不定期</td></tr>
<tr><td>2. 光化章
Gwanghwa Medal</td></tr>
<tr><td>3. 兴仁章
Heungin Medal</td></tr>
<tr><td>4. 崇礼章
Sungnye Medal</td></tr>
<tr><td>5. 彰义章
Changui Medal</td></tr>
<tr><td>6. 肃靖章
Sukjeong Medal</td></tr>
<tr><td rowspan="5">产业勋章
Order of Industrial Service Merit</td><td>1. 金塔
Gold Tower</td><td rowspan="5"></td><td rowspan="5">授予为国家产业发展作出突出贡献的人。</td><td rowspan="5">贸易日等纪念日活动时</td></tr>
<tr><td>2. 银塔
Silver Tower</td></tr>
<tr><td>3. 铜塔
Bronze Tower</td></tr>
<tr><td>4. 铁塔
Iron Tower</td></tr>
<tr><td>5. 锡塔
Tin Tower</td></tr>
<tr><td rowspan="4">新村勋章
Order of Saemaeul
Service Merit</td><td>1. 自立章
Jarip Medal</td><td rowspan="4">1973 年 1 月 25 日</td><td rowspan="4">授予在新村运动中为国家和社会发展作出突出贡献的人。</td><td rowspan="4">新村运动期间、年末</td></tr>
<tr><td>2. 自助章
Jajo Medal</td></tr>
<tr><td>3. 协同章
Hyeopdong Medal</td></tr>
<tr><td>4. 勤勉章
Geunmyeon Medal</td></tr>
</table>

续表

表奖名称	等级名称	设立时间	授予对象	授予时期
	5. 努力章 Noryeok Medal			
文化勋章 Order of Culture Merit	1. 金冠 Geumgwan 2. 银冠 Eungwan 3. 宝冠 Bogwan 4. 玉冠 Okgwan 5. 花冠 Hwagwan	1973年1月25日	授予在文化艺术领域为发展国民文化和促进国家发展方面作出突出贡献的人。	文化日等纪念日活动时
体育勋章 Order of Sport Merit	1. 青龙章 Cheongnyong Medal 2. 猛虎章 Maengho Medal 3. 巨象章 Geosang Medal 4. 白马章 Baengma Medal 5. 麒麟章 Girin Medal	1973年1月	授予在体育领域为提高国民体育水平和促进国家体育事业发展作出突出贡献的人。	不定期
科学技术勋章 Order of Science and Technology Merit	1. 创造章 Changjo Medal 2. 革新章 Hyeoksin Medal 3. 雄飞章 Ungbi Medal 4. 跳跃章 Doyak Medal	2001年8月	授予在科学技术研究领域作出突出贡献的人。	科学日等纪念日活动时

续表

表奖名称	等级名称	设立时间	授予对象	授予时期
	5. 进步章 Jinbo Medal			
奖章 Medals of Honour	1. 建国奖章 National Foundation Medal 2. 国民奖章 Civil Merit Medal 3. 武功奖章 Military Merit Medal 4. 勤政奖章 Service Merit Medal 5. 保国奖章 National Security Medal 6. 预备军奖章 Reserve Forces Medal 7. 修交奖章 Diplomatic Service Medal 8. 产业奖章 Industrial Service Medal 9. 新村奖章 Saemaeul Service Medal 10. 文化奖章 Culture Merit Medal		奖章是勋章下一等级的授勋。	同相应勋章

续表

表奖名称	等级名称	设立时间	授予对象	授予时期
	11. 体育奖章 Sport Merit Medal			
	12. 科学技术奖章 Science and Technology Medal			
表彰 Commendations	1. 总统表彰授章 Presidential Citation		表彰是奖章下一等级的褒奖。	年末、不定期
	2. 国务总理表彰授章 Prime Minister's Citation			

主要参考文献

1. 崔庆默（音译）:《陆军褒奖制度发展方案研究》，韩国公州大学经营行政学硕士论文，2006 年。

2. 大韩民国《赏勋法》。

3. 大韩民国《赏勋法施行令》。

4. 大韩民国《政府表彰规定》。

5. 大韩民国《2008 年度政府褒奖工作指南》，行政安全（自治）部赏勋组编。

6. 韩国 EMPAS 网络百科词典，http：//100. empas. com/dicsearch/pentry. html？ s=&i=299727。

7. 雅虎韩国网络百科词典，http：//kr. dic. yahoo. com/search/enc/result. html？ pk=20374500&userquery。

第十章

澳大利亚的功勋荣誉制度

一　殖民地时期的澳大利亚功勋荣誉制度

在1931年英国议会通过《威斯敏斯特法案》承认澳大利亚具有内政外交独立自主权之前，澳大利亚都是英帝国的属国。因此，殖民地时期的澳大利亚其功勋荣誉制度曾长期承袭英国的功勋荣誉制度。按照英帝国制度的相关规定评选，以英帝国政府的名义授予荣誉勋章及荣誉称号，英国女王也可以在帝国制度允许范围内，颁发和赐予荣誉勋章及荣誉称号，甚至包括像嘉德勋章和蓟花勋章这样代表英帝国最高荣誉的勋章。①

在澳大利亚颁发的英制勋章按照奖励对象主要有五类。

第一类是军功章。这类勋章种类最多，评选方式及程序最为复杂，颁授的数量也最多。军功章分为四种，第一种是奖励在战争或军事冲突中荣立战功的人员，如维多利亚十字勋章（Victoria Cross）、空军十字勋章（Air Force Cross）、空军奖章（Air Force Medal）、杰出勇武奖章（Conspicuous Gallantry Medals）、杰出指挥奖章（Distinguished Conduct Medal）、杰出飞行十字勋章（Distinguished Flying Cross）、杰出飞行奖章（Distinguished Flying Medal）、普通服务奖章（General Service Medal）、杰出服务奖章（Distinguished Service Medal）等。勋/奖章的评选由相应

① 嘉德勋章（Order of the Garter）是今天世界上历史最悠久的骑士勋章和英格兰荣誉制度最高的一级，名额固定为24人，蓟花勋章（Order of the Thistle）则是苏格兰最高荣誉勋章，主要授予杰出苏格兰皇室成员，名额固定为16人，澳大利亚历史上分别有3人获嘉德勋章，1人获蓟花勋章。

部门，主要是国防部依据战功的大小、影响而定。第二种是奖励为军队发展事业所作出的贡献。这类勋/奖包括功绩服役奖章（Meritorious Service Medal）等。第三种是奖励在和平时期有英雄行为或杰出表现的军人。如功绩服役奖章（Meritorious Service Medal）、军事十字勋章（Military Cross）、英勇钦佩奖章（Mention in Despatches）等。第四种是英国王室专门授予澳籍军功人士。如澳大利亚服务奖章（Australia Service Medal，1939—1945）、越南勋章（The Vietnam Medal）。此类奖章可以视为澳大利亚功勋荣誉制度独立的开始。

第二类是用以奖励个人英雄行为的勋章。如阿尔伯特奖章（Albert Medal）表彰挽救他人生命的人士；爱德华奖章（Edward Medal）表彰在矿井中或采石场拯救他人生命的英雄人士；乔治奖章（George Medal）表彰其他在非战争情况下的危险环境中有英勇表现的人士。这类勋章肯定个人见义勇为的行为，一方面表达社会对他们的敬意，另一方面则鼓励人们学习此种精神。

第三类勋章是表彰公务员和在特定岗位或特殊领域有重大贡献的人士。如国王警察、消防事业服务奖章（King's Police and Fire Service Medal），表彰有突出贡献的警界人士和消防人员；荣誉勋章（Order of the Companion of Honour）授予有杰出贡献的政府高级公职人员；功绩勋章（Order of Merit）授予艺术界、文学界等文化工作方面作出突出贡献的人，也可授予在战争期间作出突出贡献的人士。

下表所列为澳大利亚人曾被授予的一些主要的英制勋章的基本情况。[①]

---

① 此表资料来源为澳大利亚政府网站，http：//www.itsanhonour.gov.au/honours/our_honours/index.cfm，2008—12—26“It's an honour”是澳大利亚政府主办的一个网站，专门用于介绍给国人颁发官方奖章的情况，网址为：http：//www.itsanhonour.gov.au，本章所用信息许多来自该网站。

（一）军功勋/奖章

表 10—1　　　　　　　　**军功勋/奖章**

勋章名称	在澳最后颁发时间（年）	共授予人数	说明
维多利亚十字勋章 Victoria Cross	1972	96	是英国表彰有战功人员最高等级的勋章。
女王英勇奖章 Queen's Gallantry Medal	1982	40	奖励在战争中有英勇表现的人士。
杰出勇武奖章 Conspicuous Gallantry Medals	不详	12	表彰在对敌作战中表现英勇的海军官兵。
杰出勇武奖章（飞行类） Conspicuous Gallantry Medals (Flying)	1968	11	1942 年，增发杰出勇武勋章（飞行类），以表彰在对敌作战中表现英勇的空军官兵。
杰出飞行十字勋章 Distinguished Flying Cross	1972	2391	表彰荣立战功的空军军官。
杰出飞行奖章 Distinguished Flying Medal	1971	436	表彰荣立战功的空军士官及士兵。
空军十字勋章 Air Force Cross	1983	444	表彰空军荣立战功者和为空军发展作出杰出贡献者。
空军奖章 Air Force Medal	1980	33	表彰空军荣立战功者。
杰出服务十字勋章 Distinguished Service Cross	1972	182	表彰海军中有特殊贡献上尉以下军衔的海军军官。
杰出指挥奖章 Distinguished Conduct Medal	1972	不详	表彰军队中有杰出表现的指挥员。
军事十字勋章 Military Cross	1972	2930	授予在服役期间有杰出表现的军官。
杰出服务勋章 Distinguished Service Order	1972	1018	表彰军队中有特殊表现的军官。
杰出服务奖章 Distinguished Service Medal	不详	179	表彰军队中有特殊表现的士官。

续表

勋章名称	在澳最后颁发时间（年）	共授予人数	说明
英勇钦佩奖章 Mention in Despatches	1975	不详	表彰服从命令的军官，类似于通令嘉奖。
普通服务奖章 General Service Medal	不详	不详	表彰在一些局部军事小冲突中表现英勇的陆军及空军军人。1962年后，扩展到海军。
军事奖章 Military Medal	1972	11038	主要用以表彰基层军官。
功绩服役奖章 Meritorious Service Medal	不详	不详	表彰军队服役期间表现突出的士官。
澳大利亚服务奖章 1939—1945 Australia Service Medal 1939－1945	1949	不详	表彰 1939 年至 1945 年在第二次世界大战中，曾参加盟军作战的澳大利亚志愿军团。
越南勋章 TheVietnam Medal	1968	不详	授予参加越南战争期的澳大利亚军人。

（二）表彰英勇行为的勋/奖章

表 10—2　　表彰英勇行为的勋/奖章

勋章名称	在澳最后颁发时间（年）	共授予人数	说明
阿尔伯特奖章 Albert Medal	1969	54	表彰挽救他人生命的人士。分为两类：一类是表彰在大陆挽救他人生命的人士；另一类是表彰在海洋挽救他人生命的人士。每类分别有两个等级，金奖和铜奖。1971 年，英国政府停止颁发该项奖项，由乔治十字勋章替代，以往颁发的阿尔伯特勋章收回，改发乔治十字勋章。

续表

勋章名称	在澳最后颁发时间（年）	共授予人数	说明
爱德华奖章 Edward Medal	1971	不详	表彰在矿井中或采石场拯救他人生命的英雄人士。分两个等级：银奖和铜奖。
乔治奖章 George Medal	1982	118	表彰在非战争情况下的危险环境中有英勇表现的人士。
女王（国王）勇敢奖章 Queen's（King's）Commendation for Brave Conduct	1982	286	授予在和平环境下或战争中非战斗状态下有突出勇敢表现的人士。
乔治十字勋章 George Cross	1978	14	表彰在和平时期有英勇行为表现的平民和军人。在所有佩戴的荣誉勋章中，等级仅次于维多利亚十字勋章。

（三）公务员功勋/奖章

表 10—3　　公务员功勋/奖章

勋章名称	在澳最后颁发时间（年）	共授予人数	说明
帝国服务勋章/奖章 Imperial Service Order/Imperial Service Medal	1989	425	表彰英国政府及英联邦成员国中作出特殊贡献的高级官员。
巴斯勋章 Order of Bath	不详	199	授予有杰出贡献的军队的高级将领及政府高级官员，分为三个等级：最高为骑士/夫人大十字勋章（Knight/Dame Grand Cross）；其次是骑士/夫人一级勋章（Knights Commander）；荣誉勋章（Companions）。

续表

勋章名称	在澳最后颁发时间（年）	共授予人数	说明
荣誉勋章 Order of the Companion of Honor	1982	14	授予有杰出贡献的政府高级公职人员。
英帝国勋章 Order of the British Empire	不详	16900	授予各界有突出贡献公职人员。分为五个等级，依次为：骑士/夫人大十字勋章（Knight/Dame Grand Cross）；骑士/夫人一级勋章（Knight/Dame Commander），一级勋章（Commander），服务勋章（Officer），荣誉勋章（Member），纪念勋章（Medal）。
圣迈克尔与圣乔治勋章 Order of St Michael and St George	不详	不详	授予有突出贡献海外公职人员及英联邦工作人员。分为三个等级：骑士/夫人大十字勋章（Knight/Dame Grand Cross），骑士/夫人一级勋章（Knight/Dame Commanders），一级勋章（Commanders）。
皇家维多利亚勋章 Royal Victorian Order	不详	不详	授予有突出贡献的皇家服务人员。分为五级，依次为：骑士/夫人十字勋章（Knight/Dame Cross）；骑士/夫人一级勋章（Knight/Dame Commander），一级勋章（Commander），次级勋章（Lieutenants）荣誉勋章（Member）。

（四）特殊职业勋/奖章

表 10—4　　特殊职业勋/奖章

勋章名称	在澳最后颁发时间（年）	共授予人数	说明
国王警察、消防事业服务奖章 King's Police and Fire Service Medal	1954	209	表彰有突出贡献的警界人士和消防人员。
女王消防奖章 Queen's Fire Service Medal	1989	98	奖励英联邦范围内在火灾中有英勇表现的消防人员。
女王警察奖章 Queen's Police Medal	1989	709	授予英国及英联邦国家有特殊贡献的警界人士。
皇家红十字勋章 Royal Red Cross	1982	87	授予有突出贡献的护理工作者。

（五）表彰有特殊贡献人士的勋/奖章

表 10—5　　表彰有特殊贡献人士的勋/奖章

勋章名称	在澳最后颁发时间（年）	共授予人数	说明
凯瑟爱海德奖章 Kaiser-I-Hind Medal	1939	3	又称皇家印度奖章（Emperor of India's Medal），表彰为印度公共事业作出贡献的人士。
自由勇敢国王奖章 King's Medal for Courage in the Cause of Freedom	不详	209	表彰英国对敌斗争中有突出贡献的人士。
下级勋位爵士 Knights Bachelor	1989	不详	授予全球范围内有杰出贡献的人士。

续表

勋章名称	在澳最后颁发时间（年）	共授予人数	说明
功绩勋章 Order of Merit	不详	4	授予艺术界、文学界等文化工作方面作出突出贡献的人。也可授予在战争期间作出突出贡献的人士。连同君主在内，本勋章的限额只有25位。
极地奖章 Polar Medal	1982	289	授予在南北极考察探险活动中有突出贡献的人士。
女王（国王）空中有价值服务奖章 Queen's（King's）Commendation for Valuable Service in the Air	1983	367	表彰在飞行活动中有突出表现的人士，授予对象包括军人和平民。
海上勇武奖章 Sea Gallantry Medal	1973	不详	表彰救援英国海难人员的英国人及外籍人士。

二 澳大利亚功勋荣誉制度的建立

1931年，澳大利亚从英属殖民地独立出来，但仍属于英联邦国家。长期的殖民国仍给这个新兴国家的制度文化打下深深的烙印，澳大利亚的功勋荣誉制度在很长时间内实行双轨制，即澳大利亚自身的功勋荣誉制度体系与英制功勋荣誉制度体系并存，有些英制功勋荣誉奖项甚至沿用至20世纪90年代。独立后的澳大利亚随即加入英联邦，承认英王为名义的国家元首，因此，王室仍有权为澳大利亚人颁授勋位和荣誉奖章。比如英王会给联邦国家的重要人士和特殊贡献人士颁授爵位，澳大利亚在位最久的总理罗伯特·孟席斯（Sir Robert Menzies）即领有英国的爵士爵位。英国王室也曾专设授予澳大利亚人的奖章。如1949年，英国国王乔治六世授命设立了“澳大利亚服务奖章1939—1945”（The Australia Service Medal 1939－1945）以表彰那些在第二次世界大战中荣立战功的澳大利亚人，共有 35339 人获得此项荣誉。1968 年，英国王室又提名设立了越南奖章（Vietnam Medal），用以表彰在越南战争期间在越作战的军人和在南越进行慈善活动的澳大利亚人士。

不过，毕竟澳大利亚已经走上独立国家的发展道路，也需要建立自己的各种制度，培育属于自己的国家文化，功勋荣誉制度也是其中一项重要建设内容。1975 年是澳大利亚功勋荣誉制度发展史上具有重要意义的一年。这一年，英国女王正式颁文，批准澳大利亚自主建立功勋荣誉制度，设立澳大利亚勋章（Order of Australia），对那些为澳大利亚社会作出特殊贡献、值得奖励和铭记的澳大利亚公民或其他人士予以表彰，授予荣誉。同时，在澳大利亚实行了近 200 年的英国功勋荣誉制度（the British Honors System）及英帝国的各项奖励（Imperial Awards）办法也开始逐步废止。20 世纪八九十年代，澳大利亚功勋荣誉制度体系逐步完善。根据澳大利亚政府相关网站公布的情况，目前澳大利亚现行的 53 种功勋荣誉奖项中绝大部分都是在这 20 年中建立起来。如前表所示，旧有英制功勋荣誉奖章也正是在这段时间内逐步停授的。在这段时期内，也有一些新的英联邦（帝国）奖项设立，其中一些也颁授给澳大利亚人士，但总的来说，英制勋章在 20 世纪后半叶逐步地退出了澳大利亚的历史舞台。

三　澳大利亚现行功勋荣誉体系概况

1975 年，英女王伊丽莎白二世批准澳大利亚设立属于本国的勋章，标志着澳大利亚本国功勋荣誉制度的开始。澳大利亚勋章设立于该年 2 月 14 日，以嘉奖那些为澳大利亚作出突出贡献的人。勋章分为几个等级，最高等级为澳大利亚荣勋勋章（Companion of the Order of Australia），授予为澳大利亚或全人类作出巨大贡献的人士，是澳大利亚最高荣誉勋章。第二等级为服务勋章（Officer of the Order），授予为澳大利亚及全人类社会作出杰出贡献的人士。第三等级为荣誉勋章（Member of the Order），表彰在一定区域内或特定领域中有突出表现活动的个人和群体。第四等级为纪念勋章（Medal of the Order），是对值得表彰的一些人士所作出的特殊服务贡献的认可。[1]

澳大利亚勋章设立的同年，澳大利亚还设立了澳大利亚勇敢勋章（Australian Bravery Decorations）和国家奖章（The National Medal）。

澳大利亚勇敢勋章是为了表彰为了拯救他人的生命财产安全，不惜自己涉足险境的人士。该勋章分为四个等级。最高等级为最有价值十字勋章（The Cross of Valor），授予那些在极度危险环境中，有英勇行为的人士。第二等级为勇敢之星勋章（The Star of Courage），授予那些在极度危险环境中，显露出非凡勇气的人。第三等级为勇敢奖章（The Bravery Medal），授予那些危险环境中，有英勇行为的人。第四等级为勇敢行为纪念章（The Commendation for Brave Conduct），表彰那些值得人们赞扬的见义勇为者。

国家奖章授予那些在危急时期，坚持长期、勤恳为社会服务的组织机构成员。这些机构包括救护机构、军队单位、监狱等社会改造机构、紧急事件处理机构、消防、警界机构以及一些志愿者组织，例如紧急救援、搜寻组织等。国家奖章是目前澳大利亚授予数量最多的奖章。1975 年，国家奖章设立之初，只授予救护机构、监狱、紧急事件处理机构、消防人员、警界等政府部门机构人员。此后，评选规则进行过四次修改，授勋范围扩大至志愿者组织人员，包括由非全职志愿者组成的组织活动机构，还有一些保护机构组织，例如野生动植物保护组织、环境保护组织，还有社会改造机构和紧急事件处理机构等。1982 年，军队人员不再参加国家奖章的评选，改发国防军服务勋章（The Defense Force Service Awards）。到了 1991 年，澳大利亚政府对候选者的资质要求又增补了两点，一是国家奖章的授予范围扩大至紧急救援组织，二是对于那些为跨组织活动作出很大贡献的个人也可以获得该项奖章。

上述三种均为国家级荣誉，以一国之名为人颁奖，此外，澳大利亚政府还设立了一些政府级奖项，以不同的形式鼓励和表彰为国家社会作出贡献的人员，详见下述。

---

① 最初还设有高于此四级荣誉的爵士/女爵士，只授予大区行政长官，自 1986 年起已停授。

四　澳大利亚现行国家级勋章详解

根据澳大利亚政府公布的数据，目前澳大利亚现行的荣勋奖项共有53种，与此前行使的英制荣勋奖励相类似，可以分为表彰军功、表彰见义勇为者和表彰在特定岗位为社会作出杰出贡献者三类。[①]

（一）军功章类

表10—6　　军功章类勋章/奖章

勋章名称	设立时间（年）	授予人数（至2008年）	说明
罗德西亚奖章 Rhodesia Medal	1980	152	授予在安哥拉参加维和任务的澳大利亚军人、警察部队及其他维和人员。
国防服务奖章 Defence Force Service Medal	1982	116668	授予在澳大利亚军队服役满15年以上的军人。
预备役勋章 Reserve Force Decoration	1982	5204	授予在预备役部队中服役满15年的预备役军官。
预备役奖章 Reserve Force Medal	1982	10819	授予在预备役部队中服役满15年的预备役官兵。
澳大利亚服务奖章 The Australian Service Medal	1988	35339	表彰军队中在维和活动和非战争环境下有突出表现的军人。
澳大利亚战时服役奖章 The Australian Active Service Medal	1988	53013	表彰1975年以后，各次战争及军事冲突中有功的人士。
射击冠军奖章 Champion Shots Medal	1988	49	奖励军队中射击成绩优秀的官兵。

① 资料来源：http：//www.itsanhonour.gov.au/honours/awards/a-z.cfm，2008-12-26。

续表

勋章名称	设立时间（年）	授予人数（至2008年）	说明
澳大利亚维多利亚十字勋章 The Victoria Cross for Australia	1991	0	授予在战争中有杰出表现的军人，是军队的最高荣誉奖章，用以取代帝国维多利亚十字勋章。
杰出服务十字勋章 Distinguished Service Cross	1991	38	授予在军事行动中有杰出表现的指挥官。
杰出服务奖章 Distinguished Service Medal	1991	75	授予在军事行动中表现突出的指挥官。
杰出服务纪念奖章 The Commendation for Distinguished Service	1991	226	表彰在军事行动中有杰出表现的军人。是杰出服务勋章（The Distinguished Service Decorations）中等级最低的一级。
越南后勤与保障奖章 Vietnam Logistic and Support Medal	1993	10612	表彰在越南战争期间，提供后勤保障的人员。
澳大利亚服务奖章 1945—1975 Australian Service Medal 1945－1975	1995	93221	授予在1945年至1975年期间，维和活动中或非战争行动中表现突出的军人。
澳大利亚战时服役勋章 1945—1975 The Australian Active Service Medal 1945－1975	1997	68863	表彰在1945年至1975年期间，在各次战争及地区军事冲突中有功的人士，主要是对朝鲜、马来西亚、越南的战争冲突中有功的人员。
国防长期服务奖章 The Defence Long Service Medal	1998	23943	授予在澳大利亚军队服役满15年以上的军人。
80周年休战纪念奖章 80th Anniversary Armistice Remembrance Medal	1999	71	为纪念第一次世界大战结束而设置。奖章授予71名健在的曾参加第一次世界大战的澳大利亚和新西兰军团的退伍老兵。

续表

勋章名称	设立时间（年）	授予人数（至2008年）	说明
澳大利亚军校服役奖章 The Australian Cadet Forces Service Medal	1999	1477	授予在军校长期服役的军官及教员。获奖者服役期限必须满 15 年。由澳大利亚总督颁发。每服务五年为一个勋表附饰。澳大利亚军校服役奖章没有头衔称谓。
东帝汶国际维和奖章 International Force East Timor Medal	2000	8692	授予 1999 年至 2000 年期间，在东帝汶维和的澳大利亚军人。
国家服役 1951—1972 纪念奖章 The Anniversary of National Service 1951－1972 Medal	2001	117456	表彰第二次世界大战后服役期间的有功人员。
阿富汗奖章 Afghanistan Medal	2004	6134	表彰 2001 年以来，在阿富汗服役的澳大利亚官兵。
伊拉克奖章 The Iraq Medal	2004	15139	授予参加伊拉克战争的澳大利亚军人。
澳大利亚国防奖章 The Australian Defence Medal	2006	207962	授予在军队内完成首个服役期或满 4 年的军人。对于没有满足上述条件的人，满足有下列条件也可以获得澳大利亚国防勋章。1. 在服役期间死亡；2. 由于医疗事故被迫退役，因而作为赔偿性措施；3. 由于国防政策的歧视性措施被迫退役。澳大利亚国防奖章是目前澳大利亚授予数量最多的奖章。

澳大利亚的军功章主要分为以下几种性质。第一类是战争军功章，表彰在战争和军事冲突有战功的人员或作出杰出贡献的人员。澳大利亚维多

利亚十字勋章（The Victoria Cross for Australia）是其中最高的荣誉勋章，用以替代此前英制的英国维多利亚十字勋章（The Victoria Cross），授予在战争或军事冲突中不怕牺牲自己，坚决完成任务，具有大无畏精神的人。该奖章由国防部长提名，由澳大利亚总督颁发。不过，因为级别最高，轻不许人，所以到目前为止，还没有人获得过澳大利亚维多利亚十字勋章。

澳大利亚战时服役奖章（The Australian Active Service Medal）则是同性质中级别较低的荣誉。此后又设立了具有追授和纪念性质的澳大利亚战时服役勋章 1945—1975（The Australian Active Service Medal 1945－1975）、国家服役 1951—1972 纪念奖章（The Anniversary of National Service 1951－1972 Medal）等。后者设立的背景是，1951 年至 1972 年期间，共有约 30 万澳大利亚人在军队服役，其中有 187 人因公牺牲，1500 多人受伤，国家服役 1951—1972 纪念奖章就是为这一时期服役的军人设立的。

此外，还有荣誉等级和授予人数都介于前述二者之间的“杰出服务”系列奖章，又包括杰出服务十字勋章（Distinguished Service Cross）、杰出服务奖章（Distinguished Service Medal）、杰出服务纪念奖章（The Commendation for Distinguished Service）三个不同层级。这一系列奖章与十字勋章都是 1991 年设立的。

第二类奖章表彰长期服役的官兵和预备役人员，由澳大利亚总督颁发。国防服务奖章（Defence Force Service Medal）、预备役勋章（Reserve Force Decoration）、预备役奖章（Reserve Force Medal）均属此类，且均为 1982 年设立，所授予者必须在军队或预备役部队服役达 15 年以上。1998 年设立的国防长期服务奖章（The Defence Long Service Medal）与国防服务奖章性质完全相同，大概是后者的改版。澳大利亚军校服役奖章（The Australian Cadet Forces Service Medal）则授予军校系统服役期满 15 年的军官或教员。2006 年设立的澳大利亚国防奖章（The Australian Defence Medal）一改此前以 15 年为界授予奖章的办法，只要首个服役期满或达到四年服役期就可获得此项奖励。

第三类是军功章，是为表彰特定战争中荣立功勋的将士的。如 80 周年休战纪念奖章（80th Anniversary Armistice Remembrance Medal）是为纪念第一次世界大战结束 80 周年而设置，授予 71 名当时（1999）仍健在的“一战”老兵。澳大利亚服务奖章1939—1945（Australia Service Medal 1939－1945）表彰第二次世界大战中曾参加盟军作战的澳大利亚志愿军团。还有越南后勤与保障奖章（Vietnam Logistic and Support Medal）、阿富汗奖章（Afghanistan Medal）、伊拉克奖章（The Iraq Medal）表彰澳大利亚参与局部战争的将士，当然这些战争并非都是正义的。

第四类军功章表彰和平时期有杰出表现的军人。例如射击冠军奖章（Champion Shots Medal），表彰射击成绩优秀的海、陆、空三军官兵。第二次世界大战后，澳大利亚参与了联合国及北约组织的一系列国际维和活动和国际战争。澳大利亚政府因此设立了一些奖章专门授予参加维和活动或国际战争人员。这类勋章有：1980年设立的罗德西亚奖章（Rhodesia Medal），罗德西亚是安哥拉的旧称。1975年安哥拉独立后，但国内政治矛盾引发的流血冲突不断，由英国、澳大利亚、新西兰等国军队及警察部队组成的多国部队前往安哥拉进行维和活动，直至1980年才全部撤出。该勋章即授予在安哥拉参加维和任务的澳大利亚军人、警察部队及其他维和人员。1999年，东帝汶独立后，国内形势较为混乱，经联合国授权，由17国军队组成的联合国维和部队进入东帝汶执行维和任务。澳大利亚军队参加了此次维和活动。2000年，时任澳大利亚总理的霍华德宣布设立东帝汶国际维和奖章，以奖励在东帝汶参与维和的官兵。凡在东帝汶参与维和活动达30天者并无过失者都有资格获得此项奖章。

（二）英勇行为类

总体来说，澳大利亚受欧洲文化影响很大。欧洲由于具有骑士传统，所以社会特别尊重勇士行为。受其影响，澳大利亚也设立了不少表彰英勇行为的勋/奖章，分个人、集体两种，同时也分级别。如1975年设立的澳大利亚勇敢勋章（Australian Bravery Decorations）均为个人奖项，按级别高低依次是最有价值十字勋章（The Cross of Valour）、勇敢之星勋章（The Star of Courage）、勇敢奖章（Bravery Medal）、勇敢行为纪念章（Commendation for Brave Conduct）。1990年，澳大利亚政府增设勇敢集体奖章（Group Bravery Citation），作为澳大利亚勇敢勋章的一个分项，授予在危险环境下拯救他人生命财产，有英雄行为的团体。

表 10—7　　英勇行为类勋章

勋章名称	在澳最后颁发时间（年）	共授予人数	说明
澳大利亚勇敢勋章 Australian Bravery Decorations	1975	2446	表彰有英勇行为的人士，包括以下四种头衔称谓。
1. 最有价值十字勋章 The Cross of Valour		5	授予那些在极度危险环境中，有英勇行为的人士。
2. 勇敢之星勋章 The Star of Courage		135	授予那些在极度危险环境中，显露出非凡勇气的人。
3. 勇敢奖章 Bravery Medal		921	授予那些危险环境中，有英勇行为的人士。
4. 勇敢行为纪念章 Commendation for Brave Conduct		1385	表彰那些值得人们赞扬的见义勇为者。是澳大利亚勇敢勋章（Australian Bravery Decorations）中等级最低的。
勇敢集体奖章 Group Bravery Citation	1990	62 个集体 431 人	授予在危险环境下有英雄行为的团体。
英勇之星勋章 The Star of Gallantry	1991	1	表彰那些在极度危险环境中，有英勇行为表现的军人。
英勇奖章 Medal for Gallantry	1991	38	授予在危险环境中执行任务过程中有杰出表现的军人。
英勇纪念勋章 Commendation for Gallantry	1991	17	表彰在军事行动中有值得认可的英勇行为的官兵。
集体英雄嘉奖奖章 Unit Citation for Gallantry	1991	2	表彰有英勇行为的集体。
集体嘉奖奖章 The Meritorious Unit Citation	1991	19	表彰在战争中值得嘉奖行为的单位。

还有一类授予具有特殊英勇行为的军人的奖章，可以归入此类。包括战争状况下的英勇纪念勋章（Commendation for Gallantry）和和平状态

下的英勇奖章（Medal for Gallantry）。1991年，澳大利亚政府专门针对军人的英勇勋章，用于表彰在军事行动中有值得认可的英雄行为的官兵。该勋章分为三个等级。英勇之星勋章（The Star of Gallantry）、英勇奖章（Medal for Gallantry）、英勇勋章纪念奖章（Commendation for Gallantry），分别奖励在不同程度危险环境下，有英勇行为值得表彰的军人。1991年，澳大利亚政府还设立了集体英雄嘉奖奖章（Unit Citation for Gallantry）和集体嘉奖奖章（The Meritorious Unit Citation），授予在军事行动中表现英勇的英雄集体，该奖的设立借鉴了美国的相关制度。

（三）专业领域突出贡献和特别贡献类

表10—8　　专业领域突出贡献和特别贡献类勋章/奖章

勋章名称	在澳最后颁发时间（年）	共授予人数	说明
国家奖章 National Medal	1975	164883	国家奖章授予那些在危急时期，坚持长期、勤恳地为社会服务的组织机构成员。这些机构包括救护机构、军队单位、监狱等社会改造机构、紧急事件处理机构、消防、警界机构以及一些志愿者组织，例如紧急救援、搜寻组织等。
澳大利亚警界奖章 Australian Police Medal	1986	1192	表彰警界有突出贡献的人士。
澳大利亚南极奖章 Australian Antarctic Medal	1987	81	表彰那些为南极考察作出重大贡献的人。
澳大利亚消防奖章 Australian Fire Service Medal	1988	863	表彰表现突出的消防工作人员。
护理救护十字勋章 Nursing Service Cross	1989	29	表彰有杰出贡献的护理工作者。

续表

勋章名称	在澳最后颁发时间（年）	共授予人数	说明
公众服务奖章 Public Service Medal	1989	1574	授予有突出贡献的政府工作人员。
警察海外服务奖章 Police Overseas Service Medal	1991	3104	授予在海外执行国际维和任务的澳大利亚警察部队。
平民服务奖章 1939—1945 Civilian Service Medal 1939－1945	1994	6782	表彰 1939 年至 1945 年在第二次世界大战中作出贡献的澳大利亚平民。
澳大利亚体育奖章 Australian Sports Medal	1999	18000	表彰为国家体育事业作出贡献的人士。
海外人道主义服务奖章 Humanitarian Overseas Service Medal	1999	1878	授予在海外危险环境中执行人道主义救援任务或从事与人道主义有关活动的人士。
救护奖章 Ambulance Service Medal	1999	158	表彰在救护护理工作中有突出贡献的人士。由各州、领地的负责人提名，由总督颁发。北领地（NT）、首都领地（ACT）各一名。奖章在每年国庆日或女王生日时颁发。有头衔称谓。
紧急情况服务奖章 Emergency Services Medal	1999	232	表彰澳大利亚境内在紧急情况处置及紧急情况处置训练和教育方面作出贡献的人士。
世纪奖章 Centenary Medal	2001	15841	为纪念澳大利亚联邦成立 100 周年而设立，表彰在 20 世纪为澳大利亚社会作出贡献的人士。

澳大利亚国家级专项奖励勋章，专门奖励在某个领域内为澳大利亚社会稳定和发展进步起到显著积极作用的人士。1975 年设立的国家奖章就具有这样的意味，它只授予救护机构、监狱等社会改造机构、紧急事件处理机构、消防人员、警界等政府部门机构人员。此后，范围扩大到志愿者组织人员以及社会改造机构和紧急事件处理机构等，但国家奖章并不是典型的专项奖章。

1986 年设立的澳大利亚警界奖章（Australian Police Medal）是 1975 年后澳大利亚政府设置的第一种专门奖励某个领域内的突出贡献的勋章，用于表彰警界有突出贡献的人士。警界奖章由各州、领地的行政长官提名，由澳大利亚总督批准颁发。评选比例为 1000 比 1。又如 1999 年设立的救护奖章（Ambulance Service Medal），表彰在救护护理工作中有突出贡献的人士。评选要求为各州每 1000 名专职救护人员中不超过一人；各州每 5000 名非专职人员（包括志愿者、社会团体组织人员）中不超过一人。这类奖章一般每年颁发一次，在国庆日或女王生日颁发。

专项奖章的设立往往有国家政治或文化上的诉求。例如，1987 年设立的旨在表彰在南极考察作出重大贡献的科研人员及相关人士南极奖章（Australian Antarctic Medal），其背景是澳大利亚毗邻南极洲，曾对南极洲提出过主权要求，所以该国非常重视对南极的科考活动，因此，此奖申请人须在南极洲从事科考工作满 12 个月。1999 年设立的体育奖章（Australian Sports Medal），主要是考虑到澳大利亚将于 2000 年在悉尼举行奥运会，为了表彰在悉尼奥运会筹备期间作出贡献的人士及在悉尼奥运会取得优异成绩的运动员。另外，像世纪奖章（Centenary Medal）设立于 2001 年，旨在表彰 20 世纪为澳大利亚社会作出贡献的人士，当年又时值纪念澳大利亚联邦成立 100 周年，显得别具意义。

（四）澳大利亚勋/奖章

1975 年设立的以上四种勋章没有特定名目和对象，可以广泛授予各行业领域的人士，也可以授予全人类作出重大贡献的非澳大利亚籍人士，不过只授予仍在世的人。与其他三大类功勋荣誉的不同还在于，它们是整个澳大利亚功勋荣誉奖章体系中历史最悠久的、最具基础性的奖章，其他奖章都是从它们基础上经过细分、增补而来的。

表 10—9 澳大利亚勋/奖章

勋章名称	在澳最后颁发时间（年）	共授予人数	说明
澳大利亚荣勋勋章（普通类）Companion of the Order of Australia (General Division)	1975	356	授予为澳大利亚或全人类作出巨大贡献的人士，是澳大利亚最高荣誉勋章。
澳大利亚服务勋章（普通类）Officer of the Order of Australia (General Division)	1975	1835	授予为澳大利亚及全人类社会作出杰出贡献的人士。是澳大利亚勋章中的第二等级。
澳大利亚荣誉勋章（普通类）Member of the Order of Australia (General Division)	1975	6216	表彰在一定区域内或特定领域中有突出表现活动的个人和群体。
澳大利亚勋章纪念奖章（普通类）Medal of the Order of Australia (General Division)	1975	15122	授予为澳大利亚及全人类作出值得纪念的贡献的人士。

五 澳大利亚现行的政府级荣誉奖项

澳大利亚政府级荣誉奖项主要集中在教育、科技、文化等领域，下面简要分类介绍几种较有影响的奖项。

（一）文化科技方面

1. 总理文学奖（Premier Minister's Literary Award）[①]，设立于 2007 年，是澳大利亚工党政府宣誓就职后的首个文化动作。澳总理文学奖分成小说类（fiction）和非小说类（non-fiction）两个奖项，奖金各为 10 万澳元。成为与都柏林国际文学奖（折合 23 万澳元）、英联邦国家作家奖（5

① 资料来源：http：//www. arts. gov. au/books/pmliteraryawards，2008 - 12 - 28.

万英镑）相比肩的、世界上奖金最高的文学奖之一。评奖委员会由澳大利亚环境、水利、遗产及艺术部（Department of the Environment，Water，Heritage and the Arts）组织。

2. 总理科学奖金（The Prime Minister's Prizes for Science），表彰在科学领域作出杰出贡献者，设立于 2000 年。该奖的奖金额度高达 30 万澳元。总理科学奖金的获得者自然成为澳大利亚总理科学、工程和革新理事会（The Prime Minister's Science，Engineering and Innovation Council，PMSEIC）的成员。委员会主要成员为部长级人士，包括总理和 9 个部的部长，另有 14 个自然当选成员、5 个指定成员。委员会每年召开两次会议，听取特别工作组的报告，讨论有关全国性的科学、工程、技术问题及其相关的经济和社会发展问题，是向政府提供科技建议的主渠道。总理科学奖金获奖者可以是一个团队，也可以是个人。值得注意的是，奖金可以授予那些尚未彻底完成科研项目的人。获奖人资格的评定由专门设立的科学奖金委员会评定。

3. 马尔科姆·麦金托什物理科学奖金（Malcolm McIntosh Prize），主要表彰在物理科学研究领域作出贡献的青年科学家。获奖人年龄必须在 35 岁以下，必须有博士学位。每年评选一次。奖金额度为 50 万澳元。该奖设立的目的是引起人们对物理科学研究的关注。

4. 科学部长奖（The Science Minister's Prize），授予在生命科学研究领域作出突出贡献的青年科学家。获奖人年龄必须在 35 岁以下的博士。奖金额度为 5 万澳元。该奖设立的目的：一是对在生命科学研究领域作出杰出贡献的青年科学家所取得的成绩表示肯定，二是扩大生命科学在社会上的影响，引起人们的普遍重视。

5. 澳大利亚农业青年改革者、科学家奖（Australian Agricultural Industries Young Innovators and Scientists Awards），主要奖励为澳大利亚农业作出贡献的青年人才。该奖奖金额度为 3 万澳元。由澳大利亚农业、渔业及林业部组织评选颁发，每年评选一次。获奖候选人的年龄必须在 18 岁至 35 岁之间。获奖者可获得总额达 2 万澳元的奖金，特别杰出的人才还可以获得农业、渔业及林业部部长颁发的特别奖金，奖金额度为 3 万澳元。奖金可用作个人或集体的科学研究，参加学术活动和与澳大利亚农业发展有关的活动。

（二）教育方面

1. 澳大利亚大学教学奖（The Australian Awards for University Teaching）。该奖项设立于 1997 年，用于表彰澳大利亚公立高校中有杰出表现的教师，[①] 由教育部组织评选。

2. 总理杰出科学教育奖金（The Prime Ministers Prizes for Excellence in Science Teaching），设立于 2002 年，主要奖励在中小学科技教育方面作出贡献的人。该奖分为中学科学教育奖和小学科学教育奖两项。获奖候选人必须是在中小学长期工作的教职员工或从事科学技术普及教育活动的有关人员。奖金额度为 5 万澳元。该奖的评选由专门组成的科学教育评选委员会评选。评选委员会的组成人员有科学教育学会主席、澳大利亚中小学校长协会的代表、澳大利亚科学院的代表和技术革新、工业、科技部的高级官员等。每年组织评选一次。

3. 部长实习奖（Minister's Awards for Excellence for Employers of Australian Apprentices）和澳大利亚实习中心管理奖（Minister's Award for Excellence in Australian Apprenticeships Centre Administration），这两个奖项属于同种类型，主要是奖励在职业技能培训方面作出杰出贡献的个人与团体。

4. 总理杰出技能奖（Prime Minister's Awards for Skills Excellence），该奖项旨在对中学的高年级学生在学校的职业技术教育项目或学徒工项目中所取得的突出成就给予肯定。奖金为 2000 澳元。该奖由教育、劳工关系部负责评选，每年评选一次。[②]

5. 澳大利亚政府国家教育质量奖（Australian Government National Awards for Quality Schooling），授予那些在教育领域作出杰出贡献的教职员工或有突出表现的教育团体。2008 年，澳大利亚政府共拨付给澳大

① 资料来源：http：//www.dest.gov.au/sectors/higher _ education/programmes _ funding/programme _ categories/scholarships _ awards _ prizes/australian _ awards _ for _ university _ teaching.htm，2008－12－28。

② 资料来源：http：//www.dest.gov.au/sectors/school _ education/programmes _ funding/programme _ categories/key _ priorities/vocational _ education _ in _ schools/2007 _ pmskills _ recipients.htm，2008－12－29。

利亚政府国家教育质量奖 121.5 万元奖金。[①]

6. 澳大利亚学生奖金（Australian Student Prize），主要奖励在学术研究上取得显著成绩的优秀学生。奖金额度为 2000 澳元，由教育、就业、劳工关系部负责评选。[②]

7. 澳大利亚培训奖（The Australian Training Awards）是澳大利亚专门奖励培训工作最高的奖项，分为多种。包括年度用人奖（Employer of the Year）、总理年度小企业奖（Prime Minister's Small Business of the Year）、澳大利亚培训发起奖（Australian Training Initiative）、学校假期培训奖（VET in Schools）、年度大型培训提供奖（Large Training Provider of the Year）、年度小规模培训奖（Small Training Provider of the Year）、澳大利亚年度学徒奖（Australian Apprentice of the Year）、原住民与托雷斯海峡岛民年度学生奖（Aboriginal and Torres Strait Islander Student of the Year）等。这类奖项由教育、劳工关系部负责评选，每年一次。南澳大利亚培训奖（The South Australian Training Awards）也属于类似奖项，只是获奖人的评选范围限为南澳大利亚地区居民。

8. 国家音乐教育杰出贡献奖（National Awards for Excellence in School Music Education），表彰在音乐教育方面作出杰出贡献的人士和团体，目的是推进澳大利亚音乐教育在社会中的地位，对从事音乐教育并作出杰出贡献的人或团体所取得的积极成绩表示肯定。该奖项由澳大利亚音乐教育协会（The Australian Society for Music Education）主管。奖金由教育、就业、劳工关系部提供。

（三）医药卫生

1. 原住民与托雷斯海峡岛屿居民健康奖（National Excellence Awards in Aboriginal and Torres Strait Islander Health），主要用于奖励为原住民和托雷斯海峡岛屿医药卫生工作作出贡献的人士。由澳大利亚健

---

① 资料来源：http：//www.qualityteaching.deewr.gov.au/naqs，2008－12－29。

② 资料来源：http：//www.dest.gov.au/sectors/school_education/programmes_funding/programme_categories/scholarships_awards_prizes/australian_students_prize，2008－12－29。

康及老年工作部审定颁发。[①]

2. 老年人看护杰出贡献部长奖（Minister's Awards for Excellence in Aged Care），[②] 授予在老年人看护方面作出杰出贡献的人。由澳大利亚健康及老年工作部审定颁发。

（四）其他类奖项

其他还有一些政府颁给公民以表彰其对社会领域贡献的奖项。如澳大利亚犯罪及暴力预防奖（Australian Crime and Violence Prevention Awards），主要用以奖励为澳大利亚犯罪及暴力预防工作作出贡献的组织和人士。由警察与紧急情况处置部长理事会（Ministerial Council for Police and Emergency Management）组织牵头评选。该奖项的目的是推动澳大利亚暴力犯罪预防工作。奖项的主要评选对象有从事减少犯罪及暴力预防宣传的人士、鼓励公众自发或协助政府做好减少犯罪及暴力预防工作的人士和对社会提高减少犯罪及暴力预防意识作出积极贡献的人士。

除中央政府授予的奖项外，澳大利亚地方政府也设有一些奖项。有些在全国都有很大的影响力。如南澳大利亚高波比科学奖（South Australian Young Tall Poppy Science Award）、昆士兰青年志愿者奖（The Queensland Young Volunteer Awards）等。这些奖项的设置都为推动当地和全国社会发展与进步起到了积极作用。

六　澳大利亚的勋章管理体制

（一）申请、评审与颁授

澳大利亚勋章各项奖章评选的基本原则是避免政治因素的干扰，保持独立性和自主性。一般来说，重要的奖项都有一个独立的委员会来主持奖项的评审工作。

---

① 资料来源：http：//www.healthinfonet.ecu.edu.au/health-resource/conferences? cid=96，2010-5-21。

② 资料来源：http：//www.health.gov.au/internet/main/publishing.nsf/Content/ageing-awards-ministers-excellence.htm，2008-12-29。

以1975年设立的三种国立勋章为例。澳大利亚勋章（普通类）的提名和评审办法是：由社会各界团体直接向澳大利亚荣誉与奖项秘书处（The Australian Honors and Awards Secretariat）提名，中央政府将对提名人选的资质进行进一步考察，并同相关人士进行联系确认后，交由澳大利亚勋章理事会（The Council for the Order of Australia）审议，确定提名候选人。之后，向澳大利亚总督提交候选人的名单，由总督最终决定获奖者。

澳大利亚勋章理事会是独立的评审机构，其审核候选人是否符合澳大利亚勋章提名的标准有：第一，是贡献的大小和成绩的高低，而且所作出贡献的价值是否超出其个人收益所得；第二，如果是志愿行为，要考察其贡献价值是否超出其他志愿者贡献价值。理事会共有19名成员。理事会成员来自社会各界，有各州、领地的代表，政府公职人员及其他社会人员。理事会成员社会人员代表要由澳大利亚政府总理提名，并经澳大利亚总督批准任命后任职。理事会只在澳大利亚勋章评选时期举行会议，即每两年举行一次会议。日常事宜则由澳大利亚荣誉与奖项秘书处受理。

澳大利亚勇敢勋章也有自己的独立委员会，即澳大利亚勇敢勋章理事会（The Australian Bravery Decorations Council）。提名办法与澳大利亚勋章相似，由社会各界公开向澳大利亚荣誉与奖项秘书处提名，经过该部门初审向勇敢勋章理事会提交正式的候选人名单（可以是澳大利亚公民，也可以是在澳大利亚境内有英勇表现的外籍人士）。勇敢勋章理事会在对候选人进行考察后，向总督提名澳大利亚勇敢勋章各级候选人名单。

国家奖章候选人提名不同于以上两种，是由个人向其所在组织机构的主要负责人申请，再由该负责人上报澳大利亚荣誉与奖项秘书处。其中一个刚性要求是申请人在所属组织机构的服务期必须满15年。如果获奖人服务期超过15年，则每多服务10年就可增加一个勋表附饰（Clasp，即附在军事奖章悬带上的小金属棒或其他物件，标示获得奖章的行为或服务或同一奖章的附加奖励）。[①]

一般情况下，澳大利亚国立勋/奖章都是每两年评选一次，评选结果

① 国家奖章的评选面较广，评选办法及规则要求较多。详情参阅《国家奖章规则办法》（*National Medal regulations*），http：//www.itsanhonour.gov.au/honours/awards/docs/national_medal_regulations.pdf，2008-12-26。

由澳洲政府在1月26日澳大利亚国庆日和英国女王生日向社会公布。但澳大利亚勇敢勋章的颁发没有固定时间表，通常会在4月或8月颁发，中央政府要为获奖者在政府大楼举行授勋仪式及典礼。国家奖章由澳大利亚总督授予。

如果是因军功申请澳大利亚勋章和澳大利亚勇敢勋章则由各军事单位向国防部荣誉与奖项处（The Directorate of Honours and Awards of the Department of Defense）推荐，最终由国防部长确认提名候选人，再交由澳大利亚总督最终确认澳大利亚勋章的获得者。

澳大利亚后来增加的其他国家级勋章评选办法和颁授方式也大多沿袭1975年的各项规定。

（二）管理机构

澳大利亚荣誉勋章主要的管理机构有三个。一是前文提到的荣誉与奖项秘书处，该机构设立于1975年，直接隶属于澳大利亚总督府（Government House）办公厅，荣誉与奖项秘书处设立之初主要负责协助总督处理有关澳大利亚勋章、勇敢勋章有关的事务，后来职权范围不断扩大，成为协助总督处理总督职权范围内与澳大利亚功勋荣誉制度有关的各方面事务的机构。

该秘书处还是澳大利亚勋章理事会和澳大利亚勇敢勋章理事会的日常事务处理机构。它负责审查这两项荣誉勋章申请人的候选人资格，在此基础上，拟出澳大利亚勋章和澳大利亚勇敢勋章候选人名单，呈交澳大利亚勋章理事会和澳大利亚勇敢勋章理事会审议。秘书处的秘书长同时担任这两个理事会的秘书长。①

荣誉与奖项秘书处在保持澳大利亚诸多重要荣誉奖项的评选能够保持高水准、高质量方面起着非常重要的作用。它全权负责审议申请人的各项相关资料，包括候选人个人信息、主要成就、应获得勋（奖）章的等级。各类奖项结果的最终确认工作也由秘书处负责。由此可见，秘书处责任重大。

除负责上述两项勋章奖项的评选工作外，荣誉与奖项秘书处负责澳大利亚功勋荣誉系统中40多项勋/奖章评选的日常事务处理工作。这些工作

---

① 资料来源：http：//www. gg. gov. au/honours/content. php? id=2，2008-12-28。

较为烦琐且复杂：包括各类勋/奖章提名人的资格审查工作，提请总督签署颁发奖项，保证授奖人及时准确地获得勋/奖章，及时制作勋/奖章，保证颁奖典礼顺利，制作荣誉证书等。

澳大利亚荣誉勋章另外一个主要管理机构是首相及内阁办公厅（Department of the Prime Minister and Cabinet）下属的奖项与文化处（The Awards and Culture Branch）。该机构属参政议政机构。该机构的主要职责是提高社会对荣誉奖项的认识，让更多的人了解各类荣誉奖项，增强全民的荣誉感和责任感。该机构还负责管理海外人道主义服务奖章、越南后勤与保障奖章和平民服务奖章1939—1945等奖项的评选认定工作。奖项与文化处同时是公众服务勋章管理委员会的秘书处，协助公众服务勋章管理委员会完成公众服务勋章的评选工作，负责其日常事宜的处理工作。此外，奖项与文化处还负责授予外国人澳大利亚荣誉奖项的管理工作，同时负责外国授予澳大利亚人接受国外奖项勋章的协调沟通工作。

国防部下属的荣誉与奖项处（The Directorate of Honours and Awards of the Department of Defence）是负责管理军队荣誉奖项的机构。其主要职责，一是提供设立修改各类军功章的信息意见；二是负责处理澳大利亚勋章（军队类）、澳大利亚勇敢勋章（军队类）、各类军功章、各种奖励长期服役勋章等奖项评选的日常事务工作。[①]

（三）澳大利亚勋/奖章设立的步骤程序

在澳大利亚，新的勋/奖章的设立需经过如下几个步骤。首先，由政府相关部门决策新荣誉奖项的设立，并提出相应方案，包括奖项设立的目的、授予对象等。同时，原则上要征求女王的同意。之后，提请总督府、首相及内阁办公厅及其他党派审议，审议的内容包括奖项的提名，批准流程，奖章、绶带的设计、授奖方式等。在经过各方审议，并达成一致意见后，就可以提请英国国王（女王）签署特许状。英国国王（女王）签署特许状，新的奖项正式生效。新奖项设立后，由政府部门要向全社会公布评选的原则、规章制度等，同时开始接受勋/奖章的提名，评选工作正式展开。

勋/奖章的设计由荣誉与奖项秘书处和国防部组织专业人士设计，并

---

① 资料来源：http：//www.defence.gov.au/medals/，2008-12-28。

由荣誉与奖项秘书处和国防部统一安排制作。

（四）英国国王（女王）、澳大利亚总督、总理的职能与作用

1931年，威斯特敏斯特法令通过后，澳大利亚是一个独立的主权国家，但仍保持着同英王的联系，英王依然是国家的象征。因此，英国国王（女王）在澳大利亚功勋荣誉制度体系中占有较为特殊的位置。从勋/奖章的设立到颁发都有英国国王（女王）的身影。澳大利亚国家级的勋/奖章，例如澳大利亚勋章，都要由英国国王签署特许状（The Letters Patent）后才算正式设立。原则上，新的勋/奖章的设立也要征询女王的同意后，才能提交相关部门审议。澳大利亚政府颁发的国家级勋/奖章绝大多数的授奖仪式、典礼也设在女王生日举行。但是，英王对澳大利亚勋/奖章的设立并不起实质性的作用，只是在名义上签署授令颁发。

澳大利亚总督是英王在澳大利亚联邦的代表，代表女王行使澳大利亚联邦的行政权，是澳大利亚名义上的国家首脑。[①] 绝大多数的国家级荣誉奖项都由澳大利亚总督签署颁发，以表示中央政府对荣誉奖项的重视。

在澳大利亚，总理是政府实际上的行政首脑，负责内阁及政府的事务管理工作。澳大利亚绝大多数的勋章奖项的设立都由总理宣布或提议设立。

七　澳大利亚功勋荣誉体制的特点和值得借鉴之处

澳大利亚功勋荣誉制度体系建立在英国功勋荣誉体系基础之上，充分

① 按照澳大利亚宪法规定，澳大利亚总督是英国陛下在澳大利亚联邦的代表，由女王任命，代表女王行使澳大利亚联邦的行政权。可以要求多数党领袖组阁；任命各部部长和要求部长们进行宣誓；召集和中止国会；解散众议院；向国会建议税收和财政拨款；同意议会通过的法案或根据总督的建议要求对法案重新审议；任命联邦高等法院法官和根据参众两院的提请罢免法官。总督是澳大利亚武装力量的总司令。然而，上述权力只是名义上的，总督实际上不行使这些权力。在很大程度上，他执行的决议通常是由内阁来完成的。总督很少亲自行使有关行政事务的处理权。在议会方面，总督根据总理的建议行使议会的召集、休会和解散的权力。因此，总督是一个徒有虚名的首脑。

吸收了英国功勋荣誉管理运行体制的方法和优点，并结合自己国家的实际情况，经过三十多年时间的探索和实践，逐步形成了具有本国特色、符合本国国情的一套功勋荣誉体系。从总体上来说，澳大利亚的功勋荣誉体系已经比较完善，为国家的稳定、进步、繁荣和发展起到了积极的推动作用。在西方国家中，也是比较突出的。其主要特点可总结如下。

（一）涵盖面广，设置合理，层级分明

澳大利亚功勋荣誉奖项几乎涵盖了社会各个方面。各行各业几乎都有自己的荣誉奖项。军人、政府高级官员、商界人士，普通公民、学者专家、教师、医疗工作者甚至学生等都有机会获取各类国家级的功勋荣誉奖项。这大大鼓舞了澳大利亚民众投身事业，为国奉献的热情。值得注意的是，澳大利亚政府特别重视为国家的建设和安全默默奉献的人士。例如国防服务奖章和国防长期服务奖章的授予，就是颁发给在澳大利亚军队服役满 15 年以上的普通士兵和基层军官。这极大鼓励了军人安心本职工作的决心，增强了普通军官士兵的责任感和使命感。

澳大利亚勋奖章体系设置比较合理，通过澳大利亚勋/奖章来奖励全国公民中具有突出贡献者，同时又提供面向专业领域的国家级奖项进一步鼓励在公共服务领域从业的人员。政府级奖项规格较低，但奖励范围更加明确，尤其重视对科教文卫领域的奖励。在军功章中则有分别面向高级军官、士官、普通士兵乃至全体官兵的不同奖章。

另外，澳大利亚重要的功勋荣誉勋章的设立层级非常明确。重要的国家级荣誉如澳大利亚勋章和勇敢勋章都分为四个等级，而军功章则多分为三个等级。军功章的分级有时非常细致，即使是同一种勋章，在勋章的绶带上也会表标出军功的大小，例如国防长期服务奖章（The Defence Long Service Medal）的获奖者每多服务五年，其奖章绶带上勋章绶带就会多一个配饰。

（二）高层重视，不断完善，宣传得力

澳大利亚政府十分重视国家和政府荣誉勋章制度建设和实施。奖项的设立都经过前期充分规划、论证，然后由政府总理提议，经国家实际（总督）和名义元首（英国女王）批准方能生效。在日常管理方面，又分别辟出专职部门来保障整个功勋荣誉制度的运行，并做到分工明确。勋章一般

在国庆日或女王生日等国家重要节日颁发，国家领导人往往会出席颁奖典礼并亲自为获奖者颁发勋章。

澳大利亚功勋荣誉制度同时是不断发展的体系，总体来说是不断进行层级和面向对象的细分。这从前文列表中可以清楚看出，但同时又注意保持颁奖规模以维持功勋荣誉的价值。总的来看，面向普通公民的奖章数量总量不多，突出体现其含金量，而军功章则较多，保证对军人的充分激励。

此外，澳大利亚非常重视勋章荣誉的宣传工作。每项新奖项的设立都要通过媒体尤其是网络媒体向全民公示。国家相关机构也要对奖项、奖章的颁发做充分的宣传工作。澳大利亚政府还刊印题名为《荣誉》（*It's an Honour*）的半年刊，专门介绍宣传当年各项荣誉获得者的基本情况。

主要参考文献

1. http：//www. arts. gov. au/books/pmliteraryawards.

2. http：//www. defence. gov. au/medals/.

3. http：//www. dest. gov. au/sectors/higher _ education/programmes _ funding/programme _ categories/scholarships _ awards _ prizes/australian _ awards _ for _ university _ teaching. htm.

4. http：//www. gg. gov. au/honours/content. php? id=2.

5. http：//www. health. gov. au/internet/main/publishing. nsf/Content/ageing-awards-ministers-excellence. htm.

6. http：//www. itsanhonour. gov. au/honours/our _ honours/index. cfm.

7. http：//www. itsanhonour. gov. au/honours/awards/docs/national _ medal _ regulations. pdf.

8. http：//www. qualityteaching. deewr. gov. au/naqs/.

第十一章

国际著名的荣誉奖项

国际上的许多著名奖项早已广为人知，而且介绍国际著名奖项的著作也不在少数，例如朱昊炜和黄晓蓉的《国外的著名奖项》。我们在此选取一些知名度最高的国际奖项进行简单介绍，旨在展现它们如何从国家奖项逐步成为面向世界的奖项及其在当今国际社会中的重要影响力。例如诺贝尔奖，它起初仅仅是根据瑞典一位化学家的遗愿而设立，经过几十年的发展却俨然成为了国际学术界的最高荣誉，其价值取向极大地影响着国际学术思潮的走向。西方一些主要的价值观正是借由诺贝尔奖从而迅速在全世界范围内传播开来，如新自由主义。由此可见，有国际影响力的专业奖项是争夺话语权的有效途径。因此，我国也应借鉴这些国际著名奖项的管理经验，设立一批专业、权威、有世界影响力的国际性奖项，为提高文化软实力、实施文化“走出去”战略服务。

一　综合奖项

（一）诺贝尔奖（The Nobel Prize）

1895 年，根据瑞典著名化学家、硝化甘油炸药发明人阿尔弗雷德·诺贝尔（1833—1896）的遗愿创立。1900 年 6 月，瑞典政府批准设置了诺贝尔基金会，并于次年诺贝尔逝世 5 周年纪念日，即 1901 年 12 月 10 日首次颁发诺贝尔奖。自此以后，除因战时中断外，每年的这一天分别在瑞典首都斯德哥尔摩和挪威首都奥斯陆举行隆重的授奖仪式。

设奖之初，诺贝尔奖只包含物理学、化学、生理学或医学、文学及和平五个奖项。1968 年，瑞典中央银行于建行 300 周年之际，资助增设了诺贝尔经济学奖（The Sveriges Riksbank Prize in Economic Sciences in Memory of Alfred Nobel），并自1969年起与其他五项奖同时颁发。经济学奖授予在经济学领域作出重大贡献的人，并优先奖励那些早期作出重大贡献者。

遵照诺贝尔遗嘱，物理学奖和化学奖由瑞典皇家科学院评定，生理学或医学奖由瑞典皇家卡罗林医学院评定，文学奖由瑞典文学院评定，和平奖由挪威诺贝尔委员会评定。在评选的整个过程中，获奖人不受任何国籍、民族、意识形态和宗教的影响，评选的唯一标准是成就的大小。经济奖则委托瑞典皇家科学院评定。每个授奖单位设有一个由五人组成的诺贝尔委员会负责评选工作，该委员会三年一届。其评选过程为：

——每年9月至次年1月31日，接受各项诺贝尔奖推荐的候选人。

——自2月1日起，各项诺贝尔奖评委会对推荐的候选人进行筛选、审定，工作情况严加保密。

——10月中旬，公布各项诺贝尔奖获得者名单。

——12月10日，在斯德哥尔摩和奥斯陆分别隆重举行诺贝尔奖颁发仪式，瑞典国王及王后出席并授奖。

诺贝尔各个奖项的颁奖时间均为12月10日，即诺贝尔的逝世纪念日。诺贝尔和平奖在挪威首都奥斯陆举行，其他所有诺贝尔奖的颁奖仪式都在瑞典首都斯德哥尔摩举行。颁奖仪式和相关宴会已经成为重大国际事件。

截至2009年，诺贝尔奖共计产生了829位（个人和机构）获奖者。其中，在802位个人获得者中只有41位妇女，不到总数的5%。美国化学家莱纳斯·鲍林（Linus Pauling）是独自荣获诺贝尔奖最多的人，曾获得1954年的化学奖和1962年的和平奖。红十字国际委员会是获奖次数最多的机构，它分别于1917年，1944年和1963年三次荣获诺贝尔和平奖。美籍华人李政道、杨振宁、丁肇中、李远哲、朱棣文、崔琦等科学家也曾获得过这一殊荣。

诺贝尔奖包括一枚金质奖章、一张证书和一份巨额奖金。奖章平均重约175克，直径66毫米，为18K绿金加24K镀金。物理学、化学、生理学或医学，以及文学奖章的正面图案一致，均为诺贝尔头像及其生卒日期，背面图案则不尽相同。文学奖章的背面图案为：一位青年坐在一棵月桂树下，入迷地听着、记录着缪斯女神的歌（图11—3）；生理学或医学奖章的背面图案为：一位医学专家正在采集泉水为一名患病的女孩解渴，她的膝上放着一本打开的书（图 11—2）；物理学奖章与化学奖章的背面图案完全相同，均为：女神伊希斯从云中浮现，圣母握着象征财富和科学智慧的号角，轻轻拉开女神的面纱，露出她冷峻的面容，象征人类文明的不断进步与发展（图 11—1）。诺贝尔和平奖章和经济学奖章的图案设计与上述奖章均不相同。其中，和平奖章上刻有“为了人类的和平与情谊”的铭文（图 11—4）；而经济学奖章的获奖者姓名会被刻在奖章边上（图 11—5）。

图 11—1　诺贝尔物理学奖章和化学奖章

图 11—2　诺贝尔生理学或医学奖章

图 11—3　诺贝尔文学奖章

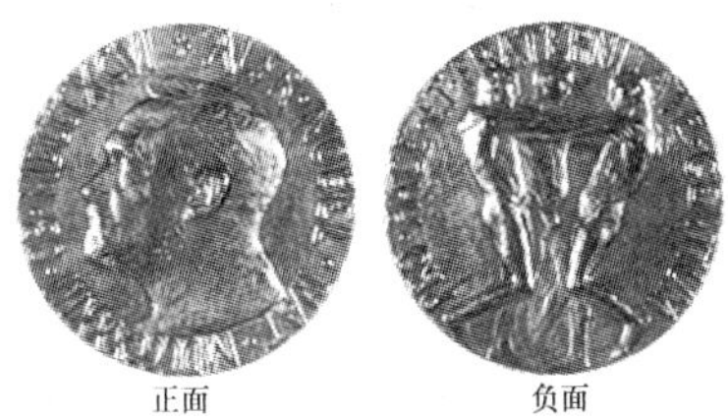

图 11—4　诺贝尔和平奖章

图 11—5　诺贝尔经济学奖章

按照诺贝尔的遗愿，较为理想的诺贝尔奖金额应能保证一位教授 20 年不拿薪水仍能继续他的研究。据此，1901 年的诺贝尔奖金设为 15.0782 万瑞典克朗。但是由于瑞典克朗的连年贬值，诺贝尔奖金只好不断上涨。

至 2001 年诺贝尔奖百年华诞时，诺贝尔奖金已达 1000 万瑞典克朗（约合 140 万美元），此后便一直维持在这个水平上。

（二）沃尔夫奖（Wolf Prizes）

沃尔夫奖是世界最高成就奖之一。它于 1976 年由沃尔夫基金会（Wolf Foundation）在以色列创立，1978 年开始颁奖，每年一次。其创始人是前古巴派驻以色列外交家、实业家和慈善家 R. 沃尔夫（Ricardo Wolf）。沃尔夫奖是终身成就奖，奖励“为人类利益及各民族友好关系作出贡献，不分民族、种族、肤色、宗教、性别或政治观点”的各国科学家和艺术家。

沃尔夫奖设有农业、化学、数学、医学、物理学和艺术六大类别。其中，艺术奖项每年在建筑、音乐、绘画、雕塑四个主题之间轮替。通常认为，沃尔夫数学奖是所有奖项中影响最大的；沃尔夫物理学奖和化学奖是其各自领域内仅次于诺贝尔奖的奖项；医学奖仅次于诺贝尔奖和拉斯克奖，在世界上排名第三。

该奖的提名者必须由沃尔夫基金会指定的人担当，如以色列科学院院长、高校的校长、研究所的所长、系主任等。提名的截止日期为每年的 8 月 31 日。由各领域的知名专家组成的评奖委员会负责沃尔夫奖的评奖事宜。按照规定，委员会的纪要、会议记录和建议等必须高度保密。颁奖大会在耶路撒冷的议会厅举行，由以色列总统向获奖人颁奖。沃尔夫奖包括一张证书和现金 10 万美元。如果当年有 2—3 人共同获奖，获奖者将平分 10 万美元的奖金。颁奖仪式以希伯来文举行，并伴有英文翻译。

截至目前，已经有来自 23 个国家和地区的 253 位科学家和艺术家获得这一奖项。其中，美籍华人吴健雄曾在 1978 年的首届沃尔夫奖颁奖典礼上荣获物理学奖。美籍华人陈省身曾荣获 1983—1984 年度的沃尔夫数学奖。2004 年，中国工程院院士、杂交水稻之父袁隆平教授获得沃尔夫农业奖。同年，美籍华人钱永建获得沃尔夫医学奖。

（三）马赛赛奖（Ramon Magsaysay Award）

马赛赛奖被誉为“亚洲的诺贝尔奖”。1957 年 4 月，为了纪念菲律宾已故总统马赛赛，洛克菲勒兄弟基金会（Rockefeller Brothers Fund）创设了马赛赛奖。1958 年首度颁奖。2000 年，基金会增设了新进领导奖，以褒奖那些“在各自社会里的社会变革问题方面作出卓越成就，还尚未引起公众的广泛认可的、年龄在40岁以下的个人”，并于2001年开始颁奖。目前，马赛赛奖（图11—6）设有六个奖项，分别是：政府服务奖、公共服务奖、新进领导奖、社会领导奖、和平及国际了解奖和新闻、文学和创新通讯艺术奖等。奖励对象不分性别、种族、信仰和国籍，为在各自领域作出突出贡献、慷慨助人而不期望公众回报的亚洲个人或组织。

图11—6　马赛赛奖章

菲律宾拉蒙马赛赛基金会（Ramon Magsaysay Award Foundation）的理事会负责马赛赛奖的日常管理与评选事宜。理事会现有九名成员，均为菲律宾人，任期四年。颁奖仪式一般于每年的8月31日（即马赛赛总统的诞辰日）在菲律宾的首都马尼拉举行。

截至2009年，已有260位个人荣获过马赛赛奖，其中包括47名印度人、39名菲律宾人、23名日本人等。2001年的政府服务奖获得者为“中国杂交水稻之父”袁隆平，公共服务奖获得者为冰心的次女、北京市人大副主任吴青。此外，中国的费孝通、梁从诫、高耀洁、陈广成、蒋言勇等也曾获得过马赛赛奖。

二　艺术类奖项

（一）奥斯卡金像奖（The Oscars）

“奥斯卡金像奖”的正式名称是“电影艺术与科学学院奖”，于1927年由美国电影艺术与科学学院（Academy of Motion Picture Arts and Sciences）设立，目的是对取得突出成就的优秀电影工作者进行表彰。

图11—7　奥斯卡奖

奥斯卡奖（图11—7）分成就奖、特别奖和科学技术奖三大类。成就奖主要包括最佳影片、最佳剧本、最佳导演、最佳表演（男女主、配角）、最佳摄影、最佳美工、最佳音乐、最佳剪辑、最佳服装设计、最佳化妆、最佳短片、最佳纪录片、最佳外国语影片等。特别奖包括荣誉奖、欧文·撒尔伯格纪念奖、琼·赫肖尔特人道主义奖、科技成果奖和特别成就奖。

自 1929 年开始，奥斯卡金像奖每年评选并颁发一次。前一年 1 月 1 日至 12 月 31 日上演的影片均可参加评选。金像奖的评选经过两轮投票，第一轮是提名投票，先由美国电影艺术与科学学院下属各部门负责提名（采用记名方式），获得提名的影片将在学院本部轮流放映，观后，学院的所有会员再进行第二轮无记名投票，最后以得票的多少决定获奖影片。

获奖名单是高度保密的。学院会员投票后，选票交由专门的会计事务所加以统计，统计后焚毁所有用纸。选票放在保险箱内，由荷枪实弹的警卫人员日夜守护。各项获奖名单，分别装入密封的信袋，直到颁奖时刻由司仪当众拆封宣布。

奥斯卡奖杯为一座高 13.5 英寸、重 3.85 千克的镀金男像，由美国著名的雕塑家乔治·斯坦利设计。男像的双手交叉胸前，手握一柄长剑，站在一个五环片盘上，每一环代表电影艺术与科学学院初始的一个工作部门，即制片、导演、编剧、演员和技术人员。

（二）英国电影和电视艺术学院奖（The British Academy of Film and Television Arts Awards）

图 11—8 英国电影和电视艺术学院奖杯

英国电影和电视艺术学院奖（图 11—8）简称“英国电影学院奖”（British Academy Awards），是英国电影业的最高奖项，有英国的“奥斯卡奖”之称。该奖项由英国电影学院于 1948 年开始颁发，每年一届。最初，该奖只设立了最佳影片、最佳英国片、最佳纪录片三个奖项，后来逐年增加。另外，在 1967 年以前，英国电影学院奖的电影和电视是分开授奖的，从 1968 年起，电影和电视同时颁奖。

英国电影学院创建于 1947 年。1959 年与电影制片人和导演公会合并，改名为电影和电视学会，1975 年又改名为英国电影与电视艺术学院（British Academy of Film and Television Arts，BAFTA）。

英国电影学院奖设奖的初衷是为了表彰优秀的英国电影及由英国籍演员出演的优秀外国影片，但随着国际电影交流的日益频繁，该奖开始逐步走向世界。目前，英国电影学院奖下设五个奖项：电影奖、电视奖、电视技术奖、儿童电影电视奖和视频游戏奖。所有在英国正式上映的影片都可以获得提名。

我国影片《卧虎藏龙》、《霸王别姬》、《大红灯笼高高挂》等曾获得该奖的最佳外语片奖；华人导演李安执导的《断臂山》获得包括最佳影片在内的四项大奖；中国演员章子怡主演的《艺伎回忆录》也获得了包括电影艺术奖在内的三个奖项。

（三）金球奖（Golden Globe Awards）

金球奖（图 11—9）是仅次于奥斯卡奖和艾美奖的第三大影视奖项。它创设于 1944 年，由好莱坞外国记者协会（Hollywood Foreign Press Association）主办，是美国影视界的重要奖项之一，授予在国内外娱乐界有突出成就的人士。

图 11—9　金球奖

目前，金球奖共设有 26 个奖项，分为电影奖项和电视奖项两大类别。电影奖项包括：最佳戏剧类电影、最佳音乐及喜剧电影、最佳导演、最佳男主角（戏剧类）、最佳女主角（戏剧类）、最佳男主角（音乐及喜剧电影）、最佳女主角（音乐及喜剧电影）、最佳男配角、最佳女配角、最佳剧本、最佳原创音乐、最佳原创歌曲、最佳外语片、最佳动画片和塞西尔·德米尔终身成就奖 15 个。电视奖项包括：最佳戏剧类影集、最佳音乐及喜剧影集、最佳男主角（戏剧类）、最佳女主角（戏剧类）、最佳男主角（音乐及喜剧类）、最佳女主角（音乐及喜剧类）、最佳连续短剧/电视电影、最佳男主角（连续短剧与电视电影）、最佳女主角（连续短剧与电视电影）、最佳男配角（电视剧、连续短剧与电视电影）和最佳女配角（电视剧、连续短剧与电视电影）11 个。与奥斯卡奖和艾美奖不同的是，金球奖没有专业投票团，所以不颁发技术方面的奖项。

金球奖由 90 多位居住在好莱坞并隶属于外界媒体的国外记者投票产生。金球奖的提名名单通常在圣诞节前公布，颁奖晚会一般选在 1 月中旬举行，以有别于 2 月下旬举行的奥斯卡金像奖颁奖典礼。因此，在许多人看来，金球奖是奥斯卡奖的风向标。首届金球奖颁奖晚会在洛杉矶的 20

世纪福克斯公司举行。自1961年以来，举办地固定于加州贝弗利山的希尔顿饭店。2008年的颁奖仪式由于受美国编剧协会罢工的影响而终止。

在金球奖的历史上，获奖最多的是梅丽尔·斯特里普（Meryl Streep）、安杰拉·兰斯伯里（Angela Lansbury）和杰克·尼克尔森（Jack Nicholson），他们各自获得过六次金球奖。其中，斯特里普还是获得金球奖提名最多的演员，她一共获得过23次提名。

（四）艾美奖（Emmy Awards）

艾美奖（图11—10）是美国电视界的最高奖项，也是目前最重要的国际电视奖之一，其知名度不亚于电影界的奥斯卡奖。

图11—10 艾美奖

首届艾美奖颁奖典礼于1949年1月25日在好莱坞运动俱乐部（Hollywood Athletic Club）举行，颁奖对象只限于在洛杉矶当地制作和播出的电视节目。目前的艾美奖由黄金时段节目艾美奖（Primetime Emmy Awards）和日间节目艾美奖（Daytime Emmy Awards）两个奖项构成。黄金时段节目艾美奖由洛杉矶的电视艺术与科学学院（ATAS）颁发，日间节目艾美奖则由纽约的国家电视艺术与科学学院（NATAS）颁发。我们通常所说的"艾美奖"为黄金时段节目艾美奖。

与奥斯卡奖一样，黄金时段节目艾美奖分为普通奖和技术奖两种。其中，普通奖分为节目、导演、编剧、演员等；技术奖即创意艺术奖，授予那些在幕后工作的技术人员，分为服装、道具、化妆、摄影、编舞、动画、图像剪辑等。所有参选作品必须在上一年的6月1日至本年的5月31日之间的黄金时段（下午6时至次日凌晨2时）在无线和有线电视上播出，而且必须让全美范围内至少51%的观众收看到。颁奖仪式定于每年的9月中旬举行。

1999年，负责日间节目艾美奖的NATAS成立了一个国际理事会，将日间节目艾美奖的评奖范围扩大到全世界。国际艾美奖每年11月在纽约举行颁奖大会，每年都有包括中国在内的不少亚洲国家节目入选。

（五）金棕榈奖（Golden Palm）

金棕榈奖（图11—11）设于1946年，是法国戛纳电影节（Cannes

Film Festival）上的最高奖项。因其奖杯为金质棕榈枝，故称“金棕榈奖”。首届金棕榈奖于 1955 年颁发，获奖者为电影《马蒂》（*Marty*）的美国导演德伯尔特·曼恩（Delbert Mann）。

在其历史上，金棕榈奖曾几度易名。戛纳电影节的最高奖项原为“国际电影节大奖”（Grand Prix du Festival International du Film），1955 年始改为“金棕榈奖”。1964—1974 年间又恢复了此前“国际电影节大奖”的叫法。直到 1975 年，“金棕榈”才重新取而代之，并成为戛纳电影节的永久象征。

图 11—11　金棕榈奖

在获奖难度上，金棕榈奖大致与奥斯卡奖相当。纵观其历史，仅有七位导演两度荣膺过“金棕榈奖”，他们是：弗朗西斯·福德·科波拉（Francis Ford Coppola，美国）、比尔·奥古斯特（Bille August，丹麦）、今村昌平（Shohei Imamura，日本）、艾米尔·库斯图里卡（Emir Kusturica，前南斯拉夫）、阿尔夫·斯约堡（Alf Sjöberg，瑞典）和达内兄弟（Luc and Jean-Pierre Dardenne，比利时），其中达内兄弟共同获得同一奖项。获得过金棕榈奖的唯一一名女性是电影《钢琴课》的导演简·坎皮恩（Jane Campion）。亚洲首部获得金棕榈奖的影片是 1953 年日本导演衣笠贞之助的《地狱门》。陈凯歌执导的《霸王别姬》（1993 年）是唯一一部荣膺金棕榈奖的华语电影。

需要说明的是，短片单元也有一座金棕榈奖杯，相当于奥斯卡方面的“最佳真人短片”。而我们通常所说的“金棕榈奖”，实际上是指颁给竞赛单元最佳长片的那座金棕榈奖杯。此外，戛纳电影节还颁发有其他大奖，如评委会（评审团）奖、最佳导演、影帝、影后、编剧奖、金摄像机奖、艺术贡献奖等。

金棕榈奖杯的棕榈枝采用 24K 纯金制成，底座为一块完整的水晶。

（六）金熊奖（Golden Bear）与银熊奖（Silver Bear）

金熊奖（图 11—12）和银熊奖（图 11—13）是柏林国际电影节（Berlin International Film Festival）上的最高奖项，也是世界上最为著名的电影奖项之一。金熊奖分为最佳电影奖和终身成就奖两种。其中，终身成就金熊奖亦称为“荣誉金熊奖”（Honorary Golden Bear）。银熊奖分为最佳导演奖、最佳男演员奖、最佳女演员奖、最佳编剧奖、最佳音乐奖、评审团奖、评审团奖（短片）、艺术成就奖八种。

图 11—12　金熊奖

图 11—13　银熊奖

柏林国际电影节原名“西柏林国际电影节”。它创办于 1951 年，与戛纳电影节、威尼斯电影节并称为欧洲三大国际电影节。自 1978 年起，为了和法国的戛纳国际电影节竞争，该电影节提前至每年 2—3 月间举行，为期两周。每年，来自 130 多个国家和地区的约 2 万名专业人士参与对近 400 部参展影片的评选，并从中择选出 20 部影片角逐金熊奖和银熊奖。

半个多世纪以来，一共有近 60 部来自世界各地的电影荣膺金熊奖。中国的一些电影作品，如张艺谋导演的《红高粱》（1988）、谢飞导演的《香魂女》与李安导演的《喜宴》（1993），以及王全安导演的《图雅的婚事》（2007）曾获得过这一殊荣。另外，中国大陆导演顾长卫的处女作《孔雀》和中国台湾导演蔡明亮的《天边一朵云》等获得过柏林电影节的银熊奖。

金熊奖和银熊奖高约 20 厘米，由柏林雕塑家勒内·辛特尼斯特（Renée Sintenis）设计。

（七）金狮奖（Golden Lion）

金狮奖（图 11—14）是意大利威尼斯国际电影节（Venice International Film Festival）上的最高荣誉，也是世界上历史最悠久的电影奖项之一。

威尼斯电影节创设于1932年，是欧洲三大国际电影节中历史最悠久的电影节。它比戛纳电影节早14年，比柏林电影节早19年。20世纪六七十年代，威尼斯电影节曾因发掘了黑泽明、沟口健二、塔尔科夫斯基等众多知名导演而被誉为“电影大师的摇篮”。90年代以后，电影节虽然在商业经营上落后于戛纳，但其独特的风格仍然受到国际电影界的高度评价。与戛纳和柏林电影节相比，威尼斯电影节更注重参赛者对电影艺术的创新，而不大强调艺术与意识形态及商业的兼容，这一特色充分体现在其宗旨“电影为严肃艺术服务”上。

图 11—14　金狮奖

历史上，金狮奖的名称曾几经反复。1934—1942年，电影节的最高奖项为墨索里尼奖杯（Mussolini Cups）。1947年，该奖改为“威尼斯国际大奖”（Grand International Prize of Venice）。1949年，电影节正式将最高奖项更名为“圣马克金狮奖”（Golden Lion of St. Mark），并于1953年撤销了“最佳意大利电影”，增设了“圣马克银狮奖”（Silver Lion of St. Mark），显示了威尼斯电影节迈向国际化与艺术化的雄心。值得一提的是，银狮奖的颁发是不定期的，往往颁发给首映影片和短片等。

金狮奖和银狮奖的评审委员会全部由国际电影界的权威人士组成。我国导演谢晋、陈凯歌，演员巩俐等都担任过评委。除了金狮奖和银狮奖外，威尼斯电影节还设有意大利电影评论家奖、国际电影评论家奖、纪录片奖等奖项。

1951年，日本导演黑泽明的《罗生门》荣获第12届金狮奖，这是西方电影界首次将目光投向亚洲电影。近年来，中国的一些电影作品，如张艺谋导演的《秋菊打官司》和《一个都不能少》、贾樟柯导演的《三峡好人》，以及李安导演的《色戒》也曾先后获得来自威尼斯的殊荣。

（八）格莱美奖（Grammy Awards）

格莱美奖（图11—15）原名“留声机奖”（Gramophone Awards），是由美国国家录音与科学学会（NARAS，简称录音学会）举行的一个大型年度音乐评奖活动，被誉为“音乐界的奥斯卡”。首届格莱美音乐奖颁奖仪式于1958年举办。

目前，格莱美奖包括4类综合奖（年度最佳唱片奖、年度最佳专辑奖、年度最佳歌曲奖和年度最佳新人奖）和29类专业奖，覆盖多个音乐领域，奖项总数多达171项。截至2007年，格莱美奖共计颁发了7578次。

图11—15　格莱美奖

美国录音学会和唱片公司负责格莱美奖的提名工作。提名作品应是规定年度（前年10月1日到翌年9月30日）内优秀的录音出版品。这些作品经过分类后，交由学会成员进行第一轮票选。为保证票选的品质，学会成员仅能从所有专业类别中挑出9个专业进行投票。所有成员均要参加4个综合奖的投票。初选名单再交由评委进行第二轮投票，除了4个综合奖以外，每个评委只能选择8个奖项进行投票。各个奖项的前五名入围。选票以邮寄的方式交由德勤会计师事务所进行统计。获奖名单也由事务所保管至颁奖典礼当日才公布。

颁奖典礼一般在每年2月举行。在2008年美国洛杉矶举行的第50届格莱美奖颁奖典礼上，中国青年钢琴家郎朗与指挥大师艾森巴赫合作的贝多芬专辑荣获“最佳演奏家”提名，这是中国人第一次被格莱美奖提名。

（九）MTV亚洲大奖（MTV Asia Awards）

MTV亚洲大奖（图11—16）创设于2002年，目的在于奖励在电影、时尚、人文以及音乐等方面有突出成就的亚洲各国人士。这是亚洲历史上第一个具有全球性质的音乐大奖。

图11—16　MTV亚洲大奖

MTV亚洲大奖设有地区奖和国际奖两大类别。地区奖包括：中国内地最受欢迎歌手奖、香港地区最受欢迎歌手奖、台湾地区最受欢迎歌手奖、印度最受欢迎歌手奖、印度尼西亚最受欢迎歌手奖、韩国最受欢迎歌手奖、马来西亚最受欢迎歌手奖、菲律宾最受欢迎歌手奖、新加坡最受欢迎歌手奖和泰国最受欢迎歌手奖10个奖项。国际奖包括：亚洲最受欢迎歌手奖、最受欢迎男歌手奖、最受欢迎女歌手奖、最受欢迎流行团体奖、最受欢迎摇滚团体奖、最佳音乐录像带歌手奖、最具突破歌手奖、创意奖、最佳组合歌手奖和最具舞台魅力歌手奖 10 个奖项。此外，MTV 亚洲大奖还设有若干特别奖，如启发精神奖、风格奖、电影奖、时尚奖等。

地区奖和国际奖由 MTV 音乐台先筛选，再由亚洲音乐界、电影界、时装界等的专业人士票选出 5 个入围，最后的得主则由中国、印度、印尼、韩国、马来西亚、菲律宾、新加坡、泰国等 10 个亚洲国家的乐迷票选。每年的颁奖典礼在不同的亚洲国家举办。

迄今为止，亚洲音乐大奖已经成功举办了七届（2007 年除外）。在新加坡举行的首届“MTV 亚洲大奖”颁奖大会上，中国歌手那英获得中国内地最受欢迎歌手奖，郑秀文和张惠妹分获香港地区和台湾地区最受欢迎歌手奖，成龙则夺得该年度的启发精神奖。此后，中国的赵薇、孙悦、羽泉、李宇春、周杰伦等相继获得过亚洲音乐奖。中国电影《卧虎藏龙》和《功夫》等也荣获过亚洲电影大奖。

（十）美国乡村音乐协会大奖（Country Music Association Awards）

美国乡村音乐协会大奖创建于 1967 年，简称“CMA 奖”（图 11—17），是世界乡村音乐领域最重要的奖项之一。CMA 奖设有 12 个奖项，分别是：年度最佳艺人（Entertainer of the Year）、年度最佳男歌手（Male Vocalist of the Year）、年度最佳女歌手（Female Vocalist of the Year）、年度最佳专辑（Album of the Year）、年度最佳单曲（Single of the Year）、年度最佳歌曲（Song of the Year）、年度最佳音乐录影带（Music Video of the Year）、年度最佳音乐人（Musician of the Year）、年度最佳组合（Vocal Group of the Year）、年度最佳双人组合（Vocal Duo of the Year）、年度音乐事件（Musical Event of the Year）和年度新人奖（New Artist of the Year）等。

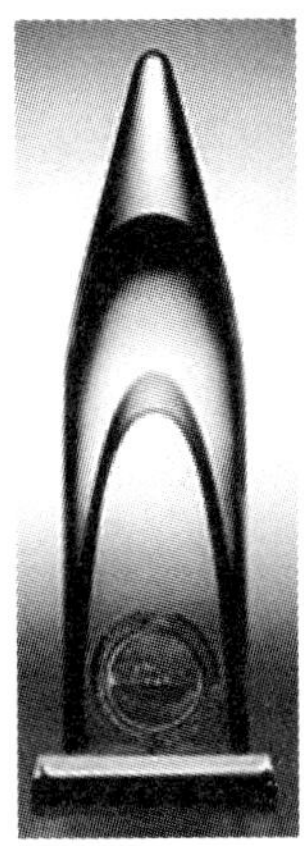

图 11—17 CMA 奖

CMA 奖理事会负责奖项的评选事宜。提名的有效期为当年 7 月 1 日至第二年的 6 月 30 日。CMA 奖由乡村音乐协会分布在全球的六千名会员分三次投票决出。乡村音乐协会的评选程序相当严格，要经过三轮投票。

CMA 成员都可以进行提名，获得至少 10 票的前 20 名选手将获正式提名，提交给 CMA 全体成员进行第二轮投票。CMA 全体成员就每个奖项的被提名者进行投票，获得票数最多的五名选手进入第三轮投票；在最后一轮投票中，CMA 成员在这五名选手中选出获胜者。整个投票过程需经过德勤会计师事务所的公证。颁奖典礼一般于每年 11 月的上旬在音乐城纳什维尔举行。

乡村男歌手文斯·吉尔担任晚会的主持人，他也是乡村音乐协会奖最高得奖纪录保持者，历年来共计获得过 18 次大奖。

CMA 奖的奖座高 15 英寸，重 7.5 磅，由人工吹制的玻璃制成，带有椭圆形的水晶底座，内置的大奖章由抛光青铜制成，上面刻有获奖者的名字及获奖的类别。

三　奥林匹克运动会（Olympic Games）及其奖项

奥林匹克运动会简称“奥运会”，是由国际奥林匹克委员会（International Olympic Committee）主办的国际综合性运动会。它包括夏季奥林匹克运动会、冬季奥林匹克运动会、青少年奥林匹克运动会、残疾人奥林匹克运动会等一系列运动会。奥林匹克运动会每四年举办一次，每届会期不超过 16 天。其中，夏季奥运会与冬季奥运会每隔两年交替举行。

奥林匹克运动会最早起源于古希腊，因举办地在奥林匹亚（Olympia）而得名。古代奥运会共举办过 293 届（公元前 776 年至公元 394 年），后被罗马皇帝狄奥多西一世（Emperor Theodosius）以邪教活动的罪名废止。1894 年，在法国贵族顾拜旦（Pierre de Coubertin）的倡议下，国际奥林匹克委员会成立，奥运会始得以恢复。第一届现代意义上的奥运会于 1896 年在希腊雅典举行，此后在世界各地轮流举行，成为和平与友谊的象征。

20 世纪以来，为适应社会形势的不断发展，国际奥委会相继增设了冬季奥运会（Olympic Winter Games，1924）、残疾人奥运会（Paralympic Games，1960）等。2007 年，国际奥委会决定创立青少年奥运会（Youth Olympic Games），运动员的参赛年龄须为 14 周岁至 18 周岁。首届青奥会于 2010 年 8 月 14 日至 26 日在新加坡举行。我们通常所说的奥运会实际上是指“夏季奥林匹克运动会”。

奥运会的比赛项目不仅有古老的运动（如体操、田径等），也有许多新的项目不断加入进来（如垒球和沙滩排球），甚至亚洲的柔道和跆拳道也被纳入了奥运会比赛项目。目前，奥运会的参赛项目包含 33 个大项：射箭、田径、棒球、羽毛球、篮球、沙滩排球、拳击、皮划艇、单车、跳水、马术、击剑、足球、体操、手球、曲棍球、柔道、现代五项、艺术体操、赛艇、帆船、射击、游泳、花样游泳、乒乓球、跆拳道、网球、弹簧床、铁人三项、排球、举重、水球和摔跤。每隔四年，来自全世界的上万名运动员参加 33 大项、近 400 个体育赛事的激烈角逐，堪称是世界体育运动的一大盛事。

在奥运会上获胜的前三名选手，分别被授予金、银、铜质奖牌。奖牌一般由国际奥委会成员颁发，升获奖选手所在国家的国旗，并奏金牌得主所在国国歌。奖章通常由主办国制造，尺寸数量不一。按照规定，金牌为镀金的银牌，纯金不低于 6 克；银牌为 100%纯银；铜牌为 95%—98%铜加 2%—5%锌。奖章的正面为国际奥委会统一规定的图案——插上翅膀站立的希腊胜利女神和希腊潘纳辛纳科竞技场；奖章的背面可由主办国自行设计。例如，北京 2008 年奥运会颁发的奖牌直径为 70 毫米，厚 6 毫米，由象征尊贵和美德的金和玉组合而成，即“金镶玉”（其中，金牌搭配白玉，银牌搭配青白玉，铜牌搭配青玉），体现了中华民族自古以来以“玉”比“德”的价值观和荣誉观。奖牌的背面镶嵌着取自中国古代龙纹玉璧造型的玉璧，正中的金属图形上镌刻着北京奥运会会徽。奖牌的挂钩由中国传统玉双龙蒲纹璜演变而成（图 11—18）。

图 11—18　2008 年北京奥运会奖牌

历史上，美国曾举办过四次夏运会和四次冬奥会，是举办次数最多的国家。英国的伦敦曾主办过三次奥运会（包括 2012 年），是举办奥运会次数最多的城市。美国的游泳健将菲尔普斯（Michael Phelps）是获得奥运金牌最多的运动员，一共获得过 14 枚金牌。

四　文学奖

（一）普利策奖（Pulitzer Prize）

图 11—19　普利策奖章

普利策奖亦称普利策新闻奖（图 11—19），1917 年根据美国报业巨头约瑟夫·普利策（Joseph Pulitzer）的遗愿设立。20 世纪七八十年代已经发展成为美国新闻界、文学界和音乐创作界的最高奖项。

普利策奖共设 21 个奖项，分为新闻奖（公共服务奖、报道奖、社论奖、漫画奖、批评评论奖、通讯奖、特写奖、新闻摄影奖等）14 项、文学艺术奖（小说奖、戏剧奖、美国历史作品奖、自传或传记奖、诗歌奖和非小说作品奖）6 项和音乐作曲奖 1 项。最初，新闻奖只有美国的报纸或日报机构有资格参加。从 2008 年开始，网上新闻也可以参加普利策奖 14 项新闻奖的角逐。

普利策奖由哥伦比亚大学的普利策奖评选委员会评定，评选结果一般在 4 月中旬由哥伦比亚大学校长宣布，5 月颁奖。普利策奖的奖金一般为 1 万美元。公众服务奖不设奖金，获奖的报纸将得到一枚普利策金章。

普利策金章并非纯金打造，而是镀金的银章。该章直径 0.75 英寸，厚 0.25 英寸，置于一个精致的镶铜桃木盒内。

（二）国际安徒生文学大奖（Hans Christian Andersen Awards）

国际安徒生文学大奖（图 11—20）以丹麦著名作家安徒生（Hans Christian Andersen）的名字命名，故又称“汉斯·克里斯蒂安·安徒生奖”。国际安徒生文学大奖于 1956 年由国际儿童图书评议会（International Board on Books for Young People，简称 IBBY）创设，旨在表彰“对世界儿童文学作出持久贡献的作家和画家（须在世）”。自 1956 年起，该奖每两年举办一次。由于该奖是全球儿童文学界的最高荣耀，因此，素有“小诺贝尔奖”的美称。获此殊荣作家的作品具有很高的文学艺术价值。丹麦女王玛格丽特二世是该奖的赞助人。

图 11—20　国际安徒生文学奖章

国际安徒生大奖在创办之初，只设有作家奖项部分。1966 年，鉴于多数会员国在国内设有画家奖项，以及绘本的蓬勃发展，国际儿童图书评议会特别增设了画家奖项部分，即所谓的国际安徒生绘本大奖（Hans Christian Andersen Awards for Illustration）。目前，该奖每次有一个获奖名额。

国际安徒生文学大奖的候选名单由 IBBY 会员国负责推荐，再由专门的评审团评选。评审团一般由国际知名的儿童文学家组成。经过严格评选后，颁给一位对儿童文学有独特重大贡献的作家。由于评选标准十分严格，所以有时会出现会员国候选人从缺的情况。

在两年一度的 IBBY 大会上，由丹麦女王亲自向获奖者颁奖。奖品包括一枚奖章和一张奖状。

（三）龚古尔文学奖（The Goncourt Prize）

龚古尔文学奖是法国最重要的文学奖。它由 19 世纪法国作家埃德蒙·德·龚古尔（1822—1896）为纪念其早逝的弟弟于勒·德·龚古尔（1830—1870）而设立，授予“本年度最佳和最富想象力的小说”。龚古尔文学奖从 1903 年开始颁发。

龚古尔文学奖的评审由 10 位著名作家担任。每年的 12 月，评审委员就会聚集在巴黎的德鲁昂饭店，评选出一部当年出版的最佳小说。龚古尔文学奖由龚古尔学院颁发。奖金为 5000 法郎。奖金虽然不多，但获奖者的作品保证会畅销，所以这个奖项非常受关注。

然而，近年来龚古尔奖备受法国评论界的指摘，称该奖已沦为出版商谋利的工具。

（四）曼布克奖（Man Booker Prize）

曼布克奖简称“布克奖”，是当代英语小说界中的最高奖项，也是世界文坛史上最重要的文学大奖之一。1968年，英国图书界提议设立一项与法国龚古尔文学奖、美国普利策奖相当的文学奖，以奖励当年用英文写作的最佳小说，获奖者仅限于英联邦或爱尔兰的在世作家。布克奖从1969年开始颁发，每年一次。目前，该奖的日常组织与运作事宜由布克奖基金会（Booker Prize Foundation）负责。

自2005年起，布克奖基金会新增了两个重要奖项：布克国际奖（Man Booker International Prize）和布克翻译奖（Man Booker Translation Prize）。布克国际奖的奖金为60000英镑，每两年颁发一次。所有作家，无论国别，只要其作品以英文或有英文译本发表，均有资格获得此奖。根据规定，每位作家只能获得一次布克国际奖。布克翻译奖的奖金为15000英镑，奖励那些把其他语种的文学作品翻译成英语的翻译人员。国际奖与翻译奖的设立标志着布克奖朝着国际化方向迈出了重要的步伐。

布克奖的评审委员会由布克奖基金会指派。评审一般由五名具有专业背景的人士组成，分别为书评家、学者、小说家、文学编辑和文化名人等。每年，评审委员会要从百余部英文小说中初选12—13部入围小说，再从中择选6部小说进入决赛，最后评选出一名获胜者。胜出者将获得5万英镑的现金，而6名进入决赛的小说作者也将分获2500英镑的奖励。需要指出的是，布克国际奖由独立的评审委员会负责评选；而布克翻译奖则由布克国际奖的得主择定。

截至目前，已有42名作家获得布克奖。其中，共有两位作家两次获得过布克奖，他们是：J. M. 库切和彼得·凯利。库切的获奖作品是1983年的《迈克尔·K的生活和时代》（*The Life and Times of Michael K*）和1999年的《耻》（*Disgrace*）。凯利的获奖作品是1988年的《奥斯卡与露辛达》（*Oscar and Lucinda*）和2001年的《凯利帮真史》（*True History of the Kelly Gang*）。

（五）塞万提斯奖（Miguel de Cervantes Prize）

塞万提斯奖于1976年由西班牙文化部创设，以小说《堂吉诃德》的作者米盖尔·德·塞万提斯（Miguel de Cervantes，1547—1616）的名字命名，旨在表彰在西语文学领域作出突出贡献的西班牙和拉丁美洲作家。该奖是西班牙语文学世界的最高荣誉，被誉为“西语世界的诺贝尔文学奖”。与别的奖项不同，塞万提斯奖对一个作家通常只授予一次。

西班牙皇家学会（及西语国家的各个学会）负责塞万提斯奖的提名工作。评奖委员会由西班牙文化部部长主持，成员包括西班牙皇家语言学院、拉丁美洲西班牙语国家语言学院或文学院院士代表及历届获奖者等。每年 12 月评出年度得主，次年 4 月 23 日（塞万提斯的祭辰）在塞万提斯故乡的阿卡拉大学（Universidad de Alcalá）由西班牙国王亲自颁授，奖金约合 9 万欧元。

关于塞万提斯奖，之前有一条不成文的惯例：获得过诺贝尔文学奖的作家一般不能参选该奖。直到 1995 年，这一惯例才被 1989 年的西班牙诺贝尔文学奖得主卡米洛·何塞·塞拉（Camilo José Cela）打破。

五 物理和化学奖

（一）海涅曼数理物理学奖（Dannie Heineman Prize for Mathematical Physics）

海涅曼数理物理学奖是一项以比利时裔美国工程师丹尼·海涅曼（1872—1962）的名字命名的世界性科学奖。它于 1959 年由海涅曼研究、教育、慈善和科学基金会（Heineman Foundation for Research，Educational，Charitable and Scientific Purposes，Inc.）创立，授予在数理物理学领域有优秀成果发表的科学家。成果的类型包括：单篇论文、多篇论文、专著及其他。该奖每年颁发一次，对获奖者的国籍和居住地无限制。目前，海涅曼数理物理学奖由美国物理协会（American Physical Society）和美国物理学学会（American Institute of Physics）共同管理。

海涅曼数理物理奖在世界上具有较高的学术地位，其许多获奖者都是诺贝尔奖的获得者，如 1977 年曾获该奖的美国物理学家温伯格，于 1979 年又获得了诺贝尔物理学奖。

海涅曼数理物理学奖的提名有效期为三年。由五名专家组成的评选委员会负责该奖的评选事宜。海涅曼数理物理奖包括一张获奖证书和 1 万美元的奖金。如果当年有多人获奖，他们将平分这一奖金。

截至目前，已有 57 位科学家获得了海涅曼数理物理学奖。

（二）亚当斯奖（Roger Adams Award in Organic Chemistry）

亚当斯奖以美国有机化学家罗杰·亚当斯（1889—1971）的名字命名，是美国化学协会奖中的一项。它于 1959 年由美国有机合成股份有限公司（Organic Syntheses，Inc.）和美国有机反应股份有限公司（Organic Reactions，Inc.）共同设立，用于鼓励在广义有机化学研究领域中作出杰出贡献的化学家。该奖每两年（奇数年）颁发一次，候选人国籍不限。目前，亚当斯化学奖由美国有机合成股份有限公司、美国有机反应股份有限公司与美国化学协会（American Chemical Society ACS）有机化学部共同赞助。

除评奖委员会成员以外，任何个人均可提名亚当斯奖的候选人，但仅限一名。提名的截止日期为 11 月 1 日。评奖事宜由一个五人组成的评奖委员会负责。如果某一候选人获得多数票数（大于 3 票），即为胜出。授奖仪式在美国化学协会两年一度的“全国有机化学专题研讨会”上举行，获奖者须在研讨会上发表一篇演讲，同时领取一枚奖章、一件纪念品、一张获奖证书和一笔数额为 2.5 万美元的奖金。获奖者赴会的差旅费由颁奖机构报销。

许多有机化学家和诺贝尔奖获得者都曾获得过亚当斯奖，如 1965 年获诺贝尔化学奖的美国人伍德沃德、1969 年获诺贝尔奖的英国人巴顿等。

（三）霍夫曼奖章（August-Wilhelm-von-Hofmann Medal）

霍夫曼奖章原名霍夫曼奖金（Hofmann Prize），1902 年由德国化学协会（German Chemical Society）设立。按照规定，只要在化学领域中作出了突出贡献，无论是外国化学家，还是德国的非化学学科的科学家都可以获得这一奖章。1951 年由新成立的德国化学家协会（Gesellschaft Deutscher Chemiker GDCH）接管。霍夫曼奖不定期颁发，奖品为一枚金质奖章。

霍夫曼是一位德国有机化学家，曾先后在伦敦皇家化学学院、德国波恩大学、柏林大学任化学教授，1851年当选英国皇家学会会员，1859年当选法国科学院院士，1868年德国化学学会创立后，任学会主席多年。

（四）范德林登奖金（Prix Georges Vanderlinden）

范德林登奖金是比利时皇家科学院颁发的一项物理学奖，每两年评选一次，用来奖励在物理学领域，特别是无线电方面最重要的发现或最有价值的著作。范德林登奖金设有国内奖和国际奖两种。国内奖须用荷兰文或法文撰写，只有比利时人才有获奖资格。国际奖可以用英文、德文或意大利文撰写，对获奖人的国籍和居住地没有限制。范德林登奖的奖金额为30000比利时法郎。

（五）富兰克林奖章（Benjamin Franklin Medal）

富兰克林奖章（图11—21）全称“本杰明·富兰克林奖章”，是美国富兰克林学会的最高荣誉。它于1914年由塞缪尔·英萨尔（1859—1938）设立，每年颁发一次，授予在物理学、化学、计算机与认知科学、地球与环境科学、电气工程、生命科学和机械工程等领域作出卓越贡献的人士。获奖者须在世，国籍不限。

图11—21　富兰克林奖章

任何个人、机构或组织均可对上述领域的人选进行推荐。推荐信须用英文写就，并包括以下信息：被推荐人的姓名、单位地址、电话、传真、电子邮箱；推荐人的姓名、单位地址、电话、传真、电子邮箱；被推荐人的简历及其所发表的重要作品的介绍；被推荐人获得该奖的资格陈述；荐语（限于一两句话）；不少于5名推荐人的姓名和地址等。推荐信应寄至：Beth Scheraga，Director of Awards Program，The Franklin Institute，222 North 20th Street，Philadelphia，PA 19103－1194 USA。推荐日期不受限制。

颁奖典礼一般于每年的4月在美国费城的富兰克林国家纪念堂（Benjamin Franklin National Memorial）举行，奖品为一枚雕有富兰克林坐像的金质奖章。

六　数学奖

（一）菲尔兹奖（Fields Medal）

图 11—22　菲尔兹奖章

菲尔兹奖（图 11—22）是国际数学联合会（International Mathematical Union）根据已故的加拿大数学家 J. C. 菲尔兹（John Charles Fields）的姓氏命名的。它于 1936 年设立，每四年颁发一次，授予在数学领域有突出贡献的年轻数学家。每次的获奖名额为 2—4 个。按照规定，获奖者须在获奖当年的 1 月 1 日前未满 40 周岁。由于诺贝尔奖没有设立数学奖，因此，菲尔兹奖又被誉为数学界的“诺贝尔奖”。

菲尔兹奖委员会负责奖项的评选事宜。委员会成员由国际数学家联合会的执行委员会选出，委员会的主席一般由联盟主席兼任。除了委员会主席外，所有参加评奖的委员在颁奖之前全为匿名；颁奖之后才能公布。如果有评奖委员的往届博士生参选，该委员则须回避最终的评选。

菲尔兹奖的颁奖典礼在四年一度的国际数学家大会上隆重举行。先由执委会主席（即评委会主席）宣布获奖名单，再由东道国的重要人物（当地市长、所在国科学院院长，甚至国王或总统），与评委会主席或众望所归的著名数学家为获奖者颁奖。

截至目前，共有 48 位数学家获得了菲尔兹奖。其中，最年轻的获奖者是法国数学家让-皮埃尔·塞尔，年仅 27 岁。1982 年，33 岁的华人数学家丘成桐也曾获得菲尔兹奖。2010 年的国际数学家大会在印度召开。

菲尔兹奖包括一枚奖章和一笔奖金，奖金数额为 1.5 万加元。奖章由加拿大雕塑家麦肯齐（Robert Tait McKenzie）设计。正面绘有古希腊科学家阿基米德的头像。头像旁边刻有希腊文“ΑΡΧΙΜΗΔΟΥΣ”（意为“阿基米德的”）、作者的姓名缩写 RTM，以及设计年份 MCNXXXIII（1933 年，第二个 M 字以 N 代替）。还有一句拉丁文“TRANSIRE SUUM PECTUS MUNDOQUE POTIRI”，意为“超越他的心灵，掌握世界”。奖章的背面刻有拉丁文“CONGREGATI EX TOTO ORBE MATHEMATICI OB SCRIPTA INSIGNIA TRIBUERE”，意为“聚集自全球的数学家，为了杰出著作颁发”。背景为阿基米德的球体嵌进圆柱体内。

（二）阿贝尔奖（Abel Prize）

阿贝尔奖（图 11—23）是 2002 年挪威政府为纪念挪威数学家 N. H. 阿贝尔（Niels Henrik Abel）诞辰 200 周年而设立的一项新的国际数学奖。2003 年首次颁发。在阿贝尔奖创立之前，国际数学界最著名的奖项当属以已故加拿大数学家菲尔兹命名的“菲尔兹奖”，但该奖不仅奖金少得可怜（不到诺贝尔奖的 1%），而且获奖者的年龄限制在 40 岁以下。阿贝尔奖的设立大大填补了这一空白。

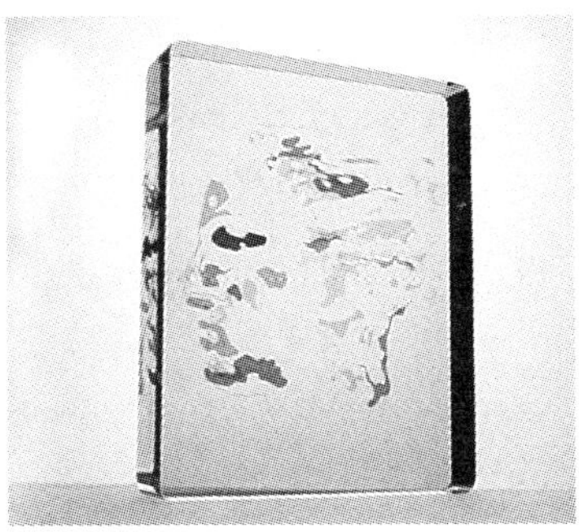

图 11—23　阿贝尔奖

阿贝尔奖委员会负责该奖的遴选工作。委员会成员通常由五名国际知名的数学家组成，均由挪威科学院指定，任期为两年，可以连任。委员会向挪威科学院推荐人选，再由挪威科学院（Norwegian Academy of Science and Letters）于每年的3月底、4月初宣布获奖人选，最后再由挪威国王颁奖，奖金为68.4万欧元（约合92.9万美元），仅次于诺贝尔奖。截至目前，已有7位数学家获得这一殊荣。

主要参考文献

1. http：//nobelprize. org/.

2. http：//www. abelprisen. no/en/abelprisen/statutter. html.

3. http：//portal. acs. org/portal/acs/corg/content？ _ nfpb=true& _ pageLabel=PP _ ARTICLEMA.

4. http：//www. aps. org/programs/honors/prizes/heineman. cfm.

5. http：//www. berlinale. de/en/HomePage. html.

6. http：//www. cmaawards. com/.

7. http：//www. emmys. com/.

8. http：//www. fields. utoronto. ca/aboutus/. . . /fields _ medal. html.

9. http：//www. freebase. com/view/en/miguel _ de _ cervantes _ prize.

10. http：//www. grammy. com/.

11. http：//www. goldenglobes. org/.

12. http：//www. goldenpalmfestival. org/.

13. http：//www. ibby. org/index. php？ id=273.

14. http：//www. infoplease. com/ipa/A0764269. html.

15. http：//www. labiennale. org/en/cinema/.

16. http：//www. mtvasiaawards. com/.

17. http：//www. olympic. org/.

18. http：//www. oscar. com/.

19. http：//www. pulitzer. org/.

20. http：//www. rmaf. org. ph/.

21. http：//www. themanbookerprize. com/.

22. http：//www. wolffund. org. il/.

23. IN&node _ id=1319&content _ id=CTP _ 004550&use _ sec=

true&sec _ url _ var=region1& _ _ uuid=03a23ffa-f385-4713-a204-524b985d381e.

24. 朱昊炜、黄晓蓉：《国外的著名奖项》，中国社会出版社 2006 年版。

附 录 一

临时大总统公布陆海军叙勋条例

（中华民国元年12月）

第一条 叙勋分二种：

一、殊勋；

二、武功及劳绩。

第二条 在战时立有左列勋绩者，谓之殊勋：

一、夺获敌军重要地点者；

二、夺获敌军军旗、大炮及重要军械者；

三、夺获敌军效能或截获敌军粮饷、军械，战局因以奏功者；

四、运筹适宜，致获全功者；

五、在战斗间处置善良，确与全军或一部有重要之关系者；

六、冒险前进，侦得敌人重要军情，致获全功者；

七、于最困苦气管时，毅然从事战斗，足振起他人之志气者；

八、歼殪或捕获敌军重要将校者；

九、捕获或轰沉敌之军舰者；

十、冒险三十敌之伏置水协或障碍物，得以开导我军舰之进路者；

十一、我炮台被敌军包围，我港湾被其封锁，以苦战辟运输之途，终得达其目的者；

十二、我军舰被敌之优势舰队攻击，他无应援，终得免敌之捕夺，保全名誉脱归者；

十三、我军舰护磅多数船舶与敌之优势舰队相遇剧战之后，所护送船舶得以安全航到其目的地者；

十四、占领敌之炮台、港湾或有夺备之城市者；

十五、夺还敌军拥护我被掠之军舰者；

十六、闯入敌之港湾内捕获或破坏其舰船者；

十七、冒险伏置水雷，得以轰沉敌之军舰，或加危害，使之失其战斗力者；

十八、冒险封锁敌之港湾，得尽其任务者；

十九、战斗中我舰受大损伤，挺身冒险施应急处置，得以保全其舰之运命者。

第三条　在战进或平时立有左列功绩者，谓之武功或劳绩：

一、救护长官之危急以立功者；

二、力疾或负伤，而强与战斗者；

三、冒险前进，达到命令中指定之任务者；

四、战斗间勇敢率先，夺取枪械及捕获敌人者；

五、捕获或轰沉敌之军用船舶及其商船者；

六、战时办理战线以后事务，成绩最著者；

七、平定内乱功绩卓著者；

八、旅行于交通未备区域，作有报告图表，足资军事之助者；

九、本舰航海停泊中或他舰航海停泊中遇有危急，冒险从事救护，得以免其危险者；

十、冒险救助被难船舶，得以救护其生命财产者；

十一、发明陆海军学理及军用物品，有益于军事前途者。但以陆海军部查核认可为限；

十二、在边远瘴疠地方戍守国境或从事屯垦满二年以上，克尽厥职者；

十三、镇压内乱，擒获匪首，剿除匪党者；

十四、识破或捕获国际奸细，证据确凿者；

十五、镇压内乱时，夺取匪寨，收复被据城池者；

十六、捕获海贼，证据确凿者。

第四条　陆海军各种勋章，除大总统当然佩戴外，得由大总统特赠外国大总统暨皇帝君主。

第五条　各种勋章，除由大总统特令颁给外，所有立功人员，均由该管长官按本章调查表查实详记，并将该员履历功绩事实具报陆海军部长，由陆海军总长呈请大总统批准遵行。

第六条　战时立功人员应给勋章者，无论在战役之中或战役之后，都可呈报陆海军部长核办。

第七条　平时著有功勋劳绩人员，应于每年二月内由各省处长官报部，于四月内该管总长转呈大总统批示遵行。

第八条　颁给勋章经大总统特令或批准后，由陆海军部注册，并将执照同勋章颁由该省最高级陆海军长官传集所部列队授予；发系给与士兵，则仅传集该连授予。

第九条　战时之陆海军总司令官，得依战役景况，先行给与部下三等以下勋章，事后报部查核。

第十条　所受勋章附有年金者，自颁到勋章之日起算。

第十一条　叙勋时与立功时官职阶级不同者，仍以立功时官职论赏。

第十二条　受有勋章而更立功绩者，可换给原章之高一级者，或加给他种勋章。但受有两个同种之勋章时，应将其较次者及执照一并呈缴陆海军部核销。

第十三条　叙勋公文呈报之际，或已呈而未奉部覆时，该员如有休职、退役、转免、死亡等情，应按其事实迅速报部，以凭核办。

第十四条　应受勋章年金者，于休职或退役时，由该省陆海军长官报部注册，并移知原籍地方官署或住在地方官署立案，即由该地方官署按执照发给年金。

第十五条　受褫夺公权之宣告者，即褫夺其勋章。

第十六条　因污辱军人名誉而受免官处分或重于免官处分者，即褫夺其勋章。

第十七条　处刑法徒刑以上之刑未受褫夺公权之宣告者，得停止其佩戴勋章。

第十八条　受有勋章者，如身故或当褫夺时，应将勋章并执照呈送本军队、处、所或地方官署转缴陆海军部注销。

第十九条　应受勋章年金之人身故匿不呈报而继续领取者，按法治罪。

第二十条　如未经领受勋章，私造佩戴或佩戴他人所受之勋章者，按法治罪。

第二十一条　如有将勋章卖让、黄质及抵偿货财、债务等事，查明将勋章注销。

第二十二条　勋章及执照如有遗失，准其补给。但于勋章背面附以补给记号，执照之内注明补给字样。其原件如有查获者，应即送部注销。

（《政府公报》，1912 年 12 月，第 220 号）

附 录 二

美国第 11085 号总统令:总统自由勋章

我作为美利坚合众国总统，特签发条令如下：

第一节：此前的条令。现将 1945 年 7 月 6 日第 9586 号总统令与 1952 年 4 月 3 日第 10336 号修正总统令修正如下：

第 1 节：奖章的设立。现将自由奖章重设为总统自由勋章，并辅以绶带及其附属物。总统自由勋章（下称“奖章”）将分为两个等级。

第 2 节：奖章的授予。

(a) 总统可以依照本条令将奖章授予给任何在以下方面作出特别卓越的贡献的个人：(1) 美国的安全或国家利益；或 (2) 世界和平；或 (3) 文化或其他重要的公共或个人事业方面。

(b) 总统可以从理事会（参看本条令的第 3 节）提名的人选中择优选择授奖，也可以对通过其他渠道推荐给总统的个人或总统自主选择的个人进行授奖。

(c) 颁奖原则上应在每年的 7 月 4 日当天或前后宣布；但是也可以由总统择机另选。

(d) 依照本条令的规定，奖章可以追授。

第 3 节：杰出公务员服务奖励理事会。

(a) 为了达到本条令的既定目标，现将 1957 年 6 月 27 日第 10717 号总统令所设的杰出公务员服务奖励理事会（下称“理事会”）予以扩大。新的理事会将增加 5 名成员，这五名成员均由总统委任，且要来自政府的行政部门以外。理事会成员的任期为 5 年。然而，首批委任的五名成员的任期将分别于 1964 年 7 月 31 日、1965 年 7 月 31 日、1966 年 7 月 31 日、1967 年 7 月 31 日和 1968 年 7 月 31 日到期。若前任成员的任期尚未到期，则替补成员将服务至前任成员的期满为止。

（b）理事会主席应当由总统从行政部门委任的理事会成员中指定。

（c）为了向总统推荐总统联邦杰出公务员奖的获奖人选，并达到第10717号总统令规定的其他目的，只有来自行政部门的理事会成员才能参会。推荐人选的姓名将不经过理事会其他成员的同意直接提交给总统。

第4节：理事会的职能。

（a）任何个人或团体可以就授奖事宜向理事会推荐人选，理事会将对所推荐的人选予以考虑。

（b）考虑到本条令第2节的规定，理事会将对所推荐的人选予以遴选，并在这些人选的基础上或基于自己的动议，随时将提名的个人提交给总统，以便授予相应级别的奖章。

第5节：费用。理事会为推荐获奖人选所需的必要的管理费用，包括根据本条令第3节（a）委任的理事会成员所需的差旅费，在1963年的财政年度内，可以依据1963年“行政办公室拨款法案”内的“特别项目”名目支付；在以后的财政年度里，将依照法律尽可能地从这些财政年度的相应或类似拨款中支付。此类支付不遵照1909年3月4日法案的修正条例中的第3681节和第9节的规定。根据本条令第3节（a）委任的理事会成员将没有报酬。

第6节：奖章的设计。陆军部的纹章研究所将负责奖章各级的设计，并报批总统。

第二节：其他的现行条令。

（a）现将第10717号总统令第4节所设的杰出公务员服务奖励理事会成员的任期修正为“理事会成员将根据总统的要求任职”，该条令的其他各节也依照本条令。

（b）本条令若非特别规定，授奖的现行安排将继续有效。

约翰·F. 肯尼迪

白宫，1963年2月22日

附录三

德国《头衔、勋章和奖章法》

第一节　头衔、勋章和奖章的基本授予原则

§1 基本原则

1. 为德意志联邦共和国作出特殊贡献者，根据本法案授予其联邦级头衔、勋章和奖章。

2. 本法案不涉及联邦州授予头衔、勋章和奖章的权限。

§2 头衔

1. 如无其他专门法律规定，头衔由联邦总统授予。头衔的名称和授予条件要颁布法令进行规定。

2. 本法案不涉及学位、官衔和职位。

§3 勋章和奖章

1. 勋章和奖章只能由联邦总统或在其许可的前提下设立和授予。设立公告和授予情况都需在《联邦法律公报》（*Bundesgesetzblatt*）上进行公示。

2. 在联邦总统认可的前提下，体育奖牌可以作为联邦级奖章。

3. 本法案不涉及公共服务类和学术威望类的徽章。只要外形和佩戴方式与根据§3—1所设立的或§3—2和§6所认可的勋章和奖章不发生混淆，下列徽章也不在本法案涉及范围之内：表示一个社团成员身份的徽章、表示一次集会或会议参加者身份的徽章、以示对某项成绩或捐款行为认可的徽章。

§4 收回

1. 如果获奖者的行为，尤其是犯罪行为有辱其所获得的头衔或荣誉，授奖者/机构可以取消其头衔或荣誉，并收回授予证书。如果对取消头衔和荣誉及收回授予证书有异议，可以根据行政法提起诉讼。如果是联邦总

统授意的，则起诉对象为内政部长。

2. 法院审判

(1) 因犯罪行为被判监禁一年以上；

(2) 蓄意犯以下罪行被判监禁 6 个月以上：背叛和平、制造内乱、危害民主法治国家、背叛国家或危害外部安全；

(3) 被开除公职。

在以上情况中，如果当事人在 1945 年 5 月 8 日以后被授予头衔、勋章或奖章，一旦判决成立，司法追究机构或司法执行机构应通告判决结果。

3. 通告对象

(1) 如果头衔、勋章或奖章是由本法案适用领域内的机构授予的，则应通告授奖者；

(2) 如果头衔、勋章或奖章是由外国首脑、政府或本法案适用领域外的机构授予的，则应通告当事国总统。

通告应当包括判决主文和当事人被授予的头衔或荣誉。如果通告接收人认为判决主文内容不足以判断应否取消荣誉，可以要求告知审判理由。

§5 接受许可

(1) 只有在联邦总统许可的前提下，德国公民才可以接受外国首脑或政府授予的头衔、勋章或奖章。使用/佩戴 1945 年 5 月 8 日以后获得的外国头衔、勋章或奖章，也必须以联邦总统的许可为前提。许可令可以撤销。如有异议，参照§4 的起诉方法。

(2) 上诉规定也适用于下列情况：除了本法案规定的授予者/机构外，接受其他机构授予的头衔、勋章和奖章。

第二节　关于本法案颁布前授予的勋章和奖章的专门规定

§6 本法案颁布前授予的勋章和奖章

1. 除了按照本法案的规定授予的勋章和奖章，下列勋章和奖章也可以佩戴：

(1) 邦国国王、皇帝、邦国政府、帝国政府、帝国总统和联邦总统授予的或经其许可授予的勋章和奖章，以及西里西亚边防徽章（即西里西亚雄鹰徽章）和波罗的海十字奖章。

(2) 1934 年 8 月 1 日至 1939 年 8 月 31 日期间为 1936 年奥运会、对

空防御、消防、矿山救援授予的勋章和奖章，以及这一期间设立的国家服务奖和忠诚奖。这些勋章和奖章佩戴时不能有纳粹标志，其造型以联邦政府规定并由联邦内政部保存的样本为准。

（3）1939年9月1日至1945年5月8日期间由德国相关机构设立的第二次世界大战功绩勋章和奖章，包括部队徽章和伤员徽章。这些勋章和奖章佩戴时不能有纳粹标志，其造型以联邦政府规定并由联邦内政部保存的样本为准。

（4）在德国元首许可接受的前提下由外国元首或政府授予的勋章和奖章；两次世界大战中同盟国授予的战争功绩勋章和奖章，即使当时未取得德国政府的许可或被废除。

2. §6—1中未涉及的勋章和奖章，以及带有纳粹标志的徽章不允许佩戴、制造和买卖流通。

3. 联邦总统有权取消佩戴两次世界大战中同盟国授予的战争功绩勋章和奖章的合法性（§6—1（4）第二句）。对此如有异议，参照§4—1第二句和第三句。

§7 第二次世界大战期间的伤员徽章

1. 只要能够证明因战争而受伤，任何人都可以按照1939年9月1日发布的关于设立伤员徽章的规定（《帝国法律公报Ⅰ》，第1577页）和相关细则，根据受伤的次数或严重程度按级别佩戴伤员徽章。

2. 内政部长有权规定如何证明战伤，但要取得联邦议院的同意。

第三节　持有证明

§8 授予证书、持有证书

在不违背§7和§10规定的前提下，只要设立公告没有特殊规定，只有持有授予证书、持有证书或历史持有证书的获奖者才能够佩戴有授予权的机构按规定授予的勋章和奖章。

§9 替代证书

1. 如果1945年5月8日以前授予的勋章和奖章的授予证书或持有证书丢失，而且根据现存证明材料无法重新开具授予证书或持有证书，那么可以向有关部门申请开具证明，证明申请人已明确证明其曾被授予相关荣誉（即替代证书）。

2. 开具§9—1中规定的替代证书的前提条件是申请人明确证明其曾

被授予相关荣誉。证明方式和开具替代证书的程序由内政部长制定，并需要取得联邦议院的同意。

3. §9—1中规定的替代证书与授予证书或持有证书具有同等法律效力。

4. 各州政府有权指定负责开具替代证书的机构。

§10 关于1945年5月8日以前授予的勋章和奖章的专门规定

1. 对于1945年5月8日以前授予的勋章和奖章，兵役时间证明、服役证、军人证及其他具有法律效力的军事文件上按规定记录的获奖说明也可以作为持有证明。内政部长有权指定其他形式的证明作为证明文件，并指定开具这些证明的机构，但要取得联邦议院的同意。内政部长同时可以规定联邦机构开具证明的收费标准，但每次最高不得超过10德国马克。

2. 如果1945年5月8日以前授予的勋章和奖章的授予证书、持有证书或§10—1中提到的持有证明丢失，只要可以以其他方式证明曾被授予勋章和奖章，可以在没有持有证书的情况下佩戴。

第四节 津贴

§11

已废除。

第五节 一般性规定

§12 佩戴方式

1. 配有绶带的勋章、奖章和徽章从右到左按照以下顺序佩戴于左前胸：

(1) 德意志联邦共和国勋章（Der Verdienstorden der Bundesrepublik Deutschland）

(2) 带绶带救援徽章（Rettungsmedaille am Bande）

(3) 1914年铁十字勋章（Eisernes Kreuz 1914）

(4) 1939年铁十字勋章（Eisernes Kreuz 1936）

(5) 第一次世界大战功绩勋章和奖章（Orden und Ehrenzeichen für Verdienste im Ersten Weltkrieg）（按授予时间）

(6) 第一次世界大战荣誉十字奖章（Ehrenzeichen des Ersten Welt-krieges）

(7) 1939年战争功绩十字奖章 (Kriegsverdienstkreuz)

(8) 其他第二次世界大战功绩奖章 (按授予时间)

(9) 其他德国奖章 (按授予时间)

(10) 国家许可的奖章 (按授予时间)

(11) 国外授予的奖章 (按级别)

2. 如果勋章、奖章和徽章的设立令中明确规定了佩戴方式，依照设立令的规定跨肩佩戴、挂脖佩戴或佩戴于胸前 (无绶带式)。

3. 勋章和奖章可以佩戴缩微版。

§13 勋章和奖章的归还

1. 如果设立令中没有特殊规定，持有者去世后勋章和奖章由其遗属保管。

2. 本条规定不涉及外国勋章和奖章。

§14 出售

1. 私人只有在出示合法证明 (§8 和 §9) 后才可以有偿转让勋章、奖章、绶带，及其缩微版。

2. §14—1 不适用于 1945 年 5 月 8 日以前授予的勋章和奖章 (§10)。如果购买者有合情合理的理由，各州相关机构可以允许其在不出示 §8 和 §10 中规定的证明文件的情况下购买。

第六节 罚款与结语

§15 违法

1. 以下行为属于违法：

(1) 佩戴未经本法许可的国内外勋章、奖章、绶带，及其缩微版。

(2) 在公共场合佩戴 §6 中未涉及的勋章、奖章，及其绶带。

2. 以下行为属于违法：

(1) 违反 §14—1 的规定向私人出售勋章、奖章，及其绶带。

(2) 制造或流通 §6 中未涉及的勋章、奖章，及其绶带。

(3) 制造带有纳粹标志的勋章、奖章。

3. 上述规定同样适用于与 §15—1 和—2 中提到的勋章和奖章相似度极高、可能造成混淆的勋章和奖章。

4. 违法者将被处以罚款，最高额度为 1 万德国马克。

5. 上述违法行为中涉及的物品，以及制造违令勋章、奖章、绶带所需的物品都予以没收。

§16

在两个德国正式统一之前，逐步取消德意志民主共和国已经颁授的国家级勋章和奖章的相关权利；两德正式统一以后，废除相关权利。

§17 废止的法令

下列联邦法令将被废止：

1—10……

11. 1949 年 9 月 21 日盟国高级委员会第 7 号法令（《盟国高级委员会公告》，第 11 页）。

12. 巴伐利亚第 17 号法令第 2 条关于从 1946 年 5 月 20 日收回第三帝国时期颁发的头衔（《巴伐利亚法令公告》，第 178 页）。

§18 柏林附加条款

根据第三过渡法第 13 条第 1 款，自 1952 年 1 月 4 日起，本法也适用于柏林州。根据第三过渡法第 14 条，在本法基础上颁布的法令也适用于柏林州。

§19 实施

本法于 1956 年 10 月 1 日起生效。

附 录 四

法国《荣誉军团与军功奖章法典》

文本性质：法典

状态：现行

开始施行日期：1962 年 12 月 7 日

终止日期：2999 年 1 月 1 日

最新的修订日期：2008 年 3 月 15 日

第一卷：荣誉军团

第一编：荣誉军团的目的与组成

第一章：总的组织

第 1 条

荣誉军团是最高的国家荣誉。它是对在国家民事和军事领域作出的杰出功绩的褒奖。

第 2 条

（2005 年 11 月 15 日第 2005—1406 号法令第 1 条修订，2005 年 11 月 16 日《政府公报》）

荣誉军团是国家级荣誉团体。

它具有法人资格。

第 3 条

共和国总统是荣誉军团团长，最终决定关于荣誉军团的所有问题。在总统认为必要时亲自主持荣誉军团管理会。

第 4 条

荣誉军团管理会会长在团长的领导和指示下，主持荣誉军团委员会及行政部门的工作。荣誉军团管理会会长直接受共和国总统，即荣誉军团团长的领导。当部长会议涉及荣誉军团的利益时，总统可要求管理会会长参加部长会议。

第5条

(2005年11月15日第2005—1406号法令第2条修订，2005年11月16日《政府公报》)

荣誉军团委员会在荣誉军团管理会会长的领导下，审议荣誉军团的地位、预算、荣誉军团中的任命或晋升、对军团成员的纪律处分等问题。

第6条

荣誉军团由骑士、军官、指挥官、高级军官、大十字级成员组成。

高级军官和大十字级成员是军团中的要员。

第7条

在此法典第二编第三章所规定的情况下任命和晋升不受名额限制。除此之外，荣誉军团成员的限额为：

大十字级成员　75名

高级军官　250名

指挥官　1250名

军官　10000名

骑士　113425名

下文第14条中规定的法令应包含一些使以上目标得以实现的条款。

第二章：荣誉军团团长

第8条

大十字级高级荣誉被无条件地授予荣誉军团团长。

第9条

共和国总统在其就职仪式时被荣誉军团管理会会长认定为荣誉军团团长，荣誉军团管理会会长向共和国总统颁发荣誉军团大项链，并发表以下讲话："总统先生，我们认定您为荣誉军团团长。"

如有必要，荣誉军团管理会会长在总统就职仪式之前向总统颁发荣誉军团大十字勋章。

第三章：荣誉军团管理会会长

第 10 条

荣誉军团管理会会长从荣誉军团大十字级成员中产生。如果未被提前终止任期，会长任期 6 年，可连任。

第四章：荣誉军团委员会

第 11 条

荣誉军团委员会包括：

——荣誉军团管理会会长为委员会主席；

——15 名从荣誉军团指挥官、高级军官和大十字级成员中选出的人员；

——1 名从荣誉军团军官中选出的人员；

——1 名从荣誉军团骑士中选出的人员。

第 12 条

(1981 年 11 月 9 日第 81—998 号法令第 1 条修订，1981 年 11 月 11 日《政府公报》)

荣誉军团委员会委员由团长在会长提议的基础上决定。

委员会委员由法令任命。

第 13 条

委员会每两年轮换更替 8 名和 9 名委员；任期届满者可被再次任命。

第五章：荣誉军团中的任命与晋升

第 14 条

荣誉军团中的任命和晋升的宣布依据共和国总统法令确定的三年期限额。

上一小段中所提的法令应以第 7 条为基准。

第 15 条

荣誉军团管理会会长控制荣誉军团成员的数量。

第二编：荣誉军团中的任命与晋升

第一章：任命与晋升的条件

第 16 条

不是法国人的任何人不能被荣誉军团接收。

第 17 条

加入荣誉军团首次获得的荣誉等级不得高于骑士级。

第一节：普通名义的提名

第一目：一般条款

第 18 条

（1996 年 8 月 7 日第 96—697 号法令第 1 条修订，1996 年 8 月 10 日《政府公报》）

欲成为荣誉军团骑士，必须具有至少 20 年的公共服务或工作经历，并具有这种或那种杰出功绩。

第 19 条

成为荣誉军团骑士之后至少 8 年并证明在获得该级别之后达到所要求的资格条件，才可晋升为荣誉军团军官。成为荣誉军团军官 5 年或 5 年以上并证明在获得该级别之后达到所要求的资格条件，才可晋升为荣誉军团指挥官。

成为荣誉军团指挥官至少 3 年并证明在获得该级别之后达到所要求的资格条件，才可晋升为荣誉军团高级军官；从荣誉军团高级军官晋升为荣誉军团大十字级成员，至少需要 3 年，并在获得前一级别之后达到所要求的资格条件。

荣誉军团中的晋升奖励的是新的功绩，而非已经奖励过的功绩。

第 20 条

在第 18 条和第 19 条所提的服务年限和工作年限的计算中，在必要的情况下，与战争服务、抵抗运动服务和同等服务以及由共和国总统令规定的情况下的某些军事服务相应的加分可发挥作用。

第二目：特殊条款

第 21 条

军人或同等人员只有在法令规定的情况下在补助名单上登记之后，才能被任命为骑士或晋升为军官。

这一规定不适用于将级军官。

第 22 条

如 1958 年 11 月 17 日法令的第 12 条规定，法国国会议员不能加入荣誉军团或在其中晋升，除非是由于战绩或类似战绩的突出贡献。

第 23 条

（2005 年 5 月 9 日第 2005—436 号法令第 19 条修订，2005 年 5 月 10 日《政府公报》）

经济和财政总监管机构中的人员加入荣誉军团不在他们所监管的部委的荣誉军团名额之列。

第 24 条

（1970 年 7 月 6 日第 70—580 号法令第 1 条，1970 年 7 月 8 日《政府公报》）

申请加入法国国籍的外国人当被获准加入法国籍之后，而不再有服现役的义务时，那么加入荣誉军团或之后的晋升所要求的服务年限的起始计算日期是其加入法国国籍的时间。

荣誉军团团长根据荣誉军团委员会的意见所作决定可不遵照上述规定。荣誉军团团长的这一决定是针对那些具有特别杰出的功绩的上一段针对之法国人。

第二节：特殊名义的提名

第 25 条

战争时期、突出贡献或重伤情况可免除第一编中所规定的加入荣誉军团或晋升的条件。

第 26 条

（1976 年 2 月 5 日第 76—123 号法令第 1 条修订，1976 年 2 月 7 日《政府公报》；

1981 年 11 月 9 日第 81—998 号法令第 1 条修订，1981 年 11 月 11 日《政府公报》）

总理可经荣誉军团团长的委托，在一个月内，向在执行任务的过程中牺牲或负伤，并被公认为应当获得这一荣誉的人任命或使其晋升。

在最短的期限内，与此法典的条款相符的法令将会颁布，将这种授勋合法化，该法令同时指出引致例外措施的情况。

第 27 条

被明确界定为具有特殊贡献者在加入荣誉军团和晋升时不受第一编中条款的限制，越级晋升除外。

第二章：任命与晋升的方式

第一节：法令的制定

第 28 条

各部部长在每年的 1 月 1 日、4 月 1 日和 10 月 1 日分三次向荣誉军团管理会会长提交候选提名。

各部部长向总理汇报候选提名，总理直接向荣誉军团管理会会长提出总理就候选提名可能的意见与看法。

第 29 条

每一份提名都须附加一份对提名理由的说明，该说明还包括有关候选人的声望和品行调查的结果，荣誉军团骑士的候选提名还需附加个人身份信息卡。

所提供的说明必须与该法典所附的范本相符，在必要的情况下，该说明还需伴有候选人所属部委部长的意见，或者如果候选人居住在国外，需附外交部部长的意见。

非公务员或非现役军人的候选人的提名还需附加一份两个月以内的犯罪记录的第二单。

第 30 条

突出贡献、伤病或特殊功绩应被适当地指出，以实行第 25 条和第 27 条中所提出的资历免除。因此，此类提名应该具体地说明所援引的事迹。

第 31 条

荣誉军团管理会会长将候选人提名传达给荣誉军团委员会，该委员会负责核实提名和晋升是否符合现行法律、法令和规章制度，并根据第一章确定的标准，根据荣誉军团的基本原则评审候选人提名，并决定提名的可接收性。

第 32 条

荣誉军团管理会会长向荣誉军团团长递交由部长及荣誉军团管理会会长本人提出的候选提名，该提名还伴有荣誉军团委员会发表的符合法律、法令和规章制度的声明，以及总理可能的意见和观点。根据荣誉军团团长的指示，荣誉军团管理会会长之后下令拟定法令草案。

第二节：法令的形成与颁布

第 33 条

有关荣誉军团的任命和晋升的法令提及荣誉军团委员会的声明，这一声明是在第 31 条所规定的核实之后作出的。法令对每一项任命或晋升所奖励的功绩作简明的陈述。

关于第 30 条规定的任命或晋升，法令指出荣誉军团委员会的意见，并详尽指出所奖励的功绩。

上述法令均由总理副署，在必要情况下，由主管部长会签。法令的执行必须由荣誉军团管理会会长签署，法令必须发表在《政府公报》中，否则视为无效。每项晋升均需提及前一级别的授勋日期。

第 34 条

当法令涉及特殊名义的任命和晋升，或者晋升为指挥官、高级军官和大十字级成员时，这些法令由部长会议通过。

第三节：法令的实施

第 35 条

在每项任命或晋升之后，荣誉军团管理会会长向所有被任命或晋升的人员发送意见书。

这些意见书规定拟入选或晋升的人员支付荣誉军团管理会寄送证书的费用，并征求他们加入荣誉军团或晋升的同意。

第三章：例外条款

第一节：特殊名单

第 36 条

在战争时期或类似于战争行动的形势下，由行政法院制定的法令可以在所涉及的战争行动期间，允许军人或同等人员加入荣誉军团和晋升，形式是通过法令规定在一个特殊的名单中登记。他们不受既定规则的限制或不参加前述条款中确定的颁奖过程。

第 37 条

进行了这种临时登记的人员立即享有佩戴勋章的权利，并享有相应级别的薪俸。

第 38 条

这种登记情况应该在不超过六个月的期限内接受荣誉军团委员会的核实，并且只有通过规范化的法令的效力才能最终确定。

未被获准的任命或晋升应以同样的方式解除。

第二节：对残废军人和第二次世界大战中被关进集中营抵抗运动成员的颁奖条件

第一目：对残疾程度至少为 65％的残废军人的条款

第 39 条

由于战争负伤或被视做同等的残疾伤造成的残疾程度至少为 65％的

终身残疾而享有残废军人抚恤金的残废军人，可应他们的要求，根据他们的军阶获得军功奖章或荣誉军团勋章。前提是他们尚未因为导致残疾的战伤或被视做同等的残疾而获得任何此类奖励。

第 40 条

上一条涉及的勋章和奖章包括薪俸和相应地授予相关战役的棕榈叶嘉奖，这一棕榈叶嘉奖在必要的情况下，废止了当事人在此之前因战伤或被视做同等的残疾而获得的嘉奖。军功奖章和荣誉军团勋章自有关授奖的法令颁布之日起生效。

第 41 条

（1964 年 2 月 6 日第 64—121 号法令第 1 条，1964 年 2 月 11 日《政府公报》，1963 年 1 月 1 日施行）

如果因使其致残的战伤或被视做的此类残疾而获得荣誉军团勋章，但未享受薪俸者，符合第 39 条和第 40 条条款规定者可获得相应的薪俸，并获得棕榈叶嘉奖。在这种情况下，获奖者的次序根据颁发无薪俸勋章的法令的次序。

第二目：对残疾程度为 100％的残废军人的条款

第 42 条

如《伤残军人和战争中伤亡人员抚恤金法典》第 344 条规定，因为导致 100％终身残疾的战伤而获得军功奖章或荣誉军团某一级别的军人和同类人员，如果是军功奖章获得者，可直接被任命为荣誉军团骑士，已是荣誉军团成员者可晋升。这些勋章和奖章是有薪俸的军事勋章和奖章。

第 43 条

如《伤残军人和战争中伤亡人员抚恤金法典》第 345 条规定，对于那些根据《伤残军人和战争中伤亡人员抚恤金法典》第 16 条或 18 条的规定因为战伤导致 100％终身残疾而获得抚恤金的军人或同类人员，如果根据《伤残军人和战争中伤亡人员抚恤金法典》第 344 条规定或根据 1923 年 12 月 26 日法律、1928 年 3 月 23 日法律的规定获得过荣誉军团勋章，那么他们在提出申请后，前提是他们的资历符合本法典第 19 条的规定，可晋升为荣誉军团的一个新的级别，不享受薪俸，并且它们的候选材料提名需经过特殊考察，即考察他们在何种情况下受伤以及该伤病导致的残疾。

无论怎样，曾经符合或正符合 1923 年 5 月 30 日法律（由 1928 年 3 月 30 日法修订）、1923 年 12 月 26 日法律、1928 年 3 月 23 日法律以及

《伤残军人和战争中伤亡人员抚恤金法典》第344条的军人或同等人员在这些法律共同施行时，所获奖励（军功奖章、荣誉军团勋章）不得超过三项。

第44条

符合《伤残军人和战争中伤亡人员抚恤金法典》第16条和第18条所规定的条款的由于战争负伤导致的程度为100%的终身致残的残废军人，由于其伤病的加重，有权要求第三者的帮助。应他们的要求，可特别地在已有的荣誉军团级别基础上晋升一级。

第45条

如《伤残军人和战争中伤亡人员抚恤金法典》第346条规定，授予同时满足以下两个条件的因多种残疾导致的残疾程度为100%的残废军人荣誉军团骑士勋章（无薪俸），这两个条件为：

a. 战争中负伤引起的主要残疾的程度为80%；

b. 因战绩获得过军功奖章。

第三目：共同条款

第46条

如《伤残军人和战争中伤亡人员抚恤金法典》第178条规定，第二次世界大战中被关进集中营的法国抵抗运动者在被关押期间患有或被推定患有的疾病，被视同战伤。

受伤、病痛、流放期间患上或加重的疾病导致的伤病，在它们造成多种残疾的情况下，这些残疾被视同为一种唯一的伤病，当事人可享有第39条和第45条中所规定的权利。

第47条

根据本章中规定可授予的荣誉不受名额的限制。

第三编：荣誉军团的授勋

第一章：授勋的效力

第48条

只有在按以下所规定的形式被荣誉军团授勋之后，才成为荣誉军团成员。

只有被授予某一级荣誉军团勋章之后，才享有该级别的荣誉。

在授勋之前，不可佩戴被任命、晋升或提升的荣誉级别的勋章、绶带或玫瑰花结。

有关荣誉军团任命和晋升的法令明确指出此类任命和晋升自授勋之时生效。

第 49 条

如果在关于任命和晋升的法令颁布之后，有显示表明为了军团的利益，被推举人的资格需再次被核实，授勋仪式可延期举行。

如果调查确认被推举人不具备所要求的资格，可通过法令确定不进行授勋。

第 50 条

荣誉军团成员是终身成员。

第二章：荣誉军团团长的授权

第 51 条

荣誉军团大十字勋章和荣誉军团高级军官勋章由总统颁发。

如果总统不能分身，荣誉军团管理会会长或至少与接受勋章者具有同一荣誉级别的大十字级成员和荣誉军团高级军官可被委托执行授勋。

第 52 条

荣誉军团管理会会长指定荣誉军团中的某一名不低于接受勋章者级别的成员执行荣誉军团指挥官、军官和骑士的授勋。

第 53 条

作为第 51 条和第 52 条的例外条款，总理或部长经总统授权，可执行荣誉军团各级别人员的授勋。

在国外任职的大使也可在同样的条件下，向在其任职国居住的法国人授勋。

第三章：授勋仪式

第一节：对平民的授勋

第 54 条

荣誉军团管理会会长的委托人向被任命或晋升的人员的授勋采用以下仪式。他向受勋者发表如下讲话：

“我们以共和国总统的名义，并遵照我们被赋予的权力，任命您为荣誉军团骑士（军官或指挥官）。”

委托人向受勋者颁发勋章并行拥抱礼。

当受勋者为大十字级成员和高级军官时，致词如下：

“我们以共和国总统的名义，并遵照我们被赋予的权力，提升您至荣誉军团高级军官或（大十字级成员）要员级。”

授勋仪式在荣誉军团的声望所要求的庄严神圣中进行。

第二节：对军人的授勋

第 55 条

对军人或同等人员的授勋在阅兵式过程中进行，采用下述仪式，并在最能彰显光荣的奖励和杰出功绩的条件下进行：

(1) 隶属于某一部队或编队的军官（至上校或类似级别）及非军官：接受勋章是在其所属的部队接受阅兵时，授勋人是部队或编队首长或将级军官，或者是级别高于接受勋章者的指挥该部队或编队的首领；不然则由驻军司令授勋。受委托的授勋者应是荣誉军团成员，并且其荣誉军团级别不应低于接受勋章者。

(2) 晋升为荣誉军团军官或指挥官的将级军官由荣誉军团管理会会长的授权人授勋，该授权人应该至少与接受勋章者处于荣誉军团的同一级别。

(3) 大十字勋章和高级军官勋章由共和国总统颁发，或经总统授权，由三军统帅或至少与接受勋章者处于相同级别的作为荣誉军团高级军官和大十字级成员的军人授勋。

(4) 对于不隶属任何部队或编队的军人和同类人员，他们在接受阅兵的驻军前接受勋章，授勋者是驻军司令或驻军司令的委托人。

第 56 条

荣誉军团管理会会长委托的授勋者向接受勋章者发表如下讲话：

“我们以共和国总统的名义，并遵照我们被赋予的权力，任命您为荣誉军团骑士（军官或指挥官）。”

如有必要，在用剑身轻击接受勋章者的双肩之后，被委托的授勋者将勋章佩戴于接受勋章者胸前并行拥抱礼。

当接受勋章者为荣誉军团高级军官和大十字级成员时，致词如下：

“我们以共和国总统的名义，并遵照我们被赋予的权力，提升您至荣誉军团高级军官（或大十字级成员）要员级。”

第三节：共同条款

第 57 条

荣誉军团管理会会长将收悉一份关于所有授勋的笔录，这一笔录包括所有接受勋章者和授勋者的签名。

当勋章由共和国总统在笔录现场颁发时，将确立一份含会长和接受勋章者签名的证明书。

第四编：荣誉军团成员的权利、荣誉与优待

第一章：勋章

第 58 条

荣誉军团勋章在授勋之后方可被佩戴。它佩戴于其他法国的或外国的荣誉证章之前。

第 59 条

荣誉军团勋章是一个 5 道双芒星状物，其上方为由橡树和月桂枝组成的王冠。

星形中央为白色珐琅，其周围是橡树和月桂枝，勋章正面有代表法兰西共和国的头像和铭文“République française”（意为“法兰西共和国”），背面为法国国旗，背面铭文为“Honneur et Patrie”（意为“荣誉与祖国”）以及日期：“29 floréal an X”（意为“1802 年 5 月 19 日”）。

第 60 条

荣誉军团骑士勋章为银质，直径为 40 毫米，佩戴于左胸。其红色绶带呈波纹状，宽度为 37 毫米。

第 61 条

荣誉军团军官勋章为镀金勋章，直径为 40 毫米，佩戴于左胸。其绶带与骑士勋章绶带相似，但是在绶带上带有玫瑰花结。

第 62 条

荣誉军团指挥官勋章为金质勋章，直径为 60 毫米，悬挂于颈部。其红色绶带呈波纹状，宽度为 40 毫米。

第 63 条

荣誉军团高级军官在右胸佩戴一枚 5 道双芒星形银质徽章，其直径为 90 毫米，徽章正中为代表法兰西共和国的头像，并有铭文“Honneur et Patrie”（意为“荣誉与祖国”）。此外，荣誉军团高级军官还在左胸佩戴荣誉军团军官勋章。

第 64 条

荣誉军团大十字级成员自右肩斜披宽 10 厘米的红色绶带，在红色绶带的下方缀有与荣誉军团军官勋章相似，但直径为 70 毫米的勋章。此外，获奖者还在左胸佩戴与荣誉军团高级军官徽章相似，但为镀金的徽章。

第 65 条

大项链由 16 枚金质大奖章组成，项链的中央有两个花体字母（H 和 P，分别为法文“荣誉”和“祖国”两个词的缩写）。

花体字母上的挂环挂着荣誉军团团长的勋章，这一勋章与大十字勋章相似，但其直径更大（81 毫米）。

16 枚大奖章的正面是象征国家生活主要活动的标志；奖章的背面刻有荣誉军团历任团长的姓名，以及他们上任和离任的日期。

第 66 条

着正式服装（礼服）或军装（礼服）时，必须佩戴如以上第 59 条至第 64 条所规定的各级别的勋章。

在授勋仪式上，向受勋者颁发的勋章必须为规定规格的勋章。

第 67 条

在共和国总统即荣誉军团团长出席的仪式上，身着晚礼服、便服或军服的荣誉军团大十字级成员的绶带戴于坎肩之上；在其他场合，绶带戴于坎肩之下。

第 68 条

佩戴于非军服礼服的左边翻领之上的微缩勋章应为规定规格勋章的精确复制；绶带的宽度及勋章直径不得窄于 1 厘米。

第 69 条

勋杆为长方形红色绶带，其长度与绶带本身宽度相同，厚度为 1 厘米。

勋杆佩戴于正式便服和军服之上。

第 70 条

大十字成员、高级军官、指挥官可佩戴小勋杆。小勋杆的中央为红色的玫瑰花结，指挥官的小勋杆为银质，高级军官的小勋杆一半为金质，另一半为银质，大十字级成员的小勋杆为金质。

第 71 条

绶带和玫瑰花结可单独佩戴于日常外出服装的（上衣翻领上的）饰孔

上；骑士佩戴绶带，军官佩戴玫瑰花结，指挥官、高级军官和大十字成员佩戴小玫瑰花结；指挥官的小玫瑰花结为银质，高级军官的小玫瑰花结一半为银质，另一半为金质；大十字级成员的小玫瑰花结均为金质。

第 72 条

勋章被免费提供给以特殊名单的名义被任命为荣誉军团骑士的军人。

第二章：证书

第 73 条

由法国总统签名，荣誉军团管理会会长副署的证书被颁发给所有被任命或晋升的荣誉军团成员。

第 74—75 条

荣誉军团管理会收取寄送证书的费用，其数额由法令确定。

第 76 条

被任命为荣誉军团成员的现役士官和士兵可被免除荣誉军团管理会的费用。

第三章：薪俸

第一节：享受薪俸的权利和薪俸的获得

第 77 条

(1995 年 11 月 30 日的第 95—1253 号法令第 1 条修订，1995 年 12 月 2 日《政府公报》)

向现役军人或同等人员，或向因战绩、战伤或嘉奖而获奖者颁发的各种荣誉军团勋章，赋予享有薪俸的权力。

第 78 条

下列情况下的任何未获得薪俸的荣誉军团成员可由法令确定享有薪俸，即该成员为军队在编人员，具有使其获得享有薪俸的荣誉军团勋章的突出贡献或杰出功绩，并且未以其他名义获得过该种荣誉。

未获薪俸的荣誉军团成员能够在获得荣誉军团勋章后证实其战伤或嘉奖，同样可由法令确定享有薪俸。

第 79 条

那些因战绩而获得军功奖章且在之后因相同战绩而被任命为荣誉军团骑士的人员，可选择最高薪俸。

第二节：薪俸的性质

第 80 条

（1982 年 7 月 12 日第 82—611 号法令第 1 条修订，1982 年 7 月 18 日《政府公报》）

荣誉军团薪俸享有者可永久地或临时地放弃该待遇，该薪俸可为“荣誉军团成员互助协会”所用，该互助协会被准许接受之。

如《伤残军人和战争中伤亡人员抚恤金法典》第 527 条所规定，荣誉军团薪俸享有者可永久地或临时地放弃该待遇，以为“老兵和战争中伤亡人员国家办公室”所用。

第 81 条

如 1951 年 2 月 27 日法律的唯一条款的规定，属于荣誉军团的薪俸不能被扣押。

该薪俸不被计算在住院病人所获得的社会补助收入之内。

第 82 条

如 1945 年 12 月 31 日法律的第 148 条的规定，对于荣誉军团薪俸产生的债权，在债权所属的财政年度结束之前尚未结清，并未在自财政年度开始 4 年内被向居住在欧洲的债权人结清、签发拨款命令并支付，未在自财政年度开始 5 年内被向居住在欧洲之外的债权人结清、签发付款命令并支付，这些债权由于时效而被解除并永久地取消，并为国家所有。

第三节：享有薪俸的权利的丧失与中止

第 83 条

从荣誉军团的自然退出或由法令规定的退出使得享有薪俸的权利自上一履行期限期满时丧失。

荣誉军团权利的自然中止或由法令确定的中止使得享有薪俸的权利自上一履行期限期满时被中止。

第 84 条

（1964 年 2 月 6 日第 64—121 号法令第 1 条修订，1964 年 2 月 11 日《政府公报》，1963 年 1 月 1 日施行）

曾经的荣誉军团成员再次加入荣誉军团，或者军团成员权利被中止的期限到期，均可恢复享有薪俸，享有薪俸的起始日期是次年的 1 月 1 日。

第四章：选举权

第 85 条

如《选举法》第 3 条所规定，所有荣誉军团青年成员满 18 岁均享有选举权。

注：《选举法》第 3 条由 1974 年 7 月 5 日第 74—631 号法律第 3 条废止。

第五章：荣誉与席次

第 86 条

荣誉军团管理会会长的席次由 1907 年 6 月 16 日法令的第 1 条和第 2 条规定，由 1958 年 12 月 2 日法令修订。

第 87 条

军队向佩戴勋章的荣誉军团大十字级成员和高级军官应行使的礼遇为 1934 年 7 月 26 日法令的第 50 条规定的向将级军官行使的礼遇。

暂时离队的军人向佩戴荣誉军团大十字勋章的荣誉军团成员行使的礼遇由 1934 年 7 月 26 日法令第 51 条规定。

第 88 条

向荣誉军团大十字级成员和高级军官行使的军队丧葬礼仪依 1934 年 7 月 26 日法令的第 52 条和第 53 条的规定。

第五编：纪律

第一章：纪律处分

第 89 条

纪律处分措施有：

（1）审查；

（2）完全或部分中止权利、特权的行使和享有薪俸的权利；

（3）被荣誉军团除名。

第 90 条

（1993 年 7 月 22 日第 93—933 号法第 50 条修订，1993 年 7 月 23 日《政府公报》）

丧失法国人资格的人可被荣誉军团除名。

这种除名在《民法法典》第 23—7，23—8 和第 25 条规定的情况下是理所当然地被执行的。

第 91 条

被开除荣誉军团的人还可包括：

(1) 被定罪者；

(2) 被判处立即执行的一年或一年以上监禁者。

第 92 条

被判处轻罪刑者均可被开除荣誉军团。

第 93 条

因缺席判决（抗传）导致荣誉军团成员权利和特权行使的中止。

第 94 条

所有被判监禁的服刑期间，意味着荣誉军团成员权利、特权和薪俸的中止。

第 95 条

在被判处轻罪刑或在破产的情况下，荣誉军团成员的权利、特权和薪俸可被全部或部分中止。

第 96 条

本章所确定的纪律处分可适用于具有有损荣誉的行为的荣誉军团成员。

第 97 条

(1992 年 12 月 16 日第 92—1336 号法令第 334 条，1992 年 12 月 23 日《政府公报》，1994 年 3 月 1 日施行)

如《刑法》第 433—17 条所规定，任何佩戴其无资格佩戴的荣誉军团勋章或其他法国或外国勋章或奖章者将按照该条规定实施惩罚。

如《刑法》第 263 条（＊该条已被废止，参见新《刑法》，第 433—18 条）所规定，工商、金融团体或机构的创建者、领导者或主管如果使得或任由荣誉军团成员姓名及其资格用于任何为其领导的企业或其准备创建的企业牟利的广告中的话，他们将受到《刑法》第 262 条（＊该条已被废止，参见新《刑法》，第 433—18 条）所规定的惩罚。

第二章：纪律处分程序

第一节：预备程序

第 98 条

司法部长和三军统帅向荣誉军团管理会会长传达有关荣誉军团成员重

罪和轻罪的初级法院的判决和高级法院的判决。

相关部长向荣誉军团管理会会长传达其权限范围内的纪律处分决定。

第 99 条

一旦有针对上一条第一段中提到的判决向最高法院上诉，最高法院的总检察长立即向司法部长汇报，司法部长就此向荣誉军团管理会会长提供意见。

第 100 条

三军统帅向荣誉军团管理会会长通报其辖内的荣誉军团成员所犯的严重错误。

第 101 条

省长在行使职责时获知某荣誉军团成员所犯严重错误将会导致第 89 条条款的执行时，必须向荣誉军团管理会会长汇报。

如果荣誉军团成员是公职人员，那么省长的报告是通过行政途径，并经由主管部长转交荣誉军团管理会会长。

第 102 条

大使、全权公使和领事也应该就获得荣誉军团勋章的法国人或外国人在外国的此类行为向荣誉军团管理会会长汇报。

他们的报告由外交部长转交。

第二节：在荣誉军团委员会面前的程序

第 103 条

荣誉军团管理会会长向当事人通告针对其纪律处分措施的初步安排。当事人获悉其案卷的证明文件。

在这种时候，当事人被要求在一个月内通过自己本人或其律师所写的陈情书提供解释和辩护。一个月之后，在荣誉军团委员会宣布决定之前，在当事人的正当要求下，可被准许一个补充期限。

在特殊情况下，荣誉军团管理会会长可允许当事人本人或由律师协助，进行辩护。

第 104 条

荣誉军团委员会发表对当事人的纪律处分措施的意见书。

只有在判决对荣誉军团勋章获得者有利的情况下，才能无视该意见书。

当荣誉军团委员会建议予以除名，委员会的意见应得到 2/3 多数票的通过。

如果荣誉军团委员会作出不予起诉的意见，通知被送达至当事人。

第 105 条

鉴于荣誉军团勋章获得者被指责的事实的严重性，当荣誉军团管理会会长认为该荣誉军团勋章获得者可能借其诉讼案件通常的诉讼程序所需的期限之机继续利用其荣誉军团成员的头衔和相关特权，荣誉军团管理会会长在荣誉军团委员会的意见下，在不妨碍正常程序最终作出决定的情况下，向荣誉军团团长建议立即临时中止被起诉的荣誉军团勋章获得者的权利。

第三章：决定与执行

第 106 条

共和国总统通过法令宣布除名和中止。

荣誉军团管理会会长通过决议宣布处罚。

第 107 条

在第 90 条（第二段）和第 91 条规定的情况下，荣誉军团管理会会长采纳荣誉军团委员会的意见，下令在荣誉军团花名册上注明除名，并详细指出受到处罚的相关人员被剥夺行使与该荣誉相关的权利和特权以及相关的享受薪俸的权利。

第 108 条

在第 93 条规定的情况下，荣誉军团管理会会长采纳荣誉军团委员会的决定，并下令在荣誉军团花名册上注明中止，并详细指出受到处罚的相关人员在权利中止期间，被剥夺与荣誉军团成员荣誉相关的权利和特权以及相关的享受薪俸的权利。

第 109 条

宣布除名和中止的法令和决议发表于《政府公报》。

第 110 条

荣誉军团的除名导致佩戴任何属荣誉军团管理会管辖的法国或外国荣誉勋章、奖章的权利的永久收回。

荣誉军团成员权利和特权以及相关薪俸的中止同时导致佩戴任何属荣誉军团管理会管辖的法国或外国勋章、奖章的权利的中止。

第 111 条

法兰西共和国总检察长和检察官、军队法庭的政府特派员不能向尚未被剥夺权利的荣誉军团成员施加的辱刑。

针对该剥夺，法庭庭长可在检察官的请求下，或者军事法庭庭长可在政府特派员的请求下，在审阅判决之后立即宣布：

"您已经违背荣誉；我谨以荣誉军团的名义宣布您不再为荣誉军团成员。"

第六编：军团的管理

第一章：荣誉军团管理会会长的权限

第 112 条

唯有荣誉军团管理会会长具有在所有场合代表荣誉军团的资格，特别是在司法和行政法院上代表荣誉军团。

荣誉军团管理会会长特别地开展有关荣誉军团成员权利和特权的各种行动以及旨在保存包括在荣誉军团捐赠之内的财产或用于其开支的拨款的财产的各种行动。

第 113 条

荣誉军团管理会会长掌管荣誉军团公章。

第 114 条

荣誉军团管理会会长领导荣誉军团委员会。

当荣誉军团管理会会长缺席或不能分身时，由荣誉军团委员会中资历最老者——如果有多名，则由大十字级成员中资历最老者——并且为民事和军事领域的知名人士（由于荣誉军团管理会会长为民事和军事领域的知名人士）代替荣誉军团管理会会长。

第 115 条

荣誉军团管理会会长向荣誉军团团长呈交有关荣誉军团、军功奖章和外国勋章奖章的报告和计划，会长还向团长提供荣誉军团中的任命和晋升人选。

第 116 条

(2005 年 11 月 15 日第 2005—1406 号法令第 3 条修订，2005 年 11 月 16 日《政府公报》)

荣誉军团管理会会长在荣誉军团委员会的协助下，管理荣誉军团的行政和机构。

荣誉军团管理会会长是荣誉军团的主要签发拨款命令者。

第 117 条

除解放勋章和抵抗运动奖章之外，关于法国勋章奖章的原则性问题必须咨询荣誉军团管理会会长。

第 118 条

（2005 年 11 月 15 日第 2005—1406 号法令第 4 条修订，2005 年 11 月 16 日《政府公报》）

由共和国总统任命的荣誉军团委员会秘书长在荣誉军团管理会会长的领导下，负责荣誉军团管理会的中心行政。

秘书长具有以荣誉军团管理会会长的名义签署除以荣誉军团委员会的名义发表的声明之外的所有法令、决议和决定的一般和经常的授权。

秘书长负责荣誉军团委员会的秘书处和领导行政部门。秘书长制定荣誉军团预算。

在秘书长缺席或不能分身的情况下，荣誉军团管理会会长可通过法令将会长的署名权委托给某些特别指定的部门领导和 A 类公务人员，授权他们以会长的名义签署关于经费投入、结算和拨付的法令和决定，税收凭证以及所有与预算执行相关的法令，其他关于荣誉军团管理会中心行政和荣誉军团学校的会计凭证。

第二章：荣誉军团委员会的权限

第 119 条

（2005 年 11 月 15 日第 2005—1406 号法令第 5 条修订，2005 年 11 月 16 日《政府公报》）

荣誉军团委员会监督荣誉军团及其所属机构规章制度的遵守。

荣誉军团委员会核实荣誉军团中的任命和晋升是否符合现行法律、法令和规章制度，是否符合荣誉军团的基本原则。

荣誉军团委员会在荣誉军团管理会会长的召集下就以下情况提出意见：

（1）关于对荣誉军团成员采取的纪律处分；

（2）关于荣誉军团管理会会长认为有必要向其咨询的所有问题。

荣誉军团委员会批准荣誉军团预算，荣誉军团管理会会长向其告知预算的执行情况。

第三章：财政制度

第 120 条

(2005 年 11 月 15 日第 2005—1406 号法令第 6 条修订，2005 年 11 月 16 日《政府公报》)

荣誉军团的收入主要包括：

(1) 国家资助；

(2) 荣誉军团管理会收费的收益；

(3) 荣誉军团学校学生膳宿费和置装费收益；

(4) 捐赠与遗赠。

荣誉军团列入预算的业务由归审计署管辖的会计员负责。

第七编（1）：荣誉军团学校

第一章：荣誉军团学校的宗旨

第 121 条

(2005 年 3 月 31 日第 2005—301 号法令第 1 条修订，2005 年 4 月 1 日《政府公报》)

受荣誉军团管理会会长管辖的位于圣德尼和罗日的荣誉军团学校，创建的目的在于保障荣誉军团成员的女儿、（外）孙女和曾（外曾）孙女的教育。

荣誉军团学校也可接收军功奖章获得者和国家功勋勋章获得者的女儿、（外）孙女和曾（外曾）孙女，以及获得荣誉军团勋章的外国人的女儿和（外）孙女。荣誉军团管理会会长根据荣誉军团委员会的意见决定是否准许入学，获得荣誉军团勋章的外国人的子弟入学需请示国家总统。

第 122 条

荣誉军团学校的教育旨在培养学生热爱祖国和爱好自由，培养她们的公民和家庭责任感，通过对她们的教育和性格培养，使她们能够有尊严地和独立地生活。

第 123 条

荣誉军团学校为寄宿学校，既有普通教学也有专业教学，并且可能有法国高等专业学院（grande école）预备班教学。

第二章：荣誉军团学校的运转

第 124 条

荣誉军团管理会会长通过决议确定：

荣誉军团学校的入学条件；

获准入学学生名单；

教学计划和学习期限规定；

内部规章。

第三章：荣誉军团学校的管理与人员

第 125 条

荣誉军团管理会秘书长在荣誉军团管理会会长的领导下，负责荣誉军团学校的运转及学校人员的管理。

第 126 条

两所荣誉军团学校由一位女总校长领导，她居住在圣德尼，统一管理学生教育和教学以及学校行政。

她管理圣德尼荣誉军团学校，此外也对校址在罗日的学校的总务主任负责，总务主任受其领导，接受她的指示，并向她汇报情况。

总校长受荣誉军团管理会秘书长的管辖，并在荣誉军团管理会会长专门管辖的方面直接受会长的管辖。

第 127 条

荣誉军团学校女总校长由荣誉军团管理会会长提名，法令任命。

罗日学校总务主任及各级人员或者由荣誉军团管理会会长任命，或者应荣誉军团管理会会长的要求，从教育部调派。

第七编（2）：荣誉军团和骑士团国家博物馆

第 127—1 条

（2000 年 11 月 9 日第 2000—1092 号法令第 2 条设立，2000 年 11 月 11 日《政府公报》）

荣誉军团和骑士团国家博物馆受荣誉军团管理会会长管辖，旨在促进对荣誉军团的历史以及法国本国和外国勋章和奖章历史的了解。

该博物馆负责收藏、展示和开发利用荣誉军团所有的和代为保管的藏品。

第 127—2 条

(2000 年 11 月 9 日第 2000—1092 号法令第 2 条设立，2000 年 11 月 11 日《政府公报》)

荣誉军团管理会会长在听取了荣誉军团管理会秘书长的报告，在征求了博物馆馆长的意见之后，确定：

——博物馆的内部规章；

——参观博物馆的条件；

——历史与艺术委员会的组成、运转和作用。

第 127—3 条

(2000 年 11 月 9 日第 2000—1092 号法令第 2 条设立，2000 年 11 月 11 日《政府公报》)

荣誉军团管理会秘书长负责博物馆的日常运转和人员管理。

第 127—4 条

(2000 年 11 月 9 日第 2000—1092 号法令第 2 条设立，2000 年 11 月 11 日《政府公报》)

博物馆馆长由荣誉军团管理会会长在荣誉军团管理会秘书长的提议下，在征求文化部长的意见之后，通过法令任命。

博物馆馆长负责藏品的清点、藏品的保存与修复、藏品向公众的展览以及藏品的开发利用。博物馆馆长受荣誉军团管理会秘书长的管辖，并在荣誉军团管理会会长专门管辖的方面直接受会长的管辖。

第八编：向外国人授予荣誉军团勋章

第一章：授奖条件

第 128 条

为法国或为法国支持的事业作出突出贡献的外国人可在法令确定的三年期特殊名额范围内获荣誉军团勋章。

作为第 48 条的例外条款，获荣誉军团勋章的外国人不可加入荣誉军团。

第 129 条

(1970 年 7 月 6 日第 70—580 号法令第 2 条修订，1970 年 7 月 8 日《政府公报》)

经常居住在法国或在法国工作的符合上一条条件的外国人，受第 17 条至第 20 条规定的针对法国人的条件的限制。

然而，具有特别卓越贡献的外国人可经荣誉军团委员会的同意，由总统决定免受上述条件的限制。

第 130 条

满足第 128 条条款的居住在国外的外国人，不必受荣誉军团等级级别规定的限制，而是根据他们的品格和功绩被授予某级荣誉军团勋章。

第二章：授奖方式

第 131 条

所有关于外国人获荣誉军团勋章的候选人提名由主管部长转达给外交部长，由外交部长根据第 28 条和第 32 条的规定的情况负责将该候选人推荐到荣誉军团委员会。

然而，向外国国家元首和辅助国家元首的人员以及外国外交人员的授奖由国家总统决定，荣誉军团管理会会长会被提前通知。第 128 条第一段的条款不适用于该段规定的授奖。

第 132 条

由外交大使推荐的居住在国外的外国人的候选材料需伴有一份提名说明材料，候选材料被提交到荣誉军团委员会。

第 133 条

关于通常居住在法国或在法国工作的外国人的获得荣誉军团勋章的法令如第 33 条规定，也必须发表于《政府公报》，否则视为无效。

第 134 条

曾经以外国人的名义获得过荣誉军团勋章后加入法国国籍的人士要求加入荣誉军团的申请被转予荣誉军团管理会会长，荣誉军团管理会会长在征求荣誉军团委员会的意见之后，在必要情况下作出同意的决定。

第 135 条

伴有薪俸或无薪俸的荣誉军团勋章可授予正在法国军队服役或曾经在法国军队服役的外国人。

正在法国军队服役的外国人的提名由三军统帅提出。这些提名包括在以现役军队名义发布的法令草案中。

已从法国军队退役的外国人的提名由荣誉军团管理会会长提出。

第二卷：军功奖章

第一编：军功奖章的授奖条件与授奖方式

第一章：授奖条件

第一节：普通名义的授奖

第一目：一般条款

第 136 条

军功奖章旨在奖励非军官的军人和同类人员。军功奖章可授予：

（1）服 8 年兵役者；

（2）受到过军队嘉奖者，不论其服役时间长短；

（3）在英勇杀敌时或按令执勤时有一处或多处受伤者；

（4）具有值得褒奖的英勇或献身事迹者。

第 137 条

只有根据法令确定的条件在补助名单上注册之后，军功奖章才能被授予。

第 138 条

第 14 条第 1 段的规定适用于军功奖章。

第二目：特殊条款

第 139 条

第 20 条、第 22 条和第 46 条的规定适用于军功奖章。

第三目：向将级军官授予军功奖章

第 140 条

在特殊情况下，军功奖章也可通过部长会议制定的法令授予那些在战争时期指挥杀敌或为国家防务作出特殊贡献的法国元帅、将级军官或荣誉军团大十字级成员。

第二节：牺牲或受伤情况下军功奖章的授予

第 141 条

（1976 年 2 月 5 日第 76—123 号法令第 2 条修订，1976 年 2 月 7 日《政府公报》）

（1981 年 11 月 9 日第 81—998 号法令第 3 条和第 4 条修订，1981 年 11 月 11 日《政府公报》）

国防部长经国家总统的批准，可直接地或通过授权的方式，在一个月内向那些在完成任务过程中牺牲或受伤、并被公认为应获得军功奖章的非军官的军人或同类人员颁发军功奖章。

通过此种方式颁发的军功奖章将在最短期限内由与本法典条款相符的法令合法化，该法令指出引致例外措施的情况。

第二章：授奖方式

第一节：法令的制定

第 142 条

第 31 条的规定适用于军功奖章。

第二节：法令的形成与颁布

第 143 条

军功奖章由共和国总统在三军统帅报告的基础上签署法令授予，或者针对圭亚那狱警，军功奖章由共和国总统在司法部长报告的基础上签署法令授予。

第 144 条

第 33 条的规定适用于军功奖章。

第三章：例外条款

第 145 条

第 36 条、第 37 条和第 38 条的规定适用于军功奖章。

第二编：权利、荣誉与优待

第一章：奖章

第一节：奖章的佩戴及样式

第 146 条

军功奖章悬挂于宽为 40 毫米的具有绿色镶边的黄色绶带之上，戴于左胸。

第 147 条

军功奖章为银质，直径为 28 毫米。

军功奖章正面为代表法兰西共和国的玛丽安娜的头像并刻有："République française"（意为"法兰西共和国"）字样，在奖章背面圆形雕饰的中央为题铭："Valeur et discipline"（意为"价值与纪律"）。奖章上方为战利品造型。

第二节：奖章的颁发

第 148 条

向非军官的军人或同类人员颁授军功奖章在以下几种情况下进行：

（1）对于隶属于某一部队或编队的人士：由部队或编队首长在部队或编队前颁奖。

（2）对于不隶属任何部队或编队的人士：由驻军司令或驻军司令的委托人在某一驻军部队前颁奖。

部队或编队首长、驻军司令或其委托人向获奖者大声发表如下讲话：

“我们以共和国总统的名义授予您军功奖章。”

颁奖者将军功奖章佩戴于获奖者胸前。

第 149 条

第 72 条的规定适用于军功奖章。

第二章：薪俸

第一节：享受薪俸的权利和薪俸的获得

第 150 条

（1995 年 11 月 30 日第 95—1253 号法令第 2 条修订，1995 年 12 月 2 日《政府公报》）

军功奖章的颁授赋予享有薪俸的权力。

第二节：薪俸的性质

第 151 条

（1982 年 7 月 12 日第 82—611 号法令第 2 条修订，1982 年 7 月 18 日《政府公报》）

第 80 条、81 条和 82 条的规定适用于军功奖章。

在第 80 条第 1 段的实施中，军功奖章薪俸享有者放弃薪俸，该薪俸可为全国军功奖章获得者协会所用。

第 152 条

军功奖章所涉及的薪俸可与国家或集体的所有的津贴或补助累加，但是不可与荣誉军团成员的薪俸累加。

第三节：薪俸的丧失与中止

第 153 条

第 83 条和第 84 条的规定适用于军功奖章。

第三章：选举资格

第 154 条

第 85 条的规定适用于军功奖章。

第四章：荣誉与特权

第 155 条

军功奖章获得者将免费获得证书。

第 156 条

暂时离队的军人向佩戴军功奖章的军功奖章获得者行使的礼遇由 1934 年 7 月 26 日法令第 51 条规定。

第三编：纪律

第 157 条

第一部第五编规定的纪律处分适用于军功奖章获得者。

第 158 条

针对军功奖章获得者，第 111 条规定的有关剥夺的发言为：

"您已经违背荣誉；我宣布您不再为军功奖章获得者。"

第四编：向外国人授予军功奖章

第 159 条

第 135 条的规定适用于军功奖章。

第三卷：关于接受和佩戴外国勋章、奖章的批准

第一编：接受和佩戴外国勋章、奖章的条件

第 160 条

所有外国勋章、奖章，无论其名称或式样如何，如果不是由主权国家颁发的，被宣布为是非法地和非正当地获得的。

第 161 条

获得外国勋章、奖章的任何法国人只能在荣誉军团管理会会长通过决议授权之后才能接受和佩戴该项外国勋章和奖章。

第二编：申请的递交与批准

第 162 条

所有要求获准接受和佩戴外国勋章或奖章的申请应通过申请者职务所属的部委逐级上报到荣誉军团管理会会长。

不从事任何公职的申请人通过其住所所在地的省政府省长递交申请，居住在国外的不从事任何公职的申请人可通过法国领事提交申请。

第 163 条

部长和省长在调查了申请人的道德品质、从事的工作、申请人申请佩戴其标志的荣誉所表彰的贡献之后，将他们收悉的申请材料连同关于后续部分的意见转达给荣誉军团管理会会长。

第 164 条

由并非荣誉军团成员的法国人递交的请求批准的申请应附上个人身份信息卡。

上报申请的机构在申请上附上申请人犯罪记录的第二单。

第三编：法令的执行

第 165 条

一份批准证书的副本被发给申请人。

第 166 条

荣誉军团管理会收取寄送证书的费用，数额由法令确定。

第 167 条

对于那些证明自己确实不能支付荣誉军团管理会费用的人员，可由荣誉军团管理会会长实行减免。

第四编：纪律

第 168 条

关于荣誉军团的纪律处分条款适用于获得外国勋章、奖章的法国人。

由此，在针对荣誉军团成员的情况下，并根据针对荣誉军团成员的形式，佩戴外国勋章、奖章的权利可被中止或剥夺。

第五编：特殊条款

第 169 条

获得外国纪念奖章的法国人在将盖有同意章的证书原件在荣誉军团管理会免费注册之后可佩戴相应的奖章。

第 170 条

附有证书原件的申请应由依据申请人职务或工作所确定的所属的部委转给荣誉军团管理会会长，如果申请人无公职，则通过申请人住所所属的省政府省长转给荣誉军团管理会会长。

第四卷：刑事条款

第 171 条

（1981 年 12 月 4 日第 81—1103 号法令第 1 条修订，1981 年 12 月 17 日《政府公报》）

严禁除国家之外的自然人、私人法人或公共法人创设或授予与由法国授予的荣誉性勋章、奖章或证章或由外国主权国家授予的勋章、奖章或证章相似的荣誉性勋章、奖章或证章。

同样严禁与由法国或外国主权国家授予的级别的名称相似的级别的创设与授予。

违反上述规定的任何人将被处以针对第五类违法的相关处分。

第 172 条

（1981 年 12 月 4 日第 81—1103 号法令第 1 条修订，1981 年 12 月 17 日《政府公报》）

在公共场合佩戴仿制法国国家授予的勋章、绶带或玫瑰花结的任何人或使用与国家授予的级别的名称相似的级别的任何人将被处以针对第四类违法的罚款。

第 173 条

（1981 年 12 月 4 日第 81—1103 号法令第 1 条修订，1981 年 12 月 17 日《政府公报》）

在未征得如第 161 条所规定的批准，擅自佩戴由外国主权国家授予的勋章、奖章的任何法国人将被处以针对第二类违法的罚款。

佩戴未经主权国家授予的外国勋章或奖章的任何人将被处以针对第三类违法的罚款。

附 录 五

《俄罗斯联邦国家奖励条例》

（根据 2008 年 12 月 2 日第 1712 号俄罗斯联邦总统令最新修改版）

俄罗斯联邦国家奖励旨在表彰公民在保卫祖国、国家建设、经济、科学、文化、艺术、教育、保健、公民生命和权利、慈善活动领域作出的杰出功绩。

1. 俄罗斯联邦国家奖励（以下称为国家奖励）包括："俄罗斯联邦英雄"称号、俄罗斯联邦勋章、奖章、徽章、俄罗斯联邦荣誉称号。

2. 俄罗斯联邦总统

颁布关于设立国家奖励的命令；

颁布关于授予国家奖励的命令；

授予国家奖励；

成立俄罗斯联邦总统国家奖励委员会，对奖励材料进行社会评估，并保障对公民奖励持客观态度。委员会以社会公益方式工作。

在俄罗斯联邦总统办公厅中设立用于保障国家首脑行使宪法权利及在国家奖励范围内实行统一的政策的部门。

3. 国家奖励可以颁发给俄罗斯联邦公民、外国公民以及无国籍人士。

4. 企业、机构、私人、国家、市政及其他所有制形式的组织的全体成员，以及地方自治机关均可提出国家奖励的申请。乡村居民点的地方自治机关、企业、机关和组织的领导人在与区、市地方自治机关协商后，向相应的共和国首脑、行政区、州、联邦直辖市、自治州、自治区首脑或者提交国家奖励申请，或者与相应的共和国首脑、行政区、州、直辖市、自治区和自治州首脑协商后，向联邦国家权力机关提出申请。

联邦国家权力机关、联邦国家机关的工作人员、俄罗斯联邦军人、俄罗斯联邦内务部机关、俄罗斯联邦民防、紧急情况与消除自然灾害后果部国家消防局、麻醉品和精神药物流通监督机关、俄罗斯联邦海关、法院的工作人员、俄罗斯联邦检察机关的工作人员以及俄罗斯联邦武装力量文职人员由相应的联邦国家权力机关来确定提出国家奖励申请的程序。

5. 由下列人员向俄罗斯联邦总统提出国家奖励的推荐名单：

联邦国家权力机关的领导人与相应的共和国首脑，行政区、州、联邦直辖市、自治州和自治区首脑协商同意后；

共和国首脑，行政区、州首脑、联邦直辖市、自治州和自治区首脑在与相应的联邦国家权力机关协商同意后；

俄罗斯联邦总统在联邦地区的全权代表向总统提交联邦地区内的共和国首脑，行政区、州首脑、联邦直辖市、自治州和自治区首脑和主体国家权力法律（代表）机关领导人所提出的国家奖励申请，并且同意向联邦国家权力机关呈报由俄罗斯联邦主体国家权力机关提交的国家奖励申请。在提交国家奖励申请之前要提交书面的协商同意书。

联邦国家权力机关和联邦国家机关领导向总统提交下列机构和人员的申请书：联邦国家权力机关、联邦国家机关的工作人员、俄罗斯联邦军人、俄罗斯联邦内务部机关、俄罗斯联邦民防、紧急情况与消除自然灾害后果部国家消防局、麻醉品和精神药物流通监督机关、俄罗斯联邦海关、法院的工作人员、俄罗斯联邦检察机关的工作人员以及俄罗斯联邦武装力量文职人员。

6. 对常居住在俄罗斯联邦境内的外国公民、无国籍人士的奖励申请按照一般原则办理。

对居住在境外的外国公民、无国籍人士的奖励申请由俄罗斯联邦外交部负责处理。

7. 可以根据总统委托并以总统名义授予奖励的有：

联邦国家权力机关和联邦国家机关领导人；

俄罗斯联邦总统干部和国家奖励局局长；

俄罗斯联邦主体国家权力机关领导人；

俄罗斯联邦总统全权代表；

俄罗斯联邦大使；

师长及该级别以上的军官。

总统也可以委托其他人授予国家奖励。

8. 国家奖励和证书要在隆重的场合授予，并且应在总统奖励命令生效后的两个月内进行。

9. 获得国家奖励的人在俄罗斯联邦法律规定的程序和情况下享受优待和特权。

10. 获得国家奖励三年后才可以因新的功勋重复获得国家奖励。除非建立英雄功绩，表现出无比英勇和大无畏精神的情况，可不受三年之限。

不能重复授予同一种国家奖励，除非是有级别之分的奖励或由于表现出无比英勇和大无畏精神而受到奖励。

11. 如果由于表现出无畏、英勇和英雄主义而被授予“俄罗斯联邦英雄”称号，可在死后追授勋章或奖章。

12. 死后被追授者的勋/奖章和证书等，转交给其配偶、父母、子女（以下称继承人）留作纪念。

如果国家奖励获得者去世，其勋/奖章和证书等留给其继承人保存；如果没有继承人，则交由俄罗斯联邦总统干部和国家奖励局保管。

13. 如果在战争、自然灾害或人力无法预防的情况下造成勋章、奖章、徽章、荣誉称号胸章受到损失，根据俄罗斯联邦总统国家奖励委员会的决定可以颁发国家奖励副本或者模型。

如获奖者为普通公民，首先要向共和国首脑，行政区、州，联邦直辖市、自治州和自治区首脑提交颁发勋章、奖章、徽章、荣誉称号胸章副本或模型申请，这些机构首脑在核实国家奖励损失情况后，开具相关证明。然后将申请书和相关证明一起提交给向总统干部和国家奖励局。

国家奖励证书副本在本款第一段所提的情况下可以代替受损失的证书，由总统干部和国家奖励局在同时上一段中所提到的申请书和证明的情况下颁发给获奖者。

除了上述情况，如果在其他情况下损失国家奖励证书，则向获奖者颁发曾被授予国家奖励的证明文件。

在履行军职中、战斗情况下损失国家奖励和证书以及荣誉称号胸章的俄罗斯联邦武装力量军人、文职人员、联邦权力执行机关中的军职人员、俄罗斯联邦内务机关工作人员、俄罗斯联邦民防、紧急情况与消除自然灾害后果部国家消防局工作人员，由相应的联邦权力执行机关呈交关于发放勋章、奖章、徽章、荣誉称号胸章和国家奖励证书副本的申请。

14. 由俄罗斯联邦国家权力机关援建的博物馆或博物馆所属的权力机关可以向俄罗斯联邦总统国家奖励委员会提出申请，在继承人同意的情况下，可接收勋章、奖章、荣誉称号证书等，用于保存和陈列。已交给博物馆的国家奖励不再返还给继承人。该规定也适用于在本章程生效前已经转交给博物馆的勋/奖章等。

勋/奖章等不能被保存在以社会公益方式运营的博物馆和不具备必要的国家奖励保存条件的博物馆内。

15. 获得国家奖励的俄罗斯联邦公民、外国公民和无国籍人士，如果离开俄罗斯联邦出境，在具备奖励证明文件的情况下有权带走勋/奖章等。

在俄罗斯境外长期定居的继承人有权带走已去世的获奖者的获奖证明文件。俄罗斯联邦法律对关于贵金属制成的勋/奖章等的出运程序作了明确规定。

国家执法机关和检查机关从非法持有者手中没收的，以及无法确认拥有者的勋/奖章、荣誉称号证书等由俄罗斯联邦总统干部和国家奖励局负责保管。

16. 如果经调查核实，国家奖励候选人的推荐不可靠或者没有根据，俄罗斯联邦总统有权取消奖励命令。

一旦颁布了取消奖励的命令，相关的勋/奖章、荣誉称号证书及其证明文件要立即返还给俄罗斯联邦总统干部和国家奖励局。批准推荐的相关责任人要根据俄罗斯联邦法律承担相应责任。

17. 以下情况下，总统可以恢复俄罗斯公民对国家奖励的权利：

在恢复名誉的情况下；

如果获奖者因其曾经的行为丧失国家奖励，而该行为已经失去了社会危害性。

在总统关于恢复获奖者对国家奖励权力的命令生效后，返还国家奖励和证书。

18. 禁止非法拥有或者出售国家奖励勋/奖章、绶带、勋表等；禁止设立和生产与国家奖励名称类似或造型相似的勋/奖章；禁止无相应权利者佩戴勋章、奖章、徽章、荣誉称号胸章、在勋表上佩戴的勋/奖章的绶带。如果出现上述行为，将根据俄罗斯联邦法律规定追究责任。

19. 本条例及俄罗斯联邦法律所规定的规则适用于曾获得苏联国家奖

励的俄罗斯联邦公民。保留苏联勋章、奖章、在勋表上佩戴的勋、奖章的绶带以及其他徽章的佩戴规定。确保没有及时获得国家奖励的1941—1945年伟大的卫国战争的参加者、后方劳动者及其他俄罗斯联邦公民获得国家奖励。

恢复俄罗斯联邦公民在苏联国家奖励方面的相关权利。根据本章程相关规定，进行苏联国家奖励和证书的发放。

20. 俄罗斯联邦的公民可以接受外国授予的国家奖励。

21. 如果同时拥有苏联、俄罗斯和外国的国家奖励，勋/奖章的佩戴顺序为：俄罗斯联邦国家勋/奖章、苏联国家勋/奖章、外国勋奖/章。

22. 佩戴配有跨肩绶带的勋章时，要跨过右肩，相应的星章佩戴于左前胸。带有金属板条的勋章和奖章佩戴于左前胸。如果勋章法规没有规定其他的佩戴规则，则将无金属板条的勋章佩戴于右前胸。荣誉称号奖章佩戴于右前胸，并置于勋章之下。

23. 勋章、奖章、徽章和其证明书带有编号。周年纪念奖章和荣誉称号胸章没有编号。

24. 通常，用于佩戴勋章和奖章的是一种有一角朝下的五边形金属板条。板条在朝下的一角上有一小孔，用于将勋章和奖章固定在板条上。

金属板条自朝下一角底端到最上端一边中心处高度为50毫米，最上端一边的长度为26毫米，两条侧边长度均为39毫米，最下方两条边长度均为26毫米。

佩戴多枚配有五边形金属板条的勋、奖章时，板条上边要齐平，并相互紧贴，形成不间断的一条直线。右侧金属板条依次压住左侧金属板条的一角。

25. 获奖者可以将勋章和奖章的绶带佩戴于勋表上。用于佩戴勋章和奖章绶带的勋表是一种矩形薄片，表面略微隆起，由相应绶带蒙面。勋表高8毫米，圣安德烈勋章和“祖国功勋”勋章的勋表高12毫米。

26. 在国家奖励体系中：

（1）设立：

圣安德烈勋章；

圣乔治勋章（共四级）、“祖国功勋”勋章；

“朱可夫”勋章；

“英勇”勋章；

“军人功勋”勋章；
“海军功勋”勋章；
“荣誉”勋章；
“友谊”勋章；
“父母光荣”勋章；
特别功勋标志——“金星”奖章；
功勋标志——乔治十字章；
“祖国功勋”奖章；
“英勇”奖章；
“俄罗斯自由保护者”奖章；
“勇救遇难者”奖章；
“苏沃洛夫”奖章；
“乌沙科夫”奖章；
“涅斯捷罗夫”奖章；
“保卫国界有功”奖章；
“维护社会秩序有功”奖章；
“1941—1945 年伟大卫国战争胜利 50 周年”纪念奖章；
“朱可夫”奖章；
“1941—1945 年伟大卫国战争胜利 60 周年”纪念奖章；
“俄罗斯海军成立 300 周年”纪念奖章；
“纪念莫斯科建城 850 周年”奖章；
“普希金”奖章；
“西伯利亚大铁路 100 周年”纪念奖章；
“开展全俄人口普查有功”奖章；
“纪念圣彼得堡建城 300 周年”纪念奖章；
“农业成果”奖章；
“纪念喀山建城 1000 周年”奖章；
“圆满服役”徽章。

(2) 保留圣乔治军人勋章和功勋标志——乔治十字章，苏沃洛夫勋章、乌沙科夫勋章、库图佐夫勋章、亚历山大·涅夫斯基勋章和纳希莫夫勋章，授予这些光荣的勋章以表彰外敌入侵俄罗斯联邦时在保卫祖国的战斗中所建立的功勋和业绩，表彰在其他国家境内在支持和恢复世界和平和安全过程中展开的战斗行动中所建立的功勋和业绩。

（3）确立：

①“俄罗斯联邦英雄”称号。

②荣誉称号：

“俄罗斯联邦宇航员”、“俄罗斯联邦人民演员”、“俄罗斯联邦人民艺术家”、“俄罗斯联邦功勋农艺师”、“俄罗斯联邦功勋演员”、“俄罗斯联邦功勋建筑师”、“俄罗斯联邦功勋兽医师”、“俄罗斯联邦功勋军事专家”、“俄罗斯联邦功勋医生”、“俄罗斯联邦功勋地质学家”、“俄罗斯联邦功勋艺术活动家”、“俄罗斯联邦功勋科学活动家”、“俄罗斯联邦功勋工地规划师”、“俄罗斯联邦功勋畜牧学家”、“俄罗斯联邦功勋发明家”、“俄罗斯联邦功勋设计师”、“俄罗斯联邦功勋林学家”、“俄罗斯联邦功勋试飞员”、“俄罗斯联邦功勋生产培训能手”、“俄罗斯联邦功勋土壤改良家”、“俄罗斯联邦功勋冶金学家”、“俄罗斯联邦功勋气象学家”、“俄罗斯联邦功勋度量衡学家”、“俄罗斯联邦功勋农业机械师”、“俄罗斯联邦功勋飞行员”、“俄罗斯联邦功勋居民生活服务人员”、“俄罗斯联邦功勋土地勘测和绘图工作者”、“俄罗斯联邦功勋住房公共事业服务工作者”、“俄罗斯联邦功勋保健工作者”、“俄罗斯联邦功勋文化工作者”、“俄罗斯联邦功勋森林工业工作者”、“俄罗斯联邦功勋石油和天然气工业工作者”、“俄罗斯联邦功勋食品工业工作者”、“俄罗斯联邦功勋渔业工作者”、“俄罗斯联邦功勋通信工作者”、“俄罗斯联邦功勋农业工作者”、“俄罗斯联邦功勋居民社会保障工作者”、“俄罗斯联邦功勋纺织和轻工业工作者”、“俄罗斯联邦功勋商贸工作者”、“俄罗斯联邦功勋运输工作者”、“俄罗斯联邦功勋体育工作者”、“俄罗斯联邦功勋生产合理化建议者”、“俄罗斯联邦功勋救援者”、“俄罗斯联邦功勋建设者”、“俄罗斯联邦功勋教师”、“俄罗斯联邦功勋艺术家”、“俄罗斯联邦功勋矿工”、“俄罗斯联邦功勋领航员”、“俄罗斯联邦功勋试飞领航员”、“俄罗斯联邦功勋生态学家”、“俄罗斯联邦功勋经济学家”、“俄罗斯联邦功勋动力工程学家”、“俄罗斯联邦功勋法学家”。